顾万发，1971年生，河南固始人，1998年毕业于北京大学考古文博学院考古学专业，现任郑州市文物考古研究院院长，研究员。并任中国考古学会理事，中国考古学会夏商考古专业委员会副主任，国家文物局全国重点文物保护工程方案审核专家，河南省考古学会副会长，河南省学术技术带头人，河南省宣传文化系统“四个一批”人才，河南省一级期刊《华夏文明》（月刊）主编，河南省漫画家协会副主席，河南省政协委员，郑州大学硕士生导师，郑州市领导直接联系高端人才等。

主要从事史前、夏商考古及中国早期艺术史研究。工作以来，作为学术人员先后参与了夏商周断代工程、中华文明探源工程、“一带一路”丝绸起源研究等重大课题以及国家“十二五”、“十三五”重大社科基金项目。作为领队和执行领队主持了花地嘴、望京楼、东赵、青台、汪沟、双槐树等重要遗址的考古发掘工作。获得全国十大考古新发现奖、国家田野考古质量奖一等奖等省部级专业奖6项。

著有《文明之光——古都郑州探索与研究》、《郑州市城市快速轨道交通文化遗产环境影响评估报告》、《新密新砦——1999～2000年田野考古发掘报告》（龙山文化部分）等，主编著作10余部；在国际国内重要学术会议论文集、学术期刊发表独著论文80余篇。

田野考古与艺术史研究论文集

顾万发 著

科学出版社
北 京

内 容 简 介

本书收录了作者从事文物考古工作多年来的学术成果及研究论文31篇，主要涉及史前考古学文化内涵的探讨，以及艺术史方面的研究，具有一定的开创性和启发性。

本书适合于从事史前考古与艺术史研究的专家学者，及相关专业的大专院校师生参考阅读。

图书在版编目（CIP）数据

田野考古与艺术史研究论文集 / 顾万发著. —北京：科学出版社，2018.9
ISBN 978-7-03-057415-2

Ⅰ. ①田… Ⅱ. ①顾… Ⅲ. ①文物-考古工作-中国-文集 ②艺术史-中国-文集 Ⅳ. ①K87-53 ②J120.9-53

中国版本图书馆CIP数据核字（2018）第089398号

责任编辑：孙　莉　张亚娜 / 责任校对：邹慧卿
责任印制：肖　兴 / 封面设计：张　放

科学出版社 出版
北京东黄城根北街 16 号
邮政编码：100717
http://www.sciencep.com

中国科学院印刷厂 印刷
科学出版社发行　各地新华书店经销

*

2018 年 9 月第　一　版　开本：787 × 1092　1/16
2018 年 9 月第一次印刷　印张：29 1/2　插页：16
字数：710 000

定价：258.00 元

（如有印装质量问题，我社负责调换）

序

这是万发第一次将自己所写考古学与艺术史论文汇集出版，值得祝贺，值得纪念。熟悉万发的人都知道，他是一位“拼命三郎式”的人物，在郑州市文物考古研究院，他身兼党委书记和院长，党务、行政、业务一把抓，每天忙得不可开交，但文章并不少写，这大概主要是靠他工作之余的功夫。写文章不容易，我这里说的文章主要是指论文，写出一篇较好的论文，要看书、综合资料、缜密思考，不经年累月，一般是拿不出来，拿出来了也要有所沉淀，看有没有不周之处，否则恐怕很难出手。

收入本书的共31篇文章，他究竟熬过多少夜甚至通宵才能写成，我没有问过他，他自己恐怕也很难说清楚。我很少这样写过文章，但我知道其中的甘苦，就凭这个“功夫”、这种精神，就应该肯定，就值得我们学习。

31篇文章中有11篇是纯田野考古的，其他20篇虽和艺术史有关，但讨论的也都是由考古发掘出土的文物或遗迹引发的，大而言之，也都和考古有密切的联系。

11篇纯考古的文章中，有6篇是讨论新砦期遗存的，另有1篇即《河南郑州东赵遗址考古新发现及其重要历史价值初论》虽说的不全是新砦期的问题，但至少最早的一期小城是新砦期的，可见对新砦期遗存的研究和讨论是他多年来着力的重点。他之所以把新砦期作为重点是有原因的，因为他不仅是新砦遗址2000～2001年第一次大规模发掘和报告编写的参加者，更是随后巩义花地嘴新砦期大型聚落田野调查和发掘的参加与主持者，目前也在主持着报告的编写。读过他写的有关新砦期的文章即会知道，有一篇是和李维明先生论战时写的，难免带点火药味，但他认为新砦期遗存是晚于河南龙山文化的客观存在的观点，我是赞同的。我是“断代工程”中新砦遗址重新发掘的推动者，也是和万发一起参加新砦第一次大规模发掘的战友，当时我们和刘绪、赵春青、王文华、武家璧等一边发掘、一边讨论，基本形成了一致的看法。不过一些具体问题，例如新砦遗存的分期、分布范围，能否划分类型、族属，与二里头文化一期遗存的关系等都还在讨论中，并无固定的看法。只是东赵遗址发掘之后，二里头文化一期文化层叠压着新砦期小城地层关系的发现，使我坚定了新砦期遗存早于二里头文化一期，两者并不同时、也不可归为同类遗存的认识。目前有关新砦期的问题看法仍存差异，万发是新砦遗址、花地嘴遗址的发掘者，希望继续关注他有关这一问题研究的进展。

万发的田野考古和科研工作并未单纯限定在新砦期方面，我们从这几年的他的考古工作和其发表的作品可以看到。在本论文集中还有其他纯田野考古类的论文，分别是考证洛口仓的地理位置、探讨大运河通济渠郑州段走向、讨论商代望京楼古城东一城门和研究郑东新区考古发掘的周代古祭城的。这些讨论对象性质不同，年代非一，并有所创见，足见作者学术视野的广泛、掌握考古、文献资料的扎实以及对于重要学术问题的掌控力。

通过这些基于田野考古的文章，有两点给我留下深刻印象：一是作者能够紧跟田野考古发现立论，学而时习，勤于学术，迅速出成果；二是田野考古与文献研究并重，在这一代学者中，能在古文献方面高度关注和下功夫，殊为难得。

另外，我们知道，望京楼夏商城、祭城城址，都是在基本建设考古中发现的，限于当时的工期，既要尽可能保护好这些不可再生的重要历史遗迹，又要服务好地方经济建设，作为郑州市专门负责文物保护和考古发掘的业务领导，万发审时度势，充分发挥了他的领导才能和学术能力，通过缜密研究，及时阐明了望京楼商城东一城门和祭城的重大学术价值，及时参与各方协调，从学术和现实的角度提出了适宜的保护方案，在文化遗产保护面临各种客观难题的形势下，较好地保护了重要考古遗址。在这里，我们看到了作为现代文物工作者忠于职守的坚定态度，把考古工作融入经济建设的睿智，也看到了作为学者不忘初心、追求真理的科学和学术精神。

考古学同其他学科一样，也是不断处在发展变化中的科学，自从19世纪中叶诞生以来，通过广大文物考古学者的不懈努力，目前已逐步由物质文化史的研究转向社会及其发展规律的研究，由物的研究发展到精神的研究。从考古学史观察，尤其是自20世纪20年代至今的中国考古学发展史观察，近三十年来是这种转变趋势最为剧烈的时期，苏秉琦、张光直、俞伟超是这一转变趋势的开拓者、引领者，在他们的号召及带领下，先由考古学文化区系类型的研究发展到社会及其发展规律、模式的研究，严文明、张忠培等人无疑是研究的中坚，现在又扩展至思想意识、天文、宗教观念、艺术、精神生活等领域的研究，冯时、何驽、顾万发是其中各有千秋的佼佼者。冯时的《天文考古学》、何驽的《怎探古人何所思》是他们的代表作，万发即将推出的这部《田野考古与艺术史研究论文集》则是他在此领域中不懈耕耘的见证。

收入本书的20篇艺术史论文都有一个共同特点，研究的对象都是考古发掘出来的遗迹或遗物，重点都是剖析其人文内涵，揭示其精神意义，无疑这都是考古学研究的内容和应该回答的核心问题。

“蹲踞式”是考古常见的一种造型，有器物亦有图像。本书多篇艺术史论文对其均有涉及。《再论“蹲踞式”的基本类型、本质内涵及“夏”字等相关问题》一文在分类的基础上探讨了其本质含义，他援引战国秦汉所谓晚期材料和新石器时代有关玉器材料，将这种造型归结为神人、神巫一类人物攀援“建木”或凭气凝神想象登临天界勾通人神场景的写照。也许对其中个别细节的解释或有可商甚至不妥（万发近年来对于这一问题又有了进一步的认识，相关文章未纳入本论文集），但我认为其大方向是值得肯定的，高庙、红山、良渚时代的古人，天天生活在大自然界当中，与日、月、星、辰、风、雨、雷、电打交道，充满着各种各样想象和对美好生活的向往，在当时那种科学技术相对低下的环境中，人们找不到合理的解释，但却可以驰骋想象的翅膀找到实现想象的奇方妙思，而“气功导引”、攀爬神山神木便是可以实现心中愿望的途径和工具。现在难以解释的现象，放在当时自然和社会环境当中，通过这样的阐释，便是可以理解的了。该文并从“蹲踞式”进而扩大到对“夏”字、“夔”字及“蹻”的解释，使读者大大开阔了眼界和思路。结合近年作者对于帝字、章字、夋字、夒字与相关图像的关联研究，从中我们也可以看到，作者在图像和文字关联方面做了独特而精细化地探索，以及作者对小学知识掌握、运用的娴熟。

“扉牙”常见于夏商周三代乃至更早时期的玉器上，其含义如何，又有什么样的功能？研究者甚众，但迄今未形成统一认识。万发从天文学和玉器礼仪制度角度入手进行了深入探讨，在收入本书的多篇文章中均曾提及该问题。从考古发现来看，玉器上扉牙出现甚早，不论是从盖天说理论出发或是从太阳崇拜理论出发，在玉器上雕出扉牙肯定与时人对天界的理解、信仰、崇拜有密切关系的。随着人们对世界、社会认知程度的提高，至三代乃至以后，这种认识慢慢从“天上”降到了“地上”，与当时社会需要相结合，转化为礼制的有机组成部分，神秘色彩渐渐淡化，理性成分不断增加，在新的自然、社会环境中继续发挥着应有的作用。现在的研究，包括本论文集诸篇的研究，均力图揭示其本义，不论大家的认识有什么不同，个人的研究有什么新的进展，都是向“真理”前进的一个过程，参与这个过程，也是一种幸福。关于玉器扉牙内涵的解读，万发在2017年9月于成都举办的“《玉汇金沙——夏商时期玉文化》特展暨夏商时期玉器国际学术研讨会”上，宣读了其最新研究成果，观点与本论文集所收文章虽然有所联系，但是已有更多新识，这里予以提及。

万发不仅善于用天文学知识解释出土文物的造型和图像，也常用来分析有关的考古遗迹，《太谷白燕F504古天文学及古地理学内涵研究——并新论“亚形”“九州”“分野”“明堂”等相关问题》一文即是其代表之一。这篇文章的主题，记得万发2000年在新砦考古工地曾与我电话长谈，当时他还建议应该再发掘并可纳入当时正在讨论的“中华文明探源工程”。他认为F504中的七个圆坑代表北斗七星，而“亚”形则代表“天中”，“天中”和“地中”是相应的，因此地面的“亚”形相应于地理位置而言亦为“地中”。整个建筑应为天地相应的模拟，其功能可能与礼仪性观测和相关宗教祭祀活动有关。类似的，还有他对杞县鹿台岗I号“亚形”建筑、荥阳青台一处包括埋置9个陶罐等综合祭祀现象的研究等。因为没有受过天文学的训练，缺乏天文知识，考古上见到这种现象，常常是望洋兴叹，不知所措；对于万发诸位先生这方面的研究成果，也总是将信将疑，提不出自己的判断。但我深知这方面研究的重要，也相信他们运用的研究方法的科学和正确。如果从读者的角度让我对从事这类问题研究的朋友们提个建议，我则希望紧扣“功能”主题，把研究对象放在较大的自然和社会大背景下一步一步有序展开，引导读者跟随你的分析阐释慢慢接收你的最后论断。例如太谷白燕F504，如果它确是一处象征“天”、“地”相应的祭祀礼仪遗迹，那么它为什么会选择建在这个地方、周围的其他遗存和它是什么关系、祭祀的对象是什么、有无进行祭祀的道具和祭品？当这些疑问一个接着一个解释清楚了，我相信读者就会更加心悦诚服了。

万发涉猎的研究范围很广，学术方法丰富，除了考古学、天文学、图像学方法等之外，甚至是中医、易学、数术的方法在他的文章中也都能有所体现，有的运用出乎意料但是非常有道理，像他对于“蹲踞式”与中医和人体科学原理的关联，采取了“跳出来思考”的方式，运用我们考古学家一般不会关注的其他学科的知识来解读，在诸多探索这一问题的方式方法中独树一帜，这一关联令人信服。我们知道，考古学是研究古代人类社会的，理论上各学科方法对于考古学而言都会有帮助和启发。这种运用多学科的方法，于考古学而言是非常值得肯定的。这可能也是作者对于新旧问题屡有新识的重要原因。

论文集中有的艺术史类论文，由于牵涉的问题复杂，因此主题会有多个，虽然都很重要，但是考虑到不是专著，似可以分解为多篇专题文章单独论证为好。

学术贵在不断创新。这方面在万发的作品中体现得非常明显。在该论文集中，作者关于中国早期有翼神兽、金沙出土奇异玉器构形、巩义花地嘴遗址“朱砂绘陶瓮”、大甸子墓地夏家店下层文化彩绘陶器图案和二里头等文化绿松石牌饰相应问题、三星堆鱼·鸟·矢纹金杖性质、“夏”字与“蹲踞式”关联的研究等等，视角独到奇绝，论证深刻，均发前人所未发，多具鲜明的创新性和说服力，读来如同静坐品茗，入口虽有点生涩，但回味甘甜，妙不可言……

万发对于学术是勤于开拓的一位学者，他不拘于已有的学术成果和熟悉的学术范畴，近年来除了对早年关注的问题继续保持出新和跟踪研究外，又在高庙文化研究、仰韶文化中晚期田野考古、仰韶文化彩陶内涵和欧亚彩陶之路研究、鸮文化探索、红山文化玉器研究、良渚文化玉器研究、玉器扉牙内涵探索、商周青铜器图像内涵研究、玄鸟生商神话研究等诸多关键性学术问题方面，发表了系列颇有创见性的观点。尤其是其中的太阳大气光象考古，为建立新的考古学分支作了相当有益的探索，这在学科基础创新方面是非常难得的。我期望并相信万发能够有更多的力作问世，以飨学界！

是为序。

李伯谦

2018年6月

目　　录

“新砦期”研究

一、引　言

“新砦期”是20世纪80年代由著名考古学家赵芝荃先生首先提出的一个与河南龙山文化及二里头文化均密切相关的重要概念[1]。从那时开始，学界围绕着它的有无、内涵及其他相关的重要课题展开了一系列热烈而有价值的讨论，特别是自夏商周断代工程启动以来，对于它的讨论在众多的场合已明显多了起来。虽然学者们尚未能就此问题达成一致，但是认为正确地阐明新砦期是解决早期夏文化乃至夏商年代总体结构等重大学术课题不可或缺的重要前提。笔者不揣浅陋，拟将在对新砦、花地嘴及相关遗址材料进行整理、研习过程中获得的些许个人认识略加论述，以期有助于当前的讨论并就教于方家。

二、“新砦期”概念的历史阐释

到目前为止，学界就新砦期已发表或表达了多种多样的看法，然而令人惊诧的是，大家忽视了一个十分重要的问题，即新砦期概念的历史变迁及何谓真正的新砦期。显然，在未对新砦期概念进行正确界定的背景下去讨论有关新砦期的一系列重要问题，其结论显然值得怀疑，至少缺少严密的逻辑性。

赵芝荃先生在《河南密县新砦遗址的试掘》一文中，把H2、H3、H5、H7、H11、M1等几个单位作为新砦期的代表，不久，他在《试论二里头文化的源流》[2]一文中又将原简报中的H8也归到了新砦期（见该文图三H9：10，其中H9为H8之误），同时在该文中，《偃师二里头》[3]报告中的是二里头一期的1件双耳圜底盆（图27：7，出土单位及编号为ⅡVH105：8）被划归新砦期，郑州牛砦遗址的1件觚（牛砦H1：1）和豆（牛砦H1：2）被划到了龙山文化。牛砦的这件觚，原报告定名为陶杯，图号为CIT2：27，请见《郑州牛砦龙山文化遗址发掘报告》[4]一文图四：6。

《试论稍柴下层遗存的文化性质》[5]一文认为新砦期应包括临汝煤山“二里头一期”、密县新砦“新砦期”（赵芝荃先生早年所论）和巩义稍柴一期三类遗存，并且认为三者具有一脉相承的早晚关系，均早于以稍柴二期为代表的“二里头一期”。

前不久，夏商周断代工程新砦子项目小组依据1999年在新砦遗址发掘的材料，划分出了新砦二期早、晚两段[6]。众多学者认为这是目前对所谓新砦期物质文化的一个最有分量的诠解，并同时认为这只是对赵先生早年所论新砦期的“细分”“确认”“印证”而已，就是在《夏商周断代工程1996—2000年阶段成果报告》（简本）[7]这样严肃而重要的著作中，所列新砦期的代表器物，也竟无一件来自新砦二期早段。

前不久，有文章指出《河南密县新砦遗址的试掘》一文中所论新砦期的单位（除去H2、H5，其中的M1在该文中笔误成M2）应归于二里头一期[8]。不过，该文同时又认为新砦期与二里头一期应称为新砦文化，从其文中似不易判定此新砦期是否类似隋裕仁先生所论的新砦期，还是另有他义。

最近，《来自“新砦期”论证的几点困惑》[9]一文一方面认为所谓“新砦期很难在河南龙山文化晚期与二里头一期之间找到足够的时空立足”；另一方面又在结语中犹豫地指出至少新砦期的一部分可归到二里头文化一期中去，继而又在《二里头文化一期遗存与夏文化初始》[10]一文中肯定地认为“新砦期遗存属于二里头文化一期早段，称为二里头文化一期新砦型”。

通过对新砦、花地嘴（花地嘴调查及清理材料即将刊于中国考古研究中心《古代文明》第二辑）等典型新砦期遗址的有关材料的整理，笔者认为对有关说法尚可做以下补充：

《河南密县新砦遗址的试掘》一文中的所谓新砦期的代表单位均属于夏商周断代工程新砦子项目小组所言的新砦二期晚段，《试论二里头文化的源流》一文将上述简报中原认为最具过渡特征被划入龙山文化的H8归到新砦期是正确的，另上述简报中T2③、H9等原认为是龙山文化的单位均应是新砦二期早段的典型遗存。另外，《试论二里头文化的源流》一文中的觚（牛砦H1：1原报告图四：6，编号为C13T2：27）和豆（牛砦C13H1：1）极可能属于新砦二期，因为据笔者研究，牛砦遗址原认为是龙山时代的材料大部分均属新砦二期偏早阶段；该文中那件归到新砦期的双耳圜底盆主要特点实际上应来自新砦二期晚段，圜底略平的特点最早渊源应在石家河文化。再综合该单位的共出物，其似可归到二里头一期（详见下文）。

《试论稍柴下层遗存的文化性质》一文中的煤山遗址所谓早于密县（现新密市）新砦遗址新砦期的单位，像煤山75H70，实际上该单位是较为典型的新砦二期晚段，即赵芝荃先生早年所论新砦期一类遗存。其次，其将本属于二里头文化一期晚段的典型单位，像稍柴[11]60～63H35归到了新砦期。再者，其至少将一定数量的单位，像稍柴60～63H15、63H33等归到二里头文化一期，实际上其应属二期。

另外，我们特别指出，早于传统所论新砦期的新砦期遗存肯定存在，详细内容可参见《河南密县新砦遗址的试掘》、新砦子项目小组发表的简报及即将公布的花地嘴遗址的调查清理材料。

至于新砦期遗存属于二里头文化一期早段的观点，我们在本文有关“‘新砦期’与二里头文化一期的关系”一节中已做相关论述，兹不赘言。

笔者还认为，如果强调从过渡意义上去理解“新砦期”的话，将所谓新砦二期早、晚两段视为一期是可以的，但是若依据具体的考古学面貌及考古学上分期的一般原则，将该两段视为二期可能更为合理，其早期因更具备过渡特征而可被视为真正的新砦期或狭义的新砦期。可分两期的主要依据，现在可列出的主要有以下几条，注意这几条论据应作为有机一体看待（以新砦、花地嘴等遗址为基础之例）。

（1）从陶质、陶色方面分析。较之于早期，晚期的陶胎多更厚，浅红、褐红者增加较为明显；泥质陶更多；灰陶虽然数量居主导，但是具体陶色却更趋简单，黑皮陶增加明显。

（2）从纹饰方面判断。比之于早期，晚期篮纹、方格纹的相对比例已有明显变化；附加堆纹数量剧增，尤其是出现了众多压印棱角锐利者，细碎、压印浅、间距相对较长者也开始出现。还有几个明显的变化是：鼎、罐凡未在器身上端做磨光处理者，其所饰纹饰大多距离口沿特别近，这种风格的鼎、罐占这两类器总量的比例明显地超过早期。顺便指出，这种风格应被视为区别龙山文化和早期二里头文化的一个极易掌握的有效标志，特别是对于考古学实践中原来很难断代的无口沿的残片或一段残器断代认识极有帮助。在目前中原龙山文化的几个类型中，仅驻马店杨庄类型有些鼎、罐略显特殊，这正好可为早期二里头文化的这一特征找到可能的渊源。另鼎、罐、瓮、甑、盆口沿内侧上端常见凹弦纹（早段很少），瓮、小折肩罐器身所饰的附加堆纹中，常有一周正好经过折肩处或在其附近等，新出有特别清秀整齐的方格纹等。

（3）从陶器组合及具体形制方面看。在早期，特别是早期的早段，尚有一些颇具龙山文化风格的器物，像折腹斝，凹方唇深腹罐，斜腹、曲腹（有的有耳）小碗，斜腹小平底窄沿敛口钵，双腹盆，无沿豆等，晚期基本不见或少见；早期的典型器，像圆锥式穿孔鼎足（主要存在于新砦亚型）在晚段也比较少。有的变化得还较为明显，像增高变瘦等。新砦二期某些类型晚段的一些典型器，像新砦亚型深腹、软折沿或卷沿豆、双腹及簋式盘豆、瓦足皿（新砦二期早段足有长方形及略呈瓦状者）、瓦足瓮等在早段也基本不见或初露端倪。特别重要的是，即使是同一类的有些器物，早晚期的变化也比较明显：像小口高领罐基本全由早期的圆肩变成折肩，有的深腹罐及有些鼎比之于早期突出变化之一是，立沿变得渐趋明显，沿加宽也特别明显，方圆唇多起来，尖圆唇及沿外加厚呈弧形者（这种加厚的风格在驻马店杨庄等地的龙山文化中有一些）在新砦二期晚段开始出现，偏晚段多一些，沿内上端出平台或凹弦线者特别多，较瘦腹者更是十分常见，子母口式钵除早期的薄胎者继续存在外，多变成较宽厚胎底，敛折口处多出凹线或凹线多变宽，饰这种凹线的钵比例也增加起来，新砦亚型的晚段垂腹鼎上端多作磨光处理，“V”形鼎足多变宽变高并多压印花边，细豆柄上的或正或反或微出的台阶或微出的薄边棱在晚段偏晚时候基本消失等。

（4）从年代跨度角度讨论。根据笔者的研习，新砦二期早段无论如何也应再分，像荥阳竖河[12] H18、新砦2000T3H45应作为偏早单位代表，偏晚单位以花地嘴一期、新砦

99T2H101等单位为代表。这表明新砦二期早晚两段的时间跨度完全可以达到百年左右。北京大学考古文博院^{14}C实验室对新砦遗址部分炭样所做的测定，测定的年代有助于支持我们的观点。上述情况表明每段单从时间跨度而言，完全可以各成一期。

另外，我们曾将新砦2000T6⑤b～⑥层（未刊）看作是属于二里头早期的，确切地讲是认为其有可能同时于二里头一期，现在看来，这种看法尚需斟酌。

首先，其纹饰、陶质、陶色的统计指标类似于新砦二期晚段，与同遗址更晚层位的有关统计指标有所区别。

其次，这几个层位中的陶器特征似乎也更近似新砦二期晚段，有些早期的器类在其中无非是变小、胎增厚、陶质次或出现其他一些退化特征而已。

最后，尤为重要的是，根据笔者的研究，这几个层位中所出的花边罐等器物，时代很可能早于二里头一期（详见下文）。

三、关于"新砦期"考古学文化的归属问题

目前，学界对这一问题有以下几种见解：

（1）归属于王湾三期文化[13]。

（2）归属于二里头文化[2]。

（3）既不归于王湾三期文化，也不归于二里头文化，与二里头文化一期组成一个新的文化，即新砦文化。这是目前学界最新提出的有关新砦期文化归属的一个颇有意思的观点[8]。

在给出我们的观点之前，笔者先做一些相关的陈述。既然同一个族可创造和使用不同的文化，那么考古学文化性质的判断最主要的依据还是建立在一定时空基础上的文化面貌。

（1）新砦期，无论是广义的还是狭义的，其具有一定文化过渡性是无疑的，依照学界划分考古学文化的一贯原则，一般是不将过渡期单列为一个文化的。我们必须注意，这里所谓的过渡期严格而论应是指从文化面貌上无法再行划分的时间或长或短的一期，而我们所谓的广义新砦期是包括两期的，因而对于广义的新砦期而言，这一原则是失效的。另外，不能划列独立文化的过渡期应是指文化面貌上承上启下而无多少自身特点者，像大汶口文化向龙山文化过渡的一类遗存及仰韶文化向龙山文化过渡的"西王村三期"一类遗存。这一条对广义的新砦期特别是密县以北的这时期的遗存也是失效的。这类遗存自身特点十分突出，像子母口式鼎、子母口式瓮、双腹豆、泥条饰陶盉、深盘略倾壁或直壁的豆、折肩小罐、簋式（有的腹略折）盘或碗式盘豆等都是各地区早、晚期不见、少见或相互区别很明显的。还有，在广义新砦期时代，并没有哪类遗存可纳入早期二里头文化范畴而无法纳入新砦期类遗存。

（2）①新砦期有相当一部分器物是由豫西龙山文化发展而来的，并且这些器类也

多传播下去了，这在一定程度上反映了文化的连续性，但是也有一些器类，像敛口钵、厚胎碗、小足鼎等在更晚的二里头文化中很少见。②新砦期时，有相当一部分外来文化元素，像含有东方文化元素的子母口式瓮、口沿端有凹槽特征的深腹罐（主要来自包括河北任丘哑叭庄类龙山文化遗存的造律台类型，其中典型的子母口式瓮、深腹罐口沿端凹特点在豫西龙山文化中虽然有所发现，但是数量少，具有沿端凹的特点的深腹罐虽然略多，但也多集中在郑州附近地区，显然也应视为源自豫东）、子母口式鼎、"V"形和圆锥形穿孔鼎足（豫西龙山文化中有少量，山东龙山文化中较多，特别是"V"形足多）等，则在非新砦亚型的大部分更晚的二里头文化中未传播下去。③二里头文化驻马店杨庄类型中有几件穿孔鼎足，王城岗二里头文化一期（共存器物发表太少，是否属于一期不易确定）也有一件，二里头遗址二里头文化一期有少量"V"形鼎足，新砦类子母口式鼎在稍柴一期少数单位、二里头一期极少数单位、二里头文化杨庄类型一期有少量存在，垂腹鼎在杨庄属二里头文化阶段的一期有少量存在，在二里头之二里头文化早期仅有数件（承蒙郑光先生相告），这些新砦期的重要器类在它们中因数量太少、有些主要是当地土产或另有来源等原因，而无法对其文化结构产生重要影响。④新砦期特别是新砦遗址及其以北类遗存，其之所以具有众多东、南方因素的典型器物，与另一新砦期类遗存（见下文）相比，其地理位置可能并非是主要而直接的原因，像淅川下王岗所谓龙山文化的部分陶器在与其位置较近的煤山新砦期类遗存中并不显见，而在新砦期新砦遗址及其以北类遗存中却相对多见，像圜底盆（源在石家河文化）、细泥条饰鬶似盉（源在石家河文化）等，尤其是其中的酒礼之器——细泥条饰盉比较常见。另外，位置偏西的花地嘴遗存在新砦期时也存有一些东方元素。这样看来，两者存在区别的原因，可能与前者可能是当时的政治经济中心、文化代表等原因有关。一些有关新砦期新砦遗址及其以北类遗存的考古发现，像新砦遗址发现过单目氏（牟族）的族徽（二里头、荆南寺、香炉石、三星堆、涪陵蔺式等地的夏商遗址均发现过这一单目刻、镂符）、北斗社神图、龙纹、青铜鬶残片、玉凿，花地嘴遗址发现过虎雕器饰等及我们在下文有关古族史问题的讨论有助于阐释这一观点。⑤新砦期的外来文化元素大多并非是简单的模仿品或是舶来品或是文化人类学意义上的"涵化"品，很多均经过了相当程度的改造，像主要来自造律台类型龙山文化的子母口式瓮，多数增加了四个较大的瓦足，而这种四瓦足的风格虽然主要取自鲁西，但是面貌也已有变。子母口式鼎中有些仅是口沿和足的元素取之于东方，但器身却是来自本地或其他地方的陶鼎，也有的是新创造的。

（3）从宏观的角度讨论。①新砦期类遗存具有王湾三期文化晚段的不少特征，特别是其早段的最早单位较近似龙山文化，不过有些已处于数量渐少的状态，有的形态变化也很明显。尤值一提的是，新砦期的深腹罐，形体大者的数量明显增加。另外新砦期的主体也具有一系列有别于王湾三期文化晚段的元素，像花边鼎足（只压平行一列者或仅有一个按印的花边者，在王湾三期文化晚段中也有，但很少）、各式器盖（有的类型在王湾三期文化晚段中也有近似者，但很少）、附加堆纹折或圆折肩瓮、子母口式瓮

（王湾三期文化晚段仅有极少数类似者，并且没有新砦期的种类多）、数量众多形态各异的沿端有凹旋线的盆、双腹豆、沿顶端内有凹或略凹旋线的深腹罐、平及平圜底的口外加宽边或口端内侧斜削或折沿或侈口或子母口的各式澄滤器等。另外，袋形遗迹有的袋形也不太明显，在零星墓葬周围埋猪、狗等（这一元素较早可能与山东龙山文化鲁东的大口遗存有关，淅川下王岗“龙山文化”中这类迹象可能是直接受新砦期类遗存影响的）。而上述这些元素相当一部分特别是器类在常论的二里头文化中流行起来。我们特别强调的是，这时的东方文化元素像新砦期的典型器子母口式器、各异的器盖、折或圆折肩瓮、沿顶端内有凹或略凹旋线的深腹罐等在其他更晚的二里头文化中少见，但是在新砦类遗存中的绳纹、篮纹数量相差不多的层位（新砦三期甚而四期）中却仍有一定存在。②这里，我们还注意到，将新砦二期晚段与早段及非新砦亚型的二里头文化一期相比较，其文化面貌更近前者，整个新砦期的物质文化面貌虽然相对于王湾三期文化而言与二里头文化更密切一些，但是这一“期”的自身独特性征明显强于非新砦亚型的二里头文化一至三期或一至四期各期。③还有，将非新砦亚型的二里头文化一期与新砦二期晚段及二里头文化二期相比，可看出其文化面貌更近后者。比较重要的一个理由是前两者的器类或重要器形的非对称性强于后两者（数量在晚段极少者不计），像新砦亚型二期晚段的双腹豆、子母口式瓮、子母口式鼎、“V”形鼎足等不见或少见于其他地方的二里头文化一期，二里头文化二里头类型一期的矮领直腹大型瓮、捏口罐、三孔浅盘豆（多鼓柄）等不见于各地的新砦二期晚段，如果不将新砦2000T6⑤b～⑥类遗存纳入新砦二期极晚段的话，花边罐也属典型一例，即使将其纳入，沿饰附加堆纹的花边罐也可为典型一例。二里头文化一期及二期，许多学者认为两者的重要区别之一在于二期出现或遽增了三足盘、觚、爵、鬶等一组器物，很多学者甚而将其作为二期分属不同文化或是重要历史事件发生的重要论据。实际上，上述器类在一期基本都发现过，切口高流盉、三足盘等在二里头一期早段，爵在新砦2000T5⑤a，觚在花地嘴一期、牛砦等遗存中就有，有的数量还不少，并且部分三足盘等与当地龙山文化或新砦期有明显区别。它们总体数量之所以很少，也许与它们均属礼器，多为随葬和祭礼，而目前早期这类遗迹现象发现太少有关。④尤值一提的是，基本上在以二里头一至四期为代表的二里头文化中每期均存在、形成一定的演化链，并是二里头文化重要内容的某些器物，在新砦期中竟基本不存在，像二里头文化二里头类型的代表遗址二里头这类器物（占《偃师二里头》[3]报告典型器物表全部器类1/3左右），包括矮领直腹中等宽肩的大型瓮、舌形足三足盘、捏口罐、花边罐、小领出棱近子母口式鼎、蚕蛹绳纹块（在平底盆、鬲等器上也常见）、弧折壁器盖、平圜底或圜底器（其实从二里头文化一期最早阶段就已出现）、切口高流盉（未切口的鼓首者在造律台类型龙山文化中已存在）等，豫中西非新砦亚型有关遗址的后续二里头文化至少从一般所谓二里头文化二期开始都已明显地与当地原有的文化底蕴增加距离，而与所谓二里头文化二里头类型联系加强，或已可归入这一类型，在一般所谓二里头文化一期时与“新砦二期”存在的关联多是我们将新砦期纳入二里头文化的最主要理由。这给我们的一个突出印象是，新砦期相对于宏观的二里头文化一至四期这么一个整体似乎有某种"距离感"。这里必须注意，上述讨论主要是以从宏观上视新砦亚型及新砦期花地嘴亚型为当时考古学文化面貌的代表为前提的，并且，花地嘴等遗存的位置及内涵利于"以二里头一期为代表的二里头文化一期与新砦二期晚段同时（其区别为地域之别）"这一诠阐模式的成立。如果不考虑这些因素，完全从地域类型角度来描述可能更为严谨，因为新砦期亚型延续时间较长，可到二里头文化二期早段。⑤关于前文隋先生的观点，可参阅"新砦二期晚段与二里头文化一期早晚关系"一节，其中提出有数条与之认识不一的论据，兹不赘言。⑥"新砦期"虽然有一个文化的若干特征，但是其毕竟与二里头文化一至四期有密切的关联，是这四期文化的最重要的直接源头，其尚未达到能单独称为一个文化的态势。

笔者曾提出过"以新砦二期为代表的一类遗存"这一概念，也曾与郑光、刘绪二位先生讨论过"新砦二期（文化）"，综合上文的系列论证，笔者以为，这个从总体文化面貌上相对而言与王湾三期文化略显疏远，与二里头文化一期或二期比较近似的、自身特别是中心区又具有很强特征的广义新砦期或新砦二期，似可以在广义的二里头文化范围内再取一个"小名"，即使称其为"新砦文化亚态"也未尝不可。一般而言，新砦期绝对属于二里头文化，详细论之，其有某种相对独立性，应单独称其早段为新砦期（如果新砦二期早段确实早于二里头一期的话），或它不同于以往学界因后来发现其时代较早从而将其从二里头文化一期中再分出来另立的一期，它已有更长的时间跨度，可分为两期（如果新砦二期晚段确实同时于二里头一期的话），并在文化面貌上呈现出有几分相对独立的倾向。这时候也不妨称其为"新砦文化亚态"。我们确定这一概念，并不仅意于说明所谓新砦期的文化性质，同时也希望通过对这一如此典型的个案的分析来助于定性那些在考古学中实际存在的、以往被概而论之从而非常不利于对相关问题进行深刻研究的一类遗存，助于系统化地完备有关过渡期、过渡阶段及考古学文化的相关理论。

四、"新砦期"与二里头文化一期的早晚关系

众所周知，这一问题具有相当的争议性，极重要而又复杂，学界目前有以下几种观点。

（1）新砦期就是二里头文化一期或其早段。持这一观点的学者有的是以赵先生早年所论的新砦期为新砦期的，有的是以新砦子项目小组所言的新砦期为讨论基础的，不过未充分关注早晚两个概念的重要区别[10]。

（2）新砦期早于二里头文化一期[2]。

（3）新砦期早于一般意义上的二里头文化一期，但不早于以稍柴H20、H35为代表的稍柴一期。持此观点者较少[5]。

（4）新砦期不是二里头文化一期，但是与二里头文化一期同时[14]。

笔者的观点是：新砦二期早段，即狭义的新砦期，肯定早于二里头文化一期；至于新砦二期晚段，我们认为前者早于后者是有可能的。

笔者断言新砦二期早段早于二里头文化一期，是有十分充分论据的：①从新砦遗址看，新砦二期两段的划分是有严格的地层学依据的，而到目前为止，新砦二期晚段尚无学者认为其晚于二里头文化一期，实际的考古文化面貌也可反映这一点。②从荥阳竖河镇遗址看，该遗址发掘者认为H42等为二里头文化二里头类型第一期是无疑的，并认为这些单位晚于H18，而H18就笔者判断其极可能属于新砦二期早段。③从花地嘴遗址看，其一期肯定相当于新砦二期早段偏晚，其有些器物，像带耳坠的鼎足，表面略起阶座、下端略内瓮的豆座，领起凸棱的瓮等，与二里头一期相关器类有明显的早晚演变关系。④以二里头一期为代表的二里头文化一期，其总体文化面貌类似新砦二期晚段，而新砦二期早段早于新砦二期晚段已有绝对可靠的地层学和类型学依据。

新砦二期晚段是否早于二里头文化一期，我们首先将正、反方面的论据各列一些。目前笔者认为有以下几条可能性证据。

（1）新砦二期晚段的深腹罐，多数为较立宽折沿，小平底，腹鼓明显。二里头一期的深腹罐，多数口沿较窄，较平，有一些为软折，平圜底，腹瘦。假设两者同时的话，显然最可能是地域性使然，然而从洛汭地带早于其的新砦二期早段的文化面貌看，深腹罐的这种地域性在郑州及伊洛河地区之间即使存在，也可能较晚。隋裕仁先生在前述一文中提出过，以二里头遗址为代表的一类遗存相对于新砦期而言是对王湾三期文化的突变，因而似可解释为何二类深腹虽同时而有别，笔者认为这似不太可能的，因为承前文言，我们目前已在伊洛河近中心区找到了二里头文化二里头类型更早的重要源头之一，并且这一源头就属于广义二里头文化，时代相当于新砦期。其与二里头一期相关的不少器类之间尚有所缺环，如果认为新砦二期晚段与二里头一期同时的话，则只能说二里头一期相对于新砦二期早段特别是其中花地嘴亚型而言，是一种在某些深腹罐等器物方面带有某种突变特征的个体，目前尚未发现二里头一期的主要源头为别的相对于新砦二期而言与二里头一期面貌更近的遗存类型。

（2）新砦及相关遗址所出花边罐的形制情况有助于证明新砦二期晚段有可能早于二里头文化一期。因为有关遗址的花边罐学界尚未进行严格地对比，牵涉的问题也特别复杂，所以在这里特略费笔墨。新砦遗址的这些花边罐中的早期者，花边形式有平沿外侧压（多）和覆沿全压（少）两类，罐口较直，器腹较鼓，饰绳纹或篮纹（有的残，未知饰何纹饰）。二里头一期的花边罐，主要有以下几类：近口沿有一周附加堆纹，略显瘦长，多饰篮纹；口端为一宽边，压印有蚕蛹似绳纹块，有的不清晰，壁内多饰反绳纹，器表为细绳纹者多见，褐红陶胎，少数蚕蛹纹位置低，有的有压印小錾。据笔者所知，从龙山文化晚期到二里头文化时期，在器口平沿外侧压印或捺压的风格，存在于客省庄二期文化（多）、朱开沟文化早中期（少）、齐家文化（少）等文化内；覆沿全压的作风存在于晋地及附近之龙山文化（多，主要是绳纹压）、豫北安阳后岗二期龙山文化的小屯等遗存（主要也是绳纹压）、客省庄二期文化（多，主要是压切）、淅川下王岗龙山文化（少，来自客省庄二期文化）、齐家文化（少，主要是压切）、朱开沟文化晚段（少，主要是在陶鬲口沿上）、二里头文化荆沙类型（少，像蓝田泄湖M4：3，与近口端有一周索状附加堆纹者共存）、二里头类型早中晚期（很少，为压切，与其他各种类型并存）、豫东二里头文化晚期（压切或绳纹压，大部分来自辉卫文化或下七垣文化）等文化内；近口端有一周压切的或索状附加堆纹者在新砦遗址晚于2000T6⑤b的有关层位、齐家文化大何庄遗址、朱开沟文化三段（圆腹罐、鬲口沿上）、一段（鬲及少数杯形器上有）、岳石文化（不多）等中有发现；斜方唇（少数方唇较直者也列入）外侧压者在齐家文化特别是中晚段（多）、新砦晚于2000T5⑥的有关层位（少）等之中存有；其中带小錾特别是带压印小錾者，主要存在于齐家文化中晚期（多，像秦魏家M52：4、M63：2，大何庄T20：4等）、朱开沟文化（多数不压印，棱角明显，极少数压印者时代偏晚，相当于其4段，像M1055：6，当是受齐家文化影响）、陶寺龙山文化（主要饰在早期陶扁壶及早晚期的侈口高领略折肩的罐上，有的类倒梯形，不压印）等之中；附加堆纹上压蚕蛹形绳纹块者，可以肯定地认为有这类风格者的文化遗存有朱开沟文化三段（少）、东下冯二里头文化等（晚，较多，这一风格应来自晋中附近龙山文化，不过目前在这些遗存中尚未见到明显蚕蛹块状者）。另外，我们还注意到二里头文化一期的花边罐造型除有来自齐家文化者之外，尚有不少形类客省庄二期文化，也有少数形类时间相当的朱开沟文化，像二里头ⅡVT104⑤：7与朱开沟三段H1064：3。注意，客省庄二期、齐家文化中有的花边圆腹罐饰篮纹，有的有桥形耳。另外我们发现，如果以秦魏家南墓地三层的墓葬时代作为客省庄二期文化与齐家文化的分界，则从齐家文化中期开始，花边圆腹罐覆沿全压者数量锐减，宽边的压印者数量变化不显，像客省庄H4：24、桥村H4：23等一类花边圆腹罐（蔡家河遗址也有），在齐家文化早期仍然存在，像师赵村七期T317：6、皇娘娘台T11：3等，而绝大部分全变为近口沿有一周附加堆纹者、斜方唇外侧压印者或沿端有压印小錾者，目前仅见桥村H4等极少数的所谓例外。实际上，这有可能是该单位延续时间较长使然，或其中的鬲之底的特征与其时的斝有关。至于矬李遗址的花边罐（75～76H22：31），据了解是群众取土时发现的，该遗址又有出土这类器物的晚期地层，所以值得怀疑。根据各类花边罐的造型纹饰、花边风格、共存关系、时代早晚等方面分析，我们可以认为，新砦二期晚段偏晚单位或新砦二里头早期的部分花边罐（存在于2000T6⑤b～⑥层中者），主要风格应来自客省庄二期文化偏晚阶段或齐家文化早期阶段，下王岗龙山文化可能是主要媒介之一。新砦遗址更晚层位（三期）中所出花边罐除早期遗留外，大部分具有齐家（中晚段）、朱开沟、二里头文化的风格。二里头一期的花边罐造型及花边除来自齐家及朱开沟文化者之外（像二里头ⅡVT104⑤：17与秦魏家M86：1，二里头ⅡVT104⑤：18与朱开沟文化三段M2008：1或H1064：3造型均类似，花边风格受朱开沟文化有关器物的影响特别是陶鬲的影响多一些），主要造型应是来自于新砦遗址或新砦类遗址，而非直接来自时代早于其的客省庄二期文化。二里头一期花边压蚕蛹绳纹块者来自朱开沟文化三段较可信，沿有压印小錾及褐红陶胎的主要文化因素应渊源自齐家文化。综合起来就是新砦2000T6⑤b～⑥层的花边罐年代早于二里头一期的花边罐。认识这一点极为重要，它是我们目前判断新砦二期晚段有可能早于二里头文化一期的不可或缺的重要论据。同时也说明，这些层位应单列一段，或也可归到新砦二期晚段。我们在此再次强调，上述论证的结论必须以这类花边罐的花边风格在中原地区基本不具有地域性或地域滞后性为前提。

（3）新砦二期晚段的甑与二里头一期的甑孰早孰晚，大家可能会找出各自的论据。认为二者同时者，可能会找出以下论据：①不在器壁上挖较多孔的大孔甑，在石家河文化（包括青龙泉三期遗存，淅川下王岗所谓屈家岭二期有个别例外）、河南龙山文化驻马店杨庄类型、王湾类型，甚而是郝家台五期中均存在，二里头一期的甑可能与它们关联。②二里头一期的甑很多为斜腹小平底的盆形，少数还有小假圈足，而这类盆形器广泛存在于安阳后岗、磁县下潘汪、任丘哑叭庄、密县马家（数量少），甚而是辽宁建平水泉（应来自其南方）等龙山文化晚期或夏家店下层文化极早期遗存中，二里头一期的这类盆形甑可能是由这类盆形器发展而来的。③在煤山70H3、75H30这类可能属于新砦二期晚段的单位中就分别出有这种斜腹盆（或甑，残不明）和斜腹甑。④被认为是新砦二期重要器类的深腹盆形甑在渑池郑窑二里头文化一期中同样存在[15]。但是：①上文所论的不在器壁上挖孔的多大孔甑，时代多较早，与二里头一、二期不易衔接。像石家河文化中的这类甑多属石家河文化早中期，并且多带小圈足，王湾类型的这类甑存在于早期，晚期有小圈足，并且数量很少，制作也不规范，郝家台五期的那件甑，杨庄类型的此类甑在郝家台新砦期遗存中有发现，不过这类甑造型与二里头类型者的关联性弱于新砦类甑的造型与二里头类型者的关联性，有可能与二里头有关。②如果二里头一期的斜腹盆形甑确来自于磁县下潘汪等龙山文化遗存晚期，则表明其时代确也可能较早，不过，我们在伊洛地区与二里头一期类遗存有密切关系的新砦二期早段遗存花地嘴遗址中发现过这类盆，这表明二里头一期的这类盆形甑造型可能来自于本地区，虽然本地区这类盆的早期渊源在北方。③煤山70H3[16]的时代不易定论。因为其中的深腹罐特征既近于二里头一期，又似有郝家台新砦期遗存此类器物特征（注意，这是郝家台新砦期遗存的地方特征）；煤山75H30中的斜腹盆形器，在原报告认为的煤山二里头文化一期中不少于2件（75H30：8、75H30：9），均残，如果它们之中有的为甑的话，甑底可能不类70H3，因为同在此期，发现过在器底及器壁上均有孔的残甑片（75H1：10），不过，这种认识只是推论。④渑池郑窑的二里头文化一期（应为二里头一期晚段，其测年不确）出有典型的新砦二期晚段甑，并不一定表明二里头一期同时于新砦二期晚段，那些甑（不多于2件）可能是早期的遗留，因为不仅在花地嘴一期、新砦二期晚段，就是在晚于新砦二期晚段的新砦地层中也有这类甑的存在。

（4）新砦二期晚段还有相当一部分器物，像有的澄滤器、钵、尊形瓮、平、圜底盆、陶鼎、子母口或双耳圜底罐、小折肩罐等，与二里头文化一期有很多特征是基本一致的，不过，这并不说明两者时代相同，这是因为：①这些看似相同的器物，实际上多具有时代的区别，像二里头一期的尊形瓮（数量不多）普遍肩变窄，领下角度多大于90°，内收小平底现象减少；小折肩罐数量变少，高领者多，有的纹饰不太清楚（特别是饰篮纹者）；器盖纽尖顶者多，平顶起台阶者少，折肩较直者少；圜底盆中出现宽圜底者（该类器的渊源是石家河文化）；陶鼎足的位置偏高者多；少量的厚胎钵基本不敛口而类似碗，数量少；深腹盆形甑鼓腹不显，内收较早。②从某一件器物看，似不易判定其是否晚于新砦二期晚段，但是从其共出物或参照相关层位中的出土物可看到其时代确实偏晚。像稍柴遗存H20中所出的鼎（H20：46、H20：59），初看这两件器物，将其归到新砦期亦未尝不可，但是与其共出的矮沿深腹罐（H20：47）、斜腹盆形甑（H20：10）却表明其时代可能较晚。当然，稍柴H20是传统意义上的二里头文化中的最早单位之一，它很可能横跨了新砦二期晚段或及二里头一期。③对于那些不易区分早晚的器物，只要不是反复出现，我们也不必过分计较，因为临近两个文化和两期的器物形态之间，“常常有并存或交错现象”[17]。④花地嘴的新砦期早段偏晚遗存与新砦遗址二期晚段的关联远密切于其与二里头一期、稍柴一期（以H20为代表）的关联，新砦遗址二期晚段很像是花地嘴的新砦期早段偏晚遗存、二里头一期、稍柴一期的中间环节。二里头一期有少量的典型新砦址二期晚段器物像子母口式鼎、“V”形鼎足等有助于说明这一观点。当然，我们不排除可能存在的地域性从而将上述多数情况视为类型或亚型之别，但是新砦遗址二期晚与二里头一期虽各有地域性特征，但不能从本质上影响时代判断，就像新砦遗址三期早段与二里头一期仍各有很明显的地域性特征，但两者有可能同时一样。具体内容详见下文。

（5）隋裕仁先生在前引一文中认为新砦期（实际是新砦二期晚段）与二里头一期同时的重要论据是：在洛阳矬李遗址、煤山遗址之中在河南龙山文化晚期与二里头二期之间只有“新砦期”，“再没有其他的堆积了”。事实是否如此呢？第一，笔者以为，洛阳矬李遗址第四期不易定为隋先生所指的新砦期，因为它的面貌与新砦遗址第二期、煤山遗址所谓二里头一期的所谓共同特征，有可能是有时代区别的，并且第四期出现了一些二里头一期的典型器，特别是直腹碎花素面矮领窄肩瓮（矬李75～76H5：4），极类洛阳东干沟二里头文化一期者（T506④下：4）[18]，带小錾的圆腹罐（75～76H5：6），根据目前的材料，在新砦二期中绝难见到。在矬李遗址出现新砦二期这一缺环，在考古学中应是很正常的。第二，隋先生认为在煤山遗址也无二里头一期类遗存（这是有别于其所指新砦期的，虽然其认为二者是同时的），但是据笔者所知，至少在《临汝煤山遗址1987—1988年发掘报告》[19]《河南临汝煤山遗址调查与试掘》这两份材料中可发现较为典型的类似二里头文化一期的内容（其与二里头一期面貌至多属于类型区别）。在《临汝煤山遗址1987—1988年发掘报告》中的T③层，其纹饰中方格纹虽然仍有一定数量，但是绳纹已显著增加，三者比例基本为：篮纹占51%、方格纹占23%、绳纹占26%，一改过去新砦期以篮纹、方格纹为主的状况，颇类新砦2000T5⑤a（其有可能属于二里头文化一期），尤其是其中所出的深腹罐，有的沿已很窄，又呈软折（T3③：14），圆腹罐沿端已有小錾（T3③：8），这些都是二里头文化一期的典型特征。在《河南临汝煤山遗址调查与试掘》中，其第二期有学者是将其视为新砦期的，然笔者认为尽管其中的圈足盘（H3：20）、小足鼎（H3：12）等颇具新砦二期晚段风格，但是仍与新砦二期晚段同类器有所区别，尤其是那件圈足盘，联系到王油坊、新砦、吉利东羊村、二里头等遗址中的这类器，我们认为该型平盘底的圈足盘盘壁外倾乃表明其时代较新砦二期晚段为晚。同时，在二里头一期，并非不存在这类小足鼎，只不过数目极少见。特别需要指出的是其中的深腹罐（70H3：13），平窄沿、方圆唇、软折、略圜底的特点正是二里头一期常见的罐之特点，再者，那件斜腹盆形甑（70H3：19）也是二里头一期常见器，该二期又是以篮纹占绝对多数的。综合判断以该单位为代表的这个煤山二期有可能属二里头文化一期。上述的论述说明在煤山遗址存在与二里头一期可划归一个文化的并与其同时的遗存。第三，在煤山遗址不仅存在有二里头文化一期类遗存，而且存在有新砦类型的遗存，像《河南临汝煤山遗址发掘报告》[20]一文中的所谓二里头文化一期，其中至少有75H30、75H70、75H64、75H9、75H92、75H13、75H7、75T22②、75H38、75H15等10个单位可以划归新砦二期，其中75H30、75H9可代表偏早的单位，相当于新砦二期早段，75H64、75H70可代表偏晚的单位，相当于新砦二期晚段。综合上述几点论述，我们认为在煤山遗址是有可能存在着相当于新砦二期早段—相当于新砦二期晚段—二里头文化一期这样的考古学地层序列的。另外，退一步讲，即使新砦二期晚段与二里头一期同时，在上述遗存中至少也应存在"新砦二期早段—相当于新砦二期晚段"的层位关系，而不似隋文所言该遗址没有新砦期，这里是需要特意说明的。

至于李维明先生的观点，我们认为，根据新砦及相关遗址的有关材料，我们无法予以支持。除本文的其他证据、新近方酉生先生[21]及赵春青博士（赵春青博士近有多篇作品，详参近时《中国文物报》《中原文物》之作，兹不赘引）所提的反证之外，我们这里再就着李维明先生《二里头文化一期遗存与夏文化初始》一文简举几例：承上文言，笔者断定新砦二期早段肯定早于以二里头一期为代表的任何遗存的二里头文化一期，而在李文中，其却被同时于二里头ⅡVT104⑤、ⅡVT116⑥、ⅡVH105等单位；即使按李文观点，李文将ⅡVT104⑤——这是李文中将二里头一期分为两段的唯一一组地层关系中的一个单位——属于二里头一期2段，也明显与李文的总观点——新砦期遗存属于二里头文化一期早段——存在明显的矛盾；最接近新砦二期晚段的二里头ⅡH216、ⅡVH105在李文中却又分别被列入二里头一期2段及1段；另外，李文对二里头一期类型的地域表示图也因花地嘴新砦期遗存的发现和位置而需要调整。顺便指出，李文所引新砦1999HXXT1H147：8，原简报命名有误，应为小足鼎，其实即使是罐，二者也无太多可比之处。

（6）在早晚关系的判断过程中，大家都自觉不自觉地运用过外来元素集中法，即将两者来自同一区域或同一文化，甚而同一类型遗址的文化元素"返回"到其典型的遗存中去，根据其之间的早晚由此及彼。运用此法于新砦二期晚段及二里头一期早晚关系的研究时，大家最有可能注意到山东龙山文化及造律台类型龙山文化，并有可能发现，排除在河南龙山文化（特别是郑洛地区）、新砦二期早段中有所发现并因而有可能是二里头一期及新砦二期晚段的早期形式来源的这些器类或器物，新砦二期晚段来自这一区域的主要是圈足式盖纽器盖（河南龙山文化中虽然有此类盖纽，但是从其所属的器盖看，造型多与新砦二期区别明显）、折沿浅直腹圈足盘、直壁折肩小型器盖、浅腹瓦足皿等。二里头文化一期（以二里头一期为代表）来自这一区域的元素，主要是圆腹鼎以及高领壶、舌形三足盘等。新砦二期晚段上述各器分别相当于王油坊[22]类型中层、上层（尤其是其中的H21，与新砦二期晚段时代文化面貌关系非常密切）、山东龙山文化晚期或偏晚；二里头文化一期者其中的圆腹鼎最近似王油坊中层的Ⅳ式（T29③：13），高领壶最近似上层的同类器（T24③B：7）、舌形三足盘的三足在山东龙山文化中相当于其晚期。除了因山东龙山文化是三足皿的重要土著产区、鲁西的三足（或四足）皿在晚期有向深腹演化的趋势、二里头一期主要来自于后岗二期龙山文化的"C"形足三足皿与舌形三足皿共存等原因，从而可认为新砦二期晚段三足皿时代相对较早并因而可认为新砦二期晚段可能较早外，从上文讨论的其他器物来源在王油坊报告中所属的层位来看，无法较易得此结论，甚而二里头一期似有早于新砦二期晚段的可能。实际上，二里头一期早于新砦二期晚段的可能性是不可能存在的，因为：①目前无论是从考古实际还是大家的公论，新砦二期晚段绝不会晚于二里头文化一期，甚而是对于一般的具体单位而论，尤其是我们有相关的地层学依据。②单从某一具体的器类或器物而论，不易令人信服。③文化传播过程中尚有一些很不确定的因素。④相关遗存的分期有可能尚需调整，从江苏兴化南荡[23]、河南辉县孟庄[24]等东北、东南、豫北具有或强或弱的王油坊类型龙山文化元素的遗存看（有学者认为这些元素在当地的出现，是造律台类型龙山文化晚期因水灾等原因而迁移造成的，实际不确，因为据笔者的看法，这些元素均是王油坊类型中期的，应是其外征等原因而出现在周边地区的），王油坊中层的有些单位可划归晚期，晚期也可分组，像H27、H43、H5等单位，时代可能偏晚，其中H43：22的"杯"（实类新砦期的折沿圈足盘一类器物）可能是目前所见诸多相关龙山文化材料中最近似新砦二期晚段者的。有关学者认为王油坊类型应划两期的观点缺乏论据，关于此，我们也可从河北龙山文化哑叭庄类型中得到阐释。⑤有些器物在不同的时空可能会有不同的演化节奏。

（7）河南密县黄寨遗址[25]是一个含有典型新砦二期晚段及二里头文化二期的遗存，其中并未有一期遗存。有些学者可能会认为由此可以推测出新砦二期晚段可能与二里头一期同时。笔者以为，大家如果对花边罐有所研究的话，当可较肯定地认识到，黄寨二期早段（以H6为代表）应晚于新砦2000T6⑤b～⑥层，并且从其器物整体面貌看，也肯定晚于新砦2000T5⑤a层（估计相当于二里头文化一期）；黄寨一期的代表单位H2，虽然纹饰有的较浅，沿端有些变薄者，又出现一定数量的绳纹（这是新砦二期晚段偏晚者的特征之一），但是仍以篮纹、方格纹为主，未见圜底器，其中的深腹罐等沿直立也不很明显（新砦二期晚段偏晚者，深腹罐等沿直立较显者渐多），从其总的特征判断，其应相当于新砦二期晚段，而从新砦遗址看，明显有一些遗存（新砦三期早段以2000T5⑤a为代表）早于黄寨二期早段（以H6为代表，H6又显然属于二里头文化二期），同时晚于新砦二期晚段，并且新砦三期早段具有一定二里头一期特征。由此我们可以推出：这类早于黄寨二期早段同时晚于新砦二期晚段的一些遗存有可能相当于二里头文化一期。不过，新砦2000T6⑤b ~ ⑥层的材料毕竟来自地层，其可靠性尚需进一步证实。另外，在新砦也确有一定数量的绳纹、篮纹遗迹（新砦三期早段）叠压新砦二期晚段单位的情况存在，特别是其中的深腹罐饰绳纹者不少，篮纹虽有一定数量，但有的有退化现象，较少的方格纹也有此特征，花边罐的花边、有些深腹罐的外形等也具有一定的二里头一期特征，而且此类遗存与新砦二期晚段的文化面貌联系也相当密切，这说明新砦二期晚段有可能早于二里头一期。

（8）在河南荥阳竖河遗址，据现有的发掘材料，在新砦二期早段与二里头类型一期之间无新砦二期晚段，在偃师二里头遗存就现有材料发现过一例二里头文化一期地层叠压一袋状坑（ⅡT210H227）的情况，这类材料会不会成为反证呢？笔者以为类似前者的状况在其他地方发现不多，因而重复率很低；类似后者的状况在二里头遗址也很少见，而且该单位篮纹似乎不少，与新砦二期晚段特别是伊洛地区的新砦二期晚段比，明显显示出新砦二期晚段的纹饰风格来，再结合其袋状造型、新砦二期晚段的遗迹形态及其上第7层为二里头文化一期的情况看，认为其有可能属于新砦二期晚段的判断不无道理。这倒证明新砦期二期晚段有可能早于二里头文化一期。

（9）相关的测年数据与考古学研究的结论似乎不符。关于这一问题，笔者认为如果说不符，主要是指新砦二期晚段。豫西龙山文化晚期目前的测年结果大家比较公认的是接近公元前2000年，从非滞后的特别是同一地区或遗址的考古学实际面貌看，新砦二期早段与豫西龙山文化晚期之间绝对不会再有缺环，这当可说明“近前2000年”应是“新砦二期”早段的上限。又承前诉，“新砦二期”可依从考古学实际面貌再分为两期，参考有关测年数据的早晚间隔值可知，两期概跨100年。我们这样认为是因为，假设测年的绝对值不理想，但是其相对值是可用的，因为一般出现这种情况是系统误差，这样一来，“新砦二期”晚段的年代大概是与夏商周断代工程公布的二里头文化一期早期数据接近的。不过，我们也非常清楚，几十年的出入虽然在理论上是可以排除的，在对系列的或特别理想的样本像完整的有明确年轮的炭树测定时亦可达到相当的精度，但是即使如此，有关标本埋藏前后的情况也会使这些数值不一定反映其所在单位的真实年代，何况，我们在有关“新砦二期”及二里头文化一期的测年中还未获用过这样的珍贵标本。所以，在目前情况下，“新砦二期”晚段与二里头文化一期的早晚关系单从测年的角度实在是不易获得结论。不过，有关的测年结果，确是笔者有关二里头一期晚于“新砦二期”晚段的这一看法具有一定倾向性的原因之一。注意，经笔者请教仇士华先生知，所谓的二里头一期所测的开始时间并不像学界广泛引用的1900年或1880年，而应为“不超过1880年”，我们不可对他的意思错误理解。

（10）我们在前文中认为“新砦二期”晚段总体上早于二里头一期，但是，我们这里尚需再就地域性的有关问题略加强调。

1）虽然在距离二里头不远的地方发现典型新砦二期早段遗存非常有利于排除二里头一期与“新砦二期”晚段之别仅为地域性使然，但是严格而论，不排除此地为接近两种类型界线的区域。尤其是此地的“新砦期”遗存属于新砦二期早段，并且此地的“新砦期”遗存与二里头一期遗存承上文所论，在有些方面还有相当的关联，我们觉得，不应绝对排除二里头一期主要是承新砦二期早段新砦型花地嘴亚型的一个具有某些突变特征的个体。

2）就具体的器物来看，新砦期的深腹罐，越晚立沿越明显，这一风格一直延续到新砦三期，而二里头一期深腹罐立沿多不明显。在新砦三期中，仍然存在所谓新砦期早晚段的典型器像子母口式瓮、子母口式鼎、附加堆纹瓮、平顶器盖等，而这类器物在以二里头一期为代表的二里头文化一期中很少见或不见。

3）在新砦等典型的新砦期遗存中，在新砦二期晚段的遗迹之上确曾发现篮纹、绳纹有一定数量的遗迹，这些遗迹无法完全排除其有可能属于二里头二期早段。

4）早期新砦类遗存、新砦亚型或早期二里头文化新砦亚型（包括新砦三期和稍晚层位）和二里头类型各自确实具有相当的地域性，但是我们不能因此将其作为新砦二期晚段与二里头一期类遗存同时的绝对依据，有关的理由十分简单。

综上所述，我们认为“新砦二期”晚段略早于二里头一期，但是不排除二者有所重合。

五、“新砦期”遗存的地理分布及地域性

关于新砦期遗存的分布，有的学者认为主要在嵩山、万安山以南，包括汝河、颍河流域，有的认为与王湾或煤山类型大体一致，其中李德方先生认为基本不到郑州左近[26]，种种讨论均有一些有力的依据。然笔者以为，在目前这类遗存发现较少，新砦期又可分为狭义、广义及王湾、煤山等龙山文化类型或范围划分尚有争议的情况下，还是以仔细指出其分布的地点为佳，这也有利于我们准确地解决一些问题。赵芝荃先生曾做过这样的研究[2]，这里笔者予以补充。①包括新砦二期早、晚两段的遗址主要有密县新砦、禹县雀庄、郑州牛砦、郾城郝家台等（郝家台遗址简报的五期少部分及六期一部分，这对郝家台古城而言有重要参考价值。相关材料承蒙曹桂岑、杨肇清二位先生惠允详观），可能只含新砦二期早段的遗址有巩义花地嘴、荥阳竖河、郑州北二七路[27]、禹县瓦店（断代工程T4④、T3F4）[28]、郑州马庄[29]，马庄的早段单位仅见1例66T2H3

（未发表，现藏于郑州市博物馆），其中马庄可能还有晚段遗存，沈丘乳香台[30]似也可纳入其中，沈丘乳香台具有一定的后石家河文化气息。另外，在罗山县擂台子遗址[31]发现少量类似新砦二期早段的罐及盆，估计这是新砦期中心的影响所及，新砦期的南界距其不会太远。其东界显然包括被有关学者否定的郑州左近。另据闻平顶山蒲城店也发现了新砦期遗存。②只含新砦二期晚段的遗址包括密县黄寨、伊川崔庙，洛阳东干沟有少数单位，像T524③可能属于新砦二期晚段，但其仅发表了1件器物：折肩堆纹瓮（T524③：1），该遗址早期又是以篮纹为主，其他纹饰较少，似乎说明其可能归于二里头文化一期。③王城岗遗址的五期或四期中某些单位从线图看有些类似新砦二期，但是发表器物太少、不典型、不易判识，但从实物观察，这些单位应早于新砦二期。临汝柏树疙瘩有新砦期遗存[32]，早晚似均有，但是器物太少，无法详论。至于淅川下王岗的所谓龙山文化阶段部分单位，应划归相当于新砦二期的时段。④另外，在伊洛地区有可能发现时间上相当于新砦二期晚段的、面貌上与花地嘴一期和二里头一期均有相当关联的遗存，其面貌应近似稍柴H20，在郑州近东也有可能发现新砦期遗存。

检验上述有关遗址的材料，我们发现新砦期的文化面貌不具有地理平面均质化特征，其本身尚可划分类型。其中，以密县新砦、郑州牛砦、巩义花地嘴等遗址为代表的一类遗存，多见花边鼎足、附加堆纹瓮、子母口式器、折壁器盖等器，半地穴式的房子也不少，其所在的区域可划为新砦类遗存的一个类型：新砦类型。其中以花地嘴和新砦为代表的两类遗存，虽有一定的共性，但也有一定的个性，像花地嘴遗址一期中的横水波纹、带耳坠的鼎足、座面起台阶座端内毚的豆座、捏制粗犷的花边鼎足、砂质胖袋足器、长颈深腹罐等器在新砦及其附近的马庄、牛砦等遗址中少见或不见；同样，新砦二期早段的圆锥形、“V”形穿孔鼎足［山东龙山文化和巩义神北、临汝煤山、均县乱石滩、豫东造律台类型等龙山文化中均发现过这类“V”形穿孔鼎足。其中山东龙山文化特多，新砦这类鼎足的元素更多的是来自此时的东方。这两类造型与新石器时代早期的陶支脚或鼎足（像在河北容城午方早于后岗一期的遗存）及仰韶时代的鸭嘴状等形制的扁形穿孔鼎足具有明确的渊源序列关系］、深盘豆、双腹豆、细泥条装饰盉（渊源自邓州等地的石家河文化，直接来自淅川下王岗地区、大寺地区）、具有良渚文化风格横剖面呈“T”字形的鼎足（山东龙山文化中也有发现）、风格众多的各式器盖等均不见或少见于花地嘴遗址，花地嘴遗址在新砦二期早段的时候袋形灰坑比例可能也小一些，还出现过一些方形灰坑及方形或方形与圆形相组的半地穴式房子，两者拥有石、蚌器的比例也不一致。所以可再将以新砦及花地嘴为代表的两小类遗存，再分成两个亚型：新砦亚型、花地嘴亚型。

主要在嵩山以南的新砦期遗存中，不见或少见新砦类型中的子母口式瓮、琳琅满目的各式器盖（多来自造律台及山东）、“U”形麻花耳（来自山东龙山文化）、双腹豆、簋式豆等因素，而以与新砦类型相似的澄滤器、子母口式钵、高领罐、厚胎碗等出自豫西地区龙山文化的器类为主，而且越往南去，其龙山文化的特征越浓，明显有某种滞后特征。这与以新砦为代表的新砦类型有所区别，可命名为煤山类型。至于以煤山等为代表的这类遗存能否再进一步亚型化，尚需讨论。

另外，以淅川下王岗的所谓龙山文化阶段部分单位为代表的遗存，待材料丰富以后，或也可划为一个类型。

六、"新砦期"与相关重要古族史问题

关于新砦期与相关古史的关联，主要有以下几种观点：①新砦期（实指新砦二期晚段）与禹启[26]或新砦期与禹时之晚段至仲康前一阶段对应[10]；②新砦期与启对应[33]；③新砦期与后羿、寒浞相关联[34]。

当然，有些既承认新砦期（与二里头一期同时或早于二里头一期），又对后羿、寒浞代夏与二里头文化的关系有已见解的学者，其关于新砦期与古王时代对应的看法可从其相关论点中推论而出，我们在下文将有所涉及。笔者有关这一问题的观点类第三种，不过需要特以准确说明，即新砦期仅指狭义者，也即新砦二期早段，此期包含了后羿、寒浞代夏时代，当然其代夏之前在中原活动加强的时段亦应在其中。为详细论证我们的观点、避免以偏概全以及因为这一问题过于复杂，我们必须阐明一系列问题以作论据。

（1）新砦期出现的原因包含政治、军事因素。新砦期比之于豫西龙山文化，已发生了相当程度的变化，开始步入广义二里头文化时期，而其时的其他地方尚多处于龙山时代（辽宁建平水泉等遗址可能已到达夏家店下层文化时代），为何主要在以环嵩山地区为中心的地域发生了这样的文化变迁呢？环境变化有可能是一个原因，但不太可能是主要原因，因为由环境变化而导致的文化变迁范围不可能太小，这里面很可能有政治军事原因，因为这一原因的影响在初期范围往往有限。我们注意到在新砦二期早段，尤其是在新砦亚型的小范围内，突然出现或较当地龙山文化明显增多了一些东方（意为包括豫东等地的大东方）文化因素，像青铜鬶、树叶状符号（新砦2000T4H53：21，城子崖遗址有发现）、单目符（即牟族族徽，牟族曾居住于莱芜、密县、二里头、三星堆等地）、圆锥形的穿孔鼎足、"V"形鼎足、花边鼎足、子母口式器（有些子母口式器来自于王城岗、乱石滩、本地的龙山文化）等。尤为值得提出的有三项。第一是单目符。我们知道单目符造型与东方（包括湖南高庙文化区以东等地）早期先于中原盛行的北斗星、极星神（准饕餮）崇拜等方面的精神文化是分不开的，其在此时中原地区的出现应表明与之紧密关联的笃信北斗星、极星神的人群有可能有些在此时来到中原。"东西方"在此以前多年的来往，北斗星、极星神早已在东方存在，这些高级别的精神文化在中原地区虽然也有些存在，但是其表现模式却与东方有较大区别，特别是东方的表现图案和载体基本未在中原特别是豫西发现，目前仅在豫东濮阳西水坡、巩义八卦台及晋中南发现过相关的遗迹现象，并且时代较早，为仰韶文化晚期，这是颇耐人寻味的。第二是关于墓葬方面的问题。在新砦期早段发现的少量墓葬中，随葬品中不少恰为典型的

含东方元素的器物：子母口式的附“V”形、穿孔形足的鼎，这显然表明墓主或其所在人群的风俗与东方有关。第三是青铜鬶。这类铜器，仅在《西清古鉴》[35]中有一图，这件的外形及所饰条纹的风格非常接近山东中东部特别是潍淄地带龙山文化中的同类陶器，学界有人认为其流具有夏家店下层文化或二里头、南阳穰东等地的二里头文化之风格。实际上，这种风格的流在良渚文化中就已出现，在龙山文化少量鬶上也稍有体现，而就现有的古史材料，这里正是后羿、寒浞的主要活动地域。这种在小范围内突然出现或明显增多含有东方文化因素的常用器物及高级别的精神文化产品的状况，特别是像准饕餮等与猪相关的北斗星神崇拜、尚用青铜鬶这种特殊器类等具有一定地域性风格的状况（尚用青铜鬶的地域性尤其狭窄），很自然地让我们将其与早期夏史中的后羿、寒浞代夏事件相关联。这里必须强调的是，学界也有不少反对后羿、寒浞代夏事件存在论者，他们最为经典的论据为：那些东方因素早就传来了。于此，需要说明的是，我们并不否认更早的时候，东方因素曾经西来，实际上，即使是一个非专业的学人也不会对相邻文化经常有来往的现象感到奇怪，但是我们必须看到：首先，原在豫西龙山文化中存在的东方因素，新砦期时的造型大多已有明显变化，尤其是数量开始剧增。其次，在豫西龙山文化中原来不存在的东方因素，新砦期时也已开始出现。再次，东方因素虽然在整个器物群中并不占优势，但是，这并不能成为后羿、寒浞代夏事件存在论的反证，因为，一方面，在“依夏民以代夏政”的时局下，不太可能出现东方元素到处充斥的现象，另一方面，我们必须看到在这些元素中有的具有相当级别，特别是其中有关风俗习惯信仰的东方元素也突然出现在新砦期中，并且极其显眼，所以，我们不能仅看数量而忽视层次。最后，相当一些区域的确凿历史事件在考古学上并未反映出明显的文化变迁之状况，虽然在一方面说明我们在做相关论断时不可随意，但是，另一方面，也可说明如果在考古学上表现出了一定程度的文化变迁，当表明在历史上确可能发生过有关重要之事，特别是对于在信仰等高级考古学文化因素方面发生文化变迁的情况。

（2）承前文言，关于后羿、寒浞代夏问题，学界论述颇多。最近，郑杰祥先生就李伯谦先生的有关论断[36, 37]提出了自己的学术看法[38]。笔者以为这一学术观点似可商榷。

1）①该文言《楚辞·天问》中的“夷羿”之“夷”作西夷解，实际上其所引论据的可用性并不优于认为其为东夷人的论据，并且其用来说明羿为西来者的重要论据多属传说。用该文的话说，就是“神话传说中的后羿多活动于西方”，而且“夷”字之争议颇多，郑光先生在《说夷夏·论皋陶》的论文打印稿中提到了很多材料尤其是在《淮南子·本经训》[39]中言羿与凿齿族战为尧时期。另外，即使是神话色彩很浓的文献，也并非均言羿自西来，像《山海经·海外南经》[40]《淮南子·本经训》等明言羿与凿齿等族战于寿华之野等东、南之地，我们之所以认为寿华之野为东南之地，除学界的以往论据外，还因为在这些地区早期的文化中，“拔齿”现象较常见，非常符合凿齿民的特征。东南、桂南（著名的桂南石铲应为北斗神）及古荆州等区域中的玉北斗神的猪齿特征、金文中的有关族徽也有助于说明凿齿的内涵。还有，《楚辞·天问》中的"阻穷西征"[41]如果确与有穷氏有关的话，则从上下文看也应将"西征"作向西而征解，顾颉刚先生亦赞成此解[42]。至于为何会有文献言羿在西方之事，如果细读有关天文神话和历史地理的相关古籍，这个问题其实很容易解释。我们知道，这些古籍中昆仑的地望，绝大部分学者从文献的角度认为在中国西北，笔者近来根据太谷白燕龙山文化早期的F504"北斗·天分九部图"（与地之九州相应分野，并反应天倾西北）从考古学上更是首次证明了这一点，而昆仑三重（级），这与良渚文化祭北斗坛、弗利尔玉璧北斗祭坛刻符、好川墓地及陵阳河大汶口文化北斗祭坛形玉片、大汶口文化中众多的陶尊北斗刻符内涵极其一致，即其为表示极权极尊等内涵的帝台（帝之下都）、太一台、北斗台等，刻有代表北斗的主要圆圈的弗利尔玉璧刻符、吉拉斯玉琮刻符、成都金沙玉琮刻符等是更确切的证明。据笔者研究，三级为这类台、天梯（三星堆三层神树、济源汉代三层桃都树均可作此用，像《礼记·郊特牲》中国君居于三层台等文献也可作确凿证据）之常制，七级少见，晚期有十二、九等极少数例外。这类台有众多奇异之物，尤其是有不死之药，是各方神人神灵常到之处，像在昆仑区中，据顾颉刚先生辩证，除所谓夷羿之外，尚有夸父、轩辕、老童、冯夷、少昊等各方王、帝[42]，所以，尤其是神话中的羿在此出现实在是不足为奇，《淮南子·览冥训》[39]中有关羿向西王母寻不死之药的神话更说明了这一点。昆仑此时已为上应北斗之灵的天下之中，与众多文献所言及的天下之中、帝台的位置及天倾西北之认识是何等相符！注意，学界以往多将上述这类图案特别是尉迟寺JS4：1一类释作文字、飞鸟太阳五峰山，实则不确，尉迟寺T3828：1为这类解释提出了有力的反证，因为其正是尉迟寺JS4：1等所谓飞鸟太阳五峰山一类图案与陵阳河大汶口文化M7、M17中所出一类图案的中间造型，陵阳河大汶口文化M7、M17中所出一类图案为与北斗有关的图案无疑，则所谓"飞鸟太阳五峰山"亦应表示北斗图案，可称为"北斗·三级坛（山）图"。当然，这些图案中有的因太阳与北斗有密切关联的原因，因而用太阳的一些原理也可以解释通顺，但是笔者认为原作者是意其为斗的，就好像以北斗为天盘中心的六壬式栻盘起盘时，却一般以太阳为"月将"一样。另外，其时有穷在西的系列说法也不妥，除了罗苹[43]、徐旭生[44]等批评杜预注"单武公、刘桓公败尹氏于穷谷"时认为穷谷在西郡删丹观点的有关理由外，上文有关天文地理神话的分析同样适用于本问题的理解。②该文认为"鉏"地应在临近黄河的泾、渭等地，如果"鉏"在河南濮阳附近的话，与夏王相之东奔有矛盾。笔者以为单就目前的相关文献而不同时伴之以确凿的考古学证据，是很难说清楚此"鉏"地是或非彼"鉏"地的，即使单言文献也会有其他合理新释。同时，羿、浞之时，据《太平御览·卷八十二·皇王部·七》引《帝王世纪》："帝相即位，元年征淮夷，二年征风夷及黄夷"，又引《书》曰："惟仲康肇位四海，衡征命掌六师，仪、和。"[45]《后汉书·卷八十五·东夷列传·第七十五》注引《竹书纪年》："后相即位二年，征黄夷，七年，于夷来宾。"[46]这类似与后相居地不相符的状况并不能否定有关相在东方活动的记载，笔者以为文献中的这类说法，完全有可能是羿、浞实行历史上屡见不鲜的“挟天子以令诸侯”的征战行为的反映。③该文有关考古学方面证据的论述并不可靠。首先，二里头二期中的东下冯类型之典型元素，像鬲并没有“流行”，少量出现完全可能是地域间文化交流而形成的。其次，二里头文化二期流行绳纹，基本上是自身各类型发展的结果，从新砦期开始到二里头二期，绳纹是逐步增加的。只是有的类型或遗址绳纹略少而已。再者，从地层学和类型学上可证明二里头二期主要是由一期自身发展而来的，而不似该文所言的那样：二里头二期文化产生，是由东下冯类型的固有因素改造或融合了二里头一期文化的结果。最后，二里头文化二里头类型并非是从二期才发现具有晋地风格的陶器的，早在新砦二期及二里头一期时就有发现。像近菱形陶铃（岱海地区十分常见）、花边罐及双鋬甗等，双鋬甗的传播途径可能经过豫北。

2）实际上，除我们在上文及将在下文要谈及的观点尤其是重要的考古材料可作为该文观点的反证以外，还可找到一些其他有利论据。①学界早已根据《史记·楚世家》《长沙子弹库战国帛书》《包山楚简》等较可靠的文献，得出楚人自认来自东方的祝融为其祖先之一，楚地很多墓葬的头向也说明其族源自东方，众多民族学资料显示，墓葬的头向较多地重复之方向可能与民族的来向相同[47]。②大家熟知的湖北随州曾侯乙墓的漆箱上绘有明确的后羿故事图，湖南常德德山夕阳坡2号墓竹简中有“步羿”一职[48]。这似乎可从楚地官名看出其地与后羿确有关联，否则族源在东方的楚贵族为何会如此地信仰这一东方之神呢？③另外，“齐”字的古文造型与箭有关，又齐地在周初之姜尚封齐之前，这里已建立了名“己”的土著国家，罗振玉、郭沫若、叶玉森、王树明等学者[49]均认为“己”与“彤弓素矢”造型有关，“齐”又常常作为东方的代表，“彤弓素矢”传说又是后羿所持，并为曾侯乙墓有关漆画所证，这种联系恐非巧合。泗水尹家城商代礼器小方鼎上刻有弓矢图，可能也与后羿信仰有关。④还有，被后羿弃用的武罗、伯因、熊髡、龙圉四臣，按相关姓氏的源变等记载或研究，除龙圉不易确定外，其他似均非西方之人。

另外，庄春波先生认为二里头文化二、三期之变乃是羿浞代夏事件的反映之观点[50]，因为与二里头文化年代学及现今的考古实际并不相符，笔者显然并不赞同。

（3）新砦二期晚段应与少康复国事件相关。从考古材料中东方因素来源地区与古史关联有无的角度分析，我们知道，新砦二期晚段原有的东方因素大多进一步增多，鲁西及造律台类型的龙山文化元素增加得尤为明显，并且又新增了这两个地方的一些元素，像有关遗址的圈足纽器盖，三瓦足、四瓦足器（早段偏晚有近长方形薄足，当为河南龙山文化本地元素）等，这时鲁东南也有一些元素传来，像小型直壁器盖、瓮起凸棱等。这种现象的原因在文献中有不少反映。众多文献记载少康曾在钱穆先生认为位于“今山东济宁县”一带[51]的有仍氏及中心区位于豫东（其地的造律台文化影响北到河北及上海）、江苏的有虞氏（其时首领一般认为是虞思）所处地域生活过，则在其统治时期出现这些地方的元素当属自然。又据《左传·昭公二十八年》载：“昔有仍氏生女，……乐正后夔取之，生伯封，……有穷后羿灭之，夔是以不祀。”[52]这说明有仍氏与有穷氏有过仇隙，同时有仍氏为少康母所出之族，所以，少康在此当可获得一定的保护，这显然说少康奔此比较可信。《后汉书·卷八十五·东夷列传·第七十五》注引《竹书纪年》“后少康即位，方夷来宾”[46]，参考与征人方有关的卜辞，似可认为人方位于山东南部，《史记·卷三十一·吴太伯世家·第一》载“（少康）复夏禹之绩，祀夏配天，不失旧物”，《集解》夏逵曰“物，职也”、杜预注“物，事也”[53]，其中应当包括其复国后未强改羿浞时代的某些旧俗旧用之义，又据《左传·襄公四年》载：“靡奔有鬲氏……靡自有鬲氏，收二国之烬，以灭浞而立少康。”[51]即夏太康、羿之臣靡曾在有鬲氏从事夏之复兴运动。而有鬲氏，诸多文献表明其在东方，《春秋地名考略》载“今德平县东一里有故鬲城”[54]，《春秋地理考实》载“鬲城，一云在德州北，鬲津河在此”[55]，学界多据这些文献认为其在山东德州附近一带，这一地域判断是比较可信的，而且其可能与后羿势力有密切关系。北魏郦道元在《水经·河水注》中甚而认为两者近为一处，其曰：“迳平原鬲县故城西……故有穷后羿国也。”[56]另外，我们还可以补充一些论据：①鲁西龙山文化中确实存在有一定数量的素面鬲。②有鬲氏地近有穷氏，靡奔于此，有可能获得族人后羿被寒浞杀害而欲对之进行报复的有穷氏之助，至少不会受其攻击，《太平御览·卷八十二·皇王部第七》引《帝王世纪》“靡事羿，靡奔有鬲”[45]，这说明靡既是太康遗臣又为羿之遗臣，这应是靡可奔有鬲的一个重要原因。徐旭生先生曾认为靡不可能奔于此，其论主要是以浞灭羿后居于羿之原地有鬲这一前提为基础，而这一前提从诸多文献分析是有问题的。③至于所谓洛洲密县之有鬲氏，有可能是与关中山西等地商代的族有关，也有可能与青州等地商代族有关，或者时代过晚。从本文的相关论述可以推论出，此地其时有可能被寒浞控制（稍早为羿），其子殪据《左传·襄公四年》载晚时曾被派驻戈地，戈地又基本在宋郑之间[51]，所以此“洛州密县”有可能是戈地或其势力范围，学界有人认为靡所奔之有鬲概在密县附近[57]，焉何能哉？我们认为新砦期早段的“洛州密县”有可能是戈地或其势力范围，也符合早期二里头文化新砦型尤其是其中东方元素的延续时间与有关帝杼的早期古史事迹也关联的情况。

从环境与相关古史的角度分析。我们知道，少康之时，曾命商人的先公契六世孙冥治水，结果如《国语·鲁语（上）》所言“冥勤其官而水死”[58]，这足以说明这时的水患较为严重，而新砦遗址晚段正好有受水影响相当明显的现象出现，花地嘴遗址相当新砦二期早段的时候也有这类遗存，相关的环境考古之结论——新砦二期气候湿润及新砦三期第一段前后气候并不湿润——也有助于说明这一观点。另外，如果将冥与少康、新砦遗址二期晚对应，则和伐有易氏的微与二里头文化二期中晚段对应、大甸子墓地一类夏家店下层文化与三星堆文化早期相关联等情况相符。但是，我们如果将这一水患现象与有些学者一样将其与夏禹治水时代联系，则显得论据孤立，与宏观古史体系、更早更晚的具体考古学文化状况均不相符，更何况笔者已从太谷白燕F504证明所谓九州的事实有可能更早呢。

一般而言，少康复国之后，与其曾经有密切关联的诸地域之间肯定会加强往来，而考古材料所反映的状况也正是如此。文献与考古材料的如此相符绝非巧合。至于将少康复国与二里头文化一期[59]或者尹家城岳石文化早期关联的观点[50]，从本文的相关论述中可知，笔者认为值得商榷。

（4）在早期夏史中，系列文献像《逸周书·偿麦解·第五十六》[60]《书序·虞夏书》[57]《帝王世纪》[53]（《史记·周本纪·正义》引）《国语·楚语（上）》[58]《楚辞·离骚》[41]等均记载过"五子"的历史故事，尽管学界对"五子"仍存异议，对"五子之歌"这一事件也不怎么认可。但笔者以为，花地嘴一期遗存的发现为阐释和证实这一问题提供了极其重要的线索。一期属新砦二期早段范畴的花地嘴遗址位于洛汭地带距洛河仅几百米的地方，洛河正好在此处拐弯北折，从中国遥感考古中心提供的航拍图上观察到的古河道及现代河道判断，均是这样，而据《帝王世纪》《书序·虞夏书》《潜夫论·五德志》等言，太康失国后，其兄弟或昆弟五人正是"须于"或"降须"洛汭地带。这时，我们如果将花地嘴一期遗存与这段古史相联系，则和文献、古文化面貌均无冲突。

（5）我们认为新砦二期早段与羿、浞关联，很显然太康时代主要应为豫西龙山文化晚期（太康晚期有可能介入新砦期早段偏早时期）。据《史记·周本记·正义》《汲冢古文》言太康曾居斟鄩[53]，学界曾因该文献的可靠性高及偃师二里头遗址的发现而比较相信这条文献。然而，本为都城的二里头遗址并未发现什么龙山文化晚期遗存（二里头遗址边缘地带有少量龙山文化遗存，中心地域就发表的资料看袋状遗迹也十分少，目前仅见ⅡT210H227，亦未发表陶器材料）。这是否表明我们的观点有问题呢？笔者以为并非如此，之所以出现这一表面的矛盾，实与我们对斟鄩的理解失当有关。《左传·昭公二十一年》杜注"河南巩县有地名浔中"，《水经·洛水注》言"……东北历浔中，水南谓之南浔，亦曰上浔也……今巩洛渡北有浔谷水，东入洛，谓之下浔，故有上浔下浔之名，亦谓之北浔，于是有南浔、北浔之称也。"[61]从其方位看，非常接近巩义罗庄、回郭镇一带，在此附近发现过一定数量的龙山文化晚期或更晚的文化遗址（惜破坏或淤积严重，现很难找到丰富陶片及重要遗迹）。这说明此一区域很可能即是早期斟鄩所在，也极有可能是太康曾居之地。至于二里头遗址亦称斟鄩，应是早期夏都斟鄩西迁所致，古代都城命名类此情况者并不罕见。诚如是，据《汲冢古文》，后羿所居也应在伊洛中心地域，当然也有可能是其时浔氏所居之地，即泛言的斟鄩之地。目前在花地嘴遗址的重要发现，为这种说法提供了一定的支持和重要线索。

（6）从本文的论证来看，将新砦期与夏禹、启关联似尚需更多的论据，其实古城寨龙山城倒与启可能有关，这也符合丁山先生所持的启居密县新郑间的观点。不过，《文选·雪赋》中有过"启居黄台之丘"的记载（李善注引《穆天子传》中缺字的"丙辰，天子南游于黄口室之丘，以观夏后启之所居"一句），如果此句确可以似前述有关学者理解的话，则夏后启有可能居于“黄台”。虽然笔者经过实地考察，在新砦遗址以东附近确有地名“黄台”村，但是，从《水经注》、各个版本的《密县县志》及相关众多文献和多次实地考察看，此“黄台”有可能在密县“赤涧水”与密县、新郑两县的“黄水”之间（此范围内尚有“皇台岗”“黄崖”等名），在此范围内只有古城寨古城与之相符。

特别强调，纵使新砦遗址附近之“黄台”为“启居”，我们也只能说其与一般所谓“新砦期”的晚段或稍晚相应而不应与整个“新砦期”相应，因为，在新砦遗址，“新砦期”早段文化面貌并不丰富，其早段目前也未发现像晚段的大型宫殿建筑等。但是，我们认为“启与新砦期相应”的观点值得学术界注意，前不久，有学者参观了新砦期的实物后，也认为这一观点有可能成立。

笔者之所以比较相信本文有关古史的有关判断，还因为这一论断符合宏观的逻辑。我们知道，将某一考古发现与某一历史事件关联起来比较容易，这是很多学者喜欢做的，可能因为有的过于轻率，国外及国内很多学者对此比较反感，像林巳奈夫在谈到古玉历史文化学时就认为很多关联是“穿凿附会”[62]。笔者自然也是反对这一方式的，不过我们如果能利用有限的材料不仅把一个问题说通了，同时又能解释与其相关的其他重要问题，这时，我们对这种关联便不能一概地不屑了。例如，我们将新砦二期早段与后羿寒浞代夏关联，并非仅是就事论事，同时也从考古学上解释了“少康复国”“五子之歌”“靡奔有鬲氏”“方夷来宾”等众多历史事件。

七、结　语

新砦期的讨论说明，早于一般意义上的二里头文化是存在的，花地嘴新砦期遗存的发现一方面最终使这一论断更趋确凿无疑，另一方面也说明所谓新砦期早段肯定可再分为较明显的两段。同时，新砦期早段的偏早单位与龙山文化的密切关系再次说明以龙山文化与二里头文化的界线作为夏商王朝分界的做法尚需特别谨慎。另外，新砦期早段的大东方特色，从相关的分析看来，当与羿、浞代夏事件有关。当然，笔者有关新砦期的观点，有的现在还只是初步的看法。与之相关的其他重要问题，像新砦期的文化因素分析、渐变与突变的判识、与周围龙山文化的时代之别以及由新砦期的分布探讨早期二里头文化是否是由嵩山以南向其北滚进问题等，笔者虽然多表明了自己的看法，但是还未做更详细、更深入的讨论，好在还有诸多学者对这一课题非常关注，相信有关问题会进一步得到更好的阐释，并更有利于早期夏文化及中国古代文明探源等重大课题的进展。另外，有关“新砦期”的问题，相当重要而复杂，因而为此学术课题而牵涉到众多师友的佳作，对之引评之失，还望指证！

说明：

①本文因对“新砦期”概念有专节论证，所以为行文之便，在一般情况下对可大概通用或可通过附近文字确知其内涵的概念，用词时没有全都详加讲究。

②本文所谓二里头文化一期是以煤山70H3，稍柴60～63H20，二里头ⅡH216、Ⅱ ⅤT104⑥、ⅣH106、ⅣG1、ⅧH53、ⅧT20⑦、ⅤH27、ⅤT15⑨d、ⅤT15⑩、ⅤH75，97断代工程YLVH57、YLVH58、YLVH59等单位为代表的，这些单位大多属于学界通常所论的二里头一期早段，其中稍柴60～63H20为其中最早者之代表。

本文经由“夏商周断代工程”首席科学家、“夏商周断代工程”夏文化研究课题子课题——新砦遗址发掘项目负责人李伯谦先生初步审阅，近来笔者又根据花地嘴遗址的初步整理情况有所增改，如有不妥，当属笔者之责。这里特以说明并向先生致以挚谢！

注　释

[1] 中国社会科学院考古研究所河南二队：《河南密县新砦遗址的试掘》，《考古》1981年第5期。

[2] 赵芝荃：《试论二里头文化的源流》，《考古学报》1986年第1期。

[3] 中国社会科学院考古研究所：《偃师二里头》，中国大百科全书出版社，1999年。

[4] 河南省文化局文物工作队：《郑州牛砦龙山文化遗址发掘报告》，《考古学报》1958年第4期。

[5] 林秀贞：《试论稍柴下层遗存的文化性质》，《考古》1994年第12期。

[6] 北京大学考古文博院赵春青等：《1999年河南新密市新砦遗址试掘简报》，《华夏考古》2000年第4期。

[7] 夏商周断代工程专家组：《夏商周断代工程1996—2000年阶段成果报告》（简本），世界图书出版公司，2000年。

[8] 杜金鹏：《新砦文化与夏文化——夏文化再探讨随笔》，《中国社会科学院古代文明中心通讯》2001年第2期。

[9] 李维明：《来自“新砦期”论证的几点困惑》，《中国文物报》2001年1月11日第7版。

[10] 李维明：《二里头文化一期遗存与夏文化初始》，《中原文物》2001年第1期。

[11] 河南省文物研究所：《河南巩县稍柴遗址发掘报告》，《华夏考古》1993年第2期。

[12] 河南省文研所：《荥阳竖河遗址发掘报告》，《考古学集刊》第10集，地质出版社，1996年。

[13] 韩建业、杨新改：《王湾三期文化研究》，《考古学报》1997年第1期。

[14] 隋裕仁：《二里头类型早期遗存的文化性质及其来源》，《中原文物》1987年第1期。

[15] 河南省文研所等：《渑池县郑窑遗址发掘报告》，《华夏考古》1987年第2期。

[16] 洛阳博物馆：《河南临汝煤山遗址调查与试掘》，《考古》1975年第5期。

[17] 俞伟超：《考古学是什么》，中国社会科学出版社，1996年。

[18] 中国社会科学院考古研究所洛阳工作队：《洛阳发掘报告》，北京燕山出版社，1989年。

[19] 河南省文研所：《临汝煤山遗址1987—1988年发掘报告》，《华夏考古》1991年第3期。
[20] 中国社会科学院考古研究所河南二队：《河南临汝煤山遗址发掘报告》，《考古学报》1982年第4期。
[21] 方酉生：《略论新砦期二里头文化——兼评来自“新砦期”论证的几点困惑》，《东南文化》2002年第5期。
[22] 中国社会科学院考古研究所河南二队：《河南永城王油坊遗址发掘报告》，《考古学集刊》第5集，中国社会科学出版社，1987年。
[23] 龙虬庄遗址考古队等：《龙虬庄》，科学出版社，2000年。
[24] 河南省文物考古研究所等：《河南辉县市孟庄龙山文化遗址发掘简报》，《考古》2000年第3期。
[25] 河南省文研所：《河南密县黄寨遗址的发掘》，《华夏考古》1993年第3期。
[26] 李德方：《二里头类型的文化来源及相关问题》，《青果集》，知识出版社，1990年。
[27] 河南省文物研究所：《郑州北二七路新发现三座商墓》，《文物》1983年第3期。
[28] 河南省文物研究所：《瓦店遗址1999年度发掘简报》，《考古》2001年第1期。
[29] 郑州市博物馆：《郑州马庄龙山文化遗址发掘简报》，《中原文物》1982年第4期。
[30] 河南省文研所等：《河南乳香台遗址的发掘》，《华夏考古》1990年第4期。
[31] 河南省文物研究所等：《1991年河南罗山县考古的主要收获》，《华夏考古》1992年第3期。
[32] 中国社会科学院考古研究所洛阳工作队：《1975年豫西考古调查》，《考古》1978年第1期。
[33] 张国硕：《夏纪年与夏文化遗存刍议》，《中国文物报》2001年6月20日第7版。
[34] 顾万发：《试论新砦陶器盖上的饕餮纹》，《华夏考古》2000年第4期。笔者已在《三星堆文化青铜牌饰与相关重要古族史问题研究》一文中有详论，特此说明。
[35] 《西清古鉴》，乾隆十四年钦编，光绪十四年铜版影印本，迈宋书馆。
[36] 李伯谦：《二里头类型的文化性质与族属问题》，《中原文物》1981年第1期。
[37] 李伯谦：《关于早期夏文化——从夏商周王朝更迭与考古学文化变迁的关系谈起》，《中原文物》2000年第1期。
[38] 郑杰祥：《二里头二期文化与后羿伐夏问题》，《中原文物》2001年第1期。
[39] 阮青：《淮南子注》，华夏出版社，2002年。
[40] 郝懿行：《山海经笺疏》，巴蜀书社，1985年。
[41] 马茂元：《楚辞注释》，湖北人民出版社，1985年。
[42] 顾颉刚：《昆仑传说和羌戎文化——古史辩自序》，河北教育出版社，2002年。
[43] 罗苹：《路史》卷13，明刊本。
[44] 徐旭生：《中国古史的传说时代》，文物出版社，1985年。
[45] 李昉等：《太平御览》，中华书局，1985年。
[46] 范晔：《后汉书》，中华书局，1997年。
[47] 张胜琳、张正明：《上古墓葬头向与民族关系》，《湖北省考古学会论文集》，1987年。

［48］　杨启乾：《常德市德山夕阳坡2号墓竹简初探》，1985年湖南省第二届楚史讨论会文集油印稿。

［49］　王树明：《齐地得名推阐　刘敦愿先生纪念文集》，山东大学出版社，1998年。

［50］　庄春波：《羿浞代夏少康中兴轶史与年代学和考古学解释》，《中原文物》，1990年第2期。

［51］　钱穆：《史记地名考》，商务印书馆，2001年。

［52］　李维奇等：《左传译注》，岳麓书社，2001年。

［53］　《史记》（正义·集解·索隐综合本），中华书局，1997年。

［54］　高士其（一说为徐善）：《春秋地名考略》卷142，清吟堂刊本，康熙二十七年。

［55］　江永：《春秋地理考实》卷254。

［56］　郦道元：《水经注》，三味书室，光绪二十三年。

［57］　陈槃：《春秋大事表撰异》，台湾学生书局、三民书局，1997年。

［58］　来可泓：《国语直译》，复旦大学出版社，2000年。

［59］　田昌伍：《夏文化探索》，《文物》1981年第1期。

［60］　张闻玉：《逸周书全译》，贵州人民出版社，1997年。

［61］　陈骄驿等：《水经注全译》，贵州人民出版社，1990年。

［62］　林巳奈夫：《中国古玉的研究》，吉川弘文馆，1991年。

（原载《殷都学刊》2002年第4期）

《“新砦期”研究》增补

笔者在2000年和2002年，曾就“新砦期”的有关问题发表过一些意见[1]，此后，笔者听到了学界的有关反应。同时，花地嘴等遗址新发现的考古材料也促使我们对“新砦期”的有关问题进行了再思考。以下，笔者就将有关想法做以论述和说明，不妥之处，尚请学界继续指正。

一、有关“新砦期”概念的再研究

在《“新砦期”研究》（以下简称《新》文）一文中，笔者曾提出现行的各种“新砦期”的概念需要厘清，我们的基本意见是：首先，原有的一些概念因客观原因确实亟须完善。像《河南密县新砦遗址的试掘》[2]一文中的H2、H3、H5、H7、H11、Ml等几个单位曾被包括原文作者在内的不少学者作为“新砦期”的代表主体，实际上其仅是我们“夏商周断代工程”夏文化研究课题子课题——新砦遗址发掘项目小组于1999年所确立的“新砦期”概念的晚段；《试论稍柴下层遗存的文化性质》[3]一文中的煤山遗址所谓早于密县新砦遗址“新砦期”的单位，像煤山75H70，实际上该单位属于较为典型的“新砦二期晚段”遗存，即赵芝荃先生早年所论的“新砦期”一类遗存。其次，此文将本属于二里头文化一期晚段的典型单位，像稍柴60～63H35归到了新砦期。再者，其至少将一定数量的单位，像稍柴60～63H15、H33等归到二里头文化一期，实际上其应属二期。类似这样的看法至今仍有不少，如果再不对类似的概念做以判辩，显然不利于对“新砦期”这个关系到早期夏文化的重要学术课题做客观的讨论，进而使相关的论点失去最基本的立论基础和最基本的逻辑性。

最近有关学者发表的说法也都有可商榷之处，比如说，认为“新砦期”整个同时于二里头一期的观点[4]就是由于未严格依照地层学和将不同类型或亚型文化的器物过于简单对比的结果，笔者在《新》文中已有专论。

就是我们“夏商周断代工程”夏文化研究课题子课题——新砦遗址发掘项目小组在1999年所确立的“新砦期”概念内涵，单就个人观点而言，亦需调整。其中最重要的就是：改原来所说的“新砦期”两段为两期（虽然在考古学的分期中，有先分为若干段再论期的，从而一段也可称为一期，但是，我们在当时简报中的分段并非如此），并且第一期明显可以再分为两段。这一看似无关紧要的改动在讨论相关古史及文化类型等问题时显得很有必要，至少这符合考古学分期的最基本的标准。这个问题无须多论，笔者认为今后的有关“新砦期”的研究实践会对之证实或证伪的。

另，笔者在《新》文中断言“‘新砦二期早段’绝对早于以二里头一期为代表的二里头文化一期”，新增的论据是：花地嘴遗址“新砦期”遗存发现了与神木新华、石峁等遗址所谓的“龙山文化晚期”（其中剩下的部分分别相当于客省庄文化晚期及二里头文化一期至二期，笔者在《新》文中在论证齐家文化可晚至二里头文化二至三期时所举的论据，像庄浪所出及安特生论著中所载相当于二里头二至三期的壶似盉、齐家坪等遗址所出的与二里头文化相关的两件铜牌饰，也有利于证明笔者的判断）部分遗存、朱开沟文化二段略晚至三段最早及《晋中考古》（晋中考古队编著，文物出版社，2000年）中的五期第4段略晚遗存基本同时的有关器物。

笔者在《新》文中对“新砦二期晚段”与二里头一期的早晚关系未能肯定，现在看来“新砦二期晚段”有可能主要是早于二里头一期晚段（此二里头一期相当于郑光先生在“夏商周断代工程”报告中所论的一期及二期早段，下同），这样一来，“新砦二期晚段”一类遗存有可能与二里头一期早段重合。经过近来对花地嘴遗址修复的部分陶器资料特别是其中的西北文化因素的整理和对新砦遗址考古材料的观察，新增的“新砦二期晚段”总体上早于二里头文化一期晚段但与二里头一期早段两者有可能同时的比较重要的依据是：在新砦遗址的新砦二期晚段与二里头文化二期早段之间的属于二里头一期较晚时段的层位，即像笔者在《新》文中特别提到的新砦2000T5⑤a一类遗迹，在我们最近的考古发掘中仍有发现，并且这样的层位有的被叠压在《新》文中所说的篮纹、绳纹相差不多的遗迹之下，也就是说，篮纹、绳纹相差不多的遗迹（主要应为二里头文化二期早段，其部分类似于郑光先生在“夏商周断代工程”报告中所论的二期中段），不单叠压“新砦二期晚段”，有的还叠压类似新砦2000T5⑤a一类遗迹，这有利于证明我们原来的观点——新砦2000T5⑤a一类遗迹应属于（并非等同）二里头文化一期。注意，新砦2000T5⑤a一类遗存就“新砦二期晚段”及新砦四期的材料看，其时间段较短，文化面貌非常接近“新砦二期晚段”。并且，非常接近新砦2000T6⑤b～⑥层的（是可以划归“新砦二期晚段”的）有关遗存中出有类似二里头文化一期的花边罐，这些情况说明“新砦二期晚段”一类遗存有可能与二里头一期早段所处时段已基本没有什么间隔，花地嘴遗址“新砦期”遗存相当于朱开沟文化二至三期及晋中杏花村四期略晚的器物、二里头一期发现的三足皿、具有王油坊类型风格的陶鼎、陶壶以及花地嘴新砦期带棱陶碗、鼎及有关的陶豆、陶鼎等也有利于说明这一观点的成立。现在看来，至少二里头97YLVH58、97YLVH59等单位类似于“新砦二期晚段”。承蒙郑光先生惠示，这些单位出现过很少量新砦期早段的典型器像陶豆、罐等的残片，这种情况一般仅会出现在“新砦二期晚段”的遗存中。综上所述，笔者以为：“新砦二期晚段”与二里头一期早段同时的可能性仍然存在，非常接近新砦2000T6⑤b～⑥层的有关遗存（可以划归“新砦三期”或“新砦二期晚段”的晚段）有可能属于一般所论的二里头文化一期晚段。原来我们认为二里头一期有关器物晚于“新砦二期晚段”者，有可能多于属于二里头一期的晚段或者有承自花地嘴新砦期或其他相关遗存的特征或地域特征，我们在《新》文中认为的二里头一期早段相对"新砦二期晚段"一类遗存的某种程度的突变的看法确有可能被证实。当然，这一判断的前提之一是：以新砦2000T5⑤a一类遗存此时的发展不具有明显的停滞性。这里需要说明，在论及"新砦二期晚段"与二里头一期（不计二里头遗址的仰韶、龙山时代的遗存，下同）有所重合的时候，将二里头一期划分为几段再将其第一段与"新砦二期晚段"并列与将"新砦二期晚段"分为几段再将其最晚段与二里头一期或其早段并列的意思并不相同。最后，我们有关"新砦二期晚段"与二里头文化一期（以二里头一期为代表）早晚关系的新认识还基于这样一些理由：

二里头一期早段中的有关器物或其特征仅在花地嘴等遗址的"新砦期"遗存中有发现，伊洛地区除二里头文化一期外未发现非常近似"新砦二期晚段"的遗存，而且二里头文化一期早段的宏观特征与"新砦二期晚段"比较相似；具体地讲，二里头一期陶鼎、罐的窄口沿风格与花地嘴"新砦期"有的遗物非常近似；二里头一期陶鼎足的"单耳坠"及花边的粗犷风格在花地嘴"新砦期"遗存中较为常见，而陶鼎足的这种风格在"新砦二期晚段"基本不见，目前仅发现过一件；二里头一期有一种常见的薄胎陶豆柄，豆座端内龛，面起台阶，这种豆座在"新砦二期晚段"中不见，在花地嘴"新砦期"遗存中则较为常见；稍柴H20，其中的陶鼎与花地嘴"新砦期"遗存2001HZH32等单位所出者非常相似，而恰是此单位的主体面貌却非常接近"新砦二期晚段"；花地嘴"新砦期"遗存中发现过一些长方形灰坑，这种灰坑在"新砦二期晚段"中基本不见，但是二里头一期却有一些发现，等。

当然，我们在这里需要强调的是，如果单就考古学文化面貌看，花地嘴"新砦期"遗存与新砦"新砦二期晚段"的关系明显密切于其与二里头一期的关系，无论是从器类上还是具体的器物特征方面，这是有利于证明"新砦二期早段"早于二里头文化一期的，可如果是这样，则在存在过较丰富的"新砦二期早段"遗存（像花地嘴、大寨岭等遗址）的嵩山以北的广大地区就会不存在"新砦二期晚段"类遗存，这种现象在整个巩义、偃师文物普查得较为细致的状况下，不太容易解释，尤其是在新砦遗址晚于一般所论"新砦二期晚段"的层位，像新砦2000T5⑤a一类遗存，时间段非常短，无法等于整个二里头文化一期，如果将新砦2000T5④一类遗存算作二里头文化一期晚段，这和二里头遗址二里头文化更为合理的有别于《二里头》报告分期的新的分期又不相符，综合花地嘴"新砦期"的测年看，我们现在可以认为"新砦二期晚段"与二里头一期早段同时。不过，本文所论也告诉我们，在断论"新砦二期晚段"与二里头文化一期的早晚关系方面，尚需再做些工作，像新砦遗址三期的论证及何谓二里头（文化）一期内涵的论证，等等。

另，在《新》文中，笔者曾特别提出何谓"真正的新砦期"的问题，随着原来所谓的"新砦期"被分为两期的论断被花地嘴等遗址新的考古发现进一步证实，这个问题还是会再被讨论的，因为，只有"新砦二期早段"才符合真正的、严格的过渡期的要求。

一旦“新砦二期晚段”总体上与二里头文化一期早段同时的可能性被证实，那么，“新砦二期早段”就会根本不符合我们传统所谓的“新砦期”。如果将“新砦二期”整个视为过渡期，从文化面貌上估计尚可说得过去，但是与一般意义上考古学方面的一期称谓不符，我们不希望再出一个类似“庙底沟二期”等的模型。所以笔者仍然建议称“新砦二期早段”一类遗存为真正的“新砦期”，至于“新砦二期晚段”可认为属于早期二里头文化“新砦型”。顺便指出，早期二里头文化“新砦型”延续的时间与以前所论的任何一种“新砦型”均不重合，“新砦型”可延续到新砦遗址三、四期，其大概在二里头二期中段才与二里头类型趋同性更明显。另外，一旦一般所谓的“新砦期”被分为两期，就现有资料看，真正的“新砦期”，至少包括新砦、煤山两个类型，其中新砦类型又可划分为新砦及花地嘴两个亚型。2003年在花地嘴遗址最近发现的西北方因素（相当于神木石峁、新华部分“龙山文化晚期”、朱开沟文化二至三期、晋中龙山文化杏花村四期略晚）又一次证明了笔者的观点。

另，笔者在《新》文中有关“新砦期”的有关特征器的说法尚需完善。笔者原来认为：郝家台遗址有些器物从线图看类似“新砦期”器物，但是实物可能类王城岗龙山器物，不属于新砦期。近来，承蒙曹桂岑、杨肇清两位先生惠示详观，其中确有“新砦期”器物，只不过其有一定的地域性而已。特别是其中的甑，多为底有孔而周壁无，这种风格非常类似二里头等遗址的一期甑孔的位置特征，但是，笔者并不认为只有二里头文化一期的甑孔才有此类位置特征，实际上，就接近的时代论之，具有这种甑孔位置特征的甑在驻马店杨庄遗址早就出现，郝家台遗址“新砦期”的甑孔的位置特征（包括甑形）应与驻马店杨庄等遗址的甑有关，其少量的罐形甑（外形类似豫西龙山文化中的大多数甑形及“新砦期”新砦型的甑形）的甑孔的位置特征也与驻马店杨庄遗址龙山文化晚期的甑有关。至于二里头一期的甑，其甑孔的位置风格主要应来自以郝家台、煤山等遗址为代表的南方（花地嘴、新砦等遗址的“新砦期”遗存少量甑也有这一风格，但是这类甑多为斜腹小罐形或者具有类似豫北及豫东地区风格的小甑孔），其甑形则较多的来自附近地区。另，二里头一期有的甑饰满纹饰应是其这时的重要特色之一，南方驻马店杨庄等遗址的甑也有这一特征。另外，二里头一期有的深腹罐特征类郝家台遗址新砦期的深腹罐的有关特征（主要是沿的软折特征及少量的平圜底特征），其中深腹罐沿的软折特征在豫北长垣、河北哑叭庄、北京镇江营等地的龙山文化（基本属于造律台类型的变体或与其他文化的混合体）中也存在，这提醒我们在讨论新砦二期晚段的深腹罐与一般所论的二里头文化一期的深腹罐早晚联系的时候，应注意地域性。

二、关于“新砦期”考古学文化归属问题的补充

有关“新砦期”的考古学文化归属问题，学界目前有三种观点：

（1）将其归属于王湾三期文化[5]。

（2）将其归属于二里头文化[6]。

（3）最近又有学者认为应将其“新砦期”与二里头文化一期合在一起，组成一个新的文化：新砦文化[7]。

笔者曾在《试论新砦陶器盖上的饕餮纹》[8]一文中提出过“新砦二期一类遗存”这一概念，言下之意是说此类遗存较为特殊，不过笔者并不认为特殊到另称一个文化的地步，所以，在《新》文中，笔者在对这一问题进行详细讨论的时候提出：虽然“新砦二期早段”与龙山文化晚期关系密切，但是从一般意义上的考古学文化而论，仍应将其与龙山文化分开，“新砦二期一类遗存”与龙山文化有密切联系的主要意义在于说明文化间的连续性等问题；从广义上论，“新砦期”肯定属于二里头文化，无论其晚段与二里头一期的早晚关系如何。但是从狭义的角度看，其因有一定的特殊性或可认为其属于“新砦文化亚态”（类早期二里头文化“新砦期”）。《新》文中对有关观点已谈了不少看法，这里想就有关师友所论的新砦文化问题再谈谈自己的浅见：首先，二里头文化一期与新砦期如果合称为一个文化，显然原来的二里头文化二期及新砦三期、四期只能属于另一种文化，且不说二里头二期与二里头一期的关联程度如何，单从新砦三期、四期来看，其与新砦二期的关联是较为密切的，显然，将其划归另一个文化，颇为困难。其次，前不久，在庆祝河南省文物考古研究所成立五十周年的学术会议上，有几位朋友在谈到有关新砦期的考古学文化划分问题时认为：考古学文化划分在有的情况下仅是进行研究的一种技术性手段而已，所以各人角度不一。笔者是相当赞同这一表述的前半句的，因为中国古代文明的连续性非常强，在有的情况下，为了研究方便而区分的不同名称的考古学文化不应都被视为不同民族的文化，从这个意义上说，对考古学文化的划分有的只是一种技术性手段而已。但是，对于在划分考古学文化时各人角度可以不一的观点，笔者则认为尚需谨慎论之。承前论，考古学文化的划分在有的情况下确是一种进行研究的技术性手段，但是视其为一种研究的技术性手段只是对考古学文化功能的定位，而不是对考古学文化的性质界定。实际上，考古学文化的划分不得不遵循一定的规则，否则，其是很难作为技术性手段的。当然，这里需要提明的是，学界目前所论的具体的考古学文化在多数情况下主要是以陶器论之的，显然判断一个文化的性质在很多情况下是不能仅以此论据的。

三、与“新砦期”相关的重要古族史问题的再研究

关于“新砦期”与相关古史的关联，以前主要有以下几种几点：

（1）“新砦期”（实指“新砦二期晚段”）与禹启对应[9]。

（2）“新砦期”（实指“新砦二期晚段”）与禹时之晚段至仲康前一阶段对应[10]。

（3）“新砦期”（实指“新砦二期”）与启对应[11]。

笔者曾在《试论新砦陶器盖上的饕餮纹》一文中赞同“新砦期”应与后羿、寒浞相

关联，进而又在《新》文中具体提出“新砦二期早段”应与后羿、寒浞相关联。笔者提出这一看法的最重要论据是：在“新砦二期早段”出现不少东方因素。有不少学者曾表示异议，对此问题现再说明如下：

我们曾注意到，在“新砦二期”早段，尤其是“新砦期”的小范围内（基本在今郑州市所辖范围内），较当地龙山文化明显增多了一些东方（意为包括豫东等地的大东方，后羿、寒浞有可能在豫东北有过活动）文化因素，像青铜鬶、牙璋、玉钺、树叶状符号（新砦2000T4H53：21，城子崖遗址有发现）、单目符（可代表“北斗”，又被著名的牟族用作族徽，根据考古发现及文献知，牟族曾居住于莱芜、密县、二里头、荆南寺、香炉石、蔺式、三星堆等地）、圆锥形的穿孔、“V”形（石家河龙山文化早期、青龙泉与大寺龙山文化晚期、石峡文化、晚期仰韶文化中有不少穿孔鼎足，注意其时代、造型与之的区别）、“亚”字形（剖面为“亚”，在日照等地的龙山文化及太原东太堡、渑池郑窑、偃师二里头等遗址中均有发现）、花边鼎足（有的为中原风格，花边与东方不尽一致，但更多的主要是在其影响下而出现的）、子母口式器（有些子母口式器来自于王城岗、乱石滩、本地的龙山文化）、器盖、平底盆，等等。尤为值得提出的有四项：

一是单目符。我们知道单目符造型是与东方（包括湖南高庙文化区以东等地，高庙文化是中国古代最早兴起北斗崇拜的重要地区之一，学界并未关注这一重要现象）早期盛行的北斗星、极星神（准饕餮）崇拜等方面的精神文化是分不开的，其特殊表现模式在此时中原地区的出现应表明与之紧密关联的笃信北斗星、极星神的东方族群极有可能有些在此时来到中原。

二是牙璋。牙璋这类器物早期的产生地应在山东，神木石峁应与之基本同时或略晚，不过，笔者在此特别指出，石峁应是“分歧首璋”的最早产地，其与三星堆文化的联系值得学界重视。牙璋的早期造型与河姆渡文化、大汶口文化、各地龙山文化等中诸多“天盖·北斗图”或“玉北斗神像”中作为装饰的符号一致，像日照两城镇玉锛上的神像，其冠上的羽状装饰（实际为“单旋符”），其中心为双“璋”（即两侧的“单旋符”）所组成的“圭”，两侧则为半“圭”的“璋”（有“阑”之璋的下端之“阑”在某种程度上可认为是“戚侧天盖之半”，这从考古学方面充分说明林巳奈夫、王永波、戴应新等学者主张的“璋”源于“耒”或“耜”，并与“铲币”相关的观点是错误的。早中期诸多“璋”首有刃，显然与玉石钺或斧有关，但这并不表明其内涵像林巳奈夫、夏鼐、王永波、戴应新等学者主张的那样仅与农业祭祀有关，其之所以采取这种特征，是因为玉石钺或斧甚或锛可为军政之权的象征物并且在本质上可与“圭”内涵一致的缘故）。牙璋这种高级别的器物随着其他具有东方风格的器物出现于夏王朝的中心区，尤其值得深思。

三是关于墓葬方面的问题。在新砦期早段发现的少量墓葬中，随葬品中不少恰为典型的含东方元素的器物：子母口式的附“V”形、穿孔形足的鼎，这显然表明墓主或其所在人群信奉的风俗与东方有关。

四是青铜鬶。这类铜器，仅只在《西清古鉴》[12]中有一图，这件的外形及所饰条纹的风格非常接近山东中东部地区特别是潍淄地带龙山文化中的同类陶器，而就现有的古史材料，这里正是后羿、寒浞活动的主要地域（尚包括豫东北的有关地带）。这种在小范围内突然出现或明显增多含有东方文化因素的常用器物及高级别的精神文化产品的状况，特别是像尚用青铜质鬶等具有一定地域性风格的状况（尚用青铜质鬶的地域性尤其狭窄），很自然地让我们将其与早期夏史中的羿、浞代夏事件相关联，并且这样的关联与将有重要发现的花地嘴遗址"新砦期"遗存与"五子之歌"事件联系的观点相符。当然，学界或会提出所谓"新砦二期晚段"一类遗存也有不少东方因素，为何单将"新砦二期早段"一类遗存与后羿、寒浞代夏联系？对此问题，《新》文中已有详论，笔者认为"新砦二期晚段"这一阶段也有不少东方因素的原因与少康有关，而少康与当时的豫东及山东的联系从《左传》等诸多文献来看确实是非常密切的。

在这里我们必须强调的是，学界也有不少反对后羿、寒浞代夏事件存在论者，除极端反对论者顾颉刚、童书业等先生从文献方面提出一些所谓的论据外[13]，现在大多数反对论者对将"新砦二期早段"出现东方因素与"后羿、寒浞代夏"事件相关的观点的最为经典的反对论据为：那些东方因素早就传来了！于此，我们需要说明的是，我们并不否认更早的时候东方因素曾经西来，实际上，即使是一个非专业的学人也不会对相邻文化经常有来往的现象感到奇怪。但是我们必须看到：①原在豫西龙山文化中存在的东方因素，新砦期时的造型大多已有明显变化，尤其是数量开始剧增；②在豫西龙山文化中原来不存在的东方因素，新砦期时也已开始出现；③大东方因素（我们并非仅指山东地区，尚包括豫东北的有关后羿、寒浞活动的地域，这里再次强调此点）虽然在整个器物群中并不占特别的优势（除当地龙山文化因素外，其因素数量位次为第二，有的单位中其与当地因素相当），但这并不能成为后羿、寒浞代夏事件存在论的反证。因为，一方面，在"因夏民"以代夏政的时局下，不太可能出现东方元素到处充斥的现象，另一方面，我们必须看到在这些元素中有的具有相当级别，特别是其中有关风俗习惯信仰的东方元素也突然出现在新砦期中，并且极其显眼。所以，我们不能仅看数量而忽视层次，再者，相当一些区域的确凿的历史事件在考古学上并未反映出明显的文化变迁之状况（像著名的"九州之戎"等），虽然说明我们在作相关论断时，不可随意，但是也可说明如果在考古学上表现出了一定程度的文化变迁，当表明在历史上确可能发生过有关重要此事，特别是在信仰等高级考古学文化因素方面发生文化变迁的情况。

另外，有学者虽然承认后羿、寒浞代夏事件在历史上确有此事，但是却认为其中的后羿是来自西方的（与二里头文化二期对应）[14]。笔者曾就此问题有过详论，这里再就羿、寒浞代夏事件及夏文化渊源"西北说"等有关问题略作论述或补充。

首先，笔者并不完全否认文中所记载的西方与"有穷"有关的地名、族名确可能存在，像《山海经·西次三经》就载："槐江之山……东望恒山四成，有穷鬼居之，各在一搏”，郭璞言：“……有穷，其总号耳”，《淮南子 · 地形》也载：“弱水山自穷石”，注云：“穷石，山名也，在张掖”，等等。但是笔者认为与代夏之前和其时的有穷氏羿之真正所在可能无关，而应有别的原因。

（1）可能与少昊有关。《尸子》载：“少昊金天氏邑于穷桑，曰五色下照穷桑。”《拾遗记》载：“少昊以主西方，一号金天氏，亦曰金穷氏。”显然，少昊之氏名与穷桑之地有关，而穷桑之位置，学界有充分依据认为其是在东方的。但是，少昊在古代又被称为是西方的司“反景”之神，在五德中又配属西方，清代马骕《绎史》又认为少昊为侯伯时可能曾居于西方，所以因少昊在西方可能有所活动或因五行说的出现而被定位于西方，这样一来，在当地出现与有穷有关的地名是易于理解的。

（2）另外，古时论地理讲求对称，大多名称是不同的，像《山海经》中的东西方六座日月出入之山，但是有时有的称呼也可能相同，像太阳所入之地一般被称为昧谷（或作柳谷，见《尧典》）、蒙谷（见《淮南子 · 天文》），但有时就被称为与其所出之地名一样的“汤谷”（见《大荒西经》）。所以，西方有与少昊有关的地名之原因，此也为可能者之一。

（3）可能与“西北昆仑”的性质有关。《海内西经》载：“昆仑之墟……百神之所在”；《水经注 · 河水》引《遁甲开山图》荣氏注：“天下仙圣，治在柱州昆仑山上”；《博物志》卷一引《御览》卷八及《古微书》卷三二载：“有昆仑山，……圣人、仙人之所集也。……其白水东南流入中国，……其山中应于天，最居中，……中国东南隅居其一分，是好城也”；《十洲记》言“（昆仑）真官仙灵之所宗”。显然，这样一个群神荟萃之地多一个少昊或羿又算什么。如此，则出现相关之名亦就不奇了。像《帝王世纪》《左传 · 襄公四年》载后羿之子死于“穷门”可算是最实的一例了。另特请注意，将西北祁连山等地作为“昆仑”的专名应是战国以来的思想，盖与大九州理论有关；“昆仑”的现象早在良渚等文化中就已出现，像其中的源于“三衡”的三级（像福泉山）或三重（像瑶山）祭坛或祭祀遗迹、图像（弗利尔1、2、3号玉璧上的“神鸟 · 北斗天柱 · 昆仑台”符号）及玉片饰（像好川墓地、陵阳河墓地所出的三级昆仑台似单面凹玉片）等，所以，西北出现与少昊或羿有关的地名或传说的时代很可能像大九州说一样较晚。

（4）《山海经》与《淮南子》中羿活动于禹以前，则西方的与有穷有关的地名可以是在夏代后羿之前就有的；《楚辞》中羿活动于启以后，即西方的与“有穷”有关的地名可能与夏代后羿有关，即使如此，也不能定论夏代后羿为西来。因为，一方面此地名有可能是因夏代后羿西去（或巡行或征伐等）而得，另一方面也有可能是类第二点所论，夏代后羿死后被认为已升天为神，游历于“西北昆仑”等地（此为帝之下都，众神所在），并因而在西方及其周围产生有关地名。

（5）首先，《西次三经》所载的恒山为四层，这类超过三级的台或山在与宗教、巫术有关的中国古代文化的早期设施中少见，不过，在红山文化的少数遗迹现象中也有体现。其比三级尚多一级，估计级别不会低，其应与"昆仑丘"性质类似。另外"有穷鬼居之，各在一搏"与共工台"隅有一蛇"（见《海外北经》）、轩辕丘"四蛇环绕"（见《海外西经》）、二里头渊源自东方的"天顶（'盖'纽）、璇玑（'盖'柄）、斗魁（'盖体'）图"之"多蛇绕斗魁"（见《二里头陶器集粹》图一七一。中国社会科学院考古研究所编著，中国社会科学出版社，1995年）内涵相当一致，并且，这类台的图案化在高庙等文化中有关八角星符号上有明显的体现，这种八角星符号中有三级坛台符，同时在其中的四角中正好有四头双身蛇，这也可以说明各居在恒山"一搏"的有穷鬼的宗教神话色彩较浓而无明显的史实色彩。

其次，笔者认为，花地嘴"新砦期"遗存的有关器物与西北方时代接近的相关遗存的有些因素有关，像花地嘴遗存的簋、斝等与朱开沟文化二至三期、《晋中考古》考古学编年的五期4段略晚，以及神木石峁、新华等遗址的所谓"龙山文化晚期"部分遗存的相关器物有关；内蒙古大口二期的至少部分遗存相当于二里头文化的最早阶段——"新砦期"。也许有的学者还会由此认为花地嘴"新砦期"偏晚阶段的牙璋亦可能来自石峁、新华等遗址的所谓"龙山文化晚期"。学界以往在论及这些遗存的年代时，往往认为它们"已跨入了夏代的门槛或夏纪年"，这种认识是有问题的，因为从本文的讨论知，认为它们已跨入了"二里头文化的门槛"才是正确的。再者这表面上似乎有助于支援后羿西来说，但是其对豫中等地为何会在"新砦期"早段发生文化变迁，尤其是在"新砦期"时为何会突然出现不少东方文化因素等问题却不易做出令人较为信服的解释，退一步讲，即使依据这些材料能够说明后羿西来有其可能，时间也绝不会晚到《二里头二期文化与后羿代夏问题》之文所言的二里头文化二期。

再次，关于"新砦期"与启对应的问题。笔者在《新》文中虽然认为将"新砦期"与启关联的论点有一定的意义，但是仍然坚持自己的观点，现在就有关问题补充说明如下。

关于启居何处，于史载尚无法明确定论，不过学界有不少人认为其当在禹县附近，禹县最为重要的有可能和早期夏文化有关的遗址当首选瓦店。据当年的发掘者讲，在瓦店确有"祭坛"等重要现象（原来大家都认为祭坛属于龙山文化晚期，但是因为原来所认为的龙山文化晚期有可能属于"新砦期"，所以这个问题尚需证明），笔者也确曾在瓦店发现有新砦二期早段的遗迹现象（像断代工程瓦店遗址T4④、T3F4等）[15]，但是这类遗迹在瓦店及其附近遗址并不丰富，瓦店及其附近遗址最丰富的遗存时代属于中原龙山文化晚期，所以，将启与"新砦期"及瓦店等遗址关联，尚需更多的材料予以支援。启居的另一个地方，据唐代李善注《文选·雪赋》、唐代徐坚《初学记》及唐代欧阳询《艺文类聚》卷二等引《穆天子传》言，启可能居于"黄台之丘"，其实，《穆天子传·卷五》中的此句话尚有"天子南游于黄□（从《穆天子》现存各版本文字看，其文中表示缺文的一个方格并不一定表示仅缺一字）室之丘……"（依晋代郭璞注、清代洪颐煊校平津馆本等）、“天子南游于黄室之丘……”（见宋代官修《御览》卷三四、五九二）、“‘大子南游于黄’，□室之丘……”（见清陈逢衡《穆天子传注补证》）等不同表述，并且对同一描述也有不同见解，所以是否一定是“黄台之丘”尚无法肯定。退一步讲，即使确实为“黄台之丘”，并且确实可信，笔者也认为其时的“黄台”不太可能是位于新砦遗址以东并距其极近的“黄台”。笔者曾在《新》文中说过，新砦附近确有“黄台”地名，经过实地的进一步调查得知，其就在距新砦遗址极近的东向，不过据当地的老者讲，此地之所以叫“黄台”是因为当地姓黄的人多。丁山先生曾据上述有关文献考证《穆天子传》所论启所居之“黄台”在密县、新郑之间，确切地说他认为应在洧水与黄水之间[16]，但是据笔者实地考察和考证，丁山先生所谓的“黄台”应在赤涧水与黄水之间，赤涧水东北与东南至今仍分别有“皇台岗”和“黄崖”地名，在此范围内，只有古城寨龙山城与之相符了。另外，密县古城寨龙山文化古城，时代为龙山文化晚期，其距新砦遗址附近之“黄台”也不过近20千米，所以，如果启曾在古城寨龙山文化古城建过都或居住过，则“黄台”在其畿内，言称“启居黄台”亦可，因为这类台有可能像《山海经》《穆天子传》等中的“帝尧台”“帝舜台”“重璧台”“昆仑台”等一样，级别很高，所以可以“居之”喻都其附近。另外，还有可能出现启仅“居”“黄台”而非都之，“居”与“都”有时有别，学界早已辩之，此不赘言。再退一步讲，即使新砦遗址附近之“黄台”与唐李善注引《穆天子传》等所言的启所居之“黄台”有关，显然只能将其与新砦遗址相关，而在新砦遗址，“新砦期”早段的遗迹同样不丰富，最为丰富的是所谓“新砦二期晚段”的一些遗迹，这样一来，如果在新砦及“黄台”附近找不到“新砦二期”早段的与都城相符的遗迹的情况下（现在看来不可能），即使视启居此，也只能说启与“新砦二期晚段”相应而不应与整个“新砦二期”相应，“新砦二期晚段”发现的有关大型建筑[17]（可能属于文献中语焉不详的少康所处之时代。此大型建筑基址尚未清理出全貌，有关媒体的报道对我们的表述引述得不尽真实）可能会有助于这一论断。如果确实是这样，则禹就有可能与所谓的“新砦二期早段”相应。即使如此，这一看法也显然与所谓的“二里头文化为由启开始的夏文化”的论断不同。总之，笔者目前认为古城寨龙山文化古城应与启关联，“新砦二期晚段”遗存有可能与少康时代有联系。

最后，关于夏文化的发源地域问题。有关这一问题的回答，原有“中原说”[18]“东南说”[19]“西北说”[20]三论。近来又有学者重申“西北说”[21]，但是在学界并未获得太多的支援，新近在花地嘴发现的二里头文化最早阶段遗存中的西北因素可能会成为“西北说”学者的新论据，不过笔者以为这样的认识并不合理。

第一，将二里头文化等同于夏文化是否合适？第二，在花地嘴遗址二里头文化的最早阶段“新砦期”时是发现了西北方因素，但是在其他地方的“新砦期”遗存中却基本不见；第三，花地嘴遗址发现的西北方因素虽然有一些，但是相对于总量而论仍然有限，另外这些西北方的因素（像斝、蛋形瓮等）在二里头文化“新砦期”以后的石峁、内蒙古河套等原地仍有发现，但是在“新砦期”以后的二里头文化中心区遗存——像夏代王都二里头遗址中，却基本不见或少见；还有，花地嘴“新砦期”遗存中的高级别器物像玉璋、玉钺、玉铲等，有的学者可能会认为其应渊源自石峁等遗址，实际论之，并不一定是这样，花地嘴遗址发现的玉璋为黑色，这似乎具有石峁玉器的风格，但是石峁的“黑玉”（杨伯达先生不太赞成戴应新先生的“墨玉”说[22]）多透明。另外，山东地区有的玉璋也是黑色的，同时，花地嘴遗址发现的与玉璋时代相同的数件玉钺均为大孔、近圜首，这是石峁、新华等遗址玉器中所不见的，而此特征正是东方有关玉器的突出特征。综合看来，花地嘴遗址二里头文化最早阶段发现的西北因素应视为文化、地域交流的产物，不应成为夏文化“西北”说的论据，当然也不应成为“后羿西来说”的凭证。另，我们认为，学界在讨论夏文化的发源地域问题的时候，有很多学者将其与二里头文化等同，这是不科学的。夏文化应是一个综合的概念，夏人、夏族、夏统治集团的内涵是有区别的，二里头文化本质是一个文化概念。根据文献讨论的所谓夏文化的发源地，也只能说是夏文化的早期中心地域或夏王朝统治者的早期地望所在而已。从中国社会科学院古研究所、北京大学等学术机构在陶寺、王城岗遗址的最近发现看，这一早期地望应在中原。至于二里头文化的发源地域，亦应在中原，确切地说，主要应处于今郑州市、禹州市、汝州市、郾城等所辖地域内。

四、结　　语

笔者在本文中对原来有关“新砦期”的若干问题的初步看法做了一些补充和新论，希企能够有助于学界进一步详细了解“新砦期”的本质内涵，以利促进早期夏文化、夏商年代总体结构等重要课题的研究。另外，为了文章的完整性及大陆以外的学者阅读方便，我们也刻意引用了《新》文中少量的关键性原文；对有关问题像“启居黄台之丘”的考证，因牵涉较为复杂的历史地理问题及限于篇幅，在本文中尚无法展开论述，请详见拙作《“启居黄台之丘”考证》。

注　　释

[1] 顾万发：《“新砦期”研究》，《殷都学刊》2002年第4期。

[2] 中国社会科学院考古研究所河南二队：《河南密县新砦遗址的试掘》，《考古》1981年第5期。

[3] 林秀贞：《试论稍柴下层遗存的文化性质》，《考古》1994年第12期。

[4][10] 李维明：《来自“新砦期”论证的几点困惑》，《中国文物报》2001年1月11日第7版；《二里头文化一期遗存与夏文化初始》，《中原文物》2001年第1期。

[5] 韩建业、杨新改：《王湾三期文化研究》，《考古学报》1997年第1期。

［6］ 中国社会科学院考古研究所河南二队：《河南密县新砦遗址的试掘》，《考古》1981年第5期。
［7］ 杜金鹏：《新砦文化与夏文化——夏文化再探讨随笔》，《中国社会科学院古代文明中心通讯》第二辑。
［8］ 顾万发：《试论新砦陶器盖上的饕餮纹》，《华夏考古》2000年第4期。
［9］ 李德方：《二里头类型的文化来源及相关问题》，《青果集》，知识出版社，1990年。
［11］ 张国硕：《夏纪年与夏文化遗存刍议》，《中国文物报》2001年6月20日第7版。
［12］ 《西清古鉴》，迈宋书馆，乾隆十四年钦编，光绪十四年铜版影印本卷32第16部。
［13］ 顾颉刚、童书业：《夏史三论》，《古史辩第七册》（下），上海古籍出版社，1982年。
［14］ 郑杰祥：《二里头二期文化与后羿代夏问题》，《中原文物》2001年第1期。
［15］ 河南省文物考古研究所：《瓦店遗址1999年度发简报》，《考古》2000年第1期。
［16］ 丁山：《由三代都邑论其民族文化》，《"国立中央研究院"历史语言研究所集刊》第五册第一分册，1935年。
［17］ 李伯谦：《迎接古代文明研究的新高潮》，《古代文明研究通讯》总第16期，2003年。
［18］ 金景芳：《中国奴隶社会》，上海人民出版社，1983年。
［19］ 陈剩勇：《东南地区：夏文化的萌芽与崛起》，《东南文化》1991年第1期。
［20］ 郭沫若：《中国史稿》第一册，1976年。
［21］ 姬乃军：《关于夏文化发祥地的思考》，《考古与文物》1999年第1期。
［22］ 杨伯达：《古玉史论》，紫禁城出版社，1998年。

（原载《中国上古史研究专刊》第三辑，台湾兰台出版社，2003年）

学患无疑，狐疑则学患

——释李维明先生《学患无疑　疑则有进》疑

李维明先生近作《学患无疑 疑则有进》[1]之文（以下简称《学》文），对笔者两年前发表的《“新砦期”研究》[2]一文（以下简称《新》文）有颇多见识，为说明有关问题，今就《学》文之问题略作论述，以就教于《学》文作者。因为《学》文作者虽然是分“材料问题”“论据问题”“论证问题”“论题问题”“方法问题”等五个方面向笔者发问，但是其各部分及其注释的主题相互混杂，所以我们只好以其提出的具体问题为基础作以回答，以便于讨论。

《学》文作者在论及笔者掌握的在《新》文中用以讨论“新砦期”的一些基础材料时，指出：“不排除其来源于参观介绍和误写的可能”。如果单言“不排除其来源于参观介绍”倒还可理解，但言及“误写”则不知何据。事实上，笔者所依据的这些基础材料（主要指新砦、花地嘴、大寨岭等遗址），要么出自笔者主持或参与发掘、调查、主持的遗址，要么是笔者在断代工程的安排下或应邀参与过或对早期关键材料进行过简单整理或甄别的，笔者绝不会像《学》文作者那样仅凭少量“新砦期”材料、在对“新砦期”器物缺乏明确识别的情况下、在对陈列的少量新砦遗址遗物经过短时间的“参观介绍”和“几个月”的“认真学习”后，就对有关“新砦期”的问题发表系列“高论”。对考古学文化的详细分期，需要以实在的对相关遗址的田野考古材料相当熟悉为基础，这是不争的道理，尤其对于很久以来发表材料较少、又未被学界真正识别的“新砦期”而论，更是如此。当然，也许《学》文作者的“认真学习”和“研习”可以弥补这类不足！说到这里，《学》文作者仍会像他在《学风濯濯 学史昭昭——关于“新砦期”论证三题》[3]中所说的那样，其仅是就“新砦期”论证而作文的，但是实际上，大家都能看到，《学》文作者的最初目的显然是为了否认“新砦期”的存在并继而维护某种夏文化观点的，只是随着“新砦期”后来在学界逐步得到确认（邹衡先生最近参观了花地嘴遗址的部分出土文物后表示：“这一段还是存在的”），才不得已多次“声明”其是“无意”于否认“新砦期”的存在的，并继而强调其作文的所谓目的仅是为了说明“新砦期”的论证问题。像《学》文作者在《来自“新砦期”论证的几点困惑》[4]及《二里头文化一期遗存与夏文化初始》[5]中认为：“这样作为包含一期两组的新砦二期遗存难于（按：第二篇文章为‘很难’）在河南龙山文化晚期与二里头文化早期之间寻找到（按：第二篇文章此处无‘到’字）足够的时空立足”，不久又在《学风濯濯 学史昭昭——关于“新砦期”论证三题》中及《学风濯濯 学史昭昭——例证方酉生教授谪难》[6]中强调“无意否认‘新砦期’的存在”。简单对照，其目的、立场和商榷的结果显矣。

《学》文作者言笔者在论述学术界有关“新砦期”的不同意见时，遗漏了有关学者的观点，并称“在未有将所有不同意见全部穷举归谬的情况下，其有关认识也只能作为一种学术观点而已，并不能凌驾于其他学术观点之上”。首先，我想问《学》文作者，作文时必须得将所有观点“穷举归谬”？你是否自己做到了？其实，不同学者作文时所关涉到的材料面不同的状况简直太正常了，这有什么值得疑问和指责的呢？其次，以己之观点为更合理应是学者们作文的最基本语境，怎能将此说成是：将自己的学术观点“凌驾于其他学术观点之上”？如总是对自己的观点没有足够的信心的话，那还为何目的去将自己的观点写成文字？一种学术观点的优劣，终是由学术史来决定的，不会因为什么权威来论定的，更不是什么研究员们特别是非真实水平的“研究员”们来决定的。最后，笔者并未像《学》文作者所言的那样，将韩建业、杨新改的佳作《王湾三期文化研究》[7]遗漏，我在对《新》文中“新砦期”文化归属的讨论一节还特别对包括“王湾三期文化”在内的河南龙山文化做了讨论（《殷都学刊》2002年第4期，第28页，第4行、第31～34行）。不知带着主观批评意识的《学》文作者对自己作文的基本材料是怎样口口声声自称是经过“认真学习”的？！

《学》文作者对笔者文中的“广义考古学文化”“大东方”“新砦期”等概念及相关论述提出疑问。关于这些问题，我们有如下认识。

第一，对考古学上所称的文化概念的描述并不是沉沉的“死板”，学术界在运用这一概念时可以扩展这个概念，像“鼎文化圈”“鬲文化圈”等就是范例。《学》文作者怎么评价这类用词？

第二，笔者所用的“新砦期”及相关概念，在原文已有说明：“本文因对‘新砦期’概念有专节论证，所以在一般情况下对可大概通用或可通过附近文字确知其内涵的概念，用词时未都详加讲究”，在这种情况下，笔者认为这些概念并未有什么不清晰。“传统所论的新砦期”就是指包括《学》文作者在内的诸多学者作文时所用的不能正确反映“新砦期”内涵的“新砦期”，“真正的新砦期”就是指时间与文化面貌上相当于“新砦二期早段”的一类遗存，“广义的新砦期”就是强调指向“单从具有过渡性质文化面貌方面而论”的“新砦二期”一类遗存，“新砦文化亚态”是在参考有关学者提出的“新砦文化”这一概念的情况下提出的，主要是说明“新砦二期”一类遗存尚到不了可称一个文化的地步，但是又比较特殊，至于“以新砦二期为代表的一类遗存”等概念，内容更是清楚，有什么不妥？倒是《学》文作者在为自己《二里头一期遗存与夏文化初始》之文中图四及相关论述的错误进行辩解时说到的“笔者所谓新砦期遗存系泛指学界诸家学者所言”之“系泛指学界诸家学者所言”的“新砦期”到底是什么内涵令人费解。况且《学》文作者写此文时，是否认存在“新砦期”的（笔者按：其不久又声明其“无意否认‘新砦期’的存在”），在这样的基础认识错误的状况下，讨论“新砦期”问题的观点又有多少是正确的呢？《学》文作者没有在新的文章中承认这么明显的基础错误，却仍在设法辩解，这种学术态度实在少见！

第三，有关“大东方”等概念。《学》文作者认为笔者使用“东方（文化）元素”“大东方特色”等将不同时期、不同地域、不同性质、不同族属的考古学文化实现一统。首先，我需要说明的是，笔者并不像《学》文作者所说的那样，将有关文化“一统”，我只是将它们中的有关元素联系在一起，这正是深层文化因素、文化联系分析的需要。寻找文化来源和关联时当然应包括不同性质、不同族属的考古学文化，否则何谈文化因素、文化联系分析？更何况这些文化在有些方面非常相似或有继承关系，而且，这些文化也并非像《学》文作者所说的那样全属于不同的族属，请《学》文作者还是去读读《东夷源流史》等著作并概揽三代以前的有关礼仪、宗教方面的物什及讨论吧！其次，用“大东方”的概念将相关文化联系起来，这并无不妥，暂不说“大东”之词文献中早已有之（其与“大东方”概念无法等同，但是均与东方有关）[8]，单说在谈及考古学文化时用“大东方”有何问题？如果按《学》文作者的意思，“大欧洲”等将不同民族、不同国家囊括在一起的概念也不妥？更何况，这些概念并非为笔者“发明”，其中考古学上的“大东方”一词，《学》文作者的导师邹衡先生也在“河南省文物考古研究所成立50周年学术会议”上同笔者谈过这一概念。

第四，《学》文作者自己在使用概念时存在随意现象（详见相关讨论）。正像我们已言明的，其在对《二里头一期遗存与夏文化初始》之文中图四及相关论述的错误进行辩解时，说到“笔者所谓新砦期遗存系泛指学界诸家学者所言，考虑到学界存在‘新砦期’是不同文化混合物的意见……”，真不知其用的到底是哪个“新砦期”的概念。

《学》文作者指出《新》文中有的文献和文字出现失误问题。《新》文中的文献和有关文字确实存在误写或语句“改字”问题，笔者欢迎相关的批评，但是就此问题应说明如下：

首先，一篇文章是更注重其是否有学术创见呢？还是更注重其文字和符号呢？这里不是说文字和符号等的规范化不重要，只是想说明学术创见的相对更重要性。当然《学》文作者是不会同意这样的观点的，从其曾为自己发表作品的年代被笔者误写少了一年很是“不安”，倒不为自己作品文字叙述的似乎表面化规范（其实也有不少问题，详见有关讨论）而无任何学术创见而“不安”的现象就可明白。另外笔者所引用的有关文献及错字，在多大程度上影响了笔者的观点和论证？像笔者在《新》文中引用有关“帝相”“仲康”等文献时的所谓“改字”及将“稍柴”写成“稍砦”等现象，并不影响笔者对文献含义的正确理解，这又怎能影响笔者的论证呢？

其次，其将明显为疏忽造成的误字说成是“改写”。还有，其将可能由于计算机在文本转化时出错等原因造成改字现象说成是“写作”，像其言“《顾文》将79年新砦发掘地层T2③写作T2（r）”。这些还罢了，在详细寻找别人的这类错误的同时，却对自己不以为然，其这方面文风的主要问题在于：

（1）文中极具随意地多次出现任意分段、分句的现象，显然不符合最基本的汉语规范。这方面现象太多，读者可随便阅读《学》文作者有关文章，即可发现。

（2）文中也有不少“写作”类错误。略谈几例看看：像其在《来自“新砦期”论证的几点困惑》中将T6③“写作”T6⑧，但在更证中却说成是“误印”，不知以下现象是否也是“误印”：《二里头一期遗存与夏文化初始》图中的H16（笔者按：《学》文作者已更正为H6）、《殷都学刊》2003年第4期第32页《学》文注释⑦在引用《夏商周断代工程1996—2000年阶段成果报告》[9]这一书名时，在“成果”与“简本”之间有一“？”符；在《学风濯濯 学史昭昭——关于“新砦期”论证三题》中，错误地说明提出“新砦期二里头文化”的时间为“20世纪70年代”（《殷都学刊》2003年第3期，第28页，左栏），同在本文他处则又为“20世纪80年代”（《殷都学刊》2003年第3期，第25、30页，左栏）；在《二里头文化一期遗存与夏文化初始》中，《学》文作者将稍柴H20分别列入二里头文化一段和二段（《中原文物》2002年第1期，第34页，右栏。笔者按：即使此单位为跨段单位，为何“不事先予以说明”，而且从其对一段、二段的特征描述看，显然连这种可能都不是）；除造了个颇为“著名”的“刻槽罐”还不够，又在“二里头文化一期甲群”“典型器物群”中造出个“花边甑”来（《中原文物》2002年第1期，第34页，左栏）；渑池郑窑报告中已明确对暂划到第一期的那件釜灶时代性质有疑问（笔者按：原报告主要的依据是此器造型与新石器时代有关文化典型器非常相似及该器所在单位仅出此器），但在《学》文作者处却成了其所谓二里头文化一期“豫西山区型”的“文化特征”的代表之一（《中原文物》2002年第1期，第36页，左栏）；将密县黄寨遗址写成“黄砦”（寨、砦在地名中常无别，但是，原考古简报始终用的是“寨”字，显然与发表资料不符，更不符合《学》文作者的“严谨”学风），等等。对于这些问题《学》文作者自己会不会“不安”“惊骇”或认为是“学界罕见”呢？

再者，《学》文作者由于自己对有关文献及历史地理缺乏了解，所以多次横生疑惑并予以指责，较为突出的例证之一就是“启居黄台之丘”问题[10]。

《学》文作者简介标明自己不仅从事“夏商考古”，而且“夏商历史研究”也是其“主要从事”的范围，不知《学》文作者对“夏商历史”的这些必备文献及研究状况有多少了解？由此可以明确看出，《学》文作者在文中对拙文有关文献的讨论，多是临时按图索“籍”！

另，《学》文作者在论述“启居黄台”问题时，引用《郑州晚报》2002年12月21日A3的封三新闻作驳论依据。试问《学》文作者，这类报纸的“新闻”符合你自己非常强调的引用资料要科学规范的要求否？考古学界现在谁不知道在非文物界文化媒体报道中早已存在“新闻炒作”和“误引学者言论”的现象？你也相信该新闻中类似“宫殿中有夯土灶台”之语的报道？《学》文作者不至于将这类资料都搜来作为指责依据之地步吧！

最后，《学》文作者对本人在《新》文中将1999年新砦遗址发掘简报[11]中的一件“中口罐”（1999HZT1H148：8）改为“小足鼎”，说成是“为其随意更改自己参与撰写的原始报告材料再添例证”，《学》文作者又在利用极其有限的线图材料进行极其简单的对照状况下，断言笔者的改动“实属牵强”，并由此类问题得出笔者“意在有关‘新砦期’论证科学性的讨论中同时充当‘正方’和‘裁判’的双重身份”。关于此问题：我再次强调，1999HZT1H148：8是一件小足鼎，笔者曾在此单位找到了剩余的残陶片，并且有的正好是足部。当1999年新砦遗址发掘简报正式发表前，笔者发现了原稿中的这个问题，于是本着实事求是和“将这些失误尽早纠正过来”“现在认识中有不对的就应该改正”（引用《学风濯濯 学史昭昭——例证方酉生教授谪难》，《东南文化》2003年第1期，第18页，左栏）的态度和想法，将这个失误予以改正。这应是符合发表新的、正式的材料规则的，与《学》文作者赞同的“现在认识中有不对的就应该改正，这就是科学态度”观点有何不符？《学》文作者多次强调不能随意改动原始材料，请问对错了的材料予以更正时，何谓“随意”，何谓“不是随意”？《学》文作者意在于改动时必须事先予以说明，于此，我亦不以之为全然，考古材料的具体问题以正式报告或简报为准的原则学界包括《学》文作者应很熟悉。况且，如果每个不关其文主旨的问题在一篇文章中均要事先予以说明，那还叫什么文章？《学》文作者在“新砦期”存在与否的争辩中失败后，在讨论与“新砦期”问题密切相关的文章中多次声明其“无意于否认‘新砦期’的存在”，但却从未见到任何明确的转变原因说明，这又是为何？《学》文作者在对笔者指出的其《二里头一期遗存与夏文化初始》之文中图四及相关论述的错误进行辩解时说道：“笔者所谓新砦期遗存系泛指学界诸家学者所言，考虑到学界存在‘新砦期’是不同文化混合物的意见，在这种可能性尚未排除的情况下，……”请问，即使你是正确的（实际是错误的），你为何不在原文中“事先予以说明”呢？《学》文作者文中这类“问题疑问”相当多，在此不需多论。

《学》文作者在对笔者指出的其《二里头一期遗存与夏文化初始》之文中图四及相关论述的错误并不接受，且进行了奇怪的诡辩，《学》文作者还提出了几个“论据”。为正视听，我们不妨对此问题再加审视。

关于这些“论据”及其《二里头文化一期遗存与夏文化初始》原文等，我们从以下这几个方面予以讨论：

首先，《学》文作者在《来自“新砦期”论证的几点困惑》中认为“这样作为包含一期两组的新砦二期遗存难于在河南龙山文化晚期与二里头文化早期之间寻找到足够的时空立足”“所以新砦期二里头文化至少一部分遗存可归属于二里头文化一期早段”；《学》文作者在《二里头文化一期遗存与夏文化初始》中认为“新砦期遗存属于二里头文化一期早段”“二里头文化一期是夏文化早期遗存”“该遗存的发现的意义是对二里头文化一期遗存文化内涵的丰富和补充”（笔者按：其后来又改变了观点，声明不否认“新砦期”的存在）。从这些论述可以明显看出：《学》文作者在《来自“新砦期”论证的几点困惑》中对“新砦期”的认识是矛盾的，既不承认“新砦期”，又认为其“至少一部分遗存可归属十二里头文化一期早段”；《学》文作者在《二里头文化一期遗存与夏文化初始》中已改变了观点，论定“新砦期遗存属于二里头文化一期早段”。从其言“这样作为包含一期两组的新砦二期遗存……”可知其这时所使用的新砦期概念的物质内容显然“是以新砦子项目小组所言的新砦期为时论基础”（《学》文《殷都学刊》2002年4期，第29页，右栏），其否认这一现象才真的“实属单边曲解”。当然，其在文中也使用了其他内涵的“新砦期”概念，像“系泛指学界诸家学者所言”的（按：不知是何内涵）及为“不同文化混合物”的等，这两个概念的物质内容与新砦子项目小组所言的《学》文作者使用的“新砦期”并不一致，由此可以看出，《学》文作者所用的“新砦期”概念是多么的“严谨一致”。

其次，《学》文作者在《二里头文化一期遗存与夏文化初始》中将二里头文化一期分为早、晚两段，其依据是“据ⅡⅤT104⑤叠压ⅡⅤT104⑥判断本段相对晚于上段”，《学》文作者怎么能单凭这么一组地层关系、并且在ⅡⅤT104⑤与ⅡⅤT104⑥器类很少相同从而很难获得二里头文化一期诸多器类早晚段演变特征的情况下就“判断本段相对晚于上段”呢？《学》文作者真够其自称的“学风务实”的了！《学》文作者可能会辩称其同时参考了其他遗址（笔者按：至少其在本文中未说明），据笔者所知，即使其参考了其他遗址的地层关系，也很难得出其文中的结论。其经过参考其他遗址地层关系写成的文章就是其在《二里头文化一期遗存与夏文化初始》中提到的《二里头遗址二里关文化陶器编年辩微》，其实这篇文章中二里头一期早段的器物多数属于二里头一期晚段并且此“辩微图”显然主要是“看图造序”的。据笔者了解“仅看图就造序”是这篇文章当年被《考古》杂志拒绝的主要原因。真正懂得田野考古学的学者都深知“看图造序”的危害，但是至于今天，随便看看《学》文作者的几篇文章，就知道他的“沙发学风”依旧！

总之，“需要说明的是，笔者在提出所谓新砦期应归入二里头文化一期早段的认识基础上，将新砦遗址与二里头遗址一期部分陶器进行特征比较。考虑到相关材料公布有限，笔者将比较时限设在二里头文化一期内进行，《顾文》作者大概没有看到是在二里头文化一期这一时限框架内进行的图题说明”。《学》文作者用这段话作为辩解的论据，实在与笔者指出其图四及其论述错误无关。我所指出的是“其将其认为属于二里头文化一期早段的新砦期器物与其认为属于二里头一期晚段的器物作比较”之错误。《学》文作者写此段文字时可能意识到这个用以辩解的“论据”有问题，所以《学》文作者又退了一步，辩解道：“就考古学研究而言，地层单位的年代与其中部分遗物的年代可能出现并非一致的现象，即较晚的地层单位内可包含部分早期遗物。《顾文》作者对此十分清楚，并在文中作为论据使用，不知为何不言矛盾？据此判断，《顾文》为拙作指出的这处矛盾，实属人为制造”。我们知道，较晚的地层单位内确可包含部分早期遗物，但是这类遗物特别是陶器在作考古学分期研究时一般是予以剔除的，严谨的学者是不会以之作为重要论据使用的，尤其对于那些难于准确论定其为“早期遗物”者。顺便问问《学》文作者，你有什么论据证明ⅡVT104⑤中单单就是此件器物为“早期遗物”呢？更何况ⅡVT104⑤还是你文中唯一的一组分期依据中的两个单位之一呢？即使笔者对你的这个错误的指责都不对，那么，既然你现在承认了“新砦期”，显然你“将比较时限设在二里头文化一期内进行”“是在二里头文化一期这一时限框架内进行的”的假设按你现在所依照的观点显然是错了，所以你将不得不或至多得出“自己当时没错现在错了”的滑稽结论。另，我在《新》文中提到渑池郑窑所出的甑有可能是早期遗物，是在这类特征者在洛阳及其以西地区二里头文化中基本不见、嵩山以南的早期二里头文化及龙山文化中常见的前提下提出的，即我们有有利的论据认为“其很可能为‘早期遗物’”，《学》文作者不妨再读读笔者的原文。

《学》文作者断章取义这一点在《学》文中的“新砦期与二里头文化到底是什么关系”一节中表现得极为明显。我在文中谈论到新砦期与二里头文化的关系时，前提是我尚无法肯定“新砦二期晚段”与“二里头文化一期”的早晚关系，所以在行文时肯定会予以表现。同时《学》文作者对我的“如果不考虑这些因素，完全从地域类型的角度来描述可能更为严谨”的重要说明（《殷都学刊》，第29页，右栏）、“如果新砦二期晚段与二里头一期同时……（如果新砦二期晚段确实同时于二里头一期的话）……（如果新砦二期晚段确实早于二里头一期的话）（《殷都学刊》，第29页，右栏）……如果新砦二期晚段与二里头一期同时的话，则对地域性的划分可作如下调整”（《殷都学刊》，第35页，左栏）等内容只字不提。另，《学》文作者还将笔者不是首席作者的文章中的某句话与笔者论著中的话结合起来用作为指责的依据。我在《新》文中早已指出，当时我尚不能肯定“新砦二期晚段”与“二里头一期”的早晚关系（笔者的新认识曾以《〈“新砦期”研究〉增补》为题正式发表，论文发表时未校），所以对“新砦二期晚段”早于或同时于“二里头一期”的情况均作了学术讨论（《殷都学刊》，第31～35页）。

《学》文作者对此很清楚，在《学》文中其也数次提到笔者的观点，怎么其在这段讨论中就不再清楚了呢？更为成问题的是其在《学》文中言：“则与其言新砦期‘下与二里头文化紧密相连’矛盾”（《殷都学刊》，第31页，右栏）。“下与二里头文化紧密相连”这句话出自《河南新密市新砦遗址1999年试掘简报》（北京大学考古文博学院、郑州市文物考古研究所：《华夏考古》2000年第4期）。另外：第一，作为一个简报的共同写作者观点可以保持一定程度的不同，这是很正常的。如果合作者观点必须都相同的话，我看全世界的合作者共同是写不了几篇简报的。第二，即使你认为在那篇文章中我们合作者的意见完全相同，但那是2000年12月份发表的，而我的新观点是2002年12月发表的，不以作者新观点为讨论基础，却以旧的为基础，显然是为己之需，随意拿来。这算不算“移花接木”？

《学》文作者指出笔者“随意”“曲解”了他的有关学术观点。如“《顾》介绍

‘新砦期’与禹时之晚段至仲康前一段对应，这样的观点为笔者首创。然而事实是，笔者从未表述过这样的观点”。我们从《学》文作者《二里头文化一期遗存与夏文化初始》中看到：“二里头文化一期绝对年代……大致可以包括夏王朝初期禹、启、太康、中康、相四世五王的事迹”，又从该文注23说明中看到：“夏年中应包括禹的部分年代，但不是全部”，我们知道古本《竹书纪年》《帝王世纪》《太平御览》《路史》等文献中载有夏代王年，断代工程也提供了不少重要的测年材料，《学》文作者又在《二里头文化一期遗存与夏文化初始》中认为：二里头文化一期可以均得夏积年中的百年左右、“新砦期又属于二里头文化一期早段”“夏年中应包括禹的部分年代”（笔者按：《学》文作者认为二里头文化一期至四期为夏文化），则按照这些数字推算，将“‘新砦期’与禹时之晚段至仲康前一段对应”这种看法归于《学》文作者怎么就是对其学术观点的“曲解”呢？

《学》文作者指出笔者在《新》文中“只介绍学术界对其‘新砦二期’的赞誉之词，而对学术界有关‘新砦期’论证中存在的诸多失误现象提出的批评却只字不提”，此论完全不顾基本事实。第一，对这些批评，笔者已与相关学者联名（《学》文作者称之为“聚众”）予以说明了，有发表文章为证。第二，笔者在《新》文中并非“只介绍学术界对其‘新砦二期’的赞誉之词”，实际上对诸多不同意见，笔者多作过介绍，至少其中明显包括《学》文作者的“高见”。第三，倒是《学》文作者在《学》文中对笔者指出的其在《二里头一期遗存与夏文化初始》中对“二里头文化一期”遗存的定义、分区、分型等重要错误“只字不提”。

《学》文作者指出笔者在选取论据时，有“党同伐异”之嫌。第一，连《学》文作者也应承认，笔者有关“新砦期”的观点与目前所有的其他学者均不全同。第二，对这些学者的观点，笔者也发表过不完全同意的评论，《新》文中就有。为学术故，就是对于笔者“参与过标本选送工作”的《夏商周断代工程1996—2000年阶段成果报告》（简本）第75页图十五之有关“新砦期”的图表，笔者也在《新》文中发表过看法。再者，假设选取别的学者的正确观点作为自己文章的论据是“党同伐异”的话，我认为这样的“党同伐异”没什么不正确。

《学》文作者指出笔者在论述有关“新砦期”研究的学术意义时，论及“新砦期”研究关涉到“虞夏的界限”和“夏商王朝分界”的表述是“不一致”现象。看来《学》文作者对笔者的观点实在是无法再找出什么别的问题来。笔者认为“新砦期”研究的重要学术意义在于从考古学上有可能找到“后羿、寒浞代夏”事件的年代，如果“新砦二期早段”被确定为与“后羿、寒浞代夏”相应，则从考古学方面向夏王朝起始两个方向联系，显然有助于解决“虞夏的界限”和“夏商王朝分界”。这种对“新砦期”研究的学术意义的表述，在《学》文作者处却被完全孤立为两个无关的语法短语，然后被人为地制造为“不一致”。的确，两者的用词确实不一致！

《学》文作者提出“用传世的文物作为论据的说服力有多大？”“不知《顾文》

根据什么将大甸子墓地与上甲微征讨有易氏联系起来。另外，不知‘二里头文化有关人群’因何与有易氏一些人一起经甘肃前往四川？《顾文》所言这段事实的文献根据是什么？这里所言的牟族对应的是‘二里头文化有关人群’，还是‘有易氏人群’”等疑问，并举笔者文中提到的“齐家坪的铜牌饰”“大甸子墓地彩绘图案”“有易氏与瑶民”“青铜鬶”“牟族”等及相关论证予以否认笔者的观点。又指出“《顾文》依据这两件脱离地层而孤立存在的器物，作出时代类比恐怕靠不住”等。

第一，《学》文作者混淆了“传世的文物”“传出于某地的文物”“无明确出土层位的采集品”“流散品”“征集品”等概念，因之对上述笔者文中提到的器物的不同价值实际上采取的是完全否定的态度或赞同以“传世的文物”看待。事实论之，笔者所举的这些文物除山东这件“青铜鬶”外，均不能称之为“传世品”。

第二，学术实践证明，“传世的文物”“传出于某地的文物”“无明确出土层位的采集品”“征集品”等经鉴定为真品者，其价值往往不可忽视，尤其是对于在有的地域相对集中地出现风格相近的器物更应认真对待。像著名的日照两城镇“玉北斗神面圭”以及相关玉器、诸多著名的带铭铜器就是代表。

第三，笔者在论证相关论点时，并非仅将这些器物作为唯一论据，我还列举了其他材料。《学》文作者应当很明显地看出笔者的观点是以一组材料为依据的。像笔者在论证“后羿、寒浞代夏”问题时，除提及山东这件“青铜鬶”外，我还列举了丰富的考古学和文献材料，《学》文作者为何对除“阻穷西征”等外的这些考古材料和其他文献不予以说明不妥呢？

第四，还有，《学》文作者在指责笔者有关齐家文化年代的讨论时谈到“学界还有判断齐家文化年代下限年代更晚……”等，这里需要说明的是，笔者并不否认齐家文化年代下限年代在各处结束不一的看法，我在文中只是反证齐家文化年代下限年代较早的观点。《学》文作者举出这类观点，不知是否又是为了“穷举”？即使如此，诸多的相关观点也尚未列出，至少包括《学》文作者导师的观点。《学》文作者还指责“《顾文》依据这两件脱离地层而孤立存在的器物，作出时代类比恐怕靠不住”，请《学》文作者看看有关原文：“像齐家坪的铜牌饰、庄浪的壶式盉……等等……夏家店下层文化与三星堆文化具有一定的关联，像大甸子墓地的彩绘有的图案（像M663：1，更早的渊源与日照两城镇玉圭北斗神图案有关）极其类似真武藏包包遗存的双‘S’兽面铜牌饰”，显然这些论据不限于“两件脱离地层而孤立存在的器物”，而且“等等”表明我们在此并未详举其他有关论据，像美国大都会博物馆所藏的齐家文化盉（笔者按：美国友人惠赐线素描图）、安特生有关论著中提到的齐家文化陶盉[12]、有明确出土层位的陶盉[13]。其中对于大地湾等遗址出土的具有二里头文化风格的器物，笔者为文时曾咨询过《学》文作者的导师邹衡先生，其曾见过并同意其可能是具有二里头文化风格的器物。

第五，至于说到“阻穷西征”问题，《学》文作者说笔者“颠倒了学术观点的承继关系”“大概是与已见不合之故”而省略“顾颉刚先生关于羿被看成篡位之君为东汉人所造的观点”，这种指责实在是牵强附会。笔者说“顾颉刚先生亦赞成此解”，特别是其中的“赞成”一词仅为表明我们对“西”字的理解相同罢了，没有任何“颠倒了学术观点的承继关系”的嫌疑，这样有什么意义呢？笔者为收集顾颉刚先生的全部作品，早年就与上海古籍出版社及先生生前助手王郇华老先生有过联系。关于所谓“大概是与己见不合之故”而省略“顾颉刚先生关于羿被看成篡位之君为东汉人所造的观点”之论，我想问，在引论别人的观点时是否必须全盘接受和引用？其实，我未引论顾颉刚先生的其他观点，显然主要是因为我不同意他与童书业的有关羿、浞代夏的其他看法，我仅引论其以“西”字为“向西”解的观点，是为反证学界以“西”为“自西”（按：即从西向东）的看法提供更多的材料。

第六，关于有易氏与瑶民关联的文献，主要见于《山海经》，当然，《学》文作者可能会说，学界尚有其他解释，我这里声明，我不赞成这些观点。从考古材料看，夏家店下层文化与三星堆文化具有一定的关联，像我们早已谈到的，“大甸子墓地的彩绘有的图案M663：1极其类似真武藏包包遗存的双‘S’兽面铜牌饰”[14]。当然还有诸多相似内容，此暂不赘述。至于有易氏与夏家店下层文化的关联，学界没有可信的反正。诸多杰出学者都承认河北易水流域与有易氏有关，而恰是此区域有相当的文化遗迹可划归夏家店下层文化。因为历史地名形成的因素复杂，这时候我们就必须参照考古学的发现了。既然夏家店下层文化中期的中心在易水向北的地域，结合先商文化的考古学年代，为何不能认为其时的有易氏中心在此呢？又，三星堆文化与二里头文化、二里头文化与夏家店下层文化（信仰中有不少“东夷”内容）、三星堆文化与“东夷”信仰关系密切已是不争的考古事实，四者之间又有共同的相似点，如牌饰。齐家文化中又发现不少包括铜牌饰在内的具有二里头文化风格的器物[15]，与齐家文化时代有所重合的石峁、新华、东龙山等遗存与二里头文化密切相关，石峁等遗存的高级别信仰与早、中期三星堆文化又有相当的关联，像分歧式牙璋方面等，所有这些考古学事实以及在三星堆文化三星堆两个“埋藏坑”中诸多“狗头冠”与畲、瑶族妇女的“狗头冠”极其相似等状况使笔者相信文中提到的《学》文作者对之疑惑不堪的系列观点的价值。

第七，至于其所言的牟族对应的是“二里头文化有关人群”，还是“有易氏人群”，很明显，牟族早期的重要来源地应在东方，后来迁徙至各地，夏时其先来到二里头文化区域，成为“二里头文化有关人群”。关于牟族，我们还需谈谈《学》文作者的其他错误疑问：《学》文作者断言：“‘牟’与‘目’两字未见直接通假的文例”。我这里仅略集几则有关“牟”“眸”“目”的文献：《说文新附·目》“目作牟”，《集韵·侯》“目，通作牟”，《释名·释形体》“童子，或曰牟子”，王先谦《释名疏证》引苏兴曰：“目，与牟同”，《周礼·秋官·小司寇》“五曰目听”，郑玄注：“观其牟子”，孙诒让正义：“牟，俗作眸”，《荀子·非相》“尧舜参牟子”，扬盉注：“牟，与眸同”等。《学》文作者如果还有疑问，就请再看看裘锡圭先生在《古文字学概论》第230～231页就此字的论述[16]。另，我想问问《学》文作者，你见到过甲金文中有“牟”字否？据笔者所知，此“牟”字出现相当晚，概在汉以后。又甲骨文中常见“目”族，据郑杰祥先生考证商时有的就在今豫西（距今中牟颇近），而这些地方是夏时“单目符”集中出土的地方，而且在河南省地理研究所的有关学术会议上，郑杰祥先生还与笔者谈到可将“中牟”及中牟县出土的“单目符”铜戈与“牟（或眸）”族关联。河南龙山文化王湾三期时段之前，“单目符”文化元素主要集中于东方，在新砦期时开始大量地出现于此。

《学》文作者又说“具有明确地层关系，能够看出具象的‘目’符，在《顾文》所谓的东方地区只见对称的‘双目’形，单‘目’符却在中原地区的裴李岗文化遗存中可见（见河南省文物考古研究所编著《舞阳贾湖》，科学出版社，1999年，第446页，图三一七）。从类型角度观察，《顾文》所谓的东方地区‘双目’符多为旋形或圆形，而中原地区的裴李岗文化、二里头文化‘目’符为‘臣’字形，在未有陈列其演变谱系的情况下，不能随意判断其渊源关系”“出土文献所见单‘目’字，见于裴李岗文化甲骨刻划符号、郑州早商文化陶文，商代甲骨文中有‘目’族记载，商代青铜器铭文也有‘目’铭，不过这些‘目’均为‘臣’字形，也不在《顾文》所谓的东方地区”“《顾文》……，超越夏、商、西周时期有关材料，选择数千年前所谓东方地区的原始社会‘双目’符比附，不过是强调大东方文化向西方的传播，以便为古史记载‘后羿代夏’等一系列历史事件铺垫”。

关于这些论述，如果是研究过中国早期艺术史的学者恐怕都会感觉好笑的。于此我想简单予以谈论：

首先，《学》文作者将笔者有据（可见本文论述）的关联说成是“选择数千年前所谓东方地区的原始社会‘双目’符比附”，而其将相隔数千年的“裴李岗文化甲骨刻划符号”[17]与“郑州早商文化陶文”等仅凭造型相似就无据关联的做法却不是“比附”，或许是“附会”更合适吧！另外，将相关文化元素关联并不一定将时间限定在固定的时间内，像早在红山文化、大汶口文化、山东龙山文化、四川三星堆、金沙文化或遗址中存在的有关象征攀援建木的“蹲踞式”北斗神或巫[18]及其首神鸟组合[19]的内涵可以用战国中晚期的“兵避太岁”戈与汉代《史记·封禅书》中的“太一锋”[20]灵旗的图案内容作为立论：《史记·封禅书》载的“太一锋”灵旗图案，包括日月、登龙、北斗；“兵避太岁”戈中的三龙为“登龙”。按李零先生的认识[21]，戈图像中的日月即为“太一锋”灵旗中的日月，太一锋中的北斗即“兵避太岁”戈图中的神物，即代指太一。我们看到，“兵避太岁”戈中的神人正好为头戴实际可视为“帝”字的“建木符”并呈“蹲踞状”，这类造型往往源于北斗神或巫的攀援建木造型，显然此类造型者身份多很高，“夏”字的造型亦有助于说明这个问题，“夏”字源于“攀援建木”的姿态——“蹲踞式”造型，意为王朝的统治者是能够沟通天地之神子，或是以能“攀援建木”的、“格于上下”的神（像北斗）为国名，从与玄鸟、高辛（即昆仑台上的“辛”——串圆建木及天顶端▽）之神话和名氏极其相符的弗利尔玉璧之“神鸟—天柱顶类昆仑之▽形—北斗串圆·天柱—昆仑台”符号看，“商”字与这一内涵亦非常相关，因为商人的高祖“俊”字或“夒”字等就是这类“蹲踞式”造型。另，出自《史墙盘铭》“夏”字，从语境及《克鼎铭》“柔远能迩”、《晋姜鼎铭》“柔变百邦”等看不宜释为“猱，宜释为“夏”，因为“夏”的本意最初应是“中国”，同时，从“上帝司夏”下句“保受天子绾命，方蛮无不㺇见”（将“中国”与“四方”作“互文”似概念处理）看，将此字释为“夏”，似更有理由。周人自称为“有夏”，有助于说明“夏”是“中国”或“天下”的意思。其实称“中国”或“天下”为“夏”是很早的事[22]，上帝是始终“司夏”的，至于人间的统治者，则由上帝“保受”代天统治的“绾命”。此“夏”字从《史墙盘铭》尤其是东土六国的文字看，均为“蹲踞式”[23]，其形象尤其是姿态、发式与周代的“蹲踞式”玉人极其相似，但其实际并不是“蹲踞”，其造型的含义与商之高祖夒一致。由此，我们认为夏人应为中国之人，其位于文化学意义上的天下之中，与天中北斗或极星相对，显然可以视为是“蹲踞式”样的攀缘建木天柱的人。至于《史墙盘铭》中的“夏”字，两肩处对称，似为卜辞中“舞”字中人手所持之饰，其“蹲踞式”造型不明显为服装所掩，脚的左右端不太像“羽符与龠”，甲、金文中“龠”字与此“夏”字右下符不似。“夏”与“乐”有关，主要是指“乐”的总称，像“九夏”等。“夏”字，显然像有的学者认为的那样，与甲骨文中的“舞”字是有关的，其字主体为“蹲踞式”人，其字之侧形确类“舞”，并且“蹲踞式”确是不少巫者舞蹈的主要动作。卜辞中的“舞”并无“夏”义，只是此“舞”所适用的场合特别重要（其对象可与高祖并称等），这方面与“夏”字的造型主体、本质含义的级别均类似，并均可用于描述相关的礼仪、宗教现象。金文中的“上帝司夏”之“夏”字，总体与“舞”字相似（将其左右两下端的符号和上端的符号接起来，实际非常类似卜辞中的“舞”字），“上帝司夏”之“夏”字右下端的符号可以视为是左下端的变体，《史墙盘》之“丰”字的写法可以证明我们的观点。可以肯定“夏”字中人的主体为“蹲踞式”的侧面。至于“帝”字，应与“建木”有关，其顶端实际可以视为类汉代西王母的昆仑座顶端的“天柱顶端的设置”，并不是建木之蒂。与玄鸟、高辛（印昆仑台上的建木及▽即“辛”字首）神话极其相符的弗利尔玉璧之“神鸟—天顶—北斗串圆（天柱）—昆仑台”符号有助于证明之。建木上明为本文所论的北斗神头顶的神鸟，综合地看，即为典型的与早期圭类玉器上的头有神鸟北斗神造型相同。此旗帜之所以可以称为“太一锋”，是因为此图较为古朴，其所构图的思想应源于以北斗为极星即以北斗为太一神的时代，或者是基于北斗始终的重要性，就像汉代的镇墓瓶和明代的棺椁上的星象，虽然其时的北斗已不是极星，但是仍然多将其绘出，有的还作为主图一样。另，二里头文化的兽面纹牌饰早期重要的文化来源之一的大汶口文化诸多基本相同的刻划符号，有的刻于瓮棺上（有的位于墓葬西北，与北斗星因天倾西北而位于西北的视觉位置极其相符），其显然与二里头文化兽面纹牌饰可为随葬品之用有相似之处，其与晚期像明代与葬仪有关的七星板、七星床的意义亦相似，即在于表明二里头文化的兽面纹牌饰具有避邪的重要功能。此类论证主要逻辑依据是文化传承的连续性特质。有关的理由，《学》文作者还可以看看李零先生的“关公战秦琼”之论[24]。至于引用文献的取舍问题，显然本质上不能依早晚论，当以正确与否论，《学》文作者当清楚。

其次，从其论可以看出《学》文作者有关中国早期艺术史的知识尚需完善。认为“这些‘目’均为‘臣’字形”的观点是错误的，尚有方形的或旋目。另，东方的“臣”字形目即使不论及已被海内外诸多古玉专家证真的传世品，就是在考古材料中也有发现，并且这些材料可进一步说明那些传世品的可信性，尤其是新砦刻绘北斗神像陶器盖的出土更以无可争议的论据证明了这样的看法。笔者问问《学》文作者，在新砦刻绘北斗神像[25]陶器盖出土以前，是何种原因使人能造出与其造型如此相似的图案？由此，《学》文作者说“《顾文》所谓的东方地区只见对称的‘双目’形”等观点因而亦 属于无稽之谈。其实“双目符”与“单目符”是一样的，东方、二里头遗址早已出现例证，因为两者在早期都可以代表“北斗神”，民族学材料显示以目代表某神是常见的事[26]。《学》文作者如果还有疑问的话，我想再谈个例证：我们都知道，三星堆文化早期曾出土过一件陶豆，其豆座上有一“单目符”[27]，这类相关文物在关中二里头文化时代也有发现，另外，我们在属于“中华文明探源预研究工程”的花地嘴遗址考古中也发现过这类陶豆，并且，其中两件豆座上为“单目符”，另一件豆座上为“双目符”。当然，《学》文作者如果还有疑问的话，欢迎惠顾或耐心静气地等待我们发表照片及线图材料。

《学》文作者对笔者有关“新砦期”与“后羿、寒浞代夏”的有关论证及论据疑惑重重，并有不少错误理解。兹略提重要几例予以讨论。

其认为笔者在《顾文》中表述的“新砦期”分布区“南接近豫南、北在伊洛平原、西到渑池、东达豫东……”有问题，这种描述错误地理解了笔者的观点。首先，笔者在论及渑池之甑时，只是言这类造型的“器类”是早期文化风格的遗留，我的原文是“被认为是新砦二期重要器类的深腹盆形甑在渑池郑窑二里头文化一期中同样存在”“那些甑可能是早期遗留”，显然，笔者不同意将渑池之甑的时代定为“新砦期”。能说明笔者未将渑池及附近地区纳入“新砦期”分布区的另一重要论据是，笔者在“‘新砦期’遗存的地理分布及地域性”一节中穷举当时所知的‘新砦期’相关遗址时，并未论及“渑池郑窑”。其次，我们所论及的“新砦期”遗存，是在以“新砦二期早晚两段”为参照的基础上，分别论述的，我们所论的“后羿、寒浞代夏”事件是与“新砦二期早段”类遗存相关联的，而《学》文作者将自己错误定义的“新砦期”分布区域代替笔者的提出的与“后羿、寒浞代夏”事件相关联的“新砦二期早段”分布区域，并继之错误地指出“这一现象与《左传》记载后羿代夏是‘因夏民以代夏政’似乎不符”（笔者按：《学》文作者指出笔者在文中用了一些“可能”类用语，其文中也有不少，这就是一个。其实，这类用语没什么可指责的）。

其在《学》文中指出笔者“将‘新砦二期晚段’与少康复国对应、新砦三期与帝杼对应，显示少康中兴之后不久，夏王朝控制范围反而退缩，这与《国语·鲁语》解所言杼‘兴夏道’和《竹书纪年》记载杼‘征于东海’相悖”，并言“这样就无法保证避免少康复国与继之帝杼在年代比附上出现重合的可能”。首先，笔者想问的是，《学》文作者一方面认为笔者“将《左传》记载‘后羿、寒浞代夏’与早于《左传》成书年代有千余年之久远的‘新砦二期早段’比附”不妥，那么，你在此引用这些文献还有何用？多少学者利用《左传》考证的早于其成书千余年的成果又成了什么？其次，笔者首先将“新砦二期晚段”与“少康复国”对应[28]，继之显然“新砦三期”可与帝杼关联。正如《学》文作者所引用笔者的观点那样，由于笔者当时尚未肯定得出“新砦二期晚段”与二里头一期的早晚关系之结论，所以，确实“无法保证避免少康复国与继之帝杼在年代比附上出现重合的可能”，但是我们均可看明白，在“新砦二期晚段”与二里头一期的早晚关系之结论得出前，将“二里头一期”用来讨论这一问题显然无法得出任何有关少康、帝杼与二里头文化一期对应关系的有价值结论，所以，笔者此时仅用“新砦二期晚段”“新砦三期”这两个概念讨论“少康复国”、帝杼的考古学文化年代问题。同时，因为同样的原因，我们也没有讨论有关夏王朝控制范围问题。近来，我们通过对新旧材料的研习，发现“新砦二期晚段”应与“二里头一期”或其早段相当，如此，则新砦三期可与“二里头一期晚段加二里头二期一段”或二里头二期相当，那么有关夏王朝控制范围与相关世王的关联的问题是有可能讨论明朗的。

《学》文指出，笔者所论的如果将“新砦二期早段”与“后羿、寒浞代夏”事件关联从而有利于说通“五子之歌”“少康复国”“靡奔有鬲氏”“方夷来宾”等问题的看法，“不仅材料本身有限，还包括作者掌握材料的有限和分析材料的有限”。关于这个问题实际上我们已做了详细的回答，学界可明鉴是谁“掌握材料的有限和分析材料的有限”。

首先，“羿、浞代夏”“五子之歌”“少康复国”“靡奔有鬲氏”等事件实际是一个短期总事件上的“事件链”。在利用考古材料进行古史研究时，我们解释某个总事件的非文字等的考古材料本身和本质上是有限的，衡量用以解释这个短期总事件的某一或某组考古材料的优劣，关键是看这个总事件的“事件链”统一于某一或某组考古材料之下的个数，既指“事件顺序”及“事件链”的长度，原则上顺序越严格、“事件链”越长就越优。可惜《学》文作者错误地理解了笔者所论的“有限材料”和其他相关重要问题的“事件链”的真正含义，无端也无基本研究历史逻辑知识地横生出如此之类的疑问！

其次，《学》文作者否认新砦期存在的观点已被诸多考古学材料证明是没有依据的，于是其又将支持反对“羿、浞代夏”与二里头文化早期（笔者按：笔者在有关文章中认为“羿、浞代夏”与“新砦二期早段”即“真正的新砦期”基本同时，“新砦二期晚段”基本同时于二里头一期或其早段[29]）关联的观点作为自己的任务[30]。“羿、浞代夏”的考古支持材料除了我们列举的诸多论据外，支持我们观点的考古材料继续在发现，像“新砦二期早段”诸多器物出现的具有东方风格的高圈足特征、诸多房基出现的具有当时山东地区的半地穴式风格（像尹家城），尤其是“新砦二期早段”的玉器，东方风格更多，其中的牙璋虽然具有较多的神木石峁玉器特征，但是其“阑”、抛光处理、切割迹象很不显见等方面的风格特征却是源自山东的。另外，还有完整的朱砂绘“雌雄北斗”[31]图案等。当然我们这里予以言明的是，这些东方风格的器物出现于中原，并不是说全是由羿、浞带来的，只是说多是因“羿、浞代夏”之事才出现。实际上，当“羿、浞代夏”之时，夏王朝为了寻求支持、盟友，曾利用羿、浞与东方族群的矛盾和自己与东方原有的关系，与东方族群的联系进一步加强。像与有仍氏、有虞氏等之间既是这样。总之，突然在中原传统上认为是夏人统治中心的地区增多或出现这类级别较高、数量较多的东方文化因素，很有可能与文献中记载的早期夏史中的“羿、浞代夏”事件有关联，其他如贸易、交换、馈赠、单纯文化模仿、文化人类学意义上的“涵化”等原因应可以排除或可被视为次要。

《学》文作者多处指责笔者有关太谷白燕F504的相关简论。从其指责的论述看，《学》文作者对天文考古显然是个外行。笔者仅为了向学界有个解释，在这里特将自己有关太谷白燕F504的初步研究成果作以简要介绍，与之有关的研究成果可参见笔者的有关论文。另，我曾在2000年12月写成《太谷白燕F504内涵研究——并新论“明堂”“九州”“昆仑”“天中”“璇玑”等相关问题》，拙文曾蒙冯时先生指教，现已送有关专家帮助审阅。笔者的研究结论中的主要观点如下：

（1）太谷白燕F504的九个窑洞为古二十七（或八）宿之分，并且根据星名的上古音三三押韵及《周易》中的有关系辞用语特点等，认为还有可能是均分。

（2）太谷白燕F504的恒显圈周围的七个圆坑代表北斗七星，埋有四个陶瓮的四个圆坑代表斗魁。考古及文献材料中的“北为坎”“坎属水”，《郭店楚简·老子丙篇》附之“太一生水”、“瓮盛北斗”、“瓮盛水”，有不少陶器刻有代表中心的“五”或“帝”字，“马王堆帛书登龙前有瓮”，“殷墟乙五基址附近以斗形大口尊排列为北斗七星”，“大汶口文化尉迟寺遗址陶中空北斗神像”，“福泉山三层昆仑台上的大口尊祭器”，“大汶口文化诸多北斗斗魁为斗形”，以及“浙江宋代有的佛塔塔基中心周围有七个瓮”等均可证明之。

（3）太谷白燕F504中心之“亚”形显然为斗魁所绕，应代表“天中”，著名的山西黎城戚北斗神瞳中有“亚”（以北斗星为目）及卜辞中出现“亚”庙的现象算作是重要论据。我们可以肯定此“亚”是后来可称为“天室”的明堂采取“亚”形（五室制度）或与“亚”有关的造型（类太谷白燕F504的九室制度）及金文中与族徽有关的“亚”形的依据和渊源，继而商周时“蹲踞式”（实非李济先生所论的“蹲踞”，当为“攀援建木之态”）玉人身上的“⊕”符内涵就很明显了[32]。太谷白燕F504时代属于仰韶文化晚期，与黄帝时的“合官”（见《三辅黄图》）建筑在形制方面应有关，黄帝时的明堂又称为“神斗”（见《尚书·帝命验》），正与太谷白燕F504中心有北斗的情况相符。至于龙山时代的明堂造型，可参考河南杞县鹿台岗“Ⅰ号基址”及广西武鸣附“昆仑道”的亚形岩洞墓室[33]。商代及周初的“亚”形墓的“亚”形及内涵——死者的“天堂”亦肯定由本文所论这类亚形而来。鉴于此，我们可以平息历史上久讼不决的五室或九室明堂之争，严格的明堂中的五室者可以视为是九室者省略“亚”形的外九室（位置类太谷白燕F504的九个窑洞建筑）形成的。

（4）太谷白燕F504西北之门应称之为类似《史记·封禅书》中公玊带所示《黄帝时明堂图》的“昆仑道”，即类六壬式盘中的天门。龙山时期广西武鸣采用“亚”形墓室的岩洞葬之门也在西北，这与古人认为西北可为昆仑、为升天之道、天又倾西北的思想极其相符。注意，笔者不认为当时的“昆仑”现象只在西北存在。至于公玊带所示《黄帝时明堂图》的“昆仑道”在西南，主要与“在五行盛行时，太一神居中，多与北斗有关的黄帝则被置于西南”的现象有关。因为黄帝曾被认为位于天下之中，天下之中又可与昆仑相应，所以黄帝位置改变，时人就错误地将昆仑道附之；又西南成都在有关文献中也曾被看作天下之中，倾西北的天相应的西北山区和成都西的山区又可被认为是相连的，这些当亦为可能之原因。

（5）太谷白燕F504的九个窑洞围成的图，显然是一幅天文图无疑了，但同时其形状与诸多文献和古九州图谱中描述的禹时九州、黄帝名义上的“统治”范围较为相似。所以在参照相关论据的情况下，笔者又认为此图的“天分之九部”与“地分之九州”相应。因而笔者在文中认为“所谓九州的事实有可能更早”，由于考虑到中国早期国家地域形成的过程复杂、实际统治与名义统治问题等原因，所以笔者没能肯定。现在看来，在笃信天地相应的当时，虽然晚期九州的确切制度尚未出现，但是九州雏形的思想确实已经存在了。

（6）太谷白燕F504东南突出，“天中”向西，明显地反映了“天倾西北”的思想。从天地相应的太谷白燕F504的北斗及“亚”形的位置看，其时的人文地中应在河南、陕西、山西三省界线及附近[34]，当时真正的地理“地中”在图中反映的应“天中”之人文“地中”的东南，即洛阳及其附近地区，这后来同时成为龙山文化晚期到商周等时期的人文“地中”。太谷白燕F504西南区域与古代的梁州的位置很相似，这极其有助于我们判断此图中有关区域的现代具体地理位置，此一信息于早期历史地理、国家区域范围思想产生过程等重要问题的研究极其重要。

（7）太谷白燕F504顶并非原简报所认为的塌陷所致，其应是用于观测的，与“璇玑玉衡”的内容有关。另顶之变线处正投影正好围绕北斗七星，显然应视为恒显圈。恒显圈又围绕“亚”，这应是《山海经》所论“昆仑为弱水环绕”及文献中所载“明堂为辟雍所绕”等的天文学方面的渊源。

（8）太谷白燕F504清楚地反映出早期六壬式栻盘的内涵及渊源，并证明“有领璧”为象征性的“玑衡”无疑。

《学》文作者还就笔者谈到的区分河南龙山文化与二里头文化陶器一个标志问题（《学刊》2002年第4期，第27页，左栏）提出疑问（《学刊》2003年第4期，第31页）。其言：“笔者认为《顾文》这一考古学文化断代方法并不具备普遍意义，因为以纹饰距离口沿的远近来区分龙山文化和早期二里头文化，其标准是相对的，更何况‘无口沿的残片’；笔者将这样的标志验证于龙山文化和二里头文化早期共存的登封王城岗、新密新砦、郑州洛达庙遗址，均有相反的例证；历史研究中一般不鼓励孤证论定，分辨考古学文化的性质亦然；笔者认为有关新石器时代和夏、商前期的考古学研究，由于缺少文字这样的硬证，所以要求研究者提供的证据要具备群组性。《顾》文凭借这一孤证区分复杂的文化内涵和性质的方法倒是简单，但是否可信，就另当别论了”。

《学》文作者的错误如下：

首先，笔者所说的这个标志是在龙山文化与早期二里头文化之间，从笔者的这段讨论中大家还可以明显看出，尤其是指龙山文化晚期与早期二里头文化特别是与新砦二期、二里头文化一期之间（笔者按：新砦二期晚段与早段之间也可部分适用，读者可参见《新》文有关论述），《学》文作者将二里头文化遗存属于二里头文化中晚期的洛达庙遗址纳入到应用范畴显然与笔者的限定时间不符。

其次，笔者的原文为“鼎、罐凡未在器身上端作磨光处理者，其所饰纹饰大多距离口沿特别的近”（笔者按：包括“无口沿的残片”，主要是指仍保存有其上端距离口沿处），显然“大多”一词表明可以存在“例外”或“标准是相对的”、非绝对的，《学》文作者所验证的，除有的是由于其明显错误地理解了有关遗址的二里头文化时段之外的“例外”之外，正是笔者观点允许存在的“例外”。同时考古学者都明白，考古学中的所谓某个“分期标准”毋庸置疑，在本质上都允许出现例外，具体地判断某个器物的期别，有时尚需其他标准或共存器来予以判断，这难道不是常识？

最后，笔者认为“这种风格应被视为区别龙山文化和早期二里头文化的一个极易掌握的有效标志”，并非认为是“唯一”标志，这种方法适用于我们所论的诸多遗址的那类鼎、罐中的70%～80%，这样的适用率为何不可作为判断标志之一呢？笔者现在仍对自己总结的这个规律相当自信。但是多疑的《学》文作者却偏偏将“一个”理解为“唯一”，“堂而皇之”地将“凭借这一孤证区分复杂的文化内涵和性质”“历史研究中一般不鼓励孤证论定”等制造的指责掷过来。这里顺论，看到《学》文这样的作者在《学》文中“历史研究中一般不鼓励……”“笔者认为有关新石器时代和夏、商前期的考古学研究……”等语，觉得风格、语境颇似王朔小说和冯小刚电影中某些人物的“随着生产力的发展”“为了社会的进步”！

本文主要是就《学》文作者对《新》文的主要疑问作以简要回答和评论，对《学》文的其他问题以及《学》文作者有关“新砦期”其他相关文章中诸多有关问题暂不讨论，像其一方面指责方酉生先生拼凑文章，可是自己却在《二里头文化一期遗存与夏文化初始》中将自己已发表的数千字的《来自“新砦期”论证的几点困惑》基本不改个字地全部纳入等。《学》文的问题太多，简略计算，简直可以写成戏说版的《“失”三百》。按某种学风，笔者似应再详加评述，但是一方面本文篇幅有限，另一方面，笔者个人实在是不赞成多写这类文章的，如果再写，显然就有“批判悖论”之嫌了。在此，笔者只想简单再谈几句：学术要发展，确实需要的是务真求实的学风，尤其对于考古学而论，更是如此。我们在学术之路上，都需要对学术界和自己的学风予以审视。笔者认为，兴务真求实学风之前提是：解决“沙发考古”问题。“沙发考古学者”不去认真从事实际工作，善于纸上谈兵，是很难写出什么有价值、有创见、有助于促进考古学前进的考古学论著来的，尤其是以田野考古学材料为基础的论著，学术史已证明了这个铁律。这样的“考古学者”多了，将是中国考古学术之疾患！将是中国考古学界之悲哀！《学》文作者如果不愿成为这类，为学术界亦为个人故，在发扬编辑本领的同时，是不是需要改改自己的其他文、学之风呢？企愿《学》文作者能够学风“濯濯”不“拙拙”，以待“学史”去“昭昭”！

注　释

［1］李维明：《学患无疑 疑则有进》，《殷都学刊》2003年第4期。

［2］顾万发：《“新砦期”研究》，《殷都学刊》2002年第4期。

［3］李维明：《学风濯濯　学史昭昭——关于“新砦期”论证三题》，《殷都学刊》2002年第3期。

［4］李维明：《来自“新砦期”论证的几点困惑》，《中国文物报》2001年1月11日第7版。

［5］李维明：《二里头文化一期遗存与夏文化初始》，《中原文物》2002年第1期。

［6］李维明：《学风濯濯　学史昭昭——例证方酉生教授谪难》，《东南文化》2003年第1期。

［7］韩建业、杨新改：《王湾三期文化研究》，《考古学报》1997年第1期。

［8］参见《诗·鲁颂》《诗·小雅》。另有关“广义东方”的问题可见：栾丰实《论“夷”与“东夷”》（《中原文物》2002年第1期）及其注(27)之讨论。

［9］夏商周断代工程专家组：《夏商周断代工程1996—2000年阶段成果报告》（简本），世界图书出版公司，2000年。

［10］有关这方面的文献及论证，请参阅《“启居黄台之丘”及相关问题考证》，《东南文化》2004年第6期。

［11］北京大学考古文博学院、郑州市文物考古研究所：《河南新密市新砦遗址1999年试掘简报》，《华夏考古》2000年第4期。

［12］安特生：《Researches into the prehistory of the Chinese》，BMFEA，No. 15，1943.

［13］水涛：《中国西北地区青铜时代考古论集》，科学出版社，2001年，第202页，图六，K5523。

［14］在王青博士所论诸牌饰中（《镶嵌绿松石铜牌饰初步研究》，《文物》2004年第6期），除三星堆文化仓包包遗址的一件有双“S”图案的牌饰外，王青博士的“多层”认识不妥，“心形符”与神面的“两角”不应视为“多层”。“多层牌饰”主要存在于夏家店下层文化。另，这些首有“心形符”的牌饰图案实际在二里头诸多铜牌饰、大甸子墓地彩绘牌饰中均有，其源于早期玉圭及北斗玉雕上的负“心形符”神鸟的北斗神图案。晚期其还显现于三星堆埋藏坑Ea型玉璋（《三星堆祭祀坑》报告称为Ea型玉戈，四川省文物考古研究所编著，文物出版社，

1999年）及金沙遗址的类三星堆Ea型的玉璋2001CQJC：141的造型中。

［15］ 王青博士认为庄浪博物馆所藏出于秦城区的铜牌饰头顶为羊角形，误。实际应视为“介”字形天盖。据笔者研究，铜牌饰头顶之主体多为“天盖”或“心形符”（有的为羽冠），这亦与牌饰的北斗神内涵和头顶造型符合。至于牌饰代表物，应为以龙或虎表现的北斗神。王青观点见《镶嵌绿松石铜牌饰的初步研究》（《文物》2004年第6期）。笔者有关牌饰的主要观点见拙著《“新砦期”研究》（《殷都学刊》2002年第4期）、《大汶口文化新出奇异器物研究——并新论牙璋、牌饰的南来及相关问题》［《郑州文物考古与研究》（一），科学出版社，2003年］、《论好川墓地“亚腰形”漆器上的玉片饰——“三层台”、“介首方相”的凹面特征与二里头等文化铜牌饰的相似与相关》（待刊）等。

［16］ 裘锡圭：《古文字学概论》，商务印书馆，1985年。

［17］ 《学》文所提裴李岗文化贾湖遗址龟甲上所刻的“单目符”，蔡运章先生认为与卦象文字有关，详见蔡运章《远古刻划符号与中国文字的起源》（《中原文物》2001年第4期）。

［18］ 三星堆、金沙、強国墓地所出“弯握手”铜人实际与新石器时代至于商周常见的“蹲踞式”神人内涵相当，这类神基本均有“弯握手”，有的手中有圆柱物，是象征“建木”的，无物的“弯握手”空隙亦是象征“建木”的，此造型均为源于“攀援建木”的姿态，从“兵避太岁”戈中的北斗神人“弯握手”所握神物看，无物的“弯握手”有时可象征握有神龙。这类“蹲踞式”神人实非“蹲踞”，李济先生在《跪坐蹲居与箕踞——殷代石刻研究之一》（《“国立中央研究院”历史语言研究所集刊》第24本）一文中有关的观点是错误的，中国早期的诸多“蹲踞式”图案或玉神（巫）、铜神（巫）实际源于“攀援建木”的姿态，这在红山文化、良渚文化、龙山文化（形象多仅为面，是“蹲踞式”的省略表达形式，像诸多玉圭上的神面及玉雕神面等）、二里头文化（形象多仅为面，绝大多数是“蹲踞式”的省略表达形式，像当时的牌饰即是这样，其中只有极其少数为无足双身龙，实际上，即使是龙身，只要其表现了双足或双手，仍可看出其“蹲踞式”姿态）、商周文化中均有不少材料。

［19］ “兵避太岁”戈中的神人为“蹲踞状”，头戴“建木符”，建木上为神鸟，与头有神鸟的北斗神造型相同。这类构图的考古、宗教及民族学材料其实很多见，像玉圭、玉雕等，30多年来学术界的数十篇专论均未能识出！

［20］ “兵避太岁”戈中的“太一神”之名并不是像李零先生认为的那样是因为“太一神”为大字形. 是由于其为天神之首的缘故。另，李零先生对“太一神”的造型描述有误，现在所见的所谓“太一神”的造像实际均为具有攀援建木内涵的“蹲踞形”。与“太一锋”有关的早期考古材料有：大甸子及晋侯墓地玉圭（四“穿”）、三星堆及金沙遗址有关玉璋（三“穿”）。

［21］ 李零：《星官索隐》，《中国方术续考》，东方出版社，2002年。

［22］ 童书业：《春秋左传研究》，上海人民出版社，1980年，第7页。郑光：《我对夏文化的认识》，《中国上古史研究专刊》（夏文化研究专辑），台湾兰台出版社，2003年。

［23］ 《史墙盘铭》中该字造型不明显，不过从其身与首位置不在同一直线上知，其仍属于“蹲踞式”。

［24］　李零：《关公战秦琼的可行性研究》，《中国方术续考之“代前言”》，东方出版社，2002年。

［25］　借此言明：我原来认为其头顶为“社符一羽冠”，应准确地改为“最初渊源自具有建木内涵的符号或羽冠饰”，其他类似图案亦然。另，陶寺墓地的龙衔之木最好视为建木，商周时有的神龙口中之舌为类饕餮的冠心之形的现象有助于证明我们的观点。出土（见高庙遗址、石家河文化罗家柏岭遗址等）或传世的龙山时代的北斗神或仿北斗神之高祖或巫有吐舌的现象，这与《史记·天官书》所言的“斗为天之喉舌”极其相符亦可证明之。帛书太一附近有“社”字，实际是言太一所在与五行中的“土”有关，即太一位于戊己位（中位），此图属于“太一派”而非“天一派”。

［26］　Crawford, O. G S. The Eye Goddess. New York: the Macmillan Company, 1958.

［27］　豆座上的“单目符”与瑶山、王油坊、香炉石、蔺式、三星堆、新砦、二里头等遗址所出高领瓮、陶豆之类器物上的“单目符”“五”或“介字形天盖符”一样，可以表示北斗或“天中”；另数术中天地之中均可用“五”代表，“八角符”即是两个五，从新石器时代及古数术看，“五五”为“天中”无疑，崧泽文化有的陶人足为“八角符”、红山文化贵族死者双腿为“五”或“五五”形亦是明确的证据。

［28］　经笔者研究，新砦遗址的属于“新砦二期晚段”的古城和大型建筑应属于少康之都——夏邑，《古本竹书纪年》载少康所归之“夏邑”应在《今本竹书纪年》所载夏启所即位之“夏邑”——新砦龙山城。注意，古城寨龙山城可能略早于新砦龙山城，所以，新砦龙山城若确实存在则更有可能为启居。

［29］　顾问：《巩县花地嘴遗址发现新砦期遗存》，《古代文明研究通讯》总第18期，2003年第9期。

［30］　我们以确切的考古材料和文献证明了“真正的新砦期”是“羿（浞）代夏”时的夏文化。这再次证明了李伯谦先生于1986年提出的“二里头类型是‘后羿代夏’以后的夏文化”观点的正确性。李伯谦先生的观点见其著《二里头类型的文化性质与族属问题》，《文物》1986年第6期。

［31］　诸多玉器上的两种神面均应视为雌雄北斗神无疑，像河南省文物商店所藏龙山文化玉北斗神等。与“雌雄北斗神”相关的文献见《拾遗记》及《淮南子》，与之相关的考古学材料见红山文化、凌家滩文化中所出的并蓬猪、并蓬人形神及牛河梁遗址第十六地点所出北斗7星坑中的双猪（见中国社会科学院考古研究所内蒙古第一工作队：《内蒙古赤峰市兴隆沟聚落遗址2002—2003年的发掘》，《考古》2004年第7期）。以猪代表北斗的论证请见冯时：《中国天文考古学》第三章：观象授时，社会科学文献出版社，2001年。

［32］　详见待刊拙著《论金沙铜人“弯握”手势源自“攀援建木天柱”——并论诸多“蹲踞式”神人的“攀援建木“内涵及其“⊕”符的“天中”内涵》《论位于死者手或手腕的玉琮、玉璧、有领璧及马匝式玉器中心的“天柱-建木”内涵》《论三星堆、金沙遗址所出“鱼·鸟·矢图”与〈淮南子·时则〉〈吕氏春秋·季冬〉〈通篡〉等文献所载“射鱼”礼的关联——兼再论“八格图”与“鱼凫”》《论金沙铜人“十三左旋符”冠与〈礼记·郊特牲〉“戴冕藻十有

二”〈礼记·明堂位〉“旌十有二旒”之记载的相关性》《论“反入堇圭”与“堇礼”中的其他用圭现象》等文中的相关说明。

[33] 李珍等：《广西武鸣发现早期岩洞葬》，《中国文物报》2003年8月8日。岩洞葬中的“石铲”实际代表北斗神，之所以用石铲农具，应与古人常以北斗授农时及“民以食为天”等现象有关，类似的例子还有圭体采用铲或锛形、河姆渡文化中的以农作物水稻图表现北斗神等。

[34] 晋中、关中有关遗址、灵宝北洋坪及附近地区遗址应属于庙底沟类型到龙山文化早、中期的“天中”区域。

（原载《殷都学刊》2004年第4期）

“启居黄台之丘”及相关问题考证

夏启之居，有夏邑[1]、冀都[2]、阳翟[3]、阳城[4]、黄台之丘[5]诸说，但是早年其中任何一说均未能得到证实。近年来，随着系列重要的考古发现，其中不为学界重视的“黄台说”已获得了更多的论据，特别是考古学方面的。包括笔者在内的不少学者近年已就这一问题有过讨论，但是这些讨论在文献和结论方面多有缺憾，所以，于夏王朝真正开端之首都这一重要问题，笔者认为颇有再论之必要。

一、“启居黄台之丘”观点的提出

将《穆天子传》所载启与“黄台之丘”的内容概括为“启居黄台之丘”的观点源于丁山先生《由三代都邑论其民族文化》[6]一文有关夏代诸王之居的列表，其云：“都邑名——黄台之丘，迁居者——启”，这种概括笔者在《“新砦期”研究》[7]及《〈“新砦期”研究〉增补》[8]中均有讨论，并在《〈“新砦期”研究〉增补》中指出，丁山先生所言启居“黄台之丘”实际是以居之“喻都其附近”。

二、与启相关的“黄台”之典籍背景

我们知道，丁山先生所据文献主要是明正统（1436～1449年）道藏本《穆天子传》及唐李善注谢惠琏《文选·雪赋》中有关“黄台”的句子。实际上尚有诸多典籍引用了《穆天子传》中有关“黄台”（有的作“黄”或“黄室”）之句，由于不同典籍中此句话的内容多不完全相同，所以我们将相关文献予以辑出，以备准确地理解文献和讨论相关问题。

明正统（1436～1449年）道藏本《穆天子传》：“丙辰，天子南游于黄台之丘，以观夏后启之所居，乃□于启室”[9]、唐李善注《文选·雪赋》、徐坚《初学记》、欧阳询《艺文类聚》卷二等载《穆天子传》中此句为“天子游黄台之丘”、依晋郭璞注清洪颐煊校平津馆本《穆天子传》曰：“天子南游于黄口室之丘”[10]、宋官修《御览》卷五九二《穆天子传》曰“天子南游于黄室之丘”、宋官修《御览》卷三四《穆天子传》曰“天子游黄室之丘”、清陈逢衡《〈穆天子传注〉补证》曰“天子南游于黄，□室之丘……”等不同表述，并且历代研究者对同一描述也多有不同见解。

另，《密县县志》及《河南府志》曾记载新砦城址附近的“力牧台”又名“皇台岗”。

三、关于“黄台之丘”的地望问题

丁山先生曾据文献考证出[11]，《穆天子传》卷五中的有关“黄台”的这段话反映出启应居于“黄台之丘”附近，并且此“黄台之丘”应在密县、新郑之间，确切地说他认为应“在洧水与黄水之间”的“皇台岗”，赵春青亦认为《穆天子传》卷五中的“黄台”应为此“黄台岗”，即《密县县志》及《河南府志》所载新砦城址附近的“力牧台”[12]，确是。从民国张六甲所绘“溱洧源流图”中的“皇台岗”位置与现今“力牧台”位置相近似看，为“力牧台”之名可能相当晚。另，不少注家将“黄”解释为《春秋》中的“黄崖”[13]或位于今河南潢川县的春秋时的古黄国[14]，实际按《穆天子传》卷五的记述，丙辰时，天子不可能到达古黄国，又据《水经注疏》及《左传·哀公二十八年》杜预注等，“黄崖”与“黄台”的地理距离很近，“黄台”在赤涧水东北附近，“黄崖”在赤涧水东南附近，“黄崖”名称的来源显然应与“黄台”有关，但是毕竟与之不是同一地名，至于新砦城址以东的黄台村，现在认为是由于姓黄的人居此地得名，但是其更早的来源估计应与附近的“皇台岗”有关。另外，按清杨守敬等《水经注疏》、清汪士铎《水经注疏图》及考古调查，在禹县、长葛临界也有地名“皇台岗”“黄台（寨）”等，并且据《魏书》记载，当地曾设过“黄台县”，附近又有“黄水”“钧台”等水名及地名（图一）。“黄水”在密县新郑之间亦有，并且是丁山先生考证“黄台之丘”所在地望的重要论据[15]，估计与“黄台”应有关，文献又载启有“钧台之享”[16]，所以

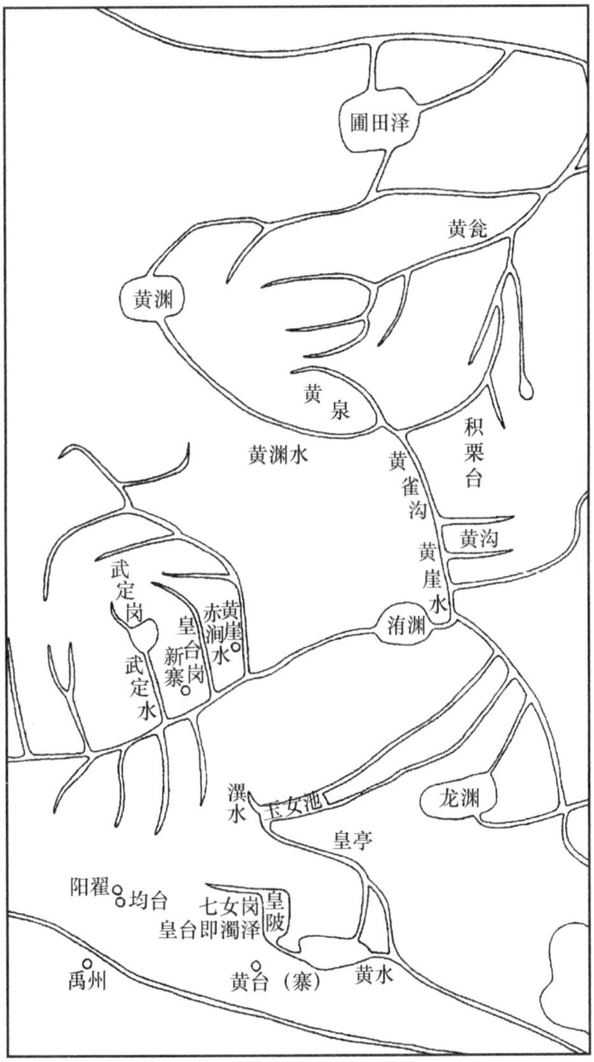

图一 依（清）汪士铎《水经注疏图》制“黄台之丘”位置图

夏启之居在此地之“黄台”（或“皇台”）单据文献和有关地理名物看，也有可能。

四、关于“黄台之丘”的古史问题

单依文献和地理学材料，我们发现，“黄台之丘”与夏启之居的问题并不容易解决，至少禹县、长葛临禹县地界的地名“皇台岗”“黄台（寨）”“黄水”及其附近等亦有可能为夏启之居。因为丁山先生考证所依据《穆天子传》卷五中的“黄台”“黄泽”等名称在禹县、长葛临禹县地界均有。所以这时我们只有参照考古发现，从实证的角度予以论证。在禹县的“皇台岗”“黄台（寨）”“黄水”区域至今未发现龙山文化或新砦期时的重要遗址，但是在密县、新郑之间确有发现，显然夏启之居最可能在密县新郑之间，再参照夏商周断代工程之年表和相关^{14}C[17]数据，我们当然有理由将夏启之居与新砦遗址相关联。

五、考古学年代与夏启之居

张国硕先生曾将新砦期与启关联过[18]，虽然其当时未明确论证新砦遗址与启居有关。笔者曾将古城寨古城与启关联过，亦就新砦遗址与“黄台”的关系作过详细的讨论[19]，当时的新砦古城尚未发现。近来赵春青先生又提出新砦城址很可能为夏启之居的卓见。诸位学者的卓识非常重要，但是我们必须注意，新砦遗址准备申报2004年全国十大考古发现的有关材料表明，此遗址有两座城，一为龙山文化晚期城，一为新砦遗址二期晚段城[20]。无论从一般的遗迹现象看，还是从兽面纹、玉器、铜器等高级别的礼仪用物看，新砦遗址一期是该遗址较为繁盛的时期，新砦遗址二期晚段是该遗址最为繁盛的时期，新砦遗址二期早段此遗址处于不景气阶段[21]。所以，笔者认为夏启之居[22]应为新砦龙山文化晚期城址[23]，新砦遗址新砦二期晚段城址应与少康之都有关[24]，笔者这种观点的其他文献及考古学依据如下。

（1）诸多文献载，夏启在帝位的时间为9或10年，在夏伯位为30年[25]，无论怎样计算，夏启之年均无法与整个新砦城时间跨度近似，况且新砦二期晚段为该遗址的繁盛时期，此遗址又缺乏新砦二期早段城墙等重要新建筑。

（2）《古本竹书纪年》载：“（启）帝即位于夏邑”[26]，《今本竹书纪年》载：“帝启，元年癸亥，帝即位于夏邑”，又载：“……奉少康归于夏邑[27]。诸侯闻之，立为天子，祀夏配天，不失旧物”[28]。此几句中之“夏邑”很有可能是指同一地方，于此，则新砦遗址一期诚为启居之“夏邑”，则其二期晚段城当视为“归于夏邑”的少康所居。

（3）《尚书·五子之歌》等载，因为太康失国，其兄弟五人只好“畋于有洛之表”。恰好，在洛汭所在，我们发现了出土有相当级别的重要礼仪用物、祭祀现象、住防设施等的属于新砦二期早段的花地嘴遗址[29]，这一阶段恰为新砦遗址的不景气阶段，显然，将其与“五子之歌”时段关联无论从古文献角度还是考古学的角度均是有相当依据的。

夏代早期的王都问题，是夏文化研究中的著名难题，相信随着启都、五子之所、少康之都的确定及其他地区重要考古发现的不断面世，这些问题将会逐渐明朗化。

注 释

［1］ 见《古本竹书纪年》《今本竹书纪年》等。

［2］ 见《今本竹书纪年》。此论应误，王国维在《今本竹书纪年疏证》言：“今本于尧、舜、禹皆云‘居冀’者，盖以《左传·哀六年》杜预注云‘唐、虞及夏皆都冀方’故云然”之论甚是。王国维《今本竹书纪年疏证》（《海宁王静安先生遗书》石印本）收于方诗铭、王修龄《今本竹书纪年疏证》（上海古籍出版社，1981年）。

［3］ 《古本竹书纪年》：“（启）帝即位于夏邑”，注引《统笺》：“郡国志颍川阳翟禹所都，盖禹始封于此，为夏伯。启即位于此，故曰夏邑。”

［4］ 此论亦出自丁山先生。其在《由三代都邑论其民族文化》一文中言：“意者洧黄之间即夏后启故居。《地理志》阳翟县下云：‘夏禹国’实‘夏后启都’之误。夏后启之居阳城，《穆天子传》之确证也。”丁山先生将“黄台之丘”（喻启居）与“阳城”相混是我们在赞同其“洧黄之间即夏后启故居”的观点的同时应予以注意的。

［5］ 丁山：《由三代都邑论其民族文化》，《“国立中央研究院”历史语言研究所集刊》第五册第一分册，1935年。

［6］［7］［11］ 丁山：《由三代都邑论其民族文化》，《“国立中央研究院”历史语言研究所集刊》第五册第一分册，1935年；顾万发：《“新砦期”研究》，《殷都学刊》2002年第4期。

［8］［19］ 顾万发：《〈“新砦期”研究〉增补》，《中国上古史研究专刊——夏文化研究专集》，台湾兰台出版社，2003年。

［9］ 郭璞注：“疑此言太室之丘嵩高山，启母在此化为石，而子启亦登仙，故其上有启室也”，《汉书·武帝纪》：“元封元年，登封中岳，见夏后启母石”，颜师古注引《淮南子》：“涂山氏化为石，石破生启”；从我们的考证看，于《穆天子传》中之“启室”，这些注释是错误的。

［10］ 从《穆天子传》现存各版本文字看，其文中表示缺文的一个方格并不一定表示原简仅缺一字。

［12］ 赵春青：《新密新砦城址与夏启之居》，《中原文物》2004年第3期。

［13］ 《左传·哀公二十八年》：“伯有廷劳于黄崖”，杜预注：“荥阳苑陵县有黄水”，《水经注》载“黄”指“《春秋》中的‘黄崖’”。

［14］ 郭璞《穆天子传》注。

［15］ 丁山先生在［5］之P687注（13）文中“黄水”与“黄泽”等同。

［16］ 《左传·昭公四年》："夏启有钧台之享"。

［17］ 夏商周断代工程专家组编：《夏商周断代工程1996—2000年阶段成果报告》（简本），世界图书出版公司，2000年。

［18］ 张国硕：《夏纪年与夏文化遗存刍议》，《中国文物报》2001年6月20日第7版。

［20］ 赵春青等：《河南省新密市新砦遗址发现城墙和大型建筑》，《中国文物报》2004年3月3日第1版。

［21］ 新砦遗址的新砦二期早段的城墙建设未见。

［22］ "居"与"都"在古籍中有时无别，本文即为此类用法。

［23］ 此城址建于龙山文化晚期，概在新砦二期早段时渐废。

［24］ 拙文《〈"新砦期"研究〉增补》曾将新砦二期晚段的大型建筑与少康关联，现在发现这一时期又有城墙，于此，拙文的观点还是有据的。

［25］ 《真诰》卷十五注中所言《古本竹书纪年》载启在位39年，实际是其为夏伯的时间，30年及在帝位9年；《帝王世纪》（《太平御览》卷八二皇王部引）《册府元龟》《皇极经世书》《资治通鉴外记》《通志》《文献通考》《资治通鉴前编》载启在帝位9年（概依"明年改元"）；《帝王世纪》（《史记·夏本纪·集解》引）《古今刀剑录》载启在帝位10年（概为"因其元年"）。

［26］ 《古本竹书纪年》注引《统笺》："〈郡国志·颍川〉：'阳翟禹所都'，盖禹始封于此，为夏伯。启即位于此，故曰夏邑"，这类论据显然从理，但是不符合本文所论的考古实际。

［27］ "夏邑"初本为一通用名词，于此当指具体城址。

［28］ 《今本竹书纪年》于此句下有"（启）归于冀都"语，实误。

［29］ 位于巩义站街镇，属于古籍中所论的"洛汭"或广义的"天下之中"地区。

（原载北京大学震旦古代文明研究中心：《古代文明研究通讯》总第22期，2004年；又载《东南文化》2004年第6期）

河南巩义市花地嘴遗址“新砦期”遗存

花地嘴遗址位于河南省巩义市站街镇北瑶湾村南侧较为平坦的台地上，其东、南面为猴山等嵩山余脉，西面紧临伊洛河，北为断崖，海拔90～110米。遗址中现存“新砦期”遗存的面积约30万平方米，是由河南省社会科学院河洛文化研究所、巩义市文管所在 1992年对洛汭地区进行文物普查时发现的[1]。据后来观察，调查时认定属龙山时代和二里头文化的陶器绝大多数非常近似“新砦期”器物，于是我们在2001年6月对该遗址进行了复查，结果证实了相关的判断。2001年9月，我们清理了位于花地嘴遗址西段的温县—站街黄河桥工程取土区内发现的数个灰坑。2003年3～5月，为配合基本建设，郑州市文物考古研究所又对该遗址进行了普探和小规模的试掘。2004年6～8月，郑州市文物考古研究所与北京大学考古文博学院联合对该遗址进行正式发掘。经过数次发掘，一些重要的“新砦期”遗存相继被发现，现就遗存的概况作简要报道。

一、遗　　迹

由于该遗址在唐宋以前和近现代屡遭破坏，典型的“新砦期”地层发现很少，主要保存的是埋藏较深的遗迹。经过勘探和发掘，共发现4条环壕、3个祭祀坑、10余座房址、数个灰坑及2座陶窑。祭祀坑主要位于遗址的西北部；房址在西北部也有发现，但主要集中在遗址的中、南部；灰坑主要集中在房址周围。

4条环壕中的内侧3条相距颇近，均为圆角方形，每条环壕的宽度也不一致（中间的一条是否是环壕尚有待发掘证实，本文暂归入此类）。最外侧1条环壕距内侧第3条环壕较近，勘探距离为9米左右；此条环壕较宽，剖面为梯形，表面勘探宽度约12、深5～6米。经过勘探得知，4条环壕与外界的连接通道均在东南部位，并且都处在同一条近西北至东南向的直线上。这4条环壕的相互关系及具体性质还需要进一步的考古工作才能清楚。

祭祀坑主要为圆形口，直壁，坑体呈袋状，比一般的灰坑明显要深。其中T40H138现存口径为3.5米、底径4米。此坑中出土有大量的器物，尤其在西、南部从距坑口1.5米处开始至近底部堆积有大量的完整陶器（图一，1）。在坑中部偏东的地方有一截面略近长方形的生土柱，土柱上有柱洞，土柱南端渐与坑底相连，土柱顶及坑底南、西部均有明显的踩踏面，土柱南端的坡面上也有几块非常明显的踩踏面。坑底东高西低，多数地方有明显的活动面，在坑底南部的地面上有数件贝壳，西北部地面上发现一块卜骨（图

1

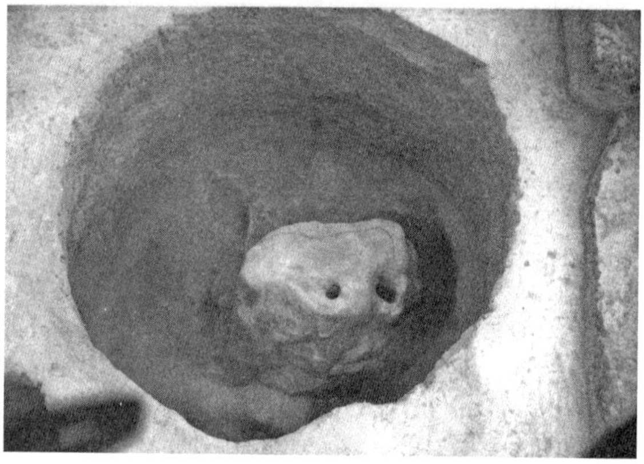

2

图一　圆形祭祀坑（T40H138）

1. 坑中层器物出土情况（东→西）　2. 坑底层遗迹（俯拍）

一，2）。此坑的出土陶器中，有的还装有农作物或家畜遗骸；从堆积现状看，这些陶器显然是有意埋藏的。

房址多为地穴式，少数是在地穴式房基的基础上填平后再建，另外还发现有连间的地穴式房址。房址的形状主要为圆形和长方形；有的房址地面中心立有柱子，柱洞多用料姜石和黄泥垫底；灶多突出墙外；多数房址无明确门道，少数门道的方向为近西南。

陶窑为“非”字形火道，袋状火膛，窑室上端已不存在。

灰坑的形制较多样，以圆形口、直壁、坑体略呈袋状者为主，也有的坑口呈长方形、圆角三角形等。

二、遗　　物

花地嘴遗址发现的遗物，完整器多出自于祭祀坑，残碎器物则多出自于其他遗迹之中。

玉器　种类包括钺、铲、璋、琮等。其中1件璋的首端凹弧，有双面刃，为全器最宽、最薄之处；下端有一孔，系单面钻，下端两侧有基本对称的“扉牙”。通长30厘米，宽度不一，厚约1.01厘米；孔直径0.7～1.11厘米（图二）。

图二　玉璋（T14H40：1）

骨、石、蚌器　骨器的总量较少，主要以镞、锥为主。石器中最常见的是梯形单孔刀、凿、镞、斧、钻、铲、网坠等，另外还发现不少制作精细的细石器。蚌器最常见的是镞和刀，另发现少量小型的“圭”形器。

陶器　通过两次发掘，我们获得了较为丰富的资料，发现了不少“新砦期”的制作精美的器物，主要有深腹罐、高领罐、子母口式器、附加堆纹瓮、浅盘豆、高足或小足鼎、澄滤器、平底盆、钵、深腹碗、器盖、鬶、觚、杯、盉、甑、甗、斝、蛋形瓮等（图三）。

图三　出土陶器

1. 高足鼎（T4扩H50：6）　2. 乳足鼎（T11H26：4）　3.高领罐（T11H26：24）　4. 深腹罐（T14H32：40）

三、花地嘴遗址发现"新砦期"遗存的意义

"新砦期"这一概念是在20世纪80年代提出的[2]，它对于夏文化的探索具有特别重要的学术价值。花地嘴遗址发现"新砦期"遗存的主要意义体现在以下几个方面。

（1）花地嘴遗址"新砦期"遗存的发现将使学术界改变嵩山、万安山以北不存在"新砦期"的看法，继而会使对"新砦期"的类型学等相关研究取得新进展。

（2）"新砦二期晚段"与二里头文化一期（以二里头遗址一期为代表）的关系如何，以及何谓真正的"新砦期"等问题，学术界的观点并不一致。此次在接近二里头遗址的地区发现"新砦期"遗存非常有助于说明这一问题。就花地嘴遗址"新砦期"遗存的有关材料看，如果将非常接近"新砦二期晚段"的新砦遗址2000T6第5b ~ 6层这一类遗存纳入"新砦二期晚段"，则"新砦二期晚段"与二里头文化一期或其早段应是大致同时的[3]。这样一来，只有"新砦二期早段"这类遗存符合"新砦期"这一概念。

（3）一般所谓的"新砦期"是否需要分期，大家的看法也不一致，但是从花地嘴遗址中"新砦期"遗存的文化面貌看，将所谓的"新砦期"分为两期比较合适。

（4）花地嘴遗址的"新砦期"遗存中存在明显的关中、晋中南甚至东方龙山文化因素，这一重要的发现一方面有助于探讨二里头文化的起源问题，另一方面也有助于说明"新砦二期早段"肯定早于二里头文化一期。另外，这一发现也非常有助于确定学术界多年来语焉不详的西、北周边地区有关文化相对于中原地区二里头文化而言的确切考古学年代。

（5）《史记·夏本纪》等文献中都有与"五子之歌"这一夏代早期历史事件有关的记载，我们在有关文章中也曾将位于洛汭地带的花地嘴遗址"新砦期"遗存与之联系[4]，从2003 ~ 2004年在该遗址发现的重要遗迹、遗物及相关材料来看，这是很有可能的。

注　释

［1］河南省社会科学院河洛文化研究所、巩义市文管所：《河南省巩义市洛汭地带古代遗址调查》，《考古学集刊》第9辑，科学出版社，1995年。

［2］中国社会科学院考古研究所河南二队：《河南密县新砦遗址的试掘》，《考古》1981年第5期。

［3］［4］顾万发：《〈"新砦期"研究〉增补》，《中国上古史研究专刊》第三期，台湾兰台出版社，2003年。

（原载《考古》2005年第6期）

花地嘴遗址聚落问题的初步研究

花地嘴遗址位于河南省巩义市站街镇北瑶湾村村南的较为平坦的台地上，西面紧临伊洛河，现存面积约100万平方米，其中新砦期遗存约30万平方米（图一），是由河洛文化研究所、巩义市文管所在1992年对洛汭地区进行文物普查时发现的。1995年，有关刊物刊发了花地嘴遗址的调查材料[1]。从2001年6月至2007年，郑州市文物考古研究院（所）联合北京大学、河南省地理研究所，对该遗址进行了考古勘探、正式发掘及古环境调查，对该遗址的聚落形态等方面有了较为详细的了解。

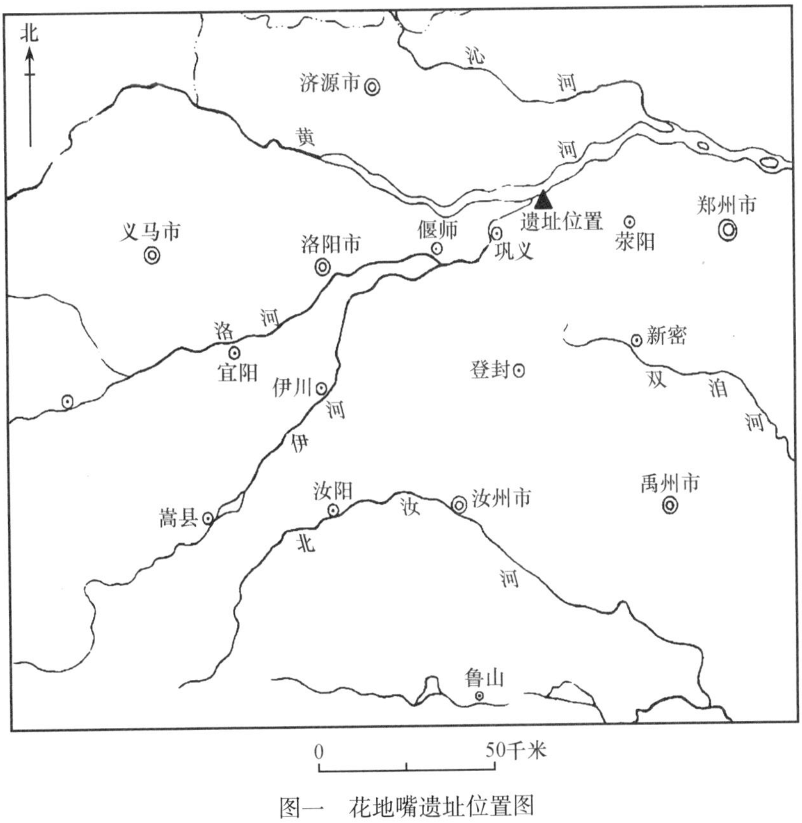

图一　花地嘴遗址位置图

一、各时期遗存及其聚落变迁

该遗址目前发现时代最早的遗存是仰韶文化晚期，属于秦王寨类型，主要分布于遗址东偏北，勘探面积约50 000平方米，主要发现有灰坑和房基，应属于小型村落。从周边地区仰韶文化遗址如双槐树遗址、大寨岭遗址等位置及有关文化内涵看，这时候花地嘴仰韶文化晚期遗址应属于与所述遗址有密切联系的小型村落。由于发掘面积有限，具体布局并不清晰。

至于龙山文化时期，花地嘴遗址出现衰落，目前在遗址西北和东端只发现有极少数这一时期的灰坑，从其附近的宋家嘴遗址的位置和内涵判断，花地嘴遗址此时应属于宋家嘴遗址边缘地带。

至于新砦期，花地嘴遗址出现繁荣，在遗址西北出现四条环壕组成的面积约30万平方米的聚落。聚落西北侧、北侧与东北侧被冲积沟冲刷，有近四分之三的面积可能已被毁。这一时期有四条环壕，四条环壕中内侧三条相距颇近，约为10米左右，每条环壕的宽度也不一致。外环壕距内侧三条环壕较远，勘探距离约为150米。经发掘得知，四条环壕与外界的连接通道均在东南部位，并且都处在同一条近西北—东南向的直线上（图二）。

房址十余座。房址在西北部虽然也有发现，不过主要集中在遗址的中南部。多为地穴式，少数是在地穴式房基的基础之上填平再建，另外，还发现有连间的地穴式房址。

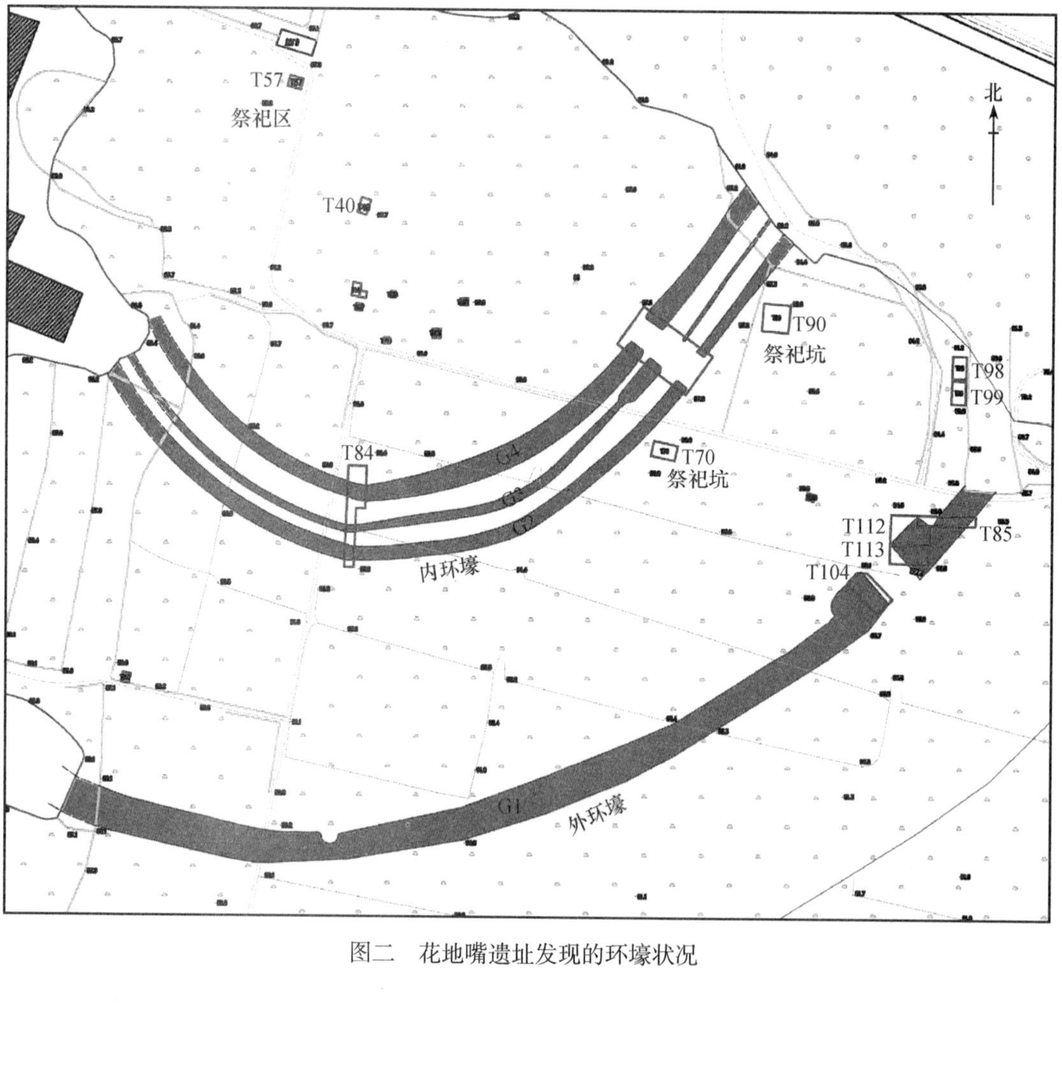

图二　花地嘴遗址发现的环壕状况

房址的形状主要为圆形和长方形；有的房址地面中心立有柱子，柱洞多用料礓石和黄泥垫底，灶多突出墙外，多数房址无明确门道，少数门道的方向近西南。

祭祀坑发现六座。大型祭祀坑主要位于内三条环壕最外一条的东南门的两侧，出土有丰富的祭祀遗迹和遗物。一般的祭祀坑主要位于遗址西北部，出土有玉器等重要遗物。

祭物埋藏坑主要位于遗址西北，编号为H144、H145，相距颇近。由于这两个灰坑埋藏有同一件器物散片，故推测二坑埋藏时间基本相同，属同期埋藏。

陶器制作设施目前发现较少，主要发现于遗址西中部，主要是陶窑。

一般意义上的灰坑主要分布于遗址中西部。灰坑的形制较多，以圆形、直壁、略袋状为主，另有圆角三角、长方等形状的灰坑。

花地嘴遗址在新砦期之后出现明显衰落，几乎无人在此生活，至于二里头文化二期时，才在遗址东部偏西的地方出现少量遗迹现象。二里冈文化时期情况与此类似。到了东周时期，在遗址东部出现了较为丰富的遗存，不过面积仍然不过10余万平方米。到了汉、唐时，花地嘴遗址所在区域基本已成为无规则的一般墓葬区了。

二、聚落环境及资源问题简论

花地嘴遗址西面紧临伊洛河，北面为断崖，海拔90～110米，河南省地理研究所有关专家经调查认为，在商周以前遗址西面所临伊洛河水位应高很多，根据有关黄土侵蚀数据，北面断崖变化较为明显。

花地嘴遗址东、南面为猴山等嵩山余脉，西面紧临伊洛河，根据对遗址石制品动物生物骨骼的初步研究以及有关聚落狩猎农作区域理论，我们初步认为，猴山等嵩山余脉是当时石制品的主要原料区及动物狩猎重要区域，西面伊洛河应是渔猎区。

至于聚落气候的详细变迁尚待孢粉材料的进一步化验结果判断。

三、聚落布局变迁、原因、内涵等有关问题

（1）通过多年的工作，有关“新砦期”的地域分布（图三）等若干问题已逐步得到澄清，其中相当重要的一个就是：在嵩山、万安山以北同样存在“新砦期”，并且从相关研究及新砦期其他遗址的发现看，花地嘴“新砦期”遗址应是新砦类型的一个亚型——花地嘴亚型的重要代表和聚落中心。

（2）花地嘴“新砦期”环壕为四重，从相关迹象看，其中蕴涵有三层为昆仑的概念，至于为何又是四层，与陶寺遗址古观象台观测点夯土遗迹[2]（图四）可以联系看待。另外这亦是与太一生水、昆仑有四水、古代明堂辟雍、古代城市环壕等概念可以密切相关的一种迹象。

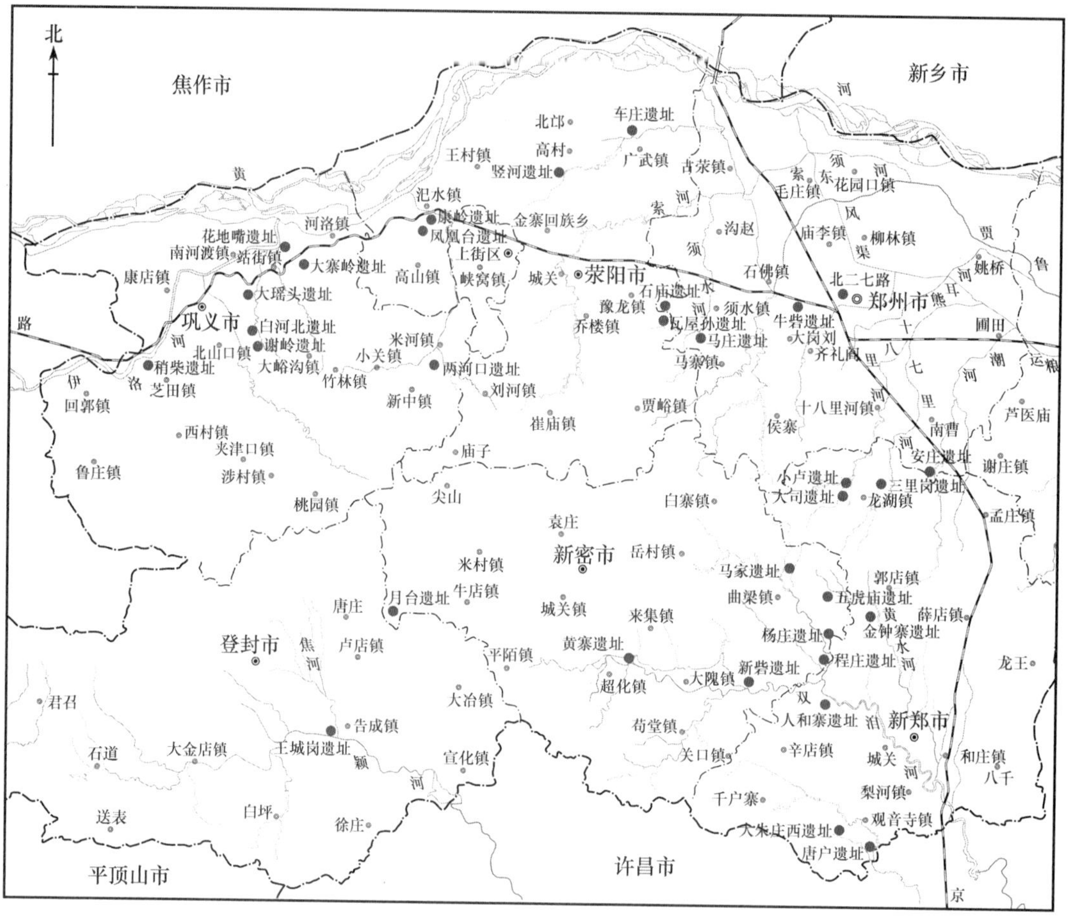

图三　郑州地区新砦期遗存分布图

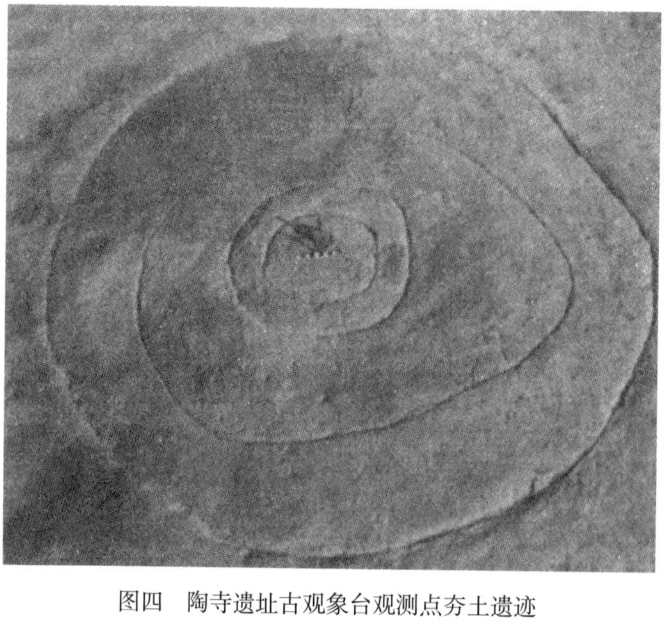

图四　陶寺遗址古观象台观测点夯土遗迹

（3）不少文献中都载有“五子之歌”[3]这一早期夏代事件，我们在有关文章中也曾将位于洛汭地带的花地嘴“新砦期”遗存与之关联。从禹与王城岗遗址、启与古城寨或新砦龙山遗址、羿、浞与罗庄遗址、少康与新砦遗址新砦期城址等可能的系列关联[4]看，“五子之歌”及相关事件可能是花地嘴遗址在“新砦期”时出现繁荣的重要原因。

注释

［1］河南省社会科学院河洛文化研究所、巩义市文管所：《河南省巩义市洛汭地带古代遗址调查》，《考古学集刊》第9辑，科学出版社，1995年。

［2］陈久金：《试论陶寺祭祀遗址揭示的五行历》，《自然科学史研究》2007年第26卷第3期，图2。

［3］《史记·夏本纪》、孔壁本《古文尚书》、百纳本《古文尚书》、今传伪孔本《古文尚书》及《墨子》等文献有《五子之歌》篇名或一些具体内容。

［4］顾万发：《“启居黄台之丘”及相关问题考证》，《东南文化》2004年第6期。

（原载中国社会科学院考古研究所、郑州市文物考古研究院：《中国聚落考古的理论与实践——纪念新砦遗址发掘30周年学术研讨会论文集》（第一辑），科学出版社，2010年）

洛口仓地理位置考

据《资治通鉴》记载，洛口仓置于隋大业二年，即606年，亦有学者据《隋书·地理志》（中）“巩后齐废，开皇十六年复。有兴洛仓，……”之记载，认为洛口仓置于公元596年[1]。据记载洛口仓是当时全国最大的仓廒，仓城周回二十里，占地约6 300 000平方米，有“三千窖，窖容八千石”[2]。

依据《旧唐书》卷五十三《李密传》、《新唐书》卷八十四《李密传》、《通鉴》卷一八三、《元和郡县图志》卷六河南道河南府巩县条、《隋书》卷三十《地理志（中）》河南郡巩县条、《新唐书》卷三十八《地理志》河南府河南郡巩县条、《通鉴》卷一八〇等文献可知，洛口仓，一名兴洛仓。其他文献中对这一著名仓廒亦有诸多记载，学术界除少数人认为洛口仓在洛阳外，基本都认为在巩义洛口附近。但是多年来，一直没有找到仓址，对于相关文献亦未收集详备，对已收集文献又多未详细整理，甚是令人可惜。2006年，中国大运河保护和申报世界文化遗产工作正式启动，郑州段的有关重要运河文化遗存被列入申报遴选范畴，其中的郑州巩义洛口仓是重点拟申报者。在准备工作中，我们就有关古代文献和有关学者的观点作了认真研究，现将有关认识作以论述，并就教于方家（具体地名请参阅图一）。

关于洛口仓的具体地理位置，较为明确的提及此问题的是北宋名臣、史学家司马光负责编纂的《资治通鉴》。据其记载，洛口仓在“巩东南原上”。关于此一认识，有学者认为是在当时巩县治东南方之土原上，更有人认为今巩义市站街镇七里铺村的“将城”遗址与洛口仓有关，依据是隋朝初年，巩县治位于洛口，“将城”遗址正好在其东南方向之原上。不过，还有一种理解，若“巩东南原上”之“巩”理解为县治，并且理解为《资治通鉴》作者时代的宋时县治，则洛口仓还有可能在现在站街镇中心街区及其东南附近地域。另，关于“巩东南原上”这句话的断句，不同学者尚有不同理解，有人认为可断句为“巩东，南原上”。这不是完全没有道理的，从《水经注》等文献看，巩县黄河、洛河以南不少地方均称之为“南原”，同时“巩东”可以理解为就是整个巩县而言的东方，这样一来，《资治通鉴》中的“巩东，南原上”这句话所指的范围就比较大了。

清乾隆五十四年本《巩县志》之“隋横岭道”条于《读史方舆纪要》记载：“李密据兴洛仓，隋遣东都兵讨之。又使虎牢镇将裴仁基自汜水西入，以掩其后。密分兵伏横岭下以待仁基……（仁基）失期不进，屯于百花谷”“由汜水趋巩径罂子峪、洛口，此大道也。李密仓城在洛口……今横岭南有古道。自汜至巩，东西四十五里，较大道稍迂远。康熙初，黄河傍山流，大道不可行”，从这段文献看，李密时由汜水县城至于巩县

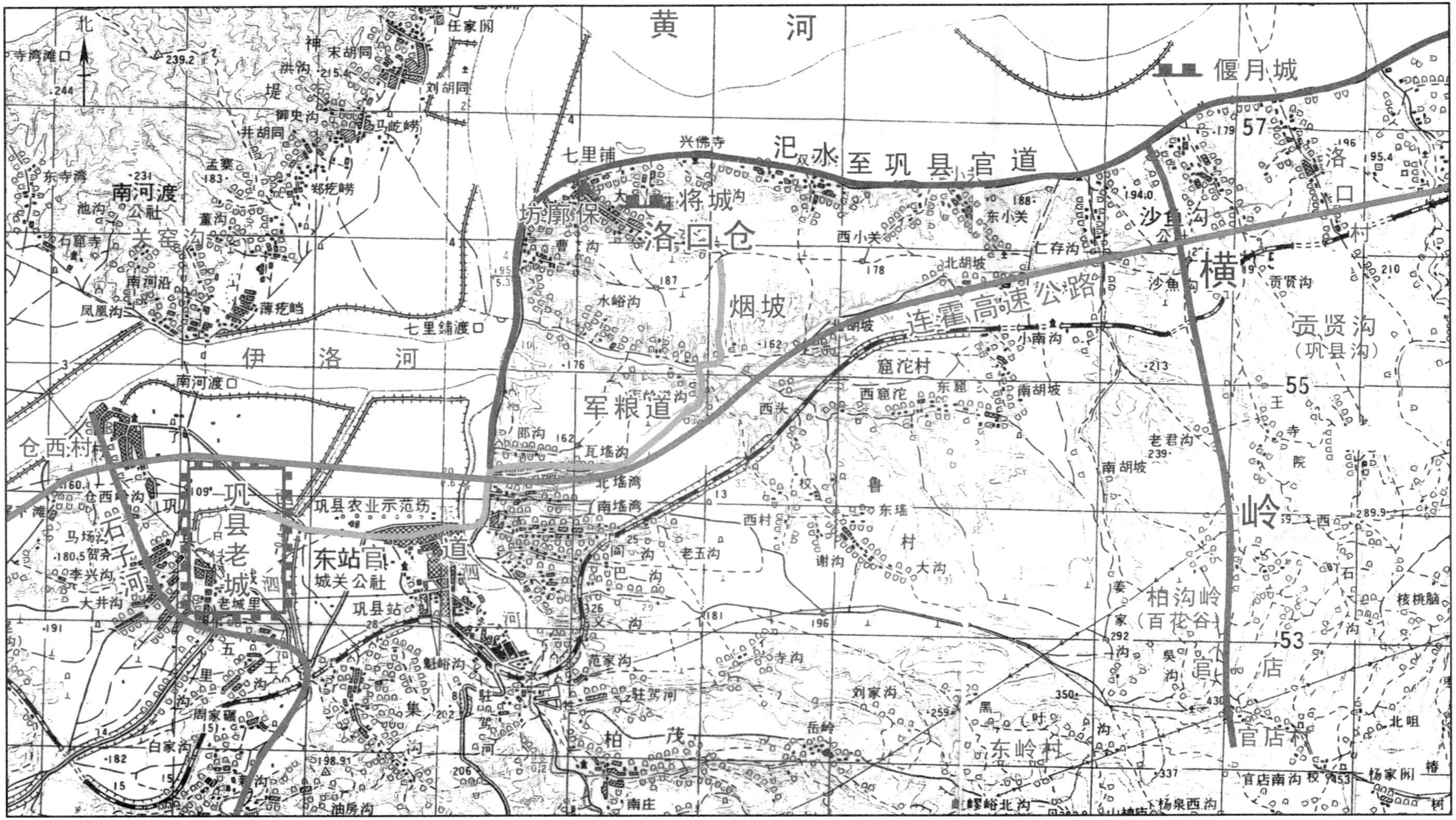
黄 河
偃月城
汜水至巩县官道
连霍高速公路
洛口仓
将城沟
坊廊保
七里铺
兴佛寺
烟坡
军粮道
横岭
贡贤沟
（巩县沟）
柏沟岭
（百花谷）
官店
官店村
东岭村
伊洛河
巩县老城
老城里
东站官道
城关公社
巩县农业示范场
巩县站
石子河
仓西村
南河渡
公社
关窑沟
七里铺渡口
南河渡口
窟沱村
鲁村
柏茂
驻驾河
北

图一

城，有一条官道，经过罂子峪、洛口，不论当时巩县城在站街附近或洛口，今七里铺附近都是官道经过的地区，所以清乾隆五十四年本《巩县志》记载“李密仓城在洛口”，就是说仓城只能在当时的洛口镇范围内了[3]。

另外，大家可能认为还可以就“洛口”的地理位置讨论“洛口仓”的位置。的确，据文献记载，洛口仓就设置在洛口附近，但是这亦只能谈个大概，因为洛口的位置多年来一直在变迁，不过好在变化范围从有关洛河入河位置变迁的材料（表一）看[4]，基本在今荥阳汜水和巩县（巩义市）神堤之间变迁，在这一范围内，可以结合地理地貌情况、文献记载等材料以及考古调查等予以判断。另还可以参照谭其骧先生的《中国历史地图集》[5]中所绘的洛河入黄河的洛口位置来判断（图二）。

表一　洛河入河位置变迁表

年份	黄河曲流运动方向	入河位置	资料来源
公元前370年	北移	汜水口附近	《山海经》：洛水成皋西入河
公元前250年	南移	巩县神堤	《山海经》：河水东过巩县北，洛水从县城东北流注之
450年	北移	巩县洛口	《水经注》：洛水于巩县东经洛汭，北对琅琊渚入河
1542年	北移	汜水附近	《明史·地理志》：洛水旧经巩县北入河谓之洛河，亦曰洛口。嘉靖后东过汜水县入河
1695年	南移	巩县洛口	《河南府志》：洛水经巩县北十里入河
1728年	北移	汜水附近	《河南通志》：洛水经巩县于五龙窝达于河（孤柏嘴附近）
1735年	南移	巩县神堤	《河南通志》：洛水经巩县东北于巩县北十里，邙山尾入黄河
1736年	北移	汜水附近	《水道提纲》：洛水既会伊水又东北流经巩县东北至汜水县之西北入黄
1744年	北移	汜水附近	《汜水县志》：洛至巩县入河，今则过成皋东于满家沟入河（孤柏嘴附近）
1867年	南移	巩县附近	《河南府志》：今大河南陡洛水入黄处在巩县东北
1890年	南移	巩县附近	《三省黄河全图》1∶36 000
1923年	南移	巩县附近	《河南黄、沁、南河详图》1∶40 000
1934年	北移	汜水附近	《黄河下游治理工程图》1∶50 000
1936年	南移	巩县洛口	《河南测陆图》1∶50 000
1945年	北移	汜水附近	《日测华北写真图》1∶100 000
1955年	南移	巩县神堤	《邙山水库图》1∶10 000

另外，还有一些材料可有助于我们寻找洛口仓的地理位置。据《隋书·李密传》《资治通鉴》等记载，李密据兴洛仓，隋遣东都兵讨之。密分兵伏“横岭”以待仁基，仁基屯于“百花谷”。东都长恭率军等驱之度洛水，陈于“石子河”西，南北十余里。

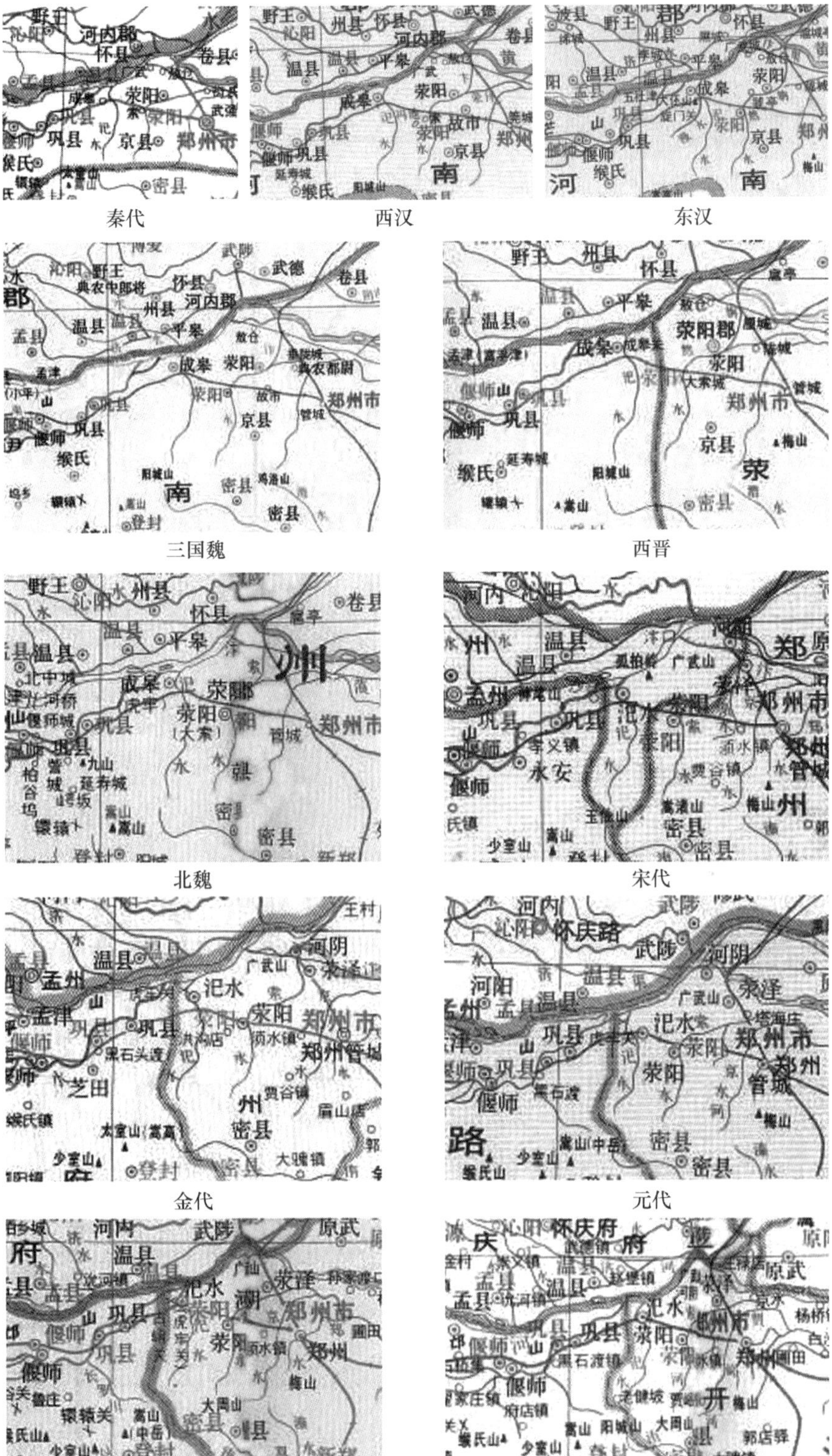

秦代　西汉　东汉

三国魏　西晋

北魏　宋代

金代　元代

明代　清代

图二

密、让选骁雄，分为十队，令四队伏“横岭”以待，以六队陈于石子河东。从所述材料看，“横岭”及“百花谷”应在李密所据兴洛仓以东或东南，“石子河”应在李密所据兴洛仓以西。又据《水经注疏》《清史稿》等文献，“横岭”“百花谷”及“石子河”位置现在均可找到[6]，《资治通鉴》卷第一八三胡三省注引用《水经注》言“洞水出南溪石泉，世亦名之为石泉水，过巩东坎欿聚西而北入于洛。盖即石子河也”，所以，由此可知，洛口仓就在东或东南至“横岭”“百花谷”、西至“石子河”、西北至黄河、洛河这一范围内（图一）。

清初顾祖禹著《读史方舆纪要》于洛口仓城条记载，洛口仓城“在县北十里”，显然是指在顾祖禹时代站街老城以北十里。这是我们目前所知的描述洛口仓城最为具体的一条文献，以此为据，则洛口仓城在“将城”附近是无疑的了。

《通鉴考异·略记》云：“四月戊申，段达等帅关内兵陈于仓西、仓南，密出兵拒战，大破凶丑，密还固仓。五月丁丑，达等又出兵陈于仓西、仓北，密又来拒，大破之，密奔洛口。”胡三省注《通鉴》曰：“蒲山公传曰：‘五月二十八日，越王夜出师，使段达等大战于仓西、北；密军败绩，归于巩县。’”从实地调查看，现有仓西村位于站街镇西北约5里处，在古地理变化不明显的情况下，则洛口仓的地理位置就有明确的西界了。

另，明嘉靖《巩县志》古迹条记载，“洛口仓，在县西（现代重印版改为：东北）坊郭保，昔隋炀帝置仓聚粟于此地，穿三千余窖”。清乾隆十年本《巩县志》记载，“洛口坊在县东坊郭保，隋炀帝置廒仓，聚粟于此地，穿三千余窖”。这两条文献，我们原来并未重视，实际其亦是判断洛口仓位置的重要材料，因为明清县城现仍存于地面，位置明确，与其相关的遗迹较易确定。

同时，据李时人《〈水浒传〉的“社会风俗史”意义及其“精神意象”》判断：中国中唐以前的城市实行“坊市制”，经过晚唐割据和五代战乱，“坊市制”遭到极大破坏，北宋太宗和真宗虽曾两次试图恢复“坊市制”，都以失败告终。至仁宗时都市里的坊墙和市墙已经统统被推倒，“坊”与“市”界限完全打破，城内“侵街”开店，城外新商业区不断扩大，从而形成了新的城市格局。李时人还认为，北宋真宗时，全国户籍主要被分为三类，即官户、乡村户和“坊廓户”[7]。

又据王威海著《中国户籍制度——历史与政治的分析》[8]认为，坊廓户是宋代一个有特色的户种，在以前未出现，真宗天禧三年（1019年），政府首先在洛阳开始均定“坊廓居民等”，坊廓户作为户种正式产生，此后户等推排办法渐次推行到全国，坊廓户分为十个等级。

马克垚《中国和西欧封建制度比较研究》[9]认为，中国中古城市内的工商业居民，有市籍，被称为市人。唐代已有草市出现，在交通便利的水陆道口，旗亭旅舍，屋宇相连，形成新的经济中心。宋代这种市场更为兴旺，许多成为镇市，得到政府的认可。镇市往往是米、糖、茶、纸等商品的集散地，与附近的农村有密切的商业来往，当地的居民属城市人口。到了宋代，正式取消市籍，把城市人口称坊廓户，按财产编定户籍，进行管理。

坊廓户制度以后演化下去，这些坊廓户聚居的地方或聚积为生意的地方，无论在城市中还是城墙附近，均可称为坊廓保，如明孝宗弘治《偃师县志》卷一“河南省偃师题条”记载有“坊廓集在城四街，每月六集”。又山东宁阳县，清代县城周围为坊廓地，西部为临邑社、青川社，东部为韦周社[10]。当然在明朝还有坊廓里之类的称呼，清代也有坊廓都之类的基层行政机构。

所以在七里铺地域及其周围地区若发现上述这样一类的遗迹现象，亦有助于判断洛口仓的地理所在。

在寻找洛口仓的时候，还有几个问题需要特别予以注意，这些问题是以前学者研究有关洛口仓的问题时基本未论及的，实际上这些问题特别重要，对于认识有关洛口仓的特征，判定何为洛口仓等方面具有重要的价值。

第一，重视“将城”，但是又不要局限于“将城”。据《读史方舆纪要》等文献记载，洛口仓城周回二十余里，穿三千窖，窖容八千石，依据隋唐时期的度量衡制度，隋时初建的仓城至少占地600余万平方米。又据《隋书》，李密袭取洛口仓城后，又广筑洛口城，周四十里而居。《通鉴考异》曰：“壶关录云：‘周四十八里。’”洛阳含嘉仓城、子罗仓的面积等内容有助于说明这一问题[11]。这些文献和实际考古发现，都说明洛口仓的范围绝对远远大于“将城”。

第二，《通鉴考异·略记》云：“二月丙辰，密遣其将夜袭仓城，二府兵击退之，己未又悉众来攻，而府兵败，遂入据仓。然二府将士，犹各固小仓城二十余日不下，既而外救不至，食又尽，城乃陷没。”《通鉴考异·杂记》又云：“密称魏公，改年，于时仓犹自固守，既而密遣翟让将兵夜袭仓城，官军击退之；明日，又引众攻仓，连战三日，陷外城，官军犹捉子城。月余，外援不至，城尽陷没，死者十六七。”

由此段文献看，其时仓城似乎有独立的两个或多个小仓城组成。若如此，在考古调查遇到夯土墙类遗迹时应注意洛口仓城的这一特征。

第三，《读史方舆纪要》洛口仓城条记载：“遂袭克兴洛仓，密称魏公，命护军田茂广筑洛口城，方四十里而居之。又临洛水筑偃月城，与仓城相应。既而与王世充战于洛北，败走洛南，余众东走月城。”近来，河南省地理研究所的有关专家在将城附近洛口村村北的航片中解疑到可能为偃月城的古代遗迹，附近村民传说其地就是偃月城，并且说早年村民打井在地下七八米的地方发现不少建筑迹象。若能进一步证实，对洛口仓的寻找是非常有用的。

第四，《通鉴》卷一八六《唐纪二》载:“密开洛口仓散米，……取之者随意多少。或离仓之后，力不能致，委弃衢路。自仓城至郭门，米厚数寸。”由此记载可以判断出当时洛口仓城符合古代的有城有廓的城制。

第五，南宋四川宣抚副使郑刚中《西征道里记》记载：“又汜水县、鷰子坡、洛口镇、宿巩县。汜水即行庆关也。过关乃下视大河，与孟店虏营相望，洛河又在大河之南，洛口墙数围，问之，即所为洛口仓者。”由此描述可知在南宋时，洛口仓尚有墙，并且墙的特征是“数围”，这为我们考古调查工作提供了重要的判断依据。

第六，关于洛口仓，其仓窖或仓廒有可能在唐时已有所破坏，这是我们在寻找洛口仓时应予以注意的。据《旧五代史》记载：“（后唐）同光三年（925年）七月，洛水泛涨，巩县河堤破，坏廒仓。”《巩县志》民国十八年本载：“邺都奏，御河涨，于石灰窑口，开故河道以分水势。巩县河堤破，坏廒仓。”关于这次洛水泛涨破坏的仓廒，我们认为有可能与洛口仓有关。主要依据如下：

（1）巩县河堤塌了，并且在石灰窑附近，在这附近，见诸文献并值得记载的就只有洛口仓了。

（2）文献记载所言“坏廒仓”之“廒仓”，不太可能是秦以来就设置的“敖仓”。因为，除汉《刘向新序·善谋下第十》之记载“‘楚、汉久相持不决，百姓骚动，海内摇荡，农夫释耒，工女下机，天下之心，未有所定也。愿陛下急复进兵收取荥阳，据廒仓之粟，塞成皋之险，杜太行之路，距蜚狐之口，守白马之津，以示诸侯形制之势，则天下知所归矣。’汉王曰：‘善。’乃从其计划复守廒仓，卒粮食不尽，以擒项氏。其后吴、楚反，将军窦婴、周亚夫复据廒仓，塞成皋如前，以破吴、楚。皆郦生之谋也”中以“廒”代“敖”外，尚未发现这类现象。再者，从文字学的角度看，以“廒”代“敖”，是不合适的，因为，“廒”字本义为“仓”，“敖仓”则意为“敖地之仓”，《篇韵》谈到“廒”字时，言“五牢切，音敖。倉廒也。俗作厫”。小篆作“𢋴”。小篆是在秦始皇统一中国后（公元前221年），推行“书同文，车同轨”的政策下，由宰相李斯负责，在秦国原来使用的大篆籀文的基础上进行简化，取消其他六国的异体字而创制的统一文字汉字书写形式，其一直在中国流行到西汉末年（约公元8年），才逐渐被隶书所取代，显然，此“廒”字是在汉代出现的，言“仓”为“廒”或“敖”，显然与当时的“敖仓”有关。宋代袁文在其所撰《瓮牖闲评》卷六中也认为，“敖乃地名，秦以敖地为仓，故尔。今所在竟谓仓为敖，盖循习之误”。支持这一观点的材料很多，像唐代许浑《汉水伤稼》诗中所言“高下绿苗千顷尽，新陈红粟万廒空”；明凌蒙初《三刻拍案惊奇》言“从家里廒中发出米去”；明万历年彭大翼撰《山堂肆考》中还记载范仲淹为杭州知州时，“纵民竞渡，太守日出宴于湖上，自春至夏，居民空巷出游。又召诸佛寺，大兴土木之役。又新廒仓吏舍，日役千夫。监司劾杭州不恤荒政”，这些文献中的“廒”字均意为“仓”。又如宋元时期马瑞临《文献通考·市籴二》载“得息米造成仓廒”，《文献通考·国用三》载“奉行之吏因循，止将岁供额斛，於真、扬、楚、泗仓敖，为卸纳摺运之地”；元末明初所写的《水浒传》第十回载“推开看里面时，七八间草房做着仓廒”；明张四维《双烈记·代役》载“见今城中盖造仓廒，预备军储”；清魏源《筹漕篇上》载“无素备之仓厫与一定之成宪，而仓卒暂试者，尤左也”；《清史稿·灾异志一》载“江水骤发，城内水深丈余……衙署民房城垣仓厫均有倒塌”。这些文献中均言“仓廒”，显是同义字词，“廒“字均非“敖地”之意。至于“敖”字的意思，从以下文献可以获得答案。《诗·小雅》“搏兽于敖”；《左传》曰“敖，郑地，今近荥阳”；《左传·宣公十二年》“晋师在敖鄗之间”，《注》曰“敖鄗二山，在荥阳县西北”。又“敖”字，金文为“”，小篆为“”，从“出”从“放”，本意是出游，再用为地名。又《尚书序》仲丁迁于“嚻”，《传》言为地名，与“敖”通假。《集韵》通作“嚣”。《史记·殷本纪》“仲丁迁于隞”，显然“敖”“隞”“嚻”字均通假，其中“隞”字显然是指商人以“敖”地为都之义。

又，《旧唐书》记载，“六月丙子，於洛州柏崖置仓”；《唐会要》记载，“（唐高宗咸亨）三年六月十七日，於洛州柏崖置敖仓。容二十万石。至开元十年九月十一日废”；《资治通鉴》载，“上以裴耀卿为江淮、河南转运使，于河口置输场。八月壬寅，于输场东置河阴仓，西置柏崖仓”。从文献记载看，洛州柏崖仓，可以称为“敖仓”，但是其仍然未写为“廒仓”，并且其在开元十年九月十一日已废，早于后唐同光三年（925年）不少，所以“坏廒仓”之“廒仓”，不太可能是洛州柏崖所置敖仓。至于“六月丙子设置的洛州柏崖仓”有可能在黄河对岸的河清县之认识，似不成立。因为河阴仓、柏崖仓分别置于输场东西位置，河阴仓现已证明位于今牛口峪附近，当时输厂应在其附近的“板渚”至于“汜水”范围内，所以与河阴仓东西相应的柏崖仓显然应在黄河南岸并且距离河阴仓应不远，孤柏嘴附近应可能与柏崖仓有关。再者有文献认为今河南孟津县西之柏崖仓置于咸亨四年（673年），而非咸亨三年（672年）所置的洛州柏崖仓。

另，《巩县志》民国十八年本载“景氏《说嵩》谓：‘洛口仓即秦敖仓旧址，理或然也。今犹名窖粮坑’”，显然景氏观点是错误的。

第七，在寻找洛口仓的过程中，我们还应了解同时代已发现的仓廒之特征，以作参照（图三～图八）。我们认为至少应有几方面值得重视[12]。

（1）仓城内应有道路。像含嘉仓城一样，并且在这些路面上一般应有独轮车或双轮车的车辙痕迹。

（2）仓城城门多为单门洞土木结构。

（3）仓城内应有管理区，应是无窖区无槽渠的地方。

（4）仓城附近应有槽渠。

（5）仓窖之“窖”字，小篆为“”，《礼·月令》云“穿窦窖”，《注》曰“入地椭曰窦，方曰窖”。《前汉·苏武传》：“乃幽武，置大窖中”，《注》曰“盖米粟之窖而空者，又通作窌”。《周礼注》曰“穿地曰窌，当为窖，又深心曰窖”。又《集韵》曰：“则到切。与竈同。”从文献看，仓窖可有方形，但是从已发现的同时代仓窖看，全为圆形的。

（6）仓窖口底之比应为二比一左右，壁与底的夹角大于90度，有的达到120度。

（7）选址多在干燥、向阳的坡地上，像回洛仓在邙山，子罗仓位于邙山面向洛河的缓坡，含嘉仓和唐常平仓位于邙山北高南低的南侧。

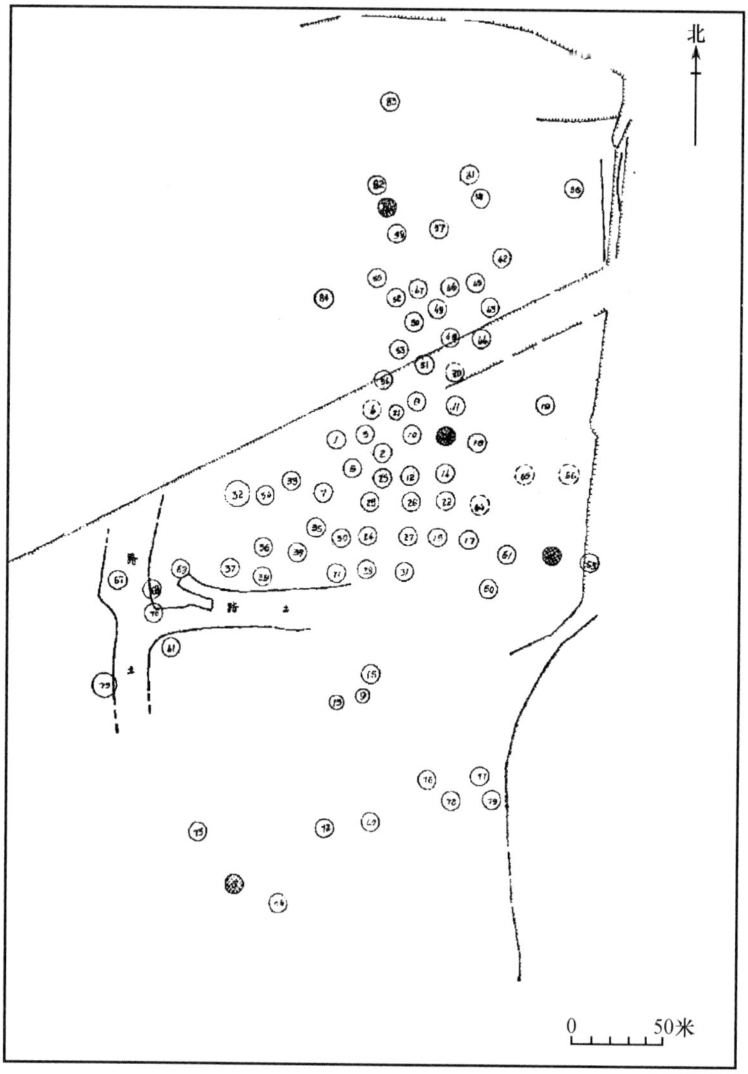

图三　洛阳汉河南县城南墙外秦汉仓窖遗址平面图

（8）应有类似含嘉仓、常平仓出土的墨书或阴刻的灰色正方形铭砖或碑。铭砖上应记载有州县郡名、类别、数量、储存时间、领粟官吏姓名等。一般情况下，一窖粮食中应有一块铭砖。

（9）大型粮仓，应是通过划分区域进行管理的。

（10）窖底有防潮处理，像加固夯实窖底、火烤窖底和壁的下部、涂抹防潮层、铺设木板和草或是草上面垫谷糠和铺席锯末、碎木屑层或木屑与草的混合层等。这方面还可参阅相关文献[13]。

（11）从子罗仓、含嘉仓和常平仓等粮窖的窖顶看，当时应有空窖窖顶和储粮窖窖顶两种。空窖的窖顶多是在有中心柱伞形木架上铺席，并加盖圆锥形草拌泥顶，储粮窖

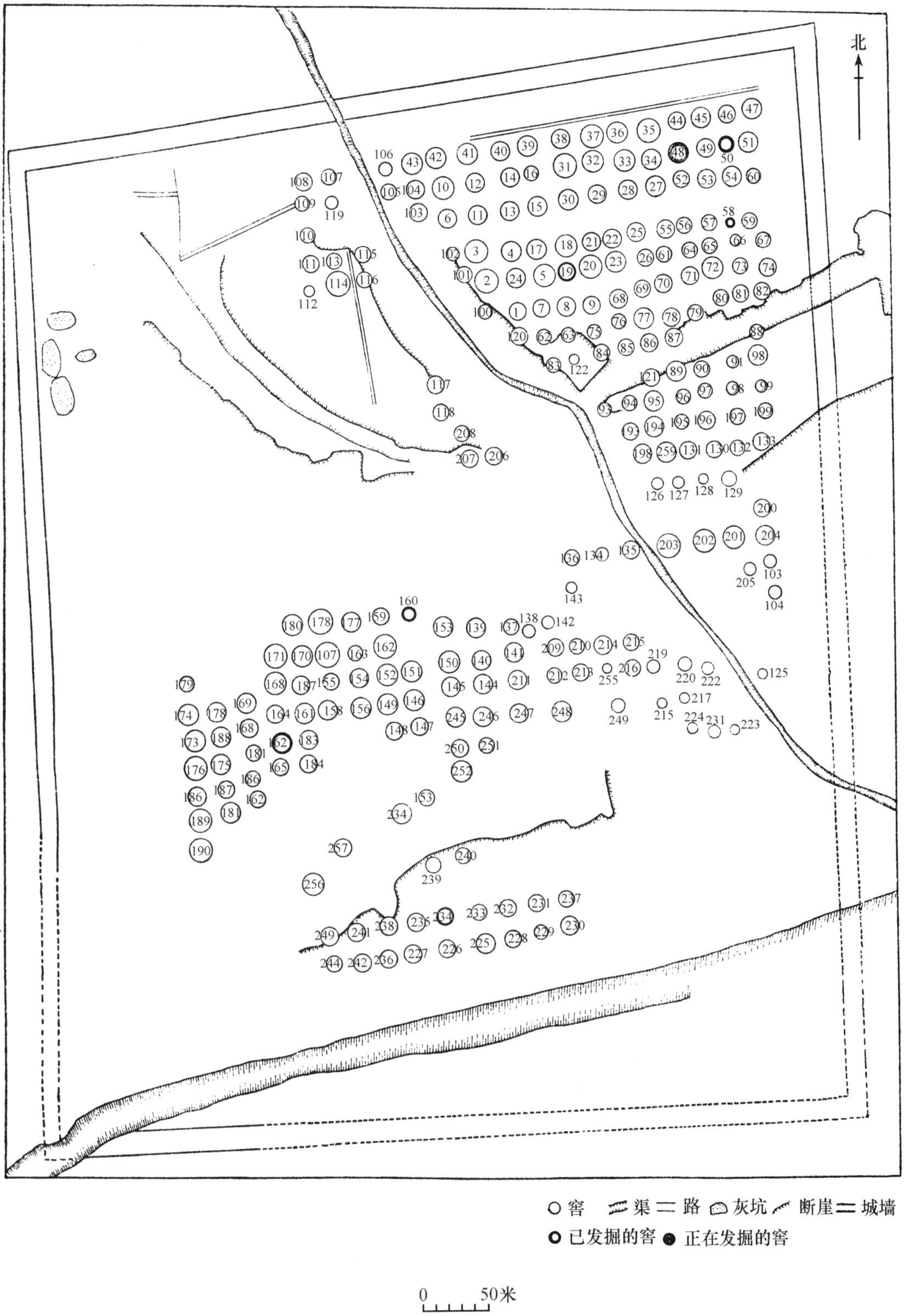

图四　含嘉仓勘探平面图

图五　含嘉仓窖底平板层

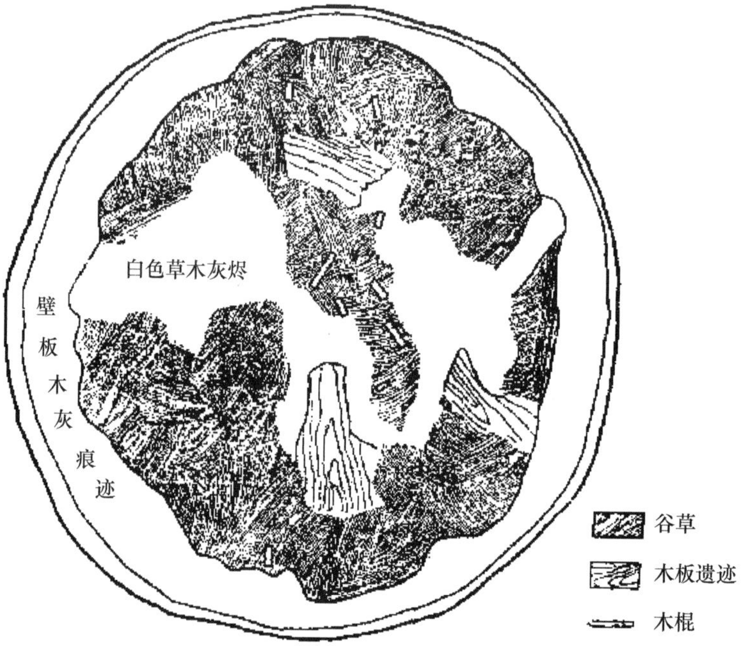

图六　含嘉仓窖底铺草层

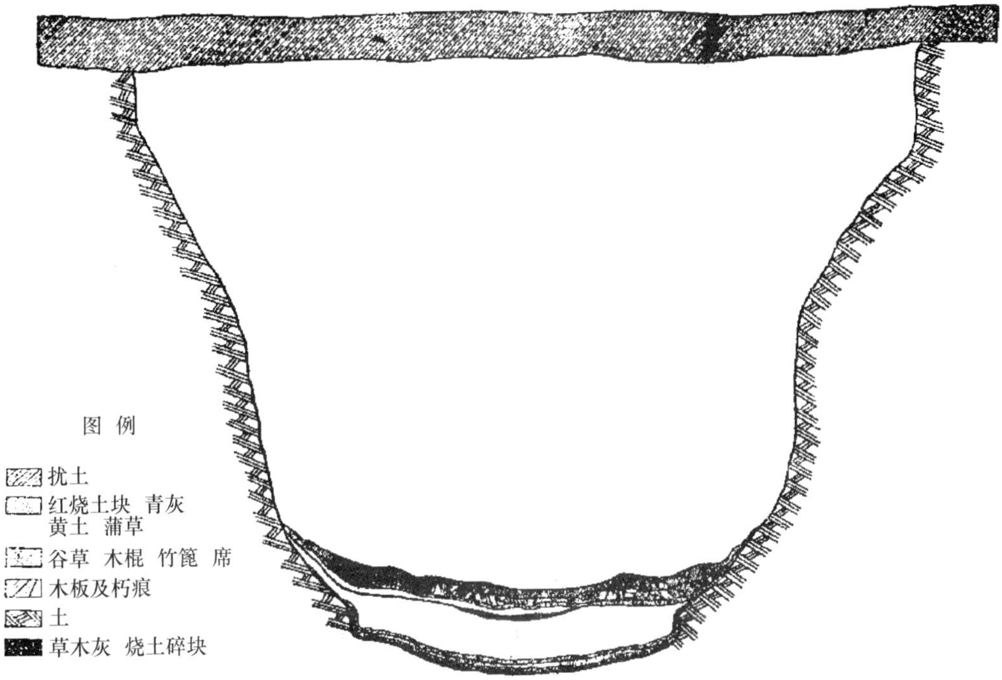

图七 含嘉仓仓窖剖面图

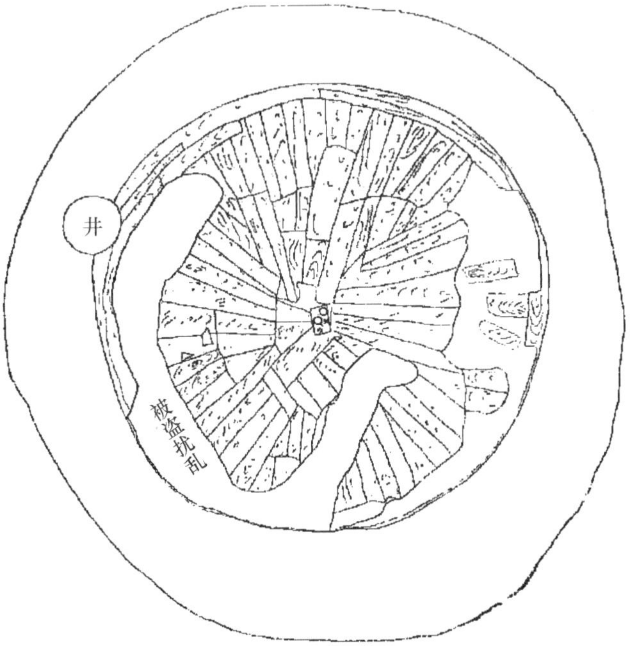

图八 子罗仓二号窖底木板层及中心柱洞

窖顶多是在仓上盖席，席上垫糠、席，并加封黄泥成圆锥形。

洛口仓历史上在巩县（今巩义市）是存在的，被整个破坏的可能性较小，其具体地理位置，依据有关论证，我们以为其应在石子河—洛河—黄河—横岭—百花谷—连霍高速所围定的范围之内[14]。

注　释

［1］我们认为这一认识不正确，因为《隋书·地理志》（中）记载中的“巩，后齐废，开皇十六年复。有兴洛仓”一句之后有“有九山，有天陵山、缑山、东首阳山”之语，显然，是说开皇十六年所复的巩县“有兴洛仓，有九山，有天陵山、缑山、东首阳山”，并不是说开皇十六年有兴洛仓。《隋书·地理志》中“有……有……”这类叙述方式很是常见。

［2］《资治通鉴》卷一八〇《隋纪》四：“置洛口仓于巩东南原上，筑仓城周回二十余里，穿三千窖，窖容八千石以还，置监官并镇兵千人。”

［3］清乾隆五十四年本《巩县志》之“隋横岭道”条于《读史方舆纪要》载：“今横岭南有古道。自汜至巩，东西四十五里，较大道稍迂远。康熙初，黄河傍山流，大道不可行；车马往来，皆由横岭，开辟阔展，不似从前险隘矣！其堡犹有存者。”今当地人称横岭为“老犍脊”，历史上曾是巩县与成皋县的东界，时人认为西出横岭就到巩县了，再往西就是洛口仓。

［4］巩县志编撰委员会编：《河南省巩县志》（卷三地理篇），中州古籍出版社，1991年，第90页。

［5］谭其骧主编：《中国历史地图集》，中国地图出版社，1982～1987年。

［6］从《读史方舆纪要》《水经注》《明史》《清史稿》等中关于石子河的记述来判断，石子河位置应在今巩义站街镇北老县城西附近。

［7］李时人在《〈水浒传〉的“社会风俗史”意义及其“精神意象”》（《求是学刊》，2007年第1期）一文中认为坊廓户是城市里皇室、军队、僧道以外的居民住户。

［8］王威海：《中国户籍制度——历史与政治的分析》，上海文化出版社，2006年。

［9］马克垚：《中国和西欧封建制度比较研究》，《北京大学学报》（哲学社会科学版），1991年第2期。

［10］清道光《宁阳县志》。

［11］河南省博物馆、洛阳市博物馆：《洛阳隋唐含嘉仓的发掘》，《文物》1972年第3期；叶万松、余扶危：《洛阳隋唐东都皇城内的仓窖遗址》，《考古》1981年第4期。

［12］主要特征依据余扶危、叶万松：《我国古代地下储粮之研究》（《农业考古》1982年第2期，1983年第1期，1983年第2期）系列论文的研究结论。

［13］这些特征在有关文献中有所记载。《唐会要》卷八八载，贞观二年四月三日，尚书左丞戴胄上言，应实仓廪，户部尚书韩仲良奏，应设置仓廒，“制可之。令窖苫宜以葛蔓为之”。宋王钦若等编修《册府元龟》卷五六《帝王部·节俭》条载，太宗贞观四年十一月自己丑，“户部

奏，窖苫须麻十万綟，帝曰：‘麻为鞁鞋得供国用，自今窖苫宜以葛蔓为之’”。

[14] 据余扶危、叶万松《我国古代地下储粮之研究》系列知，古代仓廒选址多在干燥、向阳的坡地上，石子河—洛河—黄河—横岭—百花谷—连霍高速所围定的范围之北地理较为平坦，以南地势为高岭，再往南则低。

（原载北京大学震旦古代文明研究中心编《古代文明研究通讯》总第48期，2011年）

郑州祭城镇古城考古发现及相关问题初步研究

一、地理概况

祭城镇古城位于河南省郑州市郑东新区CBD商务区的东北部，东风渠以南，农业东路以东，熊儿河以北，东风渠与熊儿河交汇处的夹角地带，地理坐标位置：N：34046. 812′，E：113044.710′（图一）。

城址所处区域的地理地貌为西南浅山丘陵区向豫东大平原过渡的接壤地带，这里地势平坦而且低洼，距古代的圃田泽较近，属风积或冲积形成的平原。

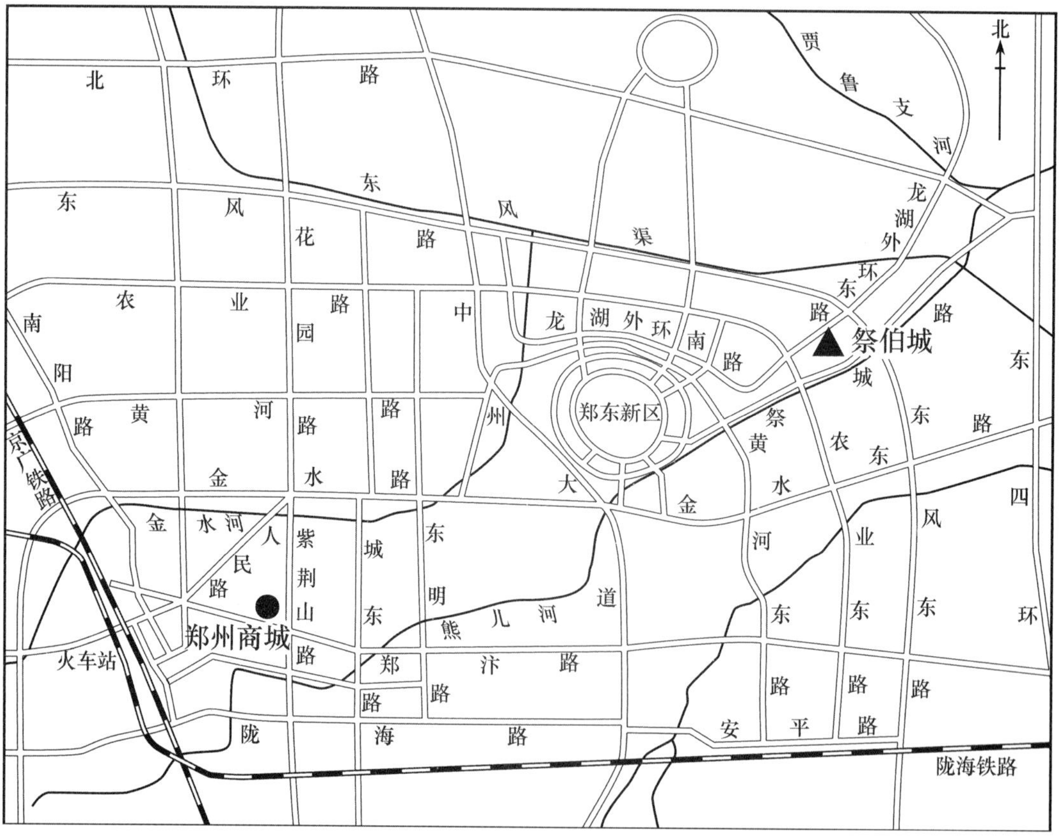

图一　祭伯城位置图

二、考古发现

在1984年河南省开展的第四次全省文物普查中，当时的郑州市文物工作队在郑州市金水区祭城镇祭城村发现有文化遗存。2004年7月，根据郑州市郑东新区城市总体规划的建设要求，郑东新区应制定文物古迹专项规划。受郑东新区管委会、郑州市文化（文物管理）局的委托，郑州市文物考古研究院会同郑州市城市规划院对郑东新区115平方千米进行了全面的文物调查。通过调查在祭城镇祭城村发现明清时期古城一座。又经过2006年及2009年的考古发掘，我们对明清时期古城又有了更详细的了解，并且还发现了另一座新的古城（图二）。现做一简要介绍。

1. 明清时期古城

形状基本呈椭圆形，东北、西南方向长，位于熊儿河的北岸，两周城址的中部以南

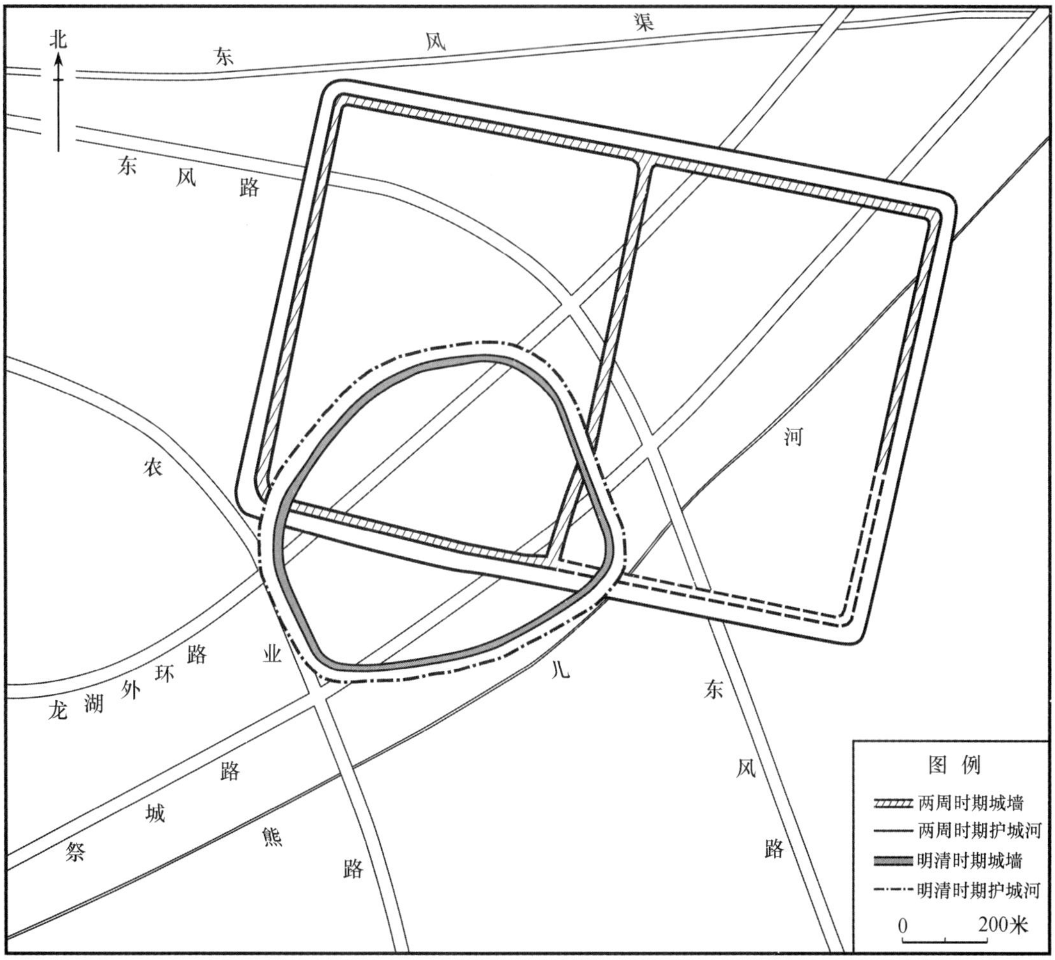

图二　祭伯城城址平面图

区域，城址南墙部分被熊儿河冲毁，东西长约770米、南北宽约680米，面积约52万平方米。经勘探及局部发掘后，可以确认地下墙体与环壕能断续环绕一周，城址内有明清时期房基与道路等丰富的遗迹现象，冲积形成的堆积层亦较厚。环状城墙墙体上顶距地表深0.6～1、墙高3.6、上顶宽18.5、下底宽22、夯层厚0.08～0.2米，层面为平夯，土质为浅黄褐色沙土，质地较硬，较纯净，含炭粒、姜石颗粒等，出土有较多陶、瓷器残片及兽骨等遗物。

2. 早期城址

形状呈长方形，东西方向长，位于东风渠以南。东西长约1380米、南北宽约1000米，分布面积约138万平方米。城址形状呈东西长方形，中部有南北向一道城墙墙体相隔，可分东西两座小城，整体呈现“曰”字状。

由于城址本体上部冲积形成的堆积层较厚，地下水位较高等原因，经对其勘探及局部发掘后，仅可以确认地下断续的一周墙体。城墙墙体上顶距地表深浅不一，最浅处距地表0.5米、最深处达7米、上顶宽15.5米、底宽25米、夯层厚0.05～0.15米不等，圜底夯窝或平底夯窝，夯窝直径3～15厘米、深0.3～0.5厘米。夯筑方法为先起墙心，再在两坡起夯。土色为黄褐灰花，质地较硬，结构紧密，含炭粒、烧土颗粒、料姜颗粒、蜗牛壳等，出土遗物多为残陶片与兽骨等，可辨认的器形有盆、豆盘、釜、罐、豆、缸等春秋战国时期器（图三、图四）。

从护坡的文化层及打破城墙的灰坑以及城市形状等方面看，此早期古城应包括春秋战国时期。另，由于地下水位较高，无法进一步发掘，所以春秋战国时期古城下是否有更早期城址就不得而知了，不过，考古调查及地质钻探工程中发现过商、周时期的大口尊和陶鬲，所以此地出现城的时间有可能更早。

三、文献中关于“祭”的主要记载

（1）“祭”作方国名，在甲骨文中已有发现。在宾组卜辞中，祭方与商王朝是敌对势力，在历组卜辞中，祭则又归属于商王朝：像“贞：雀伐祭方？”（《合集》6964）[1]、“癸巳贞：旬亡祸？在祭卜”（《怀特》1618）[2]、“辛未贞：今日告其步于父丁一牛？在祭卜”（《合集》32677）[3]，等等。

（2）《史记·周本纪》载：“穆王将征犬戎，祭公谋父谏曰”[4]，于此句《集解》引韦昭曰：“祭，畿内之国，周公之后，为王卿士。谋父，字也。”[5]又《正义》曰：“《括地志》云：‘故祭城在郑州管城县东北十五里，郑大夫祭仲邑也。释例云‘祭城在河南，上有敖仓，周公后所封也。’”[6]《史记·周本纪·正义》所引“帝王世纪”谓：“昭王德衰，南征，济于汉，船人恶之，以胶船进王，王御船至中流，胶液船解，王及祭公俱没于水中而崩。”[7]

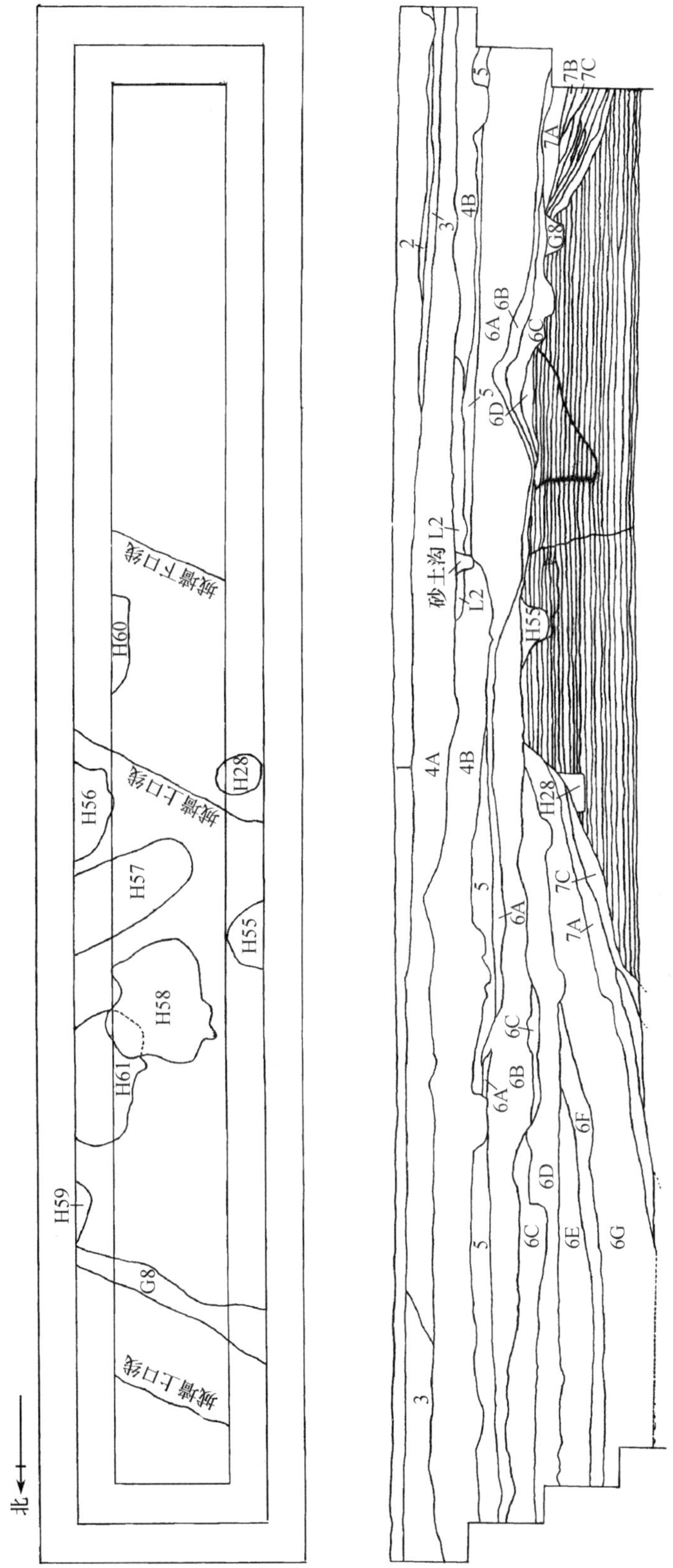

图三　祭伯城T143平、剖面图

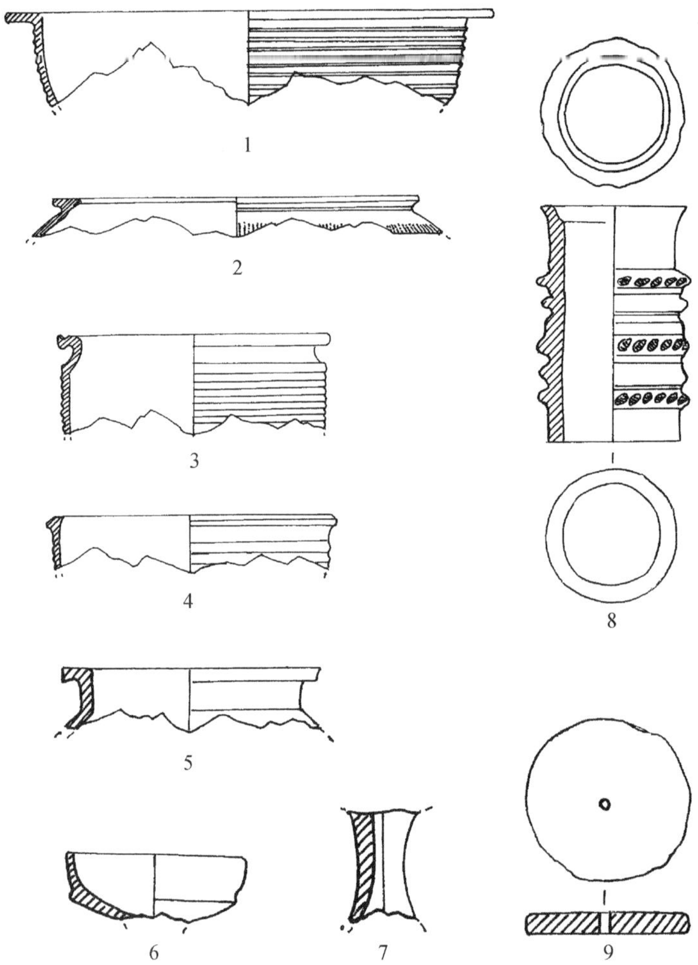

图四　祭伯城城址出土陶器

1. 盆　2. 瓮　3. 釜　4. 缸　5. 罐　6. 豆盘　7. 豆柄　8. 陶水管　9. 陶纺轮

（3）《左氏春秋传·隐公元年》：“冬十有二月，祭伯来，公子益师卒。”晋杜预注：“祭国，伯爵也。”[8]清高士奇《春秋地理考略》云：“周公第五子所封，地在东周畿内。《后汉志》中牟有蔡亭，蔡与祭通。今在开封府郑州东北一十五里。”[9]

（4）《逸周书·祭公解》：“王若曰：祖祭公次予小子虔虔在位。”[10]孔晁注：“祭公，周公之后，昭穆于穆王，在祖列。”《逸周书·周书序》又载：“周公云殁，王制将衰，穆王因祭祖不豫，询其守位，作（祭公）。”[11]朱右曾《逸周书集训校释》云：“祭公食邑在河南管城，今郑州地。”[12]

（5）《水经·济水注》：濮渠“又东迳胙亭东注，故胙国也。富辰所谓邢、茅、胙、祭，周公之胤也”。杨守敬疏：祭“在今郑州东北”[13]。

（6）《穆天子传》卷五：“祭父自圃郑来谒。”又《穆天子传》卷五：“见许男于洧上。祭父以天子命辞曰：……”又《穆天子传》卷五：“及暮，天子遣许男归。癸亥，天子乘鸟舟龙卒浮于大沼。夏庚午，天子饮于洧上，乃遣祭父如圃郑，用□诸侯。辛未，天子北还，钓于渐泽，食鱼于桑野。丁丑，天子里圃田之路。东至于房，西至于□丘，南至于桑野，北尽经林煮□之薮，南北五十□，……。甲寅，天子作居范宫，以观桑者，乃饮于桑中。天子命桑虞，出□桑者，用禁暴人。仲夏甲申，天子□所。庚寅，天子西游，乃宿于祭。壬辰，祭公饮天子酒。”又《穆天子传》卷五：“祭公占之，□之□，乃宿于曲山。”[14]

关于“乃宿于祭”之“祭”，王贻樑等合撰之《穆天子传汇校集释》引丁谦云：“《春秋释例》：‘祭城在河南，上有敖仓，周公后所封也。’”[15]

又陈槃《春秋大事表所列国爵姓及存灭表撰异》：“郑有圃泽，故曰圃郑，祭公谋父之谒穆王，自圃郑往。”[16]又《今本竹书纪年》：“祭公帅师从王西征。”[17]又《左传·昭公十二年》“子革对灵王”一段载楚史倚相云：“祭公谋父作（祈招）之诗以止王心。王是以获没于宫。”

（7）《大清一统志》引《括地志》云：“故祭城在管城县东北十五里，郑大夫祭仲邑也。”[18]《元和郡县图志》载：“祭城在管城县东北十五里。”[19]

（8）《中国历史地图集》将《穆天子传》卷五这个“祭”地定位于今郑州市西北郊的于南沟村一带[20]，郑杰祥先生认为应是比较合乎史实的[21]。

（9）《吕氏春秋·音初》所记“王及蔡公陨于汉中”[22]，《左传·僖公四年》孔颖达疏引此文作“王及祭公陨于汉中”。

（10）《左传·僖公二十四年》载：“昔周公吊二叔之不咸，故封建亲戚以蕃屏周。管、蔡、郕、霍，鲁、卫、毛、聃，郜、雍、曹、滕，毕、原、酆、郇，文之昭也。邘、晋、应、韩，武之穆也。凡、蒋、邢、茅、胙、祭，周公之胤也。”据此，童书业先生认为：“周公‘受命’称王凡七年，其大封之事当在此七年中也。”

《汉书·王莽传》：“成王广封周公庶子六人，皆有茅土。”[23]

《左传·僖公二十四年》孔颖达《疏》云：“凡、蒋、邢、茅、胙、祭，周公之胤也。岂周公自封哉？固当成王即位之后，或至康王之时，始封之耳。”韦昭《国语注》：祭，畿内之国，周公之后也，为王卿士。谋父，字也。传曰：“凡、蒋、邢、茅、胙、祭，周公之胤矣。”[24]

杨伯峻《春秋左传注》：“祭，音债，王朝卿士，祭是其食邑，今河南东北有古祭亭。伯，盖其行次，说本孔广森《春秋公羊传通义》。杜注以为伯为爵位，盖由《僖公二十四年》‘凡、蒋、邢、茅、胙、祭，周公之胤矣’之文，以为此六者皆国，《谷梁传》亦以祭伯为‘寰内诸侯’”。

杨伯峻《春秋左传注》曰，祭仲，郑大夫，即隐公三年之祭足，祭为其食邑，当即河南中牟县之祭亭，曾与笔者谈及其认为与祭伯之祭在郑州市者为两地。马世之先生认为实为一地。

（11）《国语·周语上》：“穆王将征犬戎，祭公谋父谏曰：‘不可。’”

（12）《路史》载："周圻之内管城东北有古祭城。"[25]

（13）《姓苑》载：今齐人本姓"祭氏"，因不详改为"訾"。这支成员本是周王"宗室""祭伯"之后。《世本·氏姓篇》："祭氏，周公第五子祭伯，其后以为氏。"[26]

（14）关于祭仲的部分记载。

司马迁《史记·郑世家》第十二："庄公元年，封弟段于京，号太叔。祭仲曰：'京大于国，非所以封庶也。'"又载"夜令祭仲问王疾"。又载"祭仲与渠弥不敢入厉公，乃更立昭公弟子亹为君"。又载"子亹自齐襄公为公子之时，尝会鬬，相仇。及会诸侯，祭仲请子亹无行"。又司马迁《史记·太史公自序》载"祭仲要盟，郑久不昌"。

《左传·隐公三年》载："郑武公、庄公为平卿士。王贰于虢，郑伯怨王。王曰：'无之。'故周、郑交质。王子狐为质于郑，郑公子忽为质于周。王崩，周人将畀虢公政。四月，郑祭足帅师取温之麦。秋，又取成周之禾。"此祭足既是祭仲。

《左传·隐公五年》载："卫人以燕师伐郑。郑祭足……以三军军其前，使曼伯与子元潜军军其后。燕人畏郑三军而不虞制人。六月，郑二公子以制人败燕师于北制。"

《左传·桓公五年》载："夜，郑伯使祭足劳王，且问左右。"《左传·桓公十八年》载："人曰：'祭仲以知免。'"

《春秋公羊传·桓公十一年》载："祭仲不从其言，则君必死、国必亡；从其言，则君可以生易死，国可以存易亡。少辽缓之，则突可故出，而忽可故反，是不可得则病，然后有郑国。"[27]

《春秋谷梁传·桓公十一年》载："死君难，臣道也，今立恶而黜正，恶祭仲也。"[28]

（15）《路史·后纪》载："祭事文王，受商之命。"[29]

（16）《今本竹书纪年》载："昭王十七年春，有星孛于紫微，祭公、辛伯从王伐楚……丧六师于汉。"[30]《吕氏春秋·音初》载："周昭王将亲征荆蛮……还反及汉，梁败，王及蔡公陨于汉中。"《国语·周语上》韦昭注："祭，畿内之国，周公之后也。"

（17）《郭店楚简》[31]《上海博物馆藏战国楚竹书》[32]《清华简》[33]等出土文献中亦有相关记载。

四、"祭"的地望研究

关于"祭"的地望问题，不少学者做过论证，这里略作介绍并予以再论证：

（一）关于甲骨文中"祭"的地望

胡厚宣先生认为此"祭"位于"殷之西南"，就是郑州管城东北之祭城村[34]；陈梦家提出有管城之祭与长垣之祭，但是并未认为何为甲骨文中“祭”的地望[35]；岛邦男、钟柏生等认为祭方与雀方相邻，应在商都之西[36]；钟柏生进一步认为应在山西西南或河南西北的商周之间地域。孙亚冰认为岛邦男、钟柏生之说可从，并认为管城与长垣都在王畿范围内，祭方曾是敌国，不可能在这个范围内。当然他同时说明，也不排除祭族人后来内迁定居于王畿范围内，王畿范围内遂有祭地的可能性[37]。

（二）关于《穆天子传》卷五之“祭”地及周初所封“祭”的地望

《穆天子传》卷五载“丁丑，天子里圃田之路：东至于房，西至于□丘，南至于桑野，北尽经林，煮□之薮。南北五十□十虞”，其中之“房”，晋郭璞注曰：“房，房子，属赵国也，有巑山。”王天海在《穆天子传全译·燕丹子全译》[38]一书中认为，赵国房子在今河北临城、高邑、赞皇中间，不可能位于圃田之东，“东至于房”之“房”为地名，应在中牟县城以东。《穆天子传》卷五又载“仲夏甲申，天子□所，庚寅，天子西游，乃宿于祭”，于“天子□所”所缺之字，檀本补“于”字，清陈蓬衡认为“檀误不可据。‘所’是‘访’字之误，空方当是‘东至于’三字，故下文云‘西游’”。王天海认为，从《集韵》等书看，这一解释是可行的[39]。《水经注疏·济水》：“又东迳房城北。（会贞按：当在今封丘县西南。）《穆天子传》曰：‘天子里甫田之路，’（朱作圃田，《笺》曰：圃一作甫。戴改甫，下同。会贞按：残宋本、《大典》本并作甫。圃田详《渠水》篇）东至于房。疑即斯城也。郭《注》（朱《注》下有云字，赵、戴删。）以为赵郡房子也。（守敬按：郭《注》，房子属赵郡。《一统志》，在高邑县西南。）余谓穆王里郑圃，而郭以赵之房邑为疆。”从这些材料可以发现，穆天子是先到圃田之东的“房”地，又西行至于“祭”，这就说明“祭”的大概地望在圃田之西应无何疑问了。

《左传·成公四年》杜预《注》《周本纪正义》引《括地志》《路史·国名纪》、清高士奇《春秋地名考略》卷一、《后汉志》等诸多文献多认为故祭城在郑州管城县东北十五里的今祭城村，陈槃[40]、李学勤[41]等先生认为故祭城在今郑州东北，可能取代了管国。但是学术界亦有不同认识，像《春秋释例》就认为“祭城在河南，上有敖仓，周公后所封也”，《一统志》云“（祭）在郑州西北约十五里，敖山东麓”。《中国历史地图集》将《穆天子传》卷五这个“祭”地定位于今郑州市西北郊的于南沟村一带。郑杰祥先生在前提论文中依据《穆天子传》卷五的有关记载，认为古“祭”地位于今郑州市西北郊的于南沟村一带应是比较合乎史实的。

我们认为，至少在春秋战国甚至西周时期《穆天子传》卷五中“祭”的地望，应类多数文献认为的那样，在郑州管城县东北十五里的今祭城村，我们的依据如下。

（1）《穆天子传》卷五所言“丁丑，天子□雨，乃至，祭父自圃郑来谒：留昆归玉百枚”。卫挺生认为“天子□雨”中缺文为“游于洧上”，今王天海认为可能还缺失一“遇”字，清陈蓬衡《穆天子传》认为“乃至”后缺一地名，并认为应为“留昆”，他还认为"留昆，疑即（诗）所云'彼留子国'也，盖距郑圃不远"。另"圃郑"，郭璞注《穆天子传》言："郑有圃田，因云'圃郑'。"又《左传·襄公元年》载："（公元前572年）夏五月，晋韩厥、荀偃帅诸侯之师伐郑，入其郛，败其徒兵于洧上。"显然洧上在新郑国都附近，即今新密市、新郑市附近的今双洎河附近。《水经注》卷二十二载："（洧水）又东，过郑县南，溱水从西北来注之。"北魏郦道元注曰："洧水又东，迳新郑故城中。"

郑杰祥先生所说的郑州西北之"祭"，依据《春秋释例》，"城在河南，上有敖仓"，据《一统志》记载，在"郑州西北约十五里，敖山东麓"，据《中国历史地图集》，这个'祭'地定位于今郑州市西北郊的于南沟村一带。若《穆天子传》卷五所言祭父之国在于南沟村一带的话，则与言其"自圃郑来谒"的圃郑相去甚远，除非祭父当时已出"祭"城，这种可能发生很小，因为据《穆天子传》卷五载，"自圃郑来谒"不久，即"夏庚午"，天子又"饮于洧上，乃遣祭父如圃郑，用□诸侯"，卫挺生在前述论著中认为"用□诸侯"缺文为"联络"等字，拟补"联系"字，檀本补为"合"字，王贻樑在前述论著中认为均不可以，疑所缺非一字，王天海认为据文意应补"告"字，整句意为："穆天子在洧上饮酒，就派祭父前往圃郑，以告知诸侯"，这表明圃郑显然应是非常重要的诸侯所治场所，则其为"祭"国都之所在就非常有可能了。当然，这有一个问题，就是在祭城村早期古城的发掘中还未发现正式的西周时期文化遗存，但是如所述，从考古调查的发现看，祭城村早期古城有早到西周的可能。

（2）祭仲食邑之"祭"，有的认为在郑州祭城村，有的认为在长垣，有的认为在中牟祭亭。

（3）至于《春秋释例》《一统志》所记载"祭"在郑州西北敖山附近，一方面可能是误把"郑州东北十五里"写为"郑州西北十五里"，另一方面可能是：《逸周书·作雒》载"乃囚蔡叔于郭凌"，黄怀信等合撰的《逸周书彙校集注》引潘振及陈逢衡观点，认为其地所在为故虢国，郑杰祥先生认为即在古荥镇以西广武镇南城村一带，即平咷城[42]。由于这一古城或其附近曾作为囚禁蔡叔度之地，又由于"蔡"与祭国之"祭"读音相近，字形易混，有时又被用为通假字，所以文献误把囚禁蔡叔度之地的"祭"或"蔡"当作祭国之"祭"了，从而把祭国之"祭"与敖山、敖仓失误地关联了。

五、相关问题论证

（一）关于"祭国"之"祭"与"蔡"的读音及相关问题

（1）祭字，依据《康熙字典》所载可以作如下论述：《唐韵》《集韵》《韻會》中，此字为"子例切，音霽"。《广韵》《集韵》"侧界切"。《韵会》《正韵》"侧卖切，音债”，周大夫邑名。又作为姓，因周公子祭伯，其后用祭为氏。《尚书·大传》：“祭之言察也。察者，至也，言人事至于神也。”又《孝经·士章疏》：“祭者，际也，人神相接，故曰际也。”

（2）蔡字，依据《康熙字典》所载可以作如下论述：《唐韵》“仓大切”，《集韵》《类篇》“七盖切，音縩”；《说文》“草也”，《玉篇》“草芥也，草际也”；又《论语》“臧文仲居蔡”，《何晏注》“蔡，国君之守龟，出蔡地，因以为名焉。又山名”；《书·禹贡》“蔡蒙旅平”，《疏》“蔡，山名”；又《禹贡》“二百里蔡”，《传》“蔡，法也。法三百里而差”；又国名，《书·蔡仲之命疏》“成王命蔡叔之子践诸侯之位，作蔡仲之命”；又姓，《史记》蔡泽，古作祭，《左传》祭仲、《国语》祭公谋父、《后汉书》祭遵俱作蔡；又《集韵》“七曷切，音攃”，《前汉·李广利传》“昧蔡为宛王”；又“桑割切，音萨，放也”，《左传·昭元年》“周公杀管叔而蔡蔡叔”，《韵会》“本作𢇛，言放之若散米，今作蔡”；又《韵补》“叶子例切，音祭”，《王褒·九怀》“水跃兮余旌，继以兮微蔡。云旗兮电骛，倏忽兮容裔”。

（3）传世本《礼记·缁衣》“叶公之顾命”，不少学者认为，应是“祭公之顾命”，把“祭”隶定为“叶”了，确实甲骨文之“祭”很容易误为“叶”；从汉代郑玄至唐代孔颖达，皆以“叶”为本字，误为叶公子高。宋王钦若等编修的《册府元龟》卷八九八：“叶公，楚县公叶公子高也，临死遗书曰《顾命》。小谋，小臣之谋也。大作，大臣之所为也。”

郭店楚简和上博楚简《缁衣》篇中，与今本《礼记·缁衣》篇中“葉公之顾命”一句的“葉”字相应的字分别写作（郭店·缁衣22）和（上博（一）·缁衣12），李学勤先生将郭店简中的这个字释作“彗”字，与“祭公之顾命”之“祭”通假[43]。但魏宜辉《关于“箭之初文”的补释》一文认为，释作“彗”字不妥[44]。

李家浩等先生将《郭店楚墓竹简》之《缁衣》篇的“祭公”之“祭”释为“晋”[45]，并引杨树达“晋”为“箭”之古文、“箭”从“前”声的观点及高亨先生“前”声之字可与“浅”通用的认识综合认为：郭店楚简“浅”“察”二字所从声旁相同，“察”从“祭”声。于此可见，“晋”可以读为“祭”。沈培先生认为上博简《缁衣》篇中的“”字很可能就是“箭”字，读为“祭”。魏宜辉先生认为：“晋”“箭”的读音其实并不近，古代之所以出现误以之读音相近的情况，原因是：“当为箭”的“”字与真正的“晋”写法非常接近，人们逐渐忽视了二者的区别，在隶定时讹误作“晋”字。而汉代学者对“”这个字用作“箭”的用法仍有认识，故而在古书的注解中指出其与“箭”的关系[46]。

刘信芳在上博藏竹书《柬大王泊旱圣人诸梁考》[47]一文中认为：《礼记·缁衣》“叶公顾命”语又见于《逸周书·祭公》，学者遂认为《礼记·缁衣》“叶”应为“祭”，本文认为《礼记·缁衣》“叶公顾命”与《逸周书》“祭公顾命”各有所本，二者不是必有一误的关系，叶公临终顾命，面对楚国君臣，不自立说，谨引前贤名言表达自己的意思，人臣之礼在焉，楚国君臣将“叶公顾命”引祭公语记在叶公名下，也是合乎情理的。从中可以看出，上博藏竹书《礼记·缁衣》中“叶公”之“叶”应不读为“祭”。

我们认为，综合地看，《礼记·缁衣》之“叶公”之“叶”读为“祭”应是较为有据的。

（4）《春秋左传正义》“冬，十二月，祭伯来”，晋杜预注“祭，侧界反，国名。传祭仲同”。

（5）南朝宋何承天《姓苑》记载，（南朝时）今齐人本姓“祭”，因不祥“訾”。这支“訾”姓成员本属于周王“宗室”“祭伯”之后。

从所论述的材料可以获得有关“祭”作为地名、国名、姓氏时读音的几个新认识：

1）“祭城”“祭公”等中的“祭”一般认为读为“zhai”，郑州当地人读为“zha”，其可与“蔡”通假，这些均有音韵学依据。

2）从《郭店楚墓竹简》之《缁衣》篇的“□公”及上博楚简《缁衣》中的“□公”中“□”字和“□”字的读音看，“祭城”“祭公”等中的“祭”早期至少是在战国某一时段是可以读为“ji”的。

3）从《春秋左传正义》“冬，十二月，祭伯来”晋杜预注其“祭”字读音为“侧界反”，显然，在杜预（公元222年～公元285年）所生活的西晋时期，国名“祭”读音可为“ce”。

4）同样，周王宗室“祭伯”之后，由姓“祭”改为“訾”（音zi），已不仅仅是由于认为“祭”不祥、“訾”吉利的原因，“訾”的读音与“祭”近似亦应是重要原因了。

5）同时我们还应清楚，“祭”与“蔡”虽然读音近似并可以通假，但是“蔡”国与“祭”国在历史上是两个方国[48]。

（二）关于“祭伯”“祭公”的爵称问题

商代已有“伯”等对首领的称呼，至于周代，已有完整的“五等爵”制度，分别为“公、侯、伯、子、男”。依据陈恩林[49]等先生的研究，公最尊，是“天子三公”和“早期圣王之后”，侯、伯、子、男次之。天子所封诸侯的爵号一国只有一种，但是天子允许各级诸侯在国内称公，允许诸侯臣子在安葬其君时称公。这种“公”，已不是爵称，而是尊称。侯主要封在畿外，是王室的藩屏，侯伯为诸侯之长，地位相当于公。不论侯、伯、子、男，一旦担任天子三公或王朝卿士，就可以称公，但是这种公称只限于一生一世，其子孙则恢复本爵之称。子、男是华夏小国和夷狄之君的爵称，但是诸侯在服丧时也称子。

再看看祭国国君的称呼，有时称为“公”，有时称为“伯”，依据陈恩林[50]等先生的观点，可以认为：称呼为“伯”者，若《左传·隐公元年》杜预所注，此祭国君为伯，是爵称，孔广森在《公羊通义》中提出“祭伯”之“伯”为行次的说法是错误的；称呼为“公”者，是由于祭国君在周昭王、周穆王之世时，曾经为王室卿事，位及天子三公。杨伯峻在注《左传·桓公八年》“祭公来，遂道王后于纪”时早有类似看法，他说“隐公元年有祭伯，疑即此人。此称祭公，或此时为天子三公”。

（三）关于祭城村早期古城与食邑的问题

食邑制度是中国古代王或诸侯封赐所属卿、大夫等作为世禄的田邑（包括土地上的劳动者在内），又称采邑、采地、封地。因古代中国之卿、大夫世代以采邑为食禄，故称为食邑。周时分封食邑制度出现，早在文王时期，据《郑康成诗谱》载“文王受命，作邑于丰，乃分岐邦周、召之地，为周公旦、召公奭之采地”。类似制度在商朝灭亡周朝建立后盛行。分封以宗法制度为依据，大小按封爵等级而定。卿、大夫等在食邑内逐渐享有统治权利并对诸侯承担义务。食邑原为世袭。战国时食邑主相互兼并，世袭制度废弛。战国时期享受食邑的范围相当宽。除了封君、封侯、将相之外，立有一定功绩，达到一定职位，或因某种特殊关系而享有食邑者很多。秦汉推行郡县制，承受封爵者在其封邑内渐无统治权利，食禄已改为以征敛封邑内民户赋税拨充，其数量按民产计算，与周代按田邑大小区分者不同。食邑随爵位黜升而损益，亦得世袭。

徐中舒在《井田制度探源》[51]一文中认为，王及诸侯境内土为君土，民为君臣，其可以为卿大夫食邑者，唯采地而已。

邹春先生在其2005年硕士学位论文《春秋战国之际家——国政权体系的演变》[52]一文中认为早期食邑制度，“以王及采邑主的终身为时限”。徐工亮先生在《等级占有制与中国古代社会的封建化》[53]一文中认为，采邑制度出现不久，一部分有采邑的王室之卿，逐渐世代保有食邑，并且不断增加，周王逐渐失去对这些采邑实际的收回权利，这些王朝卿士逐渐成为畿内诸侯，其采邑相应地逐渐成为畿内之国。

朱右曾《逸周书集训校释》云：“祭公食邑在河南管城，今郑州地”[54]，显然他认为穆王时祭公谋父的国都、食邑在今郑州东北，即为今发现的祭城村的早期古城。

《史记·周本纪》之《正义》引《括地志》云：“故祭城在郑州管城县东北十五里，郑大夫祭仲邑也”，若这一文献记载为真，则表明至少在郑庄公元年（公元前743年）至公元前682年（祭仲病逝）的郑庄公、郑厉公、郑子亹、郑子婴历史时期，祭城村的早期古城曾作为郑国权臣祭仲的食邑。

又中华博物编辑的《中国古代地名大词典》认为，祭之初封，畿外之国也，穆王時有祭公谋父，今有祭伯，世仕王朝，盖本封绝灭，食采于王畿也。《路史》“周圻内管城东北有古祭城”，“故祭城在管城县东北十五里，郑大夫祭仲邑也”，《路史》以管城之祭为祭仲采地，或疑郑并祭以封祭仲。

关于这一问题我们参照《公羊·桓公八年》（公元前704年）所载“祭公朿，逆王后于纪”及《公羊·庄公二十三年》（公元前671年）“祭叔来聘”等记载，可知郑安得取祭以封仲？盖郑国自有祭邑也。

《春秋·桓公十一年》宋人执郑祭仲，《左传》“祭封人仲足”。春秋郑祭仲邑，即今河南中牟县之祭亭，《春秋地理考实》言，中牟，郑地，祭仲之邑当在此。

《后汉书·郡国志》长垣有祭城，春秋时卫地，在今河北省长垣县东北，《杜预左传注》："'祭，郑地，陈留长垣县东北有祭城'，按长垣去郑远，卫之匡蒲宛濮，皆在鞭县，地当属卫，郑何能有其地，杜预以此为郑祭封人邑，非。"

由所论述，结合祭仲的死亡时间（《史记·郑世家》记载，为郑子仪十二年，即鲁庄公十二年，亦即公元前682年），并参照祭城村早期古城的规模及存废时间，我们可以初步认为，祭城的具体主人祭公谋父，是周王朝的卿士，实际上在祭国未灭时，祭国国主无论是爵位至于"公"还是"伯"，都是祭国的实际主人，又据《左传》"祭仲为祭封人"，《周礼·地官·封人》"封人掌设王之社壝，为畿封而树之"，郑玄"畿上有封，若今时界也。天子封人职典封疆，则知诸侯封人亦然也"，即是说其为地官司徒的属官，掌守帝王、诸侯伯的社坛、京畿、封地势力范围的疆界，所以其为封人，当无食邑。即使有特殊情况，则其时祭仲的食邑有可能就在中牟祭亭附近或其他非祭城村地区。若已在郑国任职的祭仲曾有以祭为其食邑，并在祭仲活着及以后有其他祭公、祭叔的情况，显然是郑、祭之国的某种"国家"或食邑的特殊制度安排。

（四）关于"祭国"的存续问题

一般学者认为甲骨文所载"祭"方，在周灭商的战争中已被消灭。至于郑州东北祭城村最初之名为"祭"，学者认为不排除有可能是由于商代"祭"方在被灭后所迁徙到此地之原因。那么出现于此地封给周公第五子的"祭"国是什么时候出现的呢？

（1）《左传·僖公二十四年》载："昔周公吊二叔之不成，故封建亲戚以蕃屏周。管、蔡、郕、霍、鲁、叭乇、聃、郜、雍、曹、滕、毕、原、酆、郇，文之昭也；邢、晋、应、韩，武之穆也；凡、蒋、邢、茅、胙、祭，周公之胤也。"童书业先生由此认为，周公'受命'称王凡七年，其大封之事当在此七年中也。《荀子·儒效》有相关记载，其云："（周公）兼制天下立七十一国，姬姓独居五十三人。"

（2）依据《汉书·王莽传》："成王广封周公庶子六人，皆有茅土"之记载，则凡、蒋、邢、茅、胙、祭六国受封应在成王亲政之后。

（3）齐思和先生亦认为祭等六国之封或在周公之后[55]。

（4）李学勤、唐云明先生依据《邢侯簋》铭认为，邢国之受封时间为周公去世之后，则祭之封亦应在周公之后[56]。

（5）陈隆文先生亦依据《邢侯簋》铭等文献认为，祭国受封之时应当在成王亲政、周公亡命之时[57]。

（6）据《左传·僖公二十四年》孔颖达《疏》云"凡、蒋、邢、茅、胙、祭，周公之胤也。岂周公自封哉？固当成王即位之后，或至康王之时，始封之耳"，此说认为祭之封在成王至于康王时期。

综合看来，祭之封在周公之后成王之时较为可信。

那么祭国又是何时被灭的呢？马世之先生从庄公具有“天下之险”之心的情况猜测可能在春秋初年被郑所灭[58]。同时我们可能会以为，既然祭食邑的主人祭仲已在郑国任职，则其时的祭国应该是已被灭亡了，又祭仲在郑供职的最早的记载是郑庄公元年，即公元前743年，则祭国之灭亡时间至少应可能在这一年之前。

但是，依据《春秋左传正义》“冬，十二月，祭伯来”、《公羊·桓公八年》“祭公来，逆王后于纪”及庄公二十三年（公元前671年）“祭叔来聘”等内容，则此时祭仍然存在，其为畿内之国，其主为王卿士，仍有封爵。又若废弃于战国时期的郑州祭城村早期古城为祭国之城的话，则祭之灭亡时间会更晚一些。

总体上我们认为，祭作为一个伯爵之国，其灭亡较晚，盖在战国中晚期，其后关于其的总体记载较为缺乏，只有从姓氏角度略陈。中国古代有以国或邑为氏的特点，《中国古今姓氏大辞典》曰：“封之公族，遂亦以邑为氏。”祭国国君后人，多以国、邑为氏。《广韵》记载：“祭，姓。周公第五子祭伯，其后以为氏。”记载姓氏的最早典籍成书于战国晚期的《世本·氏姓篇》载：“祭氏，周公第五子祭伯，其后以为氏。”《通志·二七·以邑为氏》记载：“祭氏，姬姓，周公第七子所封。其地今郑州管城东北祭城是也。周畿内之邑，故祭氏世为卿士。子孙以邑为氏。”《古今姓氏书辨证》记载：“祭氏，姬姓。周公子祭伯，为畿内诸侯，后以国为氏。”《通志·氏族略》云：“郑有祭邑。祭仲足其后也。”又南朝宋何承天《姓苑》记载，（南朝时）今齐人本姓“祭”，因不详改为“訾”（zi）。这支“訾”姓成员本属于周王“宗室”“祭伯”之后，开始是“以国为氏”而名“祭氏”，随着姓氏逐渐不加严格区别以后，又姓“祭”。

（五）“祭国”之城的发现对郑州相关古城地望判断的意义

我们从《逸周书·作雒》《汉书·地理志》《帝王世纪》等文献知道，武王灭商不久，分商王畿设置兄弟等负责监督商民、商贵族，名为“三监”，其中把自己的昆弟叔鲜和叔度分封至管地和蔡地。

《史记·周本纪》之《正义》引《括地志》云：“郑州管城县外城，古管国也。周武王弟叔鲜所封。”程平山、周军二位先生根据《左传》宣公十二年晋、楚邲之战，认为应在今郑州西北[59]。陈隆文依据江永《春秋地理考实》及《汇纂》“隋置县，明初省，今故城在郑州北二里”等记载认为，郑州市战国时的城址就是战国时期的管邑，西周、春秋的管邑也应离此不远。商周时期的管邑也可能在郑州市北部，柳林镇以南一带，也就是说在今郑州市管城区以北，当为西周、春秋时的邑[60]。

蔡叔的封地，有的认为即“上蔡”，有的引用《括地志》“故祭城在郑州管城县东北十五里，郑大夫蔡仲邑也”、《后汉书·郡国志》“中牟有蔡亭、蔡与祭通，今开封府郑州东北十二里”之记载认为在今郑州东北，并认为祭城即蔡城[61]。也有认为始封地在郑州西北[62]，还有的认为在今长垣县。

现在我们已确定了祭城的位置，相对来说，这有助于确定其他城址的地望，特别是管城的地望。综合《路史》载“周圻之内管城东北有古祭城”等文献来看，陈隆文的认识较为可信。当然这一区域很少见商末周初的文化遗址，这可能与封国迅速灭亡有关，或还与地理形势有联系。在郑州柳林镇以南和管城区以北地域的西部，西周遗址渐渐多起来，可能与地理地势亦有一定联系。同时，可以说若祭城村古城为祭城，则“祭城即蔡城”的观点显然就不能成立了。

注　释

[1]　中国社会科学院历史研究所：《甲骨文合集》，中华书局，1978年。
[2]　许进雄：《怀特氏等收藏甲骨文集》，加拿大皇家安大略博物馆，1979年。
[3]　中国社会科学院历史研究所：《甲骨文合集》，中华书局，1978年。
[4]　（汉）司马迁：《史记》，中华书局，1982年。
[5]　（南朝宋）裴骃：《史记集解》，台湾商务印书馆，1986年。
[6]　（唐）张守节：《史记正义》，台湾商务印书馆，1986年。
[7]　（晋）皇甫谧撰，陆吉点校：《帝王世纪》，齐鲁书社，2010年。
[8]　杨伯峻：《春秋左传注》，中华书局，1981年。
[9]　（清）高士奇：《春秋地名考略》，清朗润堂刻本。
[10]　孔晁注：《逸周书》，商务印书馆，1937年。
[11]　佚名撰，袁宏点校：《逸周书》，齐鲁书社，2010年。
[12][54]　（清）朱右曾：《逸周书集训校释》，商务印书馆，1937年。
[13]　谢承仁主编：《杨守敬集·水经注疏》，湖北人民出版社、湖北教育出版社，1997年。
[14]　郭璞注：《穆天子传》，岳麓书社，1992年。
[15]　王贻梁、陈建敏：《穆天子传汇校集释》，华东师范大学出版社，1994年。
[16][40]　陈槃：《春秋大事表列国爵姓及存灭表撰异》，上海古籍出版社，2009年。
[17]　王国维撰，黄永年校点：《今本竹书纪年疏证》，辽宁教育出版社，1997年。
[18]　（清）穆彰阿等纂：《嘉庆重修一统志》，中华书局，1986年。
[19]　（唐）李吉甫撰，贺次君点校：《元和郡县图志》，中华书局，1983年。
[20]　谭其骧：《中国历史地图集》，中国地图出版社，1996年。
[21]　郑杰祥：《新蔡的由来及其在蔡国历史上的地位》，《黄河科技大学学报》2010年第4期。
[22]　（战国）吕不韦、（汉）高诱注，（清）毕沅校：《吕氏春秋》，上海古籍出版社，2014年。
[23]　（汉）班固著，（唐）颜师古注：《汉书》，中华书局，2013年。
[24]　（三国吴）韦昭注：《国语》，上海古籍出舨社，2008年。
[25][29]　（南宋）罗泌撰，乔可传校：《路史》，宋本重校，清敦化堂藏板。
[26]　（汉）宋衷注，（清）茆泮林辑：《世本》，商务印书馆，1937年。
[27]　计硕民选注：《春秋公羊传》，商务印书馆，1931年。

［28］ 顾馨、徐明校点：《春秋谷梁传》，辽宁教育出版社，1997年。
［30］ （清）朱右曾辑：《古本竹书纪年辑校 今本竹书纪年疏证》，辽宁教育出版社，1997年。
［31］ 武汉大学中国文化研究院：《郭店楚简国际学术研讨会论文集》，湖北人民出版社，2000年。
［32］ 马承源主编：《上海博物馆藏战国楚竹书》，上海古籍出版社，2001年。
［33］ 李学勤主编：《清华大学藏战国竹简》，中西书局，2011年。
［34］ 胡厚宣：《卜辞中所见之殷代农业》，《甲骨学商史论丛初集》（外一种），河北教育出版社，2002年。
［35］ 陈梦家：《殷虚卜辞综述》，中华书局，1988年。
［36］ 〔日〕岛邦男著，温天河，李寿林译：《殷墟卜辞研究》，台北鼎文书局，1975年；钟柏生：《殷商卜辞地理论丛》，台北艺文印书馆，1989年。
［37］ 孙亚冰：《殷墟甲骨文中所见方国研究》，中国社会科学院硕士学位论文，2001年。
［38］［39］ 王天海：《穆天子传全译·燕丹子全译》，贵州人民出版社，1997年。
［41］ 李学勤：《释郭店简祭公之顾命》，《文物》1998年第7期；李学勤：《祭公谋父及其德论》，《齐鲁学刊》1988年第3期。
［42］ 郑杰祥：《商代地理概论》，中州古籍出版社，1994年。
［43］ 李学勤：《释郭店简祭公之顾命》，《文物》1998年第7期。
［44］［46］ 魏宜辉：《关于“箭之初文”的补释》，复旦大学出土文献与古文字研究中心网站，2007年12月18日。
［45］ 李家浩：《楚大府镐铭文新释》，《语言学论丛》（第二十二辑），商务印书馆，1999年。
［47］ 刘信芳：《“柬大王泊旱”圣人诸梁考》，《中国史研究》2007年第4期。
［48］ 有学者认为蔡国与祭国有密切关联。
［49］［50］ 陈恩林：《先秦两汉文献中所见周代诸侯五等》，《历史研究》1994年第6期。
［51］ 徐中舒：《历史论文选集》，中华书局，1998年。
［52］ 邹春：《春秋战国之际家——国政权体系的演变》，四川大学硕士学位论文，2005年。
［53］ 徐工亮：《等级占有制与中国古代社会的封建化》，《中国古代史论丛》（第八辑），福建人民出版社，1983年。
［55］ 齐思和：《中国史探研》，中华书局，1981年。
［56］ 李学勤、唐云明：《元氏铜器与西周的邢国》，《考古》1978年第1期。
［57］ 陈隆文：《蒋国历史地理考辨》，《郑州大学学报》（哲学社会科学版）2007年第3期。
［58］ 马世之：《中原古国历史与文化》，大象出版社，1998年。
［59］［62］ 程平山、周军：《商周管邑地望考略》，《中原文物》2000年第4期。
［60］ 陈隆文：《蒋国历史地理考辨》，《郑州大学学报》（哲学社会科学版）2007年第3期。
［61］ 陈昌远：《有关古蔡国的几个历史地理问题》，《中国历史地理论丛》1998年第3期。

（原载《华夏考古》2015年第3期）

论新郑望京楼商城东一城门

2010年9月，郑州市文物考古研究院在“郑州市南出口暨郑新快速通道”工程考古工作中，于河南新郑市西北12千米望京楼遗址发现了三重城墙及城壕（图一）。其中的第一重城墙被确认为建于二里冈下层、废弃于白家庄期，属于典型的商文化城址。该重城城址平面为近方形，方向为北偏东15°。城址东、南、北三面确认有护城河，城址面积约为37万平方米。2011年6月9日，该城址入选“2010年度全国十大考古新发现”。

一、城门材料及特征

关于此城门的材料，相关报道已有所描述[1]，这里我们依据所述材料并从复原的视角在此略加述介。在该重城城址东墙偏南，距南城墙约190米处，发现城门一座（图二）。整座城门占地面积将近2000平方米，平面为“凹”字形。城门墙体及两侧城墙中部以深褐色黏土平夯墙心，两侧城墙墙心外为宽约8米的夯土，墙心内为宽约2.6米的夯土，应包括一部分城墙主体和护坡。门墙内为黄褐花土平夯，宽约6米、长15米，门墙外夯土情况与两侧城墙内夯土类似。另，较为特别的是，城门墙心在外部两个转角处又东出3米左右，周围亦有夯土。发现道路一条，沿城门呈东西走向，路面略低，并有路础，道路在城门内宽约4米、城外部分宽约6米。在城门墙外前方有两个料姜石基础，在基础的西北北侧亦发现有厚约0.3米料姜石基础。城门与外界有一窄路相连，其他部分被护城河隔断，经过勘探确认，护城河宽约6米[2]。

二、城门的初步复原

此城门一经发现，所有知悉的学者都认为其形制特殊，对于解决中国城市发展史中的有关问题，具有极其重要的学术价值。不少学者还对其复原方案提出过自己的看法。在2011年1月4～5日于新郑举行的望京楼古城址考古发现专家论证会上，北京大学的孙华教授就曾画出过简易复原示意图。以下，我们亦就有关素材对其复原问题做一论证。坦率地说，对于西周以前早期城门的复原，学术界一般只复原其基础，至于其上端造型及其附属建筑造型，由于材料及文献的缺乏，一般是无法复原的，同时复原尚应有更多的考古工作，所以本文有关的复原虽然希望有所新获，但是总的来说，亦只是初步的和概念性的（图三）。

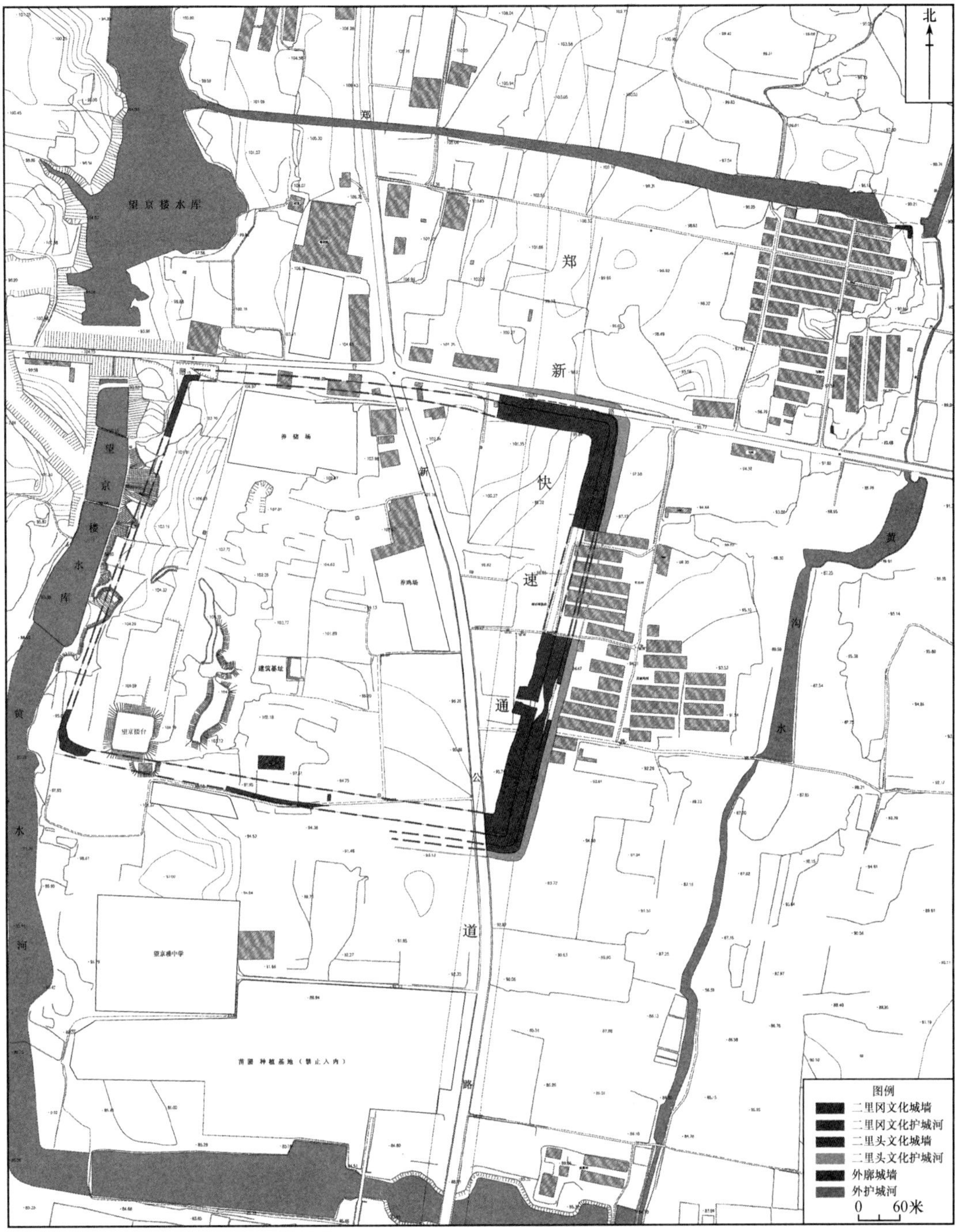

图一 望京楼城址平面图

第一，城门墙心（城门两侧城墙主体，下同）内侧除明显路土以外的夯土，从平面及部分剖面看，其有可能像城墙墙心外侧的夯土一样，梯形上升，属于城墙的一部分。

若是这样，则学界可能会出现这样的疑问：城门墙心在外部两个转角处又东出3米左

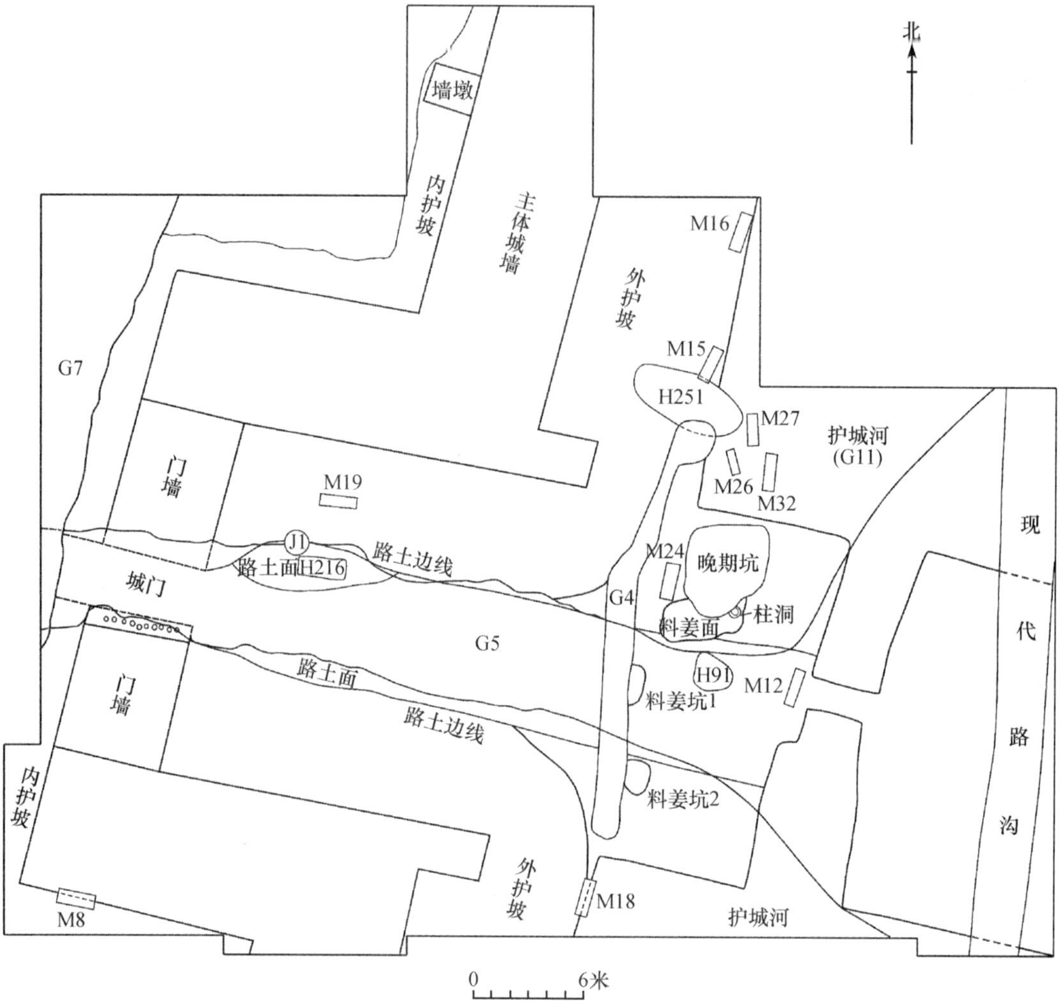

图二　望京楼商城东一城门平面图

右又作何用？的确，这样一来，由于城门墙心周围的非路土之夯土都全部梯形上升成为城墙的一部分的话，城门墙心在外部两个转角处又东出 3 米左右与墙心在外部两个转角处不东出3米直接在此夯筑门墙两类情况，对于整个城门的形制而言基本没有明显不同，这样一来，城门墙心在外部两个转角处又东出3米左右可能只是筑城者为了增强城门拐角夯土的牢固度和稳固性。不过这样一来，整个城门的路旁就没有空间了，但是从考古发现看，这些与保存较好的路土基本处于同一平面的夯土确实未见有路土迹象，并且显然不是破坏造成的。城门若这样设置的话，虽然整个城门内的路旁就没有空间了，但是仍然体现和具备了筑城者加强城门防守的理念和功能。

第二，城门墙心内侧除明显路土以外的夯土，若其有一部分是城门内路旁的夯土面，只是由于少有人走造成不易于发现有路土迹象的话，那么墙心内侧的这部分夯土若剔除部分不明显的路土外，则其他部分沿墙心夯筑，梯形上升，成为城墙的一部分。若

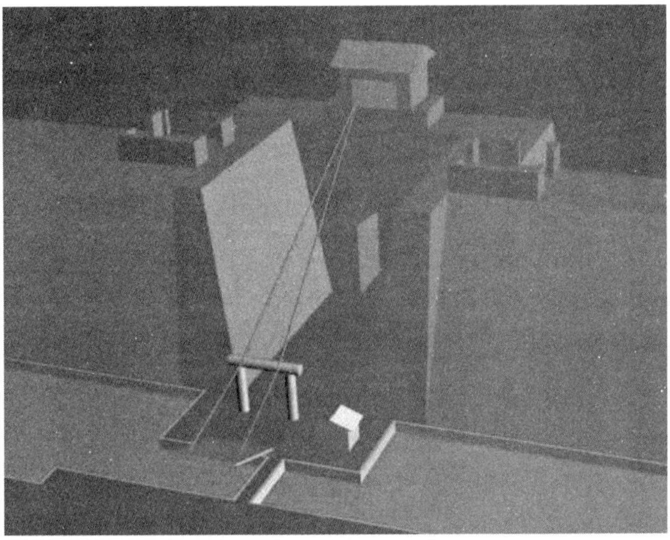

1

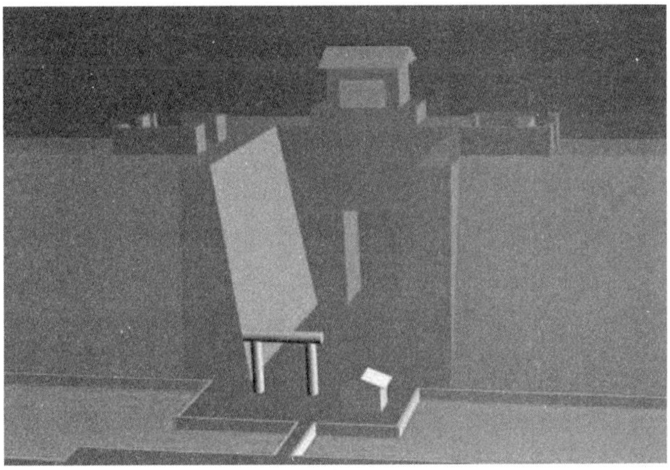

2

图三　望京楼城址东一城门复原设想图

是这样，则不管城门墙心在外部两个转角处又东出3米左右墙心的东面为何类夯筑情况，则整个城门内的路旁就有空间了，但是这一复原认识缺乏考古学依据。

第三，城门墙心在外部两个转角处又东出3米左右，还有可能是筑城者从防守的理念和功能方面希望在此增加的城门翼墙。

第四，对于城门墙心在外部两个转角处又东出3米左右的情况，有学者认为可能与“阙”有关[3]。

关于阙，完备者一般有台基、阙身、屋顶三部分。现在学术界一般认为：其开始出现于西周[4]，其实质是在城市、宫殿、庙宇等建筑的大门之外所建的两个对称的台子，台上建楼观。因其两台子之间阙然为道，所以称为阙[5]，又因为在阙楼上可以观望，所以又称之为观[6]，又因可在阙上悬挂法典，所以又称之为象魏，等等[7]。又据文献和考古发现，不少学者认为阙在早期是在城市、宫殿、庙宇大门之外，与门和墙没有直接联系，到秦或汉以后才出现与门连在一起的阙。于此问题笔者看法如下：

（1）虽然从《周礼·天官·太宰》“乃悬治象之法于象魏”等文献记载看，“阙”出现于西周时期。但是根据“阙”的“观看、守卫甚或祭祀、礼仪”等本来的功能来看，其起源应更早，这在考古学材料和民族学材料中有不少依据。高庙文化是湖南等地的一支早期新石器文化（距今7800～6800年），该遗址以一种刻印白陶为特征器物。1991年，该遗址出土了一件精美的白陶罐，其上有一画[8]（图四）。林河先生认为，画面中间是长有双羽翅的獠牙兽面，其两侧各竖有一个由两立柱构成的“梯阙”，他还认为此“梯阙”共有四级，有环梯盘旋而上达于阙顶，并从考古发掘的距今约7000多年前的大型祭祀场所中发现有实物证据[9]。我们认为林先生的有关“阙”的认识是较为可信的，除所述论据外，我们在湖北石首走马岭的屈家岭文化古城发现过城门外侧有对称的土台[10]，在藤花落龙山文化古城内城门附近发现有望塔之类的建筑[11]，在湖北商代盘龙城发现城门外侧发现有方形的可能为建筑基础的石块[12]。

图四　高庙文化白陶罐刻图

（2）同时从林河先生在大型祭祀场所中发现的“阕”之证据及被称为“教堂”的高庙文化白陶图案（图五）[13]可以看到，其时的阙类建筑应是单独的，尚无与门墙或“门”“门塾”连体的。这似乎可以说明考古发现的屈家岭文化和商时期的“阙”类与门墙不相连接的历史传统因素，不过这些早期宫殿等建筑之门的与建筑基础有关的规划形式，为连墙“阙”的出现并非刻意地准备了技术规则和文化基础。

图五　高庙文化白陶图案

有学者依据甲骨文中已出现“阙”字或相关考古发现，从而认为商代已出现了“阙”类建筑[14]，不过我们认为，这类“阙”，亦应是石础、木塔类或亭类的单独“阙”，出现连墙的情况现在尚没有证据。像宫殿建筑旁单独的“阙”或“观”在商代晚期的考古中已有所发现，但是目前看，其与宫殿的墙就不连接，无论是石璋如先生（图六）[15]还是杜金鹏先生（图七）[16]有关殷墟乙十一等基址的复原方案，均是这样。另从石璋如先生的复原方案中看，似乎有东西亭阙，但是即使其是对的，此两亭阙亦是独立的，何况依据杜金鹏先生新的更确切的复原方案[17]，乙二十、乙十九、乙十八是另外一个四合院的建筑遗存，乙二十为主殿，乙十八为西庑，乙十九则是耳庑。

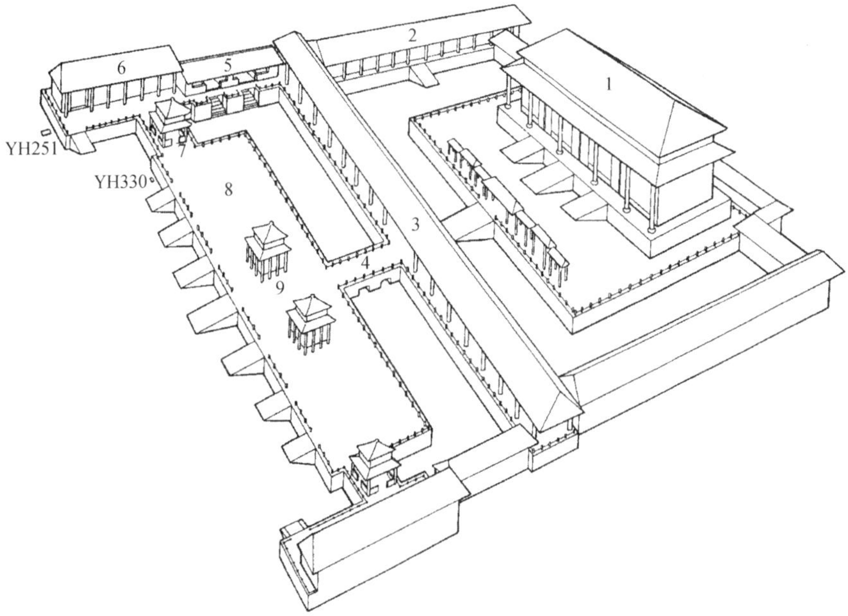

图六　石璋如殷墟乙十一组宫殿复原图

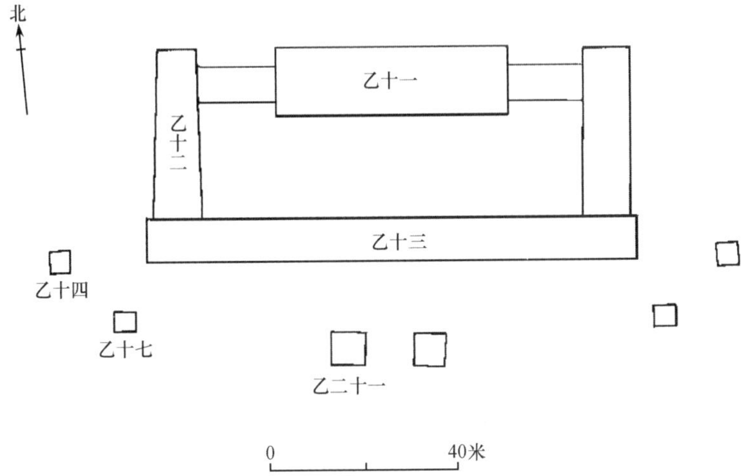

图七　杜金鹏殷墟乙十一组宫殿建筑平面布局复原图

望京楼商城东一城门墙心在外部两个转角处又东出的3米，若与“阙”有关的话，则这一连墙阙属于目前发现的最早一例，但是若是亭式“阙”的话，则附近地区的夯土等考古迹象现在看并不支持这一看法。另，在新石器时代至商周时期，建筑基础为“凹”字形或含有“凹”字形的考古材料很多。又，新石器时代出现的可能是夯土基础、石础的“阙”或木塔类的独“阙”，其主要功能之一是瞭望类的，并且从考古发现看，这样的早期建筑可能是没有城楼的，所以出现了有瞭望功能城楼的主要与军事有关的古城楼之城门，是可以没有这类还可以标示尊贵和礼仪意义的建筑的，特别是这些早期的“阙”都不是连墙“阙”。至于考古学发现的至少从秦开始出现的这类连墙“阙”，则可能是早期有夯土基础、石础的“阙”或木塔类的独“阙”文化的新传承和转型，商周时期考古中发现这么多夏商周的城及宫殿，连墙的城阙或宫殿阙并没有确切找到。

这样看来，望京楼商城东一城门墙心在外部两个转角处又东出 3 米左右的情况与“阙”有关的可能性较小，更可能是具有重要城防价值的“翼墙”。不过，由于墙端已不存，不知原建筑端是否有有盖或无盖的“堠橹”类建筑，所以即使原建筑确为翼墙类，亦无法绝对排除其同时可视为连墙城阙的可能性，但从阙的发展史看，可能性很小。

第五，在城门墙外前方的两个料姜石基础，我认为可能是两个有附属物支撑的立柱的基础，两立柱上应有衡，这两个立柱加衡可能既属于吊桥设备，又与“郭门”有关[18]，由其引绳于城门楼。有人认为立柱位于城门之路无法解释，在我以为这有可能与晚期瓮城城门与主城城门不一致这一瓮城最为主要的特征之一有关。另在两个料姜石基础的西北北侧亦发现有厚约0.3米料姜石基础，应与城门旁的建筑有关，类似于门卫房。

第六，闺门在古代意义较多，但是于城而言，主要意义为城之小门。《墨子·备城门》“大城丈五为闺门”，孙诒让《墨子间诂》曰：“依上文，则大城高三丈五尺，门之高当不下二三丈。此闺门乃别出小门，故止高丈五。”《公羊传·宣公六年》“有人

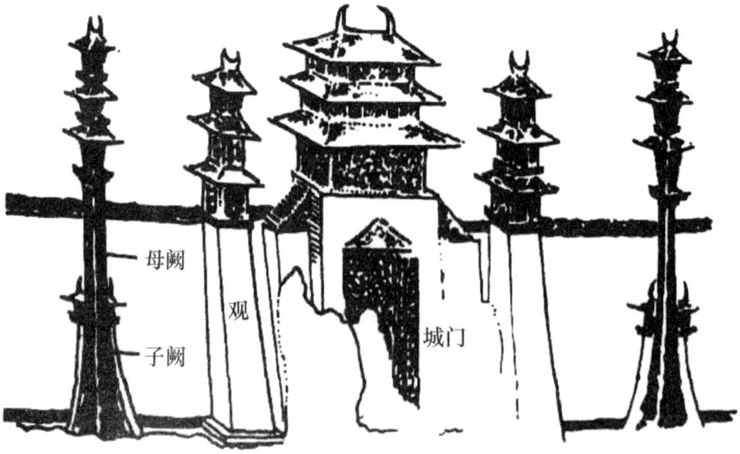

图八　天水麦积山西魏第127窟壁画中的城阙图及二出城阙局部

荷畚，自闺而出者”，何休注：“宫中之门谓之闱，其小者谓之闺。”在望京楼商城东一城门墙前方的两个料姜石基础若确实是上有衡的两个立柱构成的与吊桥设备和瓮城设施类“郭门”[19]有关的话，则判断其为望京楼商城之“闺门”就会与《墨子·备城门》有关“闺门”“郭门”的记载较为相符。

又《说文》云：“闺，特立之户也。上圆下方，有似圭。”日本学者田中淡亦认为此“闺门”非为城之主门，并从麦积山佛教绘画材料（图八）[20]认为其为圭形[21]，秦彦士认同此论，并认为唐、宋时期已演变为梯形圭似门[22]，当然这时亦出现了上圆下方的圭形门[23]。我们认为，“闺门”确实应为类似圭形，不过依据汉画材料及相关考古学材料，圭形门既可能为一般所述的“圭”形，亦有可能为长方形类的“圭”形，因为从考古学材料看，古代的圭本来就有近似长方形的[24]，汉代有圭形（图九）[25]或近圭状磬形（图一〇）[26]的“天门”，有时亦被描绘为长方形[27]（图一一）。

图九 四川巫山东汉墓出土铜牌图像摹本

第七，城门附近的城墙，其内外坡度可以参照望京楼商城东南角的考古发掘情况，同时亦可以参照其他同时期古城的城墙，像郑州商城东墙的情况测算。

图一〇 马王堆一号汉墓出土的缯画

第八，关于城门附近的城墙的较为完整形式，在望京楼商城已无法找到。不过从望京楼商城北墙的解剖情况看，其建筑结构与郑州商城东墙CET7（图一二）[28]南壁结构一致，由此判断，望京楼商城城墙的剖面结构至少有的地方与其有可能类似。若如是，则城门附近的城墙的较为完整形式可能为：墙心两侧的夯土梯形上升一段，城墙余段以墙心为主，并梯形上升。

图一一　四川简阳鬼头山墓3号石棺画像

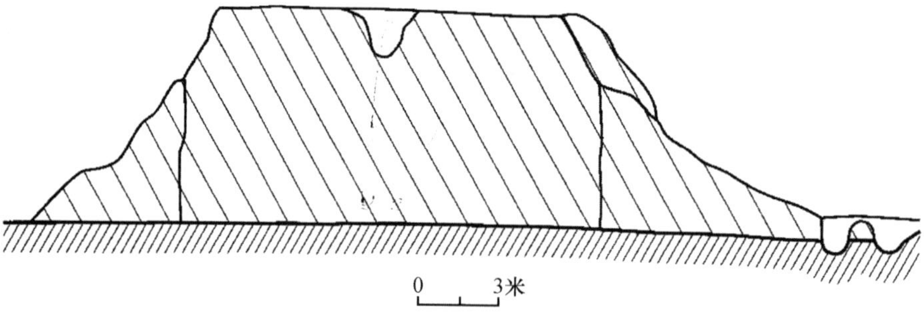

图一二　郑州商城CET7南壁结构示意图

第九，城门之上应有基本的附属建筑，我们认为可能有一简单城楼。因为城门若只是像一般宫殿门一样，为平地起建的房屋类建筑，则夯土上应有相关基础[29]。关于此城楼的形制，我们参照商代甲骨[30]、金文[31]中的有关“墉”字的造型或青铜器上的“墉”字形“族徽”，并参照二里头文化及商文化宫殿门屋及宫殿建筑的复原[32]，予以简单复原为单层建筑（图二、图三）。

第十，《墨子·备城门》云：“城上百步一楼”，又载“三十步置坐候楼，楼出朴谍四尺”，《守拒法》又说有“堠橹”，《太白阴经》说有“堠楼”，《一切经音义》引《释名》：“橹者，露也，谓城上守御露，上无覆屋。”田中淡据此认为橹类就应是只有四壁而没有屋顶，并认为是约略袭自《武经总要》的《武备志》“城制图”（图一三）之瓮城左右两旁的马面上所设的无盖方形小屋[33]。望京楼商城东一城门墙心在外部两个转角处又东出3米左右，既可能作为翼墙，同时又可以认为具有《武备志》“城制图”马面的某些特征，所以我们在其附近墙上象征性地设置了两个类似“堠橹”的建筑，以之示意城门之墙上还可能有除城楼之外的可作为观远等军事之用的附属建筑（图二、图三）。另承所述，“堠橹”式建筑若位于门墙心在外部两个转角处又东出3米左右的墙端，则理论上可以综合称为城阙。

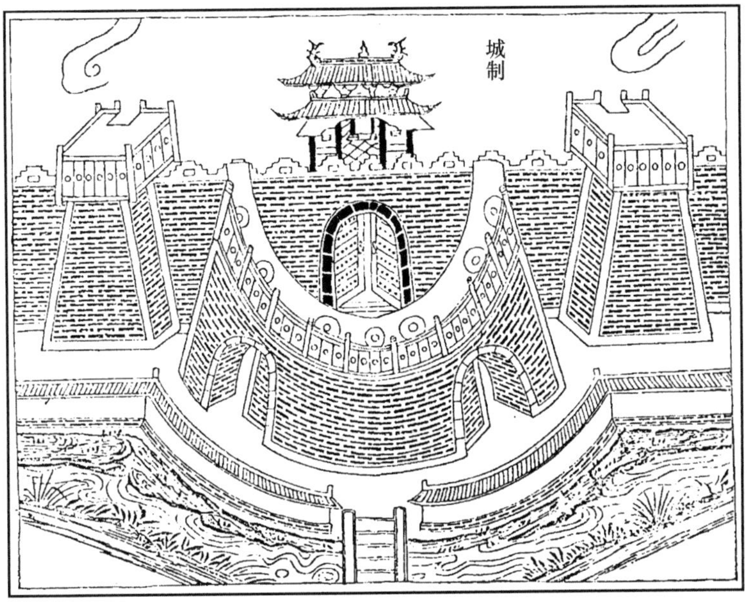

图一三 《武经总要·守城》城制图

第十一，至于在望京楼商城东一城门发现的石础等现象，应与偃师商城X2城门及偃师商城2008年新发现的一座城门类同。从偃师商城X2城门南夯土墙木柱、石础埋藏情况看，基本为暗柱、暗础。从性质及功能方面看，暗柱应与《营造法式》卷十九《城门道功限》所载的“排杈木”等有关，暗础在客观上具有“石地栿”的特征和功能。由此判断，望京楼商城东一城门应有“洪门袱”，其整个构成还可参照梁思成摹宋代萧照《中兴瑞应图》—《清明上河图》城门理解（图一四）。至于“排杈木”，即为梁思成在《营造法式》卷十九《城门道功限》注释中所言的“排杈柱”。不过需要提及的是，从《三朝北盟会编》卷一三九“至女墙头上必为排杈木”及《永乐大典（残卷）》卷八三三〇之《武经总要》“一羊马墙内，须均量地步远近，安排叉木，作排叉门”等记载看，“排杈木”不仅用于城门，功能亦有多种。限于望京楼商城东一、东二城门有关石础的考古工作，本文暂不作复原。

图一四 梁思成摹宋代萧照《中兴瑞应图》—《清明上河图》城门

三、城门形制演化

望京楼商城东一城门形制已如所述，平面为“凹”字形并可能有翼墙，或还有“郭门”。与之有某些类似、具有军事防御及所谓晚期瓮城某方面特征的情况较早出现于秦安大地湾四期F901宫殿主房门（图一五）[34]、郑州西山仰韶文化晚期古城东北城门（图一六）[35]，稍晚在古城寨宫殿西北门、西南门（图一七）[36]、准格尔旗寨子塔古城西北门（图一八）[37]、陶寺遗址龙山文化中期大城东南门（图一九）[38]，再晚在偃师商城的西城门[39]、东一城门（图二〇）[40]、垣曲商城西门（图二一）[41]、临淄小城东门[42]、郑韩故城隔墙北门[43]等均有出现。随着城阙、瓮城文化逐步完备及城市防守功能的增加，具备或与这一形制有类似或历史关联的城门逐步增多，像晚期众多的羊拐城、曲城等等。

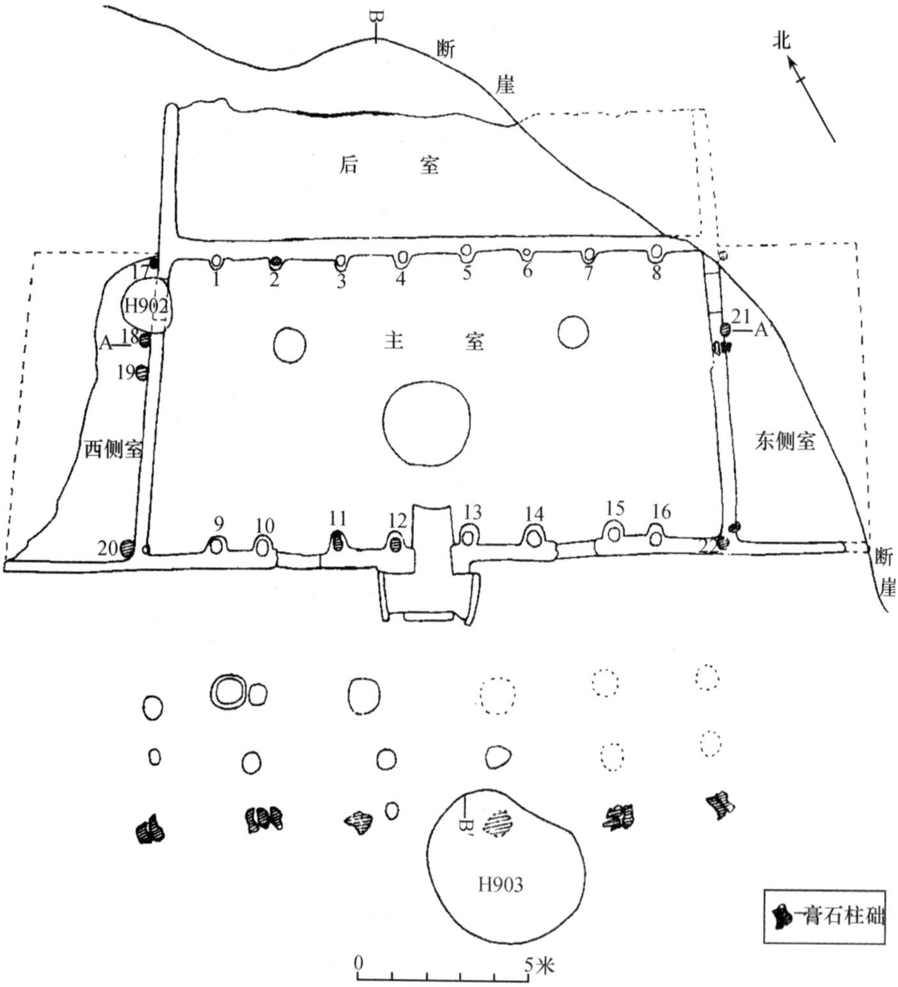

图一五　秦安大地湾四期F901宫殿主房门

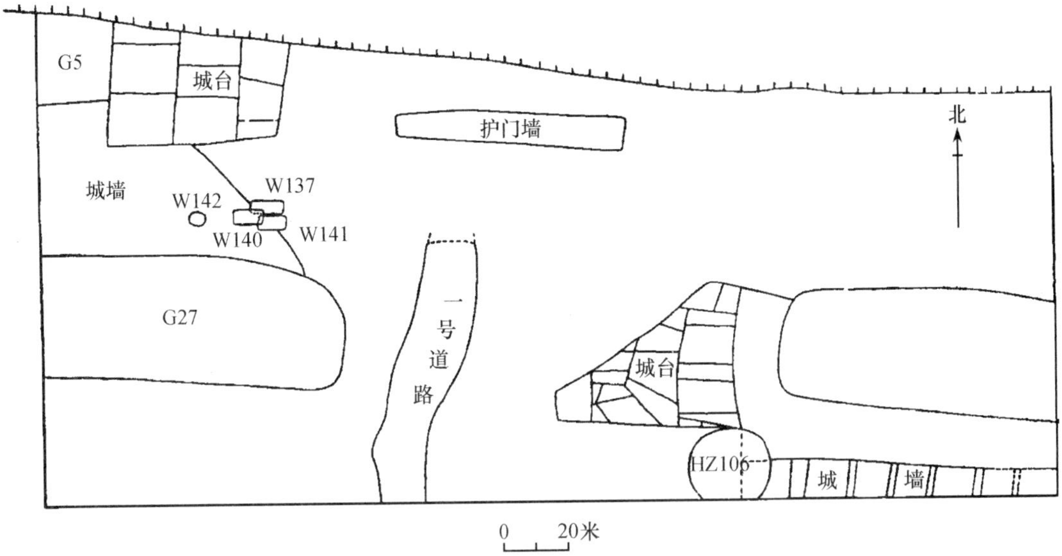

图一六　郑州西山仰韶文化晚期古城东北城门平面图

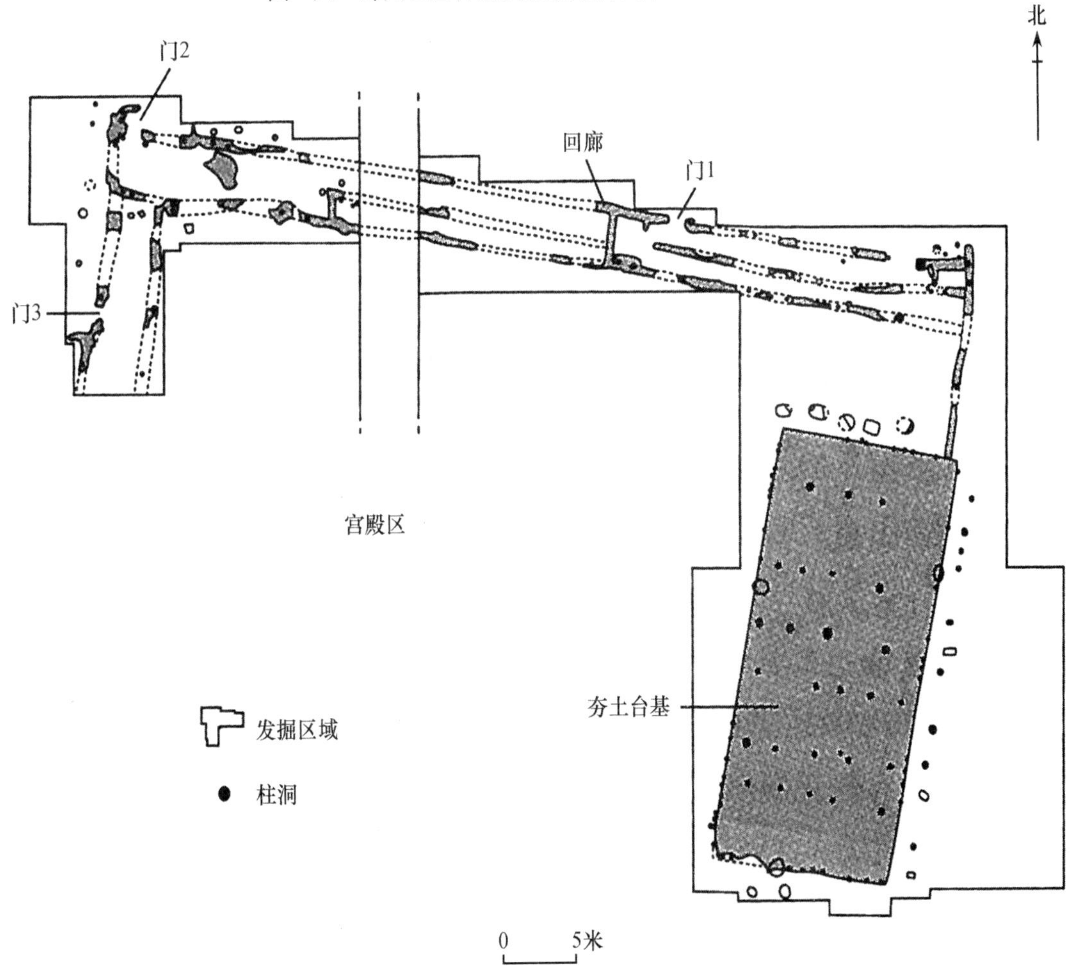

图一七　古城寨龙山文化夯土建筑基址F1和廊庑基址F4平面图

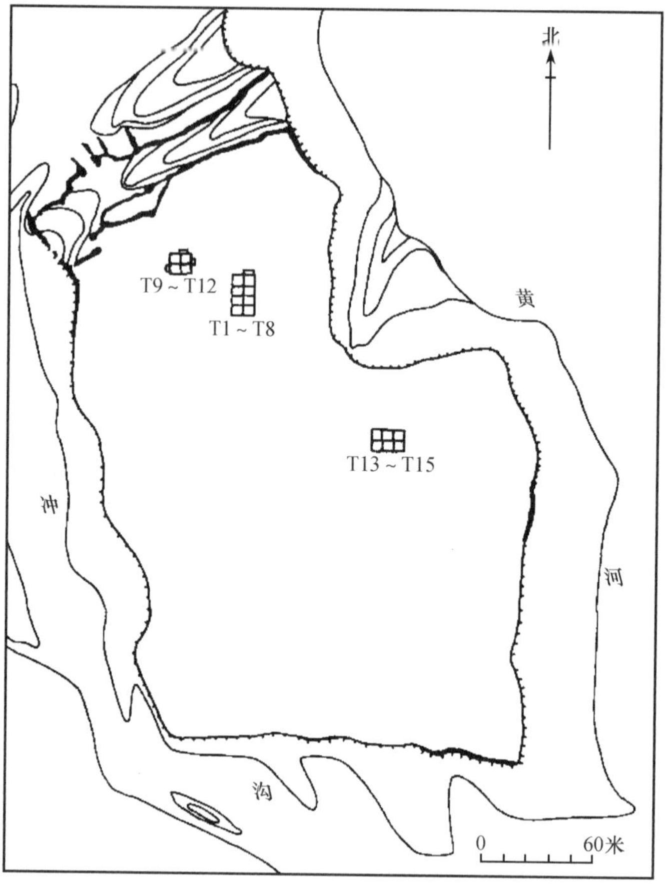

图一八　寨子塔城址平面图

四、城门与瓮城

于此城门形制，学者认为与瓮城有关，有学者认为尚无法与瓮城联系。若希望清楚这一问题，首先应说明何谓瓮城。

“瓮城”一词是前喻式复合词，依据语言学的解释，在前喻式复合词中，喻指都是修饰限定成分，直指是中心成分，作为喻指的名素，以其所代表的事物的特点进行比拟，作为直指的名素是语义的核心。由之知瓮为比喻，城为语义核心。另一种是功能解释，当敌人陷于一、二道城门之间，形成“瓮中捉鳖”，所以称为瓮城。两者描述重点不一样，但是于瓮城形制，总的来说是一致的。

依据《武经总要·守城》记载[44]，“瓮城”一词至晚出现于宋代；又据唐代《太白阴经》卷三《筑城篇》记载，其时瓮城称为“羊马城”，依据《说文解字》和《居延汉简》记载，则又称为“曲城”“闉”或“回门”。其中称为“闉”者，时代更早，《诗·郑风·出其东门》有“出其闉阇”句；《毛传》：“闉，曲城也。阇，城臺也”；《孔疏》：“闉是门外之城，即今之门外曲城是也。”汉郑玄《笺》：“阇读当

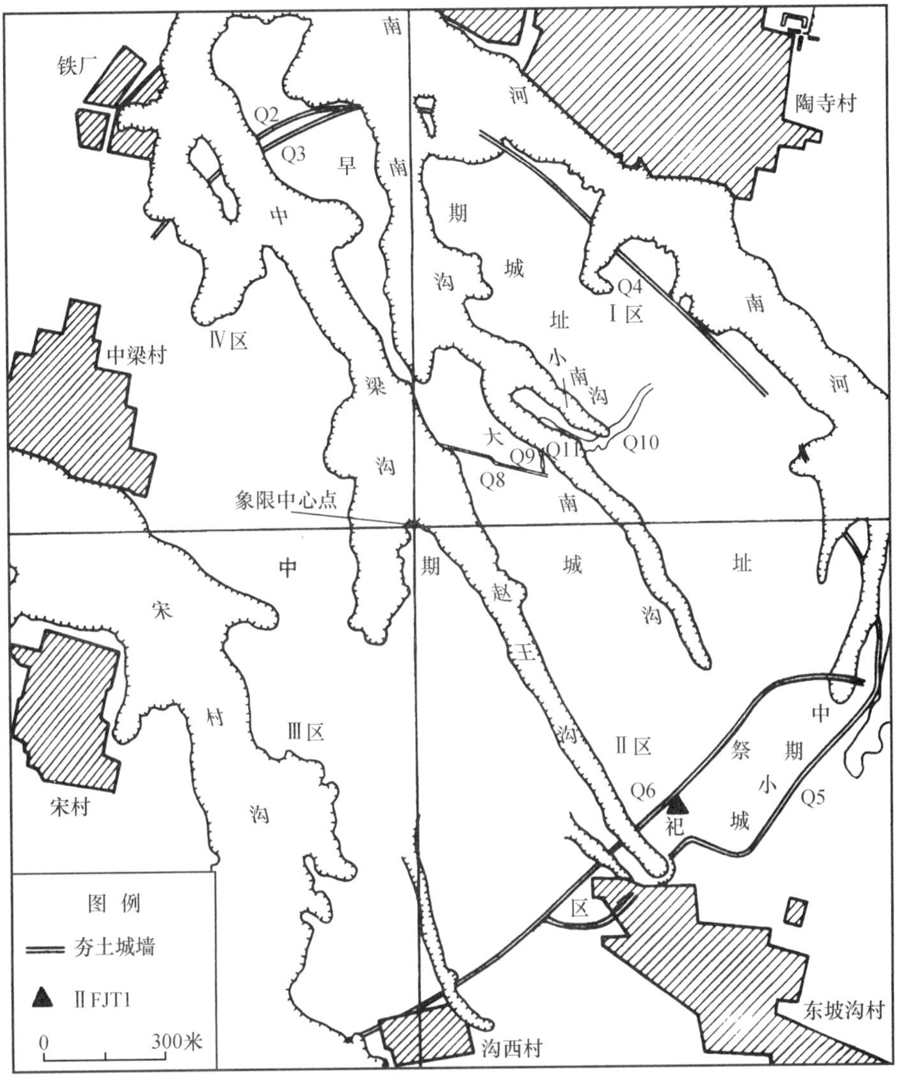

图一九　陶寺城址平面图

如彼都人士之都，谓国外曲城之中市里也。”马瑞辰《通释》：“闉为台门之制，上有台则下必有门，有重门则必有曲城，二者相因。‘出其闉闍’谓出此曲城重门。”《说文》云：“闉，城曲重门也。”徐锴《系传》：“若今门外壅城门也。”“闉”字有曲之义还见于《字汇补》和《庄子·德充符》司马注。南朝宋还有文学作品仍然把瓮城或瓮城一带称为“闉”，像颜延之《登巴陵城楼》言：“经途延旧轨，登闉访川陆。”另，《礼记·礼运》言：“三五而阙”，《注》曰：“一盈一阙，屈伸之义也”，《广韵》：“姓也。出下邳。汉有荆州刺史阙羽三”，《正韵》亦作“屈”。从这些文献看，“曲城”或“回门”的历史或与城“阙”有所联系。

现代学者孙机先生认为“闉”类似瓮城[45]，董琦先生亦持此类观点[46]，并认为：“垣曲商城西城墙北段的缺口当是西城门，西城门外的所谓‘第二道城墙’，当是瓮城

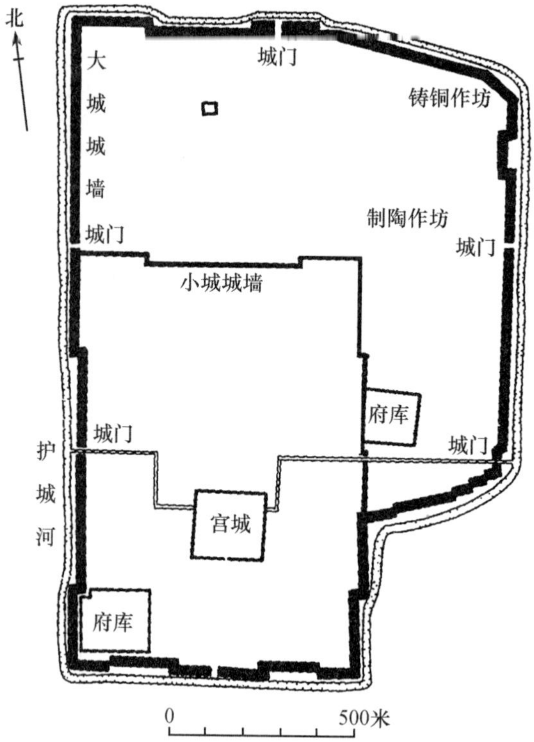

图二〇　偃师商城平面图

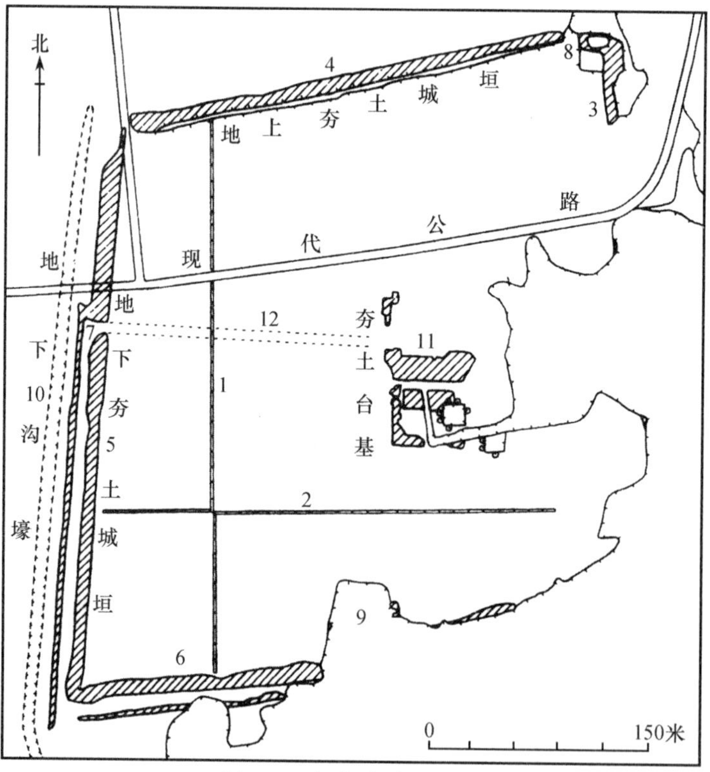

图二一　垣曲商城平面图

遗迹，即《诗》中的‘闉’。南城墙外的所谓‘二道墙’，可能是南城门外的瓮城遗迹。”[47]他同时认为这一发现把瓮城出现的时代提前到商代早期，实际上若考虑到山西陶寺大城东南门的话，考古学发现的具备较为完备瓮城特征的城门出现的时间可以早至龙山文化中期。

望京楼商城东一城门与所述瓮城虽然曲向不一致，但是仍然具有曲城的特征，有些方面还类似晚期的内瓮城。

同时，据《墨子·备城门》记载："大城丈五为闺门，广四尺，为郭门，郭门在外，为衡，以两木当门，凿其木维敷上堞。为堑县梁，断城，以板桥邪穿外，以板次之，倚杀如城报。"孙诒让《墨子间诂》以为："依上文，则大城高三丈五尺，门之高当不下二三丈。此闺门乃别出小门，故止高丈五。"田中淡认为《墨子·备城门》"郭门"与瓮城有关[48]，若是，则望京楼商城东一城门在城门墙外前方的两个料姜石基础若确实是与吊桥设备有关的上有衡的两个立柱基础的话，则其与《墨子·备城门》所载"郭门"之"为衡，以两木当门，凿其木维敷上堞，为堑县梁"[49]等描述有类似特征，这时我们称其为早期瓮城应更有依据一些。

五、城门时代问题

关于城门的时代，较为简单。显然，依据考古发现，其应与望京楼商城建废时间大概一致，即始建于二里冈下层H9和H17之间，废弃于商代白家庄期。但是若去判断城门在建废时间段内不同时期的工程变化，现在很难。不过，从时代与其类似的偃师商城的考古工作看，有明显料姜石的夯土时代一般会到二里冈文化上层[50]。望京楼商城东一城门及城墙夯土有不少类似的情况，所以也可以参照偃师商城考古经验对这些夯土的年代予以验证。

六、城门的文化意义

古人相信天地有神格，因而占卜地理四方八向、相宅地之术等很早就已出现。考古中发现不少与之有关的实物论据，特别是很早就有象征性的天文礼仪仪器，像安徽含山凌家滩新石器遗址王侯之墓出土的与栻盘等占测类工具有关的神器——玉龟玉板[51]，李学勤[52]、冯时[53]、武家璧[54]等先生认为与古人讲求天地四方之术有关，还有不少学者认为玉版的八方图形与中心象征太阳的图形相配，符合我国古代的原始八卦理论，玉版四周的四、五、九、五之数，与洛书"太一下行八卦之宫每四乃还中央"相合。专家推测，玉龟和玉版，有可能就是远古洛书和八卦。另早期文献中亦有不少这方面的记载，像甲骨文等文献中有四方风神记录[55]，又，《书·洛诰》记载："公（周公）不敢不敬天之休，来相宅，其作周匹休。"又载："召公既相宅，周公往营成周，使来告卜，作《洛诰》。”《尚书·召诏序》云：“成王在丰，欲宅邑，使召公先相宅。”《周礼司徒篇》说：“以土宜之法，办十有二土之名物，以相民宅而卸其利害，以阜人民，以蕃鸟兽，以毓草木。”有汉一代还出现了《堪舆金匮》《宫宅地形》《移徙法》《图宅术》等较为完备的风水学书籍，至于魏晋，则风水理论已蔚为大观。

古代建城，是需占卜并有风水概念的。对于城的门，古代人认为于城是非常重要的，所以，对其之所在亦是很有讲究的，以至于相地理、四向之术很早就已用于这方面。从文献和考古方面看，古代城门的配置，多是依据四向方位、堪舆风水、相关聚落位置、交通联络以及军事防御等方面来确定城门方位的。

望京楼商城位于郑州商城以南40千米左右，从当时以郑州商都为中心的商王朝全境功能城市的布局看，其实际确类诸多学者认为的那样，应是类盘龙城一样，是商都南方的军事重镇，所以此城的城墙和城门均应具有军事特征。从望京楼商城的周边地理形式看，其基本是西北高、东南低，西、南有东南走向的河，东有南走向的支河，北方是人工护城河，从地理地貌方面判断，东南方应是重要城防地域，又是风水所向的吉利之位，所以望京楼商城东一城门应是此城的吉利之门，既有城防价值，更有礼仪之义。

望京楼商城东一城门是目前发现的商代前期最为重要的城门，具有重要的学术价值。关于望京楼商城东一城门，还可以从工程学和古代一般城市的军事基础方面就其可能的附属防守设施[56]、工程工艺、工程量、工程材料等问题予以讨论，限于篇幅和现在的考古工作，待他文再予以论证。

注　释

[1] 2011年1月12号，“新郑望京楼考古发现报告会”在郑州举行，随即新华社等媒体予以了广泛报道。

[2] 原认为是3米左右，现经过勘探判断为6米左右。

[3] 北京大学孙华教授在郑州举办的“新郑望京楼古城址考古发现专家论证会”上的发言。

[4] 主要依据《诗经·郑风·子衿》：“纵我不往，子宁不来。挑兮达兮，在城阙兮。”关于此文献，毛亨《传》：“乘城而见阙。”郑玄《笺》：“国乱，人废学业，但好登高，见于城阙……。”孔颖达《疏》：“在城阙兮，谓城上别有高阙，非宫阙也。”高亨《诗经今注》：“阙，城门两边的高台。”

[5] 汉代刘熙《释名》卷五《释宫室》：“阙，阙也，在门两旁，中央阙然为道也。”

[6] 《古今注》“阙，观也。古每门树两观于其前，所以标表宫门也。其上可居，登之则可远观，故谓之观。人臣将至此，则思其所阙，故谓之阙”，《尔雅·释宫》“观谓之阙”。

[7] 关于“阙”，读音方面，《广韵》：“祛月切”，《正韵》：“丘月切。”含义方面，《说文》：“门观也”，《徐曰》：“中央阙而为道，故谓之阙”，《玉篇》：“象魏，阙也”，

《正韵》："宫门双阙也"，《韵会》："为二台于门外，作楼观于上，上圆下方，以其悬法谓之象魏。象，治象也。魏者，言其状魏魏然高大也，使民观之，因为之观，两观双植，中不为门。又宫门、寝门、冢门皆曰阙"，《左传·庄公二十一年》："郑伯享王于阙西辟"，于之《注》曰："阙，象魏也"，《秦本纪》："筑冀阙"，于之《注》曰："刘伯庄云：'冀犹记事，阙即象魏也。'"

[8] 贺刚：《中国史前艺术神器的初步考察——中国史前艺术神器纲要》，《长江中游史前文化暨第二届亚洲文明学术讨论会论文集》，岳麓书社，1996年。

[9] 林河：《中国巫傩史》，花城出版社，2001年。

[10] 荆州市博物馆：《湖北石首市走马岭屈家岭新石器时代遗址发掘简报》，《考古》1998年第4期。

[11] 林留根、周锦屏、高伟、刘厚学：《藤花落遗址聚落考古取得重大收获》，《中国文物报》2000年6月25日。

[12] 湖北省文物考古研究所：《盘龙城：1963～1994年考古发掘报告》，文物出版社，2001年。另，城门外侧方形石块是考古调查获知的。

[13] 黄纲正、王立华：《长沙南托大塘遗址发掘报告》，《湖南考古辑刊》（8），岳麓书社，2009年。

[14] 石璋如：《殷代的夯土、版筑与一般建筑》，《"国立中央研究院"历史语言研究所集刊》第38本，1968年；徐文彬、谭遥、龚廷万、王新南：《四川汉代石阙研究》，文物出版社，1992年。

[15] 石璋如：《小屯·第一本·遗址的发现与发掘·乙编·殷墟建筑遗存》，历史语言研究所出版，1959年。

[16] 杜金鹏：《殷墟乙二十一基址等建筑遗存研究》，《考古》2009年第11期。

[17] 杜金鹏：《殷墟宫殿区乙二十组建筑基址研究》，《三代考古》（三），科学出版社，2009年。

[18][19] 参阅《墨子·备城门》。

[20] 韩建华：《中国古代城阙的考古学观察》，《中原文物》2005年第1期，图十二。

[21][33][49] 田中淡：《〈墨子〉城守诸篇研究》（日译中），《中国史研究》1991年第1期。

[22] 秦彦士：《古代防御军事与墨家和平主义——〈墨子·备城门〉综合研究》，人民出版社，2008年。

[23] 有学者认为，上圆下方的圭形门出现于明清，实际早在唐代就已出现，具体考古材料参阅程义：《李寿墓壁画的内容、布局及其渊源——兼论唐代早期壁画风格》，《西安电子科技大学学报》（社会科学版）2006年第6期。

[24] 中国科学院考古研究所二里头工作队：《河南偃师二里头遗址三、八区发掘简报》，《考古》1975年第5期；中国社会科学院考古研究所二里头工作队：《1980年秋河南偃师二里头遗址发

掘简报》，《考古》1983年第3期。

［25］ 赵殿增、袁曙光：《“天门”考——兼论四川汉画像砖（石）的组合与主题》，《四川文物》1990年第6期；信立祥：《汉代画像石综合研究》，文物出版社，2000年，图一四九，1。

［26］ 傅举有：《马王堆缯画研究——马王堆汉画研究之一》，《中原文物》1993年第3期。

［27］ 内江市文管所、简阳县文化馆：《四川简阳县鬼头山东汉崖墓》，《文物》1991年第3期。

［28］ 河南省博物馆、郑州市博物馆：《郑州商代遗址发掘报告》，《文物资料丛刊》（第一辑），1977年，图三。

［29］ 中国社会科学院考古研究所二里头工作队：《河南偃师二里头早商宫殿遗址发掘简报》，《考古》1974年第4期。

［30］ 《合集》5·13514甲正、《前》8·10·1、《粹》七一七。

［31］ 井侯簋。

［32］ 杨鸿勋：《建筑考古学论文集》，文物出版社，1987年。

［34］ 郎树德：《甘肃秦安大地湾901号房址发掘简报》，《文物》1986年第2期。

［35］ 国家文物局考古领队培训班：《郑州西山仰韶时代城址的发掘》，《文物》1999年第7期。

［36］ 河南省文物考古研究所、新密市炎黄历史文化研究会：《河南新密市古城寨龙山文化城址发掘简报》，《华夏考古》2002年第2期，图五。

［37］ 内蒙古文物考古研究所：《准格尔寨子塔遗址》，《内蒙古文物考古文集》（第二辑），中国大百科全书出版社，1994年。

［38］ 梁星彭：《陶寺遗址发现夯土遗存》，《中国文物报》2000年7月16日；何驽、严志斌：《黄河流域史前最大城址进一步探明》，《中国文物报》2002年2月8日。

［39］［50］ 杜金鹏：《偃师二里头遗址都邑制度研究》，《夏商周考古学研究》，科学出版社，2007年。

［40］ 东一城门有单翼墙特征。

［41］ 中国历史博物馆考古部、山西省考古研究所、垣曲县博物馆：《垣曲商城——1985～1986年度勘察报告》，科学出版社，1996年。

［42］ 曲英杰：《齐国故都临淄》，山东文艺出版社，2004年。

［43］ 韩品铮、杨国庆：《中国古代瓮城初探——兼论新郑故城城门内建筑遗址与南京的内瓮城》，《中国古都研究——中国古都学会第十五届年会暨新郑古都与中原文明学术研讨会论文集》（第十五辑），1998年。

［44］ “门外筑瓮城，城外凿壕去大城大约三十步，上施钓桥，壕之内岸筑羊马城。……其城外瓮城或圆或方，视地形为之。”

［45］ 孙机：《汉代物质文化资料图说》，文物出版社，1991年。

［46］ 董琦：《瓮城溯源——垣曲商城遗址研究之一》，《文物季刊》1994年第4期。

［47］ 有助于对望京楼新发现古城墙予以多思维角度的认识，并予以验证。

［48］ 本人认为“为衡，以两木当门”中两木为“郭门”之柱，“衡”则为“郭门”之横楣。另，秦

彦士先生在《古代防御军事与墨家和平主义——〈墨子·备城门〉综合研究》一书中认为应为郭门之栓。日本学者田中淡在《〈墨子〉城守诸篇研究（日译中）》一文中认为，其中的“衡”为《水经注·谷水》中的“衡栿”，衡与两木应是《营造法式》卷19城门道制度之“洪门栿”和“排杈柱”。

[51] 安徽省文物考古研究所：《凌家滩玉器》，文物出版社，2000年。

[52] 李学勤：《论含山凌家滩玉龟、玉版》，《中国文化》1992年第6期。

[53] 冯时：《中国天文考古学》，社会科学文献出版社，2001年。

[54] 武家璧：《含山玉版上的天文准线》，《东南文化》2006年第2期。

[55] 《甲骨文合集》14294有载：“东方曰析，风曰协；南方曰因，风曰凯；西方曰韦，风曰彝；北方曰伏，风曰投。”《尚书·尧典》及《山海经》中亦有四方风神及四方风名的记载。

[56] 可以参阅《墨子》、北宋由《孙子兵法》《吴子兵法》《六韬》《司马法》《三略》《尉缭子》《李卫公问对》组成的《武经七书》及北宋在军事制度、战略战术、武器装备、军事地理、军事阴阳星占等各个方面都有所论述的《武经总要》，等等。

（原载《中原文物》2013年第4期）

中国大运河通济渠郑州段考古发现与走向问题初步研究

中国大运河是世界上伟大的水利工程之一。它位于我国中东部，地跨北京、天津、河北、山东、江苏、浙江、河南和安徽8个省级行政区，沟通了海河、黄河、淮河、长江、钱塘江五大水系。中国大运河的规模化开凿约始于公元前5世纪，7世纪完成第一次全线贯通，13世纪完成第二次大沟通，历经2000余年的持续发展与演变，直到今天仍发挥着重要的交通与水利功能。

依据历史上的分段和命名习惯，“中国大运河”共包括十大河段：通济渠段、卫河（永济渠）段、淮扬运河段、江南运河段、浙东运河段、通惠河段、北运河段、南运河段、会通河段、中河段（图一）。

通济渠郑州段是中国大运河的重要组成部分，经过近五年来的考古工作和研究，我们发现了其在郑州市区域的全部基本流向（图二）。通济渠郑州段由索须河段、汴河遗址段组成。其中的索须河段位于郑州市惠济区北部，西起丰硕桥，向东在祥云寺村汇入贾鲁河，全长约16千米；汴河遗址段北起黄河南岸大堤，向南流经惠济桥注入通济渠后东折。目前引黄河水入渠的这段河道已经深埋于地下。虽然历史上黄河多次变道，数次湮没大运河故道，但此段河道在元代末期之前仍作为区域主要航运水道，历经疏浚，直到明清时代此段运河逐渐废弃不用。

2014年6月22日，在卡塔尔首都多哈举行的联合国教科文组织（UNESCO）第38届世界遗产大会上，中国大运河被列入世界遗产名录，成为我国第46项世界遗产和第32项世界文化遗产，其中郑州市列入该项世界文化遗产的是索须河段和汴河遗址段。

一、研究方法

通济渠郑州段的走向是一个比较复杂的问题，尤其是出黄河口向东南走的这一段，由于历史上河道变迁，湖泊变化，黄河夺道以及古禹河、古济水走向、变迁等诸多复杂问题，使得这一问题很难解决。

我们解决这一问题的学术方法是：首先，收集历史上的各种与该段运河有关的历史人文和水利文献；其次，详细研究我们的田野调查、考古勘探和考古发掘成果；最后，综合文献、调研和考古发现，对河道走向问题进行综合判研。

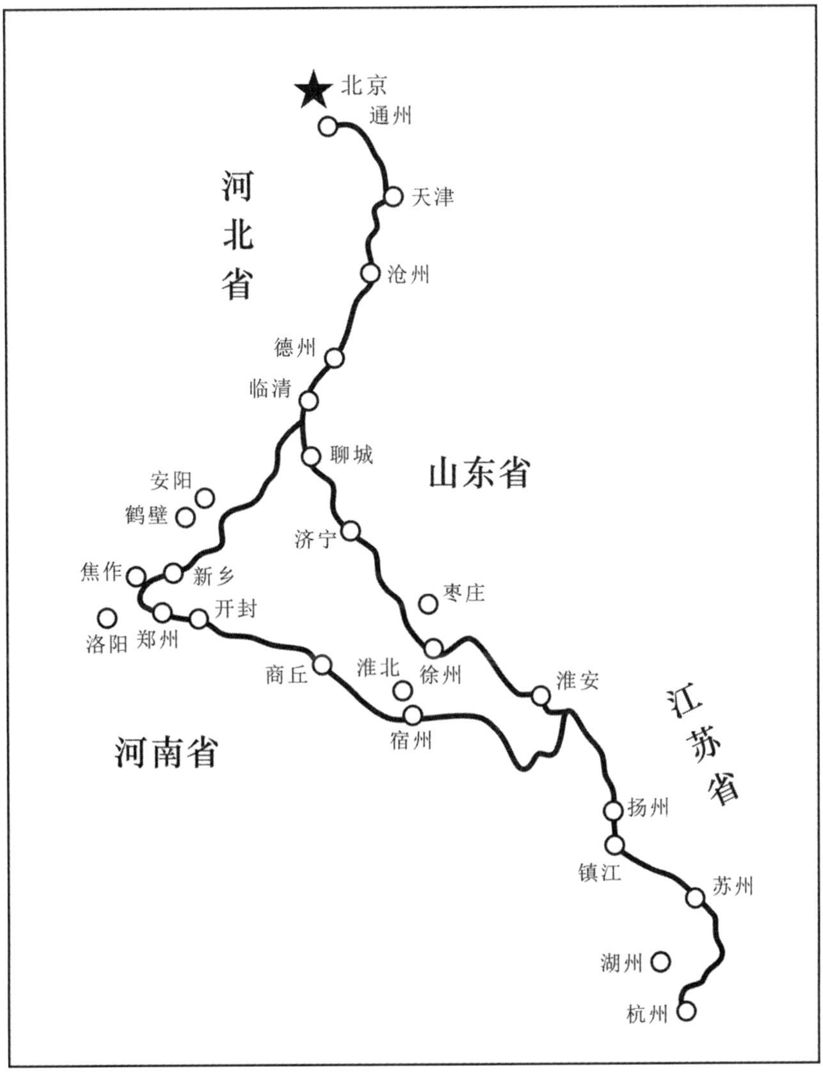

图一　中国大运河示意图

二、主要古代文献、图谱

关于郑州段大运河各方面的文献记载较为丰富，主要有人文诗词、笔记、黄河御览图、河工著作等，还有历史上学术界对这一问题的研究成果。虽然多数文献于关键问题语焉不详，不过还是具有丰富的信息量的，对于研究运河走向等问题具有较好的参考价值。这里略作陈述。

（一）关于鸿沟

（1）《汉书》颜师古注引应劭说："在荥阳东南二十里。"又引文颖说："于荥阳

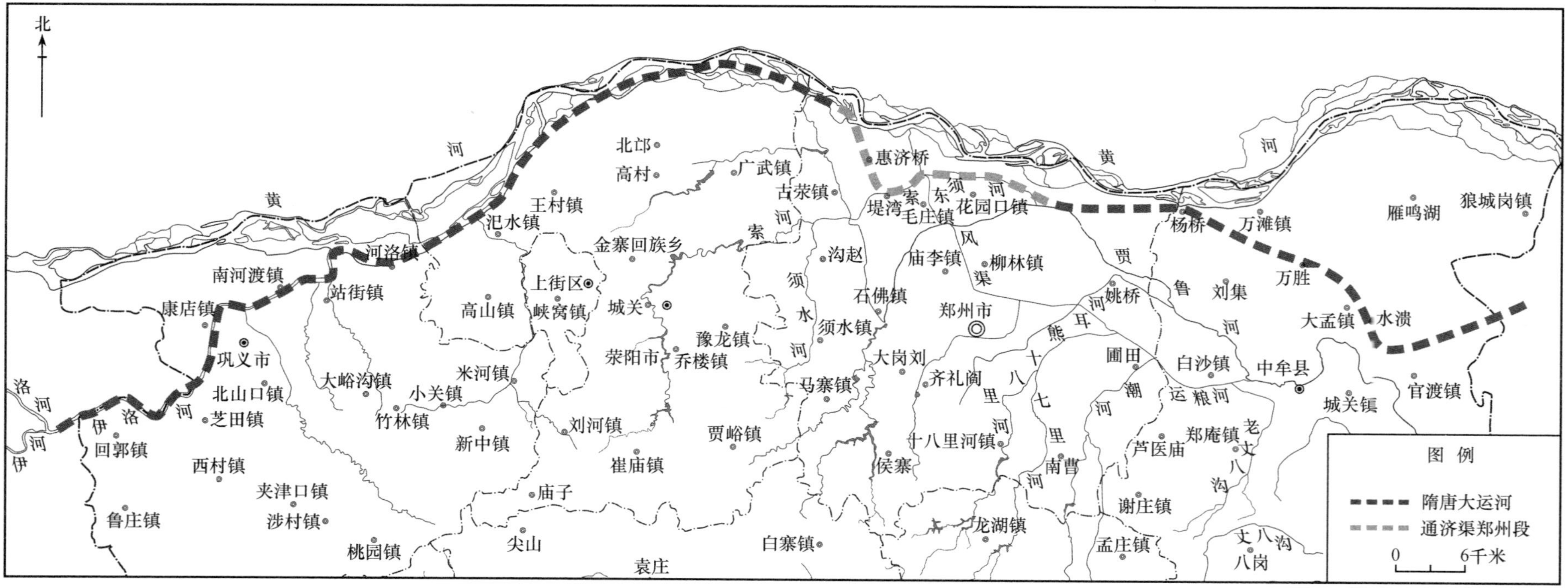

图二　中国大运河通济渠郑州段流向示意图

下引河东南为鸿沟，以通宋、郑、陈、蔡、曹、卫，与济、汝、淮、泗会于楚，即今官渡水也。”

（2）《水经·渠水注》：“渠水径梁王吹台东，渠水于此有鸿沟之称焉。项羽与汉高分王，指是水以为东西之别。”

（3）唐杜佑《通典》七七说：“荥阳有鸿沟，在县西即楚汉分境之所。”杜佑所说的乃是汴水上游所承受的旃然水，这段鸿沟在《水经·济水注》中也有说明。《水经注》说：“旃然水亦谓之鸿沟水，盖因楚汉分王，指水为断故也。”

（4）范晔著《后汉书·郡国志》曰：“荥阳有鸿沟水是也。”

（5）南宋祝穆《方舆纪胜》也说：“鸿沟在河阴县东北，接广武山，与荥泽连。”

（6）邹逸麟《椿庐史地论稿》[1]：“战国魏惠王时代开凿的鸿沟是先秦时期规模最大、影响最深远的运河工程。它自今河南原阳县北引河水入圃田泽为蓄水库，又自圃田泽筑渠引水至大梁（今开封市），折而南流注入颍水。”（拙按：依据应是《水经注》卷22《渠注》引《竹书记年》，但是理解有误。《汉书·地理志》荥阳县条载其言：“首受济”）

（7）史念海《论济水和鸿沟》[2]认为，鸿沟引河是由荥阳开始，与济水所行的乃是一条河道，经过一段流程后，才正式分开。济水东流，鸿沟东南流。

（二）关于汴渠

（1）《宋史》等说，古汴水春秋谓之郯水，即晋楚战于郯。郯又音反，即汴字。古人避反字，改从汴字，汴水即由此而得名。

（2）唐李吉甫《元和郡县志》“河南道—河南府—汜水县”条：“板渚在县东北三十五里。《水经注·河水》经云：‘又东过成皋县北。’注云：‘河水又东合汜水’，‘河水又东逞迳板城北，有津，谓之板城渚口（拙按：板城渚口即是板渚，这有可能是古汴有关）。’”

（3）范晔著《后汉书》曰：“初，平帝时，河、汴决坏，未及得修。建武十年，阳武令张汜上言：‘河决积久，日月侵毁，济渠所漂数十许县。’”

又载：“永平十二年，议修汴渠，乃引见景，问以理水形便。景陈其利害，应对敏给，帝善之。又以尝修浚仪，功业有成，乃赐景《山海经》《河渠书》《禹贡图》及钱帛衣物。夏，遂发卒数十万，遣景与王吴修渠筑堤，自荥阳东至千乘海口千余里。景乃商度地势，凿山阜，破砥碛，直截沟涧，防遏冲要，疏决壅积，十里立一水门。”

（4）《顺治荥泽县志·山川》载：“汴河，在旧县南二百五十步，即裴侍中耀乡立其汴渠。开元二十三年，分汜水、荥泽、武陟三县地，于轮场东置，以便漕运。郦道元注云：‘大禹塞荥泽，开渠以通淮、泗。’《汉书》云：‘初，平帝时，汴、河绝坏，明帝永平中，乃令王景理渠堤。’《坤元录》又云：‘自宋武北征之后，复皆淹塞。隋大业元年，更令开导，名通济渠。西通河、洛，南达江、淮。炀帝巡幸，每泛舟而往江都焉。’其汴口堰在县西，又名梁公堰。隋文帝开皇七年，使梁睿增筑汉古堰，通河入汴也。”

（5）清宋继郊《东京志略·河坡》曰：“元至元年间，（黄）河决，夺汴故道，汴遂湮，……鲁浚汴自中牟经祥符而东，汇溃河，历陈州境，入江南颍上以达于淮，汴得入淮赖此。人戴鲁功，遂以名河。”《郑县志》“艺文”部分还有两篇文章谈到贾鲁河的源起。一篇是署名为陈熯的《汴河源流策》。文章在概述汴河的源起之后说：“至元十七年（拙案：当为“至正十一年”）黄河决始淤塞，元命贾鲁修之，又名贾鲁河，俗仍汴河之称。”另一篇是署名阴化阳的《贾鲁河水利记》，其云：“郑城北四十里有水来自荥阳，盖合索、须、京三水以成其流，至双桥村始大。父老传元臣贾鲁所开，因名焉。”《顺治荥泽县志》载：“隋堤，在汴河故道，隋炀帝所筑。”从以上文献可大概梳理出惠济桥段汴河遗址即隋通济渠郑州段的故道。

（6）民国五年（1916年）修成的《郑县志》，其中“舆地志”记云：“汴河，一名小黄河，元臣贾鲁尝浚之，故名贾鲁河。”

（三）关于隋唐通济渠（广济渠）

（1）清顾祖禹《读史方舆纪要》卷四《河南道》记载，通济渠源于《禹贡》的灉水，春秋时称为郔水，秦汉间叫鸿沟，其后叫“蒗宕渠”，亦曰汴渠。

（2）唐李吉甫《元和郡县志》“河南道四·阳武县”说：“汴渠，一名蒗宕渠，今名通济渠。”

（3）《隋书·炀帝上》：“大业元年三月辛亥。发河南诸郡男女百余万，开通济渠。自西苑引谷、洛水达于河，自板渚引河通于淮。”

（4）《隋书·食货志》：“（炀帝即位）开渠，引谷、洛水，自苑西入，而东注于洛（拙案：当作河）。又自板渚引河，达于淮海，谓之御河，河畔筑御道，树以柳。”

（5）李翱于元和四年（809年）从洛阳出发，乘船由洛入河，由河入汴，由汴入淮，在《来南录》中详细记载了这一经过。

李翱在《来南录》中说：“庚子，出洛下河，止汴梁口，遂泛汴流，通河于淮。”

（6）《元和郡县图志》成书与《来南录》为同一时代，均说“通济渠……自板渚引河入汴口”。《元和郡县图志》卷五“河南府—河阴县”条，“本汉荥阳县地，开元二十二年，以地当汴河口，分汜水、荥泽、武陟三县地，于输场东置，以便漕运，即侍中裴耀卿所立”，又载“汴渠，在县南二百五十步，亦名蒗荡渠。禹塞荥泽，开渠以通淮泗”。

（7）北宋王存主编，曾肇、李德刍共同修撰《元丰九域志》“郑州”条：“河阴，有三皇山，汴河。”

（8）宋《曾巩集》认为鸿沟禹于荥泽出，至于淮泗，意为禹河，至浚仪西北，其后或曰鸿沟，或曰浪宕渠，或曰浚仪渠，或曰石门渠。石门渠东合济水，与河渠东注，至于敖山之北而兼汴水，又东至荥阳之北，而旃然之水东流入汴。又认为：荥阳之西有广武二城，有广武涧，汴水东流而出，济水至此乃绝。隋大业之初更名之曰通济渠。晋以后被认为是汴水的上游，“汳”名遂废，通称汴水。

（9）唐李吉甫《元和郡县图志》记载，通济渠可分东、西两段。西段在东汉阳渠的基础上扩展而成，西起洛阳西面，以洛水及其支流谷水为水源，穿过洛阳城南，到偃师东南，再循洛水入黄河。东段西起荥阳西北黄河边上的板渚，以黄河水为水源，经浚仪（开封）、杞县、睢县、宁陵、商丘、夏邑、永城等县，再东南，穿过安徽宿县、灵璧、泗县，江苏泗洪，至盱眙注入淮水。

（10）唐李吉甫《元和郡县图志》曾言及敖仓城，言其位于（荥泽）县西十五里，北临汴水，南带三皇山，秦所置，又言为仲丁所迁之敖。

（11）唐李吉甫《元和郡县图志》又载，圃田泽，一名原圃，（中牟）县西北七里。其泽东西五十里，南北二十六里，西限长城，东极官渡。

（四）关于荥泽县迁移问题

清《顺治荥泽县志》《乾隆荥泽县志》载，荥泽县始于隋开皇四年（584年），初名广武，仁寿元年（601年）改名为荥泽县，至民国二十年（1931年）撤销，历史上由于黄河水患，共经历了3次迁移。一迁于明洪武八年（1375年），再迁于明成化十五年（1479年），三迁于清康熙三十七年（1698年）。明嘉靖三十三年（1554年）《重修显佑伯城隍庙碑记》有荥泽县城位于“黄河之阴，汴水之阳”的记载，该时期的荥泽县城位于惠济桥北五里，即今黄河南岸大堤的北侧，正好介于黄河和汴河之间。

（五）治河书籍、河工专业书籍、御览图等

这对于我们的勘探和发掘过程中识别一些河道迹象非常有用，对于正确理解古代河道的河工专业知识以及古河道的变迁规律认知有重要作用，尤其是有关黄河的变迁对于认识汴河、运河的洛河段、运河附近的洛口仓位置等都具有重要作用。另，河工图一般绘有水域的源流支系、地理位置，并详细记载历年对其治理的概况，对于判断河流不同时期的走向具有较高的史料价值。这方面的文献主要是：①元欧阳玄撰《至正河防记》；②河道总督张鹏翮于康熙四十二年（1703年）撰成的呈送御览的《治河全书》，《淮河全图》《黄河全图》《运河全图》为其中最重要的三种；③曾在河南治理过水患的刘成忠（善于河工算学）所著的《河防刍议》；④刘成忠之子刘鹗（在光绪十五年初，被任命为提调官，负责测绘“豫、直、鲁三省黄河图”）绘制的《豫、直、鲁三省黄河图》共5册150篇，即被光绪帝命名的《御览三省黄河图》（这是中国第一次用近代技术实测的黄河地图，地理位置较为准确），他还曾撰写了《治河五说》和《治河续二说》，并且编著了4卷《历代黄河变迁图考》；⑤清傅泽洪编撰的《行水金鉴》及其续编《续行水金鉴》《再续行水金鉴》；等等。

（六）现代水利学者研究成果

主要是历年来黄河郑州段的水文资料，河南省地理所所藏早年的水利资料，还有著名学者岑仲勉所著的《黄河变迁史》[3]，徐海亮所著的《关于汴河源流和汴口的几个问题》[4]，涂相乾所著的《宋代汴河行经试考》[5]（图三、图四）等学术成果。这些水文数据和研究成果，为我们研究运河故道和现在地面运河的地理地貌在近年来的变迁提供了非常有价值的依据。

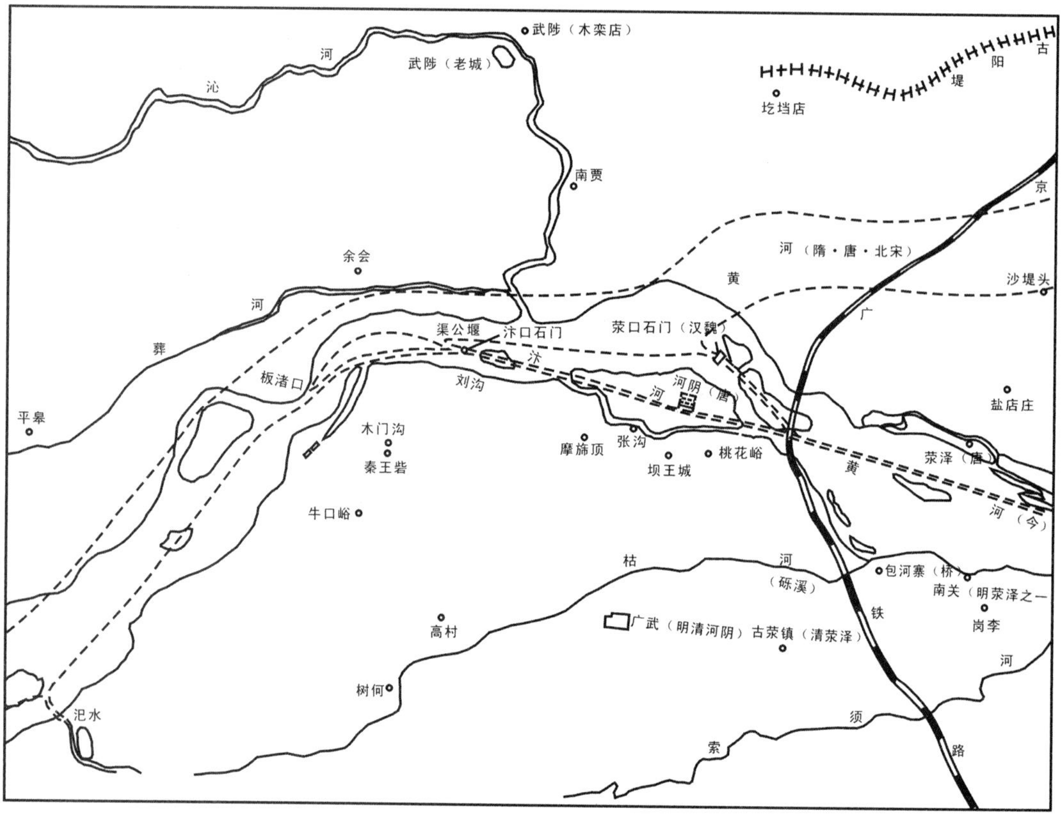

图三　汴河首部（东段）引水示意图（取自涂相乾《宋代汴河行经试考》）

（七）与惠济桥有关的碑刻

在惠济桥遗址考古发掘中发现了不少有价值的碑刻，该批碑刻反映了明清时期惠济桥附近的繁华，从另一个方面也说明了惠济镇码头城的性质。同时有的碑刻也反映了当时运河人家丰富的人文场景。

（八）绘画材料

像清乾隆年间的“荥泽八景”之一的“惠济长桥”（图五）绘画，该绘画从惠济桥

图五　惠济长桥（取自清乾隆《荥泽县志》）

的考古发现看，较为写实地描绘了当时惠济桥的建筑样式和附近河流的走向及附属水利设施，利于我们正确判断惠济桥附近元明时期运河的河道走向及河工内容。

三、考古调查和发掘工作

自2006年开始，郑州市文物考古研究院成立了课题组，开始了郑州市境内大运河的相关研究工作，这时对这一未来的世界文化遗产的研究还主要限于文献的角度。2009年，随着中国大运河申报文本的编制，我们成立了中国大运河通济渠郑州段考古工作队，分别沿着偃师边界、巩义、荥阳、郑州市区、中牟县、开封边界进行了立体人文资源调查，突破以往考古调查的基本模式，方法中增加了类似人类学和民族学的内容。通过调查，获得了一批丰富的文化遗产和现今仍然存在的非物质文化遗产，使我们真正了解了运河沿岸人们生活的历史、过程、现状和与水有关的文化资源。

同时我们还启动了运河沿线的传统考古调查和考古重点发掘工作。通过研究文献，实地踏勘调查和考古勘探工作，我们基本厘清了郑州境内通济渠及其自然或者人为支流故道的基本情况，其中主河道全长大约150千米。我们还了解到通济渠郑州段历史上的繁华情况和沿途的梁公堰、洛口仓等在当时影响全国的工程和粮仓的基本情况，同时还发现了一些不同时期运河两岸人类生活的文化遗存等。尤其重要的是，我们在巩义、荥阳和中牟还分别找到了古运河码头、有关水利设施等线索。

2009年以来，我们选择了运河区域几个重要遗址进行了初步发掘，其中重要的发掘遗址是巩义将城遗址（图六、图七），因为该城与通济渠上最大的全国性粮仓——洛口仓可能有联系。我们同时还发掘了巩义清代龙窑遗址，以期对清代时期的船坞情况有一定了解。

图六　将城东城墙剖面

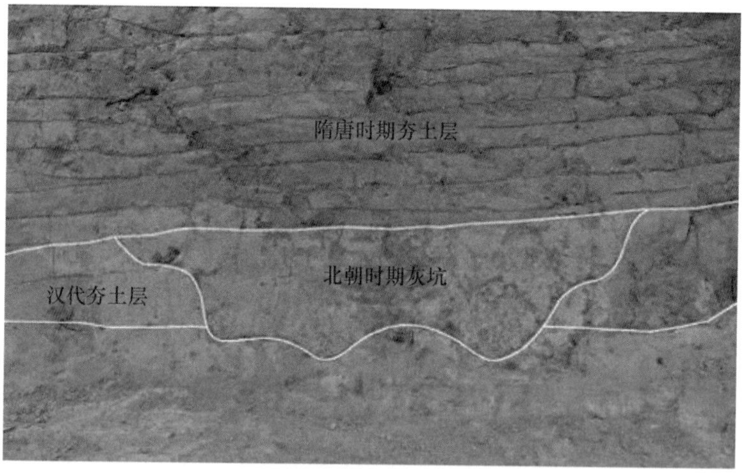

图七　将城东城墙剖面（局部）

2010年，结合相关基本建设的考古工作，我们对中牟水柜村古水利遗址进行了调查和发掘，我们发现了一个巨大的属于通济渠或汴河的水利设施——水柜遗址。通过近半年来的调查和考古发掘，初步厘清了水柜的面积及使用情况。

自2011年我院考古队进驻汴河惠济桥考古工地以来，共发掘河道面积1400余平方米，清理河道近1000平方米，分别在汴河遗址惠济桥南、北两侧河道和惠济桥村南运河故道西岸河堤进行文物勘探和考古发掘，取得丰富的成果。

通过对惠济桥的考古发掘，发现在惠济桥两端沿河岸处砌有雁翅，保存状况较好（图八、图九）。桥墩金刚墙叠压在元代堆积上，结合石桥建筑法式和构造特征，我们可以肯定，现存桥体始建于元代末年，明代初期又予以了重修。石桥附近除雁翅外，还有河道防护性工程——护坡。护坡用抗冲的石磙、石板、蓝砖和画像砖石等材料直接铺护在河岸坡面上，采用错缝方法砌成，从河道横断面看，护坡形状基本呈倒梯形，布置为长距离连续式，以控制石桥附近河流横向变形，防止河水顺流或回流淘刷河岸，避免堤岸崩塌等。在河道堆积中，我们还发现了各类文物标本（图一〇～图一九），对于印证古运河的年代和当时的繁荣情况提供了切实的考古学证据。

图八　惠济桥发掘现场

同时通过对汴河遗址西岸河堤的发掘，我们发现，不同时期的河堤基本呈南北走向，经过人工简易夯筑。在河堤平面，可以看到古代的车辙及行人长年累月走路遗留下的踩踏面痕迹（图二〇）。河堤剖面堆积较厚，每层堆积又分为若干小层，根据堆积层内的包含物判断，当时河堤的底层堆积早于元代，只不过由于水位问题，未能进一步发掘。尤为重要的是，我们在河堤东侧发掘的元代灰坑，地层关系清晰，出土有不少年代明确的关键性瓷器（图二一～图二四），为验证元末著名水利学家贾鲁在治理黄河的同时也对汴河进行了治理的史事提供了一定的依据。

图九　惠济桥金刚墙及雁翅

图一〇　唐代擂钵（惠济桥出土）

图一一　唐代青黄釉瓶（惠济桥出土）

图一二　宋代青黄釉碗（惠济桥出土）

图一三　金代白釉黑彩划花罐（惠济桥出土）

图一四　元代双人俑（惠济桥出土）

图一五　元代白地黑花碗（惠济桥出土）

图一六　明代白釉人物俑（惠济桥出土）

图一七　明代白地黑花碗（惠济桥出土）

图一八　清代青花碗（惠济桥出土）

四、河道具体走向问题初步认识

通过对于所述文献的研究，并结合考古调查和考古发现，我们对通济渠郑州段的走向已经有了初步认知。其实关于通济渠郑州段的走向问题，从历代文献记载及相关学者的研究看，目前有以下几种观点。

（1）郑州境内伊洛河河道—洛汭—汜水段—牛口峪段黄河河道为隋唐大运河河道

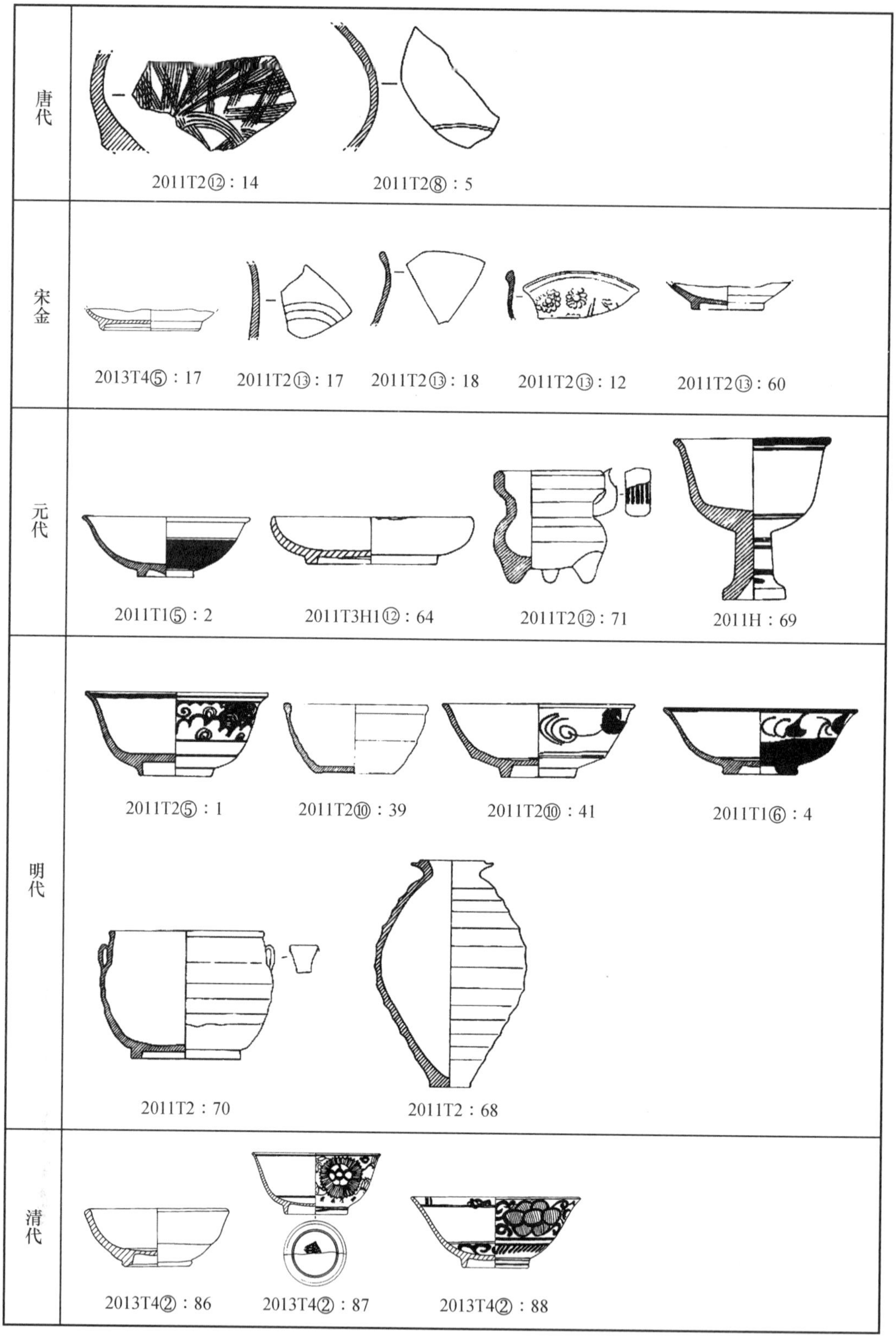

图一九　惠济桥出土器物分期图

图二〇　通济渠河堤南壁剖面

图二一　灰坑出土的元代瓷碗

图二二　灰坑出土的元代瓷碗

图二三　灰坑出土的元代瓷碗

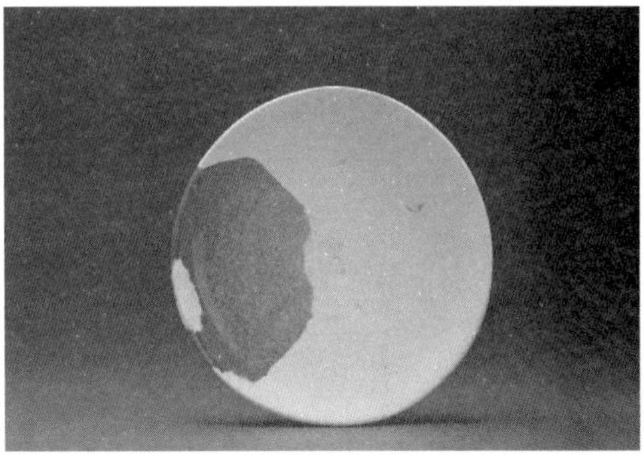

图二四　灰坑出土的元代钧釉盘

本体，再往东至郑州黄河游览区段大运河河道已被黄河河道侵占，由郑州黄河游览区往东南至惠济桥—堤湾段，大运河河道大部分已被湮没于地下（惠济桥南北两侧尚保留一段河道），堤湾—马头岗军用机场北侧的大、小贺庄段基本沿用索须河河道、贾鲁河河道，大、小贺庄往东——杨桥、万胜、水溃段大运河河道都已被湮没于地下（水溃村西探出一段宽100米左右的大运河河道），在水溃村南往东—开封县境内的汴河堤段，大运河河道都已湮没于地下。

（2）郑州境内伊洛河河道—洛汭—汜水段—牛口峪段黄河河道为隋唐大运河河道本体，从牛口峪向东南穿过广武山沿陈铺头、秦铺头、水泉至枯河（古砾石溪）河道，然后沿枯河河道—保合寨折向东南—惠济桥—堤湾，堤湾—马头岗军用机场北侧的大、小贺庄段基本沿用索须河河道、贾鲁河河道，大、小贺庄往东—杨桥、万胜、水溃段大运河河道都已被湮没于地下（水溃村西探出一段宽100米左右的大运河河道），在水溃村南往东—开封县境内的汴河堤段，大运河河道都已湮没于地下。

（3）郑州境内伊洛河河道—洛汭—汜水—牛口峪段黄河河道为隋唐大运河河道本体，从牛口峪向东—广武涧段大运河河道已被黄河河道湮没，沿广武涧向东南穿过广武山—枯河，沿枯河河道向东—保合寨折向东南—惠济桥—堤湾段，堤湾—马头岗军用机场北侧的大、小贺庄段基本沿用索须河河道、贾鲁河河道，从大、小贺庄往东—杨桥、万胜、水溃段大运河河道都已被湮没于地下（水溃村西探出一段宽100米左右的大运河河道），在水溃村南往东—开封县境内的汴河堤段，大运河河道都已湮没于地下。

（4）郑州境内伊洛河河道—洛汭—汜水段—牛口峪段黄河河道为隋唐大运河河道本体，再往东至郑州黄河游览区段—花园口段—石桥段大运河河道已被黄河河道侵占，往东沿石桥—杨桥、万胜、水溃段大运河河道都已被湮没于地下（水溃村西探出一段宽100米左右的大运河河道），在水溃村南往东—开封县境内的汴河堤段，大运河河道都已湮没于地下。

结合相关文献及以往学者的研究成果并及我们近5年来的考古调查和发掘，我们认为大运河郑州段的走向应该与所述各观点不同，证据中尤其值得一提的如下：

（1）从考古勘探看，惠济桥和荥阳故城段，现存地下在较为广阔的范围内除了我们绘出的古河道区域外，没有别的河道迹象。

（2）堤湾对于确认隋唐运河的郑州境内的定点问题非常重要，我们在县志中发现了堤湾的位置，可以和现在地理地貌结合确认所在位置。我们在其附近勘探发现原有河堤并且附近有堤湾村，该村附近还有不少关于运河的非物质文化遗产。

（3）从文献中有关古荥泽城和运河相互地理位置的记载以及现在古城的位置可以判断古河道中汴河一段的基本位置。

（4）从惠济桥发现的碑刻内容和当地人的传承记忆判断，其地当时生意兴隆，是一个码头集散之地。同时考古发现明清时期在惠济桥有与码头有关的夯土。这些显然表明此地与运河密切相关。

（5）我们在中牟的考古工作中发现了面积巨大的“水柜”，其中还有瓷器等遗物，勘探调查中还得知附近村庄曾经有运粮河以及曾发现过巨型铁锚的民间记忆。综合地看，这应是与运河密切相关的重要水利调节枢纽遗址。

综合各种文献、考古发现和初步研究，关于中国大运河通济渠整个郑州段的走向，我们认为如下：

宏观上看路线是：西起洛阳市，沿洛河自偃师与郑州巩义市交界处入境，经巩义市、荥阳市、惠济区、金水区、中牟县5个县（市、区），东南与开封县境相接，全长150余千米。

具体路线是：巩义段大运河沿伊洛河从洛阳偃师进入巩义境内，往东到河洛汇流处，然后沿着大伾山北侧经过洛口，至英峪往东进入荥阳境内。荥阳段大运河从巩义英峪村与荥阳廖峪村进入荥阳境内，沿着大伾山、广武山北侧向东，经仓湾、汉霸二王城，至桃花峪东进入郑州境内。荥阳故城段大运河（图二五）从荥阳市桃花峪东入境，沿广武山北侧向东经敖仓城北，出邙山头折向东南，经明代荥泽县城旧址西南再向南；郑州市区内大运河，经惠济桥向南至堤湾村西进入索须河，向东至贾鲁河继续往东，至黄岗庙村东进入中牟境内；中牟段大运河（图二六）从郑州市金水区黄岗庙村东进入境内，往东南沿杨桥、万胜、水溃，向东沿陇海铁路北侧进入开封境内。结合对中牟县境内古河道的调查走访，并参照相关的文献记载等，我们初步认为中牟县境运河故道的更具体的走向为：流经杨桥—永定庄—十里店—七里店—万胜—杨佰胜—土寨—水溃—韩庄—大胖（即A—B段、B—C段、C—F段）的古河道应是历史上的隋唐大运河故道；流经杨桥—永定庄—十里店—七里店—万胜—杨佰胜—土寨—水溃—李庄—板桥—前於—店李口—开封徐口、朱仙镇（即A—B段、B—C段、C—D段、D—G段）的河道可能为贾鲁河故道，其部分河道应该是沿用了隋唐大运河的故道。中牟县雁鸣湖镇境内的运粮河在狼城岗镇瓦坡村正西向东南流经潘店—王庄—后董庄—韩庄—大胖（即E—F段）的河道，其可能是历史上的汴河遗址。

现今运河故道伊洛河段尚存，邙山以北河段已全部被黄河所夺，郑州北部及东南部中牟境内运河故道亦多淤埋地下，仅部分还依稀可见，如惠济区惠济桥段还保留一段河道遗迹。郑州北部及东南部的贾鲁河和索须河，多经过了人工改道，只有部分地段沿用了古运河河道。

古代运河的形成，既有人工开凿，又有自然利用。又由于自然环境的不断变迁以及各时期河工的复杂性，以及历史久远等原因，使得厘清古代河道的变迁过程成为一件非常困难的事情。这需要长时间以及不同学科的专业知识和专业研究，同时还需要丰富翔实的客观记载与专业观测。关于中国大运河各时期在整个郑州境内的走向问题，同样也面临这些难题，好在还有一些文献尤其是考古材料，使我们的认识有所拓新，学术探索有所依据。但是总的来说，我们的研究还只是初步的，观点还有不断完善和详化的空间。寄望今后有更多的有关历史史料及运河考古的新发现，也期望有更多的各学科学者来参与这一有关世界文化遗产问题的学术讨论。

注　释

［1］ 邹逸麟：《椿庐史地论稿》，天津古籍出版社，2005年。
［2］ 史念海：《论济水和鸿沟》，《河山集》第3集，人民出版社，1988年。
［3］ 岑仲勉：《黄河变迁史》，人民出版社，1957年。
［4］ 徐海亮：《关于汴河源流和汴口的几个问题》，《河南水利与南水北调》2010年第1期。
［5］ 内部资料。

（原载《古都郑州》2014年第4期）

河南郑州东赵遗址考古新发现及其重要历史价值初论

2014年度全国十大考古新发现于2015年4月9日在北京揭晓，这一评选是由中国文物报社、中国考古学会等多家单位组织的，评选原则着重于遗址本身的文化规模、内涵及其历史信息、学术价值、艺术价值等几方面，河南郑州东赵遗址以其在这几个方面突出的重要性而成功入选，获得2014年度全国十大考古新发现殊荣。

东赵遗址位于河南省郑州市高新区沟赵乡东赵村村南、中原区须水镇董岗村西北，处于著名的檀山东北麓，东临《水经注》中提到的须水河（图一）。

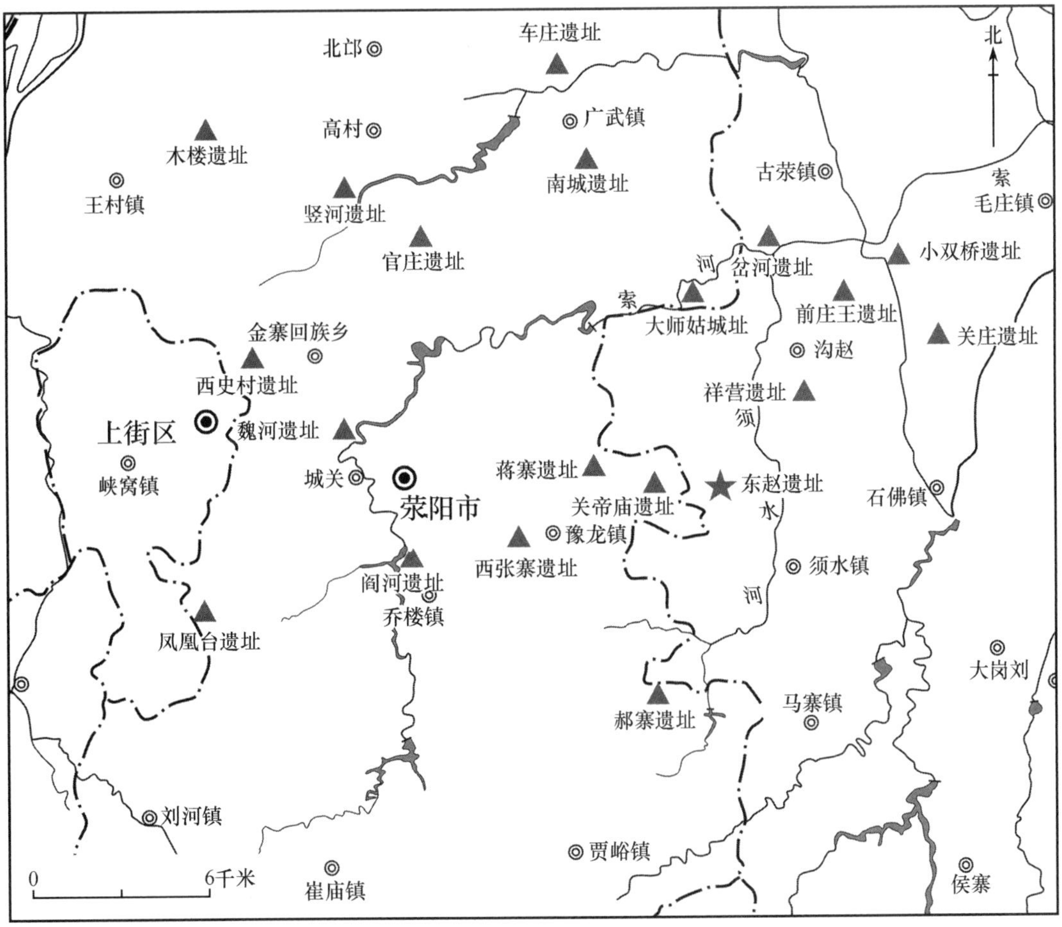

图一　东赵遗址位置图

东赵遗址发现于20世纪50年代，现在是市级文物保护单位，多年来一直为学术界所关注。东赵村是著名考古学家李伯谦先生的家乡，他在北京大学读书期间曾在此地做过考古调查并采集有石镰等遗物。2011年，北京大学考古文博学院与郑州市文物考古研究院合作开展"中原腹心地区早期国家的形成与发展"课题研究，期间曾对东赵遗址进行了复查，发现了河湖相堆积，并在东北部断崖剖面发现基槽状夯土墙状堆积，初步判断东赵遗址存有城址。经过进一步研究调查，2012年春确认了东赵遗址是一处从龙山延续到两周的文化遗存。

2012年10月开始，北京大学考古文博学院与郑州市文物考古研究院联合对东赵遗址进行了"遗址全覆盖式钻探""聚落结构调查"以及重要遗迹和重点区域的针对性发掘，经过近三年的勘探、发掘等考古工作，获得了一系列重要的考古发现。

一、发现"叠套"的大、中、小三座城址

在东赵遗址同一地发现了三座城址，这种"一地三城叠罗汉"的现象在考古学上非常罕见（图二）。其一，小城位于遗址东北部，方向为北偏东5°，平面基本呈方形，面积约2万平方米。其时代为考古学上所说的龙山到二里头文化的过渡期，即新砦期，至二

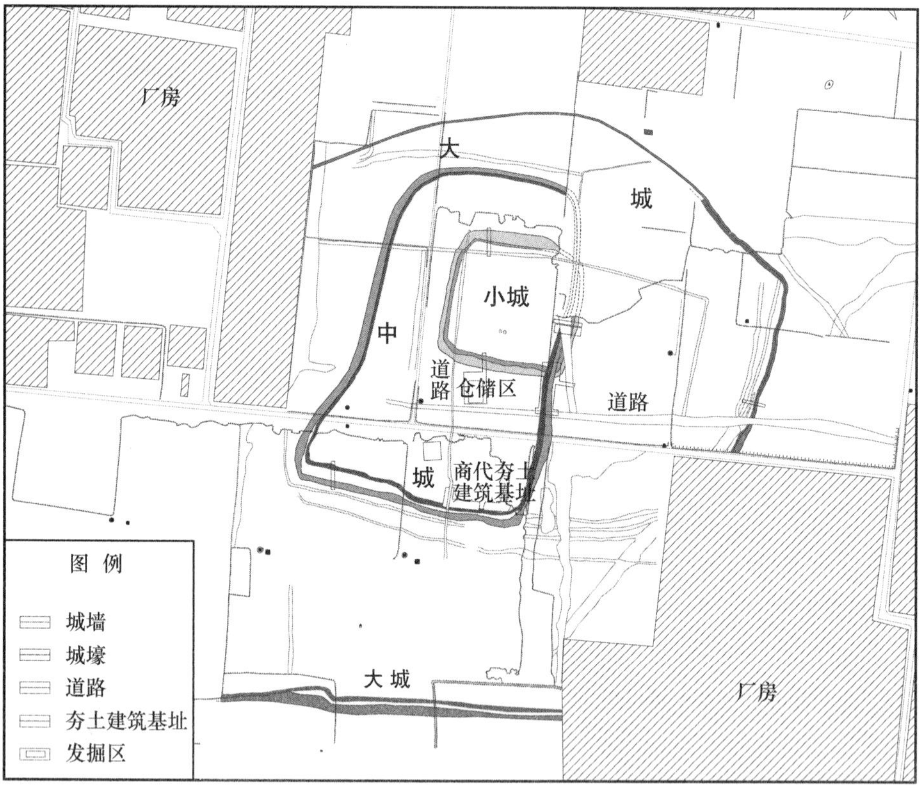

图二　东赵遗址位置示意图

里头文化一期时始废。其二，中城基本位于遗址中部，方向为北偏东10°，略为梯形，面积约7万平方米，始建于二里头文化二期，至二里头文化四期时废弃。其三，大城平面不甚规则，略为长方形，方向为北偏东15°，面积约70万平方米，部分城墙被建筑物叠压。其始建于战国晚期，至战国末期废弃。

二、商代大型宫殿基址

东赵遗址的南部发现一座商代大型建筑基址（图三），叠压于二里头文化时期的中城的东南角，东西长约75米，南北长约40米，是一栋大型回廊式建筑，主殿和围廊地面主体已被破坏。从发掘的情况看，其始建于二里冈文化二里冈下层早段，二里冈文化二里冈下层晚段始废。该回廊式建筑面积3000余平方米，是目前郑州地区发现的早商时期面积最大的完整宫殿。

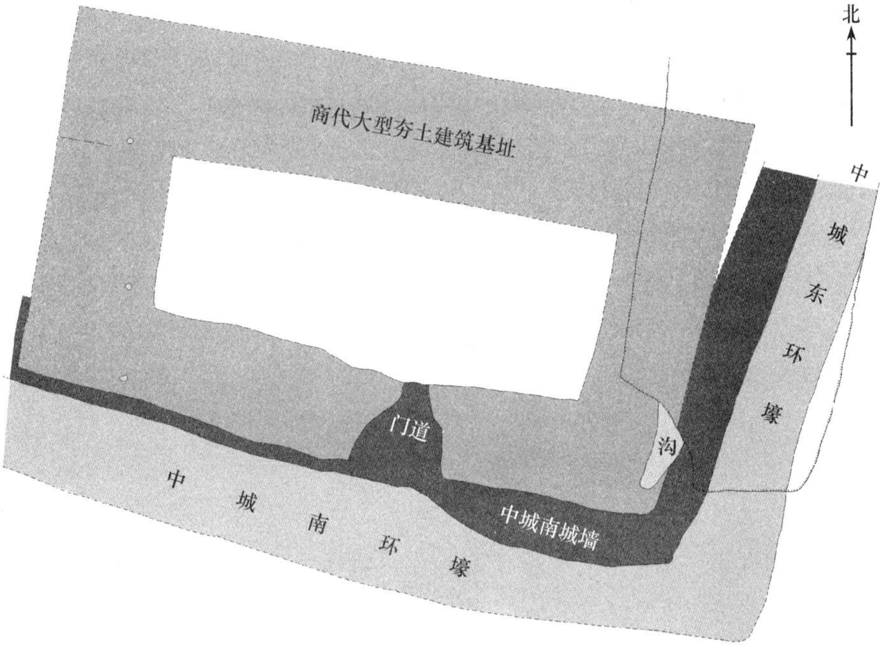

图三 商代大型建筑基址

三、其他特殊遗存

在东赵遗址，不仅有规模宏大的城市和建筑，还发现有其他重要遗迹。中城内中部位置有40余个圆形地穴式遗存（图四），时代为二里头文化时期，它们排列基本有序，似乎还可分组，是经过精心设计和埋藏的；有的祭祀坑内有猪骨架、石铲（图五）、龟壳（龟背中部有人工钻孔，图六）、玉柄形器（璋）以及成人骨架等。中城内中部偏北的位置发现一卜骨埋藏坑（图七）；坑内出土近20块卜骨，系牛肩胛骨，灼痕明显，年

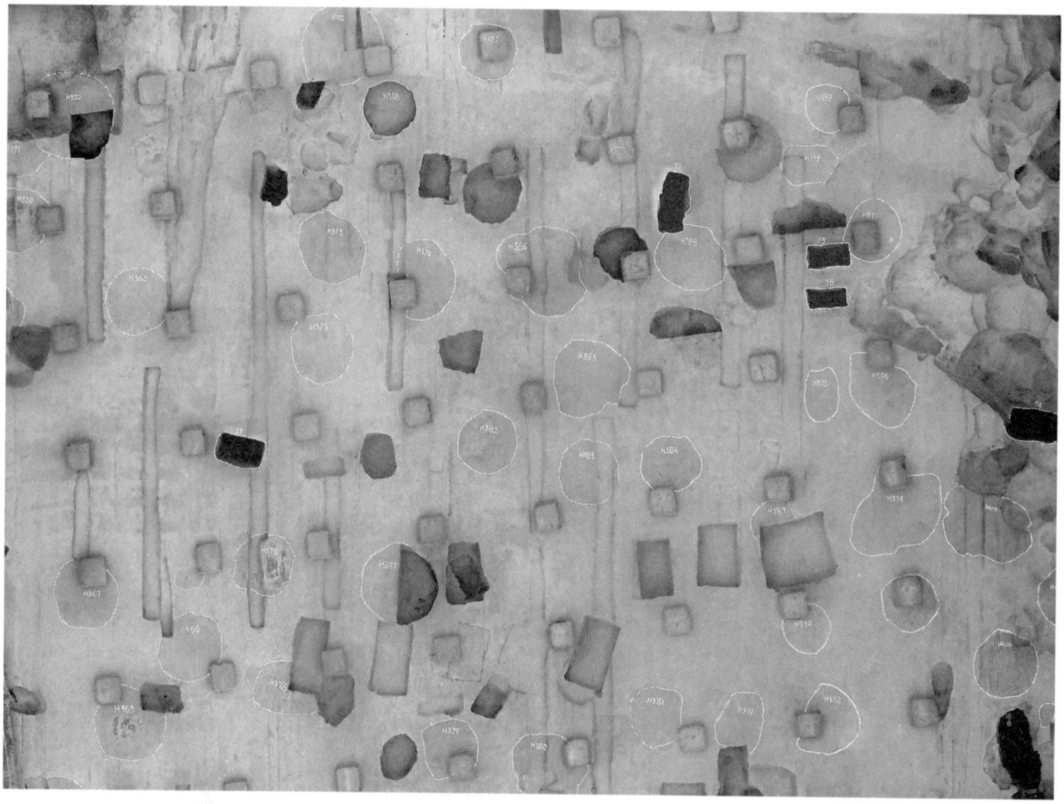

图四　圆形地穴式遗迹

图五　猪骨架、石铲

图六　人工钻孔的龟壳

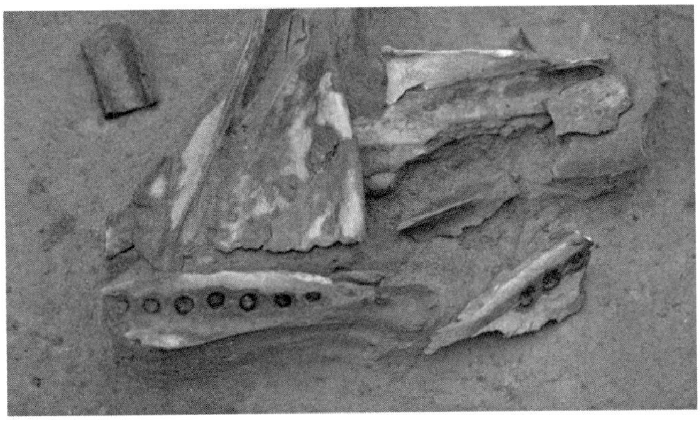

图七　卜骨埋藏坑

图八　孩童骨骸

代为二里头文化二期。在中城的南墙基槽内还发现一孩童骨骸（图八），应该属于建设城市时祈求保佑的祭奠行为。

另外，遗址内发现的二里头文化一期遗迹、二里头文化中期灌溉网络、二里冈文化白家庄期遗迹及西周早期遗迹等等。虽然看似普通，但是对于解决考古学术界的有关文化谱系难题和更好地理解整个遗址的变迁史也具有非常重要的价值。

四、遗址遗迹反映的重要历史信息

东赵遗址的系列发现，可以给我们提供非常难得的失之于记载的重要历史信息，现择其主要方面述之如次：

（1）东赵小城。其始建和废弃遗迹的发现，再次证明诸多学者所谓的“新砦期”早段才是真正的“新砦期”[1, 2]（这里所谓的“新砦期”是指新砦遗址考古学分期之“新砦二期早段”），“新砦期”也是早于学术界原来所说的二里头文化一期的，包括夏商周断代工程中发现的二里头遗址二里头文化最早的一期。小城时代为“新砦期”，正好处于龙山到二里头文化之间，结合文献中有关夏代初年的历史以及学术界有关早期夏文化的研究，特别是近年来新砦、花地嘴、瓦店[3]（瓦店遗址有一定数量的新砦期遗存，例如1997年配合夏商周断代工程发掘材料中的ⅣT3F4：7及ⅤT1H17：1）等有关新砦期遗址的重要发现，可以认为其和新砦期的新砦、花地嘴、瓦店等遗址密切相关、互为网络，应该是“后羿、寒浞代夏”时期的一处重要军事要地[4]。依据文献记载，先是后羿取代了夏王太康，后来后羿的宠臣寒浞又取代了后羿，最后又被少康所杀，恢复夏朝之政。羿浞代夏这一阶段只有几十年，应该对应于考古学中的“新砦期”这一阶段。

（2）东赵中城。其繁盛于二里头文化二三期，正是整个夏王朝时期的辉煌阶段。参看郑州地区的望京楼、溽沱岭、西史村等夏代城址及蒲城店等其他地区的夏代遗迹，东赵中城应该是夏王朝繁盛时期在郑州地区的重要卫星城市。

（3）东赵大城。其时代为战国晚期，这一时期郑州地区基本尽归战国七雄之一的韩国。从城墙建筑、城市基本布局并结合韩故城的发展看，其应是当时韩国国王命人所作之邑，可能是韩国的附属小国和韩国首都的护卫城。“作邑”现象自商周已经出现，在春秋战国时盛行。

图九　《利簋》铭文

（4）东赵宫殿建筑基址。其面积巨大，时代为二里冈下层时期，这一时期郑州商城正是发达时期，商代早期诸王均在郑州发展。从该建筑基址的规模、位置、环境、距离商城如此之近及商王朝当时没有近忧的情况看，此处应该是供商王朝王室所使用的设施。

（5）西周早期遗存。东赵遗址发现了丰富的西周早期遗存，结合文献、金文及卜辞记载，这类遗迹很可能与文献中所论的旃、丹之地及古檀国有关，为在附近寻找古檀国提供了重要的考古学线索。

依据著名的《利簋》铭文（图九）记载，并参阅《周书·大匡》和《文政》，武王灭商后，曾来到郑州管地，即《利簋》的地，并且在此对有功之臣右史利予以赏赐，在武王死后他用其所赏制作了这件器物，用以纪念这件事和其先祖公。此铭文中的事件，尤其是公与东赵遗址所在的檀山的关系怎样理解呢？我们就此问题论证如下：

《左传·成公十一年》："昔周克商，使诸侯抚封，苏忿生以温为司寇，与檀伯达封于河。"杜预注解为："苏忿生，周武王司寇苏公也，与檀伯达俱封于河内。"杜预注解"封于河"的意思为"俱封于河内"，可能是不正确的。

从文献看，作为地理概念的河内与河外、河东等称谓一样，是以黄河为坐标而言的，黄河以北为河内，黄河以南应为河外。《后汉书·郡国志》云："温，故国也，苏忿生封"，《括地志》卷二记载，"故温城在怀州温县西三十里，汉、晋以为县，本周司寇苏忿生之邑"。又据《左传·隐公三年》记载，郑国与周王室有矛盾，首先拿温国说事，到温地去抢割麦子。这说明温地与郑国相邻。又据《左传·隐公十一年》记载，周桓王夺取了郑国的邬、刘、蒍、邘之田，即今天的河南偃师、孟津、沁阳等地，又把原属于苏忿生的温、原、絺、樊、隰城、攒茅、向、盟、州、陉、隤、怀等12个采邑送给了郑国。据有关学者考证，其中，温、州、陉（邢）均在今河南温县境内，原、樊在今河南济源市，絺、向在今河南沁阳市，隰城、怀在今河南武陟县，盟在今河南孟州市，隤在今河南焦作市，攒茅在今河南辉县市。整个区域包括了今河南济源市与焦作市的全部及今新乡市的西部，与其时康叔受封的卫国相邻。

这段文献和地理的考证，不仅表明了温国与郑国相邻，还说明了温国的基本范围，即基本是"河内"这一范围。由此可知，《左传·成公十一年》所载苏忿生与檀伯达"封于河"的意思不是"俱封于河内"，而是苏忿生封于"河内"，檀伯达封于"河外"，很可能包括今郑州北方包括檀山在内的范围。

诚如所判，则这个檀伯达很可能就是《利簋》所载的右史利[5]。然该檀伯达不应该是武王伐纣以前就已经在檀地的商人或周人的贵族，因为首先檀地的范围在西周以前属于商人统治范围；其次《左传·成公十一年》"昔周克商，使诸侯抚封"的记载明确说明檀伯达所封时间是在武王伐纣之后。这样的话，《利簋》中的右史利更可能如有的学者认为的那样，是武王时期职事包括占卜等事务的史官。

不过，既然右史利称其先祖为公，该器又是制作于当时周都附近的临潼，那他的祖先公之地怎么就是郑州的檀山之地呢？我们认为，公就是檀公或旃公，就是今郑州檀山附近之封主。重要的原因是，因为历史上右史利的祖先很可能就是商王朝时期丹地或檀地的檀（丹、旃）族或檀（丹、旃）国的首领，其后人在商末可能奔周而去，并由名"利"的旃人担任了武王的右史官，因为辅佐武王伐商有功，所以被赏赐。

我们这样认为，主要依据两方面：

（1）卜辞考据。依据卜辞，商代确实有一个名丹的地方，字为形。据饶宗颐先生研究，此丹地就位于西周春秋时期虢郐之间的十邑之一的丹邑，他还依据卜辞《屯》乙4968说，丹族人当时与商王族联系密切，其地女子曾有为商王妃者[6]。显然在郑州区域内，符合这一地望的恐怕就是现在的古旃水、古索水附近区域了，这就应该是东赵遗址所在的檀山区域了。

卜辞中还有一字，字形有为（续3212），（续4027），（摭续184）等写法，其中的字，商承祚先生在《殷墟文字考》一文[7]中认为、形近宜传写失，字即旃字。还有诸多学者把该字读为旜、檀字，或作旃。由此可知《利簋》中的字与卜辞中的、等写法的字，可以通假使用，即可以用作旃字、檀字。由此《利簋》中的字可以与丹、旃字通用，因而虢郐之间的丹邑也就可能是《利簋》中的地或其附近了。

（2）历史文献。胡新生先生认为，“辛氏、尹氏、程氏、微氏只是异姓史官中地位较高影响较大或其世系较为明确的四家。西周金文记有大量‘史某’‘作册某’，他们的家族世系和确切族姓已不可考，但根据种种迹象仍能看出其中一大部分是异姓史官”，“西周王朝建立前后，一些曾在商王朝长期典掌文化事业的异姓家族相继进入姬周政权，并凭依其特有的文化优势世代担任大史、内史等官职”[8]。

注　释

［1］北京大学震旦古代文明研究中心编：《新密新砦：1999—2000年田野考古发掘报告》，文物出版社，2008年。

［2］顾万发：《〈“新砦期”研究〉增补》，《中国上古史研究》第三期，台湾兰台出版社，2003年。

［3］方燕明、韩朝会：《河南禹州市瓦店龙山文化遗址1997年的发掘》，《考古》2000年第2期。

［4］顾万发：《〈“新砦期”研究〉增补》，《中国上古史研究》第三期，台湾兰台出版社，2003年；顾万发：《河南巩义市花地嘴遗址“新砦期”遗存》，《考古》2005年第6期。

［5］唐兰：《西周时代最早的一件青铜器利簋铭文解释》，《文物》1977年第8期。

［6］饶宗颐：《殷代贞卜人物通考》，香港大学出版社，1959年。

［7］《国学丛刊》二卷4期。

［8］胡新生：《异姓史官与周代文化》，《历史研究》1994年第3期。

（原载《炎黄文化》2015年第6期）

试论新砦陶器盖上的饕餮纹

一、有关饕餮纹的资料

1999年10～12月，在北京大学古代文明研究中心李伯谦先生的倡议下，北京大学考古文博院与郑州市文物考古研究所联合对河南新密市新砦遗址进行了试掘（请参阅本期简报[1]），取得了较为重要的收获。其中尤为引人注目的是在T1H24中发现了一件刻有饕餮纹的陶器盖（编号为99T1H24：1），其虽然已残，但饕餮纹面部几乎可以复原（图一，1、2）。由于我们认为其在相关问题的探讨上具有非常重要的意义，所以不惜冒小题大做之嫌特将其结合相关材料，单独列文讨论，不妥之处，敬请方家指正。

该陶器盖虽已残，但仍可明显地看出其有平盖顶及折肩，比附同单位所出器盖以及中国社会科学院考古研究所1979年试掘[2]及本次试掘相关单位所出的其他器盖，断其为同类器物无疑。该器盖主要为泥质，杂有细砂，外表涂黑衣，器表磨光，器内为素面，陶胎较厚重，火候不太高，胎色红褐或浅黄不一，水平盖顶近折肩处有一周凹槽，凹槽

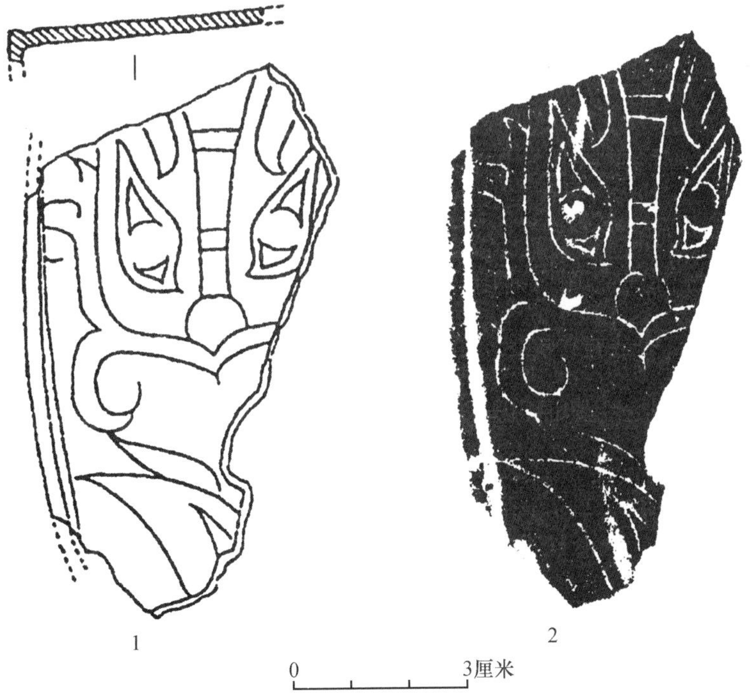

图一　新砦遗址出土陶器盖（99HXXT1H24：1）上的饕餮纹

1. 陶器盖残片　2. 饕餮纹拓本

与盖纽（已残缺）之间为所绘饕餮纹，饕餮纹前方也有一物，惜已残缺不可知。该兽面额主体为近方圆形，蒜头形鼻略近心形，长条形鼻梁，上刻四条两行相隔较远的平行阴线，近“臣”字形纵目，高竖浓弯月眉，尖圆三角形双耳，两腮有鬓至耳附近，吻较长，两侧有双阴线勾带内弯，与中间的吻构成类嘴之形。

该饕餮纹主要为阴线刻制，只勾不彻，技法娴熟，线条也比较流畅，在其刻制技法上有以下几点值得重视：①在刻勾两眼内眼角时，绘者似乎有意运用了浅减地技法，使双眼略显平凸，从而增强了兽面的狰狞及勇猛效果，同样也增强了画面的立体感，并且似乎已初具二里头中晚期及商周时期兽面纹双眼外凸的特征。②其双眼的构图，不仔细观察好像仅是双线勾成，实际上眼珠与内眼眶是一组极为简约的共生图，即只绘制了两弧边三角形表示眼眶内眶，眼珠便不绘自显了。这种表示眼睛的“互文”绘图法，在早期美术史上尚不多见，但在眼角处刻划弧三角的构图法却明显地传承下去了[3]。③该饕餮纹的上眼眶有两处弯曲，而下眼眶只有一处，这种现象在饕餮纹中是很少见的。

二、所处年代的讨论

由于该饕餮纹在学术研究上的重要性，所以我们觉得认清其所处文化类型、期别成为至关重要的事情。因为，以往常有些觉得很能说明问题的材料，不是传世品，就是征集品，让大家研究起来觉得颇不可靠。鉴于此，我们选择了该兽面纹所在单位所出主要陶器予以发表（图二），以方便讨论。这些陶器虽然略显破碎，但是在两次试掘面积近

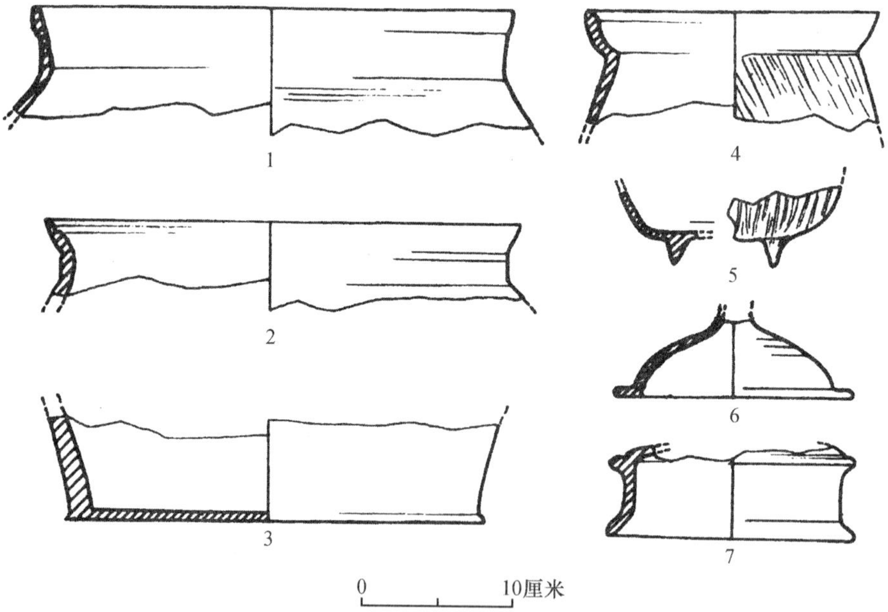

图二　新砦99HXXT1H24陶器

1. 尊形器（H24：18）　2. 尊形器（H24：16）　3. 平底盆（H24：13）　4. 深腹罐（H24：10）
5. 鼎（H24：15）　6. 器盖（H24：7）　7. 器盖（H24：1）

300平方米，出土器物比较丰富的情况下，断其文化类型及其所处期别应是不成问题的。从图二中可知：其深腹罐口沿起平台，尊形器尖圆唇、侈口（少数沿面上有一凹线），器盖侈口、肩部出棱等特点，与新砦遗址二期晚段[4]非常相似，其时代应与之相当。

三、有关饕餮纹内涵的初步分析

关于饕餮一词，大家比较熟悉的材料大概是《吕氏春秋·先识览第四》所云："周鼎铸饕餮，有首无身，食人未咽，害及其身，以言报更也。"宋代沈括据此将商周青铜器上的主要兽面纹定名为"饕餮纹"。马承源先生在《商周青铜器纹饰综述》[5]一文中将饕餮纹按有无双角分别订名为"虎头纹"与"兽面纹"。高诱注《淮南子·修务训》认为"饕餮"为缙云氏之子，即《左传·文公十八年》所言的"四凶"之一。明《真珠船》等文献又据《怀麓堂集》等将其作为与龙之九子同种不同属的瑞兽之一。我们认为从一般意义上而言，称之为"饕餮纹"无疑是正确的，但是具体到某一类饕餮纹时，如能确切的说明其造型来源于何物似乎更好，因为该饕餮纹所处时代为"新砦遗址二期晚段"，对其形象的具体而准确的论证会对相关文化中系列饕餮纹（或其母题）为何物，以及这些饕餮纹的演变过程等相关课题提供重要帮助。我们通过较为全面认真地研究，论证该饕餮纹具明显的东夷文化色彩（详见下文），并认为其造型应含虎形因素。我们知道，夷人的图腾[6]主要为阳鸟，但除此以外，还应包括虎，具体论证如下：①从原理上讲，一个氏族特别是拥有部落的氏族共同体，其图腾物常常并不唯一，即使某氏族最初的图腾物较单一，也多会随着合婚、父母系的分化、子女氏族的册命分氏等原因而产生衍变复合。这是符合民族学实际及图腾学基本原理的。②在一些文献及神话传说中也曾有论虎为东夷人图腾的具体内容。《山海经》[7]中提到的幽司、黑齿、白民等国，均有"使四鸟（即包括虎在内的四兽）"之情形，在这些记载中又均提到帝俊（或娥皇），而所提之人均属东夷民族；另外，文献中常提到的外形与虎密切相关的少昊氏之子穷奇，性格极类饕餮[8]；"太昊""少昊"的"昊（皞）"实也含有"虎"之意，如虎皮，古又称皋皮；诸侯外宫门，称皋门，又称虎门；牢笼称皋牢，又称虎落；等等。东夷另一个重要首领皋陶传说是"扶始升高丘，睹白虎"感孕而生（《艺文类聚》卷九九祥瑞部下驺虞条）。相关材料还可参见王大有及王全有相关论著[9]。③从实物上看，美国弗利尔艺术博物馆藏有一玉刀（图三，1），玉刀前端有一侧面人像，据邓淑苹证其为典型东夷之人"甲式神祖"[10]，在玉刀中间有一虎卫人像图。这是较为典型的图腾物与祖先合刻的图腾构图规律的体现，类似的例子在二里头第三期等众多材料上亦可见（图三，2）[11]。④从近年相关的研究分析，良渚文化及商文化中的饕餮纹与山东龙山文化中的这种纹饰密切相关，这已是学界基本公认的事实，而前两种文化中的这类纹饰的相当一部分造型已被一些学者证明为有虎形的成分，虽然其有些论证尚需探讨，但其基本观点是有一定意义的[12]。我们在这里之所以力证东夷之人有虎的图腾，一方

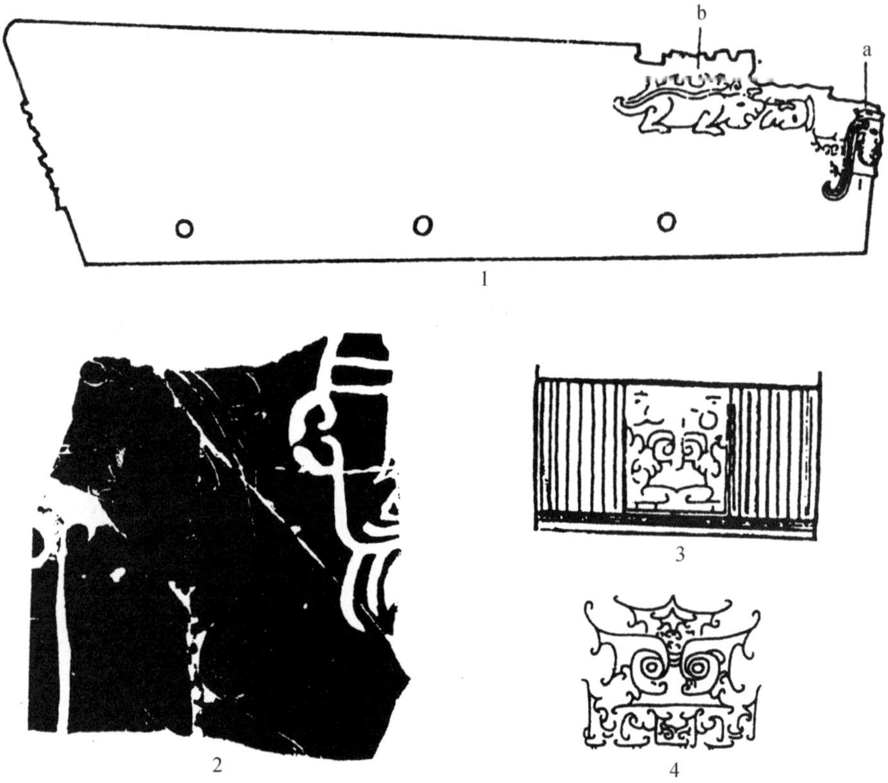

图三

1. 玉刀上虎卫人像图（美国弗利尔艺术博物馆藏）　2. 陶豆上龙与人像图（二里头VT210④：3）
3. 何东玉圭上图像　4. 两城镇玉圭上图像

面是因为，长期以来，大家一说到东夷人的图腾就是非鸟莫属，这里需要予以澄清；另一方面，我们试图以此表明，新砦遗址所出饕餮纹之所以为类虎面，可能是夏人虎图腾的信仰（我们并不否认夏人还有龙图腾），是受到夷人相类观念强烈影响的结果，因为据相关文献记载，夏人亦与虎关系密切[13]，但在此前豫西各文化遗址的有关宗教等方面的艺术品中，尚未见到这种遗存，而恰在这时出现了。

四、文化因素分析

从以上造型等方面的分析，我们认为新砦饕餮纹具有强烈的东夷文化色彩，大体表现为：

（1）饕餮纹鼻前的线条造型及表现技法明显地来源于山东龙山文化。①台北故宫博物院藏有一阴线刻图腾像玉圭，据邓淑苹先生论证，它为典型的东夷式玉器，其上面造像的鼻前造型与新砦饕餮纹的该处造型几乎一样（图四，1），类似的例子在何东圭、两城镇圭等玉器上也可见到（图三，3、4），而且其稍作变形，便可演化为更晚的同类

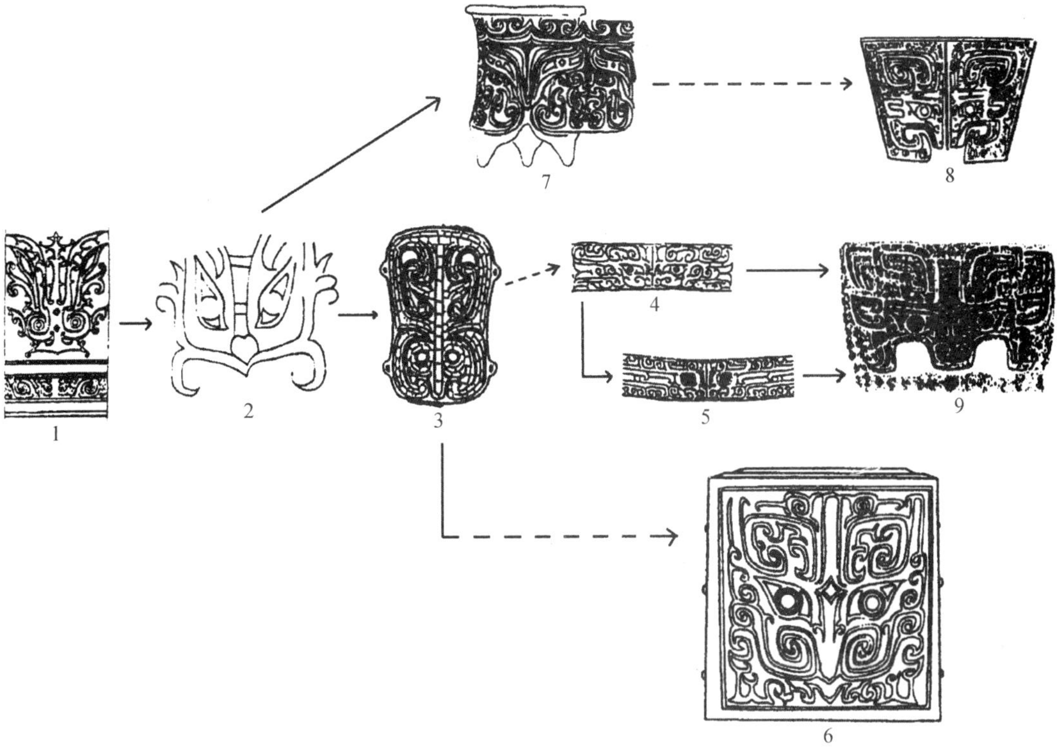

图四　不同时期饕餮纹嘴演变简图

1. 图腾像玉圭（台北故宫博物院藏）　2. 陶器盖（新砦T1H24：1）　3. 铜牌饰（二里头81YLM4：5）
4. 1号铜方鼎（郑州张寨南街）　5. 铜大圆鼎（郑州向阳食品厂H1：1）　6. 铜构件（郑州小双桥采：1）
7. 陶鬲（大甸子75M751：3）　8. 铜器盖（殷墟76AYM5：856）　9. 铜偶方彝（小屯M5：79）
（注：虚线表示限于目前资料，两者之间似有缺环）

图像，特别是其嘴的造型。为便于掌握其演变的总体规律，我们对不同时代的各个图像主要按其嘴造型做了简化的编排（图四），详细的序列比这要复杂得多，笔者已根据公布的及未公布的13件二里头文化铜牌饰以及其他相关图像在另文讨论。②蒜头形鼻头，长条形鼻梁，饰双眉的风格更类山东龙山文化（图五，1、2）。其虽为人面，但风格是可以用于与之对比的。③鼻梁饰横线的作风，山东龙山文化有，良渚文化中也有，但是其更多的是以一横跨鼻梁的弯圆线带为其主要风格。④眼睛的造型及线条组合更类山东龙山文化（图五，3）；石家河文化也有少许类似的表现方式，良渚文化中仅有极少之例（图五，4、5）和其略似，但雕刻手法及线条组合与之显然有别。

（2）关于饕餮纹文化因素的分析，还必须结合相关器类以及更宏观的考古学文化方面的分析，才能更为严密。在这次试掘中，发现“新砦期遗址二期”含有一组山东龙山文化因素。如T4H42发现了一件瓦足器，其圜底的特点在河南龙山文化晚期是不见的，周边龙山文化中也只有山东龙山文化较为常见。T4H6及T2H147所出的折沿豆，虽然一些学者认为类似的豆可在河南龙山文化晚期找到其祖型，但我们觉得很难排出其演变序

图五

1、2. 图腾玉圭（台北故宫博物院藏）　3. 图腾像玉圭（台北故宫博物院藏）

4. 三叉形玉器（瑶山M7：26）　5. 冠状玉器（反山M16：4）　6. 敛口陶罐上眼形纹（二里头81YLVT21③：1）

列，并且数量很少。而在同时期的山东龙山文化中却可以发现类似器物，而且其发展序列可以在其本文化中排出序列来。T4H6还出有二方连续的横线饰三角形纹瓮，这与曾出土过著名兽面纹玉圭的日照两城镇出土的陶器典型纹饰非常相似，而与中原龙山文化造律台类型中所出不太相同。这些似乎表明在“新砦遗址二期”之时，山东龙山文化对中原文化的影响有进一步加强的趋势。从宏观的考古学文化上讲，大汶口文化中期，良渚文化对其影响明显，甚至在花厅等遗址[14]，良渚文化因素也占有很大比例，但带有兽面纹的玉器出现少，而且据严文明等先生的研究[15]，其并不是大汶口人的仿制物。这似乎表明大汶口人这时并未接受或未充分接受良渚文化这种纹饰风格（在山东有些地方曾发现了带有本地特点的良渚式纹饰）。这时不得不西向发展的大汶口人自然也不会把这种纹饰带给中原或石家河居民。从相关考古文化现象分析，良渚文化这时也未做到这一点。大汶口文化晚期，良渚文化南退，大汶口文化继续西去，情况同上一阶段基本相同，良渚文化这时虽然由于大汶口文化南下而西去了一些，但整体上也只到石家河中心遗址以东的粟山岗一线便减退，因而其兽面纹因素西传得不会太远以至从南方影响中原（至多到石家河、贯平堰等地，而且这些地方的东方因素时代较晚）。但到了山东龙山文化晚期，情况发生了变化，这时的山东龙山文化经良渚文化的影响，已初步形成了自己的玉器纹饰风格，并且向西传播；另外，其对豫南及湖北北中部也产生了很大的影响，具体表现为肖家屋脊等龙山文化晚期遗址中出有典型的东夷式玉器，同时在陶器上也有反映，杨建芳甚而认为石家河晚期有些部族的文化为迁徙至此的东夷人与当地土著相结合而产生的[16]。而这时良渚文化已式微，已不太可能对其以西各文化造成巨大影响，虽然在陶寺、石峁、豫北、晋南、陕北及豫西（据二里头等遗址所出玉琮、铜牌饰推测）等龙山文化晚期遗存中出现过玉琮等，但其形制及功用似乎有所改变，这似乎说明原生的良渚文化对这些地区（不包括石家河及豫东南、豫西南的有些地方）的影响甚微（至少是玉器图像方面），再联系到良渚和石家河文化玉器及该饕餮纹的各自时间、风格，我们初步认为该饕餮纹的东方文化因素不会是其时从宁镇、太湖等原良渚文化分布区传来的，而应来自山东。

五、相关问题的讨论

此次在新砦发现的饕餮纹，我们认为具有相当重要的学术价值：

①为诸文化间饕餮纹的演化轨迹及饕餮纹（或其母题）从何而来的课题研究提供了十分难得的材料。②对于那些无明确出土地点的传世品或征集品来说，无疑提高了它们的可信度（如美国明尼坡里斯艺术协会藏少皋鸷图腾玉圭，美国福格美术馆所藏玉圭、何东圭，台北故宫博物院藏人像圭、图腾圭等），从而学者们可以放心地使用这些材料，以促进这些玉器图像各个方面特别是年代方面的研究。比如，以新砦饕餮纹年代为可知点，美国明尼坡里斯艺术协会藏少皋鸷图腾玉圭、台北故宫博物院图腾圭、两城镇圭当与其相差不远，何东圭可能稍早，而上海刀就可能更早了[17]。③承上诸分析，我们知道该兽面纹主体文化因素来自于山东龙山文化晚期，而且该种纹饰在东夷民族中又具有图腾、权力等较高级别的象征意义，这个时期随相关器类传到中原，当可说明“新砦遗址二期（含早、晚两段）”应与夷人（含后羿、寒浞二人）代夏事件密切相关，其晚段与造律台类型所属氏族物质文化因素西来进一步加强也有联系，并且说明一些考古学家早年的相关论述具有相当的卓识[18]。④由图四可知，该饕餮纹与二里头二期以后的相关图像关系密切，而二里头二期至四期均有带饕餮纹的铜牌饰，但以后基本不见[19]，二里冈下层及其以后尤其不见带饕餮纹的铜牌饰（广汉三星堆所出铜牌饰，一般认为相当于二里头二期风格，也有些学者认为较晚，但不影响本文的观点[20]）。另外，

该饕餮眼，承上文所述，上眼眶有两处弯曲，而下眼眶只有一处，这种情况在二里头四期尚可见到（图五，6）。但在二里头四期以后就不再出现了。结合有关学者关于礼制与文化关系的论述[21]、关东地区有二里冈下层稍晚的遗存[22]及商汤早期活动的系列情况[23]，我们当可认为，夏代的始年不会在二里头一期，而可能会更早一些。同时，二里头四期在某种意义上作为一重要的分界线，也应值得学界进一步认真关注。

（本文在写作过程中，曾就有关问题先后请教过李伯谦、郑光、赵朝洪、刘绪、张松林等先生，在此一并致谢！）

注　释

［1］北京大学考古文博院、郑州市文物考古研究所：《河南新密市新砦遗址——1999年试掘简报》，《华夏考古》2000年第4期。

［2］赵芝荃：《河南密县新寨遗址的试掘》，《考古》1981年第5期。

［3］河南省文物考古研究所编：《河南商周青铜器纹饰与艺术》，河南美术出版社，1995年；刘观民、徐光冀：《敖汉旗大甸子1974年试掘简报》，《考古》1975年第2期。

［4］北京大学考古文博院、郑州市文物考古研究所：《河南新密市新砦遗址——1999年试掘简报》，《华夏考古》2000年第4期。另，在新的材料未完整发表之前，暂沿此称。

［5］上海博物馆青铜器研究组：《商周青铜器纹饰》，文物出版社，1984年。

［6］关于图腾，中国学者自20世纪初以来不断进行研究，并取得了一定的成绩，但张光直先生认为"在中国的考古学上证明图腾的存在是很困难的"（《谈"图腾"》，《中国文物报》1993年8月22日），我们认为此话确有一定道理，但是，确定一个地区某个氏族组织有某一图腾，用考古学的方法是可行的，而且是除文献及民族学方法之外的唯一较为可靠的方法。

［7］《山海经》，上海中华书局，1937年。

［8］袁珂：《古代神话选释》，人民文学出版社，1979年。

［9］王大有、王全有：《图说中国图腾》，人民美术出版社，1998年。

［10］邓淑苹：《晋陕出土东夷式玉器的启示》，《考古与文物》1999年第5期。

［11］中国社会科学院考古研究所：《偃师二里头》，中国大百科全书出版社，1999年，第199页。关于该类图像，有不同看法，一般认为是虎食人图［参见文中所引邓淑苹一文及朱凤瀚：《古代中国青铜器》一书（南开大学出版社，1995年）所引诸家之论］。张光直：《商周青器与铭文的综合研究》（《历史语言研究所专刊》第2期）根据文中所引Nelson Wu一文等材料认为该类图像意为："动物张开大口，嘘气成风，帮助巫师上宾于天。"笔者认为该类图像应为"威虎佑人图"，而且虎与图腾有关，我们可在商代的文化中发现有力的例证，如四川广汉三星堆二号坑所出的铜尊上的图像，人首、虎首已不可再分；殷墟出土的众多铜头盔中，有的一戴到头上，显然即为虎式饕餮口含人首，这时我们只能理解为威虎镇敌卫人而非食人。

[12] 张明华：《良渚玉符试探》，《文物》1990年第2期；Sarah Allan：《The Tiger，The South And Loeh Style3》，《迎接二十一世纪的中国考古学国际学术讨论会论文集》，科学出版社，1998年。

[13] 据《盐铁论·国疾》等文献载，夏与一些虎图腾的部落（如羌）关系密切，《礼记·礼运》又载夏人用的是尊“参（其属寅，寅为虎）”历法——《夏小正》，都表明其与虎有相当的联系。

[14] 南京博物院：《1987年江苏花厅遗址的发掘》，《文物》1990年第2期。

[15] 严文明：《碰撞与征服——花厅墓地埋葬情况的思考》，《文物天地》1990年第6期；池锦祺等：《中国新朐市新石器时代古陶器的产地分析研究》，《中国科技大学学报》第25卷第3期。

[16] 杨建芳：《石家河文化玉器及其相关问题》，《“中华民国”八十年中国艺术文物讨论会论文集》，台北故宫博物院，1991年。

[17] 邓淑苹：《雕有神祖面纹及相关纹饰的有刃玉器》，《刘敦愿先生纪念文集》，山东大学出版社，1998年；杜金鹏：《论临朐朱封龙山玉冠饰及相关问题》，《考古》1994年第1期。

[18] 李伯谦：《二里头文化类型的文化性质及族属问题》，《文物》1986年第6期。

[19] 郑州二里冈下层的一块残陶片上发现过模糊的饕餮迹象（河南省文化局文物工作队：《郑州二里冈》，科学出版社，1956年）。

[20] 敖天照、王有鹏：《四川广汉出土商代玉器》，《文物》1980年第9期；杨美莉：《记“三星堆传奇”的玉石器》，《故宫文物月刊》第17卷第3期（总第195期）。

[21] 郑光：《二里头陶器文化论略（代前言）》，《二里头陶器集粹》，中国社会科学出版社，1995年。

[22] 徐天进：《试论关中地区的商文化》，《纪念北京大学考古专业三十周年论文集》，文物出版社，1990年；宋新潮：《西安老牛坡遗址发掘的主要收获》，《西北大学学报》（哲学社会科学版）1987年第1期。

[23] 《诗经·商颂·殷武》：“昔有成汤，自彼氐羌，莫不敢来享，莫不敢来王，曰商是常。”《后汉书·西羌传》：“……畎夷人居幽歧之间，成汤既兴，伐而攘之。”另外，汤灭夏后，又随即进行多次征伐，因而夏灭与商立及开始建城时间的关系，学界应当审慎地理解。

（原载《华夏考古》2000年第4期）

二里头遗址所出玉器“扉牙”内涵研究
——并新论圭、璋之别问题

一、引　　言

二里头遗址是夏王朝的重要都城之一，多年来，有相当数量的玉器在此地被发现。这些玉器，因其所处时代并非常有助于说明中国早期文明史中的礼仪、名物制度等诸多方面的重要性而备受学界关注，相关的学术研究已取得不少成果，然而对这些玉器上扉棱的内涵问题，大家却始终是语焉不详。有鉴于此，笔者现将我们有关这一问题研究的初步结论予以具体论述[1]，以供同好评正。

二、相关材料简述

据笔者统计，二里头遗址目前已公开发表并配有线图的带扉牙玉器共有19件（《二里头》报告[2]及新近有关二里头遗址玉器讨论的文章[3]中线图、图版及编号有明显讹误，另偃师博物馆所藏的其他相关器物未纳入），为下文论述方便，我们对这些玉器分类予以简述。

戈（图一，1），1件。87YLⅥM57：21，属二里头文化四期。近内处略起一扁平“阑”，左“阑”之上有两组小扉牙，两组小扉牙之间略显内凹，“阑”上右侧有两个扉牙，实际上其应与左侧两组小扉牙对称，只不过由于使用等原因而磨损。

戚，13件。

璧戚，4件（虽然知其为璧戚但扉牙缺失者不计），分属二里头文化三、四期。ⅥKM3：13（图一，2），属于二里头文化三期，两侧各有六条扉牙，每侧中间的两个扉牙距离较近，所有扉牙均以此两个扉牙中间部分的中心点为对称，最外侧的两个扉牙略上卷，有“飞檐”似效果。ⅧKM5：1及84YLⅥ M11：5（图一，3、4），基本情况类似ⅥKM3：13。ⅧT22③：2（图一，5），此器已残，现存部分存有4个扉牙。我们这里予以特别说明：斧形大孔玉钺早在5000年前的凌家滩、良渚等（图二，1，高城墩M8）文化中就已出现，但是就璧钺论之，从花地嘴等遗址发现的几件龙山及新砦期的大孔玉钺看，以前除红山文化等发现少量所谓的不严格的略方“璧钺”之外，真正的璧钺仅从新砦期（至多可到龙山文化晚期）才有发现，并且我们可以较为肯定地说只是到了二里头文化二期晚或三期时，才开始出现真正的侧有扉牙的所谓璧戚。商周时除仍有大孔

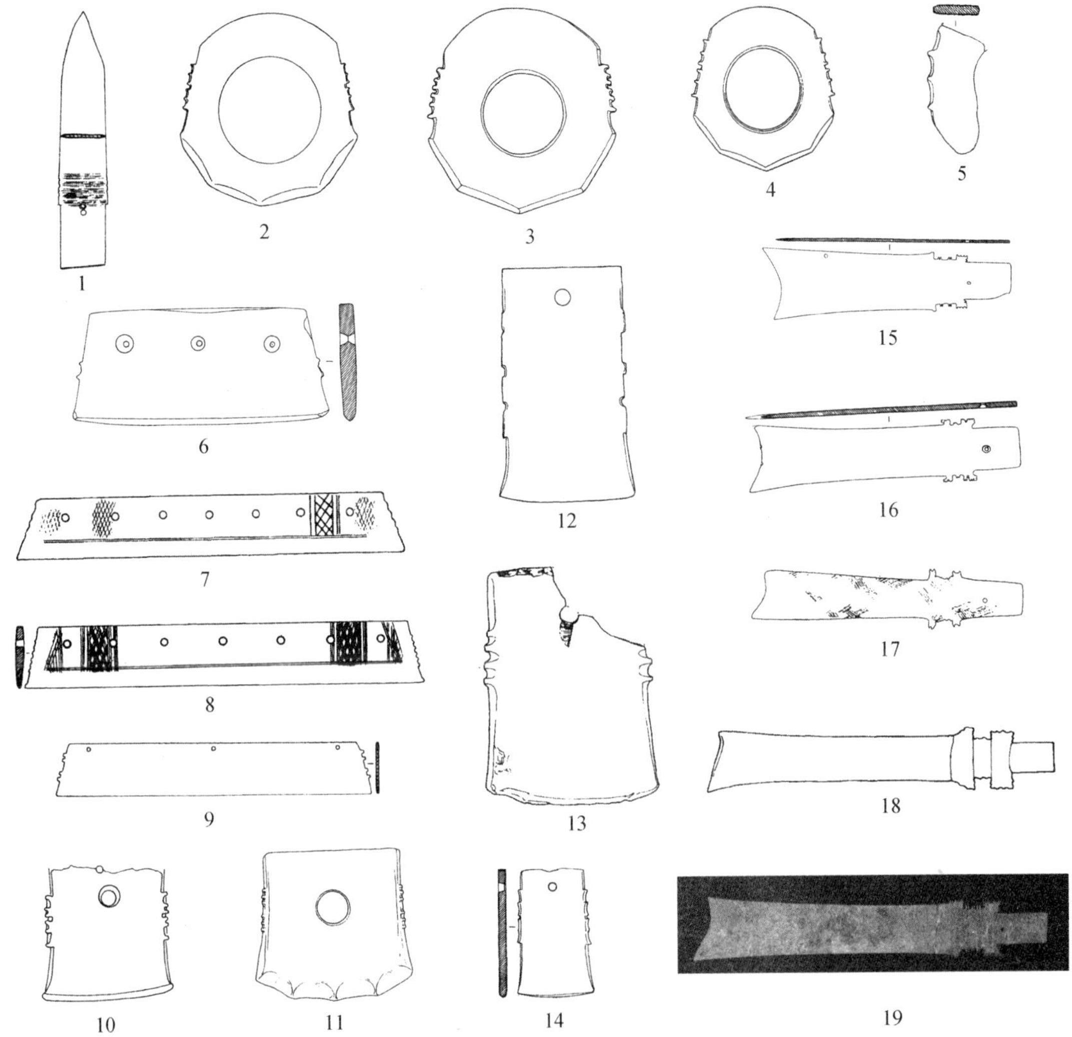

图一 带扉牙玉器

1.戈（87YLⅥM57：21） 2～5.璧戚（ⅥKM3：13、ⅧKM5：1、84YLⅥM11：5、ⅧT22③：2）

6～9.刀戚（82YLIXM5：1、《二里头》图238：4、75ⅦKM7：3、87YLⅥM57：9）

10～14.斧戚（82YLⅨM4：5、82YLM6：1、《二里头》图238：1、Ⅲ采：11、《二里头》图版168：3）

15～19.璋（80YLⅤM3：4、80YLⅤM3：5、ⅢKM6：8、《二里头》图238：3、《二里头》图版168：2）

玉钺、戚（图二，2，张家坡西周墓地M273：3。多斧形）外，又出现不少铜质大孔钺或戚。

刀戚，4件（？），分属二里头文化三、四期。82YLⅨM5：1（图一，6），属于二里头文化三期，两侧各有两个扉牙。《二里头》报告图238：4（图一，7），从偃师县文化馆《二里头遗址出土的铜器和玉器》[4]一文，知其编号75 ⅦKM7： 3不正确，此器当属于另一单位，《二里头》报告认为其属于二里头文化四期，其两侧各有四个起伏较缓的扉牙，其中右侧扉牙的平均宽度较为均匀（估计可能是75ⅦKM7：3的简化，存

1

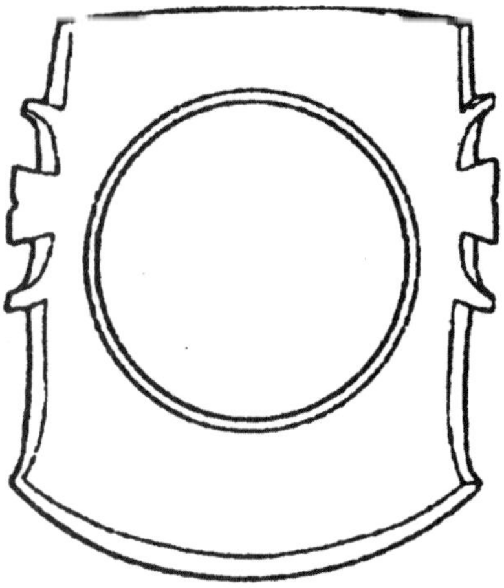

2

图二

1. 高城墩M8　2. 张家坡西周墓地

疑）。75ⅦKM7：3（图一，8），应属于二里头文化四期，其两侧各有六个扉牙，仔细观察可发现其中心的两个扉牙间距略宽，内凹略明显。87YLⅥM57：9（图一，9），属于二里头文化四期，两侧各有四个扉牙，每侧扉牙中间的两个距离较宽，显然可以之分为两两一组。

斧戚，5件，分属二里头文化二、三、四期。82YLⅨM4：5（图一，10），属于二里头文化二期，其两侧各有六个扉牙，三三呈对称状，最外侧的两个扉牙上卷，有较明显的"飞檐"似效果。82YLM6：1（图一，11），其扉牙及时代类似82YLⅨM4：5，不过"飞檐"似效果不明显。《二里头》报告图238：1（图一，12），从偃师县文化馆《二里头遗址出土的铜器和玉器》一文知其编号ⅦKM7：2不正确，此器当属于另一单位，《二里头》报告认为其属于二里头文化四期，其两侧各有四个较宽平的扉牙，左右侧的扉牙不对称，其中右侧的a处应与b处类似，此器缺刻。Ⅲ采：11（图一，13），属于二里头文化四期，其两侧各有四个较直的扉牙（为石质，纳入玉类）。另，《二里头》报告图版168：3（图一，14），由于其编号也为ⅦKM7：2，又显然与《二里头》报告第341页描述的图238：1之"钺"不是同一件器物，经检验《二里头遗址出土的铜器和玉器》简报知，其应为真正的KM7：2，属于二里头文化四期，其两侧各有六个扉牙，三三呈对称状，三三扉牙之间有一明显的内凹将六个扉牙分为三三一组；扉牙多上卷，有相当明显的"飞檐"效果。

璋，5件，分属二里头文化三、四期。80YLVM3：4（图一，15），属于二里头文化三期，其每侧扉牙复杂，其中下"阑"为开口兽首形，上"阑"为常见的无牙"似梯形"，两"阑"之间为两组四个小扉牙。80YLVM3：5（图一，16），其每侧扉牙复杂，其中上“阑”扉牙的具体造型应基本以左侧保存较好者为准，下“阑”可分为两小部分，其中下端为高开口兽首形，首顶有两个小扉牙“鬃”，上端为接近但还未完备的兽首形，上“阑”上端上折，下端为一组两个小扉牙，两“阑”之间也为一组两个小扉牙“鬃”；ⅢKM6：8，属于二里头文化三期，其每侧扉牙复杂，其上下“阑”突出，为回首张口兽（确切地说应是虎）形，两“阑”之间向中间渐收为一个“凹”（图一，17）。《二里头》报告图238：3（图一，18），其编号为ⅦKM7：5；从偃师县文化馆《二里头遗址出土的铜器和玉器》一文知不正确，此器当属于另一单位，《二里头》报告认为其属于二里头文化四期，其上“阑”与一般的“似梯形阑”相比增加了一斜宽扉牙，总体类“台阶”，其下“阑”左右侧的上下各有一似兽口似的小缺口（《二里头》报告图版168：2是真正的ⅦKM7：5）。ⅦKM7：5，《二里头》报告图版168：2（图一，19），其每侧扉牙极其复杂，其中下“阑”下端为首顶有四个小扉牙“鬃、角”的开口兽首形，上端为首顶有四个小扉牙的高开口兽首形，上“阑”为常见的两扉牙加“似梯形”，两“阑”之间为三组六个小扉牙“鬃”。

三、扉牙内涵讨论

对于这些玉器的扉牙，学界以前主要是着重于类型学方面的研究，这方面的研究固然重要，然而，其内涵为何是更重要的，是强调精神层面内涵的现代考古学所不容忽略的。在目前的研究状况下，加强对这一方面有关问题的研究，非常有助于我们深刻理解有关玉器的本质，也利于我们解决一些相关的疑难问题。关于这些玉器扉牙的内涵，以下我们分两类予以论述。

第一类，主要是指戚。它们在本质上属于“圭”之层次。笔者认为，这类玉器的扉牙实际上是“天盖”或“介”字形天冠或羽冠（一般是多重的），而不是有关学者特别主张的牛角似造型[5]。另外还有一个规律：这些扉牙的数目如果为奇数，则中间一个扉牙表示“介”字形天冠、羽冠或“天盖”之顶端；如果为偶数，则中间两个扉牙的间隔表示天顶，其多略显弧内凹，与“璇玑”幽深的说法正合（参见《豫东杞县发掘报告》[6]鹿台岗H75之“天盖图”）。其实，很早以来，中分天盖及“介”字形天盖这两种表示模式是并列的（图三）。我们的论据是：

（1）二里头玉戚的主要特征及内涵显然与龙山时代的一些玉戚有关，因而龙山时代有关的玉戚扉牙的内涵应等同于二里头玉戚，又二里头玉戚本质上均属于“圭”之层次（《佚周书·世俘解》及《尚书·顾命》等中，“圭”的层次高于“钺”，我们认为这是层次的细化，类似极星与北斗、北斗主星与次星之别，也是各类礼器趋向高度符号化的一种表现），所以其之扉牙的内涵应与玉戚相同。目前，龙山时代有不少玉戚被发现，虽然有的扉牙因残损或太简朴而不太容易予以说明，但是也有少量玉戚的扉牙造型清晰完整，并且这类玉戚还是出土品，所以其可信度也毋庸置疑，而恰恰是这类玉戚的

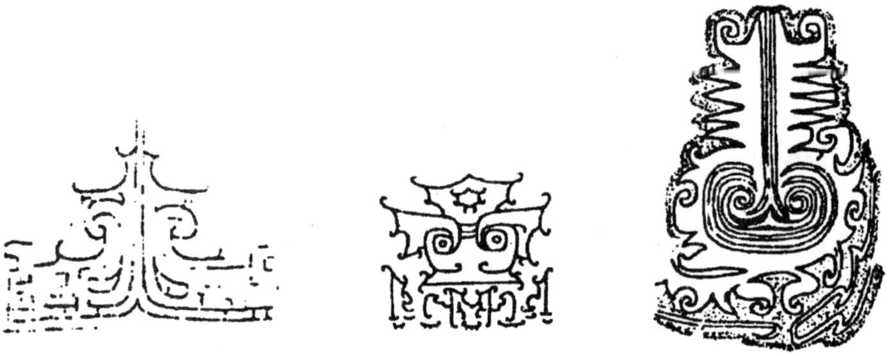

1　　2　　3

图三

1. 溧阳圭　2. 两城镇圭　3. 大甸子墓地“彩陶牌饰”主体图案

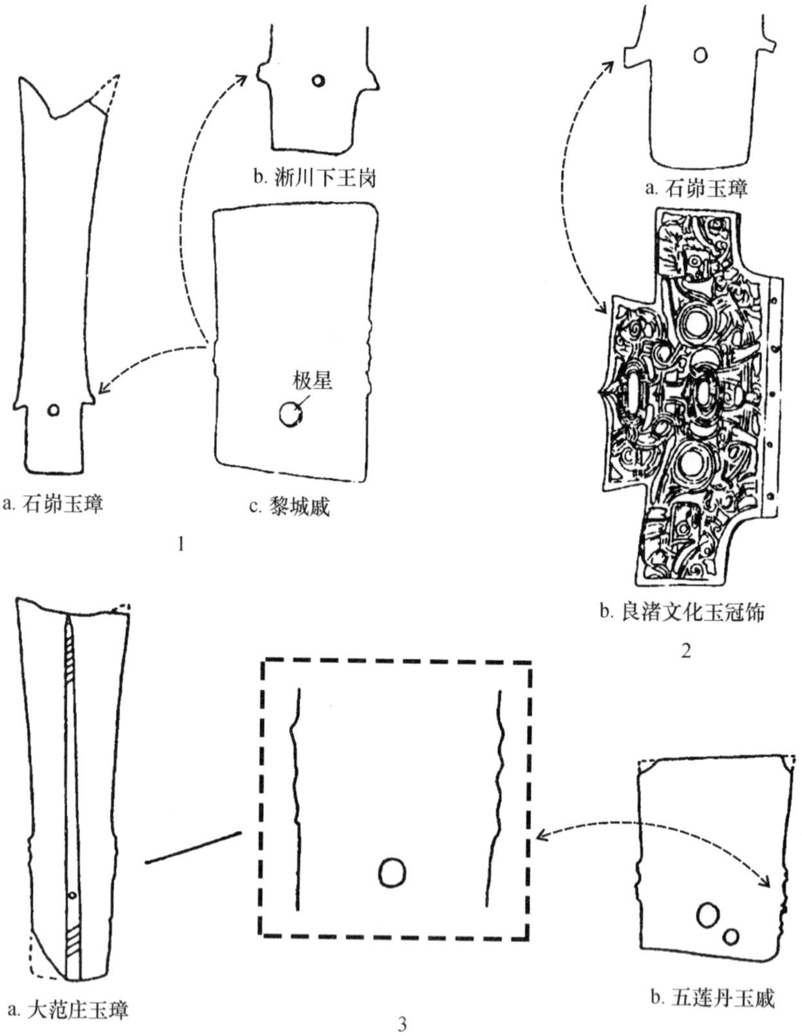

图四

扉牙是极其明显的“天盖”形或“介”字形冠形。能说明这一观点的最具代表性的例子是1号黎城戚（图四，1c）。

（2）龙山时代数量众多的北斗神像均多有“介”字形冠，这类冠本质上显然可以视为含有“天盖”或“圭”的意义，而二里头玉戚中有的扉牙恰恰与这类“介”字形冠非常一致（图五）。如此则二里头有的玉戚的简单或不是特别明显的扉牙的内涵自然也就不太可能有其他含义了。其实，在大汶口文化、红山文化、石峡文化等之中有的玉璇玑或玉块[7]上，“介”字形天盖或冠虽然大部分表现形式较为复杂，但是有时其表现得也特别简单，甚而还出现仅用一个扉牙表示的例子（图六）。

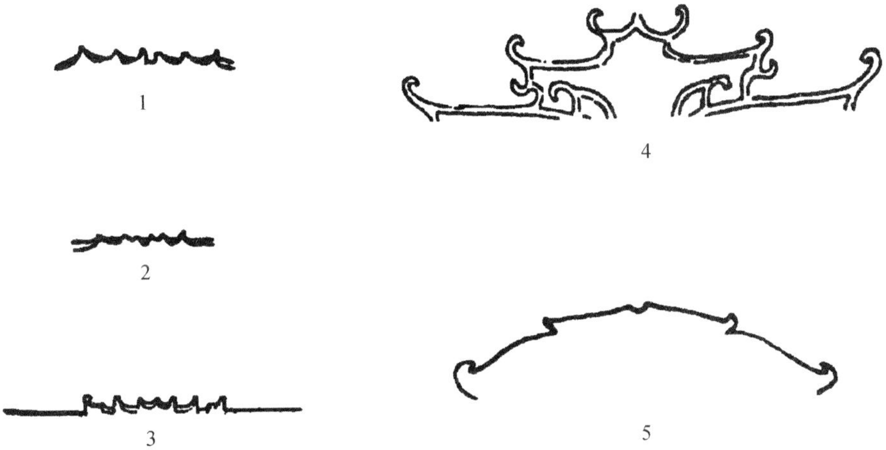

图五

1. 璧戚（二里头VIKM3：13） 2、3. 斧戚（二里头YLIM4：5、金沙2001CQJC：775）
4. 玉圭（台北故宫博物院藏） 5. 玉簪首（山东临朐朱封龙山文化墓M202）

（3）我们知道，在中国早期的美术图案中，天盖往往是与天文学、宗教学中的北斗（神）[8]或极星（神）相关联的。我们发现，有些玉戚的两侧，不是饰扉牙，而是径直刻划着北斗神像，像这类一组两个的神像或可视为《拾遗记》中所载的“雌雄北斗神”或斗神与祖，黎城戚上的两神造型（图七，1）及法国吉美博物馆所藏“神鸟·璧形戚”（图七，2）上的神面造型可以充分说明这一观点（此图有助于说明带扉牙璧形戚产生时代晚于两侧带北斗神像璧形戚）。注意，黎城戚两侧的北斗神像，面向相倒，这是特别需要注意的。这类神面方向相倒，可能反映了阴阳的概念，另外，似乎是说明此神是在天地界之中来来往往的，类似所谓太一下行八宫又归于中宫。其实早在大汶口文化、关中仰韶文化中，有些彩绘神面也是递次相倒的，另，邓淑苹在《晋、陕出土东夷系玉器的启示》一文中所引用的芦山峁玉琮上代表神面的四对双目也是递次相倒的[9]（图七，3、4、5）。我们认为这些玉戚的扉牙表示“天盖”或“介”字形冠，还有一个重要的理由，那就是这些璧戚均为四歧，明显是四孔刀形戚的缩略形，而且与斗魁四星的内涵极其相符。

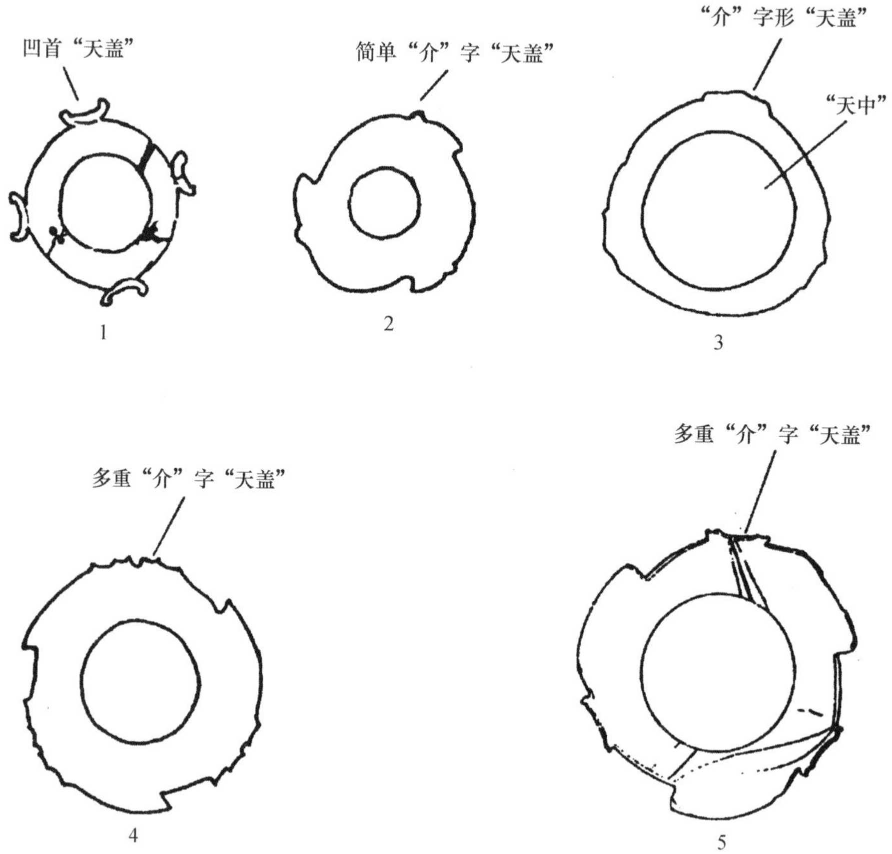

图六

1. 广东石硖　2. 山东五莲丹　3. 山东胶县三里河　4.《古玉图考》　5. 河南安阳小屯

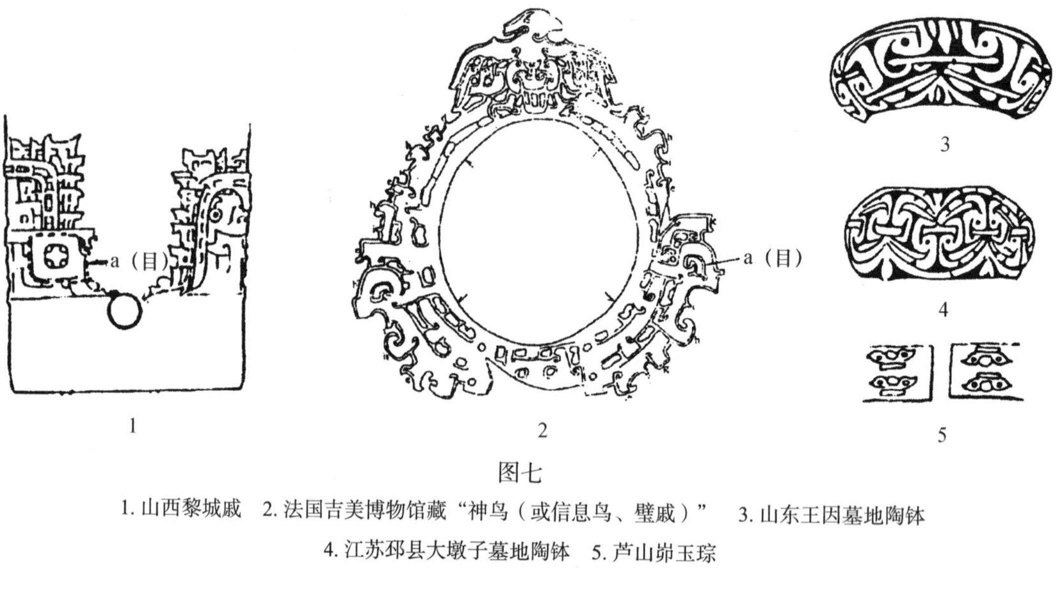

图七

1. 山西黎城戚　2. 法国吉美博物馆藏“神鸟（或信息鸟、璧戚）”　3. 山东王因墓地陶钵
4. 江苏邳县大墩子墓地陶钵　5. 芦山峁玉琮

（4）与大多数刻有扉牙的玉戚相比，这些玉戚中有的两侧的起伏棱实际是北斗神像的中剖线（图七，1）。这类北斗神像实际是玉戚“穿”的另一表现模式，因为这些“穿”本质上是可视为“北斗”的代表星或极星的，与璧戚有关的某些玉璧（中间大圆为极星，周围是斗魁四星）非常有助于证明我们的论述（图八）。在中国古代已被证实为表示天顶·璇玑·北斗的图案中[10]，斗魁的造型往往是倒梯形的或亚腰梯形的，像大汶口文化中的天顶·北斗图。另二里头、齐家、三星堆、夏家店下层等文化中的标识北斗神的彩绘（或青铜或刻划或有机质）牌饰等等也为此类造型，而斧、钺、戚、刀多数正为此形，这非常明确地说明戚类两侧的扉牙被视为“天盖”形或“介”字形冠是非常合理的（图九）。

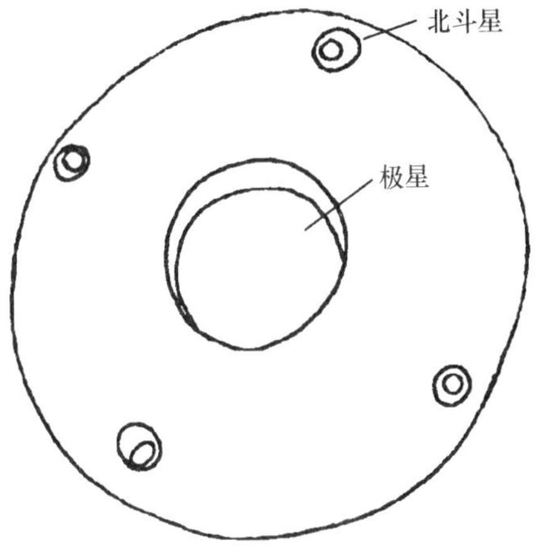

图八　凌家滩

（5）二里头文化时期，北斗崇拜之风非常盛行，这是我们所持有关玉戚扉牙内涵观点的宏观依据：河姆渡文化第四层所出的一件陶钵上，曾刻有一戴“介”字形冠的图

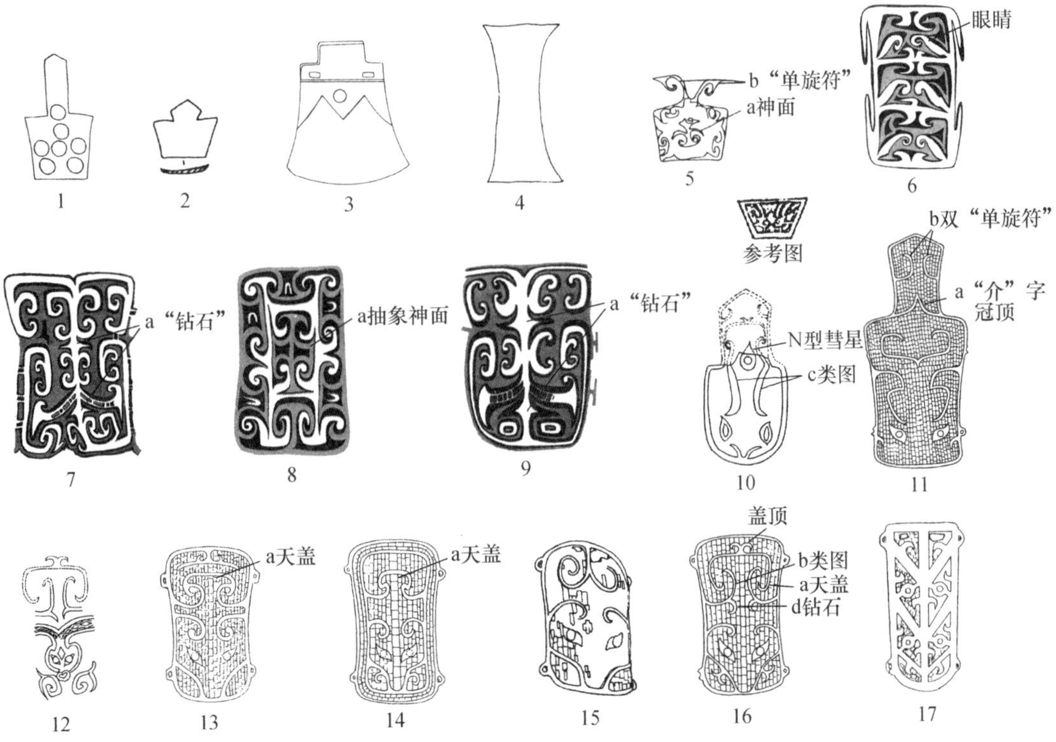

图九

1. 大汶口　2. 好川墓地　3. 新干商代墓　4. 好川墓地复原漆器主体图　5～9. 大甸子　10、13. 二里头　11. 哈佛大学藏铜牌饰　12. 二里头文化刻划　14. 伦敦埃斯肯那齐藏　15. 齐家文化天水　16. 哈佛大学藏　17. 仓包包　参考图亨利希·哈德藏

图一〇

1. 河姆渡　2、7. 仓包包　3. 邛县刘林　4. 嘉兴武梁祠　5. 莒县大朱村　6. 大甸子　8. 朝鲜面具

案（图一〇，1），不少学者认为其两目是太阳[11]，实际上并不正确，它们真正代表的是天顶下的北斗个星：天璇和天玑，两个圆大小不一也有助于否定其为太阳的观点。而这一图案显然也属于二里头、齐家、三星堆等文化中的铜（或刻划）牌饰、大甸子墓地的“彩绘牌饰”一类图案的早期渊源之一[12]。而二里头等文化中的有关“兽面”牌饰正是代表北斗神的。也许有的学者会认为生物或动物怎么会代表天文意义上的北斗呢?实际上，以本民族崇拜的生物或动物代表“天中”是极其常见的现象，像中国古代有以蛙、鱼（见西部的仰韶等文化）、虎（见石家河文化及金文中的“天虎”等）、刺猬（见东北萨满教的某些支系的天文“理论”[13]）代表“天中”的，最著名的例子应是三星堆文化及黄宗文化，其是以鱼（附带凫）代表“天中”的，反映这一内容的最重要的图案就是“鱼·鸟·矢”图（图一一，1）。此图与纳西族“猪·矢”图（图一一，2）（纳西族有的文献像《碧卦帕松》认为其中的猪是“黄金大蛙”[14]，有的认为是“龟”，类似金文中的“天鼋”）基本一致，“矢”在其中由“射杀”之意义转为“正”“直”“的”等相近的含义（其实甲骨文中被诸多学者隶为“镝”和“臬”的

字就是"帝""鼻"与"矢"的组合)。这一"鱼·鸟·矢"图充分说明所谓"鱼凫"实际应是指位近"天中"之鱼附近的"凫"或"天中"之鱼及"凫",有的学者认为金沙新出的有关鱼的造型(图一一,3)有"凫"的特征并因而认为其是真正的"鱼凫"[15],此论恐尚需再论,实际上金沙新出的这种鱼的鼻前向上的造型在三星堆遗址祭祀坑所出的狗、龙首上均有。巴蜀图语中的全部鼻前有突出部分的鸟,其鼻前突出的部分均向下(图一一,4)。在二里头遗址除铜牌饰、刻划牌饰等北斗神物外,尚有另一类与北斗有关的祭祀类器物,这就是渊源自东方的"天顶('盖'纽)·璇玑('盖'柄)·斗魁('盖体')图"(图一二,见《二里头陶器集粹》图一七一。根据漘沱岭、皂角树等遗址二里头文化同类器重新复原)[16]。相当于二里头文化三期时的三星堆文化仓包包遗址有一件铜牌饰(图一〇,2),学界素来对其不太在意,实际上这件牌饰极其重要。其上凸铸的相连的两个圆,正是相连的代表北斗的天璇和天玑,其充分证明有关铜牌饰的"北斗"内涵。

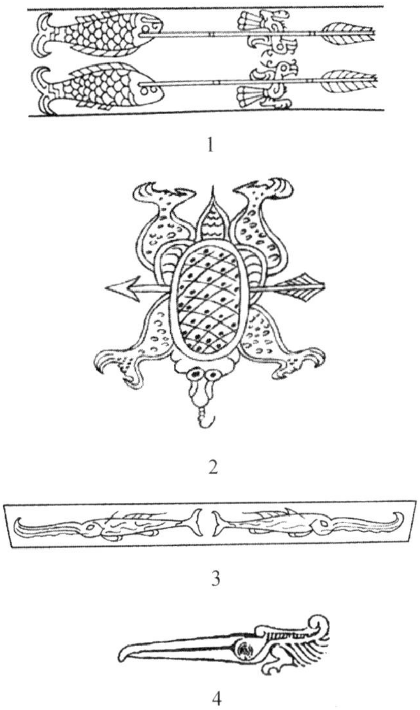

图一一
1. 三星堆金带 2. 纳西族"八挌图"
3. 金沙金带 4. 巴蜀铜器

也许有的学者会认为用直线将某一星宿相连的风格起源较晚,实则非是,早在江苏邳县(今邳州市)刘林彩陶钵(图一〇,3。其为由七星规划的北斗神,参见嘉祥武良祠汉代"黄帝斗车"画图一〇,4)及山东莒县大朱村大汶口文化M17陶尊上的北斗图案(图一〇,5)已充分说明了这一点;承前论,大汶口文化莒县大朱村M17所出的一件陶尊上,刻有一北斗图案,其斗魁中有四个圆,显然这就是"斗魁"四星,大甸子墓地的"彩绘牌饰"中有的神物有四目(图一〇,6),三星堆文化仓包包遗址的一件铜牌饰上的神也有四目(图一〇,7),毋庸置疑,它们均应渊源自"斗魁"四星,这也正是学界多年来语焉不详的《周礼·夏官·方相氏》等文献及民族学中所论的方相氏"黄金四目"、黄帝、舜、仓颉、某些少数民族

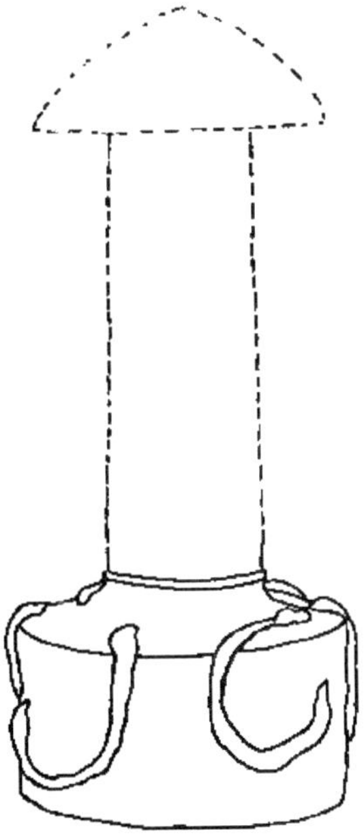
图一二

祖先傩面（朝鲜族有，图一〇，8）等四瞳或四目的真正深层文化来源。

（6）87YLVⅥM57：21之戈的扉牙，类二里头80YLVM3：5所出牙璋之上“阑”的造型，如同我们在下文中讨论的那样：这一造型仍可视为“半天盖”或“半‘介’字形天盖冠”。当然，另一方面其也清楚地说明了牙璋之“阑”趋向复杂化过程中的一个极其重要的环节。至于为何在玉戈上采用了这一造型，详见下文讨论。

第二类，玉璋。学界以前对于这类玉器扉牙的研究虽然开展得非常广泛，但是多集中于形制的分析而略于内涵方面的探讨。我们认为二里头遗址目前公布的5件玉璋的扉牙主要是由半重天盖或“介”字形冠与一身双首（正反首）虎或一首虎组成的。我们的论证于下。

（1）为了说明这一问题，首先，我们需要了解最早时期玉璋扉牙的造型及内涵。我们知道，最早时期玉璋扉牙的造型主要为两类，一类是单“阑”的“似梯形”（图四，1a、1b、2a），一类为多牙形（图四，3a。这是目前所见最早的一件有四个扉牙的牙璋），从相关的图案可以说明，这些扉牙均可视为天盖或“介”字形冠顶之半。像图四，1a的“阑”（实际是半“天盖”或曰半“圭”）之棱角突出不明显，应是“黎城戚”（含义类圭）类玉器侧饰的一类弧角“介”字形天盖（图四，1c。该器扉牙外形及含义类尖首圭）的一半。“黎城戚”的“穿”为极星。其他多穿者则为极星和北斗星，当以北斗星为极星时，则可视为北斗的数个星，形制大者与位近中心者为北斗中的重要个星和亮星；图四之2a“阑”的棱角突出明显，“阑”上端内凹明显，其与“凹‘介’字形天盖”之一半一致。“凹‘介’字形天盖”（有的为多重）在玉戚上也有不少发现。图四之3a之“牙”在最早的一批牙璋中略显特殊，从放大图看可视为“多重‘介’字形天盖或冠”之一半；另，从花地嘴新砦期所出的牙璋之牙来看，笔者认为我们的这一判断是正确的。其次，可能属于二里头文化四期的《二里头》报告图238：3（图一，18），其上“阑”与一般的“阑”相比增加了一斜宽扉牙，或者可以将其整体看成近似“台阶”状，我们认为它与花地嘴新砦期牙璋的扉牙有关，花地嘴新砦期牙璋的扉牙台阶较多，最下端的台阶虽然为近长方形，但是其实际的内涵在本质上相当于最早时期玉璋扉牙的“似梯形”[17]，由两个这类“半重天盖”或“‘介’字形天盖或冠”组成的“天盖”或“‘介’字形天盖冠”造型在更早的良渚文化遗存中也有一些发现，像花厅墓地中就存在这类造型（图一三）。最后，我们得出的这一结论，还非常符合郑玄《周礼》注《诗·板》《说文》等文献所反映或记载的“半圭为璋”的说法。由于“半圭为璋”的说法学界有不少学者像杨伯达先生等并不赞同[18]，其又与我们有关玉璋扉牙的观点非常相关，所以这里特费笔墨予以简证：从图一四中，我们可以明显看到如下方面：

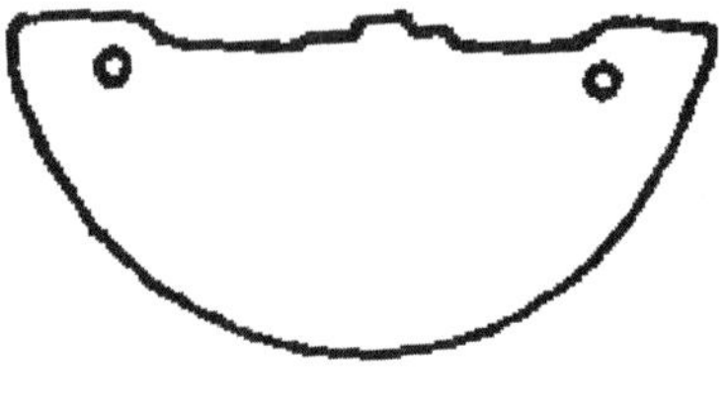

图一三　花厅墓地M42：1

1）图一四之1、2、3、4、5a均为“璋”形，其中图一四，1表明这类“单旋符”确

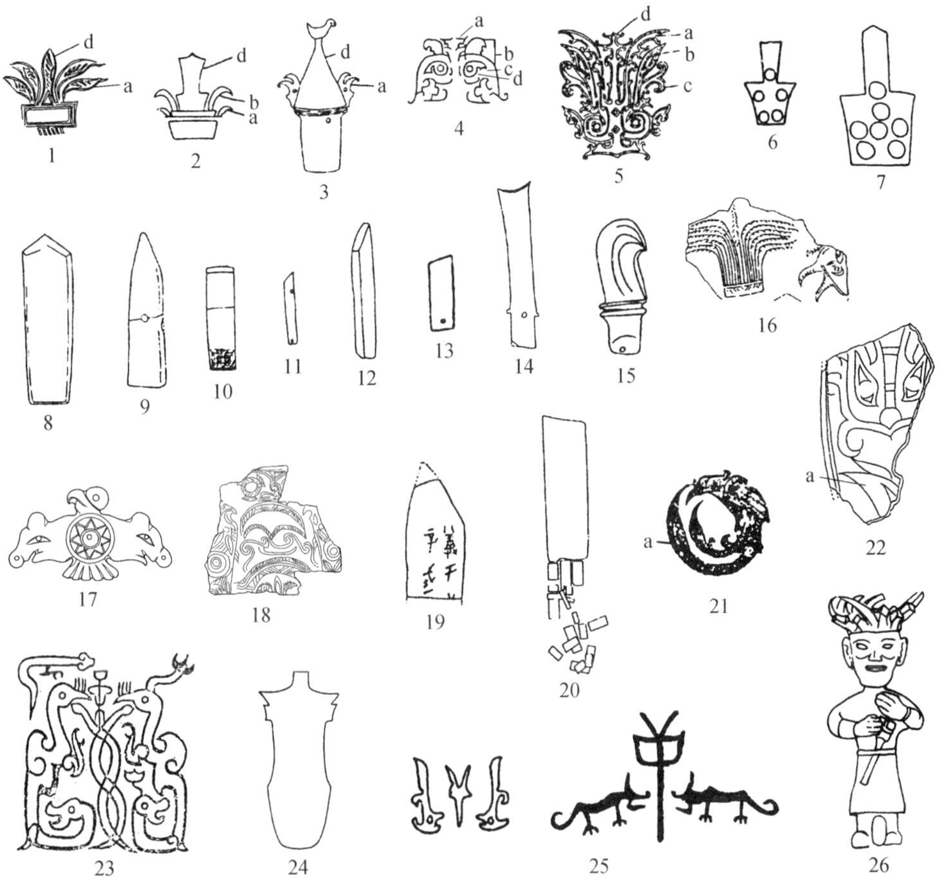

图一四

1、18. 河姆渡 2、6、7. 大汶口 3. 尉迟寺 4. 天津圭 5. 台北故宫 8. 陶寺 9、13、14. 石峁 10. 日照两城镇 11、12. 凌家滩 15. 那斯台 16、17. 凌家滩 19. 殷墟刘家庄 20. 张家坡西周墓地 21. 殷墟妇好墓 22. 新密新砦 23. 楚墓彩绘双凤绕“帝” 24、25. 金文中双虎、双犬绕“史” 26. 金沙铜人腰搢之物

与“大禾”“社树”或“稻”有关。图一四之16，其与图一四之1、2、3等内涵相同，因为“稻”可视为音“禾”，南方有少数民族像瑶族读“稻”就为“禾”音[19]，又有两猪相佐，类凌家滩有关玉神鸟（图一四, 17）及河姆渡另一图案（参见图一四，18）。从文献来看，中国古代一般是称禾为中域、中和之物，从考古材料看，至少在河姆渡文化时，稻在东南地区人群的意思中也曾被视作具有中心的神性的圣物。其实在古代，双凤、双龙、双虎等瑞物所绕者往往具有很高的级别，楚墓彩绘中的双凤绕“帝”字已无可争辩地证明了这一观点（图一四，23），金文中习见的双犬或虎、龙所绕“‘史’字主体”（图一四，24、25与“天盖·北斗”或“建木·斗魁”及金沙铜人腰搢之物（图一四，26）一致也有助于说明我们的论点（我们之所以认为双犬或虎所绕及金沙铜人腰搢之物为“‘史’字主体”形而非“单”形之工具，有一个重要的论据，这就是金沙铜人的姿态及装束正反映了战国之前“巫”“史”不分的状况）。图一四之5b表明“单旋符”或

“璋”确与神鸟之翅膀或羽有关，另从内蒙古小山及大南沟等遗址的陶尊类器物的刻划图案中可以看出，“单旋符”或“璋”与龙、鹿、猪龙等翅膀或鬃也有关。

2）图一四之5c表明一般的“单旋符”（或图案意义上的凹弧刃式“璋”）上端有的可呈“分歧状”的造型（是歧首实物“璋”造型产生的依据）。图一四之4b、4c、4d表明“单旋符”可以充当冠饰、腭饰（甚或同时充当腭）、眼睛。图一四之2b与2a造型略有不同，实际是一致的。图一四之5b与图一四之5a本质意义相类，其又与石家河文化郭家柏岭、妇好墓出土的玉凤之尾（图一四，21a）、神冠饰（图一五，a）、新砦所出的北斗神冠羽（图一四，22a）相当一致。

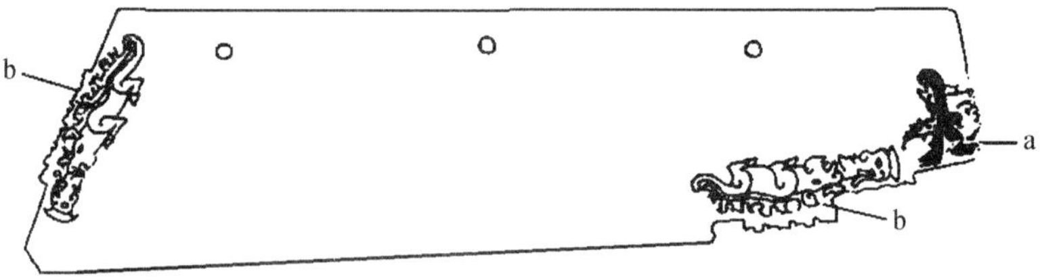

图一五　弗利尔博物馆藏

3）图一四中1、2、3、4、5之d表示“天顶”，也即由两图案意义上的“璋”或“单旋符”组成的“圭”，图一四之1、4、5极其清楚地表明各图中的d是由各图中的两a组成，也即是表明“半圭为璋”之论具有的相当正确性，有的学者极力主张璋或牙璋为圭类，又说璋为圭半仅是造型方面的比较，两者并无深层关联，并有层次之分[20]，这显然是不符合考古发现的。图一四中的“璋”形符号均位于“圭”形符号两侧的现象即是明证，同时这种观点也不符合众多的文献记载[21]。显然认为璋或牙璋属于圭类的总观点是错误的，由此而来诸多具体观点也是站不住脚的。学界或许会用有的北斗神目（即“单旋符’，其中的圆为北斗个星[22]）为璋形的考古材料（图一四，4）予以反证，实际也不正确，因为北斗神目虽然贵为北斗，但是仍然位低于极星，即使其时是以北斗为极星，我们也可认为此时璋穿是低于作为极星的另外某北斗个星的；红山、夏家店下层文化中有的勾云形玉器中心为璋形“单旋符”（图一六），其虽然可以作为某种意义上

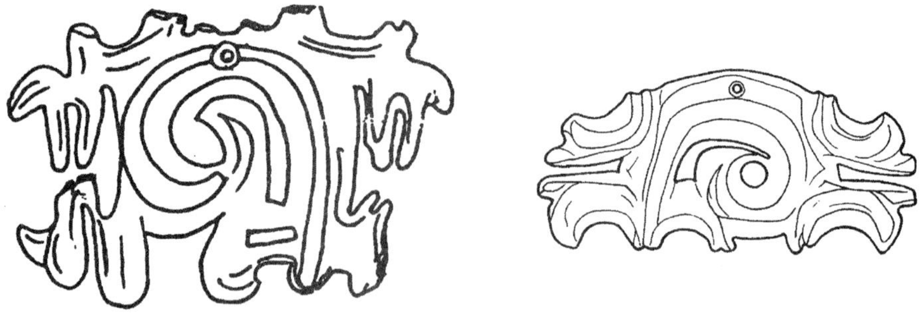

1　　2

图一六

1. 翁牛特旗　2. 大甸子墓地M821：5

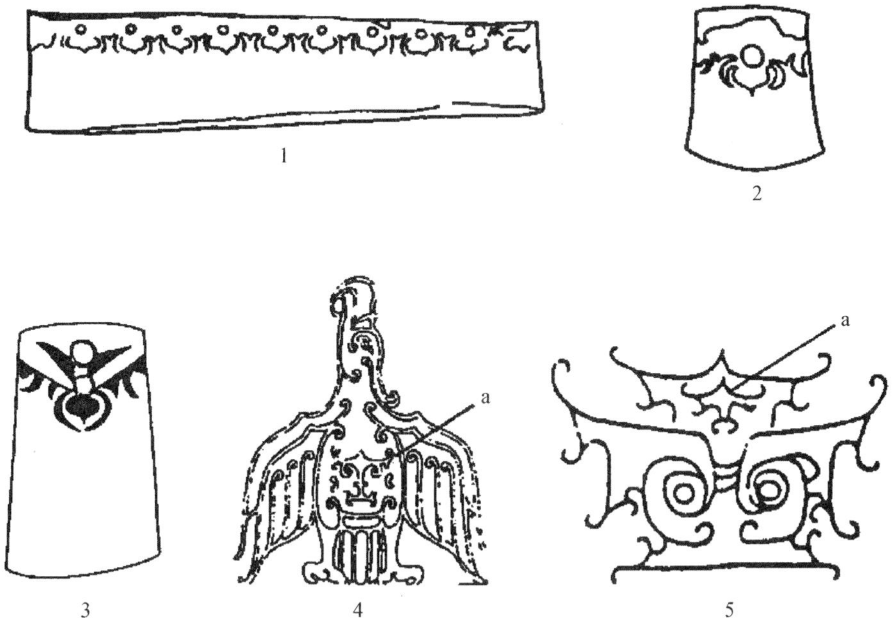

图一七

1. 薛家岗玉刀　2、3. 薛家岗玉斧　4. 台北故宫博物院藏玉圭　5. 两城镇圭（锛）

的“中心”看待，但是从红山、夏家店下层文化中的北斗神的眼睛造型看，其仍然可以解释为北斗某星，无非在有的勾云形玉器中充当或代指极星而已。我们同时应注意，有的“单旋符”圆的一端之中有一飞鸟，这时似乎可解释为阳鸟，但是，笔者认为，从薛家岗所出的彩绘玉刀及玉钺上所绘的负“圆”（实际为北斗个星）飞鸟图与台北故宫博物院藏玉圭上的神鸟所负北斗像（图一七，其中图一七，4a、5a为与北斗有关的神像无疑）来看，飞鸟所负之“圆”并不一定就是太阳。综合而论，可解释为或仅可解释为阳鸟的情况在早期较少，这一解释模式的盛行估计较晚，而且这一模式将“三尾羽神鸟”错释为了“三足鸟”，并从很早的时候就开始被予以讹传。另在良渚、龙山到商周等文化中有不少“夋”形神人首的发型或冠也为璋形“单旋符”的（图一八，1、2、4、5），其本身的层次可以相当于级别很高的神鸟（图一八，3，赵陵山出土），按说，这时候的发型或冠应为神鸟、双璋形“单旋符”或多个互为对称的璋形“单旋符”组成才是正确的，但是为何不是如此的呢？实际上，原因很简单，因为这些“夋”形神人图案或雕塑表现的多是侧面（甲骨文中的“夋”字亦是如此），显然，我们也只能见其冠的侧面，即为“介”字形之半，当然，考古材料中也有少数例外，像朝头墩出土的正面神（图一八，4）及河南省文物商店所藏的一件正面北斗神之首就为一“单旋符”（图一八，5），笔者认为这些神人的冠之所以如此表示，可能是为了特别标识此神相对于极星神而言是地位略低的北斗神而已，或者解释为此类造型者是以“单旋符”代指“介”字形冠或天盖。另，早期的玉石质实物璋除凌家滩、石峁等地的少数例子外，基本都有“阑”，此“阑”即“天盖”之半或北斗神“‘介’字形（天盖、羽）冠”之半。笔者

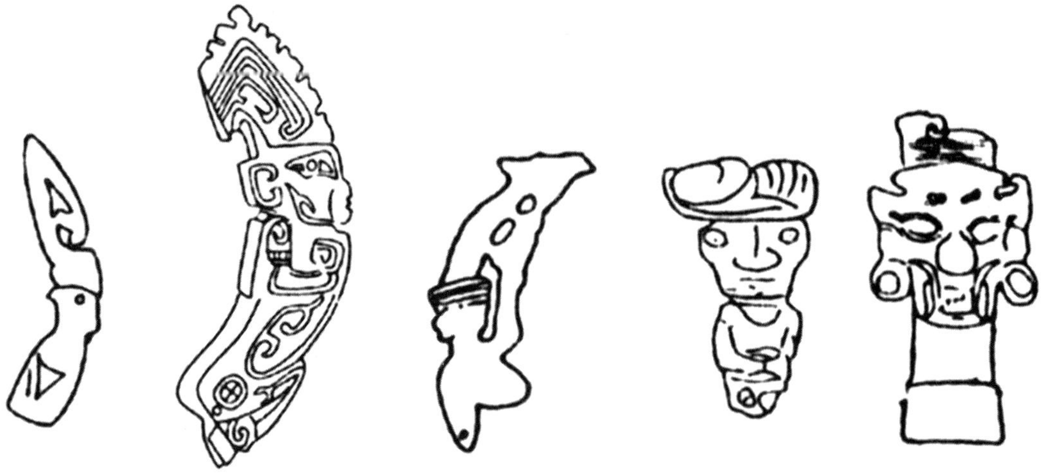

1　　2　　3　　4　　5

图一八

1. 张陵山出土　2. 殷墟出土　3. 赵陵山出土　4. 朝墩头出土　5. 原藏于河南省文物商店，现为上海博物馆藏品

特别指出，有“阑”之璋实际应视为两“半戚”与“半圭”的组合，注意，我们所论的“半戚”，主要是指璋的侧饰为戚侧饰的“天盖”之半或北斗神“‘介’字形（天盖、羽）冠”之半。早期璋中带“阑”者占绝大多数（石峁文化中有少量不带“阑”者，其中有些应是由源于薛家岗文化的“长梯形玉刀”改制而成），据《周礼》郑玄注、《诗·板》《说文》等得来的“半圭为璋”的说法严格而论并不准确，其对有“阑”之璋并不适用。这也说明当时学界并不完全理解早期的有关圭、戚、璋等的名物制度，当然这是就戚、圭分论而言的，总的说来，“半圭为璋”的说法还是能够成立的，虽然郑玄等论者有可能是就较晚时期的无“阑”璋而论的。

4）图一四之6的“天顶”（或曰“圭”首，不过刃为凹弧形的“圭”首除在有的古图谱中发现之外，在非图案的考古实物中从未见过，所以，实物中不会有之）之侧半与图一四之2、4、5一样为凹弧形，其一半既是常见的“单旋符”，也是绝大多数璋首尤其是早期凹弧形璋首的典型造型，像图一四之14。另请参阅图一九。

5）图一四之7的天顶侧半为斜直刃，类似的“圭”在早期仅有少量实物，像图一四之8、9，其一半也即为璋，不过这类璋的数量即使在春秋战国的考古实物中也不太多见，早期仅在良渚文化（图一四，11）中出现过这类严格而论为斜弧刃的璋，至今仅此一件（石峁遗址有一件略似），其应为侧为斜弧刃之圭的一半。这类圭在良渚文化以后的玉北斗神首（实际为北斗神头上之天顶）上有体现，有些实物玉圭首也为这一形式，凌家滩文化、石峁文化中有少量发现（红山等文化中的一些斜口陶器、斜口无底马箍似玉器、斜端圆柱形玉器似乎与“璋”有关），晚期在三星堆文化晚期遗存中有所发现。西周至东周的金文等文献中有不少处提到其时有璋，但是这种斜直刃的璋的数量总的来

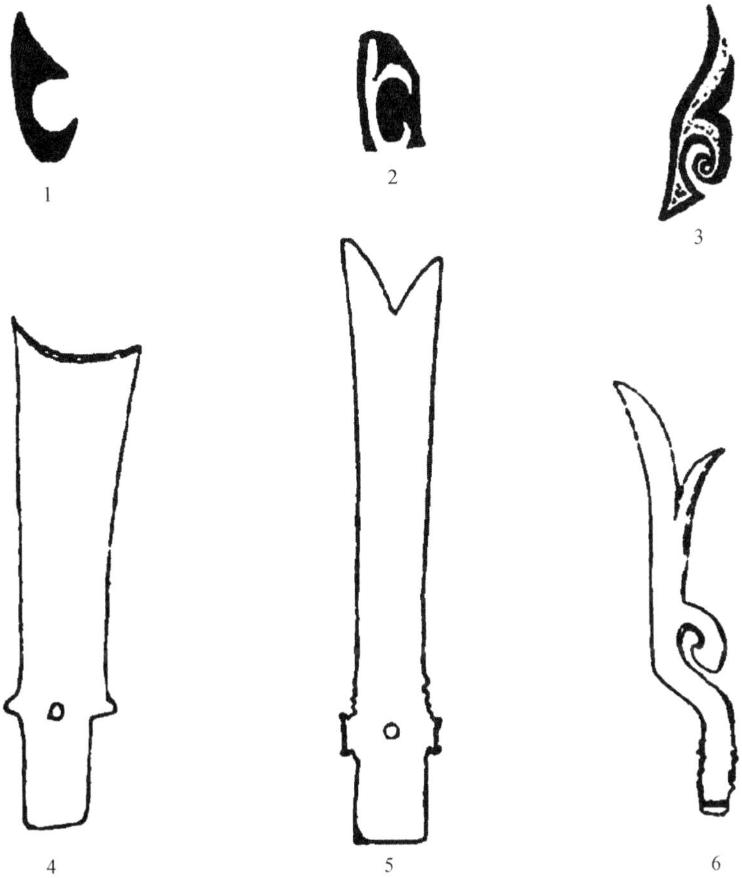

图一九

1. 大连郭家村下层　2、3. 大甸子　4、5. 石峁　6. 三星堆

说发现不多，张家坡西周墓出土过一件斜首有“阑”[23]的“玉柄器’，应归于璋（图一四，20）。

6）图一四之15说明“单旋符”确可独立成为柄形器物，这从另一方面说明我们有关“单旋符”与牙璋或璋关系论断的正确性。另请注意图一四之15a与“阑”的区别。

（2）牙璋的“阑”，从目前有关出土材料看，在中原地区二里头中期偏早的时候出现过一种特殊的变化：有的单“阑”变为在单“阑”上端增附两个小扉牙。这一造型非常重要，其一方面说明这一造型仍可视为“半天盖”、“半‘介’字形天盖冠”或“单首开口兽”，另一方面也清楚地说明了牙璋之“阑”趋向复杂化过程中的一个极其重要的环节，本文所论的二里头75YLⅧKM7：5所出牙璋之上“阑”正为这一造型。

（3）我们知道，不少文献均将虎与军事关联，考古学方面也有不少发现（图二〇）。例如，早在5500年左右的凌家滩遗存中，就发现过长条形的玉伏虎。另外，这类单独存在的个体实物虎（有的为立虎）延续时间极长，像二里头、三星堆、黄宗等文化及传世品中就有铜质或玉质者，也有一些被刻、雕、铸于龙山至西周时代的刀戚、玉

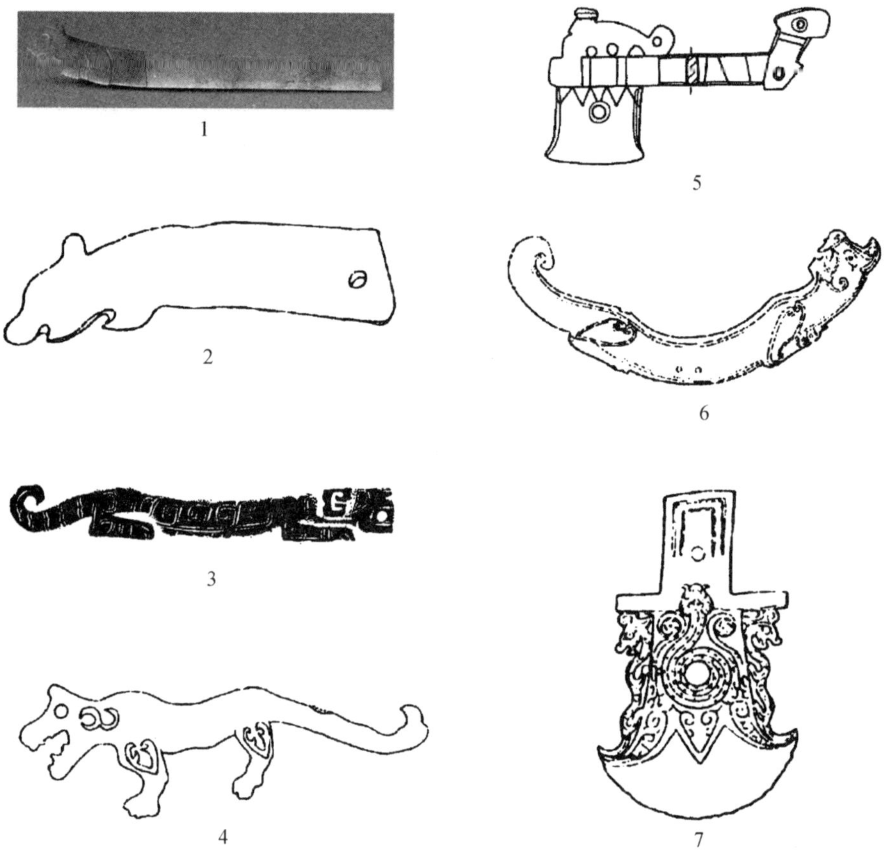

图二〇

1. 凌家滩 2. 南京营盘山 3. 妇好墓 4. 三星堆 5. 滕州前掌大M120 6. 圣弗朗西斯科亚洲艺术馆藏 7. 张家坡西周墓地

钺或铜钺、矛等之上（雕、铸于玉钺或铜钺等之上者可以视为是圭类模仿璋类之饰），这类虎在汉代仍很流行。我们还注意到，在从商代晚期开始出现的不少回首兽类中，其中就有“回首”虎，除牙璋扉牙之“回首”虎早在石峁文化、二里头文化之中出现之外（其中在二里头遗址，ⅢKM6：8的扉牙为一身双对面“回首”虎，80YLVM3：4为一首一身正首虎，80YLVM3：5扉牙下端为正反虎首，上端扉牙接近虎面，《二里头》报告图版168：2之ⅦKM7：5下端为正反首虎），目前所见商代晚期者仅为图案。还有，我们还发现在石家河等文化中，玉虎有时似与北斗有联系，而牙璋的“穿”与北斗确实有些关联，像我们曾经证明“单旋符”与牙璋造型密切相关，这类“单旋符”又经常充当北斗神或与其相应的人间帝王的眼睛，而北斗（神）或与其相应的人间帝王的眼睛往往又恰用北斗个星来予以标识，像新砦、二里头、荆南寺、香炉石等遗址出有代表北斗的陶瓮，其上就刻有一“臣”字形单目（图二一，二里头81YLⅢT22⑤：2。被著名的牟族用为族徽）。上述材料说明：长条形虎在中国古代文化中一直是受到特别重视的，并且与军事、祭祀等有相当密切的关系；而据《周礼》等文献知，牙璋又具有军事方面的功能，这与将这类虎饰于牙璋之侧的现象非常相符，同时这些牙璋的“阑”及其附近小扉牙的形状与这类虎的造型单从外形看也是比较相似的。晚期牙璋的扉牙与虎的关联讨论还可见邓淑苹先生的有关文章[24]。至于虎背上的扉牙，实际可解释为虎身之鬃，从有关图案看（图二二），这类扉牙本质上是同方向的“单旋符”类。

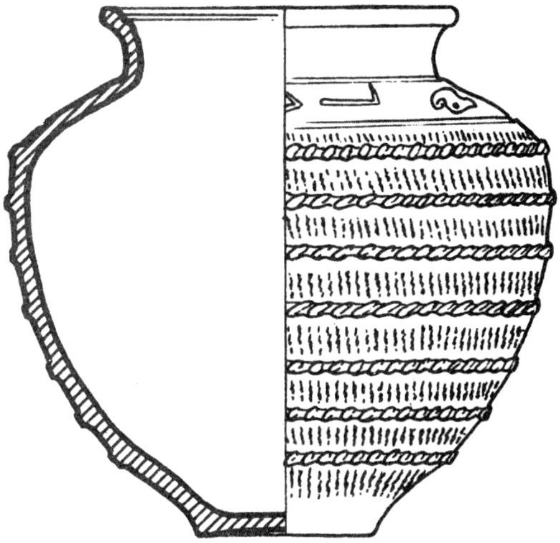

图二一　二里头文化陶瓮

（4）我们认为这类玉器的扉牙与天盖或“‘介’字形天盖冠”有关，还有一重要

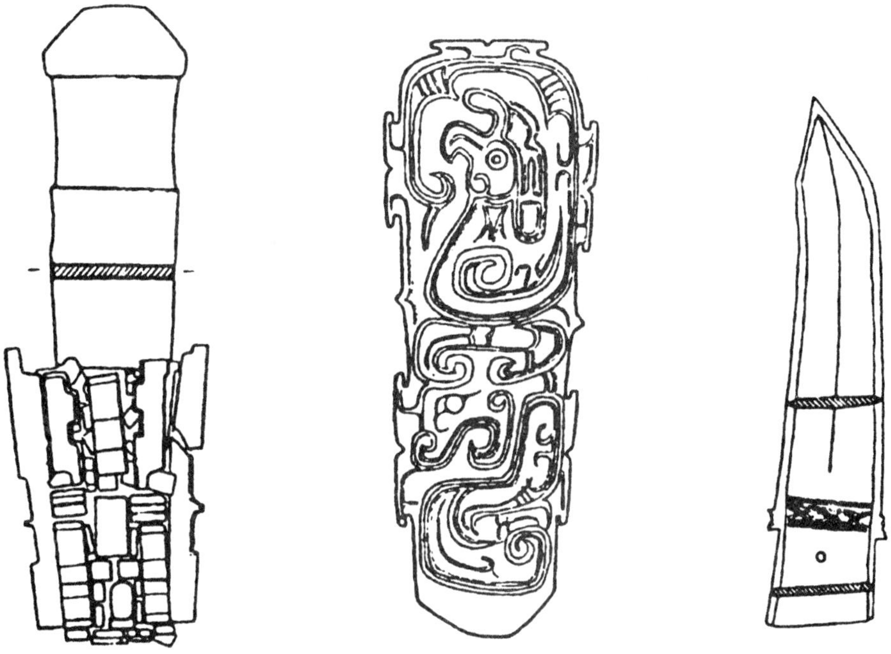

1　　2　　3

图二二

1. 张家坡西周墓地M302：15　2. 张家坡西周墓地M121：30　3. 江西新干大洋洲商墓

论据，这就是在有关文化中曾出现过以玉石制作北斗神的例子，像广西隆安大龙潭龙山文化中被诸多学者称之为“石铲”的器物（图一四之23，与图一四之3尉迟寺所出的大汶口文化北斗神物较为一致），实际就是北斗神像，这可以认为是戚类的具象化。

四、不同扉牙与有关器类的相组模式

从上面的讨论可以看出，二里头文化时期，“天盖”形或“介”字形冠状的扉牙往往是与层次相当于圭、戈的戚类玉器相组的，半“天盖”形或半“介”字形冠状的扉牙往往是与璋类玉器相组的，这种现象持续时间较长，直到西周时，仍然有不少玉戚的扉牙为“天盖”形或“介”字形冠状的（图二，2），并且不少可归入“圭”类的柄形器，其周身所饰或“阑”饰的主体仍为“介”字形（图二二，1，2；张家坡西周墓地M302：15、M121：30）。但是，这并不是绝对的，像本文所论的有关玉戈早在二里头文化时就采用了璋类的扉牙装饰。而且随着人们的思想及具体器类的发展消长，圭、戈类玉器采用璋饰的例子增多，像商代晚期及西周时的一些玉（铜）钺及玉戈采用了早期璋“阑”大量采用的带牙“似梯形”及虎形饰，等等（图二二，3；江西新干商代墓出土。另参见图二〇，7，张家坡西周墓地出土铜钺或戚）。另外，如果殷志强先生在《古玉至美》[25]中所论的那件传出浙江（属于良渚文化?）早年某工程现场的具有“半天盖形”或“似梯形”阑的玉戈的真实性可信的话，则圭、戈之“阑”仿璋“阑”这一现象出现的时代还可提前。另外章浦眉力所出的有“阑”（其“阑”类似本文所论的二里头玉戈）玉器，其首如果确是圜首并且确属学界所隶的新石器时代的话，则其也有助于说明这一问题。

五、圭、璋之别的问题简论

有关圭、璋之别的问题，学界的看法非常不一致。从《颂鼎》《史颂簋》《卫盉》《竞卣》《庚赢鼎》《大簋》《五年琱生簋》《诗经》等诸多金文及其他先秦文献看，璋（确切地说，这主要是指周时的璋，有的时代为周晚）主要用于王赏于臣（像《竞卣》之“赏竞章”）、臣献或拜于王（像《颂鼎》之“反入堇章”）或馈赠（像《五年琱生簋》之“余惠于君氏大章”），这样有的学者就将其与《史墙盘》之“方蛮亡不玐见”及哈佛玉戈[26]之相关铭文比较，从而认为圭（戈）即璋，璋扉牙仅是源于“阑”的一类装饰[27]。我们认为此论尚需商榷：首先，文献中不乏圭（戈）、璋有别之论；其次，金文文献中尚有“反入堇圭”[28]，这虽然在一方面说明圭（戈）可能即是璋，但是另一方面也可以说明诸侯拜见周王时也可持圭，也就是说圭（戈）、璋还可能是有别的；如果此一材料仍不能完全说明圭（戈）、璋有别的话，则我们看看《五年琱生簋》铭文，其中“大章”与“圭”同时出现，如果圭（戈）、璋无别，我们将如何解释?再者，本文有关圭（戈）、璋产生发展的考古材料（像图一四等）所反映的情况又如何解释?本文中有关这些玉器扉牙与北斗或极星关联的（半）天盖、（半）“介”字形冠、神虎等的关联很显然不利于将这类扉牙视为源于“阑”的观点，而且本文有关各种造型戚（本质上相当于圭、戈）之扉牙与有关璋之扉牙的论证非常有助于说明“半圭为璋”的诸多合理性。笔者以为之所以出现“反入堇圭”之类情况，可能是持者身份特殊，或者与周代当时的礼乐制度崩坏的状况［这时候持圭（戈）者见周王者增多］或场合有关（圭可作为代表身份的符信，各诸侯方蛮平时应都具有，在有些场合象祭祀周王先祖等时，诸侯方蛮可以持之，而在册命等场合则多不持之）。安阳刘家庄晚期商墓中有少量墨书玉片的材料也不能说明圭（戈）、璋无别[29]（图一四，19，殷墟刘家庄墓地）。其说明，在当时，中原地区有些人群将戈中明显偏锋者视为璋，这显然属于圭（戈）、璋互仿、假借现象并说明圭（戈）、璋应当有别。我们在本文中特别讨论的圭（戈）、璋互仿、假借现象，从无可争议的考古材料看，主要是圭（戈、钺、戚）类仿璋之扉牙，并且数量有限，璋仿圭类的现象较少，而且主要是图案方面的（参见高骈璋形北斗神面铜牌饰）。圭（戈）至少从商代晚期开始仿璋之扉牙的状况开始增多，在三星堆、金沙等南方地区，不仅出现具有璋之扉牙的圭（戈），而且有不少纯粹的“弧首”“斜直首”或“分歧”首璋，在中原及西部地区，这一时期具有璋之扉牙的圭（戈）时有发现，但是纯粹的“弧首”“斜直首”或“分歧”首璋却不见或少见，而且往往玉质较差没有扉牙。这种情况可以说明两个问题：首先，有璋之扉牙的圭（戈）有时因其采用了璋之扉牙，或许可称为璋（之所以可称为璋，主要还是指其中的偏锋明显者或同时有璋之扉牙者），这样称谓的原因从另一方面说明圭（戈）、璋在本质上是有别的。其次，不同地域圭（戈）、璋互仿的状况及对圭（戈）、璋之别的看法不尽相同，远离王朝中心的地区可能保存了更多更古的文化面貌。总之，我们认为，圭（戈）、璋出现“无别”的现象主要是对于一般意义上的璋与偏锋明显的圭（戈）而言的，并且这种现象除中原地区的商代中晚期及周时外，其他地区较少，地域间对这种圭（戈）、璋之别和联系的实行程度也有差异，本文所论的考古发现完全可以说明这一观点，而且这种情况应解释为圭（戈）、璋互仿或假借现象。这正好说明不能因此而抹杀圭（戈）、璋在诸多场合和长时间内的本质之别。

六、结　语

本文讨论的主要是二里头文化玉器扉牙的内涵问题，但是从本文的讨论不难看出，更早及更晚的此类玉器的扉牙虽然造型有所变化，但是绝大多数均有类似的内涵，甚而龙山时期的玉龙、鸟、北斗神及商周时的玉人冠、平首或弧首圭（或有柄）之扉牙，均可用本文的理论予以明确论证，其中有的扉牙虽然位于冠顶或相当于“介”字形符号的位置，但是由于图案或器物主体表现的是侧面，所以这时应当作半“天盖”形或半“介”字形冠状的扉牙处理。另外正同我们早已指出的那样，有的玉神面的中剖线之“扉牙”仅仅表示形貌的起伏，与本文所论扉牙无关。这两类“扉牙”的区别一般很明显，但是也有少数不易区分，像芦山峁这一七孔玉刀的扉牙（图二三），一般说来，这

图二三　芦山峁七孔玉刀扉牙

类素面刀戚如果仅有扉牙，则应是“天盖”形或“介”字形冠形，如果刻划北斗神像，则其扉牙应是神面的中剖线，但是芦山峁这一七孔玉刀虽然未划出北斗神面，但是其扉牙的造型却是神面的中剖线。这告诉我们，判断扉牙的具体内涵时，尚需特别认真观察。当然也有极少数玉器扉牙的内涵因形成过程特殊等原因而不宜完全适用本文的理论，此有专文另论。另从本文讨论还可以看出，研究有关玉器扉牙的造型、内涵及 造型间的关联是研究圭、璋之别问题的又一重要考古学方法。

笔者在2002年参加了“夏商周断代工程”夏文化研究课题子课题——新砦遗址发掘项目，为配合这一项目的研究，在郑州市科委、社科联、文化局等领导单位的积极支持下，我们申请了“早期夏文化研究”这一项目，本文即是我们有关这一项目的研究成果之一。在本文即将付梓之际，我们谨向热情支持我们的有关单位和领导表示衷心的感谢!

注　释

[1]　有关玉器扉牙内涵问题，笔者早在《大汶口文化尉迟寺遗址新发现奇异器物研究——并新论“牙璋”“牌饰”的由来、内涵等相关问题》一文中就予以了讨论，详见张松林主编《郑州文物考古与研究》（一），科学出版社，2003年。

[2]　中国社会科学院考古研究所：《偃师二里头——1958～1978年考古发掘报告》，中国大百科全书出版社，1999年。

[3]　陈雪香：《二里头遗址墓葬出土玉器探析》，《中原文物》2003年第3期

[4]　偃师县文化馆：《二里头遗址出土的铜器和玉器》，《考古》1978年第10期。

[5]　邓淑苹：《雕有神祖面纹与相关纹饰的有刃玉器》，《刘敦愿先生纪念文集》，山东大学出版社，1998年。

[6]　郑州大学文博学院、开封市文物工作队：《豫东杞县发掘报告》，科学出版社，2000年。

[7]　从太谷白燕F504之“附昆仑的天分九部、地分九洲明堂图（合宫）”可以证明其时璇玑应是由北斗个星所规划的，从这一材料看，称“三牙或四牙璧”一类玉器为璇玑，虽然不是特别准确，但是还是基本符合这类玉器的本质内涵的。另，这类所谓的璇玑，有的可以看成是由那斯台玉团体龙鸟形器（《玉典》中有数件传世品）或良渚（有的为图案）等遗址所出的鸟龙的三个或四个个体所围成的（出现过方向不一致者），其中有的有“天盖”或“‘介’字形冠”，这些“天盖”或“‘介’字形冠”与中间的圆构成外形及意义均类似河姆渡T29④：6的图案。

[8][10]　冯时：《中国天文考古学》，社会科学文献出版社，2001年。

[9]　邓淑苹：《晋、陕出土东夷系玉器的启示》，《考古与文物》1999年第5期。

［11］ 王大有、王全有：《图说中国图腾》，人民美术出版社，1995年，第101页。

［12］ 有关“彩绘牌饰”这一概念及其内涵，笔者早在2000年就已提出。有关这一重要发现，笔者曾首先与陈星灿博士在郑州市峭山宾馆论及，不久又与郑光、刘绪、杜金鹏等先生详论讨并随即写作了《三星堆文化“兽面纹”青铜牌饰及相关重要古族史问题研究》一文（此文认为三星堆文化仓包包双“S”形“兽面纹”青铜牌饰与夏家店下层文化大甸子墓地的有关彩绘牌饰的双“S”图案有关，但比之更简化，时代应相当于二里头文化三期）。2002年8月，笔者曾将此文寄给李伯谦和李学勤先生予以请教，其中李学勤先生不久即表示支持笔者文中的材料分析部分。以后，在先生和朋友们的鼓励下，笔者在《“新砦期”研究》一文中公开发表了这一观点。国内外学界以前和最近虽然均有人注意到夏家店下层文化大甸子墓地的有关彩绘图案与二里头文化青铜牌饰图案的关系，但是均未将夏家店下层文化大甸子墓地的有关彩绘图案当成整体的“彩绘牌饰”来处理，这显然无法使我们发现与二里头文化青铜（有的为刻划）牌饰属于一类的有关“牌饰”的多样性及促进“牌饰”的类型学和商周青铜器上有关图案的功能研究，这是非常可惜的。另，陆思贤《二里头遗址出土铜牌饰纹饰解读》（《中原文物》2003年第3期）一文论及二里头文化的铜牌饰与“北斗”有关，虽然其理由与笔者有较多区别，然其观点主体可谓与笔者不谋而合，具体论述（笔者文中还有不少有关“彩绘牌饰”的详细讨论）请详见拙文《“新砦期”研究》（《殷都学刊》2002年第4期）及《大汶口文化尉迟寺遗址新发现奇异器物研究——并新论“牙璋”“牌饰”的由来、内涵等相关问题》［《郑州文物考古与研究》（一），张松林主编，科学出版社，2003年］。

［13］ 富育光：《萨满教与神话》，北京大学出版社，1990年。

［14］ 戈阿干：《东巴骨卜文化》，云南民族出版社，2000年。

［15］ 孙华：《金鸟首鱼纹带（2001CQJC：687，1）》，《金沙淘珍——成都市金沙村遗址出土文物》，文物出版社，2002年。

［16］ 中国社会科学院考古研究所：《二里头文化陶器集粹》，中国社会科学出版社，1995年。此书中此“天顶·璇玑·斗魁”器物图复原不确。

［17］ 就花地嘴遗址“新砦期”遗存的相关材料看，二里头文化一期（以二里头一期为代表，总体上，我们目前认为最好将郑光先生在断代工程其间所定的二里头一期及二期早段合称为二里头一期，下同）早段中的有关器物或其特征仅在花地嘴遗址“新砦期”遗存中有发现，伊洛地区除二里头文化一期外现在又未发现非常近似“新砦二期晚段”的遗存，而且二里头文化一期早段的宏观特征与“新砦二期晚段”基本相似，所以我们现在觉得二里头文化一期早段有异于“新砦二期晚段”的某些特征可以是地域性的，“新砦二期晚段”与二里头文化一期的早段大致同时的可能性是有可能被证实的，如果将非常接近新砦2000T6⑤b～⑥的一类遗存（其中出有类似二里头一期的花边罐）纳入“新砦二期晚段”，则“新砦二期晚段”与二里头文化一期大致同时的可能性也是有可能被证实的。这样一来，只有“新砦二期早段”类遗存符合“新砦期”这一概念。“新砦二期早段”与神木石峁、新华等遗址所谓的“龙山文化晚期”（其中剩下的部分分别相当于客省庄文化晚期及二里头文化一期至二期）的部分遗存、朱开沟文化

二段略晚至三段最早及《晋中考古》（晋中考古队编，文物出版社，2000年）中的五期第4段略晚基本同时。深刻了解“新砦期”或“新砦二期晚段”与二里头一期的早晚关系非常有利于我们理解牙璋造型特别是其扉牙的演变过程。具体内容详见拙文《〈“新砦期”研究〉增补》（《上古史研究专刊》（夏文化研究专集），2003年即刊）。

［18］ 笔者并不赞成杨伯达先生的有关“璋柢射”“璋”“边璋”等的有关观点，我们不能拘泥于含有不少晚期内容的《周礼》的有关记载。杨伯达先生的观点见其著《古玉史论》，紫禁城出版社，1998年。

［19］ 刘志一：《从民族语言看原始谷作物称呼来源与分化》，《农业考古》2001年第1期。

［20］ 王永波：《耜形端刃器的起源、定名和用途》，《考古学报》2002年第2期。

［21］ 在《琱生五年簋》中，“大圭”与“章（璋）”就是同时出现的，其之间显然有别。

［22］ “单旋符”一端的圆形或方形（有的方中还有标识其为中心的“亚”，像黎城戚两侧的北斗神像）显然指代某一中心，在我们目前发现的材料中，绝大多数代表北斗或极星或与之有关的神人之眼睛。

［23］ 此“阑”由规整的玉片组成，其宽基本等于器端，所以不是严格意义上的“阑”。

［24］ 邓淑苹：《雕有神祖面纹与相关纹饰的有刃玉器》，《刘敦愿先生纪念文集》，山东大学出版社，1998年。

［25］ 殷志强：《古玉至美》，台湾艺术图书公司，1993年。

［26］ 李学勤：《论美澳收藏的几件商周文物》，《文物》1979年第12期。

［27］ 孙庆伟：《〈考工记·玉人〉的考古学研究》，《考古学研究》（四），科学出版社，2000年。

［28］ 刘怀君等：《四十二年、四十三年逨鼎铭文试释》，《文物》2003年第6期。

［29］ 孟宪武、李贵昌：《殷墟出土的玉璋朱书文字》，《华夏考古》1997年第2期。

（原载《殷都学刊》2003年第3期）

大汶口文化尉迟寺遗址新发现奇异器物研究

——并新论“牙璋”“牌饰”的由来、内涵等相关问题

王吉怀先生等在2000年5月1日的《中国文物报》第1版的《大汶口文化惊现罕见器物》的短文中，公布了一件造型非常特殊的陶器（图一，1），并认为其与权力或祭祀有关，具体内涵为何还有待研究。我们认为这一器物应与天文学、宗教学中的北斗（神）密切相关。这里，笔者就不揣浅陋，特将初步释读的结果论述于下，不妥之处，希请方正。

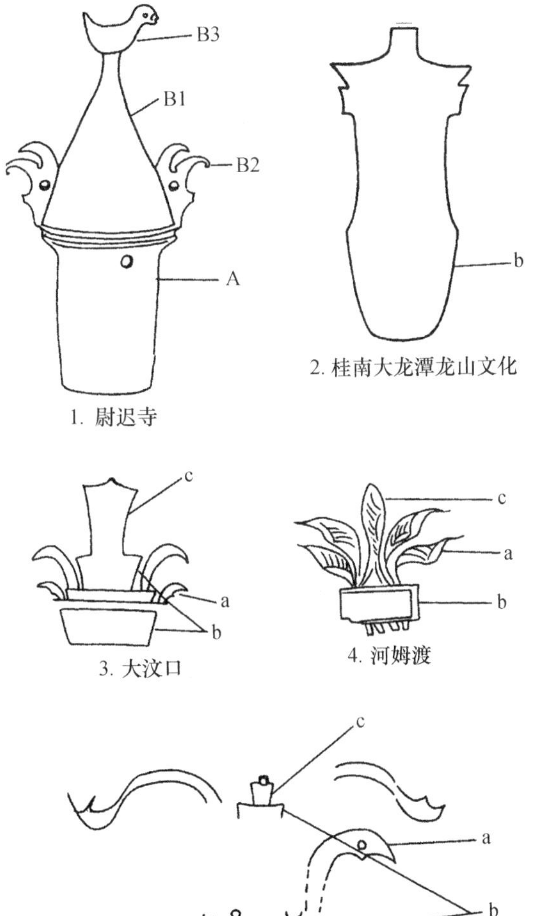

图一

注：图中3、4、5之a、b、c表示几者之间的大概对应部分

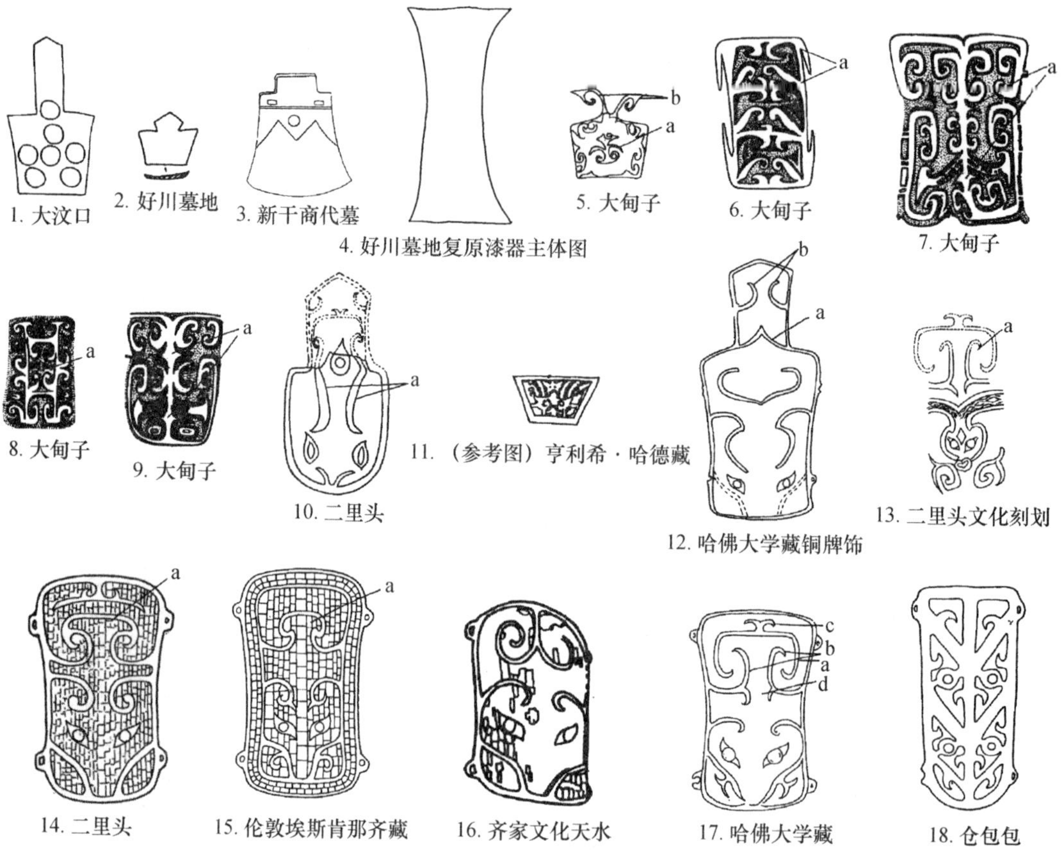

图二

注：1. 图1、2与图5、10、12外形及内涵一致；图1、2下端的“斗魁”及图4与图5、12的下端及图6～11、图13～17外形及内涵一致。国内外均有学者认为图12可能是赝品，从我们的研究可知，不太可能

2. 图5a与图6a的“单元”一致，均是北斗神的简化造型

3. 图7a与图9a为双“钻石”，这类双“钻石”，除在夏家店下层文化中有些发现外，目前仅在台北故宫博物院所藏一件玉圭北斗神（图六，3）、彭县（今彭州市，后同）竹瓦街所出的一件铜钺上所饰的北斗神兽等的面上出现过。另外，我们在良渚文化发现过以“介”字形代替“钻石”的例子

4. 图7及图9彩绘牌饰上的神兽非常类似石家河文化中大量出现的玉虎，传出齐家坪的一件私人藏铜牌饰与此极似。这更有助于说明我们在《“新砦期”研究》，《殷都学刊》2002年第4期。一文中提出的夏家店下层文化与三星堆文化可能有直接关联的观点。从所出的有关铜器看，西周时彭县竹瓦街等地与辽宁喀左等地似有一定的联系

5. 图3钺的“亚腰形”与“斗魁”外形、内涵一致。其他类似的钺、戚也可作此比附，但是有的璧戚则与玉璧有关

6. 图18与图10（刻划牌饰残存部分，估计外形与图1、2、5、12一致）不宜视为倒圭形，其实际是“亚腰”形的变体。图11、16也是如此

7. 图二之11为典型的倒梯形，我们在宁夏龙山文化遗址发现过这类四孔玉器，其显然是表示“斗魁”的，在大甸子墓地也有这类彩绘牌饰，本质上其与“亚腰”形一致。不过，铜牌饰中未见这一类，所以，我们在本文中不做详细讨论

8. 图12b与图5b一致，是两个“单旋符”组成的“介”字形，图12a也为一“介”字形，两者组成多重“介”字形冠。图17a、b、c实际是图14a、图15a即“天盖”的繁复表现形式，图10a与图17b、13a一致。图17d标志“钻石”

一、A 部 分

其上端略宽，略呈倒梯形结构，这是当时表达北斗斗魁最常见的构图（少数为近长方形），也符合天体北斗斗魁的实际形状。其（有时加上冠）与二里头、夏家店下层、齐家、三星堆等文化中令学界特别关注的铜（或彩绘、有机质、陶刻）牌饰（图二）、大汶口文化诸多陶尊上的表示“北斗、天顶”的刻符（图一，3、5）、好川墓地“亚”形漆器（图二，4）或其上的部分玉器饰片等在外形及内涵方面均特别一致，目前所见的各类牌饰之外形基本未有不依照“天顶、北斗形”或“北斗形”的（图二），仅在三星堆文化高骈遗址发现过一件璋形铜牌饰。

A部分为中空的斗形，与北斗之“斗”、之“北”、北为卦“坎”“坎”为水、太一生水（见《郭店楚简》等）、斗可盛水等内容密和。其实，在当时及以后的中国古代文化中用陶或铜中空器以示北斗或其斗魁的例子还有一些，像晋中仰韶文化中有的大房子中埋有象征斗、极的陶罐[1]（民间的“立柱偏逢紫微星”之说应与这一现象有关）。在龙山时代的广西桂南，同样存在这类情况，像在桂南大龙潭龙山文化中晚期遗址中，有一处由北斗星神像（即石铲，与大汶口文化尉迟寺所出陶制北斗神器及龙山时代的玉雕北斗神像均类似，见图一，2）围成的圆坑形遗迹（大龙潭TC1近西南的一组），在中间放置有一完整的陶罐[2]。本文重点讨论在大汶口文化尉迟寺遗址的红烧土广场上发现的陶制北斗神物，容器与北斗星神状［从上往下依次为飞鸟—天顶冠—羽状单旋符饰（与牙璋造型内涵相关）—斗魁四星］为一体。我们可以肯定地说，其是与大汶口文化中陶尊上的著名的诸多造型基本一致的北斗刻符，也是与龙山时代的玉雕北斗神像均为一类的一件杰作；在龙山时代的王油坊等遗址及包括有二里头文化“新砦二期”晚段的新砦等遗址中，出有类似太谷白燕F504相当于斗魁部分的四个圆坑中所埋的陶瓮的一类陶器，在其上刻有一“五”字或“‘介’字形天盖”，而“五”及“‘介’字形天

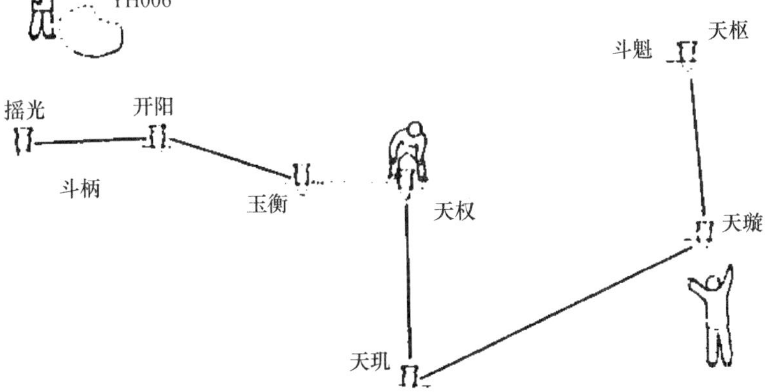

图三　殷墟建筑遗址地面的北斗遗迹

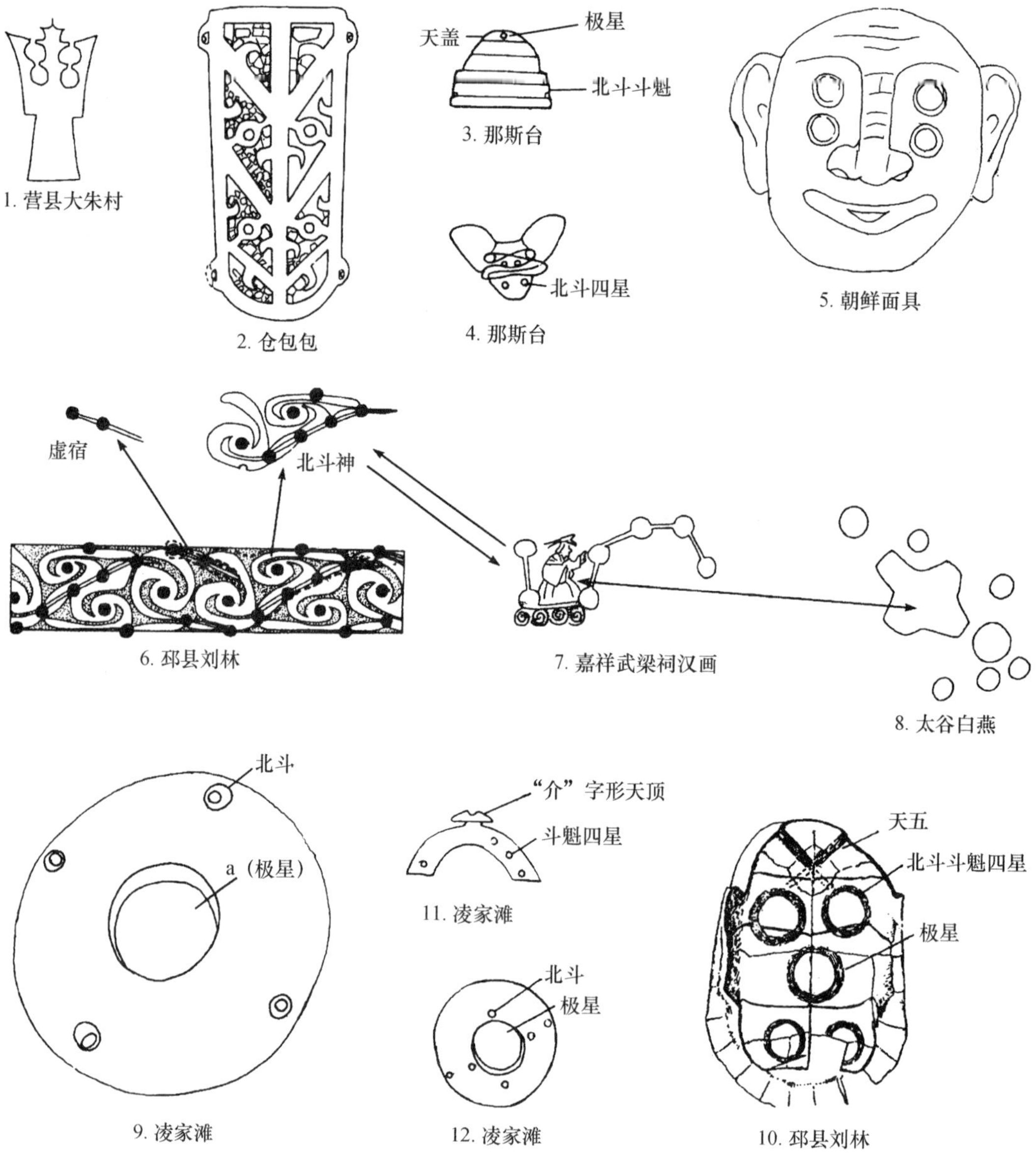

图四

注：1. 图1的四个圆代表斗魁四星，其上端之所以未封口，目的在于表明斗魁及其内的星并不是独立的或封闭的，其外尚有空间及其他的星。学界原来对于有关玉器上的孔常在边缘并且不完整的现象未能做出合理解释，今释之

2. 图6极其明确地说明晚期所谓饕餮主要内涵及造型的最初由来与北斗有关，当然晚期所谓饕餮主要内涵及造型有所变异，这是北斗神图案世俗化、普适化及蜕变的结果。另其与图1一样表明用线将不同个星相连为某一星象的考古学材料出现很早

3. 图2极其明确地说明二里头、齐家、夏家店下层、三星堆等文化中的铜（或陶刻或彩绘）牌饰上的图案与北斗密切相关，也说明学界聚讼不决的所谓方相氏“黄金四目”（见《周礼·夏官·方相氏》）的由来。当然我们也由此理解了文献中所言的舜、仓颉等四目或四瞳的深层含义

4. 图9、12清楚地说明一般的玉璧中心之孔可视为极星

5. 图8（太谷白燕F504之“天分九部—地分九州—附昆仑道的明堂图”，即“合宫”，广西武鸣出“石铲”的岩室墓与之有关）极其明确地说明“天中”或“极星”的位置可用“亚”形来标识

盖”正好可以用来标志“天中”；可作为最无争议的论据应是著名考古学家石璋如先生最近公布的一例考古学遗迹：殷墟乙五基址附近的北斗图。此北斗图的七颗星完全是用七个斗形大口尊来表示的（图三）；殷墟前年发现的不知名的所谓“炮弹形器”也是代表北斗的。这是目前发现的唯一一件铜制“北斗器”（其上的“双手托‘亚’”铭也有助于证明这一判断）。另外文献里也有以瓮盛藏北斗的记载，可参见唐郑处诲《明皇杂录·补遗》中高僧僧一行的一段轶事。

A部分上端有四个镂孔，正代表斗魁四星，与大汶口文化诸多龟甲、陶尊刻符（像莒县大朱村M17）、含山玉甲等上所刻四个圆、刘林陶钵北斗或帝君之首四星（或曰目）的意思完全相同（与图四所示山东嘉祥武梁祠“轩辕北斗汉画”一致）（图四），斗魁或斗只在少数情况下用两星代替，意为代表整个北斗的天璇（或枢）与天玑，像大家熟知的河姆渡第四层的北斗星神、兴隆沟神人面、广西宁明花山巫师岩画、三星堆文化仓包包遗存的凸显哑铃形图案的那件铜牌饰、安阳发掘报告中的“盾牌”等（图五）。“盾”，从《释名·释兵》《广雅·释器》《御览》卷356看，有时可称为“吴魁”，此表明其与“斗魁”有关。

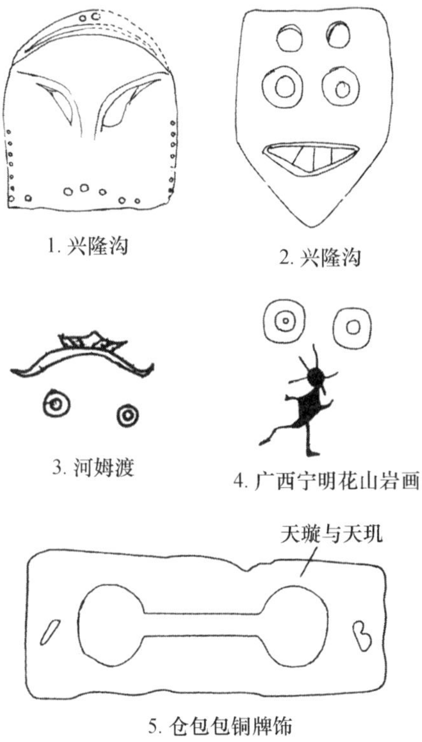

图五

注：图1、2、4神面头顶的“双圆”为北斗之代表，应是“天璇”与“天玑”；图3“双圆”也应为“天璇”与“天玑”，这里作为北斗神双目；图5双圆为“天璇”与“天玑”，在这里代表北斗，同时我们特别指出，从图5可以明确论定，二里头、夏家店下层、齐家、三星堆等文化中的铜（或彩绘、刻划、有机质）牌饰上的神应是北斗神无疑

二、B 部 分

B1：为锥形天顶的象征，这种造型在早期美术作品中非常多见。从尉迟寺北斗器与社、羽符佐北斗符（图六）的对比还可知，其与社符中心两“璋”（璋形的重要来源）所合的“圭”符相同，可以充当冠。

B2：（a）为标准的社、羽符，类似造型早在河姆渡文化中就已出现（图一，4）。其之所以在这个位置出现，可运用冯时先生有关河姆渡文化陶钵图案（77T29④：46）的观点释之，即以社配北斗[3]。这里，我们必须注意，这四枝社、羽符的造型与遍布当时各文化尤其是仰韶、红山、马家窑文化中的彩绘单元、勾云形玉器中心镂刻“单旋符”基本一致（图七），而那些符从图七，8、9、11与图一四，14的对比可知其又可以

1. 密县新砦陶器盖

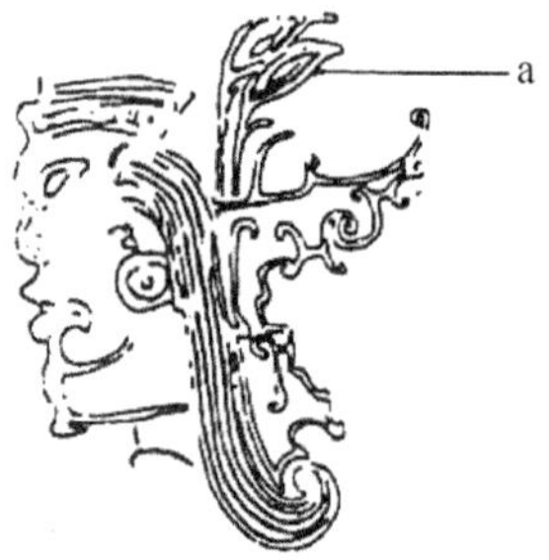

2. 弗利尔玉刀

3. 台北故宫藏玉圭

图六

注：图1a为类凤羽一类图案（同石家河文化罗家柏岭、商文化妇好墓所出的团体玉凤），其本质上与“单旋符”意义一致(图2a、图3a)。山东大学王青博士对这一图案进行过复原（王青：《浅议新砦残器盖纹饰的复原》，《中原文物》2002年第1期），从笔者所掌握的诸多牌饰及相关玉器的图案看来，其复原图有一些错误，最明显的是，神兽的鬓（图1b）绝对是单线条的羊角形，而不是双线条的其他形，一旦将其按双线条理解并复原，则与此相关的复原均错误。另外，神兽的眉不一定类台北故宫博物院所藏玉圭所饰北斗神（图3）之眉，因为一为圆形目，一为“臣”字形目，而从诸多图案看，“臣”字形目之眉可以近似独立地单独成形，所以王青博士有关这一图案之眉的复原至多仅是可能情况的一种

表示飞鸟或羽，所以其也可看作是北斗神的冠饰甚或与“彗袭北斗”的天象相符（图八。彗星崇拜与人们常对刑杀之物产生敬畏心理的情况有关）。从上文所言的河姆渡文化陶钵图案可看到，飞鸟与社、极、北斗的关系都极为密切，所以，上述两方面的理解是可以相容的。另外我们知道，飞鸟在古代确实是经常背负、围绕斗、极的，或位

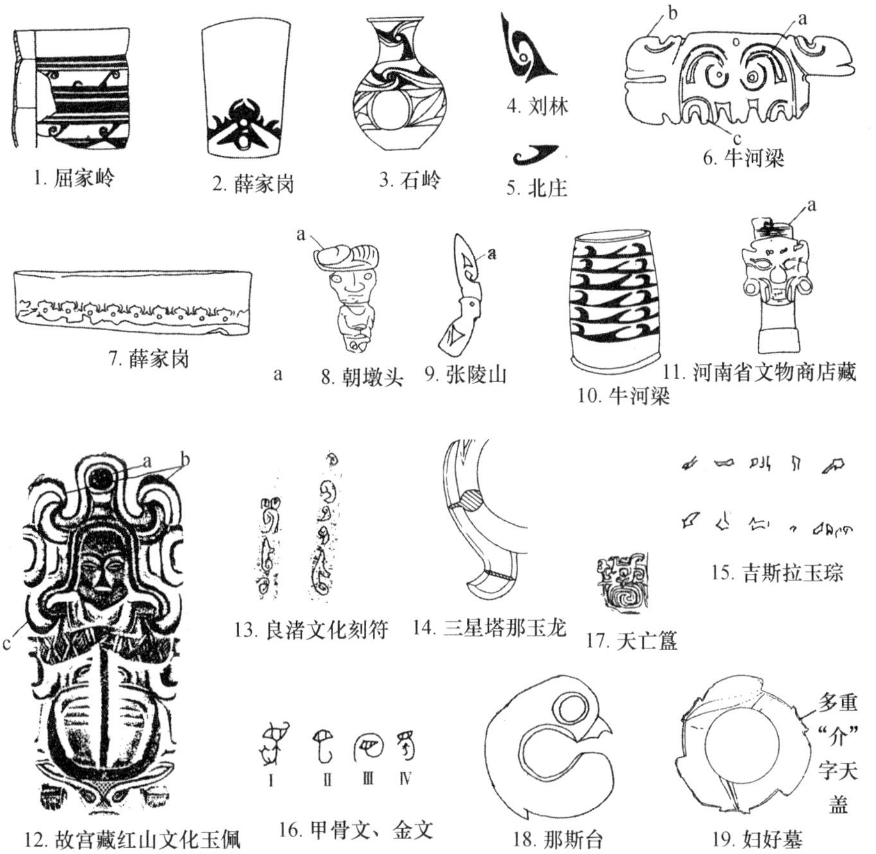

图七

注：1. 图3经常被一些学者认为是飞鸟，实际上是不正确的，其是与图4为一类的双“单旋符”，虽然“单旋符”与飞鸟、龙、鹿之翅膀或羽鬃有关（见图14及著名的内蒙古小山陶器图案）

2. 图8a、9a、11a均为“单旋符”，商周时的许多“蹲踞式”玉人的发型均为此种形式。认为图11a是“羊”的观点是错误的。另图11a也可能是鸟

3. 图6a表明“单旋符”可以为目，图6b实际为“单旋符”的一种变体，其可单独成一种柄形器（参看图二一，15。这有助于说明我们有关“单旋符”与实物“璋”有关的论点的正确性）。单独成器的情况在红山文化中有发现，在妇好墓及虢国墓地中也有发现，不过其这时已被视作古玩。图6b上的“齿”确可作北斗神的牙齿，即同于图6c。另从图6c看，“单旋符”柄形器物的部分（图二一，15a）确可充当神面的腭的组成部分

4. 图9神人下端弯曲，实际是其“蹲踞式”侧面的简化形式，这在石家河龙山等文化之中有不少体现。学界以往不知，今释之

5. 图12的北斗神驾驭猪图之a为极星，b为“单旋符”组成的“‘介’字形天盖冠”，c为“单旋符”头饰。此图充分说明我们的有关图二一之15及图七之6b的说明是正确无疑的

6. 图13为“单旋符”，其与红山、龙山、二里头、商等文化中的团体玉龙或玉凤及丁公陶文很相似，也即“蜀”。笔者曾证明，巴蜀之蜀实非[illegible]字讹写，亦非单指生物学意义上的家蚕或野蚕，而是特指具有蚕化意义的可表示北斗的龙或鸟，当然学界现在有不少人并不赞同甲骨文中的“[illegible]”字释为“蜀”而主张释为“旬”或“眴”，我们认为尚需解决有关疑问：a. 甲骨文中的“[illegible]”字如果表示“目摇”之意义，为何有的字体有凤鸟的形体（图16：Ⅰ），而从红山文化、良渚文化、丁公陶文（正反“蜀”字，类似彝族或纳西族神像，其断非松丸道雄等人所谓的“文书”　“公牍”之类）看，尚有造型与猪龙类似的鸟龙（图18），而“蜀”字，从《尔雅》等看，有时确具有与鸟有关的内涵，有的玉旋玑可视为三省略头部的玉团体凤的组合（请比较图18与图19）。b. 甲骨文中尚有曲体“蜀”，其与“龙”有关似无疑，此说明用一目及体表示龙也是可以的，不过这种龙因为与“单旋符”“北斗”相关而较为特殊而已。c.林沄先生最近有文指出“蜀”字的写法与中原甲骨文中的“卷体龙”式一类字写法是不同的，其最为重要的论据是中原甲骨文中的“卷体龙”式一类字无左撇笔，然据笔者看，并非如此，实际上，周原甲骨文及《班簋》中的“蜀”字（图16：Ⅳ）仍然是对卷体龙的摹写，只不过在当时的周原，比较流行“蜗龙”因而“蜀”字也随之在造型上有所变化罢了。像“天亡簋”图案（图17）。另在辽宁喀左北洞及彭县竹瓦街西周早期遗址等中也出现过这类图案。另外，按《管子·水地》《蚕书》等文献，“龙”与“蚕”是可以互化的，在《山海经·西次三经》中，“龙”与“虎”甚而也可以互化。还有，“饕餮”中虎面龙身者也不少；在巴蜀地区，龙虎崇拜也十分盛行。至于有关“蜀”的卜辞绝大多数在旬日卜，与“旬”的读音并无必然联系，即使“蜀”与“旬”在有的情况下有所关联，也应用“六书”的理论予以解释。图15外形类似“单旋符”，在马家浜、崧泽文化中就已出现，其在当时的文化中应代表飞鸟。由此也可以看出有关玉琮的中心可以视为神鸟所绕的“天极”无疑。顺便指出，图13、15被学界诸多知名学者视为文字或句子，这显然与笔者的论断不一致

于斗、极神头顶的，而背负、围绕斗、极或位于斗、极神头顶的飞鸟又常可与单旋符互换。所以，它们的意义是相通的。这说明“单旋符”本身就具有非凡的接近中心和尊极的意义，尤其是其一端的“圆”与“极星”或“北斗某星”正合，这就是牙璋的“穿”，当然，牙璋与圭的等级严格限定以后，牙璋的“穿”所代表的星等始终低于圭“穿”所代表的星，如果圭“穿”所代表的为“极星”，则璋“穿”可能只代表“北斗个星”或几孔代表“北斗几星”（有的璋有多孔），如果圭“穿”所代表的为“北斗某星”，则璋“穿”可能只代表级别低于圭“穿”所代表的北斗某星的“北斗个星”。我们这样认为有相当确凿的论据，这里仅略论一方面：从河姆渡、大汶口、龙山文化的有关图案来看，这些冠饰中间的“圭”（此时，这类“圭”有“介”首及“凹介”首者，当时仅存在于图案中，玉石中无此实物。其中“凹介”首者在中国古代考古实物中从未见到实物）两侧单元分别对称，每两两相合就是中间“圭”，而其两侧的每个符号与单旋符造型非常一致，而恰恰就是这类单旋符又与早期的“牙璋”首极端一致，这与“半‘圭’为璋”何等相符！支持这一观点的例子还有不少，像我们熟知的众多（璧、刀、钺）戚（图九），其本质意义相当于“圭”是无疑的，而其两侧的“牙”基本意为“天盖”或“天冠”的“介”字形或多重“介”字造型（“介”为“圭”形），而恰恰就是这种与“圭”密切相关的“天盖”的一半与牙璋两侧的所谓“阑”极其一致（图一〇）。注意，牙璋在其发展过程中，其两侧的“牙”造型增多，但是其主要意义未变。不过，这里需要特别提到，有一些牙璋的“牙”（主要从石峁文化晚期及二里头

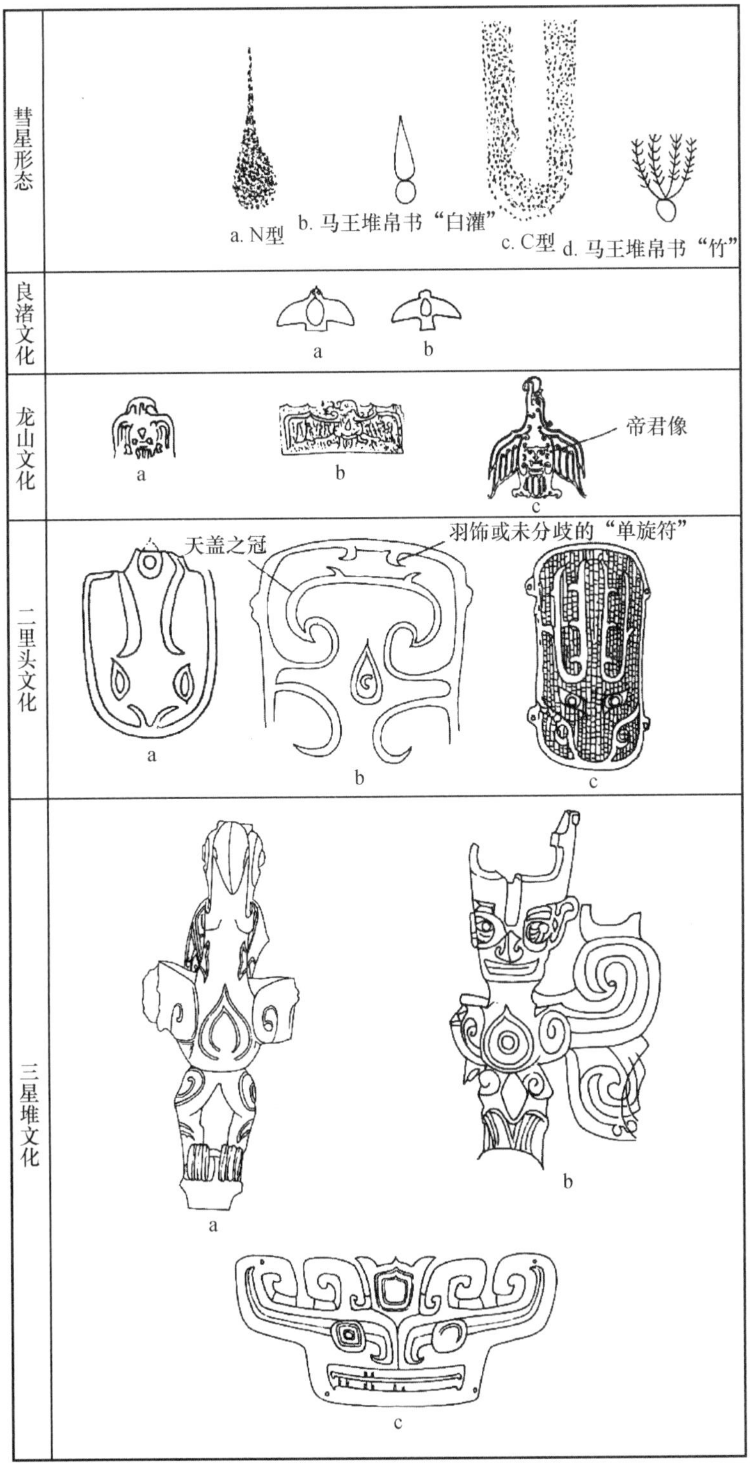

图八

注：从图中龙山文化图c看，神鸟所负为代表北斗或极星的帝面，因而“水滴形”符号应与北斗或极星有关，但是从良渚等文化中的飞鸟所负的北斗或极星的造型看，绝大多数为圆形，仅有河姆渡文化的一块骨板所刻的双鸟所

负者为近似“水滴形”（其上有七或九颗星，应表示北斗）。其为何呈这一造型，笔者以为并非是表示有火焰的太阳，而是因为有“彗袭北斗”的缘故使然（“水滴形”符号的造型非常类似图中表现的彗星之“N”形彗首形态）。视“水滴形”符号为“N”形彗首，则不利于解释图中三星堆文化图a及图b，因为公鸡与神树上的飞鸟往往被认为与太阳有关，但笔者以为这种看法可能较晚，如同仰韶文化中负极星的“三羽尾乌”，在晚期的古人那里被误认为是“三足乌”并被讹传下去一样，或者是因为古人在运以北斗为中心的六壬式栻盘时，往往以太阳为“月将”，所以与北斗有关的彗首也可借指太阳。但是笔者以为这种解释较为迂回，或时代晚，我仍然倾向于认为“水滴形”符号为“N”型彗首的形态。特别言明：图中二里头文化之图c神兽首冠虽然与C型彗首的形态略微类似，但是其并非为笔者在有关文章中（《“新砦期研究》，《殷都学刊》2002年第4期）认为的那样为类马王堆帛书中的“拈” “竹”等彗，其实际是“天盖”造型之一种，我们目前尚未在北斗神像中发现无“天盖”而有彗首的冠。另外，图中龙山文化图a神鸟所负为“倒水滴形符”，这是需要特别注意的，估计与甲骨文中“帝”字倒写等状况类似。金文中有的神鸟所负为“未封口的倒水滴形符”（见《金文编》第228页），这一造型往往被视为“心”，与甲骨文中的“心”字及有些二里头等文化中的铜牌饰上的北斗神冠的有关造型（图一五，2）类似或一致

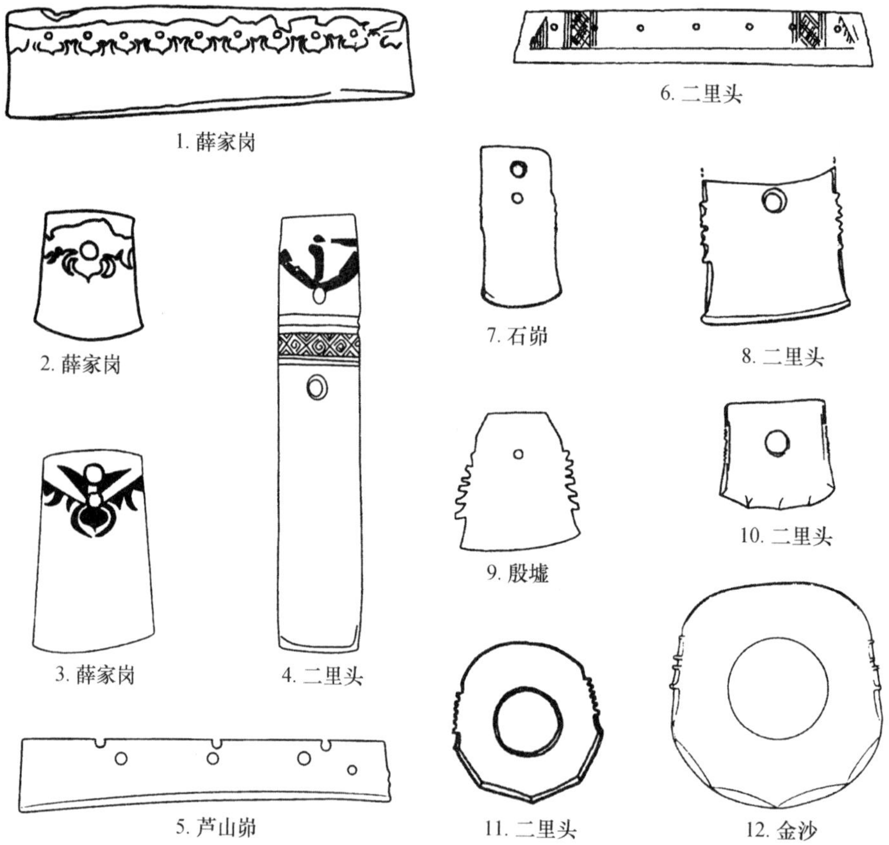

图九

注：图1可看作是图2、图3甚而是图4的“组合”，可称之为“组合型玉钺”；图5、图6可视为图7、图8、图9的“组合”，可称之为“组合型玉戚”；图10、图11、图12可看作是图5、图6的缩略表现形式，可称之为“缩略组合型玉歧”，因为其是用一个小钺或戚的面积及单个的孔表示多个，所以戚首出歧。另外，目前所见的这类戚全为四歧，这与斗魁为四星非常相符

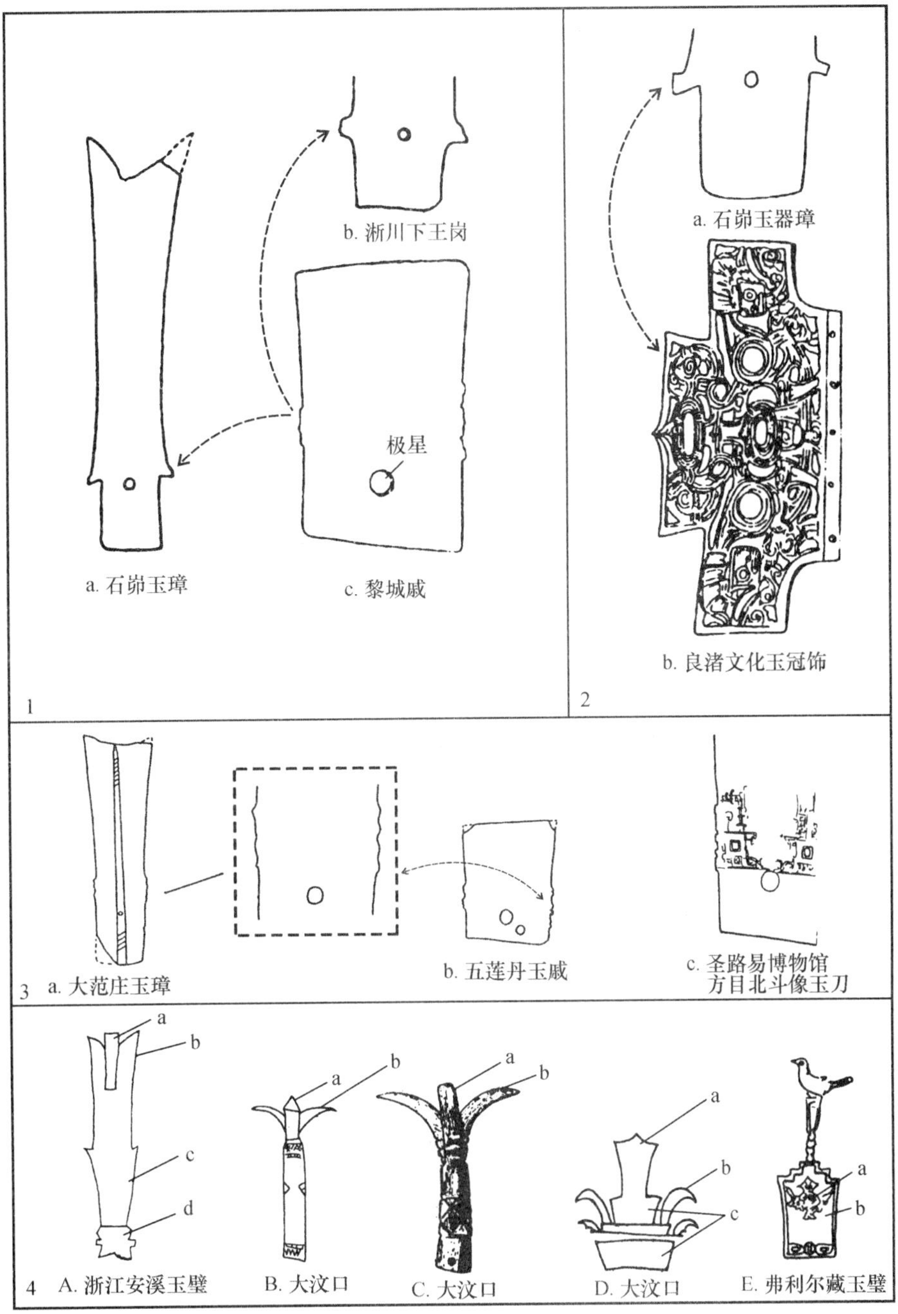

图一〇

注：1. 图1a的“阑”（实际是半“天盖”或曰半“圭”）之棱角突出不明显，应是“黎城戚”（含义类圭）侧饰的一类弧角“介”字形天盖（外形及含义类尖首圭）的一半。“黎城戚”的“穿”为极星，多穿者则为极星和北斗星，当以北斗星为极星时，则可视为北斗的数个星，形制大者与位近中心者为北斗中的重要个星和亮星。

2. 图2a“阑”的棱角突出明显，“阑”上端内凹明显，其与“凹‘介’字形天盖”之一半一致。“凹‘介’字形天盖”（有的为多重）在玉戚上也有不少发现

3. 图3a之“牙”在最早的一批牙璋中略显特殊，从放大图看似为“多重‘介’字形天盖”之一半，从花地嘴新砦期所出的牙璋之牙来看，笔者认为我们的这一判断是正确的

4. 图3c侧的棱，不是“多重‘介’字形天盖”，其是方瞳北斗神的面部的中剖线，这是需要特别注意的。牙璋首的外形主要来之于“单旋符”，具体到实物玉璋，从早中期的材料看，其有刃，显然其与常见的玉铲有关，因为玉铲可视为玉圭，所以这与“半圭（或戚）为璋”仍不矛盾。这里我们必须实事求是地指出，有关牙璋的各种起源说，像林巳奈夫之“河姆渡骨铲”说、王永波、戴应新等先生的“耒耜”“耜”说等均是错误的，最近王永波又著文认为我们常说的“牙璋”就是“杼上终葵首”的大圭（其错误地认为真正的“牙璋”就是带绿松石等玉饰的玉柄形器），这种观点同样是不正确的（西周《琱生六年簋》铭文中“大圭”与“璋”同见，这也有助于说明笔者的观点）。早年在香港召开的有关牙璋的专题会议的诸多学者的相关观点很多也是很值得商榷的，像其中有的学者以为图4A为“牙璋”，实际上图4Aa 与图4Ba、4Ca、4Da内涵一致；图4Ab与图4Bb、4Cb、4Db内涵一致；图4Ac为倒梯形台，与图4Dc、4Eb内涵一致，为斗魁形状，图4Ad与图4Ea内涵外形类似，图4Ac、4Ad总体相当于图4Ea及4Eb。林巳奈夫、夏鼐、王永波、戴应新等先生认为这类玉器不宜称为“璋”而应称之为“骨铲形玉器”“刀形端刃器”“耒耜形端刃器”或“耜形端刃器”的观点显然是极不符合其实际内涵的（林巳奈夫：《中国古玉的研究》，吉川弘文馆，1991年；夏鼐：《商代玉器的定名和用途》，《考古》1983年第1期；王永波：《耜形端刃器的起源、定名和用途》，《考古学报》2002年第2期；戴应新：《神木石峁龙山文化玉器》，《考古与文物》1988年第5、6期），学界目前尚有多人视这些陈旧的观点为圭臬或对之抱残守缺！

5. 清代杰出的金石学者吴大徵在《古玉图考》中根据《周礼》等文献认为：“牙璋以起军旅，以治兵首，故与戈钺之制略同”；林巳奈夫、夏鼐、戴应新、王永波等先生竭力否认此说（夏鼐先生认为：“它的古名和用途，我们最好承认我们还不‘清楚’”），而多主张这类玉器仅与“农业祭祀”有关。从本文有关璋的起源的研究可知，我们真是冤枉了吴大徵，可以认为，吴大徵的观点是各种旧说中最为有见解的一种。当然从本文有关璋的研究也可清楚地发现其有关璋的有关观点还有不少错误。注意，“起军旅、治兵首”仅是牙璋的功能之一，其尚有祭山（《周礼》等文献明言“山以章（獐），水以龙”）、昭功（饶宗颐先生赞成有关文献所说的：圭以兴事，璋以成功，不过从有的文献看，圭也可用于成功之业，像禹治水成功，帝赐之玄圭，以告成功）、辅觐等功能

6. 图1c“黎城戚”的及图3b“五莲丹玉戚”的下端斜平，高度不一（有些玉钺造型也有如此特征），这是很多璋的突出特征，我们认为这是玉戚与玉钺仿照璋的结果。因为玉戚与玉钺的级别类似圭，所以也可以认为这是图一四所表明的圭璋互仿的例子之一

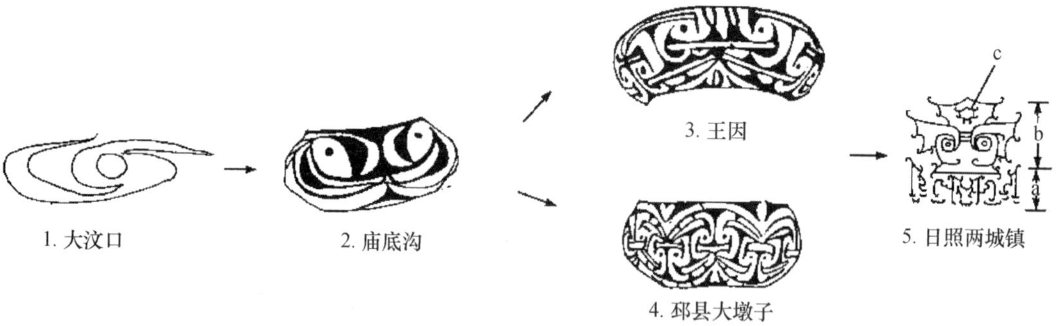

图一一

注：邓淑苹女士曾将图5a当成一个独立的所谓“神祖”面（邓淑苹：《古代玉器上奇异纹饰的研究》，《故宫学术季刊》第四卷第一期，1986年），实际不确。其实，图5a即是与图5b“变形对称”的面部装饰。这一对称原理笔者已在多处提到，兹不赘述。有关单旋符与腭齿的关联还可参见图七之6

文化中期开始）渐变为虎形，其实这与前面的分析并不矛盾，主要原因有：①单旋符或羽符变为腭齿的情况在仰韶文化、红山文化、龙山文化中有极多之例（图一一）。②这类虎背饰实际就是数个单旋符，并且这类虎有饰于“刀戚”的例子（图一二，7）。③在西周的铜戚（从目前所见到的材料知，学界无一例外地均称之为钺）中有“牙”为

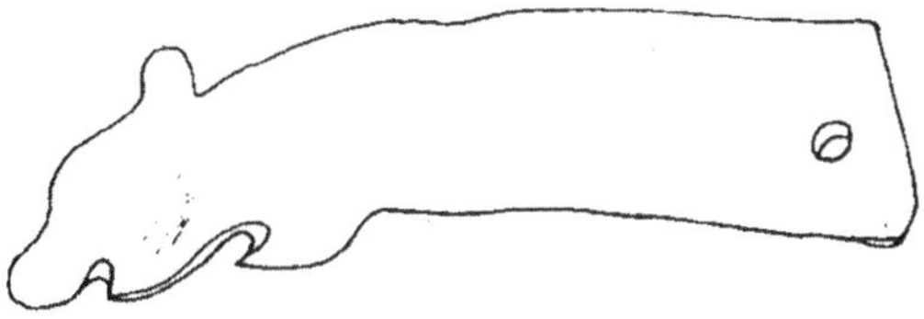
1. 南京营盘山

2. 凌家滩

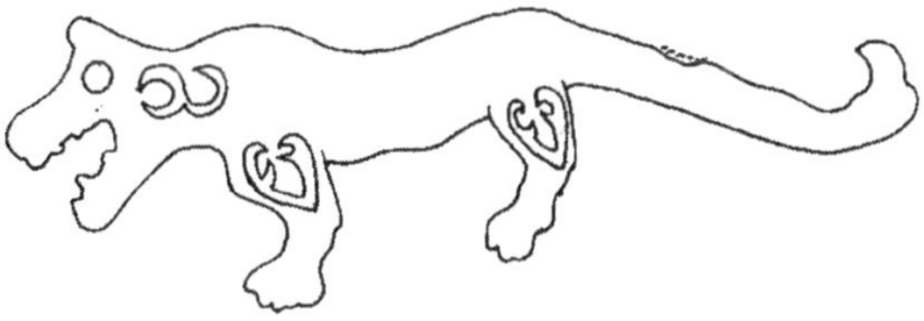
3. 三星堆

4. 安阳殷墟

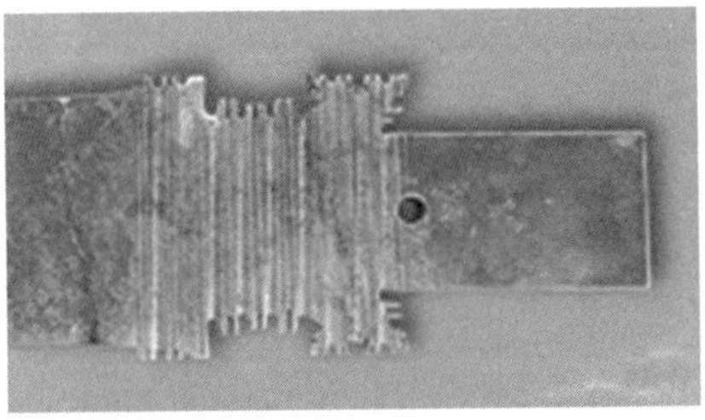
5. 二里头

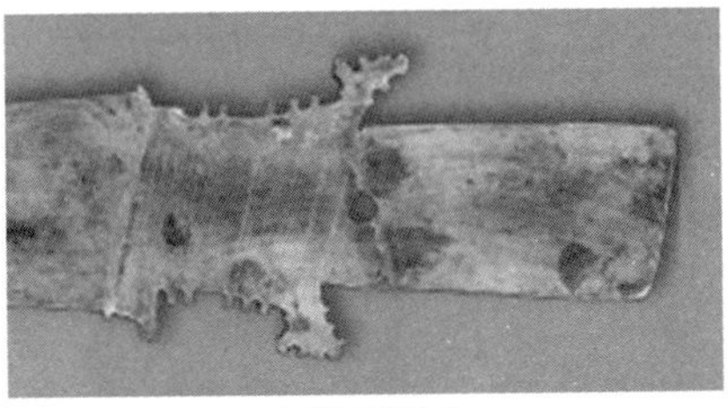
6. 越南冯原

7. 弗利尔玉刀

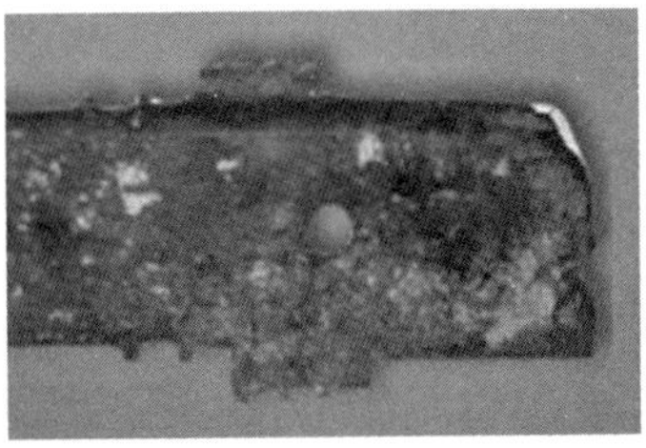
8. 石峁

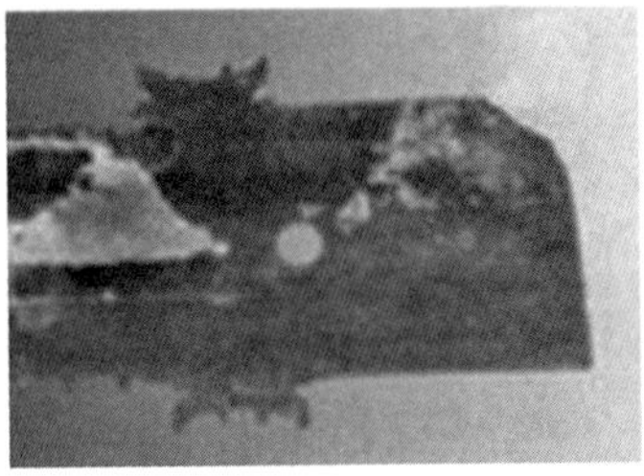
9. 石峁

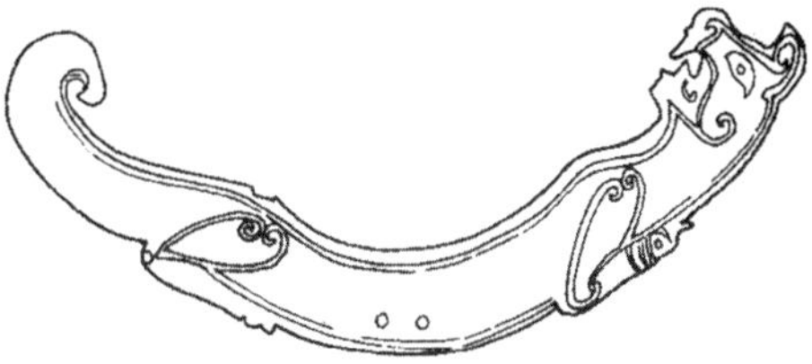
10. 圣弗朗西斯科亚洲艺术馆

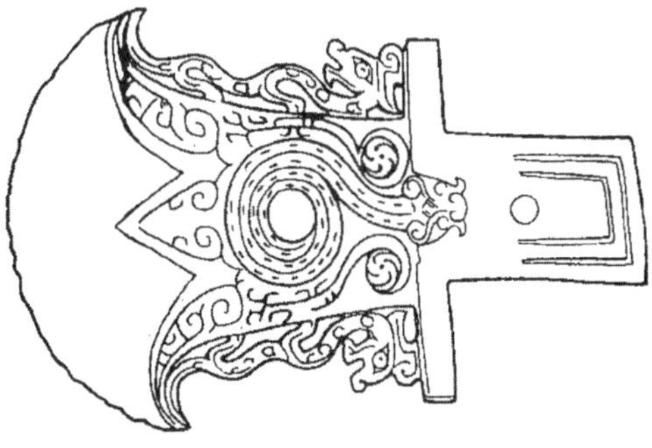
11. 张家坡西周墓

图一二

双虎的（图一二，11）。我们认为牙璋侧饰之虎的虎首演化规律是：由早期正首向正反首及反首演变（图一二，5、6、8、9）。在玉虎、铜虎或图案虎中（有的是作为某器物之构成部分的，像牙璋侧饰），“牙璋侧饰虎”及少量“图案虎”反首者出现的时代较早（前者盖从龙山文化晚期或二里头文化开始，后者盖从商文化晚期开始），作为单个器物的个体虎之反首者出现的时代较晚，盖在西周早期（反首的鹿、牛等其他动物出现较早，盖从商文化晚期开始）。西周的这类铜戚内涵与玉石戚一致，这可从金文或彩绘中双龙或犬绕“㐄”（图一三，5、6、7、12等）、“王”（图一三，4）的例子予以证明。显然这是圭、璋装饰相互模仿的结果。其实，早在商文化、三星堆文化晚期甚或更

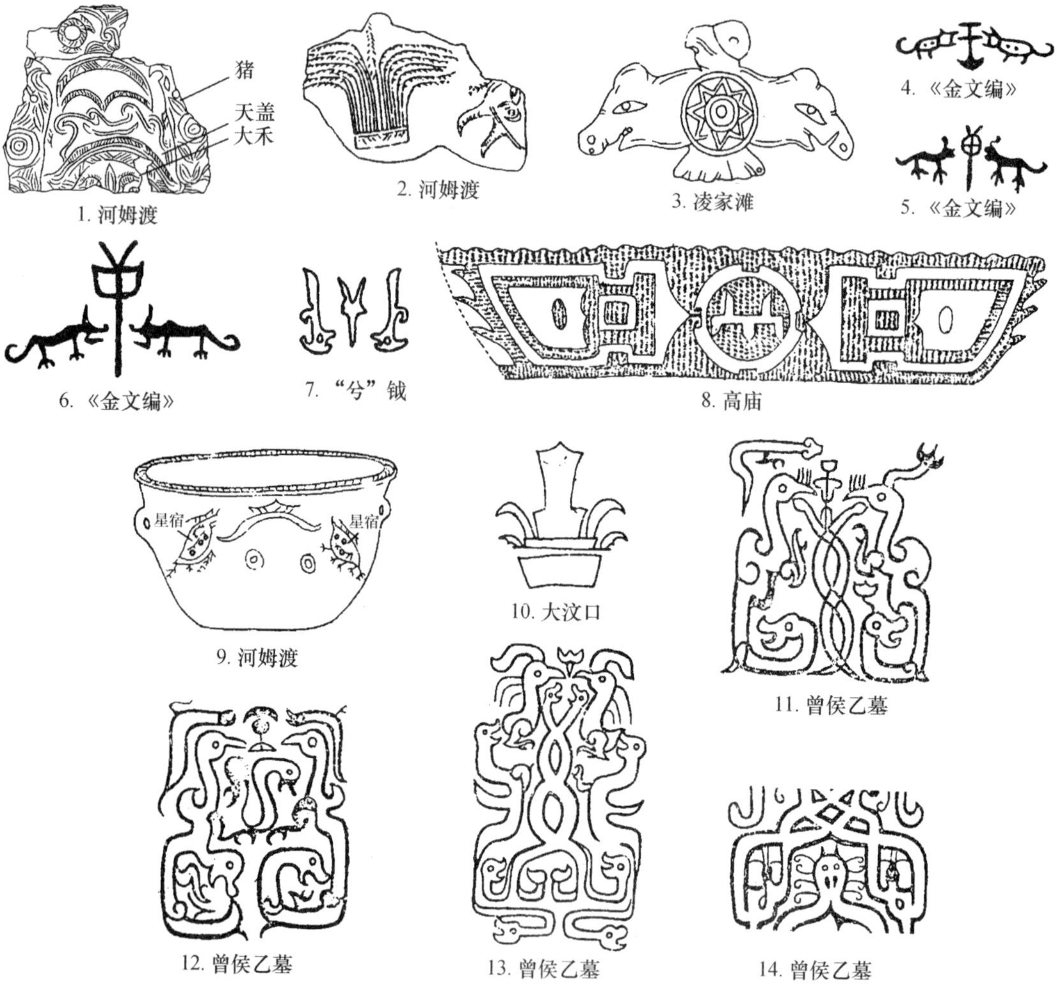

图一三

注：1. 双龙（包括虫，像山东青州苏埠屯商墓所出的族徽“融”）、双凤鸟、双犬等所绕的中心往往是级别甚高者。像图1、2、3双猪（代表北斗）所绕的中心为“天盖—大禾”（图1）、“斗与大禾”（图2）、“八角天中及天极”（图3）。从图1、10看，这类“禾”显然与天、地之间或天地之中的“大禾”一样，或可视为“建木”；图11双凤所绕为一“帝”；图4双犬所绕者为一“王”；图5、6、7、12双犬、龙、凤所绕者为一种在甲金文中常被手持的“㐄”（极少数

写为“事”，见《鬲比簋》），是“史”“事”“使”字的主体。其应是一种象征权威、军事宗教等含义的工具，其中图12中的这一工具有台座或臼立于某台面上（学界有人认为为合文，字义为“手拿简并宣读”似不确。甲金文中的“单”，有立于位在四直角之中的台面上的。整个图案说明“单”的级别甚高或说明其功能之一可应用于天文），这说明“单”也可视为一种工具。注意，从甲金文的诸多材料看，“”与“单”是有严格的区别的，“史”“事”“使”字的主题未见有写作“单”的，“兽”的主题也未见有写作“”的，仅见有写作“”或“”的

上述讨论也非常明确地说明：言“干”为“盾”，仅是借其义，而非其形。盾在东南地区曾被称为“吴魁”，估计其意在于表明盾与斗魁之形义有关。安阳殷墟发掘报告中“盾牌”之上就有明显的两个圆，估计与北斗有关，其外形也与二里头文化铜牌饰近似。再者，三星堆文化三星堆祭祀坑中的有“双腿”之亚形牌饰似与斗魁也有关联。另外，盾上常有神兽面，可以认为与二里头等文化中牌饰上的北斗神或由其世俗化、普适化而成的“饕餮”有关

2. 图8双鸟为方形目，这类目形在不少北斗神像上也有，文献中其常被视为神仙寿星的眼睛或瞳的特征。图8双鸟所绕者外为“亚—圆”与妇好墓所出的帝俊类神像身上的符号外形、内涵均相当一致，其标识“天中”（与学界争讼已久的“明堂”非常相关），显然其中的“兽面”即为帝之象征。另外图14中的“亚”或菱形显然也是标识“天中”的，只需将其与图11的“帝”字及图13的“三峰冠”（“三峰”在文献中往往被称为天冠，从图11看其可作为凤冠，与甲骨文中有的凤首冠及夏家店下层文化大店子墓地的有关彩绘牌饰北斗神冠一致）相比较，即可明白

3. 图9北斗神两边的神鸟，在良渚等文化中仍然大量出现（有的变为人面鸟身），两者身上各负表示星宿的三圆（绝大多数引用此图者未画出这些星宿），这应是马王堆帛书避兵图中太一两侧设“毕”“箕”两星宿思想的早期源头

早的时候，圭与璋就有很强的互仿倾向了（图一四），像“双分歧尖首璋”，其首上的飞鸟或心形符（黄宗文化金沙遗址中刻于玉璋之上）与尉迟寺北斗神器冠顶飞鸟相似，其尖首与“介”字及二里头文化中的玉戈首、商文化晚期偏晚阶段出现的尖首玉石圭首类似。注意，三星堆文化“双分歧尖首璋”首上的心形符是由早期夏家店下层、二里头等文化的“双单旋符组合”（图一五）演变而来，与鸟的意义相关，曾被用作一般装饰、族徽、蝉体组合，更晚期有演变为“心形双龙（或鸟或饕餮）”的。另外，单旋符在夏家店下层、二里头、三星堆、黄宗等文化中，大量地出现“分歧首”现象（龙山文化甚而更早的良渚文化时期就有不少“分歧首”现象出现），这与晚期大量出现歧首璋的状况非常相关（图一六）。作为眼睛的单旋符本身又可按首分为两小类，表示眼球的一端，一类为圆形（图一七），另一类为方形，尤其是方形（从大量文献来看，方瞳常为神人所有）中有的有一“亚”形（图一八，4）。我曾在有关文章中提出，这类单旋符的前一小类在仰韶文化、大汶口文化、红山文化、夏家店下层文化中广泛存在，甚而在二里头文化的有关铜牌饰中仍然存在（图一九。单从有的铜牌饰北斗神双目与之一致这一点看，可知铜牌饰上之图像就是北斗神）。后一小类，仅有一件为出土品：黎城戚（图一八，4），其他均为收藏品，林巳奈夫《中国古代の玉器》[4]一书基本将其收齐（图一八，1～3）。单旋符实际与极星、北斗、飞鸟甚而彗星、璋首均有关联，从河姆渡文化北斗星君以北斗二星为目看（图五，3），黎城戚一类图案的双目内涵显然与其一致。由此，黎城戚神面中的“亚”即是表示眼为天上的巨星、神星的指示符，并进而表明该神具有“中心”“至尊”的特征。至于“亚”为何具备这一功能，笔者认为有以下几点：①如果想指示某人、神具有与方向、位置有关的中心的至尊的地位的话，简单的

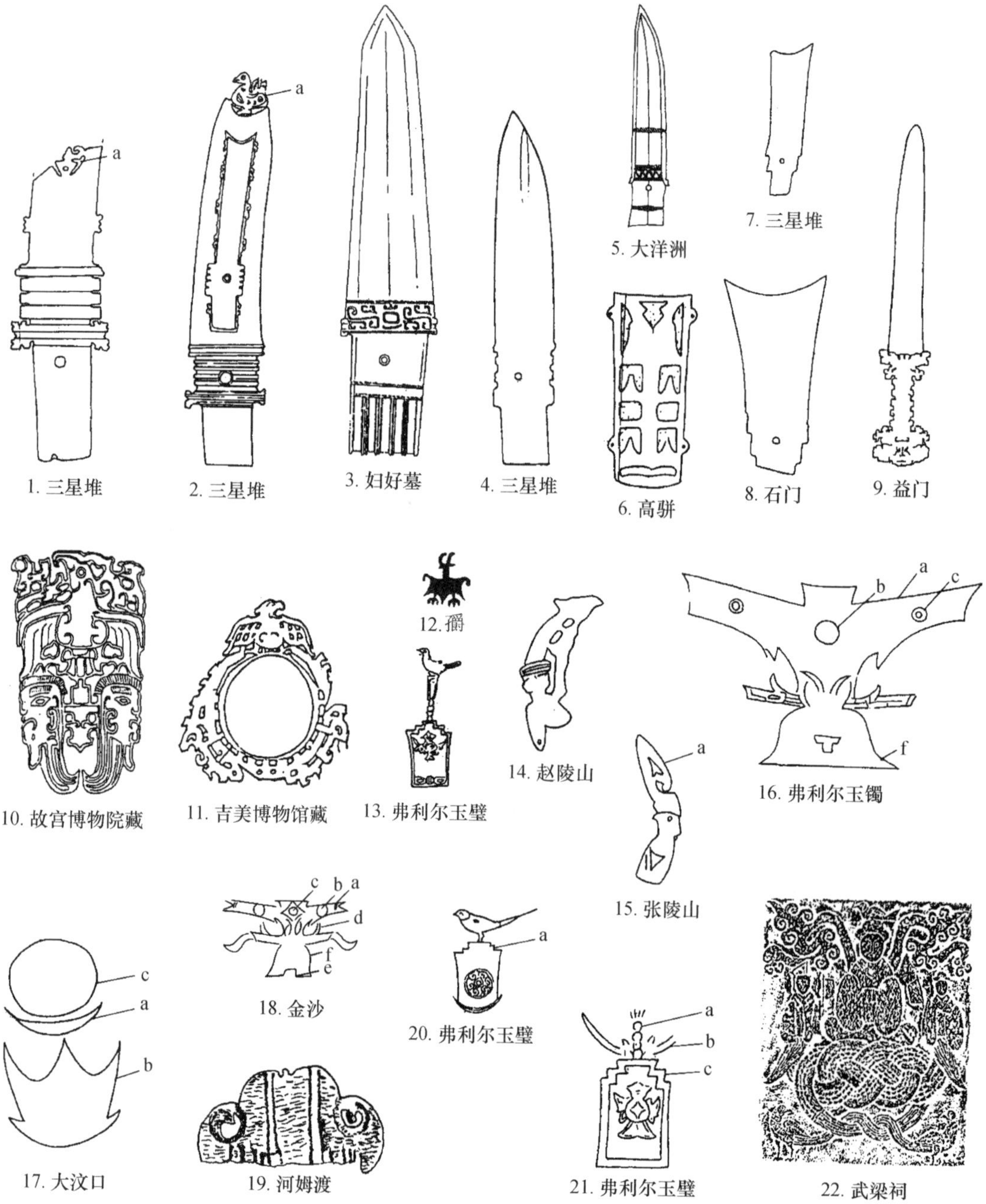

1. 三星堆　2. 三星堆　3. 妇好墓　4. 三星堆　5. 大洋洲　6. 高骈　7. 三星堆　8. 石门　9. 益门　10. 故宫博物院藏　11. 吉美博物馆藏　12. 爾　13. 弗利尔玉璧　14. 赵陵山　15. 张陵山　16. 弗利尔玉镯　17. 大汶口　18. 金沙　19. 河姆渡　20. 弗利尔玉璧　21. 弗利尔玉璧　22. 武梁祠

图一四

注：1. “圭”“璋”互仿在龙山时代或更早的时候就有所出现，商代晚期开始增多并且越趋于明显（可见安阳刘家庄M9所出玉器等）。图1、2之上端显然原为“圭”首，在这里被制作为“璋”首及一神鸟（“心形符”是由图15a一类“单旋符”组合而成，这类“单旋符”与鸟的意义有时一致）。图1之a显然是由夏家店下层、二里头等文化中由“单旋符”组成的“心形符”发展而来，这种所谓的“心形符”（学界常称之为“蝉形纹”）在商代非常盛行（这时“蝉形纹”的突出特征是：“单旋符”出现分歧现象，蝉背有空白，有的发展为“双凤”或“双龙饕餮”构形），从山西灵庭等地出土的青铜器铭文看，其有时可充当族徽。图2之神鸟与图10、11、13、14、

20之神鸟及图15a、16a、17a、18a内涵一致。图12表明这类神鸟有被用为族徽的情况出现。图11显然表达的也是与其他图案一致的“神鸟撅北斗神（在人间对应帝王）首”之意义，但是图11比较特殊，即神鸟所撅之北斗神面不像图10等图案那样是面向相反，却是相对；神鸟下的整个图案可视为“璧戚”。图16b、17c、18c均标识极星或北斗主星。图21a标识北斗，其成串似柱，这就是所谓北斗常被称为“天柱”的由来或表现。图18c外的菱形，实际就是“亚”形，图21神鸟所负也是这类菱形，其与极星是相辅相成的。图16f主体均为“天盖”冠，其空白者为北斗面的常见轮廓，这说明其确实如李学勤先生所言其为冠；图16f与图19的基本一致，林巳奈夫等人有类似的认识，不过图19并不仅是天盖冠，其为带天盖冠的北斗神，其嘴及牙很明显地说明了这一点

2. 图17b与图20a含义一致，图17b可视为“五峰山”，图20a、21c可视为“五峰山”的“平面化”，至于图21c与图20a底线不一致，并无本质区别，图20a的底线是模仿图17b，图17b的弧形底线是诸多“五峰山”图中较少见的，其形成的原因是其被刻划时刻者顺着陶器的弧面走线的缘故

3. 图3、4、5为戈（与“圭”为一类），但是明显具有璋的不少特征。图9为剑，但柄类璋

4. 图6为璋形，但是其上的图案为“天盖下的神面”（图6上端符号的含义及解读参见图一五的图案说明）。这一神灵相对于极星而论，可理解为北斗神，因为极星可与圭相应，这一神灵只可为北斗神，才会与璋形相符，但是如果其本身代表至尊神，则显然其反映了圭璋互仿的现象。图7、8的柄可视为与图20、21一样的“昆仑台”（崧泽、凌家滩祭坛应被视为三层的“昆仑台”，而不太可能像其发掘者所说的那样是“三次建造”。崧泽、凌家滩、良渚等文化中形为三层或三重（表达的内涵相同）的“昆仑台”之上常有墓葬，应与死者的昆仑崇拜思想有关，因为昆仑是所谓“帝之下都”及“登天之梯”，但是笔者不认为其时称昆仑者唯在西北，因为以西北某地为昆仑专称、以西北昆仑地带为地之中心的思想应与将华夏九洲视为世界东南方的一州（赤县神洲）的大九州思想有关，而这一思想，学界已肯定地认为其早不过战国，其与璋形的关系类似我们对图6的有关讨论）。另外似乎也可视图6“台阶”为多重“‘介’形天盖”的一半

5. 特别指出，图1、2整个造型非常类似金文中的所谓“西单”“西鸟单”等铭。笔者以为，金文中的所谓“西单”“西鸟单”等铭就是图1、2在金文中的徽铭化。其本质的意义是“神鸟与璋”。我们知道，图1、2中的神鸟可代表“天极”，这与金文中不少“单”字（作为族徽形状的主体）上端常常有“菱形亚”“‘十’字形亚”等符号的状况非常相似，而这类“亚”形符号就是常用来标识“天中”等中心的。注意，金文中的所谓“西单”“西鸟单”等铭有少数写作“”或“”，因而有不少学者将这类铭文全释为“”或“擒”，我们认为，写“单”为“”应是一种简化。另外，甲金文中的捕鸟之器为何制成此形，在笔者看来，其本质上应是脱胎于图1、2的，其制作思想是：只有制成此形，神鸟才会飞至。后来，人们已渐渐忘却了这种工具最初造型的宗教礼仪来源而仅从其实在的捕鸟功能的角度来理解之了

方法就是用一具备这一特征的指示符，这时单用封闭的不具有方向性的符号或像生符，大多仅能明确表示某人、神具有至尊的身份，而不能明确地将方位概念表示出来，而一旦要同时明确指示某人、神具有与方向、位置有关的中心的、至尊的地位，则非“亚”或“八角星”类图形莫属，因为它具有方向性，否则去掉四周方向，则也就无所谓中心，即中心和四向或八向是一对互生的概念，舍此无彼。②从新石器时代中期开始，这一“亚”形便被经常与天中、上帝、下帝、极星、北斗、明堂等拥有至尊地位的人、事、物相关，而帝有“帝所”（见甲骨文）、“帝休”（见《山海经》），以圆形示星又为惯例，并且这些人、事、物又都常与圆天方地并提，所以，这些“亚”自然与圆（间或为方）构成形影搭档。这就形成了“亚”“亚—圆”（少量为“亚—方”）几种组合，以致在凡表达帝、祖神等图像的身份时，这几种符号便成为这些图像上较固定的

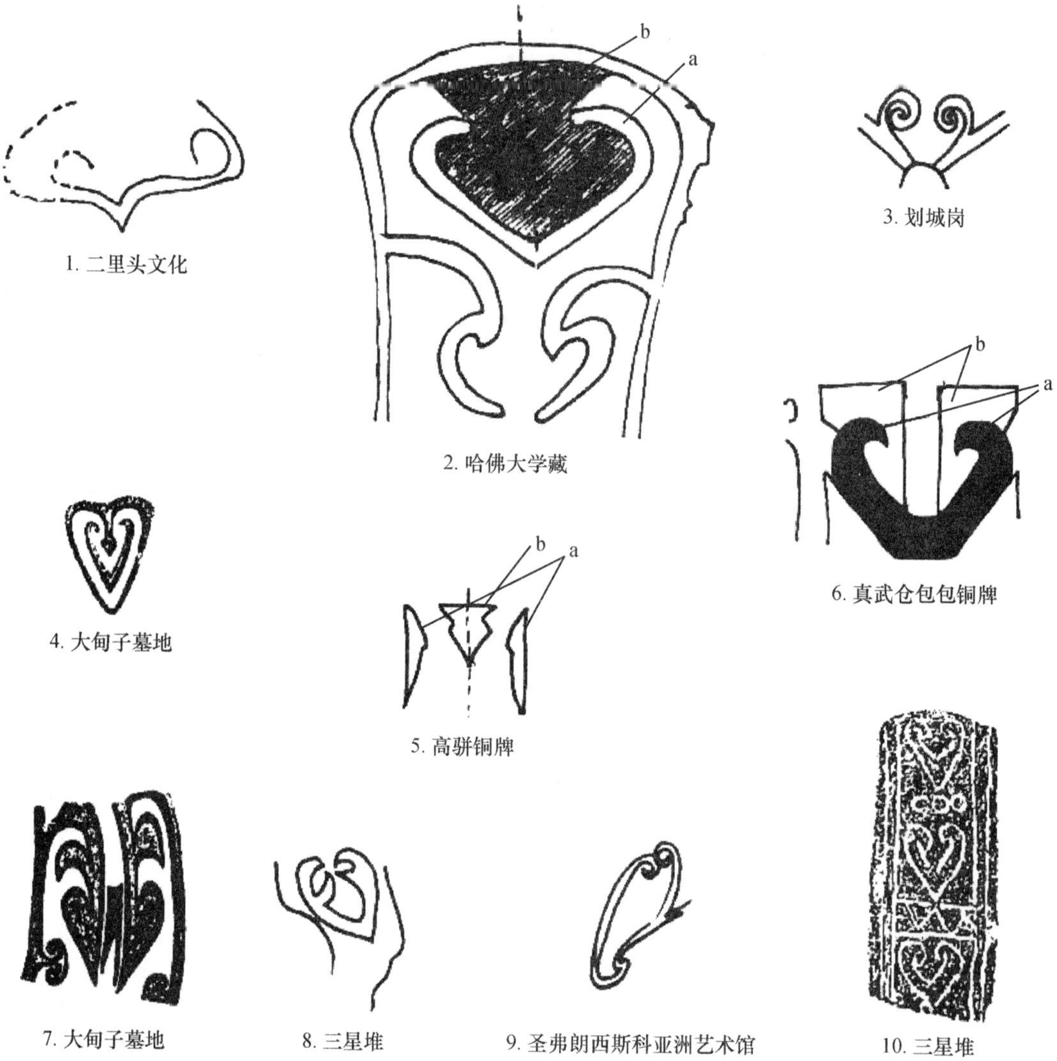

1. 二里头文化　2. 哈佛大学藏　3. 划城岗　4. 大甸子墓地　5. 高骈铜牌　6. 真武仓包包铜牌　7. 大甸子墓地　8. 三星堆　9. 圣弗朗西斯科亚洲艺术馆　10. 三星堆

图一五

注：1. 图4为两个“单旋符”组成的“心形符”，甲金文中的“文”字中的“心”及金文中有的神鸟所负亦为这种“心形符”。这里特请学界注意：我们如果看图7的深色部分，其显然是两个“单旋符”，我们如果看图7的白色部分，其造型则与甲骨文中的“心”字一致。图5、6等也属于这种构图模式，图6a深色部分为“心形符”，图6b则显然是两个“单旋符”。图5b实际是图6b的“紧凑型”，图5b中剖即为两个“单旋符”，图5这一构图与其他“心形符”略有不同的是，其将“单旋符”和“心形符”的组合型的“互生图”分离为个体，并且将“心形符”又分离为两个单一的“单旋符”（图5a）。另请注意，图1、2、3、4、10等实质上与图5、6、7为同类，不过，其并不像图5那样强调与“心形符”互生的两“单旋符”合成的“紧凑型”，即我们在图2中用深色显示的b，其显然与图5b一致，其中剖即为图6b（图1、3、4均与图2一致），所以仅明确标识出由两“单旋符”组成的“心形符”，蕴示图中的神具有中心的地位和级别

2. 图8与图7空白区非常一致，图9则与图1、2、3、4、5非常一致，与这类图案严格一致者到西周以后极少。图10与图4等的一致性说明三星堆文化与二里头、夏家店下层文化具有相当的关联，同时也说明当时高层文明的统一性

1. 大连郭家村

2. 良渚文化

3. 温索普圭

4. 台北故宫博物院藏

5. 大甸子

6. 大甸子

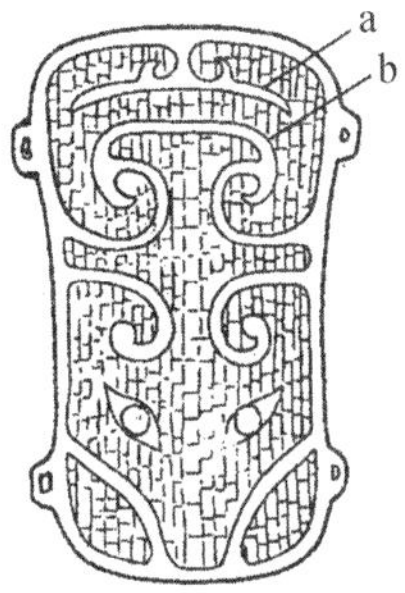

7. 二里头

8. 天水齐家文化

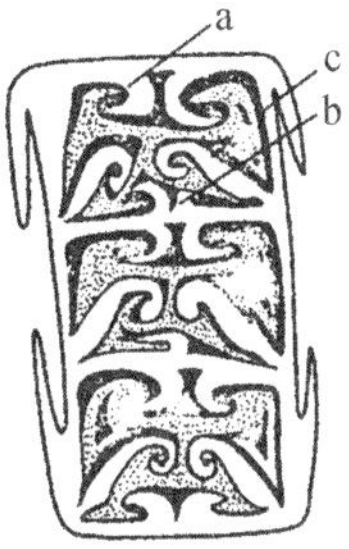

9. 大甸子

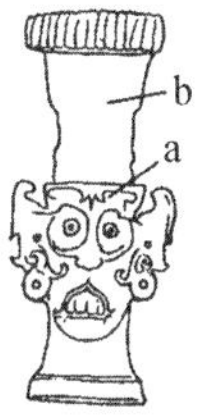

10. 史密森宁艺术馆藏

11. 石峁

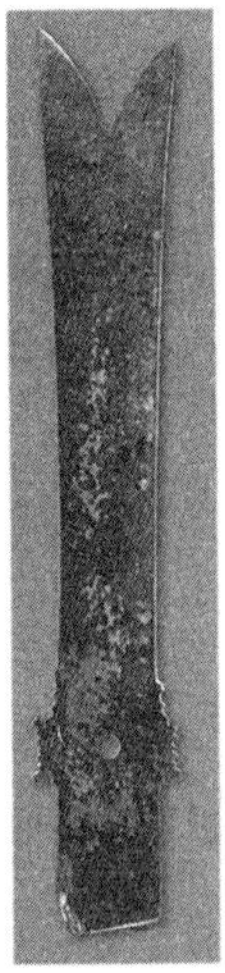

12. 石峁

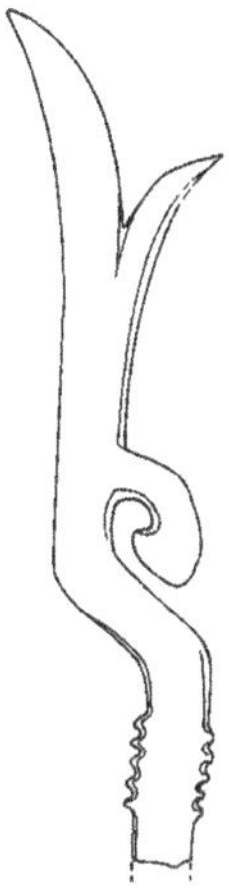

13. 三星堆

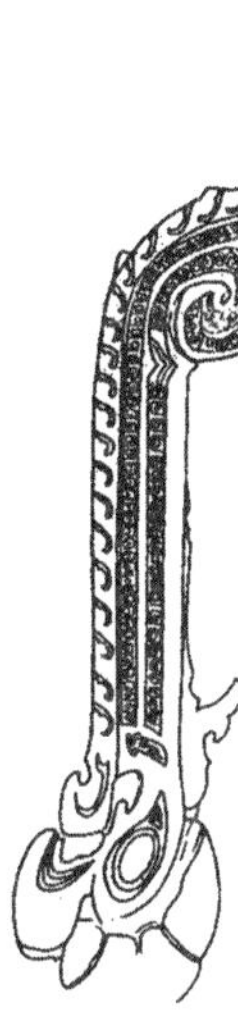

14. 三星堆

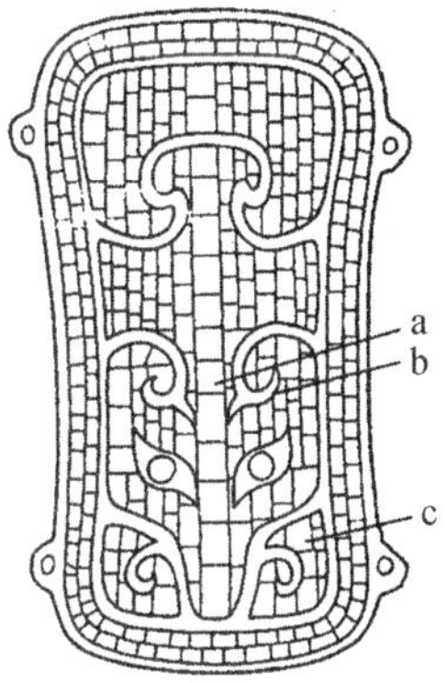

15. 埃斯肯纳齐拍卖行藏

图一六

注：1. 图2a、3a、4a、5、6、7a为“单旋符”的分歧形式，这是“牙璋”由早期“凹弧刃”（图11）向稍晚（从花地嘴“牙璋”造型来看，石峁应是早期实物“分歧刃”璋的最早产地）“分歧刃”（图12、13）发展的依据

2. 图8a是两个“单旋符”组成的“‘介’字形天盖”，这非常符合“半圭（即‘介’字形天盖）”为“璋（‘单旋符’）”的原理

3. 图15b分歧并非“单旋符”分歧，此处分歧是为了在此处形成“钻石”（图15a）。图15c可读为神兽首的嘴腭，这应与夏家店下层文化的有关彩绘图案读法有所区别，在夏家店下层文化的有关彩绘图案中可视之为腭饰

4. 图10a可视为类图8a一类的由“单旋符”组成的冠，也可认为这时候其与“鼻额交界处”重合。图10b是另一面北斗神头顶的极星神及其冠

5. 图14是倒置的飞鸟，其尾与分歧的璋首非常一致，笔者早在《“新砦期”研究》一文（《殷都学刊》2002年第4期）中就指出有的璋首与飞鸟之翅或其倒立形形态非常一致

6. 图3a、5等极其清楚地说明为何大多数璋的“柢”（即是其下端）呈斜直状（或曰“璋邸（柢）射”）

7. 特别指出，从山东地区、花地嘴（新砦期）及二里头遗址出土璋（共发现8件）的造型看，神木石峁及附近地区应是“分歧刃”式实物玉石璋的最早产地

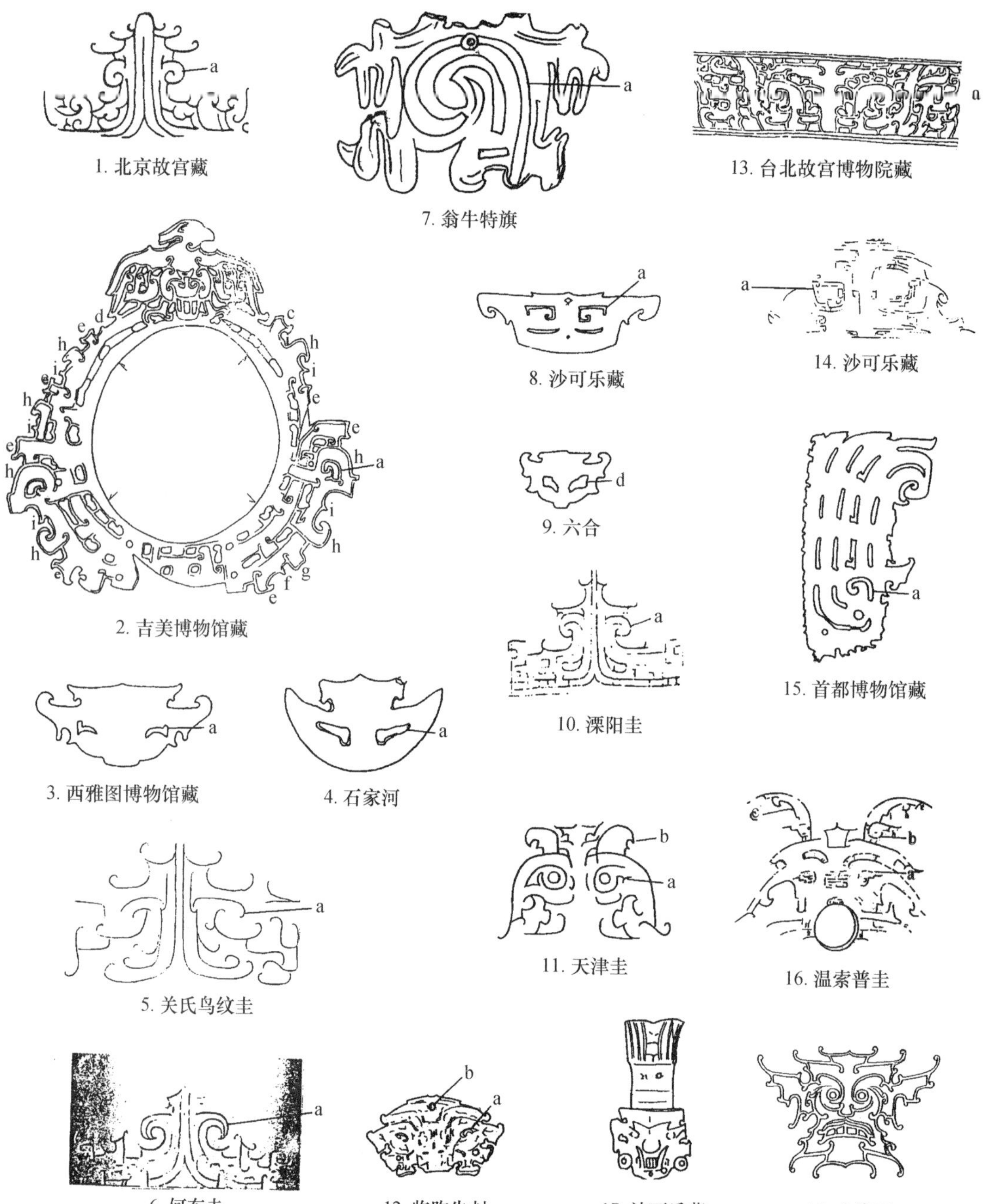

1. 北京故宫藏　7. 翁牛特旗　13. 台北故宫博物院藏
2. 吉美博物馆藏　8. 沙可乐藏　14. 沙可乐藏
9. 六合　15. 首都博物馆藏
10. 溧阳圭
3. 西雅图博物馆藏　4. 石家河
5. 关氏鸟纹圭　11. 天津圭　16. 温索普圭
6. 何东圭　12. 临朐朱封　17. 沙可乐藏　18. 上海刀

图一七

注：1. 图1～16的a及图16b均为“单旋符”形目（有的有明显的眼球），其中图1、5、6、10“单旋符”形目方向与其他“单旋符”形目方向相反，这是需要辨明的

2. 图11a与11b的造型明确说明“单旋符”与冠饰的一致性

3. 图16冠顶有双目，这表明北斗神首上仍有神灵，与图17为一类，这一神灵或可视为高于北斗神的极星之帝

4. 图18清楚地表现了北斗神面之上下装饰常常出现的基本对称的重要特征，明白这一原理有利于我们复原有关图案

5. 图7说明在所谓的勾云形玉器中（实际这种称呼与其实际意义不相合），绕“单旋符目”的“单旋符”有时可改为龙

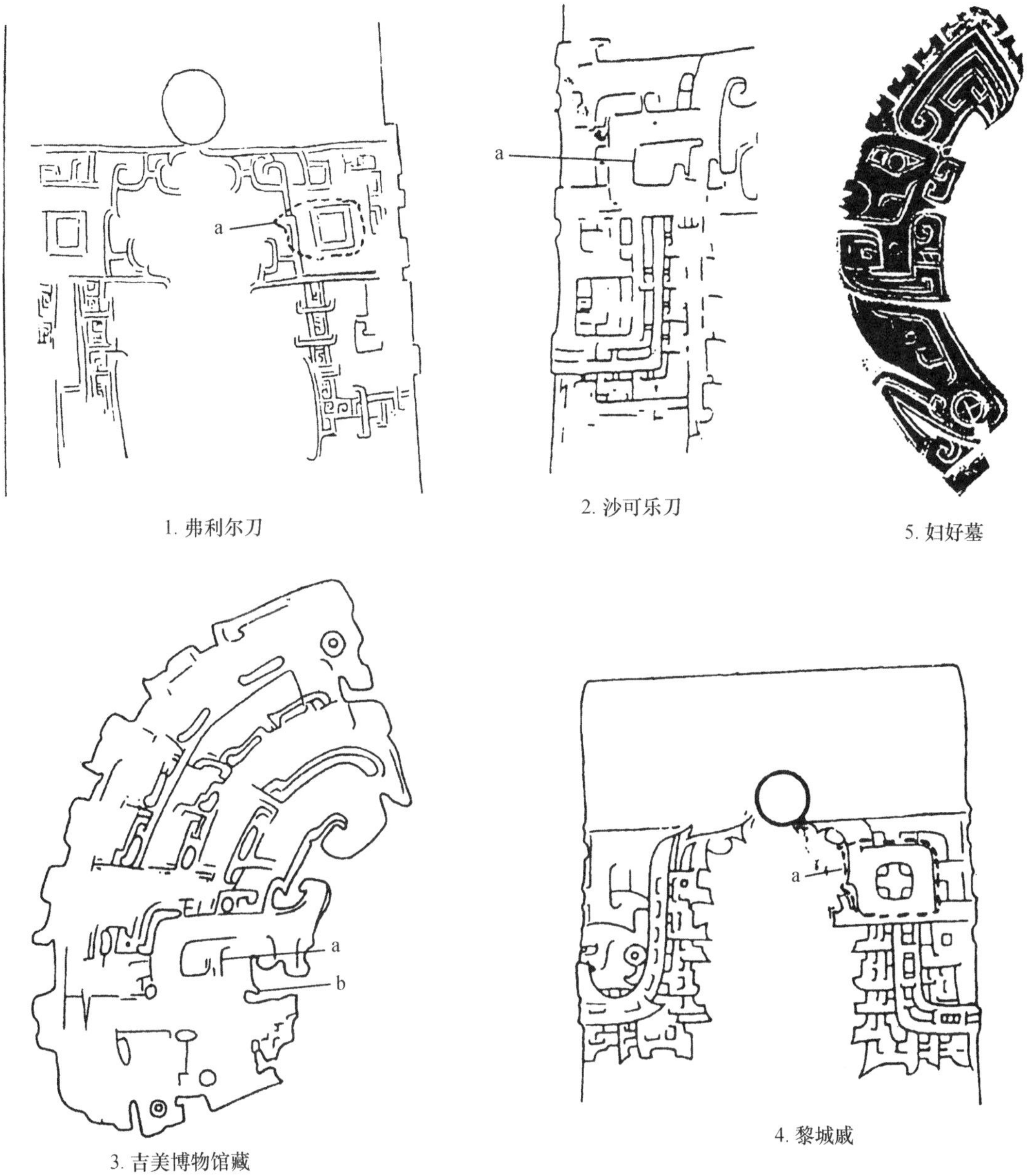

图一八

注：1. 图1a、4a才是北斗神目的全形，从图2a、3a来看，方形仅是其眼瞳。从图1、2、3看，方瞳目也是“单旋符”目的一种。另外，从图3a及3b来看，图1中的方形也可单独视为眼睛

2. 图4a方瞳中有“亚”，这与北斗神目常为北斗星的风格是相辅相成的，也与“亚”常用来标识中心的状况相符。此戚的报告发表者刘勇生等人认为其为“台座上的符号”是不正确的。另外，黎城戚上的两个神面可视为《拾遗记》中所论的雌雄北斗神，其他圭、戚、刀等玉器上此类图案可作类似解释

3. 图5a之发型来自“单旋符”，单个“单旋符”有时与神鸟的功能一致，即携带神、巫、政等升天

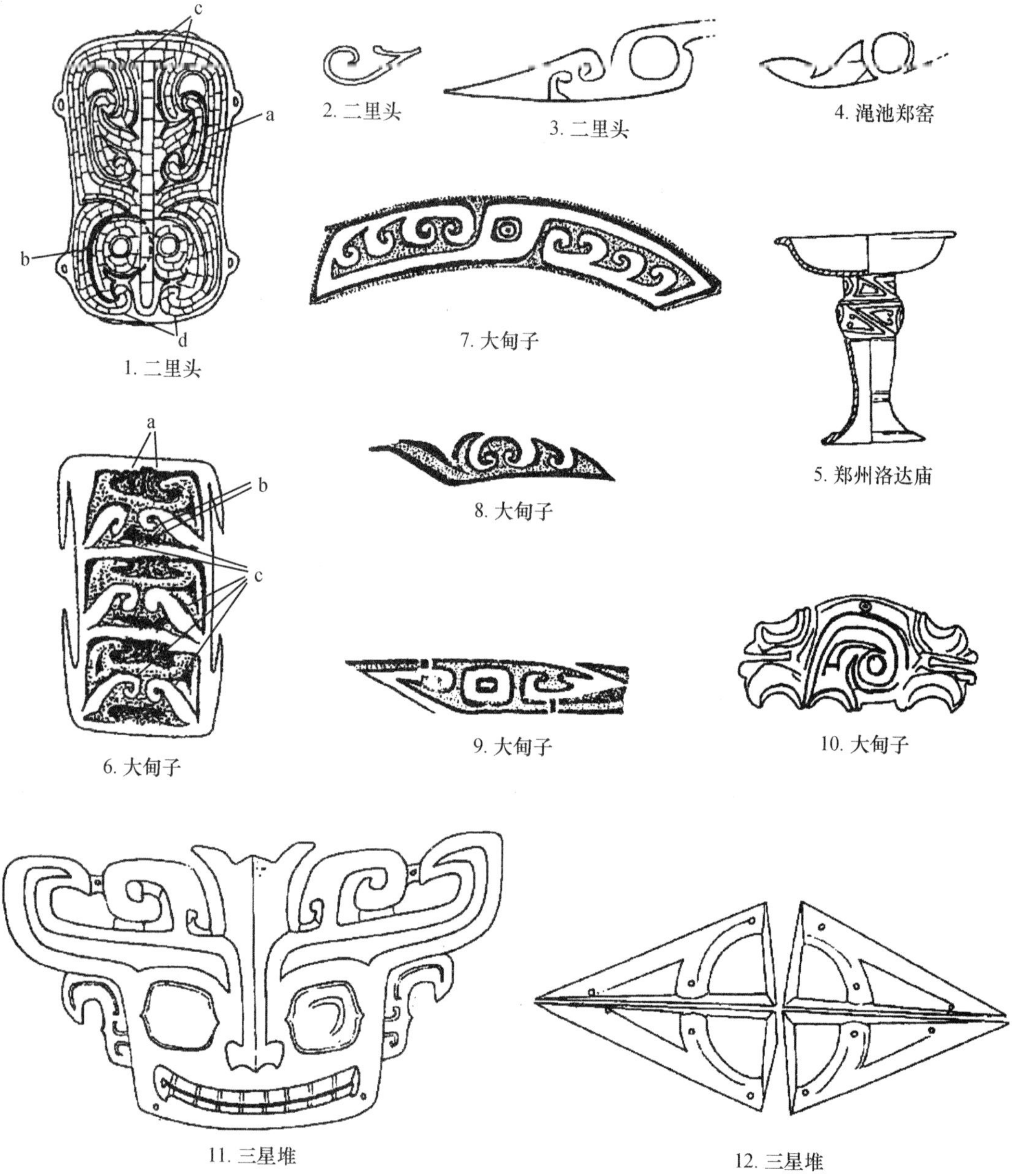

图一九

注：1. “单旋符”很早就充当过眼睛，在二里头、夏家店下层、三星堆等文化中仍然存在。图1b实际为“单旋符”目，学界以前对这件铜牌饰的面部解读均是错误的；图1c与图1d对称，图1a与图1b对称；图lc两“单旋符”附属于由图1a两“单旋符”附近图案组成的含“钻石”的“介”字形“天盖”两侧；图1a两“单旋符”可视为省略瞳的双目，与图一七之16、17图形结构相同

2. 图1c等同于图6a，图6b应视为鼻端，图6c为双“单旋符”目。图7、8这类“单旋符”及其变体在商文化中很常见。特别言明，图6为三重神面

指示符了（图一八，5）。有时候，此“亚”可与“八角符”互相替用（像含山玉版），因为“八角符”在表达与方向有关的“中心”“极尊”等内涵时，功能上同样出色，而“八角符”实际就是两个“五”的交午，这应该就是古人认为的天中五、地中五、五五为“天中”等思想的由来或表现。（b）社符或羽饰上的圆孔，与临朐朱封M202所出玉北斗像（簪首）脸侧下端造型、位置一致（图一七，12）；虽然，朱封该玉北斗像的这两孔所在冠符末端向上，与尉迟寺陶北斗器冠符末端方向不一，但是，从众多的相关图案来看，这是没有区别的，只不过末端向上者特别在晚段占绝大多数而已；另，从上文所述的“单旋符”等的造型及内涵来看，单就社符及圆孔的组合而论，其与北斗仍然有关，这种重复、再强调的表达方式在中国及环太平洋文化圈的其他地方的美术材料中并不少见。再者，这种符号时代越晚，其本身的具有“北斗”或“彗星”的内涵方面渐被弱化或遗忘，而其与凤鸟之羽有关的内涵方面则渐被凸显（其与石家河文化罗家柏岭、妇好墓玉凤尾造型基本一致，所以多被学界用来说明羽冠与“皇”的关联）。

B3：为一只飞鸟，这种在冠顶置设飞鸟造型的风格在良渚文化早期就已出现，到了龙山文化时期，除原有的构图形式外，又出现在北斗神与飞鸟之间设置横线及将两者分属玉器两面（边）的情况，其内涵与“虎食人”等图案有相当的关联（图二〇）。这一风格延续时间极长，像著名的嘉祥武梁祠汉画中北斗星君附近就有飞翔之鸟，西王母的有些造型的头顶也常有一神鸟（参阅图一四中22所示的汉画）。

尉迟寺该陶质神器首端飞鸟所代表的含义，从图一四之14看，可能是维系、引领北斗“运于中央、临制四向（《史记·天官书》）”的天极神鸟，对于人间帝王或巫政而言，其应是引领其升天拜帝等的工具（可参看图二〇之47萨满神鸟），这时候，整个图案可看做是北斗或帝王的化身。另外，从牙璋与“‘介’字形天顶——圭”的关系中也可获得同样认识。笔者曾经证明，近“V”形及凹弧刃牙璋首与早期的有些飞鸟尾极似，有的牙璋全形都与有的飞鸟极似。而“介”字形冠顶上是常设一飞鸟的，从天文神话的角度看，这是为了表示星由飞鸟携运，从宗教学角度看，飞鸟类似萨满头上的神鸟。像本文所论的弗利尔玉璧上所刻的三级坛台（昆仑丘），其上为北斗串星，正是文献中多次论及的昆仑“天柱”，而恰在此“天柱”顶，亦有一飞鸟；金沙玉琮及弗利尔玉镯上的图案——“极星北斗—飞鸟—猪獠牙—‘介’字形天顶盖冠组合图”（图一四，16、18）中，顶端三圆代表的三颗星，中为极星左右为属星或北斗个星，或者均视为北斗个星组合亦可，背负这三星位于冠顶的也正为飞鸟。吉斯拉玉琮图案与所述类似（图一四，21），其上为“天柱”北斗，接着为表示北斗的猪獠牙。上述情况表明：三星堆、金沙遗址有的牙璋首有飞鸟（有的为心形符，亦可表示羽冠、“介”字形变形天顶盖冠、飞鸟），可能是受了“介”字形冠顶上常设一飞鸟模式的影响。这也符合牙璋（特别是其首）是由“‘介’字形天顶——圭”减半而来的事实（图二一。下凹“介”字形天顶的一半与弧刃璋首照应，斜直者与斜直刃璋首照应）。

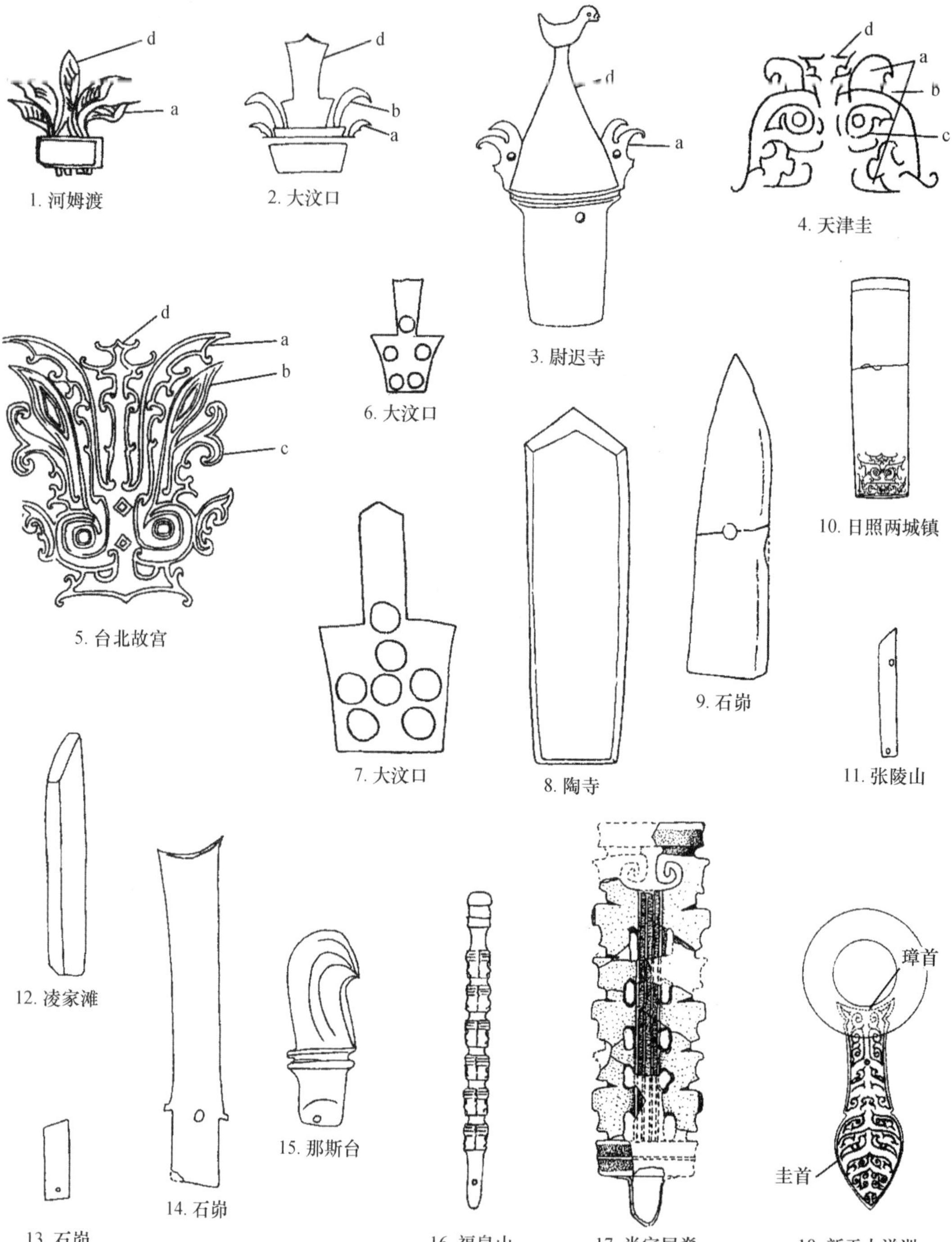

1. 河姆渡 2. 大汶口 3. 尉迟寺 4. 天津圭 5. 台北故宫 6. 大汶口 7. 大汶口 8. 陶寺 9. 石峁 10. 日照两城镇 11. 张陵山 12. 凌家滩 13. 石峁 14. 石峁 15. 那斯台 16. 福泉山 17. 肖家屋脊 18. 新干大洋洲

图二一

注：1. 图1、2、3、4、5的a均为“璋”形，其中图1表明这类“单旋符”确与“大禾”或“社树”有关，图5b表明“单旋符”或“璋”确与神鸟（红山文化中尚有龙、鹿、猪龙等）之翅膀或羽有关

2. 图5c表明一般的“单旋符”（或凹弧刃式“璋”）有分歧式造型（或曰歧首“璋”）。图4b、c、d表明“单旋符”可以充当冠饰、腭饰（甚或同时充当腭）、眼睛。图2b与图2a造型略有不同，实际是一致的

3. 图1、2、3、4、5之d表示“天顶”，也即由两璋（“单旋符”）组成的“圭”。图1、4、5极其清楚地表明各图中的d是由各图中的两a组成，也即是表明“半圭为璋”的相当正确性。笔者特别指出，有“阑”之璋（早期的玉石质实物璋除凌家滩、石峁等地的少数例子外，基本都有“阑”，即“天盖之半”）实际应视为两“半戚”与“半圭”的组合。注意，我们所论的“半戚”，主要是指其侧饰为戚侧饰的“单重或多重天盖之半”。早期的璋带“阑”者占绝大多数（石峁文化中有少量不带“阑”者，其中有些似由源于薛家岗文化的“长梯形玉刀”改制而成），据《周礼》等而谓“半圭为璋”的说法严格而论并不准确，其对有“阑”之璋并不适用，这也说明当时学界并不完全理解早期的有关圭、戚、璋等的名物制度
4. 图6的天顶（或曰圭首，不过这类侧为凹弧形的圭首在非图案的考古实物中从未见过）之侧与图2、4、5一样为凹弧形，其一半既是常见的“单旋符”，也是绝大多数璋首尤其是早期璋首的造型（像图14）
5. 图7的天顶侧为“斜直刃”，这类圭在早期仅有少量实物（像图8、9），其一半也即为璋，不过这类璋的数量始终不多见，早期仅出现在良渚文化（图11这类严格而论为斜弧刃的璋，目前仅此一件，其应为侧为斜弧刃的圭之一半），这类圭在良渚文化以后的玉北斗神首（实际为北斗神头上之天顶）上有体现，有些实物玉圭首也为这一形式，像图10，凌家滩文化、石峁文化中也有少量发现（红山等文化中的一些斜口陶器、斜口无底马箍似玉器、斜端圆柱形玉器似乎与“璋”有关），晚期在三星堆文化晚期遗存中有所发现（晚期商墓中有少量墨书玉片不宜认为是璋，应是与赠赙制度有关的戈，有关简报复原图有误）。西周至东周，金文等文献中有不少处提到其时有璋，但在中原地带这种斜直刃的璋的数量总的来说发现不多，倒是有不少玉柄形器采用了类璋之“阑”饰。张家坡西周墓出土过一件斜首有“阑”的“玉柄器”，应归于璋。西周时期也发现过有“阑”或无“阑”的弧形玉片，我们认为其应类似图11、12、13等的玉器（当时的装饰中有些为弧形玉戈，是仿照玉璜的），这一类玉器也多被学界划归玉柄形器，实际不合适，玉柄形器主要是指主体有略亚腰上端的玉器。另外在殷墟发现过上书祖先称谓的玉柄形器。标准的玉柄形器，绝大多数为平首，仅在新干大洋洲商墓及妇好墓各出现一件尖首者。柄形器首的这类造型从其早期的图案来看，并无实际的宗教等深层含义。我们认为玉柄形器最早出现于良渚文化福泉山遗址（图16），我们在龙山时代发现过与其有关的例子，像石家河文化肖家屋脊遗址就有多重虎面的薄片柄形器（图17。其“多重虎面”的特征显然是受良渚文化玉琮、玉锥形器等上兽面多重、山东龙山等文化中北斗神“‘介’字形冠”多重特征的影响）。从柄形器的来源看，其最早者为多节玉琮的组合，其时的内涵与玉琮自然不会有太多区别，稍晚为多个虎面组合，再晚者为素面或蝉或凤虎组合装饰等等，其内涵的具体意义随着所刻图案的物种相异而略有不同，但是柄形器的性质不会有太多改变。我们认为西周时期的璋仍然应是符合“半圭（或戚）为璋”原理的，例如张家坡西周墓出土的那件斜首有“阑”的“玉柄器”及其他斜首无“阑”玉璋。至于商、周时期的圭瓒及璋瓒，除《礼记·明堂位》等古文献外，金文中未见言其或其柄为玉质的材料，考古材料中更是未发现真正能称得上是这类器物的玉器，我们目前仅在三星堆遗址发现过一件圭柄玉勺(由一件玉圭琢挖而成，现藏四川大学博物馆，编号为(3.1)：258)，在殷墟发现过一件很小的残柄玉斗，其他高级别的墓中并未见到这类器物，而从相关文献看，当时用于丧葬的裸器，一般会随葬的，所以笔者暂时赞成商晚期及周时期较为常见的铜斗应归于瓒类。至于所谓圭瓒及璋瓒，盖是从不同的角度看铜或漆瓒柄的缘故（图18）。至于玉圭瓒及玉璋瓒的有关说法，估计汉儒有不少妄说。我们从一些古图谱看，汉儒所言的玉瓒有很多模仿当时铜鐎斗的成分。玉圭瓒及玉璋瓒，就现有的考古学资料看来，可能并不存在。天津艺术博物馆藏有一件玉柄形器，其上刻有有关“瓒”的文字，但是我们并不认为其一定与裸玉圭瓒及玉璋瓒有关，其有可能是用作某种记录的载体
6. 图15说明“单旋符”确可独立成为柄形器物，这从另一方面说明我们有关“单旋符”与牙璋或璋关系论断的正确性

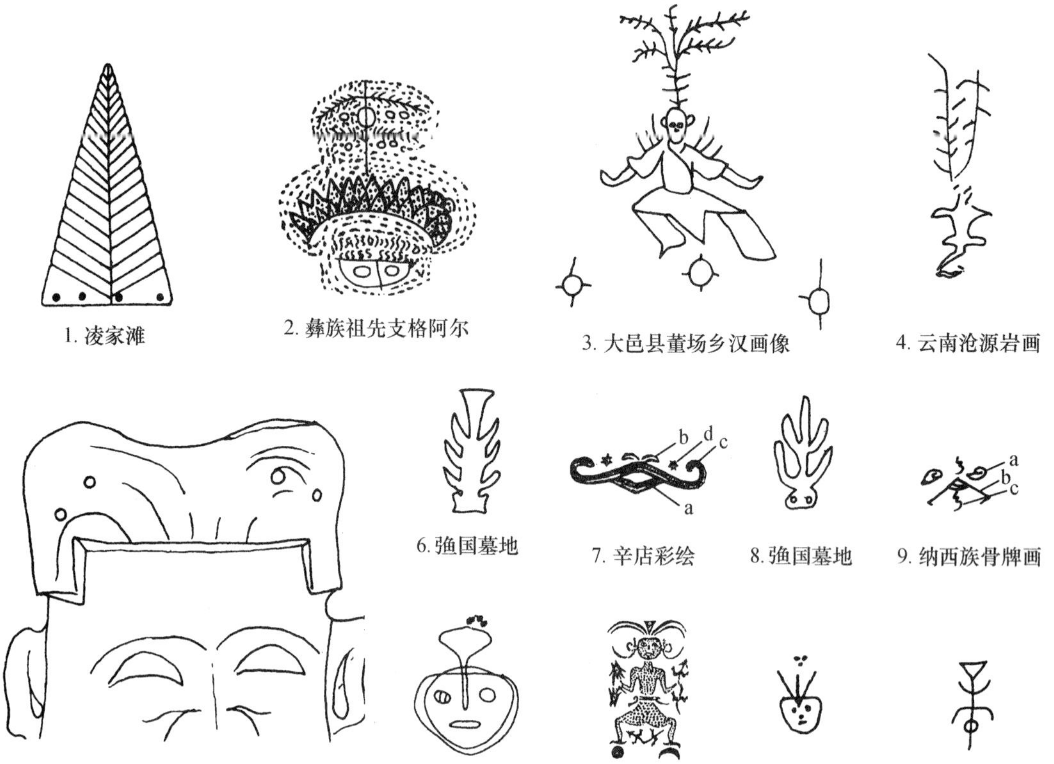

1. 凌家滩　2. 彝族祖先支格阿尔　3. 大邑县董场乡汉画像　4. 云南沧源岩画

5. 南京营盘山　6. 強国墓地　7. 辛店彩绘　8. 強国墓地　9. 纳西族骨牌画

10. 将军岩画　11. 荆门车桥　12. 将军岩画　13. 四川大学藏錞钎

图二二

注：图1的四个圆为北斗斗魁四星，其上为天中的“大禾”无疑。图2人首的“大禾”并非扶桑，其上的七个圆代表北斗七星，图10、12的内涵与之类似，其中图10人首上的树仅将花蒂表现出来，目的是强调此木非一般之木，其应是类图6一样的“帝木”，也即天中地中之间的建木。图3、4、6、8人首的木未表现星体，这应是一种省略，实际其仍是“建木”或“尺木”，因为“建木”在文献中常被认为是天梯，龙被认为是如果无“尺木”将不飞。图3的人位于星体之间显然正在飞升。图6造型与甲金文中的“帝”字相似，内涵也应一致，这从另一个角度说明甲金文中的“帝”字与“建木”之形有关（图13的巴蜀图语显然应视为“建木之鼓”，而其“建木”正为“帝”字形），不过甲金文中的“帝”字主要是强调“建木”之花蒂。“建木”类的禾按照文献的说法仅存在于大地的中央，实际上天顶也是这类“大禾”的生长处。图7与9有很强的相同之处，而据纳西族东巴对之的解读可知，图9a为云海，9b为天盖，9c表示天降吉祥等义，显然图7a为天盖图的组成部分，图7c与9b一致，图7d与9a类似，则图7b显然为天顶的“大禾”（《山海经》中昆仑之上有“大禾”）或曰“建木”。“大禾”与帝相关还可从湖南宁乡所出的黄帝四面铜方鼎的有关“大禾”的铭文得到旁证（图11楚戈之图像，其首冠亦为“建木”形），此幅写实的图案及铭文说明，古文献中有关黄帝的一些说法并不全为虚妄，同时表明，在商王朝时期，人们仍然对黄帝非常相信。我们知道，《禹贡》“五服”中，穀禾为中域作物［注意，先秦时除考古材料发现有以稻（河姆渡T221④：232）为禾用之外，常有以穀称禾的，晚有区别。另外，从南方少数民族像瑶族等的民族语言来看，其称“稻”亦为“禾”音］，正当中心的甸服；天地之中、帝之下都的昆仑之上有奇异的大禾或木禾（见《海内西经》《穆天子传》《拾遗记》《图赞等》）；《说文》言禾：“二月而生，八月而熟，得时之中，故谓之禾”；《淮南子·地形》言“中央四达，其地宜禾”［湖南宁乡黄帝四面铜方鼎非常符合有关的文献记载，《管子》：“昔黄帝得四相而天下治，奢龙辩于东方，大封辩于西方，祝融辩于南方，后土辩于北方”（《史记·五帝本纪》与此不一）；《太平御览》卷72引《尸子》：“子贡曰：‘古者黄帝四面，信乎？’，孔子曰：‘黄帝取舍已者为人，使治四方，——此之谓四面’”；《史记》等又载黄帝曾自为像，方四面，付一心，四达四中。前参后参，左参右参，践立履参，是以能为天下中；另，该鼎内铭文正为“大禾”二字，与禾为中土之物密合］；《书序》《穆天子传》中也有有关“嘉禾”及“中国”的有关记载；文献也多载黄帝为五帝之中（《淮南子·天文》：“中央土也，其帝黄帝，其佐后土，执绳而制四方”；又“以戊己之胜，故以土德称王矣；《白虎通》：“黄者，中和之色”，等等）

三、内涵初识

从整体来看，尉迟寺北斗神器与良渚文化玉璧上的“飞鸟·坛台符”（有的还刻有与北阴阳营M113：5、6一样的标志北斗的猪獠牙或獐牙，像金沙、吉斯拉玉琮及弗利尔博物馆馆藏玉镯的所谓蝶形符的部分刻符）、大汶口文化陶尊刻符、上文所列的早期头顶置设飞鸟造型的圣神、广西桂南“石铲”（图一，2）等在造型上除省略了斗杓或多了冠顶飞鸟之外相当一致，所表达的对象也一样，即均为头顶有社符或凤羽天盖冠的北斗神或人间帝王。这里特请注意，从江苏连云港将军岩岩画、強国墓地头饰、汉画中的升仙图、民族学中的圣祖、甲骨文中“帝”字造型等材料看，帝首也有用“倒三角形”或“尺木加倒三角形”表示的（图二二）。

四、尉迟寺北斗神器的功能讨论

早期，与北斗有关的神物主要有陶尊、玉冠饰、玉琮、玉镯、玉猪龙、勾云形玉器、（玉）龟甲、玉斧、玉戚、玉璧、璧戚、玉刀、石铲，以及二里头及三星堆等文化中的铜（或有机质）牌饰、彩（或刻）绘牌饰等（晚期的所谓饕餮、镇墓神物等虽然在造型等方面源于北斗神，但是，内涵已有诸多的增减变异）。另外上文所言的山西太谷白燕F504的“天分九部—地分九州—北斗—明堂图”为实地建筑。我们所列举的这些北斗神物或建筑，其功能根据相关的出土等情况概可分为以下几类：①作葬具用，像大汶口文化中的陶尊。②作随葬品用，像良渚、红山等文化玉冠、玉琮、玉猪龙、勾云形玉器及二里头等文化中的牌饰（风格相当于二里头文化2～3期的三星堆文化中的此类器不易定论为随葬品，埋藏时代更晚）。从有些器物有使用痕迹并多出于大型遗迹现象及文献中有关北斗地位至高无上的记载来判断，它们曾被用做权柄、祭品或护身符。③祭祀用品，像红山文化女神庙出土的玉猪龙。④作祭祀、协助观测天文现象、占卜（有的具有早期六壬式式盘风格）之用，像上文所言太谷白燕F504“天分九部—地分九州—北斗—明堂图”实地建筑、大汶口文化刘林等遗址的契刻斗魁、八卦的龟甲、良渚文化的刻有飞鸟—北斗（为串形天柱）—昆仑坛台造型的弗利尔1、2、3号玉璧。当然，从道教以及极具复古特色的王莽等时代的一些材料看，北斗神物也可被用来作驱敌避兵、避邪之用（参见《汉书·王莽传》（下）、西汉马王堆汉墓等所出的“太一避兵图”、辟兵旗、镇墓瓶之“太一锋”图、随葬品“七星板”等），这也有利于解释为何人们喜欢用它作为葬品、装饰葬具或与璋关联。另外，这些重要器物，也常常作为身份的象征，像金沙遗址出土的铜人，其腰中就有一把典型的铜“中”（图二三。金沙铜人腰中的铜“中”与甲金文中“中”字符极似，与图一三之4～7、12所绕为同一器物。此字在甲金文为“史”“事”“使”字主体）。金沙铜人，腰搢“中”，其显然属于王、巫史或军事首

图二三　金沙铜人（巫史像）

领的级别：其头饰即为同方向的13旋臂符，而13正为为示天之极数，与金沙出土的“天极或太阳四鸟金箔图”中心造型类似，其与強国墓地铜人头戴天顶极星冠及強国墓地墓葬中的“辛”字形冠饰的意义类似。特别重要的是，金沙铜人的腰播之有些学者所谓的“拳头”形器，正是甲金文中的“□”字主体。“□”，从甲金文的材料看，其往往是与征伐等有关的，并且在“双犬（‘兮’钺上的此类族徽为双龙）绕物系列金文徽铭”中，“王”与“□”的地位及内涵显然应是有关联的，则在古代持“□”者往往是王一级或大巫史当无何疑问（何新认为商王有时自称“余一人”等称呼与“单”有关[5]，但从甲金文的材料看，“□”与“单”的区别相当严格。这是需要注意的），进而位于铜人之首顶的旋臂符之中心所代表的即为天之中心也是显然的。

又据有关报道[6]，本文所论的大汶口文化尉迟寺的这件极为难得的陶制北斗神物，出自红烧土“广场”中，根据以上有关北斗神物的功能分析，我们当可认为其最有可能是时人在举行祭祀北斗的仪式中用做膜拜的具体对象——北斗神偶。这里特请注意，从大甸子墓地彩绘牌饰与铜牌饰的一致及其饰于器物上这方面及我们上文有关北斗的分析来看，我们可以得出一个特别重要的结论：以往学界崇信的商周青铜器上的动物图像是巫师之“蹻”的观点[7]当予以一定程度的修正。另外，从本文的讨论中，我们可以明确地看到，中国古代文明中各种具体的艺术形式之间极具兼容性和互通性！

注　释

［1］　晋中考古队：《山西太谷白燕遗址等二、三、四地点发掘简报》，《文物》1989年第3期。

［2］　广西壮族自治区文物工作队：《广西隆安大龙潭新石器时代遗址发掘简报》，《考古》1982年第1期。

［3］　冯时：《中国天文考古学》，社会科学文献出版社，2001年，第124～126页。

［4］　林巳奈夫：《中国古代の玉器》，日本弘文馆，1990年。

［5］　何新：《龙，神话与真相》，《释鼍、单及古代帝王称谓》，时事出版社，2002年。

［6］　符瑛：《中国原始第一村——尉迟寺遗址》，《人民日报》（海外版）2003年6月16日。

［7］　张光直：《濮阳三蹻与中国古代美术中的人兽母题》，《中国青铜时代》，生活·读书·新知三联书店，1999年；《商周青铜器上的动物纹样》，《考古与文物》1981年第2期。

［原载郑州市文物考古研究院：《郑州文物考古与研究》（一），科学出版社，2003年］

中国早期有翼神兽问题研究四则

熟悉艺术史的学者都知道，有翼神兽问题的研究是一个非常国际化的课题，我国不少学者，从20世纪30年代至今，已就这个问题的诸多方面做了广泛研究，并取得了不少成绩。笔者不揣学浅，现将有关这一问题的几个认识做一论述，并请方家斧正。

一、关于中国有翼神兽出现的时间问题

对于中国的有翼神兽出现的时间问题，有学者认为是战国[1]，有学者认为是春秋[2]，还有的认为是西周[3]或商代[4]。笔者以为，中国有翼神兽出现的时间应该更早一些，值得论述的早期有翼神兽有：

从考古材料看，中国的有翼神兽最早出现于赵宝沟文化，目前发现的是有翼猪龙、有翼鸟龙和有翼神鹿或鹿龙（图一）[5]。

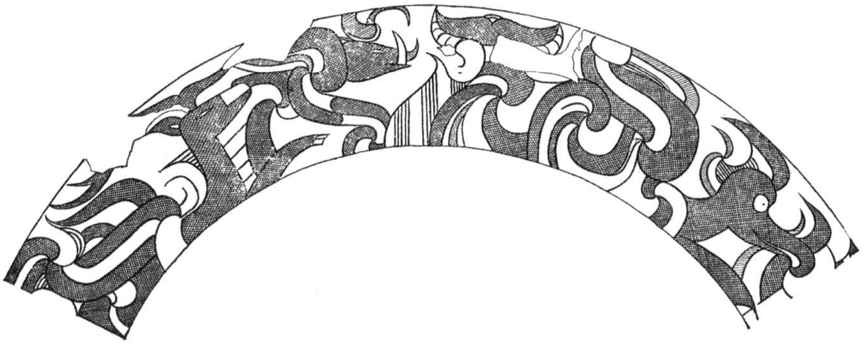

图一　敖汉旗小山F2②：30

能够明确论定为有翼神兽的商代材料是三星堆文化晚期与有易氏和瑶民有关的有翼神狗（图二）[6]，其数量多，翼明显。

商、周时期的不少神兽已有双翼的某些特征（图三），可以视为有翼神兽。

另，在研究中国有翼神兽起源和演变等问题时，湖南新干商代文化遗存所出的有翼神鸟人也值得重视[7]。

国内外均有不少学者认为有翼神兽最早出现于公元前3000年两河流域的美索不达米亚平原，然后才向地中海沿岸、近东、中亚、南亚、东亚等地传播，并与当地的文化结合[8]。笔者认为，有翼神兽最早出现的地方应是中国的东北地区，时间为公元前5000～前4700

图二　三星堆K2②：296

图三　安阳小屯M331：R2072

年或前5200～前4200年[9]，早于两河流域1200～2000年。不过从东西方各地有翼神兽的题材和具体风格看，中国的东北地区很可能是一个独立的起源区，其时与西方并无明显的联系。至于两河流域有翼神兽风格经中间地带传播，从而在中国区域内出现的时间，至多早到春秋。

二、关于西周一件“有翼神兽”的识别问题

罗泰先生曾认为西周中期的邓仲牺尊（图四）好像有翅膀，对有翼神兽颇有研究的学者李零先生对此予以了确认[10]，实际上，在笔者看来，被李先生认为是翅膀造型的双鸟和夔龙并不是代表主体动物之翼，它们实际是主体动物两旁的对称物，其意在表明中间动物为主体和中心。这类构图很多见，早期主要是平面构图，另在与“单”“亚”有关的“族徽”中也有发现。

三、春秋战国时期几件有翼神兽有翼风格的来源问题

图四 邓仲牺尊

杜德兰（Alain Thote）教授认为新郑李家楼郑伯墓立鹤方壶上的两条龙有翅膀，李零先生对此予以了确认[11]。这类神兽的双翼特征，或有可能来源中原商周多见的伏虎、龙或饕餮的鬃或翅膀的因素[12]。

甘肃泾川出土过一件提梁盉[13]，故宫博物院[14]、广东省博物馆[15]和上海博物馆[16]各藏有一件类似青铜器，学界多认为其为战国早期。这类提梁盉有的为鸟形兽足，有的为鸟身兽首或足[17]。这类铜器造型在商周时并不多见，不过湖南长沙宝提院所出的一件商代双鸟提梁盉与它们非常相似[18]。

巴蜀地区战国时期有不少有翼神虎，其中翅膀为分歧造型的风格应来源于本地，特别是三星堆及其延续的文化。另，中山王墓曾发现一件方壶，其上神兽的双翅与巴蜀地区战国时期有翼神虎之翼类似[19]。从此神兽的头尾之饰的造型看，其来源于中原多见的伏虎或饕餮的鬃或翅膀也有可能。

四、中国早期有翼神兽及相关器物造型中的一个重要本土元素

我们发现，在为数不多的中国早期有翼神兽的造型中，常在神兽的头顶或神兽所在器物的顶端有一神鸟（图五）[20]，这种“神鸟在顶构图”在希腊—罗马艺术、西亚两河流域艺术、中亚和欧亚草原等地的斯基泰艺术中并不多见，并且时代又很晚[21]，而在中国却是从很早就出现了，并且延续的时间很长[22]，像尉迟寺遗址所出的一件陶器[23]，其中神鸟所在的“介”字形顶象征天盖，其下的器物主体则象征北斗或北斗神[24]，巩义市站街镇花地嘴遗址所出的两件朱砂绘带盖陶器更能说明我们的观点[25]。

我们认为在神兽的头顶或神兽所在器物的顶端有一神鸟是中国古文化的固有传统，不仅在考古学方面有诸多的实物依据，在文献方面也有文可征，最重要的莫过于《周易·系辞》中的“制器尚象”之论了。关于“制器尚象”之“象”的含义，素有争论[26]，笔者以为，肯定包括仰者所观之“天象”，尤其是其中的“天顶—北斗”之象。神鸟位于天顶，概因古人以为天动的原动力为其所予之认识及其他原因[27]，晚期有的器物特别是首有神鸟的（鸠）杖、（钱）树、博山炉、铜甬钟、“桃都树”、西王母的昆仑座等实际均与北斗可以柱形的连星体示意、天柱可与建木相关等思想

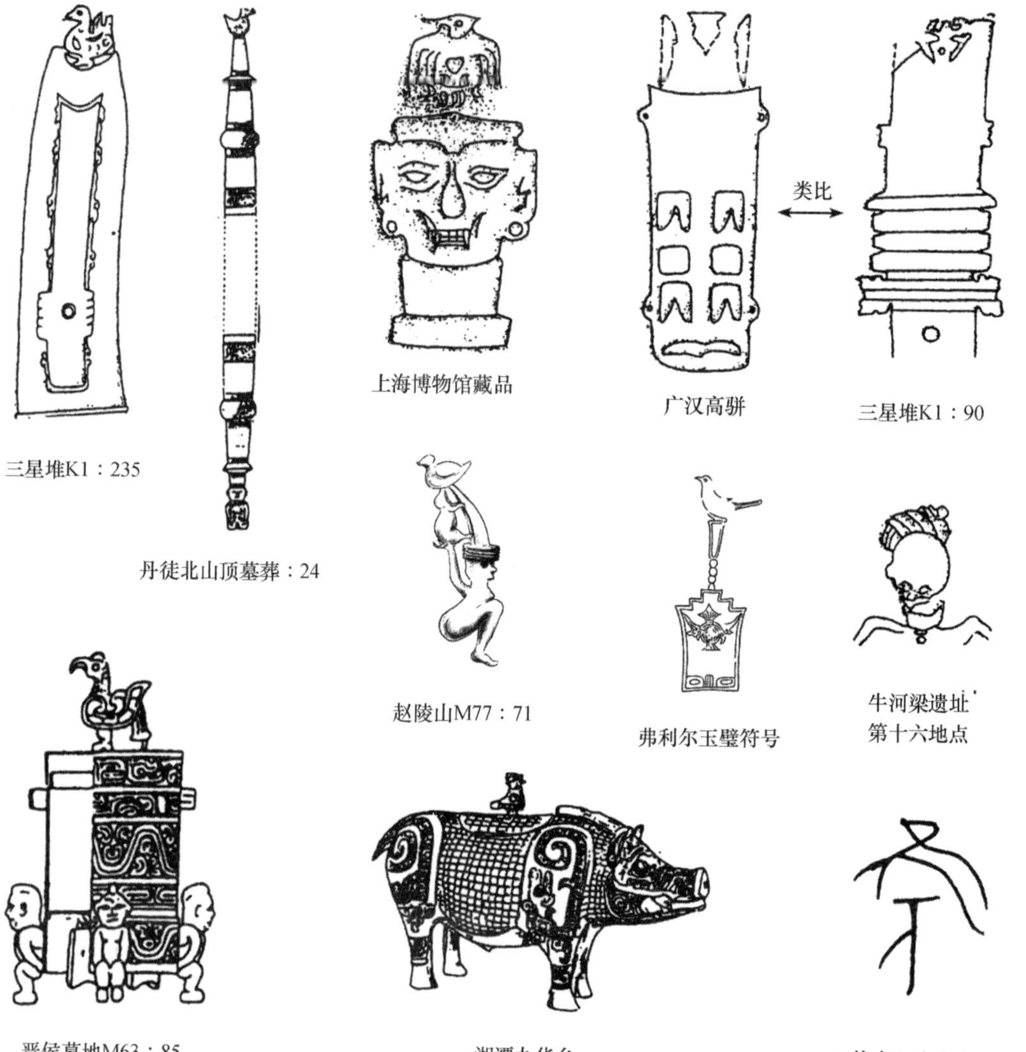

图五

有关[28]，北斗又可以斗形物象征之，这自然包括卣、瓮、尊、罐等形物[29]。当然，随着时代的变迁，这类造型之器的内涵多仅仅集中于表示避邪或吉祥之意义，像汉代不少墓门上就出现过这类图案[30]。

五、结　　语

从本文的讨论可以发现，中国的有翼神兽出现的时间很早，从中国有翼神兽的整个发展史看，新石器时代到战国以前可视为一个特殊的历史阶段，在这一阶段，在中国有翼神兽的形成与发展过程中未发现明确的外力作用，始终有着自己的本土特色。

注　释

[1] 滕固：《六朝陵墓调查报告》，中央古物委员会，1935年。

[2] 李零：《论中国的有翼神兽》，《中国学术》第五辑，商务印书馆，2001年。

[3][10] 李零：《再论中国的有翼神兽》，2001年4月1日在国家图书馆《中国学术》演讲稿，收入李零著《入山与出塞》（文物出版社，2004年）。

[4] 龚良：《陵墓有翼神兽石刻的发展及其艺术源流》，《华夏考古》1994年第1期。

[5] 其中有翼猪龙、有翼神鹿未见有鸟尾者，有翼鹿龙有鸟尾。另有鸟尾和圆形的神物之造型应与卵（实际可视为天上的北斗星）生神话有关。

[6] 四川省文物考古研究所：《三星堆祭祀坑》，文物出版社，1998年，第233页图一二九K2③：296。此神狗有翼，认为三星堆文化与西方有关的有的学者可能会认为与西方艺术有关，实际并非如此。

[7] 大洋洲的这件玉人为“蹲踞式”，双手、足皆“弯握”，显然与攀援建木有关，其有双翼，主要与中国传统的“神鸟——北斗（神、巫）”神话母题和造型有关，并不是西方有翼神兽传播的结果。

[8] 无翼的sphinx（与古埃及语sspnn可能有关）早在公元前3000纪的埃及就已出现，有翼的sphinx在两河流域出现时间概在公元前1600纪，griffin早在公元前3000纪的两河流域就已出现。

[9] 中国社会科学院考古研究所：《中国考古学中碳十四年代数据集》（1965-1991），文物出版社，1991年。中国社会科学院考古研究所：《敖汉赵宝沟——新石器时代聚落》，中国大百科全书出版社，1997年。

[11] 李零：《再论中国的有翼神兽》。另，新郑郑公大墓的一件云纹罍上的龙有明确的未分歧双翼，材料见河南博物院、台北“国立”历史博物馆编《新郑郑公大墓青铜器》一书（大象出版社，2001年）第120页。

[12] 中国早期的龙有的有“鱼鳍”似装饰，这类装饰有可能为以后神兽出现翼的特征起到了作用。像二里头遗址新出的一件绿松石龙（许宏等：《河南偃师二里头遗址发现大型绿松石龙形器》，《中国文物报》2005年1月21日），其有源于斗魁的“方相”首，长身，这是商代诸多方首盘龙造型的重要来源（其蒜头型鼻头显然源于上海博物馆所藏的具有石家河文化风格玉神首［《中国玉器全集》（第二卷）图178］，原河南文物交流中心所藏现上海博物馆所藏的另一件具有石家河文化风格雌雄玉神首神像之一也有这种造型的鼻头），这一类神龙周身有的就有“鱼鳍”似装饰。

[13] 《中国青铜器全集》第七卷，图版50。

[14] 故宫博物院：《故宫青铜器》，紫禁城出版社，1999年，图版286。

[15] 广东省博物馆：《广东省博物馆藏品选》，文物出版社，1999年，图版17。

[16] 李学勤、艾兰：《欧洲所藏中国青铜器遗珠》图版135-A-B，文物出版社，1995年。

［17］　这类提梁盉有的为鸟形兽足，有的为鸟身兽首或足，鸟形者，其有翼是自然的，兽首者有翼有时应考虑与诸多传说中的怪鸟是否有联系。

［18］　朱凤瀚：《古代中国青铜器》，南开大学出版社，1995年，图一〇、八七。

［19］　方壶神兽与巴蜀战国时期有翼神虎都存在分歧造型之翼。

［20］　首有神鸟的问题我曾在《二里头遗址所出玉器“扉牙”内涵研究——并新论圭、璋之别问题》（《殷都学刊》2003年第3期）予以讨论过。

［21］　李零：《论中国的有翼神兽》。图四五：1（Pazyryk出土的鞍鞯）。

［22］　至今这类造型在瑶族等少数民族的祖先造像中仍然有发现。

［23］　王吉怀、李丽娜：《大汶口文化惊现罕见器物》，《中国文物报》2000年5月1日。

［24］　在尉迟寺遗址所出的龙山文化七足形冠镂孔器，其首七个锥似物，以中间一个为中心，以其宽度延伸出一个平面，其他几个在这个平面上的投影与中间的这个构成七组合的“介”字形，此“介”字形与我们常论的北斗神头顶的七组合的“介”字形冠造型、内涵、数目均相应，其“圜底罐”与我们常论的北斗神面相应，同时亦有天盖——璇玑的内涵，显然，这也是以陶制物代表北斗的个案。材料见中国社会科学院考古研究所安徽工作队、蒙城县文化局：《安徽省蒙城县尉迟寺遗址2003年度发掘的新收获》（《考古》2004年第3期）图五。

［25］　顾问：《花地嘴期遗址所出“新砦期”朱砂绘陶瓮研究》，《古代文明研究通讯》总第23期。

［26］　刘克明：《关于制器尚象》，《华中建筑》1998第2期；庾潍诚：《论周易的“制器尚象”》，《周易研究》2000年第2期。

［27］　参见有关学者对楚帛书中“四神乃作”的讨论。详细论述见李零：《楚帛书的再认识》，《中国文化》1994年第10期；冯时：《中国天文考古学》第二章《中国古代的天文与人文》，社会科学文献出版社，2001年。另，有的这类器物顶不是神鸟，出现过龙、虎的，具体原因详见拙著《花地嘴遗址所出“新砦期”朱砂绘陶瓮研究》。

［28］　北斗在不少民族中被看成是天柱，中国古代不少考古材料和文献同样表明古人有此意识，弗利尔玉璧上的“神鸟—北斗天柱—昆仑台”符号（与“天命玄鸟，降而生商”“简狄在台”等神话极其相符）切实地证明了这一点，晚期的（鸠）杖、（钱）树实际上均是源于“北斗—天柱—建木”这一关联模式的。（钱）树作为随葬品、汉代授予寿者以（幪）杖，实际与北斗注寿有关，又北斗可视为天柱或建木，所以其显然与仙人、使人升天、不死等概念有关。

［29］　早期象征北斗或其个星的陶器或铜器（像殷墟遗址曾出土的诸多学者不知其为何物的铜“炮弹形器”），多以“斗形”表示，但是商周以来至于战国的晚期，有不少为卣、瓮、方尊、单耳鼓形壶等造型，这些造型有的与斗类似，有的只是示意而已。

［30］　多为神鸟立于铺首顶的造型。

（原载《殷都学刊》2005年第3期）

论二里头遗址新发现的大型绿松石龙形器

《中国文物报》2005年1月21日第1版刊登了在河南偃师二里头文化早期大型夯土基址（3号基址）院内的一座贵族墓中发现的一件大型绿松石龙形器[1]，发掘者已就其基本特征和性质做了简要的介绍和讨论。现依据有关报道材料谈谈本人的简单见解。

一、绿松石龙形器的突出重要特征

依据介绍的相关材料观察，组成此石龙的绿松石主要为纯净的天蓝色[2]；石龙的双目为“臣”字形，睛的两端为弧角三角形；吻部略突出，鼻头呈蒜头状，平面视图为“心”字形，鼻梁在面中特别显现，并分段，表现鼻梁的半圆形玉柱雕有平行凸弦纹，鼻端根部所雕的“浅槽装饰”，实际是为了表现鼻头的“心”字形平面；两腭横向展开并内弯；面部轮廓为梯形；龙身正中为数个菱形纹路；龙身波状小幅度弯曲；龙形器物的上端为一组绿松石组成的图案。

二、原形判断及依据

依据发掘者和修复者[3]的观点，绿松石造型应是粘嵌于某种有机物上的，这种看法是十分正确的，但是对于这种有机物的形状，修复者认为尚难判断。我们认为这种有机物的总造型有可能是类似二里头文化部分牌饰的造型，即两端宽的亚腰形（图一，1），依据如下。

（1）发掘材料显示，二里头文化的绿松石神物类造型常为嵌于铜质牌面上，并且据悉在20世纪70年代和90年代，学术界在二里头遗址中曾经发现过绿松石镶嵌的有机质兽面纹牌饰。

（2）绿松石石龙上端的造型，与有的二里头文化的铜牌饰神兽面之象征天盖的天盖形冠或羽冠造型较为近似，依据发掘者的描述，绿松石石龙上端的造型为：“上部由一排横长方形石片和一排纵长方形石片平行嵌合而成，下部则表现出连续的似勾云纹的图案”[4]，这与二里头文化有的铜牌饰神兽之冠的部分造型是相似的（图一，3a）[5]。若绿松石石龙上端造型中的“似勾云纹的图案”是多个相同单元的排列，可以理解为代指“天盖冠”，因为这类造型早期曾被作为神面所在玉圭的装饰线带[6]，有时还作为神冠的主题装饰出现[7]。另，从照片看，绿松石石龙上端的造型似乎有分歧现象，这种分

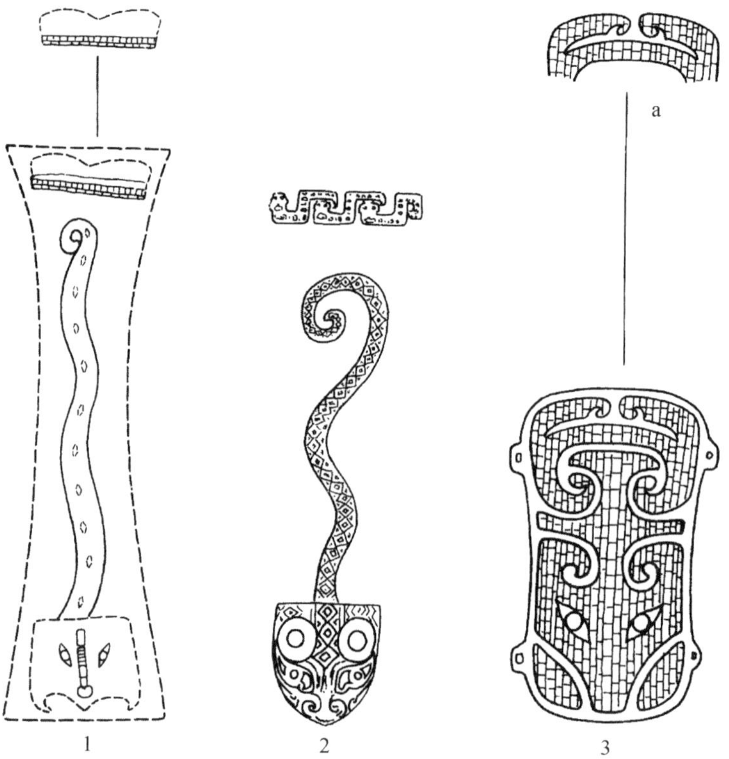

图一
1. 绿松石龙承托物象征性复原　2. 商代龙纹图案　3. 二里头铜牌饰

歧式的天盖冠在保罗·辛格先生所藏的一件牌饰中存在[8]，在龙山时代及商代晚期出土的早期或仿古玉人造型中均存在[9]。又，从商代与二里头这件神龙造型特别相似的一幅龙纹图案（图一，2）及诸多饕餮上端的有关图案[10]看，与绿松石石龙垂直的上端的造型有可能是两条勾云形的龙，这仍然可以视为冠，因为以双龙或双首龙代表冠的现象在考古学和民族学中均存在，像夏家店下层文化中有的彩绘牌饰中神冠即为双龙组成的“人”字形天盖冠[11]，晋侯墓地有的玉人、台湾高山族神祖的图案中都发现以双头或多条蛇为冠的现象。当然，我们所说的商代的这些图案中，与龙身垂直的部分可为三条或一条小龙，并且从相关的一幅龙图案[12]看，这类小龙造型也可置于龙侧，所以其与本文所论二里头遗址发现的这件绿松石龙形器略有区别，这是我们需要注意的。对于这种位于龙或饕餮面上端的这类小龙个体的组合或线带，从前文所论龙山时代的有关神面之冠造型具有装饰线带特征的情况看，它们可为装饰，有时可以充当冠。若这样，则本文所论的绿松石石龙上端的造型若为小龙，则既有可能作为装饰，也有可能作为冠的象征，考虑到二里头文化时期发现的中空神器神龙上端造型多为天盖类造型的情况，我们认为绿松石石龙上端的造型，即使是小龙，亦是可以作为天盖的象征的。

（3）在我们发现的所有铜牌饰中，未见有以完形龙的造型出现的，但是从二里头文化两件陶中空神器所刻划的图案看[13]，以完形龙的造型表现牌饰所代表的神是可以的，我们这样认为的依据如下：

第一，陶中空神器刻划图案的龙首（图二，1；图三，1），有的与一些铜牌饰中神兽的面（图二，3）非常相似[14]。同时，陶中空神器为器盖形，其在二里头文化中已多次出现[15]，我们已在相关文章中证明其即为冯时先生所论的大汶口文化中的“天顶—璇玑—斗魁”造型[16]，所以在其象征“斗魁”的地方出现神龙的现象是符合“斗魁”与“天中”“昆仑（台）”可以相应、相关的古代认知的[17]，与文献中在相当于“昆仑（台）”的建筑中“隅有一蛇”的记载也是相符的[18]。同时，在二里头遗址所出的一件中空神器的图案中，还发现有一个动物（图二，1a），诸多学者都以为是羊，我们认为应是猪[19]，这与以猪或猪龙象征或代表北斗的考古发现非常相符[20]。

第二，以完形龙代表北斗神的现象早在新石器时代就已出现[21]，这并不奇怪，因为以神兽代表或组成某神在各种传说、神话中是很多见的现象。如在龙山时代以前，代表北斗或与北斗神有关的神巫（或类邓淑苹先生所谓的神祖）除以人（面、形）、神人—神兽组合造型[22]、神人—神兽纵向造型[23]、神人—神兽相背造型[24]、神人—神兽单列造型[25]来表示外，有时还以神猪龙、猪（面）、神蛇来代表。从龙山时代及其以后，这些风格仍然明显存在，在这时，特别是龙山时代，在以神权、男权为贵，善于和喜好以北斗神为神化的男祖先为特征的社会背景下，时人还特别注重发展早期就已出现的神兽面的人性化特征，发展神人与具有人性化特征神兽之间的二元联系风格，即特别地将神人、神兽与阴阳神、神祖关联，以表明与之关联或代表某神特别是北斗神的神兽在神祖或神的具体造像中具有一定的位置。像在高庙文化、兴隆洼文化、良渚文化中，四齿神兽有时作为北斗神或与北斗神有密切关系的神祖巫的造型组成部分，在龙山文化阶段，除仍然有这类独立表达的神面之外，不少神面显然是作为雌雄北斗神、神祖中的阳的一方并多以与另一方组成二元的形式而出现的[26]。

第三，在陶中空神器刻划图案中，神龙上端的造型，经过复原论证，其中一件神龙上端图案（图二，1）实际是与沙可乐博物馆第1件藏品（图二，3）神兽冠一致的天盖造

图二　器盖似中空神器圆案及牌饰

1. 二里头遗址出土　2. 中空神器主体圆案简单复原　3. 保罗·辛格藏品

型[27]，本质上与许多兽面纹铜牌饰（像沙可乐博物馆第3件藏品，图三，3a）[28]或彩绘牌饰（像大甸子墓地出土的牌饰，图三，2a）[29]中神兽之冠——天盖冠造型是一致的[30]，这证明陶中空神器图案中的神龙的象征意义确实可与沙可乐博物馆第一件藏品及其他神兽面牌饰中的神兽相应[31]。

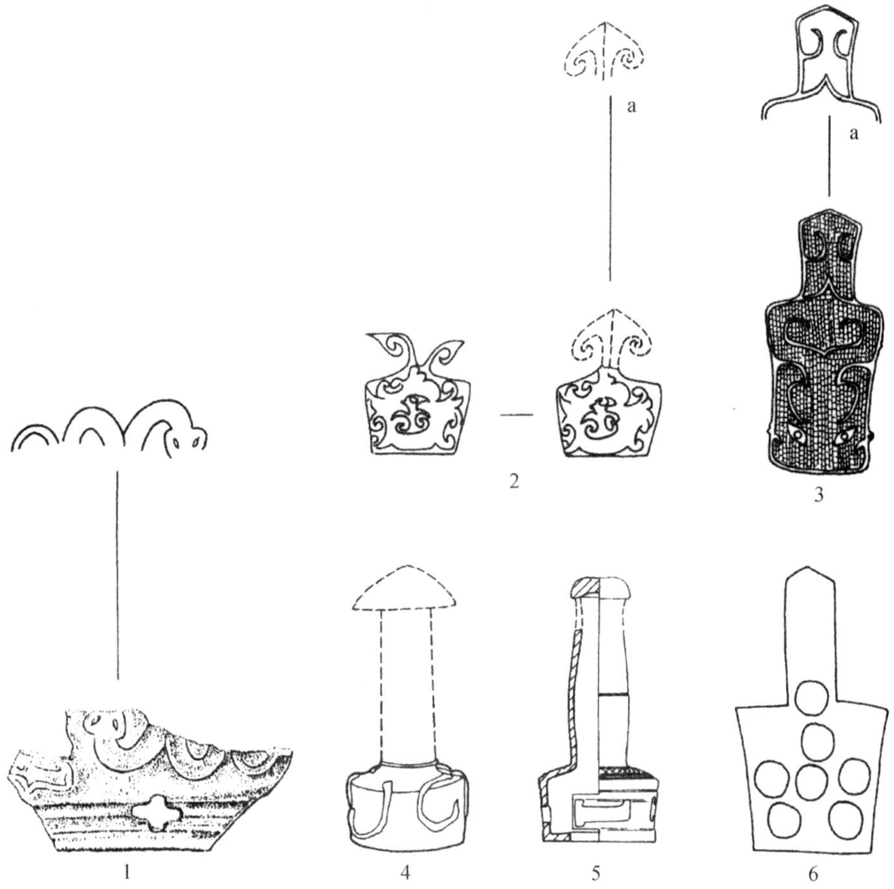

图三　不同时期器盖似中空神器圆案与牌饰

1. 二里头遗址出土　2. 大甸子出土　3. 沙可乐第3件藏品　4. 二里头遗址出土　5. 大师姑遗址出土　6. 莒县陵阳河M7出土

第四，既然陶中空神器刻划图案中的神龙可以与沙可乐博物馆第一件藏品中的神兽相应，则表明完形的一首双身神龙的象征意义是可以相当于牌饰的主题图案的。又一首双身神龙从某种意义上可以视为是单体龙的横向展开，不一定非与肥遗龙关联，所以二里头文化这件绿松石龙可以作为或相当于牌饰的主题图案是有论据的。

第五，诸多学者已提出兽面纹牌饰中神兽有的首类虎，这应是正确的，但是对于其完整造型，学者们很少论及。我们认为，从商、周时期的饕餮造型看，除可以为具有悠久历史的“蹲踞式”造型外（图四）[32]，还可以为龙身[33]。

图四 安阳殷墟陶罍纹饰

（4）二里头文化出土的铜牌饰常与铜铃共出，并多位于死者的胸都，而此一发现中，在龙体中间确有一铜铃，石龙亦位于人的身上，这为判断绿松石造型依托有机物的形状判断提供了参照。

另据发掘材料[34]，“整个龙形器及其近旁发现多处红色漆痕”。由此描述，我们无法清楚整个龙形器及其近旁多大范围内有红色漆痕。经过请教发掘者许宏先生得知，这一范围似乎基本与龙的主体造型一致，只是在龙的主体和由绿松石条形、云形组合成的造型之间有较宽的漆片分布区域，若排除其他情况的话[35]，则此器物确实可称为绿松石龙形器。即使如此，这并不改变我们对其与二里头等文化中的牌饰造型含义基本一致的看法，因为由于这样一个龙形器物的虎式兽面及由绿松石条形、云形组合成的造型宽于中间，以至于整个器物及其依托物仍然可视为是类二里头等文化中牌饰形状的重要造型[36]：两端宽、中间窄，呈亚腰状。

当然，从陶中空神器刻划图案看，似乎绿松石龙形器有可能是嵌于其他弧形面上的，因为，陶中空神器刻划图案虽然是刻于陶中空神器相当于斗魁的地方[37]，但是同好川墓地、陵阳河墓地单面凹玉神面、昆仑台[38]、花地嘴朱砂绘神像[39]、夏家店下层文化彩绘牌饰神[40]、青铜器上的神兽一样，由于其是位于弧形面上的，所以同样可以表达弧形牌饰所能蕴涵并显示的可以物象象征“天柱”的思想。但是，这种可能性很小。

三、文化因素讨论

依据相关报道，此件绿松石嵌饰器物时代属于二里头文化二期，从早期材料看，绿松石嵌饰器物的诸多特征早已出现。

像“臣”字形目，早在红山文化、薛家岗文化、良渚文化，以及山东、湖北等地的龙山文化和晋中南、关内区域的龙山文化或稍晚的文化中就已出现。时代特征鲜明的新砦期时，同样有这类“臣”字形目，与绿松石嵌饰器物时代较为接近的新砦遗址二期[41]、二里头遗址一期相关遗存中这类“臣”字形目出现也不少[42]。二里头文化二期及其以后更是非常多见。

像蒜头形鼻头，在主要属于后石家河文化的相关玉神面中有发现，像现藏于上海博物馆的龙山时代的玉人首[43]等。二里头文化二期以后基本不见这么明显的蒜头形的鼻头，不过鼻头造型仍为有些艺术造像的作者所重视。

立体形状为蒜头状的鼻头平面视图为“心”字形，在后石家河文化肖家屋脊遗址出土的玉神人造像中发现过这一特征[44]，在传世的有关玉器或图案中同样有发现，新砦遗址所出神面也有这一风格[45]，更早的材料在良渚文化中有不少发现[46]。二里头文化二期以后仍有不少发现。

分段的鼻梁在面中特别显现，半圆形玉柱雕有平行凸弦纹，鼻梁分段与刻划平行凸弦纹这两类风格应互有影响，若不严格区别的话，实际可大概视为同类风格。这种风格在良渚文化[47]、山东龙山文化[48]、后石家河文化[49]中均有发现，新砦遗址的二期晚段即相当于二里头一期或其早段的遗存中同样发现过这类造像风格[50]。相当于二里头文化二～三期的夏家店下层文化阶段的彩绘牌饰[51]、二里头文化四期以前的铜牌饰中仍有发现。

龙首为梯形，这类造型在良渚、山东龙山、石家河、新砦期等文化和期别中均有发现，较早的渊源还应包括大汶口文化“天顶—璇玑—斗魁”图[52]中的斗魁造型。晚期的所谓饕餮面本质上均可视为是梯形或其变体，不过真正与该龙首梯形比较相似的往往是一些盘龙之首[53]。

龙面的吻突出，横向展开的两腭内弯，整个造型为倒“人”字形，这种造型的渊源笔者在有关文章中有详论[54]，兹不赘述。在晚期的饕餮面中，这一特征有时仍有体现，不过并不明显。另龙面的吻与鼻头端界不一，这与新砦陶器盖上的神面造型完全一致。

龙身正中为数个菱形纹路，这类菱形构图在早期神面中广泛存在，早期材料中的这类造型多位于神面的眉间、鼻中或“人中”的位置[55]，在陶纺轮、代表北斗的陶器、代表天柱及神的玉琮等器物上均有发现。晚期则在很多龙身或饕餮造型中有体现。

龙身波状小幅度弯曲这种特征，在早于二里头二期的材料中所发现的材料，时代均较早，像马家窑文化中彩陶器盖作为盖钮的陶人首上的蛇，濮阳西水坡45号墓中代表四象之一的东方苍龙，黄梅石龙，查海石龙等，这些具有龙身波状小幅度弯曲特征的材料与二里头文化这件绿松石龙形器物之间是否有传承关系，不易论定。从二里头文化二期开始，龙身波状小幅度弯曲这种特征在考古材料中不时地有所出现（图一，2）[56]。

我们已初步证明该绿松石龙形器物上端的一组图案与二里头文化铜牌饰中神兽首

羽饰或以羽饰表现的冠为一类，是象征天盖的。由此，我们很容易知道其来源和去向。有羽饰或以羽饰表现的天盖形冠在良渚文化、大汶口文化、山东龙山文化、后石家河文化、华西系统龙山文化或稍晚、新砦期、二里头文化一期等相关文化或期别的玉神之冠和玉圭、玉钺类扉牙造型中均有发现，晚期饕餮的冠多可视为是羽饰的或以羽饰造型表现的天盖形冠或其变体。

另镶嵌绿松石成器的风格在仰韶文化、山东龙山文化中都曾发现过，综合地看，二里头遗址二期的这件绿松石龙形器的这一风格渊源应在东方。至于其所用绿松石的产地，从其天蓝色的纯净质地和颜色判断，与二里头文化有的铜牌饰所用绿松石一样，有可能来自湖北省郧县[57]。

四、内涵讨论

实际上，在以上论述中，我们已证明此绿松石龙形器物的性质及神格，这里再补论几点。

（1）与牌饰所代表的神灵是一致的，即北斗神[58]，此器物应视为是一件法器，在死者生前应用于辟邪、厌胜，或用于避兵[59]，死后用作随葬品，仍具有所述功能，这有些像萨满的法器。此绿松石龙形器物不太可能是用于膜拜的神偶，因为若是众崇的偶像，一般不会随葬，但是这不表明我们否认有的代表北斗的神物可用为崇拜之偶像[60]。

（2）鼻头为蒜头形，平面视图为“心”字形，鼻梁在面中特别显现，龙身正中为数个菱形纹路，这些造型在整个器物的造型中非常显眼，这显然是刻意表现的。遗憾的是，囿于某些学术藩篱，学术界对这类艺术作品的这些特殊特征以往多注重类型、时代等方面的研究，而几乎无人探讨古人为何这么重视面形、鼻子和龙脊，面形、鼻子与龙脊为何会有如此特殊的造型等非常具有实质性的问题。实际对这些问题的研究和解释，是我们真正理解这些造像内涵和功能的最重要的工作，同样这也是图像志、图像学、象征学、符号学研究的最为重要和本质的内容，尤其对于中国这样很早就非常注重并神秘化五官、气色、脉向、经络等方面并具有文化含蓄特质的国家所发现的艺术、宗教类作品，学术界更应理性地运用多学科知识并以中国的传统理念为基础来获得认知，这样才是真正地在艺术史研究领域实践、创造和本土化新考古学。当然，众所周知，西方认知考古学学者的研究实践告诉我们，对于早期材料进行研究并能得出确切结论的工作确实是比较困难的，不过由于我们中国存在具有悠久历史和神秘特色的相面术和中医经络学认知理论，所以对于中国古代的艺术品的图像志、图像学、象征学、符号学等角度的研究，运用我们本土的这些研究工具是具有天然的优越性和一定的科学性的。的确，在古代神像的研究中，特别是对于那些我们不太注意或不知为何的造型特征内涵的研究方面，古老的相面术和中医经络学的有关说法确可给我们一些相当有益的启示。像《灵枢经第49》“五色独决于明堂乎”？又言“明堂者，鼻也”，《太平圣惠方》“明堂一穴，在鼻直上入发际一寸”，诸多相术典籍又言眉间是“命宫”，鼻尖是“财帛宫”。又，依据经络学，眉间“命宫”以及鼻子基本位在督脉的脉端，故通督脉，督脉为“阳脉之海”，督脉又“循行脊里，属于脑”，与脑和脊髓有密切联系，并络一身之阴气。由所述古籍所论可以看出，“命宫”、鼻子、脊柱在古人以为特别的神秘和重要[61]，所以在相关造型中当然会特别显示。

（3）龙首为梯形，从诸多这类神面造型与“天顶—璇玑—北斗”符号的渊源关系看，显然是象征斗魁的，《周礼·夏官》中所谓的“方相氏”称呼即源于此，“方相氏”之“黄金四目”与斗魁四星恰相应的现象更有利于说明问题，这也更有利于从一般饕餮内涵的角度证明该绿松石神龙的神格问题[62]。

五、结　　论

综上所述，二里头文化贵族墓中发现的这件大型绿松石龙形器，与二里头文化兽面纹牌饰、中空器盖似神器的造型或其图案中神兽、神龙密切相关，应为当时人们思想中最高神灵的代表。

注　　释

[1][2]　许宏等：《河南偃师二里头遗址发现大型绿松石龙形器》，《中国文物报》2005年1月21日第1版；李珍萍：《2004年度全国十大考古新发现揭晓》之3，《文物天地》2005年第5期，总第67期；李存信：《二里头墓葬龙形器饰物的清理与保护》，《中国文物报》2005年5月6日第8版；中国文物报社：《2004年度全国十大考古新发现出土文物精品欣赏》，《中国文物报》2005年5月4日第8版，图17；中国社会科学院考古研究所官方网站及《中国社会科学院研究生院院报》相关报道。

[3]　许宏等：《河南偃师二里头遗址发现大型绿松石龙形器》；李存信：《二里头墓葬龙形器饰物的清理与保护》。

[4]　许宏等：《河南偃师二里头遗址发现大型绿松石龙形器》。

[5][26][31][32][58]　这一观点详见拙著：《大汶口文化尉迟寺遗址新发现奇异器物研究——并新论“牙璋”“牌饰”的由来、内涵等相关问题》，《郑州文物考古与研究》（一），科学出版社，2003年。

[6]　台北故宫博物院藏玉圭。《故宫古玉图录》图2，1982。

[7]　Salmony A. Carved Jade of Ancient China, illus, 33, Gliiick Press, Berkeley, Califorlia, 1938.

[8]　保罗·辛格所藏的这件牌饰，似尚未发表，笔者仅从友人处获得素描材料。

[9]　江西省文物考古研究所：《江西新干大洋洲商墓发掘简报》，《文物》1991年第10期，图一九，2。龙山时代的这类非发掘品有沙可乐所藏的玉神面，其中冠上的神人应类似良渚文化

中的神人，有四牙的神面类似于良渚文化中的神兽，更严格地讲，从具有神人性特征这方面看，其更类良渚文化中单独出现的戴冠神兽，这两个神面显然具有二元、阴阳的含义，其中的四牙者，可以视为是与北斗密切相关甚或视为是北斗的神祖之阳，另一神面则可视为是神祖之阴，在祖先神话中神祖之阴常被认为是现实世界之人，但是显然可与另一北斗神共称之为雌雄相组的北斗神，其他类似的两神面材料均可这样理解。沙可乐所藏玉神面的彩色照片见张明华《中国玉器发现与研究100年》一书（上海书店出版社，2004年）第236页右图之下。

[10] 蔡易安：《中国龙凤艺术研究》，河南美术出版社，1987年，图45。

[11] 中国社会科学院考古研究所：《大甸子——夏家店下层文化遗址与墓地发掘报告》，科学出版社，1996年，图五，9（M827：2）。

[12] 蔡易安：《中国龙凤艺术研究》，河南美术出版社，1987年，图47。

[13] 中国社会科学院考古研究所二里头工作队：《偃师二里头——1959～1978年发掘报告》，中国大百科全书出版社，1999年，图125，4（ⅤT212⑤：1）；蔡易安：《中国龙凤艺术研究》河南美术出版社，1987年，图34。

[14] 沙可乐博物馆第1件藏品请见：Osvald Sire，Kinas Knost under the Artusenden，Volume 1，Stockholm，1942。线图见王青：《镶嵌铜牌饰的初步研究》，《文物》2004年第5期，图一，2。又甘肃天水市博物馆藏铜牌饰，见张天恩：《天水出土的兽面牌饰及有关问题》，《中原文物》2002年第1期，图一，2。另，美国的Dr.Singer所藏牌饰中有一件与之类似。

[15] 器盖状代表“天顶—璇玑—斗魁”的中空神器除所论者以外，又见于洛阳市文物工作队：《洛阳皂角树——1992～1993年洛阳皂角树二里头文化聚落遗址发掘报告》，科学出版社，2002年，图版九，3（92H14：1）；又见于中国社会科学院考古研究所：《二里头文化陶器集粹》中国社会科学出版社，1995年，图版170、171；又见于郑州市文物考古研究所溱洧河遗址二里头文化二期遗存的发掘材料，又见于郑州市文物考古研究所：《郑州大师姑》，科学出版社，2004年，图版二三，5（G5①d：94）。

[16][21] 冯时：《中国天文考古学》，社会科学文献出版社，2001年，第13～51页。

[17] “斗魁”绕“极星”，显然可以代表“天中”，“昆仑（台）”位于天下之中，可视为“通天柱”，其正是与“天中”相应的，著名的弗利尔玉璧刻符最能说明这一问题。

[18] 《山海经·海外北经济》载“共工之台”“隅有一蛇”。《礼记·檀弓》载“褚幕丹质，蚁结于四隅，殷士也”。饶宗颐《画颂：殷代器物上彩绘的“蚁结”》（时报文化公司，1993年）认为“殷之蚁结，似今之‘蛇纹画’”。由于“蚁结于四隅”者为棺幕，棺为死者之居，从商、周时期的“亚”字形墓蕴涵的“天中”之意义看，显然可类于具有中心意义的“台”。

[19] 应为猪，并有可能是公猪。

[20] 既然龙象征北斗神，为何又以猪示意北斗神。我们认为这与早期的以猪龙象征北斗神的现象有关，是“猪龙”的又一表现形式。

[22] 浙江省文物考古研究所反山考古队：《浙江余杭反山良渚墓地发掘简报》，《文物》1988年第1期，图一九、二〇（M12：98），图二六（M12：100）。

［23］ 同［13］图二二，2（M18：6）。

［24］ 南京博物院：《苏州草鞋山良渚文化墓葬》，《东方文明之光——良渚文化发现60周年纪念文集》，海南国际新闻出版中心，1996年，图一二，2（M199：2）。神人—神兽相背造型在龙山时代以前非常少见，龙山时代开始多了些，可参见梁郑平：《神灵的玉器——人兽面纹浅析》，《中国玉学玉文化论丛》，紫禁城出版社，2002年。

［25］ 柳冬青：《红山文化》，内蒙古大学出版社，2002年，第251页。

［27］ 沙可乐博物馆第1件藏品请见：Osvald Sire，Kinas Knost Under the Artusenden，Volume 1，Stockholm，1942，线图见王青《镶嵌铜牌饰的初步研究》（《文物》2004年第5期）图三，1。具有这类造型冠的还有二里头遗址M11：7。

［28］ 沙可乐博物馆第3件藏品请见：Osvald Sire，Kinas Knost Under the Artusenden，Volume 1，Stockholm，1942，线图见王青《镶嵌铜牌饰的初步研究》（《文物》2004年第5期）图一，3。

［29］ 夏家店下层文化彩绘牌饰材料见中国社会科学院考古研究所：《大甸子——夏家店下层文化遗址与墓地发掘报告》，科学出版社，1996年，彩版五：4（M838：1）、彩版六：1（M901：1）、彩版七：2（M840：2）。

［30］ 有“人”字形“冠”（实际象征“天盖”）的神龙图案材料见蔡易安编著《中国龙凤艺术研究》图35（河南美术出版社，1987年），有关牌饰之天盖冠的讨论及观点见注［5］拙著。另，“人”字形“冠”与神龙位置不协调，估计是设计未详使然。另“人”字形冠类似于“介”字形冠上端，“人”字形称呼源于林巳奈夫著、杨美莉译：《中国古玉研究》之“中国古玉的钮牙”（台湾艺术图书公司，1997年）。“介”字形冠称呼源于邓淑苹《古代玉器上的奇异纹饰研究》（《故宫学术季刊》四卷一期，1987年）。对于这类造型，有时称为“人”字形较为合适，多数称为“介”字形比较合适。

［33］ 发掘者许宏先生等认为二里头文化兽面纹牌饰有的可能是二里头遗址这类绿松石龙形器的省略形式，这是有可能的，详见其在《考古》2005年第7期的佳作《河南偃师市二里头遗址中心区考古新发现》。

［34］ 许宏等：《河南偃师二里头遗址发现大型绿松石龙形器》，《中国文物报》2005年1月21日第1版。

［35］ 像有的地方的有机质地的承托物已无法轻易发现、有机质地的承托物不是全漆的、承托物早已因地质等原因而不易保全，等等。

［36］ 铜牌饰造型本质上是源于斗魁造型的，但是有的有所变化。

［37］ 陶中空神器器盖似的部分相当于斗魁的观点请参阅拙著：《二里头遗址所出玉器扉牙内涵研究——并新论圭、璋之别问题》，《殷都学刊》2003年第3期。

［38］ 参阅王青、苏兆庆：《关于山东莒县陵阳河出土的小玉片》所论诸图案，《中国文物报》2004年12月3日第7版。当然在红山文化、良渚文化中的三层坛台的考古资料、羊子山土台资料均可有助于说明昆仑台问题。这类三层台，不少学者以之为坛，像饶宗颐先生认为与“坛坎”有关

（《大汶口明神记号与后代礼制》，《中国文化》1990年第2期），我们更明确地说，实际即为与信仰、祭祀有关的应“天中”的通天“昆仑台”。

[39][54] 拙著：《花地嘴遗址所出“新砦期”朱砂绘陶瓮研究》，《古代文明研究通讯》2004年第4期。

[40] 参阅[29]所论考古报告。

[41][45][50] 拙著：《试论新砦陶器盖上的饕餮纹》，《华夏考古》2000年第4期。

[42] 中国社会科学院考古研究所编著：《偃师二里头——1959～1978年考古发掘报告》，中国大百科全书出版社，1999年，图22，1（ⅣT22⑥：11）。

[43] 中国玉器全集编辑委员会：《中国玉器全集》，河北美术出版社，1995年，图39。另可参阅注[24]梁郑平：《神灵的玉器——人兽面纹浅析》论文中的玉神。

[44] 湖北省荆州博物馆等：《肖家屋脊》，文物出版社，1999年，图二五一，1（W6：32）、4（W6：17）。这两件神物中，有四牙者类良渚文化中的四牙神兽（有时其作为神人的组成部分），无四牙者类良渚文化中的神人，龙山时代的双面或共存一玉器的神物均含有类似的内容。

[46] 方向明：《良渚文化玉器纹饰研究》，《良渚文化研究——纪念良渚文化发现60周年国际学术讨论会文集》，科学出版社，1995年，图二，8（瑶山M2：1）。

[47] 浙江省文物考古研究所：《余杭瑶山良渚文化祭坛遗址发掘简报》，《文物》1988年第1期，图二六（M10：6）。

[48] 刘敦愿：《记两城镇发现的两件石器》，《考古》1972年第4期。

[49] 现在所见具有石家河文化风格的这类作品都是非发掘品。

[51] 中国社会科学院考古所：《大甸子——夏家店下层文化遗址与墓葬发掘报告》，科学出版社，1996年，图五五，5（M1203：2）。

[52] 冯时：《中国天文考古学》，社会科学文献出版社，2001年，第13～51页。

[53] 蔡易安：《中国龙凤艺术研究》图39。

[55] 台北“故宫博物院”藏玉圭中的神面，见《故宫古玉图录》图2，1982。又见方向明《良渚文化玉器纹饰研究》图二，10（瑶山M10：21）、11（瑶山M2：17）。有的在“人中”的表示“中心”意义的“菱形符”有时可用表达同样意义的“人”字形“天盖”符号代替之。

[56] 龙身波状小幅度弯曲的龙或蛇，实际与不少饕餮的夔龙之身是一致的。

[57] 涂怀奎：《秦岭地区主要玉石矿床特征研究》，《地质找矿论丛》2000年15卷第1期。此论文认为湖北绿松石含Fe_2O_3与H_2O多，主要表现为褐铁矿和水高岭石较多，这与二里头遗址有的铜牌饰有铁锈的情况相符，像《考古》1992年4期所载二里头遗址M57：4铜牌饰。当然二里头遗址发现有不少可能来自西方的绿色绿松石，但是很少用于镶嵌早期的铜牌饰（可以参考绿松石的颜色判断二里头文化铜牌饰的时代早晚），由此看来，时人当以牌饰为相当重要之物，同时可以认为，时人多认为绿松石中质地好、天蓝色者为贵，这与当今的判断标准是类似的。

[59] “北斗所击，不可与敌”，见何宁《淮南子集释》，中华书局，1998年，第282页。

［60］ 王吉怀等：《大汶口文化惊现罕见器物》图一，1，《中国文物报》2000年5月1号第1版。讨论见注［5］拙著。

［61］ 而且从医学的角度看，这类看法确有一定的科学性。

［62］ “方相氏”之“黄金四目”与斗魁四星恰相应，这类现象在夏家店下层文化和三星堆文化的牌饰中都有发现。“四目神”应源于北斗神。林巳奈夫《饕餮——帝说补论》（《史林》第76卷第5号，1993年）论著中所举四目材料中的音乐类铜器的饕餮有的不是“四目”，四人面方鼎，从其“大禾”铭文看，应是相当于昆仑之上的神灵，从其所属时代看，应为与北斗或其时极星有关的神灵或神秘先公，其他“四目”类饕餮无法肯定为帝舜之像，因为“四目”本来自于“斗魁四星”，与“四目”有关的传说中的古帝不止一个，效仿或自认为与北斗神有密切关系者的造型均可有“四目”特征。所谓“饕餮”最本质和核心的象征意义，我们认为与北斗神或其时的极星神有关是无疑的，林巳奈夫等学者以之为与太阳有关的帝之观点是错误的，至于其是否与祖先有关，个人认为神化的先公会与之有关联，因为不少族群往往将其祖先神化，与天帝关联。尤其特殊的是，商周时期，有的以某动物为族群象征的人们还往往将所谓的饕餮增加诸多这一动物的特征，像商代族符为鹿的鹿鼎，就将所谓的饕餮增加诸多鹿的特征，以至于可称为鹿形饕餮。

（原载北京大学震旦古代文明研究中心：《古代文明研究通讯》总第25期，2005年）

三星堆、金沙一类“奇异”玉器构图来源、内涵、定名及相关问题研究

一、引　言

在著名的三星堆及金沙遗址中出有数量众多的各式玉器，学术界对这些玉器的研究已取得不少成绩。但其中有一类极其重要的玉器，虽有不少观点发表，但多语焉不详，且缺乏有力论据。笔者在研习有关的材料时发现，这类“奇异”玉器其实并不“奇异”，它是有相当清晰的形成史和内涵的。对这类玉器的正确解读，有助于我们理解古代各种玉器及相关牌饰或图案之间的内在联系。现以其中具有代表性的材料为例，试做论证如下，请批评指正。

二、材料简介

目前，这类玉器在三星堆遗址发现最多[1]。金沙遗址仅发现一件，不过却具有相当特别的造型和图案。我们选择其中具有代表性的三件略做介绍：

（1）三星堆1986Ea型：K1：235-5[2]（图一，23），完整。其主体为分歧式玉璋，首有一神鸟，在玉璋上有凹弧刃式玉璋图案。

（2）三星堆1986Ee型：K1：90[3]（图一，33），残。其主体为分歧式玉璋，首有一学界常论的“蝉形纹”或“心形符”。

（3）金沙2001CQJC：141[4]（图一，24），残。其主体为分歧式玉璋，在玉璋上有增饰的“蝉形纹”或“心形符”[5]，据三星堆所见这类玉璋及其造型判断，其首应为一神鸟。

三、“心形符”造型、内涵的讨论

从所介绍的几件代表器物看，“心形符”是本文所论主要器物造型或纹饰的关键组成部分，所以在讨论各器物总体内涵等核心问题之前，我们首先对“心形符”的内涵予以简要讨论（图二）。

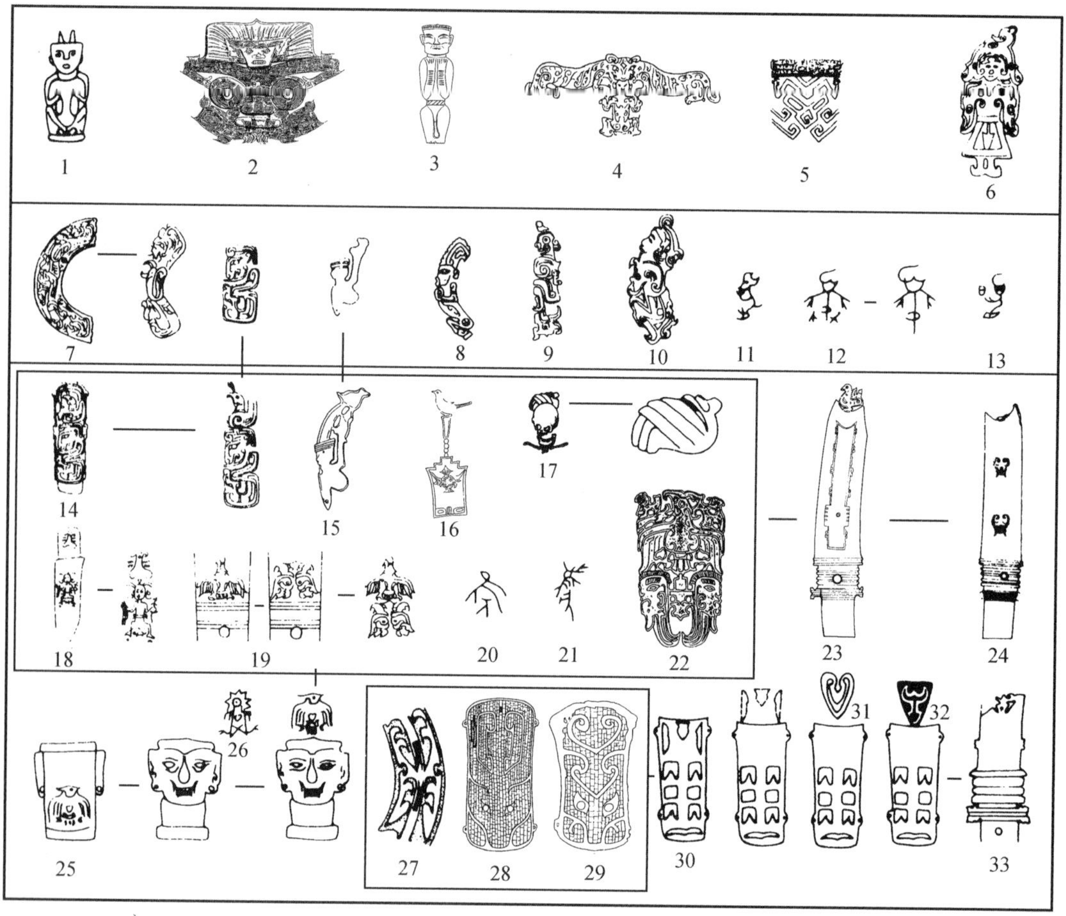

图一　三星堆、金沙一类“奇异”玉器及相关纹饰

1. 柳林溪T1216⑥：83　2. 反山M12：98　3. 凌家滩M29：14　4. 1957年6月安徽阜南月儿河龙虎尊　5. 殷墟采集白陶罍　6. 晋侯墓地M8出土　7. 晋侯墓地M63出土　8. 妇好墓出土　9. 强家村1号墓出土　10. 晋侯墓地M63出土　11.《甲骨文字诂林》1543　12. 墙盘铭文　13. 伯夏父簋铭文　14. 张家坡M121：30　15. 赵陵山M77：71　16. 弗利尔玉璧　17. 牛河梁遗址第十六地点出土　18. 荆门车桥出土　19. 天津市艺术博物馆藏　20.《佚》八八八　21.《掇》一. 四五五　22. 故宫博物院藏　23. 三星堆K1：235-5　24. 金沙2001CQJC：141　25. 上海博物馆藏　26.《金文编》228　27. 大甸子墓地M1150：2　28. 1999年纽约新展品　29. 沙可乐博物馆藏　30. 高骈铜牌饰　31. 大甸子墓地M378：2　32. 大甸子墓地M387：3　33. 三星堆K1：90

其中图二中4为两个“单旋符”组成的“心形符”，甲骨文、金文中有的“文”字组成的构件“心”及金文中有的神鸟所负亦为这种“心形符”（图一，26）。我们发现：如果看图二之7的深色部分，其显然是由两个常可以作为北斗神或祖或巫眼睛的“单旋符”组成，但如果看图二之7的白色部分，其造型则与甲骨文中的“心”字的一种写法类似，图二之6等也属于这种构图模式。图二之6a深色部分为典型的“心形符”，而6b则显然是两个与图二之7的深色部分为一类的“单旋符”。图二之5b实际是图二之6b的“紧凑型”，与图二之2a一致，图二之5b中剖即为两个“单旋符”。图二之5这一构图与其他

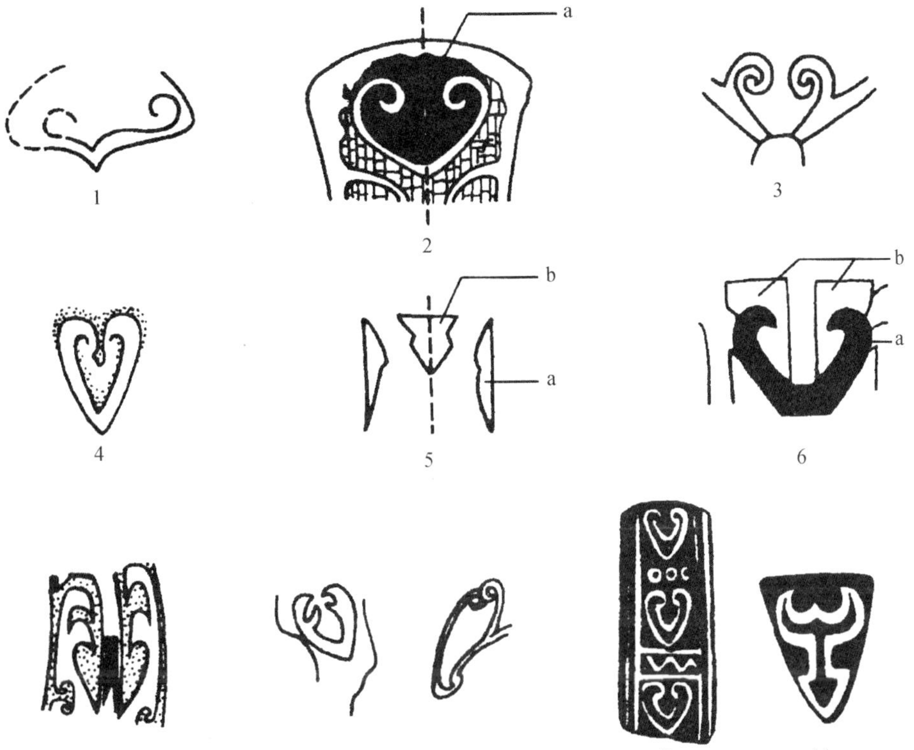

图二　不同时代的“心形符”及相互关系图

1. 二里头IV212⑤：1　2. 沙可乐博物馆藏　3. 划城岗M63：26　4. 大甸子墓地M378：2　5. 高骈铜牌饰　6. 仓包包87GSZJ：36　7. 大甸子墓地M1150：2　8. 三星堆遗址鸭子河畔采集　9. 圣弗朗西斯科亚洲艺术馆藏　10. 三星堆80～81DaT2②　11. 大甸子墓地M387：3

“心形符”略有不同的是，其将“单旋符”和“心形符”的组合由“互生图”而分离为“单旋符”和“心形符”两个明显的个体，并且，将“心形符”又分离为两个单一的略微变形的“单旋符”（图二，5a）；很显然，图二之1、4、9、10、11等实质上与图二之5、6、7为同类，不过，其并不像图二之5b那样是一种强调与“心形符”原多为“互生型”但在这里却被分离为由两“单旋符”合成的“紧凑型”图案。另外，我们在图二之2中用深色显示的a，其显然与图二之5b一致，其中剖即为图二之6b[6]。在神首明确标识出由两“单旋符”组成的“心形符”，蕴示图中的神具有中心地位[7]或可沟通天地、格于上下，与蕴涵“攀援建木”之义的“蹲踞式”[8]玉人身上的“十”形符号意义类似[9]（图一，8）。这种“心形符”有时为神鸟所负（图一，25），并且还可与北斗神像（图三，1）、“亚形”或“菱形”[10]（图三，2、3）、类“N形”彗首的北斗符[11]互相置换，其还常常单独或与神鸟一起作为北斗神的“冠”，如图一之25、27～30等。

1　　2　　3

图三　身负北斗神像或象征“天中”菱形的神鸟形象

1. 台北“故宫博物院”藏　2. 天津艺术博物馆藏　3. 台北“故宫博物院”藏

四、“建木通天”问题的考古学讨论

“建木通天”的说法在文献中有丰富的记载，《山海经·海内经》载“有木……名曰建木。……太皞爰过，黄帝所为”，《淮南子·坠形训》载“建木在都广，众帝所自上下……盖天地之中也”，《抱朴子·内篇·地真十八》等中也有类似的记载。不过至今未有人在考古学中找到特别令人信服的三代以前的实证。虽然有学者指出三星堆遗址所出的几棵神树中有的为建木[12]，但是这些看法至今仍有许多争论。我们认为，有关考古材料完全可以证明在中国古代早已存在“建木”思想及其表现形式。由于这个问题于本文的讨论非常重要，又由于学术界不少人对这类问题的研究或现象始终以“玄学”评价或等闲视之，不怎么相信“建木”思想及其表现形式在很早的时候就已出现，不认可其所具有的重要学术价值，所以，我们有必要在此略做论述。

好川墓地[13]发现一件漆器（图四，1），此漆器是由一亚腰梯形与一“树”组成，我们有如下认识。

（1）此“亚腰形”与已被证明为“斗魁”形状的二里头文化铜牌饰[14]（图四，7）、夏家店下层文化中的彩绘牌饰[15]（图一，27；图五，14）、大汶口文化刻符中的“梯形”[16]（图四，9）、与大汶口文化刻符有关的二里头文化铜牌饰的“圭首梯形”（图四，8）等造型、内涵有关。

（2）在好川墓地，此类“亚腰形”漆器还有不少，多数漆器上均有玉片饰，而在这些玉片中，有三类非常重要，这就是“三层台”[17]（图四，5，参照图四，10）、“介首方相”[18]（图四，2、3）及“多圆串柱”[19]（图四，4，参照图四，10），从《尔雅·释丘》《山海经·西山经》等文献的记载可知，“三层台”正是“昆仑丘”，而“昆仑丘”在诸多文献中均载是上应北斗的；从冯时先生有关大汶口文化中诸多刻符

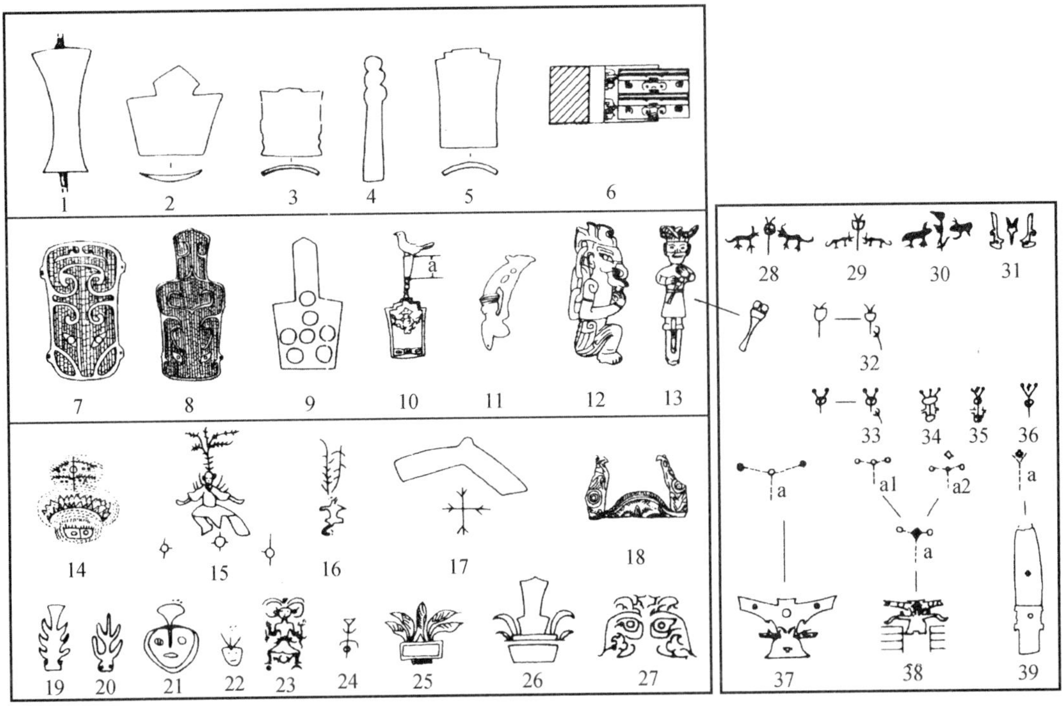

图四

1. 好川墓地M8：2　2. 好川墓地M10：2-1　3. 好川墓地M60：2-7　4. 好川墓地M10：2-2　5. 好川墓地M10：2-3　6. 反山M12：90　7. 二里头M11：7　8. 沙可乐博物馆藏　9. 莒县陵阳河M7　10. 弗利尔玉璧　11. 赵陵山M77：71　12. 大洋洲XDM：628　13. 金沙2001CQJC：17　14. 彝族祖先支格阿尔像　15. 四川大邑县董场乡董家村三国画像砖墓　16. 云南沧源岩画　17. 成都船棺（商业街M9）　18. 河姆渡T33④：98　19. 強国墓地竹园沟M21：15　20. 強国墓地竹园沟M11：1　21、22. 将军岩岩画　23. “兵避太岁”戈　24. 四川大学藏錞于　25. 河姆渡T213FA：84　26. 莒县陵阳河M11　27. 天津艺术博物馆藏　28.《捃古》一三·八　29.《续殷》二·附六　30.《积古》一　31. 兮钺　32.《合集》28145　33、35、36.《金文编》　34. 甲骨文　37. 弗利尔玉镯　38. 金沙玉琮2001CQJC：61　39.三星堆K1：161

性质的讨论看[20]，好川墓地的“介首方相”正是北斗神的造型。另，从弗利尔玉璧图案[21]（图四，10）、习以北斗为天柱的民族学材料及反映天柱信仰的其他考古材料看，“多圆串柱”正是代表北斗的。这些玉片可充分证明“亚腰形”漆器的“斗魁”性质。

（3）图四之10弗利尔玉璧上的图案为“神鸟—天柱顶端—北斗天柱—昆仑台”，“昆仑台”就是其中的“三层台”，与北斗有关，其造型为“亚形”梯形，有的还以“亚形”梯形为主体绘成一神兽面[22]。这种“神鸟—天柱顶端—北斗天柱—昆仑台”的构图造型类似良渚文化中的北斗神造型。另，这类弗利尔玉璧之图案与《诗·商颂》中的“天命玄鸟，降而生商”、《诗·长发》中的“帝立子生商”、《史记·殷本纪》中的“见玄鸟，坠其卵，简狄吞之，因孕生契”、《楚辞·天问》中的“简狄在台喾何宜”[23]等记载相符[24]，亦有助于说明“亚形”梯形可代表

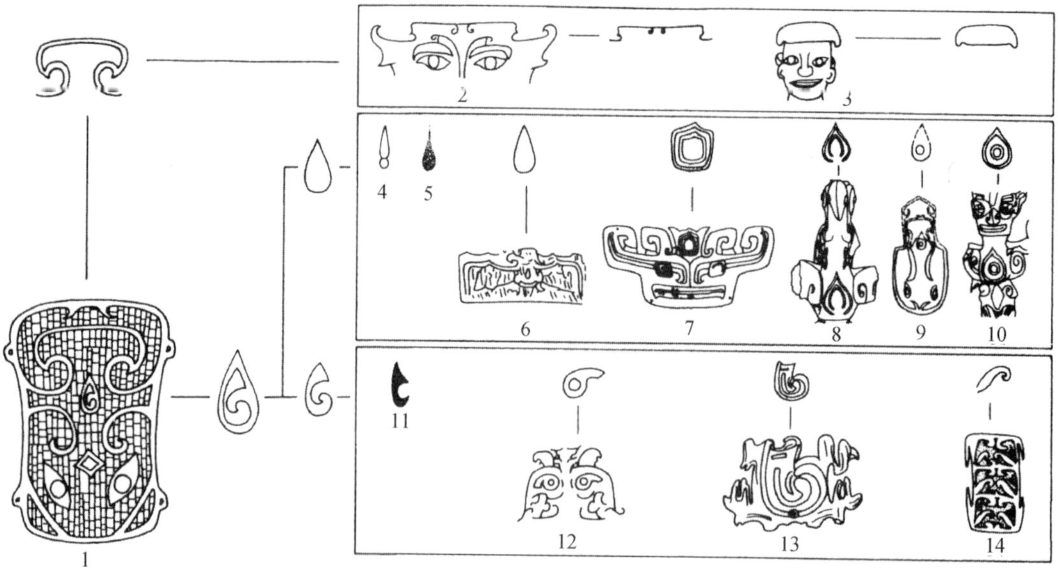

图五

1. 保罗·辛格藏 2. 史密森宁研究院藏 3. 黄君孟夫妇墓出土 4. 马王堆“白灌” 5. “N”形彗首 6. 沙可乐博物馆藏 7. 三星堆K2③：231-1 8. 三星堆K2②：194-1 9. 二里头采集：26 10. 三星堆K2③：72 11. 大连郭家村采集 12. 天津市艺术博物馆藏 13. 内蒙古巴林右旗采集 14.大甸子墓地M452：1

“斗魁”。这个神话中的玄鸟与弗利尔玉璧之“神鸟—天柱顶端—北斗天柱—昆仑台”图中的神鸟相应，这个神话中的卵与“神鸟—天柱顶端—北斗天柱—昆仑台”图中的北斗“多圆串柱”中的单个星体相应，“台”或“九层之台”与“神鸟—天柱顶端—北斗天柱—昆仑台”图中的“三层昆仑台”相应，至于“神鸟—天柱顶端—北斗天柱—昆仑台”图中的“形似偃盆，下狭上广”之造型[25]，则可能代表天柱的顶端，其与“帝”字之“▽”“▼”相应，与莒县陵阳河M17所出的“天顶—璇玑—斗魁”图案中“介”字形天盖顶附近的造型亦相应。整个“神鸟—天柱顶端—北斗天柱—昆仑台”图去掉神鸟或再去掉三层“昆仑台”并将“多圆[26]串成的北斗天柱”用建木代替[27]，则整个图案实际即变为卜辞或金文中的“帝”字。另，“帝”字为中央之木，从字形方面亦可找到相关论据，如“帝”字中的“X、H、□、○”应是表示此木位于天地之中的意义，特别是有的“帝”字中的“X（五）”字[28]，在三代以前的材料中很多是代表“中央”的[29]，其表明“帝”字为上应天中的、位于大地中央或曰“昆仑台”之上的大禾即建木无疑。

（4）《淮南子·坠形训》等文献载建木位于大地中央，是上应天中的“通天柱”，位于天中的北斗在许多民族中亦被认为是“天柱”[30]，所以两者关系非常密切，在被证明是建木的神树上常常同时绘出北斗九星或代表北斗的几个圆，像将军岩岩画[31]及彝族祖先支格阿尔的神像[32]即能证明我们的观点；另，从其他方面亦可以判断出建木与北斗具有密切关系，如从《长沙子弹库帛书·创世篇》及《长沙子弹库帛画》[33]就可以明确看出，地之中央的黄木本质上显然与北斗神相应，因为其他四木象征四时之神，这与“北斗四指以建四时”的授时思想恰相符。诸多文献中有神人攀援“建木”—“通天柱”的记载，如卜辞中的神树有被作为神祖降临之凭借的[34]，《山海经·南山经》记载有的神树被作为“帝降之处”，像“帝休”“帝屋”，首都博物馆所藏的十八节玉琮，其代表“建木”—“通天柱”的中空柱上刻有“▽”形符[35]，“▽”形符显然可以代表“帝”，羌族人认为祖先可以降邻神树。又从《史记·封禅书》的有关记载[36]及湖南宁乡四面神人“大禾”铭鼎的造型可见到北斗神帝与“大禾”“建木”相关的一些遗风，好川墓地“亚腰形”漆器又被证明是代表北斗的，于此，则好川墓地“亚腰形”漆器的中贯之木正与弗利尔玉璧图案之“北斗—天柱”相应，显然即是文献中所载“建木”的代表和象征。

总之，“亚腰形”漆器的“亚腰形”代表北斗（神），中贯之木是文献中的“建木”，整个构图为：北斗神攀援建木“格于上下”或是北斗与建木相组。早晚的诸多神人或巫或祖的“蹲踞式”及其手或（和）足“弯握”之造型（图四，11、12、13）显然是表示“攀缘建木”姿态的[37]，当然神人或巫或祖的很多是“蹲踞式”的“形式化”“仪式化”，如金沙铜巫史[38]（图四，13）、晋侯墓地有的玉人（图一，6）双腿并不弯曲，凌家滩玉人双手并不“弯握”，还有的是“蹲踞式”的省略表达形式，形象多仅为首，如诸多玉圭上的神面（图一，19）、牌饰（图一，27、28、29）及玉雕神面（图一，25）等。笔者认为这类神面是“蹲踞式”姿态的省略是有有力的论据的，举例论之，如图一之19、22、25与图一之15、17、18显然为一类，但是19、22、25的神人仅为人面，显然是“蹲踞式”姿态的省略式；图一的27、28、29的神面之首为“心形符”冠，这种“心形符”常是位于神人之首的神鸟所负的（图一，25），并且从图一之23、25、29看，这类神鸟及“心形符”可以同时或单独位于神物之首，所以图一之27、28、29等的神面之冠可以换为类似图一中15的神鸟，由此可知27、28、29 一类神面是图一之14、17、18 一类“蹲踞式”神像的省略；再如图四之7神面之冠主体实际是一弧顶“介”字形的天盖冠，其与图一之2、图四之6等的神人之冠是相同的，显然图四，7的神面造型可视为是图一之2、图四之6一类“蹲踞式”神像的省略。

从我们的讨论看，好川墓地“亚腰形”漆器的“亚腰造型”显然可以相当于图四，6、7、11、23、27的神、巫、祖或神、巫、祖之面[39]，而该图14、15、16、19、20的神、巫、祖或死者，21、22的神、巫、祖，25、26的神，这些图案中的“树”亦当与“亚腰形”漆器的中贯之木同样，应视为是“建木”，其中图四之15的飞升形象非常符合《论衡》“龙无尺木，不能飞天”的记载[40]。图四之14神树有九个圆，可能与北斗九星相符，图一之19及图四之23的神为北斗或太一神[41]，其首代表冠的树显然为“建木”，其与图四之24之建鼓所在的“帝”字形建木的相似性有助于证明之。

图四之17之符号刻于船棺上，不少学者认为是族徽或为代表族徽的“扶桑”[42]。我们认为其上端为典型的类马王堆帛画“天门”的“介”字形天盖[43]，位于天盖之下

和大地之中的显然应为“建木”，其总体为“亚”形，实有指示其为“天下之中”之木的意思。其实，在葬具上刻划“建木”“北斗”等相关符号，目的是使死者灵魂能攀援升天并有厌胜的作用，这种现象出现很早并延续很长时间，图四之26即是刻于作为随葬品的斗形瓮[44]上的“天顶—璇玑—斗魁—建木”符号[45]，广西武鸣发现的附昆仑道的早期“亚”形岩洞葬中随葬有代表“北斗—天柱”的石铲[46]，二里头文化、齐家文化墓葬及夏家店下层文化大甸子墓地随葬代表“北斗神”的铜牌饰或彩绘牌饰[47]，陶寺墓地ⅡM22“船棺葬”[48]随葬有源于钟祥六合W4：2[49]一类北斗神的玉神面（ⅡM22：135）[50]，汉代镇墓瓶上所绘的北斗、与北斗有关的星象或书写的与北斗有关的镇墓文[51]，“加七星板于梓内”或“床上唯施七星板”的仪制[52]，有的明代木椁箦板上镂刻有北斗七星[53]等。特别值得注意的是，有的船棺葬风俗本身就含有建木崇拜的思想。

从本文的讨论可知，中国古代有关“建木”的思想起源很早，考古材料亦非常丰富，学界不应再对“建木”研究这类学术讨论以一个“玄”字待之了。

五、三星堆、金沙这类奇异玉器的造型来源及内涵讨论

有了对“心形符”造型、内涵及“建木通天”问题的研究，我们对三星堆、金沙这类奇异玉器的造型来源及内涵等问题就可以较为容易地予以讨论了。

（1）我们知道，在四川高骈早年曾出土过一件铜牌饰，其为典型的无阑璋形[54]（图一，30），其上端冠的结构，学界多年来未能准确识出。从我们有关“心形符”的研究可知，其实际即是一种“心形符”[55]，可以与其他类型的“心形符”互换。此铜牌饰下端的图案即为明显具有二里头文化[56]、夏家店下层文化[57]、龙山文化风格的北斗神面[58]，如果我们将“心形符”的位置提升并换成其他型的“心形符”或曰“蝉形纹”（图一，31、32），即可得到与三星堆、金沙奇异玉器中的首有“心形符”的玉器相似的造型（图一，33），又承我们的论证及图一所示，这类“心形符”常为神鸟所负，“心形符”与神鸟有时又可以互代，所以，如果我们将“心形符”换为神鸟或将负“心形符”的神鸟省略心形符，即得到与三星堆、金沙奇异玉器中首有神鸟的玉器相似的造型（图一，23、24）。至于图一之24金沙这件玉器上的多重“心形符”，从玉琮和柄形器看，其意义与单个无别[59]，这类多重“心形符”在三星堆遗址早就出现过（图二，10）。又承我们有关北斗神、巫祖面与神鸟构图模式的讨论[60]，可以很容易得到相关图案、造型的演变序列（图一）。另，我们应知道，三星堆、金沙这类奇异玉器上的神鸟并不是鸷鸟类，所以示勇、镇敌等可能不是其主要的含义[61]。

（2）我们曾在有关文章中证明，玉璋的造型源自于建木类大禾之枝叶或与神鸟之翅等相关的“单旋符”的造型[62]，三星堆、金沙这类奇异玉器的主体显然是玉璋的造型，这类造型源自常见的分歧式玉璋，只不过其具有玉圭或玉戈的某些造型特征罢了。

（3）三星堆、金沙这类奇异玉器的扉牙内涵。关于玉器的扉牙内涵问题，我们有过专门的讨论[63]，三星堆、金沙这类奇异玉器的扉牙内涵仍然符合我们有关玉器扉牙内涵的论点：圭类或圭类级别器物的扉牙主要是“天盖形”或“多重‘介’字形”，璋类或璋类级别的扉牙主要是“半天盖形”或“半多重‘介’字形”，尚有一些璋类或圭类等玉器的扉牙因为其他原因并未严格遵循这一规则。

三星堆遗址玉器之扉牙或阑，绝大多数的主体为身有扉牙的双首伏虎，本文所论的这三件即是如此，图一之24金沙遗址这件扉牙的下“阑”残，从这类玉器的总特征看，其下阑或为双虎类兽首或为“半多重天盖形”。这类扉牙或阑早在石峁遗址、二里头遗址就已出现，商代各地尤其是南方亦有不少发现，三星堆、金沙遗址这几件奇异玉器扉牙造型的早期渊源显然在北方，直接来源应在本地早期。关于这个问题，笔者在有关文章中有详细讨论[64]，兹不赘述。

这些玉器每侧的扉牙上阑主要为“半多重天盖形”，剩余的扉牙组合为身有扉牙的双首伏虎，虎身之扉牙从理论上讲，应属于“单旋符”形或“单旋符”形的变体。另其中的三星堆Ee型K1：90上阑以上的扉牙近似“介”字形，应与圭、璋互仿现象有关。其中尤其值得提出的是，双首伏虎这类神物与相关的猪、龙、凤等常是围绕属于圭之层次的钺、方壶、“史”或“事”字主体、“事”字（图四，28、29、30、31）、天盖大禾（图四，18）、“亚形”、“帝”字、三峰天冠的，其之所以既可以作为圭类的扉牙主体又可以作为有的璋之扉牙主体，主要原因仍是我们已论的：圭、璋均与建木、北斗有关，圭、璋扉牙特征有时特别是晚期有互仿现象[65]。

（4）三星堆、金沙一类奇异玉器的穿与其他诸多玉器的穿一样，与当时的北斗星或极星有关[66]。

六、三星堆、金沙奇异玉器定名问题讨论

我们初步厘清了三星堆、金沙这类奇异玉器的造型来源、内涵等实质性问题，那么，这类玉器应称为何名呢？笔者认为，其应定名为“璋”，论据如下。

（1）从这类奇异玉器的来源看，高骈铜弧首牌饰显然外形为无阑之璋。从考古学材料可以证明这类凹弧刃的璋与分歧刃的璋分别与“单旋符”及其“分歧变体”有关[67]，并且其内涵是一致的。

（2）三星堆遗址中属于Ea型“玉戈”的一件玉器（图一，23）刻有明显的璋的图案，如果此件器物为圭，则在其上刻璋符是为何？我们只能理解为此图案为一指示符号，意指其所在虽然有圭的某些特征但是实际仍为璋，这与二里头遗址玉刀上再刻划简易玉刀形图案的风格类似（图六）。

（3）从所论可知，这类奇异玉器主体图案构图形式的早期来源均属于圭的层次，但是这并不能证明三星堆、金沙这类奇异玉器为圭，这主要是因为，圭、璋均与建木、

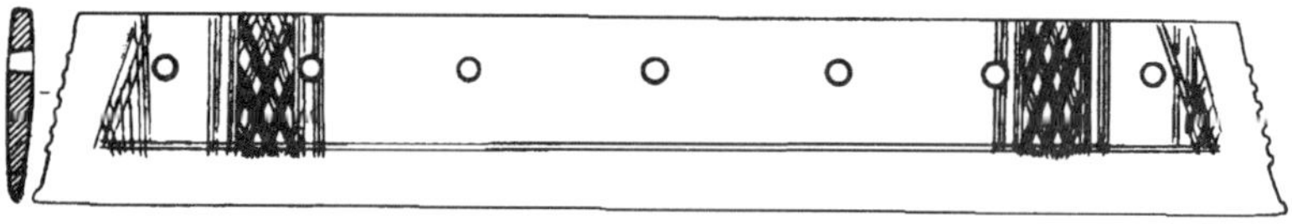

图六　二里头遗址玉刀（ⅧM7：3）

北斗有关，所以其图案或扉牙可以互仿。又，这种互仿主要是在圭、璋形成一段时间后才出现的，我们又早已证明早期的这类材料基本是符合《说文》等“半圭为璋”的记载的[68]，尤其是这类材料的首始终基本遵循这一规律，从商代晚期开始，出现明显偏锋的圭、戈类器物，其中有的或许可以名璋。同时，圭、璋在功能相似或出现明显偏锋的圭、戈类器物可以名璋的时候，其使用者仍然是有级别之差的，所以，这时候仍不宜认为圭、璋无别。文献及金文中“反入堇璋”和“反入堇圭”的现象均有，不过“反入堇圭”现象少，应与相关人身份较为特殊有关[69]。另《史墙盘》中的“方蛮无不䴡见”[70]、《弋卣》中的“即䴡于上下帝”，显然本质意义上相当于持圭类见周王或帝，如同《穆天子传》中周穆王拿着玄圭宾西王母之神一样，从《仪礼·瑾礼》看，这些显然亦应视为“瑾献”之礼。

（4）从我们的论证来看，本文所论的这类奇异玉器，实际可视为是凹弧刃及分歧刃式玉器，笔者曾在有关文章中详细证明了将凹弧刃、斜直刃及分歧刃式玉器称为璋的合理性[71]，这里再就这一观点提供出自三星堆文化的重要论据。

《周礼·考工记·玉人》及《山海经·南山经》中有以璋祭山川的记载，三星堆报告提供的有关玉器上的图案（K2③：201-4）（图七，1）恰好有助于说明这一点。显然，若想从考古学上证明此玉器为璋，则证明此玉器上的图案主体与山或山水相关是非常关键的。目前论之，论据概有三。

①“河灵贔屃”神话。张衡《西京赋》薛综注、扬雄《河东赋》、《遁甲开山图》李善注、干宝《搜神记》卷13、《水经注·河水》郦道元注、《史记·正义》引《括地志》、《路史》诸多“纬书”及晚期诗文中有此神话或类似神话，其中多数明确记载：河灵手、脚之印在两处，符合此玉器上仅见手未见足的现象。陈德安先生曾认为此玉器上手的图案与《国语·楚语》中的“黎抑下地”神话有关[72]；黄建华认为“神山两侧还刻划有自天而降的两只巨手，作握拳状拇指触于山腰上，很可能是古代蜀人想象中作为天界神力的象征，或者是神灵助佑的展示”[73]；庞永臣则认为整个图案与蜀王诸妃祈子有关[74]；饶宗颐先生则不以为然，其据张衡《西京赋》薛综注、扬雄《河东赋》将三星堆遗址这件玉器上图案的神人之手与“河灵贔屃”神话关联，甚是卓识[75]。②图七之1、4刻符实际为“心形符”及“长方的梯形”，其与圭、璋图案等可以关联，并且可以视为卜辞中的“㕣”字[76]（图七，4、5），“㕣”字的含义在卜辞中主要为一级别很高的神[77]，商王有时会亲自佑之。又此符的造型与诸多的“天顶—璇玑—斗魁符”（图七，6）或北斗神造型（图七，7～10）相关，“斗”又可视为当时的“太一

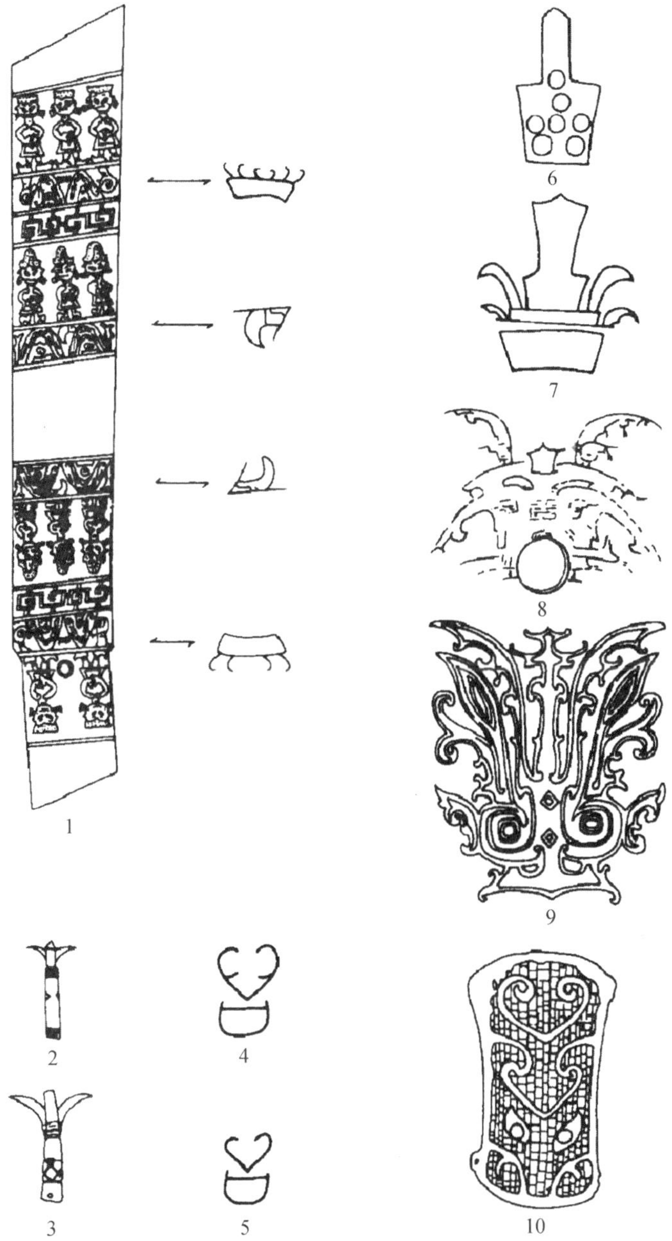

图七

1. 三星堆K2③：201-4　2. 大汶口M6：10　3. 刘林M25：4　4.《乙》四五八四　5.《前》八．六．三
6. 莒县陵阳河M7采集　7. 莒县陵阳河M11出土　8. 温索普圭　9. 台北故宫博物院藏　10. 沙可乐博物馆藏

神”[78]，则显然此符又与“斗”或“太一生水”相关。若此，则此幅图案表示的即是名“㞢”的类“太一神”的“河灵”开山造河或曰“生水”的神话。③图七，2、3刻符实际应为獐牙，古人认为獐与山关系非常密切，《周礼·考工记·玉人》载“山以章，水以龙”，《说文解字句读》载“獐，山物也”，《山海经》载“鹿在山上者，獐不能

挈也”，在大汶口文化中常用獐牙作为“獐牙形器”的牙之材料，笔者曾证明具有厌胜等功能的“獐牙形器”的造型与“介”字形或平首形天盖及神人冠形状的内涵有相似之处[79]（图七，2、3、6～10），显然，“獐牙形器”的獐牙即相当于北斗神冠的“单旋符”或曰“建木之枝”，即是说其可以视为璋。所以，用此獐牙符号标识其所在为山是合理的。综合来看，此玉器图案第一段的内容主要是与“河灵损质”神话内容有关的，另一段是表现与以璋祭山等有关内容的，整个玉器及图案非常明确地表现了《周礼·考工记·玉人》《山海经·南山经》等文献所谓的“以璋祭山川”的记载。于此，我们判断这件或这类玉器为璋的观点是无何疑问的，我们相信此件玉器及图案是目前所能找到的命名分歧首和斜直（凹）首玉器为璋的最有价值的论据，亦由此，我们可以得出结论：祭山之璋的形态至少应包括分歧首和斜直首两种，又从花地嘴遗址玉璋[80]出土时正位于当地最高的为当地人所崇拜的猴山所在方向的状况看，还应包括花地嘴这类凹弧刃的玉璋。

七、相关问题讨论

从前面的论证可以看出，三星堆、金沙这类奇异玉器与诸多重要器物密切相关，它的内涵在古代礼仪制度中亦有重要地位，这有助于说明诸多相关问题，我们在此略论几则。

（1）有关图画文字的讨论。卜辞有“[illegible]”字[81]，金文中有造型类似的徽铭[82]，其中《父丁簋铭》与本文讨论的三星堆、金沙玉器的主体很相似。我们认为，其虽然是实用的捕鸟工具，但是其渊源可能是源于“神鸟与建木”的，只不过创作者这种希望以特殊造型达到多捕鸟的用意与其本质含义的关联可能因其晚期目的为实用，从而使其本质规定渐渐在人们思维或认知中归于消解。《史记·封禅书》言：“宫室被服非象神，则神物不至。”显然，这类捕鸟工具铭或字的“捕鸟功能”可视为是“神物至”的俗化[83]。另，由于“心形符”与“亚”有时可以互换，并且，三星堆报告提供的另外一件这类玉器上就刻有一“亚”形[84]（图四，39，Ea型，K1∶161），所以，由三星堆、金沙这类奇异玉器抽象成的“图画文字”与甲骨文[85]（图四，34）、金文[86]（图四，35）中的“亚单”相似，与由弗利尔玉镯、金沙玉琮图案抽象成的“图画文字”（图四，37a、38a、38a1、38a2、39a）亦有些相似。这种关联的依据是：冠与建木、建木与北斗、“单”字与“史”字、建木、北斗可以互相有关（参看图四，13、28～39）。从我们的有关讨论可知，圭、璋均与“建木—北斗”有关，它们的原始意义和功能应有相同的方面，所以其之间是可以互相模仿的，但是其所在场合、使用者的级别及历史过程中形成的其他特质多是不能等同的。

（2）从这类奇异玉器定名的论证看金沙铜“巫史”及与其有关的圭、璋方面的问题。由于神鸟或“心形符”与人面鸟身神人可以互换，此类神人与“蹲踞式”或源于

“蹲踞式”造型的巫、神、祖可以互换，所以，假设三星堆、金沙这类奇异玉器上的神鸟换为源于“蹲踞式”造型的巫神，则其与位于支架上的金沙铜“巫史”构图显然相似（图四，13），由此亦可以认为金沙铜人所在为璋。我们曾经证明在“丫”形骨、玉、铜器的造型中，如果除去其中的“史”字之主体形、单、盾、干字等形，从“五瑞”的名物角度看，剩下的主要应属于璋，但是“丫”形冠则仍属于圭的层次。至于“蹲踞式”玉人所在木柄，从好川墓地的“北斗神—建木”图看（图四，1），则应视为建木主体——“圭”，但是，我们已证明三星堆、金沙这类奇异玉器为璋，所以，这里所论的“神鸟（或‘心形符’）—人面鸟身神—‘蹲踞式’或源于‘蹲踞式’的造型的巫、神、祖”的这一互换链条基本是无法连续的。又，以“丫”形作为天冠的考古学材料在龙山时代及夏、商时亦有发现[87]（图八），因此，据此认为金沙铜人所在为璋的认识亦可能是错误的。金沙铜“巫史”所在假设是“丫”形，则应视为是属于圭的层次的“冠之丫形”的实物化，金沙铜人所在假设是“▽”及木柄形[88]，则与弗利尔玉璧昆仑台上所画的北斗串星及其上端的“下狭上广”的“天柱顶端”昆仑形（图四，10a）相应，金沙铜“巫史”则与其天柱顶端的神鸟相应[89]。这里需特别言明：我们已证明圭、璋的本质均与建木有关，无非是圭为主体，璋为枝叶。玉琮可以相当于圭或建木主体，可以用于“通天”[90]，璋可以视为建木枝叶[91]，属于建木，同样可以“通天”，红山文化中出现的诸多“马箍式”玉器，不少位于头顶[92]，与北斗神头顶常为“建木—天柱”符号[93]的情况相符，尤其是这种“马箍式”造型的玉器实质上属于“立体”的璋，其中空柱与玉琮的中空柱类似，用以象征建木，这种“立体”的璋与常论璋

1

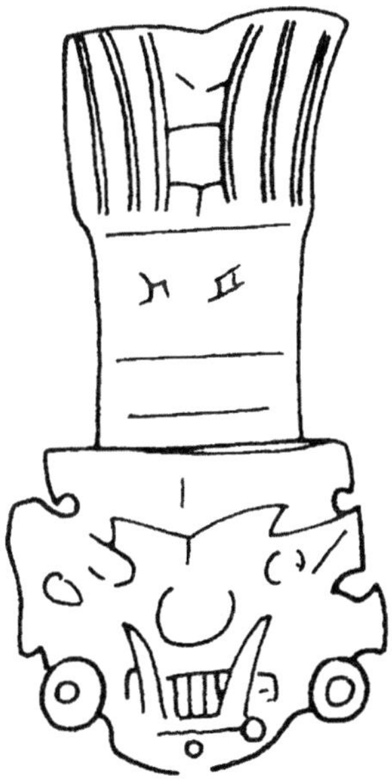
2

图八　戴“丫”形冠的北斗神形象

1. 新干大洋洲XDM：633　2. 赛克勒博物馆藏

的造型的联系，类似玉琮上粗下细的中空柱或外形与常论的玉圭造型之间的联系[94]。神人的“丫”形冠显然是去掉中心结构的常论“建木”，不是分歧的“璋”[95]，所以神人的“丫”形冠仍然相当于圭的层次。

（3）文化因素问题初步分析。三星堆、金沙这类奇异玉器蕴涵的北方文化元素随着文化传播主体、载体到达蜀地，又与当地文化元素一起，被成功地用于高层的礼仪实践，为创造具有混合文化特征的、极其灿烂夺目的蜀文明做出了自己的重要贡献。①三星堆、金沙这类奇异玉器蕴涵的北方文化元素显然不是在其所处时代从外地传来的，这类因素向蜀地的传播应有一个过程，笔者认为概在二里头文化二至四期之间。虽然二里头文化向蜀地的传播可能到二里头文化四期[96]，路线亦有两条[97]，但是三星堆、金沙这类奇异玉器蕴涵的北方文化元素主要应是在二里头文化二至三期之间从伊洛出发[98]，经过东龙山及石峁文化区的关中、齐家文化区的天水、庄浪、临洮，再经过嘉陵江、川北等地，到达成都平原的，并且有证据表明这是一条很重要的路线，相关的论据在三星堆遗址有不少发现。由于距离太远、器物变异度明显等原因[99]，在此仅就这条路线中间地带的有关材料加以论证。甘肃、关中包括东龙山在内的一些遗址很早就与齐家文化、二里头文化关系密切。秦安县的遗址就出土有具有二里头文化中期风格的器物[100]。在甘肃临洮齐家坪[101]及天水秦城区曾发现典型的具有二里头文化构图风格的铜牌饰[102]，其中齐家坪铜牌饰的虎式兽面还有后石家河文化构图风格[103]，这一风格应是二里头文化早就吸收的。在此地域发现铜牌饰，很显然应将其视为三星堆、金沙这类奇异玉器蕴涵的北方文化元素此时由此路线传来的一个重要论据，因为三星堆、金沙这类奇异玉器蕴涵的北方文化元素在牌饰中明显存在，而且三星堆文化区发现有四件铜牌饰。在甘肃庄浪刘堡坪[104]、临洮齐家坪[105]等齐家文化的遗址中出有典型的具有二里头文化风格的陶盉，由于铜牌饰可能存在传世性或变异节奏慢等问题，单以其讨论有关年代可能尚有不确定性，所以，我们可以重点论证此类陶盉的年代。这类陶盉，陶流前倾、圆首为虎面、口为心形、主体为假圈足壶形。口为心形的陶盉在孟津小潘沟[106]等遗址的龙山文化晚期、浙江江山肩头弄[107]、新砦等遗址的新砦二期晚段[108]、东马沟二里头文化二期[109]、二里头遗址二期晚段到三期[110]中均有发现，主体为壶形的盉或类似的壶[111]在肖家屋脊石家河文化早期[112]、三房湾乱石滩文化晚期[113]、姜寨客省庄文化晚期[114]、浙江江山肩头弄[115]、二里头遗址二里头文化二到三期[116]、伊川南寨二里头文化二期[117]中均有发现。综合考察这些不同文化中的这类特殊的器物，我们可以发现：石家河文化为壶形盉的重要源头；马桥文化的盉之主体——壶受到当地良渚文化双耳壶造型的影响；齐家文化的盉之主体与肖家屋脊石家河文化、姜寨客省庄文化盉之主体系统有关；二里头文化二至三期盉之主体与三房湾乱石滩文化晚期盉之主体有关；齐家文化、马桥文化的盉口均与二里头文化有关[118]。综合各方面的特征，笔者认为：齐家文化有的盉口与二里头文化三期的盉口最相似[119]，齐家文化的盉之主体与伊川南寨及马桥文化中的这类器也有相同处，所以，齐家文化的壶式陶盉应属二里头文化三期无疑。川北的白龙江流域江围等遗址曾发现过典型的具有齐家文化风格的器物[120]，三星堆文化区也发现早期只在石峁附近存在的分歧式玉璋。②文化因素传播模式。笔者认为这些文化因素的传播具有深刻的历史背景。不少学者曾颇有见识地将蜀地文化中的夏文化元素与古史中的“桀奔南巢”事件关联[121]。从论证看，蜀地文化中的夏文化元素其实有相当数量在夏末亡之前就已传至[122]，最为明显的是三星堆文化早期发现过具有典型二里头文化风格的陶盉与陶豆，尤其是刻有象征北斗神面“单目符”的陶豆[123]，在二里头文化“新砦期”时就有发现[124]。又因为蜀地文化中有的文化元素同时具有夏家店下层文化和二里头文化风格，三星堆文化中诸多神人头顶的狗头冠及诸多神狗之首与畲、瑶族的狗头冠非常相似，又据《山海经·大荒东经》载，畲、瑶族与有易氏有联系[125]，于此我们认为二里头文化二至三期之间的文化因素南传蜀地的历史背景之一应为：上甲微征有易，有易南逃。

（4）有关中国古代早期不同造型玉器及其图案的整合问题。中国古代早期玉器造型及图案繁多，我们在平时的研究中主要是注重了各个个体的研究，虽然有不少学者对“五瑞”或“六器”作过总的研究，但他们实际上主要关注的仍是这些玉器的不同方面。显然，以前我们对这些玉器的造型甚或图案的整合问题关注得很少或忽略了。实际上加强对这个问题的研究，应是玉器学研究中的一个亟须，其角度与以前玉器学研究中常用的寻找差异的思路是相反的，因此有些发现是原有方法所不易获得的。中国古代的早期玉器及其图案主要为圭、钺、戚、刀、琮、璧、神人或神人神兽组合、玑衡（有领璧）、璇玑、璋、璜、龙、神鸟、琥等及其图案，这些不同名称的器物及其图案，从说明三星堆、金沙奇异玉器来源及构图特征的图一、类“N”形彗首的北斗符及相关玉器铜器图案的图五看，很多在造型和内涵方面（主要是“北斗”）是相互关联的，从图一、图五的有关图案中，我们可以看出：至少圭、牌饰、玉琮、不同时代的诸多“蹲踞式”神人、神鸟及有关玉玦、玉雕神面[126]、璋的内涵基本是一致的。其中玉琮与其他玉器的关联不仅表现在其上的“蹲踞式”神人与神兽，还表现在玉琮的中心与玉圭实际可视为立体与平面的关系[127]，“马箍式”玉器与斜直刃玉璋之间亦是如此，玉琮与玑衡（有领璧）、玉璧常位于死者腕或手中，均可示意死者“攀援天柱”升天[128]。另外，玉璇玑与有的玉璜、有的C型玉与玉神鸟、玑衡与玉璧及有的玉戚、玉琮与柄形器及玉虎、玉虎与玉璋的扉牙、玉璋与玉神图案、玉圭、玉璜、勾云形玉器等在造型、图案和内涵方面都或有相同之处。在此需强调的是，加强对这些不同玉器整合等问题研究的同时，应注意原始意义与其历史、动态意义的不同，于此我们将会容易理解这些玉器为何有的互有关联却在某时段又在功能、适用的具体场合等方面出现并不一致的现象。例如：从神人示意“攀援建木”的“蹲踞式”姿态可以明确看出，玉琮可用于“通天”[129]，玉圭同样可以[130]，但是在礼仪制度化的过程中，玉圭又被逐渐赋予相当多的其他功用，其与玉琮在很多的方面已不同；玉璋最初与建木之枝有关，玉圭与建木亦有关，两者均可用于“通天”，但是在使用者的级别筹方面却逐渐显示了较为明显的不同；等等。

八、结　语

综述所论可知：

（1）三星堆、金沙这类奇异玉器实际是璋。

（2）这类奇异玉器的图案及其构图源自于圭类，其中的神鸟与早期北斗神头顶的神鸟意义类似，与卜辞中的帝使之“凤”和萨满教中的“信息鸟”、《诗·商颂》中的天所命之“玄鸟”亦相似，可以助神、巫、祖沟通人神天地及显示神祖的高贵卵生身份。

（3）这类奇异玉器图案中的“心形符”常为神鸟所负，当神鸟省略时可表示与神鸟类同的意义。

（4）璋之主体为天柱建木（为其枝叶）造型；其之穿为北斗星或曰当时的极星；其与“圆—亚”形、亚形、菱形、类“N”形彗首实非彗首的代表北斗的刻符、“心形符”等同样可以代表中心或与中心相关的意义。

（5）这类奇异玉器扉牙中的双首虎意义类金文徽铭与玉、铜器中的同类神兽，有保护、示勇、避兵的意义；此类玉璋与其他同类器物一样，可用于祭祀，可为神职人员所执。在用于天地之术时，神职人员幻为类“蹲踞式”北斗、神巫等，在神鸟携助下攀援“建木”升降于天地。

（6）中国古代早期有些不同造型的玉器及其图案在造型及意义方面有可以适当整合的现象。

总之，这类玉器级别高，造型别致，来源清晰，内涵明确，对于了解中国远古礼仪特别是澄清古圭、钺、璋等玉器、牌饰、北斗、斗魁、建木、昆仑等之间的复杂关系，外来礼仪制度在当地文明化进程中的地位及作用，当时社会结构及主体国家地域延伸化的过程和模式等都极具学术价值。

注　释

［1］～［3］　四川省文物考古研究所：《三星堆祭祀坑》，文物出版社，1999年。此报告称这类玉器为“E型玉戈”。

［4］　成都市文物考古研究所、北京大学考古文博院：《金沙淘珍——成都市金沙村遗址出土遗物》，文物出版社，2002年。

［5］　增饰的“蝉形纹”或“心形符”图案本身又有增饰，所增饰的图案仍是常见的“蝉形纹”或“心形符”的组成单元，即所谓的“单旋符”。有关“单旋符”考古材料的最早系统讨论，可参见王仁湘：《关于中国史前一个认知模式的猜想》（《中国史前考古论集》，科学出版社，2003年）。王仁湘先生早就注意到二里头M4：5所出铜牌饰神兽造型与“单旋符”有关，可惜其将铜牌饰图案看倒了，并将铜牌饰神兽之冠误认为是目。有关“单旋符”的内涵、表

现形式、识别及其与中国早期礼仪之器的密切关联等问题请参见拙著：《大汶口文化尉迟寺遗址新发现奇异器物研究——并新论“牙璋”“牌饰”的由来、内涵等相关问题》，《郑州文物考古与研究》（一），科学出版社，2003年；《二里头遗址所出玉器扉牙内涵研究——并新论圭、璋之别问题》，《殷都学刊》2003年第3期；《花地嘴遗址所出“新砦期”朱砂绘陶瓮研究》，《古代文明研究通讯》总第23期，2004年。

[6] 图二，1、3、4均与图二，2一致。

[7] 金文中“文”字中的“心”符有时就用可代表中心意义的“五”或“亚”代替，见容庚编著，张振林、马国权摹补：《金文编》，中华书局，1998年，第635页1489“文”字条。

[8][14][55] 详见拙著：《大汶口文化尉迟寺遗址新发现奇异器物研究——并新论“牙璋”“牌饰”的由来、内涵等相关问题》。

[9] 拙著：《论金沙铜人“弯握”手势源自“攀缘建木、天柱”——并论诸多“蹲踞式”神人的“攀援建木”内涵及其“⊕”符的“天中”内涵》，待刊。

[10] “菱形”均可视为“亚形”。

[11] 从反山M16：4玉神人天盖冠下的造型看，应视为北斗星。可参见图四诸图案。

[12] 徐朝龙：《中国古代神树传说源流》，《扶桑与若木——日本学者对三星堆文明的新认识》，巴蜀书社，2002年。

[13] 浙江省文物考古研究所等：《好川墓地》，文物出版社，2001年。

[15] 中国社会科学院考古研究所：《大甸子——夏家店下层文化遗址与墓地发掘报告》，科学出版社，1996年。

[16][41][45] 冯时先生认为这类梯形为斗魁，甚是。见冯时：《中国天文考古学》，社会科学文献出版社，2001年，第124～126页。

[17] 浙江省文物考古研究所等：《好川墓地》，文物出版社，2001年，M60：2-12、M60：2-13、M10：2。

[18] 浙江省文物考古研究所等：《好川墓地》，文物出版社，2001年，M60：2-7、M37：1、M62：4、M10：2，玉片的凹面特征与铜牌饰非常相似并相关。

[19] 浙江省文物考古研究所等：《好川墓地》，文物出版社，2001年，M10：2。

[20] 冯时：《中国天文考古学》，社会科学文献出版社，2001年。

[21] 邓淑苹：《中国新石器时代玉器上的神秘符号》，《故宫学术季刊》第10卷3期，1993年春季号。

[22] “昆仑台”内神兽与其他相关玉器上可代表北斗神或其组成部分的神兽为一类神物。

[23] 此句中的“台”，《吕氏春秋·音初篇》将其描述为具有晚期风格的“九层之台”，实际应为三层的“昆仑台”。另，喾为“高辛氏”，此称呼像“商”字一样，与良渚文化中“神鸟—天顶端—北斗天柱—昆仑台”类图像中的有关符号显然应相关。

[24] 邓淑苹：《“天命玄鸟，降而生商”》，《故宫文物月刊》总第42期，1986年第9期。从邓淑苹《良渚玉器上的神秘符号》、邓淑苹《由良渚刻符玉璧论璧之原始意义》（浙江省文物考古研究所：《良渚文化研究——纪念良渚文化发现六十周年国际学术讨论会文集》，科学出版

社，1999年）看，其认为三层坛内所刻神鸟为“背着太阳飞翔的‘阳鸟”’，“祭坛上所立的神鸟，代表天帝，鸟立高柱的造型，源于河姆渡文化”。我们则认为，祭坛为三层昆仑坛，三层昆仑坛内神鸟所负为表示“天中”“极星”意义的菱形“亚”，北斗天柱上所立的神鸟及三层昆仑坛内所刻的神鸟应与天命之“玄鸟”相应，类“生商”或曰生“俊”的神鸟，不会是“阳鸟”。北斗串圆在玄鸟神话中相当于神鸟之卵，这与帝王往往神化自己出生的卵生思想是一致的。

[25] 见《十洲记》。

[26] 圆代表北斗星中的单个星体。

[27][30] Alexander H B. North American.The Mythology of North American（L H.Grayed）Boston, M. Jones, 1916. Uno Holmberg, Finno-Ugric, Siberian. The Mythology of All Races. Boston，M. Jones，1927.中国考古材料中也有不少反映以北斗作为天柱思想的，除弗利尔玉璧之类的图案外，尚有一些，如尉迟寺遗址所出的常刻划“北斗—璇玑—天盖”等符号的大口尊，有时被接成“矩形”，显然与《周髀算经》“环矩以为圆”的天学思想有关，并且，《周髀算经》言“夫矩之于数，其裁制万物唯所为耳”，这与《史记·天官书》载位于天中的北斗可以“临制四向”的中心及首要地位相符。材料见中国社会科学院考古研究所安徽工作队、蒙城文化局：《安徽蒙城县尉迟寺遗址2003年度发掘的新收获》，《考古》2004年第3期，图五。另，在红山文化和邓家湾等地的屈家岭、石家河文化中，有不少筒形器物或类似尉迟寺遗址所出的常刻划“北斗—璇玑—天盖”等符号的大口尊被接成或排列成圆形或柱形，显然均是与天或天柱关联的，如《邓家湾》图二十一、一一九等，其中图二十一，AT301每单元为类器盖钮的造型，显然为“天柱”的象征（湖北省文物考古研究所等：《邓家湾》，文物出版社，2003年）。另，良渚文化中的以玉琮连续包围死者的所谓奇怪现象同样可以作类似解释。

[28] 《前》三．二一．三。

[29] 中国民间称“五五节”为“天中节”，著名的“河图洛书”中，“五”为“天中”，大家熟知的考古材料中经常代表中心的“八角符”像凌家滩玉版中心图案，实际即是两个“五”。另从新石器时代始，不少与天盖或斗魁有关的陶豆盘、陶豆座或陶斗形瓮类容器上面常刻有“五”字，意思与此相近。曾侯乙墓所出一件甲衣的心口位置前后各有一表示中心和具有厌胜功能的“五”字亦属于此类现象，因为诸多文献在描述圣王、神人的掌握天权、顺应天意、胸怀天下之品质特征时，往往言其“胸怀北斗”，而北斗又位于“天中”，所以可以以“五”字表示。与应“天中”的“通天建木”有关的汉代的所谓摇钱树（鲜明：《再论早期道教遗物摇钱树》，《成都钱币》1997年第3期），其中“五利”“五利后”钱铭与《史记·封禅书》中“蹲踞”于“神树”之上的“五利将军”非常相关，有的钱铭又为“五五”，显然与“五五”具有中心的意思和厌胜的功能相符，汉代不少有铭铜镜的铸造时间往往虚拟为五月五日的现象同样有助于说明我们的观点。

[31] 王大有、王双有：《图说中国图腾》，人民美术出版社，1998年，第99～100页图案。

[32] 王大有、王双有：《图说中国图腾》，人民美术出版社，1998年，第62页图51，1。

［33］ 冯时：《中国天文考古学》，社会科学文献出版社，2001年，第13～51页。

［34］ 在殷墟一期卜辞中有“贞，来于咸□”之辞（《缀合》200），于省吾在《甲骨文字释林·释□、□》中认为：“□”字“为□之初文”，“应读为次，指巫咸被祭的神主位次”，在第四期甲骨文中，有“于大□学玉，三牛。于大甲□玉，一牛”（《鄴》三下四二. 六）；于省吾在《甲骨文字释林·释□、□》中认为：“□”也应读次，指大甲的神主位次言之。显然，这种表示所祭巫咸、大甲位置的“□”字，显示其先祖神灵是可降临于这个位于中心的神树即建木之上的。河姆渡文化中曾有以水稻似作物代建木的现象，这主要是由于两者同为“中和”之物。刘志一《从民族语言看原始谷类作物称呼来源与分化》（《农业考古》2001年第1期）认为，水稻在瑶族古音为“禾”，《说文解字注》等又言“禾”曰：“得知中和，故谓之禾”，建木应位于昆仑之上，昆仑上又有“大禾”，所以建木可以视为是昆仑之“大禾”。《说文·□》“祭束茅加于祼圭”及《周礼·天官·庙师》“祭祀共萧茅”等记载有助于说明这些问题。

［35］ 石志廉：《最大最古的纹□碧玉琮》，《中国文物报》1987年10月17日。

［36］ “（五利将军）夜立白茅之上受印，以示不臣也。而配天道者，且为天子道天神矣。……佩六印，贵震天下”，汉代蜀地的“钱树”有的有“五利”“五五”钱铭，显然说明了“钱树”与“天梯”或“建木”或通“天中”之木（“五五”从文献看这里实际喻指“天中”并有厌胜功能）有关联，具体材料见鲜明：《再论早期道教遗物摇钱树》，《成都钱币》1997年第3期。

［37］ 手或（和）足“弯握”之物，从早期的材料看，象征建木之形或物，若同时参看晚期有关材料像荆门车桥“兵避太岁”戈等中的类似神人手执之物还可为龙、“杖”、兵等物，应与避邪、作法等有关。晚期类似的神人手执之物有龙特别是兵器等物，除与“巫”有关外，还与“武”等有关。

［38］ 见注［8］相关论证。笔者有关金沙铜人身份的观点现在基本未变，不过，从铜人造型看，其为巫史的身份是可以肯定的，其与军事领导或王的关联尚需论据。

［39］ 这类神物，有的学者称为“神怪”，有的学者称为“神灵”，有的学者称为“鬼怪”，较有代表性的称呼是邓淑苹先生的命名“神祖”。笔者认为需要适时称谓，因为这些神物有时单为北斗神，像二里头文化及相关文化中的铜或彩绘牌饰，有的应为具有北斗神子或凡神（化身）身份的神圣祖先，即邓淑苹先生所谓的“神祖”，同时，这些神又一般具有攀援建木、沟通天地的“巫”之特征。本文所论的诸多神像均以此说明理解为主，文中不予严格称谓。邓淑苹先生文见其著作：《雕有神祖面纹与相关纹饰的有刃玉器》，《刘敦愿先生纪念文集》，山东大学出版社，1998年。

［40］ 卜辞中有的“龙”字首为“辛”字形（与“商”字字首、帝喾高辛之“辛”同），实际为与“帝”字有关联的“建木”，符合《论衡》“龙无尺木，不能飞天”的认识。

［42］ 孙华等：《神秘的王国——对三星堆文明的初步理解与解释》，巴蜀书社，2002年。

［43］ “介”字形冠系由邓淑苹先生命名并作系统论述的，详见其《晋、陕出土东夷系玉器的启示》（《考古与文物》1999年第5期）、《雕有神祖面纹与相关纹饰的有刃玉器》（《刘敦愿先生

纪念文集》，山东大学出版社，1998年）、《论雕有东夷系纹饰的有刃玉器》（连载于《故宫学术季刊》第16卷第3、4期，1999年春季号）等论文。

［44］ 此类瓮常置于墓室西北，这是由于时人认为，位于天中的北斗因“天倾西北”的原因而在视觉上是位于北方的。

［46］ 李珍等：《广西武鸣发现早期岩洞葬》，《中国文物报》2003年8月8日第1版。

［47］ 彩绘牌饰主要见于夏家店下层文化，除大甸子这一夏家店下层文化遗址与墓地为代表外（具体材料见注［15］），李殿福《吉林省库仑、奈曼两旗夏家店下层文化遗址的分布与内涵》（《考古学资料丛刊》1983年第7期）等材料也可参看。

［48］ 王晓毅：《古城·宫殿·大墓·观象台》，《文物世界》2002年第3期；中国社会科学院考古研究所山西二队等：《2002年山西襄汾陶寺城址发掘》，《中国社会科学院古代文明研究中心通讯》第5期，图9；中国社会科学院考古研究所山西二队等：《2002年山西寰汾陶寺城址发掘》，《中国社会科学院古代文明研究中心通讯》第5期，图8 彩绘杯（M22：15）。

［49］ 荆州地区博物馆：《钟祥六合遗址》，《江汉考古》1987年第2期。

［50］ 此墓底四周有五周抹泥，“五”意为“天中”，这有助于说明玉神面的中心神性质，又这类神面出有阴阳工艺两件，也符合《淮南子》等文献中有关位于天中的“雌雄北斗”的记载。

［51］ 蔡运章：《洛阳汉墓若干陶器文字浅释》，《甲骨金文与古史研究》，中州古籍出版社，1993年。

［52］ （北齐）颜之推《颜氏家训·七·终制》云：“床上唯施七星板。”又《通典卷八五·表制·三》引《大唐元陵仪制》言：“加七星板于梓内。”

［53］ 王德庆：《江苏铜山县孔楼村明木椁墓清理》，《考古通讯》1956年第6期。

［54］ 敖天照、王有鹏：《四川广汉县出土商代玉器》，《文物》1980年第9期。

［56］ 其铜质地和镶嵌绿松石风格的渊源应在中原二里头文化中心区，不过绿松石加工方法和形状则在中原的山西、山东地区的早期和商代时有发现。具体的牌饰图案详见王青：《镶嵌铜牌饰的初步研究》，《文物》2004年第5期。

［57］ 详见拙著：《大汶口文化尉迟寺遗址新发现奇异器物研究——并新论“牙璋”“牌饰”的由来、内涵等相关问题》。另其倒V形眉应源于夏家店下层文化之大甸子墓地M723：1等。可参见拙著：《二里头文化兽面纹牌饰在中原及周边地区文明化进程中的地位及作用》，《中原地区文明化进程学术研讨会论文集》（待刊）。

［58］ 其方形目的特征在二里头文化早期有发现，在龙山文化及更早的高庙等文化中亦有发现。诸多文献表明方形目或“方瞳”是神灵或寿星的重要特征，这与北斗注生、注寿的意义相符。详见拙著：《花地嘴遗址所出“新砦期”朱砂绘陶瓮研究》。

［59］ 这类北斗神、祖或巫有的为面，实际为“蹲踞式”造型的省略，并且“蹲踞式”神实非“蹲踞”，李济先生在《跪坐蹲居与箕踞——殷代石刻研究之一》（《“国立中央研究院”历史语言研究所集刊》第24本）一文中有关的观点是错误的，中国早期的诸多“蹲踞式”图案或玉（铜）神、祖、巫“蹲踞式”造型实际源于“攀援建木”的姿态，这在红山文化、良渚文化、

龙山文化、二里头文化、商周等文化中均有不少这类材料；张明华在《凌家滩、牛河梁抚胸玉立人说明了什么》（《中国文物报》2005年3月18日第7版）的论文中认为这类“蹲踞式”是萨满作法的最高境界之姿态，实际上其仍未回答凌家滩、牛河梁抚胸玉立人姿态的真正含义，未回答为何此类姿态是“萨满行事时的最高境界”，实际上这类抚胸玉立人姿态仍然是源于“攀援建木”的姿态，只是由于“攀援建木”姿态的逐步仪式、形式化，所以他们双手有时才并未“弯握”，实际代表的是同样的功用；王作新之《汉字发生的社会学基础》（《历史文献学论集》，崇文书局，2003年）及潘守永等的《古代玉器上所见“⊕”字符号的含义——“九曲神人”与中国早期神像模式》（《民族艺术》2000年第4期）认为本文所述这类“蹲踞式”姿态与生殖崇拜有关的观点同样是错误的。

[60] 同注[57]之《二里头文化兽面纹牌饰在中原及周边地区文明化进程中的地位及作用》。神鸟站于神首的材料，除了本文所论到的首有神鸟的玉雕及一面有神鸟一面为神面的玉圭这类材料外，良渚文化饰有一只或两只神鸟及神人的“玉冠饰”、玉钺同样属于此范畴，龙山文化中有的首有神人的神面玉雕同样可以视为是省略首之神鸟的模式。

[61] 孙机先生在《龙山玉鸷》（《远望集》，陕西人民美术出版社，1998年）的论著中认为王亥之首神鸟为“藿”类，我们认为不确，准确地说应为“隹”（《佚》八八八）或“鸟”（《掇》一·四五五）。孙机先生并就此否认商人之“天命玄鸟”神话以及李学勤先生有关《玄鸟妇壶》（《西清古鉴》19.14）中“玄鸟”之词的讨论（《古文献论丛》，远东出版社，1996年，第220～221页）。实际上，“帝”字、“商”字、“高辛”、高祖王亥之首有神鸟之造型、高祖俊之蕴涵“攀援建木”之意的“蹲踞式”造型、“天命玄鸟，降而生商”的卵生神话等与弗利尔玉璧符号即“神鸟—天柱顶端（‘辛’字首）—北斗串圆（天柱）—昆仑台”（本文图一，16、图四，10）形义极其相符。我们认为卜辞中商人的高祖之一王亥之首有神鸟的现象是模仿北斗神造型的，其高祖俊的蕴涵“攀援建木”之意的“蹲踞式”姿态同样是模仿北斗神造型的。这类模仿现象出现很早，牛河梁第十六地点一号积石冢中死者头顶即有为天所遣命的并为溧阳圭回首神鸟造型之本的玉鸟，死者双腿似蹲。具体内容参见辽宁省文物考古研究所：《辽宁凌源牛河梁第十六地点》，《中国文物报》2004年4月16日第6版。另，《山海经·大荒东经》载“有人曰王亥，两手操鸟，方食其头”，历代注者不得其解，若暂不论及西周的一件铜饰，实际此为一模仿“蹲踞式”北斗神的造型：由于王亥首有神鸟，所以看起来好像是“方食其头”，因为王亥此“蹲踞式”造型的双手向上，离头顶的神鸟很近，类似赵陵山M70：71（本文图一，15），所以文献的初作者误以为是“两手操鸟”。全句实际应为“有人曰王亥，两手操鸟，（鸟）方食其头”，或者可能是将“鸟”字误为“方”字（“鸟”字的有些写法与“方”字有些近似），实际是“有人曰王亥，两手操鸟，鸟食其头”。

[62] “单旋符”最早是有关学者用以称呼有关彩绘符号的。

[63]～[67] 拙著：《二里头遗址所出玉器扉牙内涵研究——并新论“圭”“璋”之别问题》，《殷都学刊》2003年第3期。

[68] 详见拙著：《大汶口文化尉迟寺遗址新发现奇异器物研究——并新论“牙璋”“牌饰”的由

来、内涵等相关问题》；拙著：《二里头遗址所出玉器扉牙内涵研究——并新论“圭”“璋”之别问题》，《殷都学刊》2003年第3期。

[69] 笔者在拙著《二里头遗址所出玉器“扉牙”内涵研究——并新论圭、璋、之别问题》中认为“反入堇圭”的现象应与“具体场合”或“使用者的身份”有关，孙庆伟据《四十三年逨鼎》《颂鼎》等金文材料认为“反入堇圭”和“反入堇璋”的不同“很可能是因为他们的身份地位不同而造成的礼仪上的差别”。孙文见《说周代册命礼中的“反入堇章”和“反入堇圭”》，《古代文明研究通讯》总第23期，2004年。

[70] 戴家祥以《麦尊》“锡戠臣二百家”、《礼记·丧大记》“君即位于阼，小臣二人执戈立于前，二人立于后”等文献解释“矾字”的含义，甚为确当，其论述见戴家祥主编：《金文大字典》，学林出版社，1995年，第257页。

[71][79] 拙著：《二里头遗址所出玉器扉牙内涵研究——并新论“圭”“璋”之别问题》，《殷都学刊》2003年第3期。

[72] 四川省文物考古研究所：《三星堆祭祀坑》，文物出版社，1999年，第358页；又见陈德安：《浅释三星堆二号祭祀坑出土的“边璋”图案》，《南方民族考古》第三辑，四川科技出版社，1991年，第87、88页。

[73] 黄建华：《三星堆玉璋图案探讨》，《四川文物》2000年第5期。

[74] 庞永臣：《蜀王诸妃祈子图——三星堆遗址石边璋纹饰新解》，《文史杂志》2000年第2期。

[75] 饶宗颐：《古史重建与地域扩张问题》，《九洲》第二辑，商务印书馆，1999年。

[76] 《乙》四五八四及《前》八·六·三。

[77] 少数情况下用为动词。

[78] 冯时：《中国天文考古学》，社会科学文献出版社，2001年，第13～51页。

[80] 拙著：《巩义花地嘴遗址发现新砦期遗存》，《古代文明研究通讯》总第18期，2003年。

[81] 《后》一一二一一。

[82] 《金文编》168父乙尊、辛亚斝、父丁簋。

[83] 从金沙玉琮图案的冠之主体看，这类捕鸟工具铭或字与“单”级别有关。

[84] 四川省文物考古研究所《三星堆祭祀坑》报告称Ea型玉戈，K1：161上的镂空造型为“桃形”，但是从Ea型玉戈K1：161的线图看为“亚”形，笔者曾就此问题请教陈德安先生，经过其验证，确为梅花似的“亚”形。

[85] 《合集》28145。

[86] 《金文编》（附录上）415～416。

[87] 另，保罗·辛格所藏的一件二里头文化牌饰中神面之冠为“丫”形。

[88] 红山文化中的神鸟有的即蹲于“▽”形符上。金沙遗址亦曾出有这类肩胛骨似金器，见成都市文物考古研究所：《成都金沙遗址I区“梅苑”地点发掘一期简报》，《文物》2004年第4期。此遗址所发现的金器有的可以组合，如其中的人面具（2001CQJC：465）、几字形金冠（2001CQJC：222，为类铜牌饰的“天盖冠”）及金冠带（2001CQJC：688）等。

［89］［129］ 金沙铜人为巫史身份，其腰揩之物即为“史”，他能攀缘或“爰”建木。金沙遗址、强国墓地、三星堆遗址所出“弯握手”铜人实际与新石器时代至商周常见的“蹲踞式”神人的功能相似，这类神人基本均有“弯握手”，有的手中有圆柱物，本质是象征“建木”的，无物的“弯握手”圆柱形空隙本质上亦是象征“建木”的，此造型均为源于“攀援建木”的姿态，即这类“蹲踞式”神人实非“蹲踞”。另，早晚期的“蹲踞式”神人“弯握手”所执有的为象征建木的“杖”，如故宫博物院1956年所收藏的红山文化玉神，晚期出现过双首龙似物，如荆门车桥“兵避太岁”戈中的北斗神手执之物。

［90］ 张光直先生认为玉琮中孔所穿的棍子就是天地柱；林巳奈夫认为玉琮中孔是神明祖先凭依的小室；邓淑苹先生认为玉琮是在典礼中置于圆形木柱上端，作为神祖的象征。诸家对玉琮中孔的理解基本类似，不过均未明确指出其是“建木象征”的本质。另，沟通神灵时，玉琮的具体使用方法应以广汉三星堆、金沙铜人的造型为重要代表，确切证明玉琮中孔应象征沟通天地建木的考古学材料是好川墓地的一件亚腰形漆器。玉琮中孔的象征物，从我国古代典籍的记载看，准确地说应称为“建木”。相关具体文献请见张光直：《谈琮及其在中国古史上的意义》，《文物考古论集——文物出版社成立三十周年纪念》，文物出版社，1986年；邓淑苹：《由“绝地天通”到“沟通天地”》，《故宫文物月刊》1988年第10期；林巳奈夫观点转引自邓淑苹：《由“绝地天通”到“沟通天地”》；好川墓地的一件亚腰形漆器见浙江省文物考古研究所等：《好川墓地》，文物出版社，2001年。另明确支持林巳奈夫观点的文献材料见于注［34］、注［36］，以及有关祭礼、五利将军、五利后等记载或考古材料，不过林巳奈夫观点并未谈及具有中国传统的“建木”，因为天地柱在世界各地的巫教中多有此类教义。

［91］ 拙著：《二里头遗址所出玉器扉牙内涵研究——并新论“圭”“璋”之别问题》。另，曾提出璋的造型与耒耜有关这一代表性论点的林巳奈夫先生近来又修改了观点，认为璋的造型除与耒耜有关外，还应是“若木一日晕之花”的造型，并同时认为 这类造型是模仿了现实中的水仙等植物（林巳奈夫：《论三星堆一、二号坑出土的璋》，《扶桑与若木——日本学者对三星堆文明的新认识》，巴蜀书社，2002年，第90～108页）。林巳奈夫认为璋的造型与植物、神树造型有关的思路是正确的，但是其观点仍是错误的。本人曾在注［63］的论著中证明了璋的造型、内涵与建木、大禾或其枝叶有关，甚或与其地人们生活所依赖的、“中和”的、被神化的主作物（像稻）有关，看来林巳奈夫先生与笔者的思路是有些不谋而合的。

［92］ 红山文化中出现的诸多“马箍式”玉器实际是立体的玉璋，具体论述见注［63］。

［93］ 《史记·孝武帝本纪》及《史记·封禅书》中所论“太一锋”，学界提出的最早考古学材料是湖北荆门车桥“兵避太岁”戈（李零：《星官索隐》，《中国方术续考》，东方出版社，2000年，第307～329页）。从《史记·封禅书》中太史所持伐南越的灵旗——“太一锋”上所绘图案内容知，其中的神人即是所论的“北斗神”，并且车桥铜戈中神人的造型亦有助于说明这个问题：其中的神人为“蹲踞”式，头戴“建木符”，建木上为神鸟，整体构图与新石器时代至商周时期均多见的头有神鸟的北斗、神祖（有的巫采用同样的造型）造型相同（本文图一，18）。

［94］ 玉琮的中空柱的平面化即为玉圭，即玉圭可以视为是“通天柱”，这应是在其上刻划神人（多仅为神面，从反山M12：98上的完整神人“蹲踞式”造型看，神面实际为“蹲踞式”神人的省略形式）的最为重要的依据之一。

［95］ 早期去掉中心的相当于圭的层次的“建木”之冠在连云港将军岩岩画等材料中有发现。

［96］ 杜金鹏：《三星堆文化与二里头文化的关系及相关问题》，《四川文物》1995年第1期。

［97］ 李伯谦：《城固铜器群与早期蜀文化》，《考古与文物》1983年第2期；孙华：《四川盆地的青铜时代》，科学出版社，2000年；张天恩：《天水出土的兽面纹铜牌饰及有关问题》，《中原文物》2002年第1期。

［98］ 夏家店下层文化元素应先到二里头文化区，或经过文化融合并与二里头文化一起西走南传。

［99］ 特别是铜牌饰，由于缺乏地层关系，很难单依牌饰本身判断时代的早晚。

［100］ 承蒙邹衡先生惠告知。

［101］ 杨美莉女士在1999年安阳“纪念甲骨文发现100周年暨殷商文明国际学术研讨会”上所提交的《试论二里头文化的嵌绿松石铜牌》的论文及讲演中公布了这一信息。

［102］ 张天恩：《天水出土的兽面纹铜牌饰及有关问题》，《中原文物》2002年第1期，图一，2。

［103］ 戴应新在《神木石峁龙山文化玉器》论著（《考古与文物》1988年5、6期）中介绍过一件具有石家河文化风格的玉虎，甘肃天水齐家文化铜牌饰图案中的虎面似乎与之有所联系，不过，夏家店下层文化之大甸子墓地所出的彩绘牌饰中的神兽面亦具有石家河文化风格，三星堆文化中的有关牌饰与大甸子墓地所出的彩绘牌饰有关，所以，甘肃天水齐家文化铜牌饰图案这种“后石家河文化风格”有可能来自夏家店下层文化。

［104］ 张天恩：《天水出土的兽面纹铜牌饰及有关问题》，《中原文物》2002年第1期，图三，2。

［105］ Andersson J G. Reasearch into the prehistory of the Chinese.BMFEA.No. 15,Stockholm,1943；水涛：《中国西北地区青铜时代考古论集》，科学出版社，2001年，第202页；张天恩：《天水出土的兽面纹铜牌饰及有关问题》，《中原文物》2002年第1期，图三，3。

［106］ 洛阳博物馆：《孟津小潘沟遗址试掘简报》，《考古》1978年第1期。

［107］ 牟永抗：《浙江新石器时代文化的初步认识》，《中国考古学会第三次年会论文集》，文物出版社，1984年。

［108］ 新砦二期晚段发现过残片。

［109］ 洛阳博物馆：《洛阳东马沟二里头类型墓葬》，《考古》1978年第1期。

［110］ 据郑光先生言，二里头文化二里头遗址二期开始出现，三期增多。

［111］ 二里头文化中的这类陶器，学界多称其为“象鼻盉”。

［112］ 石家河考古队等：《肖家屋脊》，文物出版社，1999年。

［113］ 湖北省文物考古研究所：《湖北天门市石家河三处新石器时代遗址发掘》，《考古学集刊》第10集，文物出版社，1996年。

［114］ 西安半坡博物馆等：《姜寨——新石器时代遗址发掘报告》，文物出版社，1988年。

［115］ 河南省文物考古研究所等：《河南伊川县南寨二里头文化墓葬发掘简报》，《考古》1996年

第12期。

[116] 中国社会科学院考古研究所：《二里头文化陶器集粹》，中国社会科学出版社，1995年。

[117] 河南省文物考古研究所等：《河南伊川县南寨二里头文化墓葬发掘简报》，《考古》1996年第12期。

[118] 杨建芳先生早年曾注意到石家河文化陶盉与二里头、齐家文化陶盉有关。详见杨建芳：《“窜三苗于三危”的考古学研究》，《东南文化》1998年第2期，又收入《中国古玉研究论文集——杨建芳师生古玉研究会古玉研究系列之一》，台湾众志美术出版社，2001年。

[119] 这类盉口在二里头文化二期晚段出现定型者，主要流行于二里头文化三期。此观点笔者在拙著《“新砦期”研究》（《殷都学刊》2002年第4期）中有说明。

[120] 甘肃省考古工作队：《白龙江流域考古调查简报》，《文物资料丛刊》1978年第2期。

[121] 杜金鹏：《三星堆文化与二里头文化的关系及相关问题》，《四川文物》1995年第1期。

[122] 孙华先生认为有可能从二里头文化二期开始，二里头文化有关元素就已传到蜀地。详见孙华：《试论三星堆文化》，《四川盆地的青铜时代》，科学出版社，2000年。

[123] 三星堆遗址1980三区第3层。材料见四川省文杨管理委员会等：《广汉三星堆遗址》，《考古学报》1987年第2期。

[124] 拙著：《花地嘴遗址所出特殊陶豆初步研究》，《古代文明研究通讯》（待刊）。

[125] 《山海经·大荒东经》：“有易杀王亥……有易潜出……名曰摇民。帝舜生戏，戏生摇民。”珂案：“此言摇民除有易所化之一系而外，复有一系是由帝舜之裔戏所生。此乃摇民传说之异闻，故附记于此。其实有易即戏也，易、戏声近，易化摇民即戏生摇民也。”其中“摇民”应即“瑶民”。

[126] 多为省略式的“蹲踞式”姿态。

[127] 有的玉圭采用了钺、锛的特征，当与它们的北斗、王权等象征意义有关。

[128] “马箍式”玉器、玉琮、玑衡（有领璧）的中心可以象征“天柱”，玉璧的中心可以象征“天中”，所以，其位于死者之腕或手可以示意死者可以攀之升天。

[130] 我们发现周原西周时有的死者手握玉圭（显然不是文献中所谓的“玉握”），这一方面可能用以表明死者身份，另一方面有可能作为死者升天的工具，因为玉圭可以视为“通天柱”，龙山时代诸多玉圭上刻有神人像的现象表明，这些神人可以缘玉圭升降天地，此时的玉圭与玉琮中空柱作用是相似的。西周时有的死者手握玉圭的材料请见刘云辉：《西周玉圭研究》，《周原玉器》，中华文物学会，1996年，第265～274页。

（原载北京大学中国考古学研究中心、北京大学震旦古代文明研究中心：《古代文明》第4卷，文物出版社，2005年）

二里头文化兽面纹牌饰的内涵、来源及其在中原及周边地区文明化进程中的地位与作用

一、二里头文化兽面纹牌饰的内涵及文化来源

二里头文化兽面纹牌饰数量众多，尤其是笔者基本复原的一件刻划牌饰及刻划牌饰类图案价值非常重要[1]。我们认为二里头文化兽面纹牌饰造型、内涵的较直接来源主要为两个方面，即山东龙山文化[2]和夏家店下层文化。就山东龙山文化而论，主要是单向传播，就夏家店下层和齐家文化论之，是以二里头文化为主导的文化关联。当然更早的材料亦很多。二里头文化兽面纹牌饰内涵属于北斗神。论据主要为：

其造型多为斗魁形或斗魁加天盖形；三星堆文化中仓包包遗址中的同类牌饰，有的明显为一个由双圆（天璇与天玑）连成的代表北斗的星象图案；为二里头文化兽面纹牌饰渊源的有的北斗神面显然为七星规画（邳县刘林遗址有关彩绘）；首有“心形符”或“天盖”造型冠的二里头文化兽面纹牌饰的构图与或早或晚的[3]省略“蹲踞式”造型部分的[4]北斗神（或巫）构图类似；二里头文化牌饰上代表北斗的神兽面[5]头顶的羽冠显然应源自龙山文化北斗神头顶的神鸟或羽冠。北斗神头顶置神鸟或羽冠的现象早已存在，之所以用这类装饰，是有其特别用意的。尽管有羽冠的兽头顶仍可有神鸟，但是我们可以按逻辑判断，北斗神头顶置羽冠的现象最初除与“建木”[6]之类的“大禾”有关外，还同时与头顶置神鸟的现象密切相关；大甸子墓地及三星堆文化中的四目牌饰均源于斗魁四星的思想，这显然亦使我们对《史记·五帝本纪》等文献中所论的“‘黄帝四面’或‘四目’、‘帝舜名重华’”、《史记正义》中所载的帝舜“目重瞳子”、《周礼·夏官·方相氏》中所论的学界聚讼已久的方相氏之“黄金四目”、《荀子·非相》中所论的尧、舜“参眸”、《声律启蒙·姓氏谱》中所论的仓颉“四目”、《述异记》中所论的蚩尤“四目”、《论衡·骨相》中所论的“舜目重瞳”及“文王四乳”有了正确的理解；在好川墓地，曾出土了一件非常重要的漆器，此漆器主体为类牌饰的“亚腰”斗魁型，漆器表面是形状不一的玉片饰[7]，中贯一树木为“建木”无疑，这显然反映了北斗神—建木—牌饰之间的关联模式。

二、夏家店下层文化中的“彩绘牌饰”

笔者曾在夏家店下层文化中发现了与二里头文化兽面纹牌饰属于一类的“彩绘牌饰”[8]，其数量多、类型全，具有一定的地方特征。由这些牌饰基本可以解决几乎所有有关牌饰的非科技考古方面的问题。夏家店下层文化中的牌饰以大甸子墓地及相关遗址中陶器上的“彩绘牌饰”为代表，其中有相当数量“彩绘牌饰”的主体是由几个相同的微型“彩绘牌饰”所组成。不同器物上的这些“彩绘牌饰”虽然本质意义上没有什么区别，但是具体的造型并不完全相同。这些“彩绘牌饰”有的图案造型及牌饰外形不仅与二里头、齐家、三星堆等文化中的青铜[9]牌饰基本一致，同时内涵与这些文化亦有关联。

三、齐家文化中的兽面纹铜牌饰

齐家文化的牌饰，目前共发现两件[10]，其中一件的主要造型和图案与二里头文化有关牌饰非常相似，另一件的神兽面颇似大甸子墓地有关“彩绘牌饰”中的神兽，其他图案、外形在二里头铜牌饰和大甸子墓地有关“彩绘牌饰”中均有相似者。即使其中含有夏家店下层文化元素，其以铜为质的特征也应来自二里头文化，并且其中的夏家店下层文化元素亦是经过二里头文化区或经过二里头文化的锤炼后传到齐家文化区的。我们这样判断还基于这样的理由：在齐家文化区出有典型的具有二里头文化风格的陶器，如陶盉等；在关中有关遗址中也发现有典型的具有二里头文化风格的陶器等；另外，在二里头文化区亦发现一些具有齐家文化风格的花边罐等。

四、三星堆文化中铜牌饰的文化因素及其反映的族群迁徙和古史问题

三星堆文化中目前共发现4件铜质的牌饰，其图案中的不少元素与夏家店下层文化有关，但是亦有元素像质地等与二里头文化有关。同齐家文化铜牌饰中的可能属于夏家店下层文化的元素一样，其中的夏家店下层文化元素亦是经过二里头文化区或经过二里头文化的锤炼后传到蜀地的，当然由于夏家店下层文化中与瑶族有关的有易氏部分人群迁徙至此的原因，所以其中的夏家店下层文化风格较浓。主要论据如下：

（1）三星堆文化有些元素在夏家店下层文化中均可找到来源。除本文已论者之外，像三星堆文化中用杖之特点，在红山文化[11]及夏家店下层文化大甸子墓地中就有。

（2）夏家店下层文化特别是大甸子墓地的彩绘与三星堆文化关系密切，而这一区域在其时族属问题相当复杂，笔者以为至少应包括由红山—小河沿文化延续下来的人群、

与山东龙山文化有关的夷人族群及著名的有易氏。而据文献载，有易氏曾受到先商上甲微的攻击，一部分人是在河伯的帮助下逃往南方的，这一人群即是后来畲、瑶族的先人，这是比较可信的。

1）三星堆文化中明显有夏家店下层文化因素，而有易氏为夏家店下层文化的重要代表人群之一。虽然学界认为有易氏主要存在于易水流域，但是我们认为夏家店下层文化中期时，西辽河流域应为其主要聚居地之一。另外，即使有易氏其时主要存在于易水流域，从考古学文化面貌判断，西辽河流域所具有的宗教类思想（突出表现为彩绘等方面），易水流域的有易氏也应持有，从易水流域附近的夏家店下层文化墓葬中也出有彩绘器方面看，这是完全有可能的。目前，彩绘器在这一区域之所以比较少见，墓葬等重要遗迹现象发现较少可能是主要原因。

2）据《山海经·大荒东经》等载，畲、瑶族的先人与有易氏有关，瑶、畲族妇女的狗头冠与三星堆文化埋藏坑中持象征通天法器[12]的铜人之冠和三星堆文化中诸多神狗之首极其相似，三星堆玉璋上祭祀者的姿态与瑶、畲族有关祭祀者的姿态也极其相似，由此可见，有易氏确有可能先到过三星堆文化区。另，饶宗颐先生认为舜所迁三苗所至之“三危”包括岷山区域[13]，俞伟超先生由此认为三星堆文化人群中包括三苗人[14]。我们认为，三星堆文化存在与后石家河文化类似的头戴索冠带造像等文化关联现象于此论有助。又三苗与犬有些关联，三星堆文化中确实又发现不少犬的材料。但是我们知道，主要是依据《后汉书》等少量资料得出的三苗的犬图腾理论在民族学界存有很多有道理的异议。同时，畲、瑶族的犬图腾材料很多，学界于此的意见亦较为一致。再者，夏家店下层文化的墓中随葬犬的现象也相当普遍。所以，三星堆文化人群中包括三苗人当无疑，但是与犬有关的应是夏家店下层文化中的有易氏。

五、兽面纹牌饰与文化交流及文明互动

我们以考古学材料为基础，论述了二里头文化兽面纹牌饰的来龙去脉，由此可见，早期渊源在东方及具有东方文化风格的这种奇特的器物，在东方龙山文化、二里头文化、夏家店下层文化、齐家文化、三星堆文化的相互交往及各自自身的发生或发展中扮演了一个极为重要的角色。二里头等文化中的“兽面纹”牌饰属于精神文化产品，其将当时最重要的几个文化区互相关联，显然，其在研究现代考古学特别强调的活文化载体的思想本质方面，具有天然的特殊优越性，尤其是这种级别高、形成演化史清晰的器物，出现在中国古文明发生显著地域变革和重新整合之重要时刻的最具代表性的数个文化中，其在这一规模化文明进程中的重要作用可想而知。

（1）二里头文化兽面纹牌饰的诸多重要元素是经过各种方式从东方传来的，这些元素可以说是当时东方地域文明的精华，其蕴涵的文化内容是其文化活的载体——人的思想内容的主题，有材料表明这些东方文化元素在当地的衰落应在当地龙山文化的晚、末

期，其在中原地域的规模化出现应始于“新砦二期早段”或“花地嘴三期”[15]，即真正的“新砦期”。这至少在表面上给我们一个明显的印象是，东方文明的衰落是随着这些东方高级别文化元素的规模化西传开始的，从此以后，东方地域的古文明程度再也没有超过中原，而中原地域的古文明却从此开始了更加迅速地发展，始终在各文化中占据着显著的政治优势和物质优势。笔者曾在《“新砦期”研究》[16]、《论新砦龙山城为“启居黄台之丘”》[17]及《论新砦遗址新砦二期晚段城为太康所归“夏邑”》[18]等文中提出，在中原地域，兽面纹牌饰文化及具体表现模式的存废应是区分夏、商文化的关键。另，中原商文化中虽然未见兽面纹牌饰，但是没人怀疑，兽面纹牌饰的诸多因素已被商文化高层主体广泛采用并在后续文化中以主体文化的代表得以传承，不过是略微变革了表现形式而已。另外，从有的饕餮明显有“蹲踞式”造型看，亦可判断三代饕餮的本质内涵与早期“蹲踞式”北斗神或巫有所关联。

东方文明的衰落，中原地域文明的新生，其实有诸多的因素，像环境变迁、社会统治模式和技术的优劣、人口问题、资源问题等等，不过，我们认为礼仪、制度的变迁和改革应在其中起着重要的作用，其对物质存在的反作用不可低估。可以相信，中原地域正是借着含有诸多东方文明内容特别是其表现形式的古礼仪的约束力和凝聚力，从而在政治及物质方面焕发出新的生机和活力。

（2）辽河流域在红山文化时获得了重要发展，各种重要的礼仪建筑、玉器等文化遗物耀眼灿烂，但是从小河沿文化开始，其渐渐失去了昔日辉煌，甚而在夏家店下层文化早期，其地域文化仍然没有什么是值得时人骄傲的。但是到了夏家店下层文化中期，这一状况得到显著改观，出现了城墙、规模“经营”的礼仪石质建筑和设施等，文化地域亦广为扩展。

我们注意到，此时的夏家店下层文化有两个突出特征：第一，在夏家店下层文化出现相当数量的二里头文化元素，像学界常论的有关陶质礼器——陶爵、陶盉等，实际上还有部分随葬的玉、石圭及斧钺等，尤其重要的是其中还有“彩绘牌饰”[19]。这些数量众多的彩绘牌饰来源复杂，但是显然像我们已论证的那样有相当元素与二里头文化兽面纹牌饰有关。第二，夏家店下层文化的这些文化元素中，保留有相当数量的早期地方文化因素，包括这些因素的具体表现形式，其中突出表现的就是北斗神崇拜，像其中发现的巨型石猪、各式牌饰、诸多的“单旋符”形目、菱形目、三环石坛、石堆等。这些北斗崇拜的思想在红山文化中广为存在，其经过一段的沉默后在夏家店下层文化中期焕然出现，当有一定的原因。我们知道，二里头文化兽面纹牌饰是代表北斗神的，其渊源在东方，东北地区的古文化族群很多与东夷又有相当的关联，在红山文化时期，其地与东方在玉器、北斗崇拜及其具体表现形式等方面有密切的联系，像牛河梁三环石坛与凌家滩三环形玉璧、三方形石坛与凌家滩三层坛及良渚文化中诸多三层或三围“昆仑台”在造型内涵方面相当一致。所以，当二里头文化渊源在东方的代表北斗神的兽面纹牌饰传到辽河流域时，很容易获得当地族群的文化认同，并很容易焕发当地族群对自已原生文化的自豪感和“文艺复兴”思想。以此为背景，东北地区与中原夏文化在“意识形态”方面达成了相当的共识，从而更有利于加强两文化之间的联系和高层之间的信任，在当时存在“契约”同盟或臣服之盟的状况下，能以这种文明礼仪模式为基础获得一个友好方国或盟友，当显示出以二里头文化兽面纹牌饰为代表的这种神奇之物的神奇来！

（3）齐家文化区发现的牌饰虽然较少，但是因为其地处二里头文化、夏家店下层文化与三星堆文化早期交通线的中间地段，所以特别重要。中原地区具有先进的文化，齐家文化所在地域又有其特色，显然二里头文化、夏家店下层文化载体经过其所在地域，双方从中均可以获益。从齐家文化区发现的具有二里头文化风格的陶盉的时代看，其中的铜牌饰时代应属于二里头文化二至三期，这亦正是该文化在关中西部和秦城之间地区发展的重要时期，二里头文化铜牌饰在其文化发展中的作用显然不像二里头文化铜牌饰在夏家店下层文化发展中的作用那么明显，这可能与齐家文化仅位于“交通站”的地位有关，不过，从二里头文化中花边罐渐增的考古学现象看，二里头文化铜牌饰及其所蕴涵的思想在其中也发挥着相当重要的作用。此文化因素的载体在经过齐家文化区时，相关的新理念、信仰及具体模式，尤其是内地具有一定政治意义的先进的生产青铜器的技艺当为齐家文化的发展做出过有价值的贡献。

（4）三星堆文化中的牌饰，显然具有二里头文化、夏家店下层文化双重因素。学界早已指出随着这些牌饰的传来，当有一定的二里头文化人群随之而来。笔者又认为有易氏的一支曾经经过二里头文化区与二里头文化有关族群像原为东夷的牟族等在二里头文化二至三期时曾经到达过蜀地。蜀地在三星堆文化前为具有强烈地方特征的宝墩文化，学界虽然有人认为找到了某些从宝墩文化向三星堆文化过渡的遗存，但是这无法从总体上改变三星堆文化相对于宝墩文化而言具有相当强的突变性这一考古现象，而在促成这一“突变”的原因中，二里头文化相关元素的前来似乎不可或缺。除了本文所讨论的铜牌饰之外，尚有其他二里头文化元素在三星堆文化早期出现，其中、晚期中的具有二里头文化风格的玉器至少有部分是传自于早期的，很多元素还具有相当的级别，像其早期的陶盉、陶鼎足、陶豆[20]等显然是受到二里头文化的强烈影响而形成的。三星堆文化晚期在一器上刻划同一类器轮廓图案的风格也很类似二里头文化及石峁文化。三星堆文化中晚期的有些因素有部分是三星堆文化早期的二里头文化因素在当地的流传或发展，尤其是其中的北斗崇拜思想，在三星堆及金沙文化中，传承得非常明显，像晚期的奇特玉璋、各式的玉琮、玉圭璋、建木铜树、三星堆的纵目观星尤其是北斗星的巫、握手以示攀缘建木北斗天柱的三星堆铜巫及金沙铜“巫史”等等。

由此可以看出，三星堆文化的出现与二里头文化、夏家店下层文化的南传非常相关，其具体的重要表现之一是铜牌饰在此文化的早期出现。又，铜牌饰的文化元素像菱形目等在晚期数量众多，甚至其构图结构亦被较为完整地在三星堆文化晚期和金沙遗址的高层礼仪器物中传承下去。尤其重要的是，三星堆文化及金沙遗址类文化中的北斗崇拜思想及其具体表现模式都与中原实际上没有本质的区别，虽然三星堆及金沙铜人、陶猪首等的地方色彩似乎较浓，但是其实质多与中原有关，像握手铜人实际与其周围或早或晚文化中的“蹲踞式”玉人、铜器上“虎食人”图案中的“蹲踞式”神人为一类，即均与攀缘“建木—天柱—北斗”有关，并且这类握手铜人中戴“狗头冠”者与有易氏和畲、瑶族有关，其在三星堆文化中地位显赫，属于巫政类神职人员；另，反映当时存在巫史不分现象的金沙铜巫腰搢之物为“史”字主体状的工具，显然造型源于中原；陶猪首象征北斗，这在中原及东方出现的时代很早，像淅川下王岗、新砦等猪头形器盖等。总之，三星堆文明的出现和发展，其有些内容和形式都与二里头文化、夏家店下层文化有相当的关系，尤其是与二里头文化、夏家店下层文化中的蕴涵北斗崇拜和三代美术诸多构图元素的牌饰及其传播载体是密切相关的。

六、结　语

二里头文化的兽面纹牌饰，级别高，数量多，内涵、功能清楚，来源明确，传播广泛。其图案元素、文化内涵，甚至是具体表现形式，在当时的中原及周边地区的宗教、艺术、礼仪、政治等领域中始终占据着非常重要的地位，并在增强这些地域之间的政治、文化联系，促进各地域文明化进程、加强礼仪的制度化变革、提高各地域之间有关事物的公共化程度和“中国”威信等方面起到了非常积极的作用。

注　释

［1］顾万发：《大汶口文化尉迟寺遗址新发现奇异器物研究——并新论“牙璋”“牌饰”的由来、内涵等相关问题》，《郑州文物考古与研究》（一），科学出版社，2003年，图二：10、13。

［2］包括后石家河文化之中与山东龙山文化有关的玉器文化部分。

［3］有的首有神鸟，晚期在战国的材料中仍有发现，像著名的荆门车桥“兵避太岁”戈等。

［4］“蹲踞式”实际为“攀缘建木”姿态，李济先生有关商周“蹲踞式”玉人姿态内涵的判断是错误的。李济先生的观点见《跪坐、蹲居与箕踞——殷代石刻研究之一》一文（《“国立中央研究院”历史语言研究所集刊》第24本）。

［5］为龙、虎等形，早于其者有的有猪的特征。

［6］与“帝”字造型可以联系。

［7］这类漆器的玉片饰有的为类似良渚文化或弗利尔玉器刻符中三层台似的“昆仑台”、“北斗串圆天柱”及为弧面二里头文化铜牌饰渊源的“弧面戴‘介’字形天盖冠的玉北斗神”之造型。

［8］顾万发：《大甸子墓地陶器上的“特殊彩绘”》待刊。

［9］二里头文化神异牌饰中少数为有机质或陶质刻划。仓包包遗址中有多重双“S”形兽面构图的牌饰，严格地讲现在仅在夏家店下层文化中发现有彩绘版的。

［10］ 杨美莉：《试论二里头文化的嵌绿松石铜牌》，1999年“安阳纪念甲骨文发现100周年暨殷商文明国际学术研讨会”论文。

［11］ 故宫博物院所藏红山文化站于牛神（其足似为狗熊之掌形）之上的为“蹲踞式”造型的神人玉佩。

［12］ 一般认为是象征升降天地之神木。

［13］ 饶宗颐：《西南文化创世纪——殷代垅蜀部族地理与三星堆、金沙文化》，上海古籍出版社，2010年。“华西系统玉器”中的神人面、蕴含神人的扉牙、后石家河文化的虎元素等体现出西北地域与舜迁三苗历史事件的关联。

［14］ 俞伟超：《三星堆蜀文化与三苗文化的关系及其崇拜内容》，《文物》1997年第5期。

［15］ 一期为仰韶文化，二期为龙山文化。

［16］ 顾万发：《“新砦期”研究》，《殷都学刊》2002年第4期。

［17］［18］ 待刊。相关观点我曾在《“启居黄台之丘”及相关问题考证》（《东南文化》2004年第6期）、《〈“新砦期”研究〉增补》（《中国上古史研究专刊》第三辑，台湾兰台出版社，2003年）等论文中简述过。

［19］ 这类“彩绘牌饰”学界以前虽然有人注意到其图案与二里头文化兽面纹牌饰图案有关，但是均未将其作为“牌饰”来处理。

［20］ 有一件陶豆座上带有“单目符”，与花地嘴“新砦期”遗址所出者非常相似。

（原载韩国河、张松林主编：《中原地区文明化进程学术研讨会文集》，科学出版社，2006年）

花地嘴遗址所出"新砦期"朱砂绘陶瓮研究

花地嘴遗址位于巩义市站街镇，属于广义的天下之中——洛汭地区。经过近年来的考古工作，我们在这一遗址有相当重要的发现[1]，尤其是近来发现的一对朱砂绘陶瓮，造型完整，图案奇特，价值颇高。

一、出土情况简介

朱砂绘陶瓮出土时已是碎片，分别散落在相距颇近的东、西两个灰坑中，其中西面的一个为长方形，东面的一个为近正方形，并有火烧的迹象。经过复原，我们发现这两个陶瓮都有器盖，器盖上也有朱砂绘图案。与朱砂绘陶瓮残片共存的还有数量众多的其他陶器碎片，那些陶器制作得非常精致，主要有延续本地龙山文化风格的鼎、罐、瓮、钵、甑，具有东方龙山文化风格的瓮、鬶、三足盘、豆、甗、单耳杯、平底盆，具有西方关中、晋南有关文化风格的斝、簋、蛋形瓮，豫西南、鄂西北龙山文化风格的盉等。另外，属于同一个体的陶片及朱砂绘陶瓮残片分别发现于两个灰坑中，显然表明两个朱砂绘陶瓮的使用时间和两个灰坑的埋藏时间是基本相同的。

二、材料介绍

朱砂绘陶瓮1（图一）：完整，编号03HZT57H144：1。陶瓮本身及器盖均为泥质，褐红陶胎，器表褐灰；器盖纽顶略尖，盖顶较平，盖壁较直，近盖顶处有两条明显的凸棱，盖顶上均匀地用朱砂绘有4个圆，盖壁中间位置的外缘绘有一条宽带，盖壁下端外缘加厚；陶瓮本身为子母口，双横宽带耳，瓮腹外鼓略垂，向下渐收为假高圈足；陶瓮上端用朱砂绘一神兽面，神兽面下端与两耳上端连线平行，在两耳下端，还有一朱砂绘宽带；两耳所在宽度的器表有一周二方连续三角形纹，每个三角形内以右倾平行线填充；陶瓮口径23厘米，高41.5厘米，底径13.8厘米，厚0.6～0.9厘米。

朱砂绘陶瓮2（图二）：完整，编号03HZT57H145：1。陶瓮本身及器盖均为泥质，褐红陶胎，器表褐灰；器盖纽顶略突出，盖顶较平，盖壁较直，近盖顶处有一条明显的凸棱，盖顶上均匀地用朱砂绘有6个圆，盖壁中间位置的外缘绘有一条宽带，盖壁下端外缘加厚；陶瓮本身为子母口，双横宽带耳，瓮腹外鼓略垂，向下渐收为假高圈足；陶瓮上端用朱砂绘一神兽面，神兽面下端与两耳上端连线平行，在两耳下端，还有一朱砂

图一　朱砂绘陶瓮03HZT57H144：1及纹饰展开图

图二　朱砂绘陶瓮03HZT57H145：1及纹饰展开图

绘宽带；两耳所在宽度的器表有一周二方连续三角形纹，每个三角形内以右倾平行线填充；陶瓮口径24.5厘米，高40厘米，底径12.8厘米，厚0.6～0.9厘米。

三、朱砂绘神像图案结构说明

朱砂绘神像图案1：双目近方形；双目上端线向两端延出，并与附近朱砂线带构成展开的内弯两腭，鼻端及上腭呈倒“介”字形；器盖实为其冠，即相当于神像中常见的“介”字形[2]天盖冠。神物与陶瓮的整个造型与二里头文化、夏家店下层文化“介”字首兽面纹绿松石镶嵌牌饰或彩绘牌饰一致。

朱砂绘神像图案2：双“单旋符”形目；倒“T”字形鼻；鼻子上端有一倒近似三角形；眼睛符号的外边为树叶状的造型，可以视为两颊或鬓；同朱砂绘神像图案1一样，器盖实为其冠，即相当于神像中常见的“介”字形天盖冠。神物与陶瓮的整个造型与二里头文化、夏家店下层文化“介”字首兽面纹绿松石镶嵌牌饰或彩绘牌饰同样、一致。

四、文化因素分析

（一）神像

1. 来源

就现在的考古材料而言，目或瞳以方为主形的现象最早出现于湖南高庙文化的高庙遗址的有关图案中[3]，时代次之的应为山西黎城戚（图三，2）[4]。类似的材料还有沙可乐刀（图四，5）[5]、圣路易戚（图四，4）[6]、芝加哥美术馆藏玉神（图四，6）[7]、首都博物馆藏玉神（图四，7）[8]等。黎城戚、沙可乐刀、圣路易戚，学界一般认为属于“华西系统玉器”[9]，其上的图案则被认为是属于略微变异的东方式的。这似乎表明朱砂绘神像1的双方目特征与华西系统文化有关，不过具有典型东方风格的何东圭（图五，2）[10]、关氏镂孔圭（图五，1）[11]所饰神面中有的神目或瞳及具有石家河文化风格的芝加哥博物馆藏玉北斗神之瞳（图四，6）也为方形。

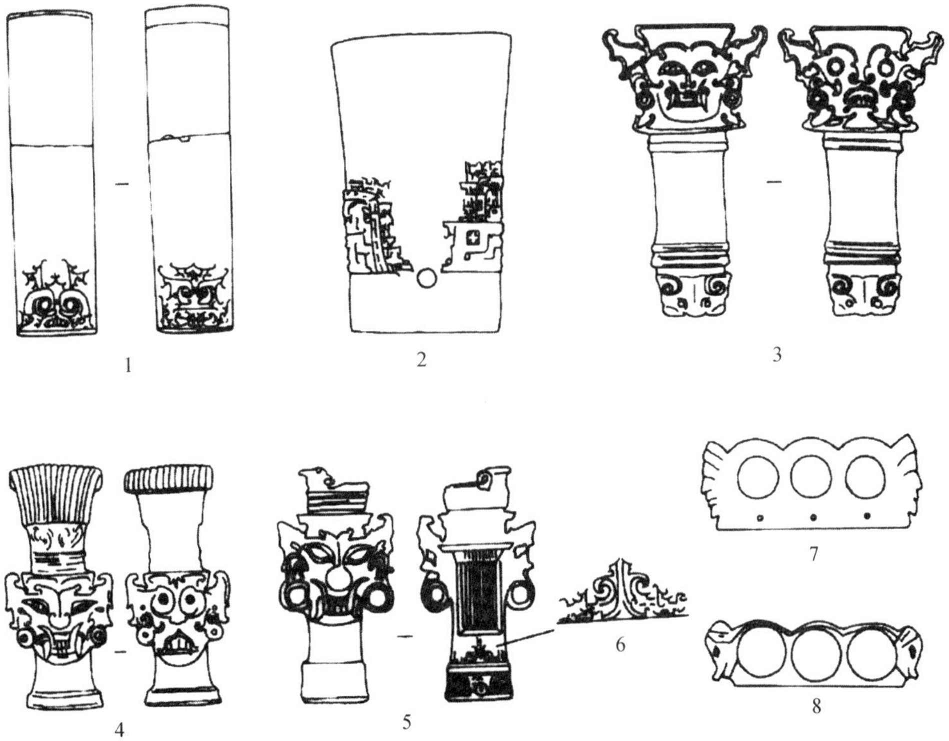

图三　雌雄北斗神（祖、巫）图示

1. 两城镇圭　2. 黎城戚　3. 沙可乐博物馆藏　4. 沙可乐博物馆藏　5. 上海博物馆藏　6. 何东圭
7. 建平牛河梁第二地点一号冢17号墓　8. 凌源三官店子城子山2号墓

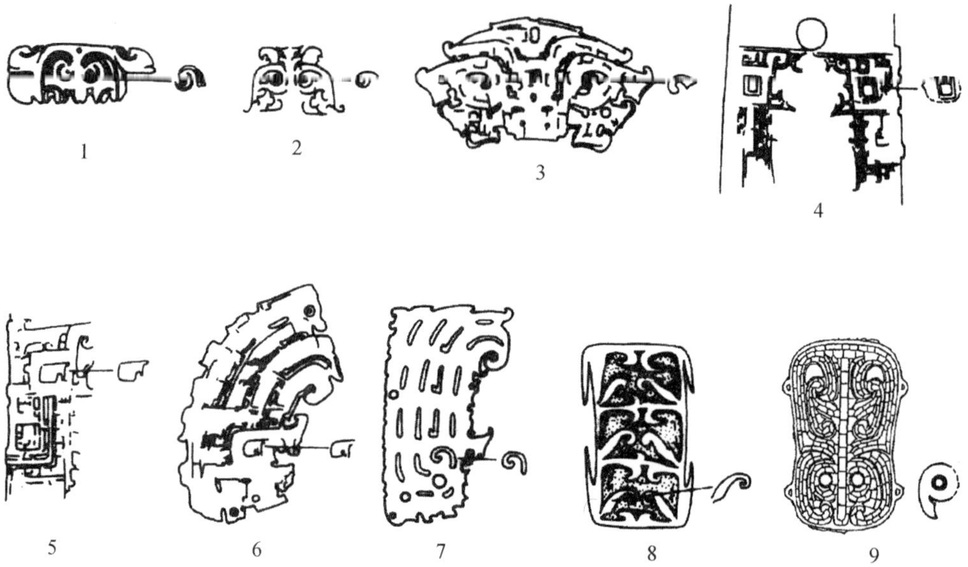

图四　不同时期北斗神目造型

1. 哲里木盟（今通辽市）玉器　2. 天津市艺术博物馆藏　3. 临朐朱封玉雕（M202）　4. 圣路易戚　5. 沙可乐刀　6. 芝加哥博物馆藏　7. 首都博物馆藏　8. 大甸子陶器彩绘牌饰（M452：1）　9. 二里头牌饰（M4：5）

图五　方瞳北斗神

1. 关氏镂孔圭　2. 何东圭

目为“单旋符”[12]形的材料在中原的仰韶文化[13]、东方的大汶口文化[14]、红山文化[15]（图四，1）、山东龙山文化[16]（图四，2、3）、华西系统的具有石家河文化风格的龙山文化[17]（图四，4、5）、西北方的陶寺文化[18]、山西其他地方的龙山文化（图三，2）[19]、四川西北的早期文化[20]及其他晚期文化[21]中均有发现，多为彩绘或刻划的形式，但是就时代及造型的相似度等方面而论，朱砂绘神像图案2的“单旋符”形目应与山东龙山文化同类型目关系较为密切。

早于或同时于新砦期的鼻端及上腭呈倒“介”字形或近似倒“介”字形，同时两腭具有内卷风格的神像，就考古材料而论，我们只在山东地区发现过，这就是著名的山东日照两城镇圭（图三，1）[22]，同属典型山东龙山文化风格的还有藏于台北故宫博物院的神面玉圭（图六，1、2）[23]。由此我们可以肯定地认为朱砂绘神像图案1的鼻端及上腭呈倒“介”字形，同时两腭具有内卷风格的特征来自于山东龙山文化。

1 2 3

图六 倒“介”字形图示

1、2. 台北故宫博物院藏 3. 新砦陶片（1999HZT1H29：1）

早于新砦期的典型的倒“T”字形鼻[24]，就现有考古材料而论，我们在湖北天门石家河遗址发现过[25]，传世、征集或流散品中也有不少相关材料。像中国傅忠膜《古玉精英》所集[26]、美国旧金山亚洲美术馆所藏[27]、原藏史密森宁研究院现藏沙可乐博物馆的具有石家河龙山文化风格的玉神首（图三，3）[28]，以及台北故宫博物院所藏具有山东龙山文化风格的玉圭所饰神首[29]的鼻子造型等。这类神面的鼻子造型显然应视为朱砂绘神像2之倒“T”字形鼻子的渊源。另朱砂绘神像2之倒“T”字形鼻子上端的分歧现象在所述后石家河文化的有些玉神首上也有体现。

朱砂绘神像2眼睛符号外边的树叶状造型，实际可以视为是“单旋符”的变体。我们曾经在陶寺遗址龙山文化早期遗迹所出的彩绘图案中发现过这一元素（图七）[30]，不过两者之间尚有时间缺环，并且朱砂绘神像2眼睛符号外边的树叶状造型应为鬓或颊，而陶寺遗址所出的这一彩绘图案元素是作为“单旋符”形目的组成部分的。

这对神像的冠均为天盖状。我们知道天盖冠的考古学材料最早出现于河姆渡文化[31]，在良渚文化、大汶口文化、诸多龙山文化之中均有出现。花地嘴朱砂绘神像的冠中有圆的星象，冠形又摹形天盖，这种造型非常近似于大汶口文化中的有关刻划图案，像出于菱阳河墓地的两件（图八）[32]，一件刻有7个圆，一件刻有5个圆，与花地嘴朱砂绘神

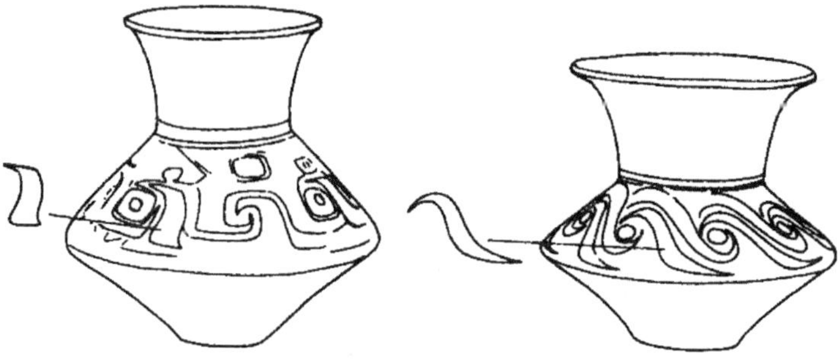
1　　2

图七　陶寺早期墓出土彩绘陶器上的单旋符

1. 陶寺（M3002：49）　2. 陶寺（M3015：42）

1　　2

图八　莒县菱阳河墓地陶器上的刻文

1、2. 天顶璇玑、北斗图案

像天盖冠中的圆数完全一致（器盖中心实际应视为一圆），整个造型及结构与花地嘴朱砂绘神像天盖冠也非常一致。当然，花地嘴朱砂绘神像天盖冠与大汶口文化中的这类刻划图案之间有时代缺环，这应是由于在山东龙山文化中存有传之早期思维影响的这类造型的图案、实物，在东西方文化往来时传到了西方。像山东龙山文化的一些神像的冠就是大汶口文化中的“介”字形或多重“介”字形图案传承而来的。

花地嘴朱砂绘神像与二里头文化中的牌饰，龙山时代诸多玉圭、刀、戚所刻的神像、玉雕神像一样仅为神首，若复原其全形，从图九的有关图案看[33]，显然有时应为与“攀援建木”有关的“蹲踞式”造型，该类“蹲踞式”神实非在真正地“蹲踞”，不少学者的论证值得商榷[34]。这类造型从考古学材料看，最早出现于东方[35]。

花地嘴朱砂绘神像2没有绘出神像的嘴，这种风格在山东龙山文化中出现过，在石家河文化中也出现过，不过石家河文化中的这类神像主要为雕塑，所以这种未绘出神像嘴的艺术风格明显应来自山东龙山文化。

我们注意到，花地嘴朱砂绘神像主体是呈带状绘于陶瓮上的，并且有明显的边界线带，这种风格在具有山东龙山文化风格的诸多玉圭上均有发现，毋庸置疑，这种带状绘画风格应与东方龙山文化有明显的联系。

2. 去向

显然，花地嘴朱砂绘神像的诸多元素在以后的类似题材中均有发现，值得重点提出的如下。

（1）严格的“单旋符”形目在二里头文化二至三期（图四，9）[36]、夏家店下层文化中期[37]均存在，商、周文化仍有发现，但是多数造型有所变化，不严格的“单旋符”形目直到春秋战国甚至汉代时仍可见到。

（2）倒“T”字形鼻这类造型在夏家店下层文化中期非常常见[38]，在商周甚至更晚的文化中也特别多。

（3）倒“介”字形上腭，在“新砦遗址二期晚段”曾有发现（图六，3）[39]，在夏代晚期、商、周文化中仍然存在，但是总量不是太多。

（4）天盖形冠，在二里头等文化的铜牌饰中有许多发现，但是以后这类标准的天盖冠则较少见，以后时代里的许多“介”字或凹首“介”字形冠虽然本质上源于或仍可视为天盖冠，但是许多已明显羽化或已变形[40]。

（5）方形或略方形的目或瞳在商、周时的饕餮面中仍有发现。

（6）我们已论明，花地嘴朱砂绘神像的“复原全形”应与“蹲踞式”造型有关。这类造型在龙山时代诸多玉圭、刀、戚刻划神像、玉雕神像、二里头、夏家店下层文化、齐家文化、三星堆文化中的“兽面纹”铜质或彩绘牌饰上的神像，商、周、战国、秦汉等不同时期时的玉人、神人[41]、虎“食”人图案[42]、避兵图案[43]、镇墓神物画像图案或雕塑[44]中均有明确体现。至于这种“蹲踞式”造型的含义，我们认为应主要与仪式化的“攀援建木”姿态有关。

（7）朱砂绘神像主体呈带状的风格在二里头文化玉圭上的相关图案和三代及其以后的各类器物的装饰风格中均有发现。

（二）陶瓮

1. 来源

与陶瓮器盖类似者，广泛存在于豫东[45]、山东[46]；豫北、淮北等地只是影响所及；豫西地区在新砦期以前极少发现。由此我们可以认为花地嘴新砦期数量众多的器盖应视为东方文化元素。

与花地嘴新砦期子母口陶瓮类似者，广泛存在于豫东王油坊[47]、清凉山[48]、鹿台岗[49]，山东中西、西部的伊家城[50]、城子崖[51]，河北东南部的哑叭庄[52]等遗址，河北省的大城山[53]、北京南端的镇江营[54]、豫北的辉县孟庄[55]、山西长治小神[56]

等遗址只是影响所及。由此我们可以认为花地嘴新砦期数量众多的这类陶瓮也应视为大东方文化元素。

2. 去向

这类陶瓮的器盖在新砦期以后的二里头文化特别是其二里头类型中仍然存在，虽然造型有所改变。

这类陶瓮在新砦期以后的二里头文化一期的新砦类型中仍然存在[57]，在新砦[58]、黄寨[59]等少数遗址延续至二里头文化二期中段，以后这类早期二里头文化新砦类型中曾经广泛存在的器物在各地趋于消亡。

五、朱砂绘神像图案有关特殊造型和特殊之处的讨论

朱砂绘神像图案1：双目为近方形，从有关文献看[60]，方形目或方瞳往往是神人或寿仙的特征，这表明了朱砂绘图像具有神性。

朱砂绘神像图案2：双目为“单旋符”形，此类造型的目，我们在有关文章中已证明其往往可以与星象神有关。特别是与“天中”的北斗星或其时的极星有关[61]，黎城戚与其他斧、钺、戚一样，外形可与“斗魁”关联，在其上所饰北斗神的“单旋符”形目之方瞳中标识“中心”“天中”的“亚”很有助于说明我们的观点[62]。鼻子上端的倒近似三角形，位于两眉之间，属于相面术中所谓的“明堂”处，从相关图案看，此处常为一菱形，实即变形的“亚”形[63]。由此可见，倒近似三角形的意义应相当于变形的“亚”形或曰功能同“亚”形。这仅是我们简单的位置比照的结果，实际上文献和考古发现也支持我们的观点。像“亚”形经过诸多学者论证已被证明确实与“明堂”高度相关，特别是考古材料——商代“蹲踞式”玉人身上所饰表示“圆天之中”的“⊕”、太谷白燕F504这一仿天地的模型建筑中表示“天中”“中心”的“亚”形之内涵更有利于证明之[64]，这说明相面术中所谓“两眉之间为明堂”或“两眉之间为天庭，入内一寸为明堂”的说法并非虚妄。又从《史记·封禅书》等文献看，明堂的主要功能之一是用来拜上帝的，上帝的“帝”字，从兴化南荡与“五帝”有关的陶文[65]及卜辞中的“帝”字造型看，其上端绝大多数确为一倒三角形，这种倒三角形在弗利尔玉璧等玉器刻符[66]中正位于由北斗个星“堆”成的“北斗天柱”的上端，在首都博物馆所藏玉琮之象征“通天柱”的中空柱内也有这个符号[67]。倒三角形又符合《十洲记》中有关“昆仑”的定义——上宽下狭，与汉代西王母的昆仑座很相似，“昆仑”又是与“天中”相应的。所以我们有理由认为朱砂绘神像图案2中鼻子上端的倒近似三角形是神像具有“中心”地位的标志符号之一。

承前所论，两个器盖形冠，实际是天盖形冠，则在天盖上的圆显然视为星象当最合理。

绘于弧面上的这两个朱砂图案，若绘于平直的面上，并不会改变其神格，但是将图案绘于弧面上的现象，其本质意义上应蕴涵着一种“以形示天”或与“攀援天柱”“象征天柱”有关造像的传统[68]，因为这类神面或相关造型特别是在早期多是附于弧形材质上或本身即为弧形的。像好川墓地漆器上的玉北斗[69]和玉三层昆仑台[70]、大汶口文化中的玉刻划三层昆仑台[71]、二里头及相关文化中的神兽面纹牌饰[72]，良渚文化、石家河文化刻于玉琮及玉柱的北斗神、巫、祖或以玉琮一角为造型的北斗神、祖、巫[73]，等等。这表明花地嘴遗址人群在以弧面形式展现神像风格的传承中起到了重要的承上启下的作用。

六、朱砂绘神像的神格讨论

我们认为朱砂绘神像的神格为北斗神，论据如下。

（1）冯时先生曾经证明大汶口文化中的类似有关刻划图案与北斗密切相关，并证明有关刻划图案中的圆代表北斗星[74]。于此，则花地嘴新砦期朱砂绘陶瓮两个器盖上的圆亦应代表北斗星无疑。

（2）冯时先生曾经证明不少与花地嘴新砦期朱砂绘神像类似的图像代表北斗神[75]。我们也曾增补了一些论据[76]，其中尤其值得一提的是，邛县（今邛州市）四户镇大墩子的一幅彩绘神面（M30：9）[77]，显然可视为花地嘴新砦期朱砂绘神像的渊源之一，而这一彩绘神面正是由七星所规划的，其北斗的神格尽显无疑。

（3）花地嘴新砦期朱砂绘神像绘于陶瓮上，陶瓮为明显的“斗”形。以斗形器物象征北斗或北斗单个星体的考古材料非常多，最具有代表性的莫过于太谷白燕“F504”[78]、殷墟商墓一种特殊器物[79]、殷墟乙五基址的北斗遗迹[80]。其中太谷白燕“F504”代表斗魁的四个圆坑中埋有4个斗形的高领瓮，殷墟商墓所出的所谓铜炮弹形器物正为斗形，其上有双手托“亚”形的职业型族徽，显然说明其族与天官有关，乙五基址的北斗遗迹是由埋在地下的7个斗形大口尊组成的。以斗形器物象征北斗或北斗单个星体的宗教和民俗学材料也很常见，最具有代表性的莫过于道教和东南有关人群中的“拜斗”习俗了[81]。

从图九看，著名的“兵避太岁”戈图案[82]与本文所论的朱砂绘神像等类图案在结构方面有密切关系，而“兵避太岁”戈图案与“太一锋”结构相关并在文献中有所反映，所以最有利于说明朱砂绘神像为北斗神这一问题。

“兵避太岁”戈，我们在论证其上图案的含义时，应参照早期的“神鸟—北斗（神、巫、祖）”模型，应将其上的神鸟与神人作为整个造型予以看待[83]。但是，20世纪60年代至今，数位考古、方术、古文字等方面的学者就“兵避太岁”戈或相关材料所写的十余篇专论[84]中均忽略了这一极其关键的方面。战国时期这类神人非常多见[85]，他们的姿态虽然不尽相同，但是从考古材料及《山海经》中有关珥蛇、执蛇、践蛇类神人的记载看[86]，多与最早源于北斗神“攀援建木”姿态的“蹲踞式”

有联系[87]。至于“兵避太岁”戈神人，参照李零先生的研究，显然其应与《史记·封禅书》之“灵旗”图案中的“北斗”相关（整个“灵旗”图案主题名为“太一锋”）。虑及汉代“太一避兵图”[88]中的“太一”题记，则“兵避太岁”戈中的神人确切地说应为“太一”。表面看来，似乎“太一避兵图”造型内容与“灵旗”上“太一锋”图案内容不一致，一个为太一，一个为北斗，实际上，这并不矛盾，因为北斗曾当过极星，是当时的太一，本身又非常重要，这也是不少文献和栻盘中存在“北斗”代指“太一”的重要原因。另外，有的学者已指出其中的“三龙”为“太岁”即“天一三星”[89]，当是。珥蛇等造型实际在新石器时代有关北斗神或祖、巫的形象中就出现过[90]，夏、商、周时两侧有龙的“饕餮”或巫人亦可视为珥蛇造型[91]。出于楚地、造型为巴蜀式、文字主体为楚式[92]的“兵避太岁”戈上的神人的似鸟身、珥蛇等特征表明此神有与楚远祖壹鸣有类似的造型。不过这并不改变我们对“兵避太岁”戈神人神格的判断，因为很多族群在塑造神像时往往增加其远祖的某些特征，就像他们在描述远祖时往往为之增加神的某些特征的情况一样。

我们同时认为这两个朱砂绘北斗神像为一对，即其为雌雄北斗神，论据如下：

（1）《淮南子》等文献中早有“雌雄北斗神”的记载[93]。

（2）二元特别是阴阳的概念起源甚早，尤其对于某一神灵而言，往往有阴阳之别。

（3）“雌雄北斗神”的考古材料有很多，像著名的上海刀[94]、黎城戚（图三，2）[95]、沙可乐博物馆所藏玉雕神[96]、河南省文物交流中心原藏上海博物馆现藏的双面玉神[97]（图三，5）（这个双面玉神中有一个为抽象造型，与图三，6何东圭[98]、溧阳圭[99]类似）、两城镇圭（图三，1）[100]、石家河文化双面玉神（图三，3、4）[101]等。但是于此类观点学界很少有人认同，所以我们这里就略举有关材料予以说明：

凌家滩遗址曾出有一件著名的玉器（图九，2）[102]，这件玉器的主要构成符号为：一只神鸟、一八角形符号和两猪。我们知道，冯时先生曾经系统地论证了中国古代有以猪象征北斗的习俗[103]，新石器时代、三代至于更晚之时，我们也发现不少神鸟站立于北斗神、太一神或神祖、巫头顶的现象[104]，尤其是卜辞中商人先祖王亥的“亥”字，不少均摹写为一神鸟站于一猪身（图九，5、6）。这些材料充分证明两点：第一，猪可以象征北斗、北斗神、神圣先公；第二，神圣先公头顶常可有一神鸟，意在标明其祖先与神有关，确切地说，与北斗神有关。商人“天命玄鸟，降而生商”的“卵生神话”与之非常相符。于此，则凌家滩遗址这件著名的玉器可以认为相当于神鸟立于北斗之首，其中的八角形符号为两个“五”，从数术材料尤其是河图、洛书来看，“五五”位置的中心显然可以视为“天中”，中国民间至今仍称“五五节”为“天中节”，这说明凌家滩遗址神鸟与考古学中其他负北斗的神鸟显然属于一类，与“北斗应天中”的古数术天文学认识亦相符。综上所述，凌家滩遗址这件玉器中的猪应代表北斗[105]，这两头猪又为“并蓬”式的，显然应视为“雌雄北斗神”。

陶寺遗址曾出有两件类似湖北钟祥六合遗址W40所出的玉北斗神[106]，此两件神物同

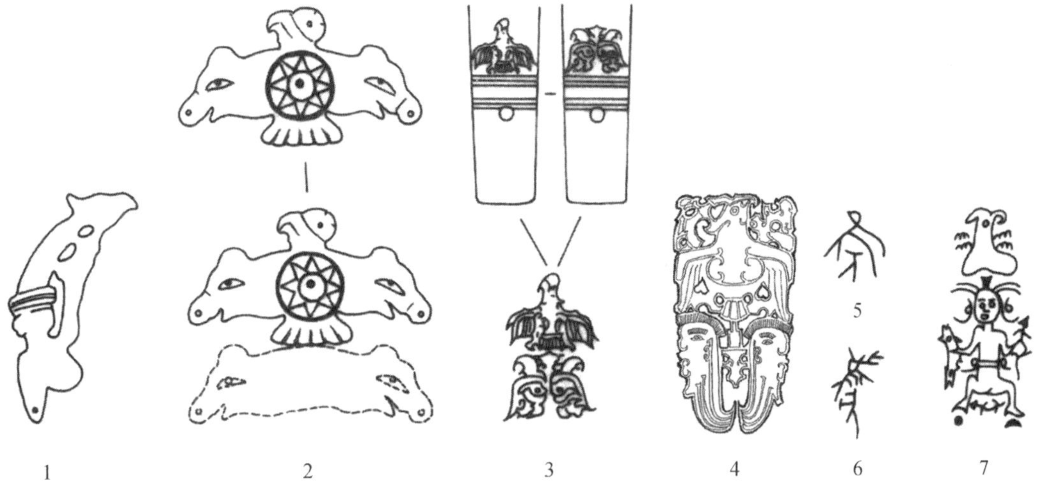

图九 “神鸟—北斗神（祖、巫）—猪”图示
1. 赵陵山（M77：71） 2. 凌家滩（M29：6） 3. 天津市艺术博物馆藏 4. 首都博物馆藏
5.《佚》八八八 6.《掇》一·四五五 7. “兵避太岁”戈

出一墓，其中一件为明确的阳线刻（M22：135）[107]，一件无线刻（M22：136）[108]，一阴一阳的概念非常明确，这与1983年河南省光山县宝相寺黄君孟夫妇墓所出的一对青玉神像类似。

红山文化牛河梁第二地点第一号积石冢M4中同时随葬两件相背（同“并蓬”）的猪龙[109]，而这类猪龙，冯时先生已证明其代表北斗[110]，另在红山文化中还出有“并蓬”式的双猪神[111]（图三，8）、双神人[112]（图三，7）、双蛇[113]玉器。

在南京北阴阳营遗址属于北阴阳营文化第三期的一座墓葬中[114]，随葬有两把相背的七孔石刀，而这类石刀，冯时亦证明其代表北斗[115]，其雌雄的意义是明显的。另外，我们曾在有关文章中以有“‘介’字形天盖形”扉牙的玉钺等材料证明玉钺之孔可代表或象征北斗或当时的极星[116]，就是这些玉钺，在墓葬中的位置有不少是相背放置的，像福泉山M9、M40、M109、M101、M139、M144等[117]。

七、相关问题讨论

从花地嘴新砦期朱砂绘陶瓮我们不仅可以获得已述的结论，由此我们还可获得其他相当重要的信息，尤其值得提出的如下：

（1）从凌家滩遗址著名的“雌雄北斗神”这一考古材料的论证出发，我们可以对相当一批相关考古材料获得新的认识。像被诸多学者所论及的双面刻于玉圭或玉钺上的神像、双面神像玉雕等，实际多属于“雌雄北斗神”或与之有关联[118]，“并蓬”式的神人或代表神的神兽亦属于此类。有学者可能会提出疑问，为何我们所述有的北斗神的头顶没有神鸟，有的北斗神只有单面，有的北斗神与虎或龙有关，等等。这里，我们略做简要回答：有的北斗神头顶没有神鸟，实际是一种省略。有的北斗神只有单面，可能只代表雌或雄的北斗神，或者是笼统地代表北斗神。有的北斗神与虎或龙有关，主要与这些人群或族群的崇拜物有一定关系。像崇拜虎的石家河文化人群往往把虎作为北斗神的“神座”或将虎置于神首，崇拜龙（亦崇拜虎）的二里头文化人群往往把龙作为北斗神的重要构形。二里头发现的所谓绿松石龙形器实际有可能即是嵌在“亚”形斗魁漆器上的[119]，这样做的目的是增强本族群的象征物或崇拜物与北斗神的关联。而且从考古材料看，虎在当时各族群中是普遍受崇拜或因畏惧而受崇拜的，所以在与猪有关的北斗神的若干特征中增加虎的某些特征实不为奇，崇拜龙的人群同样也会这样。另外这种现象一般出现于北斗神造型传播的过程中，这时的北斗神造型的主体已概念化，其中不少神像之中仍然具有猪的特征或成分，像虎座的石家河文化有的北斗神还具有猪的獠牙（图三，3）[120]，等等。

（2）从有关花地嘴新砦期朱砂绘陶瓮的讨论来看，其本身的文化元素较为复杂，东、西方当时的文化元素在此均有体现。再结合相关的考古发现看，当时的社会确实处于一种较为动荡的时期。结合有关王朝变迁与文化变迁关系的理论[121]、文献记载[122]和历史地理的相关考证[123]，我们有理由认为，新砦期有可能与羿、浞代夏的时段基本相应，花地嘴新砦期遗址有可能与“五子之歌”事件相关联[124]。

八、结　　语

花地嘴“新砦期”朱砂绘神物，是中原地区目前发现的、有明确时代的、最具代表性的与北斗信仰有关的材料之一。它出现于“新砦期”这一特殊的转折时段，本身又非常特殊，自身所包含的文化元素又较为清晰，所以，它的发现非常有助于促进中国早期艺术史尤其是夏代早期艺术史的研究。同时由于这类神物或表征符号显然是与权力、族群信仰等精神层面的观念密切相关的，其所处时段是文献所载的夏代早期的变乱时节，所在地又属于诸多文献所载的夏代早期政坛人物活动的重要区域，所以又有利于从文化因素来源、信仰表达形式来源等角度，深入探讨与文化变迁相应的政治变迁等极具价值的历史问题。

注　　释

［1］顾问、张松林：《巩义花地嘴遗址发现“新砦期”遗存》，《古代文明研究通讯》总第18期，2003年。

［2］邓淑苹：《晋陕出土的东夷系玉器的启示》，《考古与文物》1999年第5期；《论雕有神祖面纹与相关纹饰的有刃玉器》，《刘敦愿先生纪念文集》，山东大学出版社，1998年。

［3］ 参见贺刚：《中国史前艺术神器的初步考察》，《长江中游史前文化暨第二届亚洲文明学术讨论会论文集》，岳麓书社，1996年。

［4］［95］ 1980年山西省文物工作委员会编著的《山西出土文物》图61；邓淑苹：《晋陕出土的东夷系玉器的启示》，《考古与文物》1999年第5期；刘永生、李勇：《山西黎城神面纹玉戚》（复印件）。

［5］ 邓淑苹：《论雕有东夷系纹饰的有刃玉器》，《故宫学术季刊》第十六卷第3、4期连载，图四十四及图七：3。

［6］ 黄濬：《古玉图录初集》一卷，尊古斋，1939年，第7页。Childs-Johnson, Elizabeth, Ritual and power: Jades of Ancient China, illus, 83, China Institute in America,1988. Dragons, Masks, Axes and Blades from Four Newly-documented Jade-producing Cultures of Ancient China. Orientations,1988(4). 邓淑苹：《论雕有东夷系纹饰的有刃玉器》，《故宫学术季刊》第十六卷第3、4期连载，图七：5。

［7］ 林巳奈夫著，杨美莉译：《中国古玉研究》，台湾艺术图书公司，1997年，第238页，图5—12。

［8］ 藏于首都博物馆，照片见林巳奈夫：《关于石家河文化的玉器》，《东亚玉器》，香港中文大学出版，1998年，图版30-1。林巳奈夫先生将此件玉器放倒了，并将此神物误认为是凤。

［9］ “华西系统玉器”的命名者系为邓淑苹先生，其正式以“华西系统玉器”为题进行论述的文章可见其论著：《也谈华西系统玉器》，（一）~（六），载于1993 ~ 1994年《故宫文物月刊》总125 ~ 130期。

［10］［98］ Alfred Salmony. Carved Jade of Ancient China, illus, 33, Gillick Press, Berkeley, California, 1938. The Neolithic to the Qing, illus,10:14, the British Museum，1995. 邓淑苹：《论雕有东夷系纹饰的有刃玉器》，《故宫学术季刊》第十六卷第3、4期连载，论文图五：6。

［11］ 杨伯达：《关氏所藏中国古玉》，香港中文大学文物馆，1994年，图30；邓淑苹：《论雕有东夷系纹饰的有刃玉器》，《故宫学术季刊》第十六卷第3、4期连载，图七：6。

［12］ 王仁湘：《关于中国史前一个认知体系的猜想》，《中国史前考古论集》，科学出版社，2003年。

［13］ 马宝光：《庙底沟类型彩陶纹饰新探》，《中原文物》1988年第3期。

［14］ 栾丰实：《海岱地区彩陶艺术初探》，《海岱考古发现与研究》，山东大学出版社，1997年。

［15］ 郭大顺：《以辽河流域为中心的新石器文化》，《考古学报》1985年第4期；辽宁省文物考古研究所：《牛河梁红山文化遗址与玉器精粹》，文物出版社，1997年。

［16］ 杜金鹏：《论临朐朱封龙山文化玉冠饰及相关问题》，《考古》1994年第1期。

［17］ 见沙可乐刀、圣路易戚等。

［18］ 中国社会科学院山西二队等：《2002年山西襄汾陶寺城址发掘》，《中国社会科学院古代文明研究中心通讯》第5期。

［19］ 像山西黎城戚。

［20］［21］　王仁湘：《黄河上游彩陶南传之路探索》（摘要），《中国社会科学院古代文明研究中心通讯》第8期。

［22］［100］　刘敦愿：《记两城镇遗址发现的两件石器》，《考古》1972年第4期。

［23］　邓淑苹主编：《“国立”故宫博物院藏新石器时代玉器图录》，1992年，图117；邓淑苹：《论雕有东夷系纹饰的有刃玉器》，《故宫学术季刊》第十六卷第3、4期连载，图二十六：2。

［24］　倒“T”字形鼻的造型设计思想与“心”字形的设计思想一致，“心”字形的变形既为倒“T”字形。

［25］　湖北荆州博物馆等：《肖家屋脊》，文物出版社，1999年，图二五一。

［26］　傅忠膜：《古玉精英》，香港中华书局，1990年。

［27］　Rene_Yuon Lefebure d’ Argence, Chinese Jades in the Avery Brundage Collection, The de Young Museum Society, 1972，图10.

［28］［96］［101］［120］　Alfred Salmony, Carved Jade of Ancient China. Gillick Press, Berkeley, California, 1938. 图版32：3.

［29］　台北故宫：《故宫古玉图录》图2，1982年；邓淑苹：《“国立”故宫博物院藏新石器玉器图录》，1992年；邓淑苹：《论雕有东夷系纹饰的有刃玉器》，《故宫学术季刊》第十六卷第3、4期连载，图二十七：2。

［30］　中国社会科学院考古所山西工作队：《1978～1980年山西襄汾陶寺墓地发掘简报》，《考古》1983年第1期。

［31］　浙江省文物工作队：《河姆渡遗址第一次发掘报告》，《考古学报》1978年第1期。

［32］　山东省考古所：《山东莒县陵阳河大汶口墓葬发掘简报》，《史前研究》1978年第4期；王树明：《谈陵阳河与大朱村发现的陶尊“文字”》，《山东史前文化论集》，齐鲁书社，1986年。

［33］　邓淑苹：《论雕有东夷系纹饰的有刃玉器》，《故宫学术季刊》第十六卷第3、4期连载。

［34］　李济：《跪坐、蹲居与箕踞——殷代石刻研究之一》，《“国立中央研究院”历史语言研究所集刊》第24本；张明华：《凌家滩、牛河梁抚胸玉立人说明了什么》，《中国文物报》2005年3月18日第7版；王作新：《汉字发生的社会学基础》，《历史文献学论集》，崇文书局，2003年；潘守永等：《古代玉器上所见“㊉”字符号的含义——“九曲神人”与中国早期神像模式》，《民族艺术》2000年第4期。

［35］　信仰北斗的习俗分布很广泛，但是以“蹲踞式”造型表示“攀援建木”的巫俗，早期东方应浓于西方。

［36］　河南省文物考古研究所：《渑池县郑窑遗址发掘报告》，《华夏考古》1987年第2期；中国社会科学院考古所：《偃师二里头——1959～1978年考古发掘报告》，中国大百科全书出版社，1999年，图124：7。

［37］　中国社会科学院考古所：《大甸子——夏家店下层文化遗址与墓地发掘报告》，科学出版社，1998年，图五六：2。

［38］ 中国社会科学院考古研究所：《大甸子——夏家店下层文化遗址与墓地发掘报告》，科学出版社，1996年，图六〇:5。

［39］ 顾万发：《试论新砦陶器盖上的饕餮纹》，《华夏考古》2000年第4期。

［40］ 羽冠的造型实际上仍然与天盖冠一致，其之所以用羽质天盖冠，这与神人冠顶和天盖顶常有神鸟的现象有关。

［41］ 像《山海经》中四极神之一的“北极”之神禺强、夸父国的“大人”、《诗·小雅》以及《史记·周本纪》等中与巫卜或神话人物有关的“大人”。

［42］ 参见陈佩芬：《虎卣》，上海博物馆编《虎卣》，1998年；李学勤：《试论虎食人卣》，《南方民族考古》第一辑，四川大学出版社，1981年；施劲松：《论带虎食人母题的商周青铜器》，《考古》1998年第3期。

［43］［88］ 周世荣：《马王堆汉墓的“神祇图”帛画》，《考古》1990年第10期；李家浩：《论“太一避兵图”》，《国学研究》第一卷，北京大学出版社，1993年。

［44］ 这些镇墓神物画像图案或雕塑，多数执有蛇，有的仍然为近似的“蹲踞式”造型。

［45］［47］ 中国社会科学院考古研究所河南二队等：《河南永城王油坊遗址发掘报告》，《考古学集刊》第5辑。

［46］［50］ 山东大学历史系考古专业：《泗水伊家城》，文物出版社，1990年。

［48］ 北京大学考古系、商丘地区文管会：《河南夏邑清凉山遗址发掘报告》，《考古学研究》（四），科学出版社，2000年。

［49］ 郑州大学文博学院、开封市文物工作队：《豫东杞县发掘报告》，科学出版社，2000年。

［51］ 国立中央研究院、山东省政府合组山东古迹研究委员会、国立中央研究院历史语言研究所：《城子崖》，中国科学公司印刷，民亨印务公司制版，1934年，图版十九：3。

［52］ 河北省文物考古研究所、沧洲地区文物管理所：《河北任丘哑叭庄遗址发掘报告》，《文物春秋》1992年增刊。

［53］ 河北省文物管理委员会：《河北唐山市大城山遗址发掘报告》，《考古学报》1959年第3期。

［54］ 北京市文物研究所：《镇江营与塔照——拒马河流域先秦考古文化的类型与谱系》，中国大百科全书出版社，1999年。

［55］ 河南省文物考古研究所：《辉县孟庄》，中州古籍出版社，2003年。

［56］ 山西省文物考古研究所晋东南工作站：《长治小常乡小神遗址》，《考古学报》1996年第1期。

［57］［58］ 新砦遗址发掘资料。

［59］ 河南省文物考古研究所：《河南密县黄寨遗址的发掘》，《华夏考古》1993年第3期。

［60］ 参阅：（晋）王嘉《拾遗记》卷三载：“惟有黄发老叟五人，或乘鸿鹤，或衣羽毛，耳出于顶，瞳子皆方”、（唐）李白《李太白诗二十》之《登泰山之二》：“山际逢羽人，方瞳好容颜”、（唐）李咸用《批沙集二》之《临川逢陈百年诗》：“麻姑山下逢真士，玄肤碧眼方瞳子”等。

［61］［76］ 顾万发：《大汶口文化尉迟寺遗址新发现奇异器物研究——并新论“牙璋”“牌饰”的

由来、内涵等相关问题》，《郑州文物考古与研究》（一），科学出版社，2003年；顾问：《二里头遗址所出玉器扉牙内涵研究——并新论“圭”“璋”之别问题》，《殷都学刊》2003年第3期。

［62］ 黎城戚神面眼睛中的“十”字形是表示“中心”或“天中”之意的，族徽的象征图文位于“亚”形中与显贵死者位于“亚”形（商、周大墓）中的象征意义相似，都在于表明其神祖或死去的显贵是升位于天堂的、“天中”的。

［63］ 我们从上海市博物馆和台北故宫博物院所藏的有关玉琮上的符号可以证明，这两件玉琮上的符号一件为“介”字形天盖（实际可视为类金沙玉琮上的冠形符），另一件为“菱”形。实际上，这些符号的意义与弗利尔玉符意义应是相类似的。

［64］［78］ 晋中考古队：《山西太谷白燕第二、三、四地点发掘简报》，《文物》1989年第3期。

［65］ 龙虬庄遗址考古队：《龙虬庄——江淮东部新石器时代遗址发掘报告》，科学出版社，1999年，图二二三：1。

［66］ 邓淑苹：《由良渚刻符玉璧论璧之原始意义》，《良渚文化研究——纪念良渚文化发现60周年国际学术讨论会文集》，科学出版社，1999年，图二、三、五。

［67］ 石志廉：《最大最古的纹碧玉琮》，《中国文物报》1987年10月17日。

［68］ 浙江省文物考古研究所等：《好川墓地》，文物出版社，2001年，图七〇（M10：2）、图七五（M60：2-12、13）。

［69］ 浙江省文物考古研究所等：《好川墓地》，文物出版社，2001年，图七〇（M10：2）、图七四（M37：1、M62：4）、图七五（M60：2-7）。

［70］ 王青、苏兆庆：《关于山东莒县陵阳河出土的小玉片》，《中国文物报》2004年12月3日第7版。

［71］［74］［75］［103］［111］［115］ 冯时：《中国天文考古学》，社会科学文献出版社，2001年，第81～186页。

［72］ 目前所见的所有铜牌饰仅有一件是正面为北斗星象的平板形。

［73］ 湖北省荆州博物馆、湖北省文物考古研究所、北京大学考古学系：《肖家屋脊》，文物出版社，1999年，图二五一。

［77］ 南京博物院：《江苏邳县四户镇大墩子遗址探掘报告》，《考古学报》1964年第2期。

［79］ 刘雅鸣等：《殷墟发现三千年前罕见青铜器》，《河南文物工作》1999年第6期。

［80］ 参阅石璋如：《“月比斗”与“夕比斗”》。材料承蒙冯时先生惠寄。

［81］ 道教及有的民族同时崇拜南、北斗，有时还以两个容器象征之，道教有关南、北斗的内容可参见晋干保《搜神记》及《古今图书集成》所收《神异经》等著作所引用的道家文献。

［82］ 王毓彤：《荆门出土一件铜戈》，《文物》1963年第1期；傅天佑、郑家茂：《新发现的“大武”青铜戚》，《中国文物报》1994年12月25日。

［83］ 从《淮阴高庄战国墓》（《考古学报》1988年第2期）中的各式与蛇有关的神人看，神人头顶的神鸟是可以省略的（《淮阴高庄战国墓》图二五，2与图一八，3），并且神人首是可变为鸟

首的（《淮阴高庄战国墓》图二五，1）。这种现象是有悠久历史传统的。

［84］俞伟超：《“大舞閧兵”铜戚与巴人“大武”舞》，《考古》1963年第3期；俞伟超：《“大武”舞戚续记》，《考古》1964年第1期；马承源：《关于“大武戚”的铭文及图像》，《考古》1963年第10期；俞伟超、李家浩：《论“兵避太岁”戈》，《出土文献研究》，文物出版社，1985年；李学勤：《“兵避太岁”戈新证》，《江汉考古》1991年第2期；李零：《湖北荆门“兵避太岁”戈》，《文物天地》1992年第3期；饶宗颐：《再论“太岁开兵”戈》，《冰茧彩丝集——纪念缪钺教授九十寿辰暨从教七十年论文集》，成都出版社，1994年；李家浩：《再论“兵避太岁”戈》，《考古与文物》1996年第4期；国光红：《生民神话与（大武）乐——兼说“大武”戚》，《南方文物》1997年第2期；李零：《太一崇拜的考古研究》，《中国方术续考》，东方出版社，2001年。

［85］河南博物院等：《郑公大墓青铜器》，大象出版社，2001年，第142页。

［86］参阅《山海经·大荒北经》《山海经·海外北经》。

［87］珥蛇、执蛇、践蛇类神人多与最早源于北斗神“攀援建木”姿态的“蹲踞式”有联系，显然表明“蹲踞式”是很多神人造型的共同特征，并不是只有某个神才是这种姿态，所以具体到某一图像时，其是何神尚需具体讨论。

［89］李零：《太一崇拜的考古研究》，《中国方术续考》，东方出版社，2001年。

［90］邓淑苹：《晋、陕出土东夷系玉器的启示》，《考古与文物》，1999年第5期。

［91］李学勤：《试论虎食人卣》，《南方民族考古》第一辑，四川大学出版社，1981年；施劲松：《论带虎食人母题的商周青铜器》，《考古》1998年第3期。

［92］俞伟超、李家浩：《论“兵避太岁”戈》，《出土文献研究》，文物出版社，1985年。

［93］《淮南子·天文训》：“北斗之神，有雌雄，……雄左行，雌右行……。”

［94］上海博物馆：《上海博物馆中国古代玉器馆》，1996年，第9页。

［97］梁正平：《神灵的玉器——人兽面纹玉器赏析》，《中国玉文化玉学论丛》，紫禁城出版社，2004年。

［99］汪青青：《溧阳出土的良渚文化玉器讨论——神人兽面鸟纹圭》，《东方文明之光——良渚文化发现六十周年纪念文集》，海南国际出版社，1996年。

［102］安徽省文物考古研究所：《安徽含山凌家滩》，《1998中国重要考古发现》，文物出版社，2000年。

［104］首有神鸟的神物可能与卵生神话有联系，但是不一定是商人的玄鸟神话。

［105］天文学史专家陈久金先生在《星象解码》（群言出版社，2004年，第25页）一书中也从冯时认为，凌家滩遗址这件玉器造型应是猪、北斗、极星三位一体的象征。

［106］荆州地区博物馆：《钟祥六合遗址》，《江汉考古》1987年第2期。

［107］王晓毅：《古城·宫殿·大墓·观象台》，《文物世界》2002年第3期。

［108］中国社会科学院山西二队等：《2002年山西襄汾陶寺城址发掘》，《中国社会科学院古代文明研究中心通讯》第5期。

［109］　辽宁省文物考古研究所：《辽宁牛河梁红山文化女神庙与积石冢群发掘简报》，《文物》1986年第6期。

［110］　李恭笃：《辽宁凌源县三官甸子城子山遗址试掘》，《考古》1986年第6期；刘国祥先生曾言明，兴隆洼二期聚落“首领”式人物的旁边埋有一雌一雄两头整猪，详见刘泷等：《敖汉旗城子山夏家店下层文化考古新发现4000年前的中心性祭祀遗址》，《内蒙古日报》（汉）2000年11月1日第5版。

［112］　刘淑娟：《红山文化玉器类型探究》，《辽海文物学刊》1995年第1期。

［113］　《天津市艺术博物馆藏玉》，文物出版社、香港两木出版社，1993年，图83。

［114］　南京博物院：《北阴阳营——新石器时代及商周时代遗址发掘报告》，文物出版社，1993年，图七（M131）。

［116］　量博满：《关于新石器时代的钺——论圆孔的象征意义》；林巳奈夫：《有孔玉石斧孔的象征》。两论文均来自《良渚文化研究——纪念良渚文化遗址发现六十周年国际学术讨论会论文集》，科学出版社，1999年。这些学者均认为钺、斧之孔与太阳或月亮有关，实误。我们曾证明钺、斧之孔与北斗或其时的极星有关，钺、斧与斗魁造型、内涵相似等可作为论据。

［117］　上海文物管理委员会：《福泉山——新石器时代遗址发掘报告》，文物出版社，2000年。

［118］　这些玉神或刻绘于玉质或陶质上的神物，本文对他们的称呼并未严格称谓，因为这些神物有时单为北斗神，像本文所论的二里头文化及相关文化中的铜或彩绘牌饰，有的应为具有神性的祖，即邓淑苹先生所谓的“神祖”，确切地说应为具有北斗神身份或化身或与之有密切联系的“神祖”，像临朐朱封M202所出两件玉簪。同时，这些神又一般具有攀援建木、沟通天地的“巫”或“神巫（wizard或sorcerer）”之特征，所以本文所论的各神像均以此说明理解为主，文中不予严格称谓。

［119］　许宏等：《河南偃师二里头遗址发现大型绿松石龙形器》，《中国文物报》2005年1月21日。

［121］　李伯谦：《关于早期夏文化——从夏商周王朝更迭与考古学文化变迁的关系谈起》，《中原文物》2000年第1期。

［122］　《史记·夏本纪》、孔壁本《古文尚书》、百纳本《古文尚书》、今传伪孔本《古文尚书》及《墨子》等文献有《五子之歌》篇名或一些具体内容。

［123］　顾问：《“启居黄台之丘”及相关问题考证》，《东南文化》2004年第6期。

［124］　顾问：《“新砦期”研究》，《殷都学刊》2002年第4期；《〈“新砦期”研究〉增补》，《中国上古史研究专刊夏文化研究专题》第三辑，台湾兰台出版社，2003年。

（原载《中国历史文物》2006年第1期）

三星堆金杖图案内涵及金杖性质新论

在中国，特别是西南地区的先秦考古中，三星堆遗址占据着极为重要的地位。在这里，学术界发现了数以千计的精美艺术品，尤其是其中的“三星堆金杖”（图一）[1]特别引人关注。中外学者在数量可观的论著中，对这件奇异器物发表了诸多个人观点。季智慧认为金杖整个图案与鱼凫有关，其中鱼代表“鳖灵”，凫代表“杜宇”[2]；胡昌钰、蔡革认为整个图案表示鱼凫王灭亡之意[3]；段渝认为“鱼·鸟·矢·人”正反映了《山海经》中“颛顼死即复苏，是为鱼凫”的记载[4]；白剑将三星堆出土的金杖上的“鱼变鸟”图与《山海经》中“颛顼死即复苏，是为鱼凫”的记载相联系，并认为金杖上的“鱼变鸟”图是氐羌先祖承继的昆仑神之一[5]；邱登成认为金杖图案中的人面代表蚕从，鱼、鸟代表柏灌、鱼凫及杜宇，所谓“矢”实应是穗形木柄，与蜀人稷社崇拜有关[6]；屈小强等认为金杖为代表王权、神权、财权的权杖[7]；陈德安等认为“鱼被射杀，鸟又连箭杆，带鱼成队飞来”，是蜀人根据顺势或模拟巫术的原理雕刻出的通过巫术而希冀捕鱼成功的渔猎祈祷图[8]；展览说明《三星堆传奇——华夏文明探索》认为金杖整个图案主体为：神鸟负箭射之鱼飞来，具体内涵未详论[9]。杜正胜认为整个图案蕴示了“鱼凫族”灭亡或式微的神话或历史[10]；陈立基的认识类陈德安先生在《三星堆报告》中所持观点，他在其论著中还转述有两种观点：有人认为“这是象征分别以鱼和鸟为祖神崇拜的两个部族联合组成的鱼凫王国”，有人认为“鱼能潜渊，鸟能升天，鱼鸟图案象征着金杖具有上天入地的功能，是蜀王通神的法器”[11]；刘少匆认为鱼·鸟为吉祥图，箭代表威武，人为王者，整体是具有吉祥图案的“灵杖”[12]；黄剑华认为人面为太阳神，飞鸟代表族属，箭代表神权，黄剑华又认为此金杖为法杖[13]；罗明赞同此杖为王杖或权杖的观点，并认为：“鱼·鸟·矢”图案表示的是“矰矢击杀鱼、凫的会盟大礼”，鱼、凫为两个族图

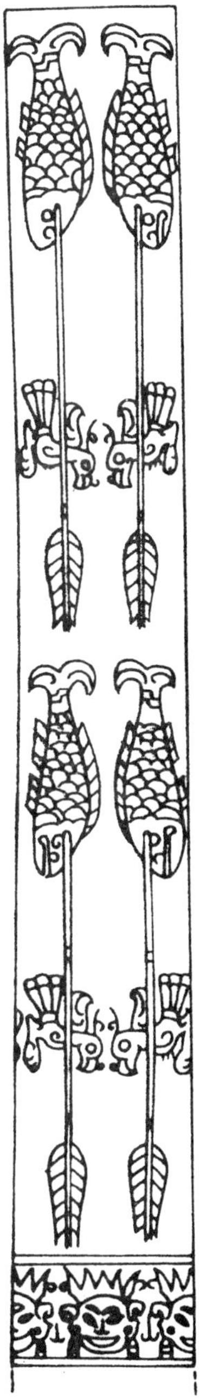

图一　三星堆祭祀坑祭杖（K1：1）

腾，鱼、凫两族是蜀王统治的“本钱”[14]；陈淳赞同此杖为王杖或权杖的观点，并认为：“鱼·鸟·矢”图案中的鱼、鸟“有可能是古蜀祭司特有的助他升天入地和见神视鬼的神灵”，“矢”为通天的“中央之柱”[15]；刘学堂认为“射鱼纹”器物与生殖崇拜有关，应为“祈求部族或王国兴盛的法器”[16]；李复华说：“鸟应是杜宇族的图腾象征，因传说杜宇死后化为杜鹃鸟。鱼则是后来开明氏（即鳖灵）的图腾象征，传说其为楚人，死，其尸随江而上，至蜀复生。出土金器上有个奇怪的现象，就是鱼的形象可怕凶猛，十分不善，或者鱼头上插着箭头，箭尾还带着鸟羽，显然表明了鱼、鸟之间的敌对关系。笔者认为这正是外来开明氏取代杜宇族时激烈战争的反映。金杖应是蜀王的权杖，上面的图案应该不是一般的图案，而是有着重大历史意义的象征。这从一个侧面反映了传说中蜀王朝的更替并非没有依据”，“《华阳国志·蜀志》则称：‘周失纲纪，蜀先称王。有蜀侯蚕丛，其目纵，始称王……次王曰鱼凫……后有王曰杜宇，教民务家，……遂禅位于开明，……’这种王朝的更迭已反映在三星堆、金沙出土金器上的鱼、鸟、人的图案中，它们记录了三星堆以前传说中的王朝，即部落是以鱼、鸟等为图腾的，它们曾在这一地区有过较大的发展”[17]。

笔者在研习古籍、金文等文献时，发现于三星堆金杖图案尚有另一解释模式。以下，笔者也将自己的有关考证结论予以论述，并就教于学术界。

一、文献列举及分析

（1）《遹簋》（《三代》8·52·2）：“隹六月即望，穆王在莽京，呼渔于大池。”

（2）《攸鼎》（《三代》4·13）：“隹十月，王在莽京，辛卯，王渔于□池，呼□从渔”，从《遹簋》看，《攸鼎》此铭的两句可补全其核心意思为：王渔于大池，乎渔从渔，即王射鱼于明堂辟雍，并由渔师协助。

（3）《静簋》（《三代》6·55）：“隹六月初吉……，王令静司射学官，……王以吴来、……邦周射于大池。”

（4）《伯唐父鼎》（《中华文史论丛》1981年第4期）：“乙卯，王飨莽京，王賁，辟舟临舟龙……，王格，乘璧舟，……（用）射绬、犁虎、貉、白鹿、白狼于辟池……”[18]

（5）《麦方尊》（《西清古鉴》8.33）：“……在辟雍，王乘于舟，为大丰，王射大鸿禽……”

（6）《淮南子·时则训》：“季冬之月，……命渔师始渔，天子亲往射鱼，以荐寝庙”；《吕氏春秋·季冬、纪第十二》：“是月也，命渔师始渔，天子亲往，乃尝鱼，以荐寝庙”，高诱注《吕氏春秋》曰：“天子自行观之”，陈奇猷《吕氏春秋新校注》据《淮南子·时则》言：“非观鱼，乃射鱼也”，其论甚是。我们知道，一般的渔作，当属《谷梁传》所谓“卑者之事”，观鱼，则类杨伯峻在《春秋左传注·隐公五年》

（中华书局，1989年）中所论，多指“戏乐之事”，而天子所行之荐寝庙之事，显然属于重礼，从文献记载可知，此类重礼，天子必自射其牺。像《国语·楚语下》载：“天子帝郊之事，必自射其牺”，《左传·隐公五年》藏嘉伯云：“鸟兽之肉不登于俎，皮革、牙齿、毛羽不登于器，则公不射”，《谷梁传》言：“礼，尊不亲小事，卑不贪大功”，《礼记·月令·季各》孙希旦集解：“是月鱼美，于始鱼而天子亲往，为将荐寝庙，重其事也”。

（7）《尔雅·释天》《公羊传·桓公八年》等文献称“尝”为“秋祭先王”，《诗·小雅》《礼记·礼制》《周礼·春官·大宗伯》等文献有相似的记述。本文所论的“尝鱼”之“尝”意为“尝新”，而非特指“秋祭先王”的“尝祭”，这从《礼记·月令》的具体记述及孙希亘等人的解释中可以明显看出。《国语·里革》有载：“古者大寒降……取名鱼登川禽，而尝之寝庙”，此中之“尝”从语法角度似可释为“尝祭”，实际并不正确，首先其季节即与“秋”不符，所以“尝之寝庙”可能应为“尝之荐于寝庙”之略。

《三礼》及《颂鼎》《望敦》《寰磐》等文献中均载有与“寝庙”有关的内容，从这些材料看，寝庙中当置有先王的木主。天子、诸侯荐于寝庙之牺牲即是献于先王的。

（8）从《麦方尊》等可以明确论定，西周之时肯定已有明堂辟雍类建筑，从湖南澧县城头山[19]、太谷白燕F504[20]、杞县鹿台岗Ⅰ号建筑基址[21]、广西武鸣“崖墓”[22]等材料来看，辟雍的存在是有其考古学基础的[23]。另，古代文献论及辟雍，每每强调其“四方”的特征：

刘向《五经通义》言及辟雍、泮宫时语：“诸侯不得观四方，故缺东南，半天子之学，故曰泮宫。”

李尤《辟雍》言：“辟雍岩岩……双观四张。”

《三辅黄图》论辟雍为：“水广四周。”

《独断》言：“天子曰辟雍，渭水流四面如璧。”

《白虎通义·辟雍》：“垣宫名之别尊也，明不得化四方。”

《诗·大雅·灵台》《毛传》：“水旋丘如璧，四方来贺者均之也。”

于明堂、辟雍强调“四方”以及古天子行礼于明堂、天室时注重“观四方”等论点，学界或会据《天亡簋》“王凡三方”予以反证，我们并不以为然。据笔者研究，《天亡簋》铭的内容主要是记载武王“受命帝国”（《史记·封禅书》）后，据惯例而行“封禅”之事的，其中“王凡三方”与《史记·封禅书》中桓公所说的北、南、西三方的语境是一致的。

二、三星堆金杖图案的含义及金杖性质

从所述的文献可以看出：

（1）西周之际，明堂、辟雍或大池肯定是存在的。

（2）天子在季冬之月，为行荐寝庙之礼，会在明堂、辟雍或大池或辟池之中亲自射鱼，获鱼后，以犬等合之，再荐于藏有先祖木主的寝庙，即尝新于先王。又因为古时论于明堂、辟雍，多强调四方，论及“礼射”时，也多强调四方，象郑玄注《礼记·大射仪》言：“礼射唯四”，所以，天子于明堂辟雍行射鱼之礼时，也会表现“四方”的特征。又三星堆金杖时代虽然未及周代，但与其构图一致的金沙“鱼·鸟·矢·人”冠带已近周初[24]，所以可由此知，商晚期与周初的这种射鱼荐于寝庙以尝先王之礼的内涵及模式是相似的。据此我们当可以就三星堆金杖及其图案给出合理解释，其图案意为：其中的巨鸟代表时王，其与鱼、矢图的组合代表时王于明堂辟池中行射鱼之礼，鸟负鱼、矢向两神人而来，代表时王向两位祖先行尝新之礼，“鱼·鸟·矢”图为四组蕴含“辟雍四方”“礼射唯四”的古仪。循此，则此金杖准确地讲当属于“祭杖”。

三、相关问题讨论

（1）三星堆“鱼·鸟·矢·人”金杖上的巨鸟代表时王，而巴蜀历史上柏灌[25]、鱼凫、杜宇三族群均可视为鸟，我们在本文中已证明金杖上的鱼是季冬荐于寝庙先王之鱼，与一般所论的捕鱼之凫既“鱼凫”中的“鱼”并无直接联系，所以我们可以由此获得一个重要信息，即在此金杖上巨鸟所代表的时王之前，其族群可能有二位先王统治过蜀地。如果三星堆神树上的巨鸟与“柏（树）灌”可关联的话，则此金杖上的巨鸟当代表柏灌族群在当时的王者。

（2）在金沙遗址曾出有一件饰有与三星堆金杖类似图案的金冠带，其上有四组“鱼·鸟·矢”图和四个人面（图二）。在三星堆遗址中出现过类似的人面（图三）。从我们所论的文献看，此“鱼·鸟·矢”图为四组，仍是为了强调了明堂“辟雍”或“大池”的四方，其四人面当代表时王的四位祖先。此四位人面与三星堆金杖上人面造型有别，如果三星堆金杖所属时代属“柏灌”族群的话，则金沙冠带上的人当属“鱼凫”族群的四位祖先。注意，金沙冠带上曾出现过双“鱼·鸟·矢”图绕同一人面的状况，因而出现有一人面单独存在的情形，这可能是由于此金带作为冠饰、而冠饰又强调正面的原因使然。

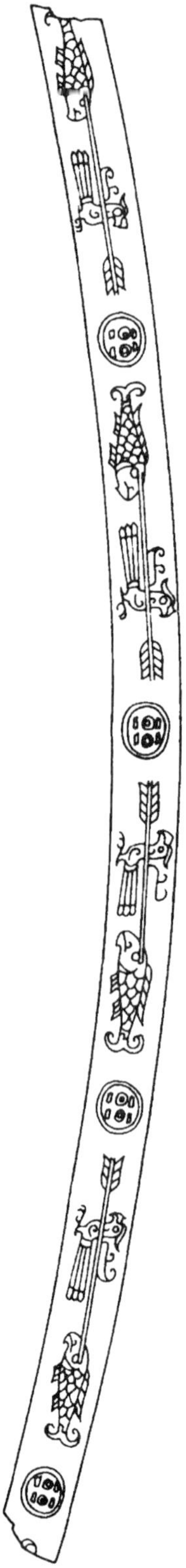

图二　金沙金冠带
（2001CQJC：688）

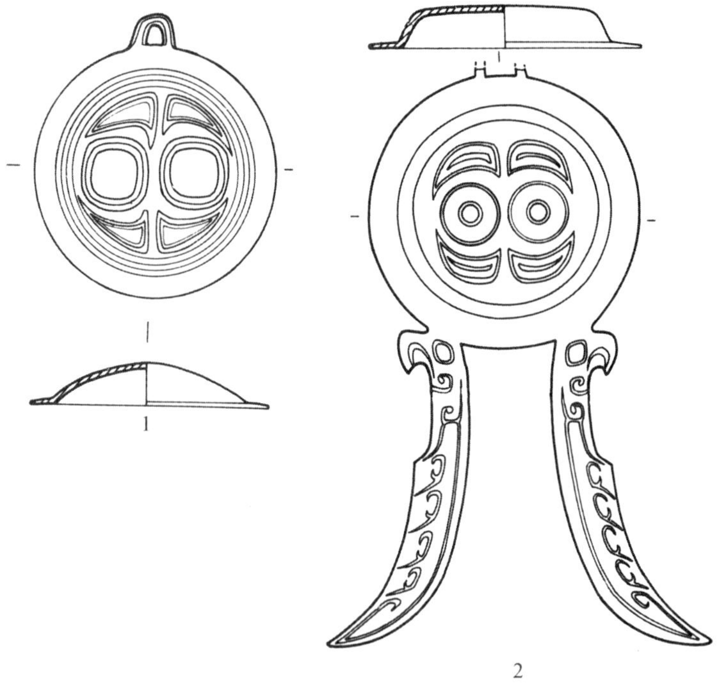

图三

1. 三星堆K2③：103-22　2. 三星堆K2③：115-7

（3）三星堆金杖与金沙金冠带图案中的人面不一致，但是鸟的造型基本相同，这告诉我们，以三星堆金杖与金沙金冠带为礼仪之物的祭祀主体虽然名称不同，但是却可能具有共同的远祖、共同的祖先象征物或曰图腾。当然，亦有可能是这样的情况：以三星堆金杖与金沙金冠带为礼仪之物的祭祀主体确实属于不同的族群，但具有共同的远祖、共同的祖先象征物或曰图腾。还有可能出现这样的情况：此类鸟本为神鸟，区域内可视为不同族群的祭祀主体都以之为最高层次的图腾或崇拜物，所以时王均以之为其神化的象征，就像在新石器时代，从东北到东南，不同的统治或祭祀主体有不少均以猪或猪龙为最高层次的图腾或崇拜物一样[26]。虑及在三星堆遗址中曾出现过与金沙遗址金冠带上四个人面类似的圆形铜人面（图三），又从金沙考古学面貌与三星堆考古学面貌特别是在高层礼仪方面具有相同性的特征看，第一与第三类说法较有可能。

四、结　　语

三星堆、金沙文明是古蜀文化研究中的重点，深刻理解这一文明的关键之一便是应对其中的奇异器物予以合理阐释。本文以考古学材料为基础，同时通过对相关古籍及金文文献的检视，初步论证了三星堆金杖图案的内涵及相关问题，从文中可以看出，笔者的观点与学界目前的诸多看法很不一致，限于笔者学疏，欢迎学界予以斧正！

注　释

［1］ 四川省考古研究所：《三星堆祭祀坑》，文物出版社，1999年，图三十四，编号K1：1。

［2］ 季智慧：《神树·金杖·笷与蜀文化》，《四川文物·1989年广汉三星堆研究专集》。

［3］ 胡昌钰、蔡革：《鱼凫考——也谈三星堆遗址》，《四川文物·1992年三星堆古蜀文化研究专集》。

［4］ 段渝：《四川通史》（一），四川大学出版社，1993年，第33～34页。

［5］ 白剑：《三星堆金杖“鱼鸟图”——华夏古老神奇的“鲲鹏之变”》，《阿坝师范高等专科学校学报》2004年第6期。

［6］ 邱登成：《广汉三星堆出土金器管窥》，《三星堆与巴蜀文化》，巴蜀书社，1993年，第193～195页。

［7］ 屈小强等：《三星堆文化》，四川人民出版社，1993年，第78～81页。

［8］ 四川省文物考古研究所：《三星堆祭祀坑》，文物出版社，1999年，第444页；陈德安等：《三星堆——长江上游文明中心探索》，四川人民出版社，1998年，第50页。

［9］ 《三星堆传奇——华夏文明探索》（展览说明），台湾太平洋文化基金会，1999年。

［10］ 杜正胜：《人间神国——三星堆文明循礼》，台湾太平洋文化基金会，1999年，第33～34页。

［11］ 陈立基：《趣说三星堆》，四川文艺出版社，2000年，第163页。

［12］ 黄剑华：《古蜀的辉煌》，巴蜀书社，2003年，第314页；黄剑华：《金沙遗址金冠带图案探索》，《文博》2004年第1期。

［13］ 刘少匆：《三星堆文化探秘及〈山海经〉断想》，昆仑出版社，2001年，第59～60页。

［14］ 罗明：《三星堆和金沙古蜀金器“射鱼纹”之管见》，《中国文物报》2004年7月9日第7版。

［15］ 陈淳：《古蜀金器“射鱼纹”之我见》，《中国文物报》2004年8月27日第7版。

［16］ 刘学堂：《古蜀金器“射鱼纹”寓义考》，《中国文物报》2004年8月27日第7版。此文认为“射鱼纹”器物与生殖崇拜有关，应为“祈求部族或王国兴盛的法器”。

［17］ 李复华：《从三星堆、金沙遗址出土文物看蜀文化大转移的政治意义》，《中国历史文物》2003年第5期。

［18］ 此铭告诉我们，古帝王在明堂辟池中所猎动物种类可以很多。

［19］ 湖南省文物考古研究所：《澧县城头山古城址发掘简报》，《文物》1999年第6期。

［20］ 晋中考古队：《太谷白燕第二、三、四地点发掘简报》，《文物》1989年第3期。《史记·封禅书》中“昆仑道”在西南，这与五行思想盛行之后，黄帝被列于西南有关，与西南地区像成都及其附近被有的文献称为“天下之中”可能亦有关联。

［21］ 鹿台岗龙山文化Ⅰ号遗迹，是与“明堂”造型内容有密切联系的建筑。参见郑州大学文博学院、开封市文物工作队：《豫东杞县发掘报告》，科学出版社，2000年。

［22］ 李珍等：《广西武鸣发现早期岩洞葬》，《中国文物报》2003年8月8号第1版。按语：“石铲”

实际代表北斗神，之所以用石铲农具，应与古人常以北斗授农时及民以食为天等现象有关，类似的例子还有主体采用铲或锛形、河姆渡文化中的“六枝盆景”似的“大禾”等等。另武鸣地区所出龙山时代的附“昆仑道”的内有“石铲”的亚形“岩洞葬”与太谷白燕F504一样，形制、内容应与黄帝时的“合宫”式建筑有联系，明白这一点，非常有助于我们论证太谷白燕F504中的7个圆代表北斗，因而有助于论证中国古代有用陶中空器以示天顶、璇玑、北斗（或极星）或与其相关的造型及明堂辟雍的造型等文化现象。

[23] “王凡三方”中的“三方”有的学者理解为四方，似误。其范围当与《史记·周本世》、《逸周书·度邑解》中武王所观“三方”的范围一致，加上武王所在的嵩岳一方，此“四方”即是《何尊》中的“中国”的范围。详论请见拙著：《“天亡簋”铭“封禅”新解》（待刊）。

[24] 成都市文物考古研究所、北京大学考古文博学院编著：《金沙淘珍》，文物出版社，2002年，第24页。

[25] “柏灌”之“柏”有可能与东汉《五经异议》（许慎）等中所言的殷之木或曰社树之“柏”意义类同。

[26] 冯时：《中国天文考古学》，社会科学文献出版社，2001年，第三章。

（原载《江汉考古》2006年第2期）

论龙虬庄陶文

——并论“五帝”的一种称谓

一、龙虬庄陶文材料简介

图一　龙虬庄陶文

1993年4～6月，南京博物院考古研究所在江苏省高邮市一沟乡龙虬庄遗址的发掘调查过程中，发现一块磨光泥质黑陶盆口沿的残片，学术界认为其时代为王油坊文化晚期[1]。在此陶片上刻有图文（图一）。一侧的字以直线为主，和甲骨文有相似之处。

二、学术界的论证

此陶文发表以后，国内外的学者都特别关注。有的学者认为右边的字类似甲骨文，左边为四个似动物侧视图形，第一个似兽，第二个似鱼或鳖，第三个似蛇，第四个似鸟[2]；有的学者认为左边的四个图案为具有祝尤之功的神兽，右边字竖读为“□年祝尤”[3]；有的认为其文字为“水书”等有关，内容与祭祀、祈福有联系[4]；还有的认为其为东夷文字[5]或与生殖崇拜有关[6]。

三、我们的观点

我们认为这些图文的释读格式是，左边四个图案为四个神物[7]，右边四字为“祝尤”类的巫术、“符录”语言，右边四字应自上而下读，前两字应读为“五帝”[8]，后两字可依饶宗颐先生的意见，暂释为“祝尤”。后两字读法的原因可以参阅饶宗颐先生的解释，前两字的读法，我们在此略做论证。

（1）第一字，形状与新石器时代、卜辞及金文中的“五”字极其相似，第二字的组合实际为一倒三角形与一建木字形的组合，这属于卜辞及金文中“帝”字的最常见造型，与新石器时代的“帝”字亦类似。具体材料请参阅图二。当然，新石器时代已出现

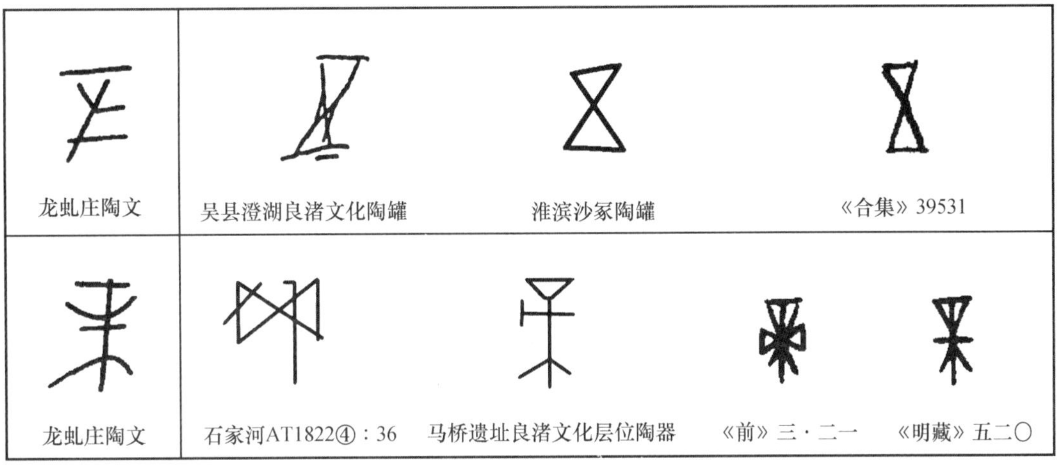

图二　龙虬庄陶文与相关陶文、文字

“帝”字的观点，学界可能有人并不赞同[9]，但是，弗利尔玉璧符与“帝”字造型相关的情况则不利于学界的这一看法。图三中4包括：神鸟（a）—斗魁（b）—北斗个星（c）—昆仑台（d）—台内象征北斗神的神兽（e）—台内负北斗星的神鸟位于神首（f）。其中北斗个星在不少民族和文献中被认为是“天柱”，“建木”又相当于“天柱”，显然，图三中4之a、b、c等的“建木化”即相当于“帝”字。另，我们发现图三中2之“帝”字中有“五”字，而数术之“五”字可以表示“中心”“天中”“地中”等含义，图三中3之“帝”字中有短“H”符号，这一符号具有表示“中心”的功能，从此可见“帝”字之木并非一般之木，应为位于天地之中心的巨木，即“建木”，这与图三中4之北斗星位于天下之中即帝之下都“昆仑台”之上的造型及其蕴含的北斗可视为天柱的民族学思维是特别相符的。

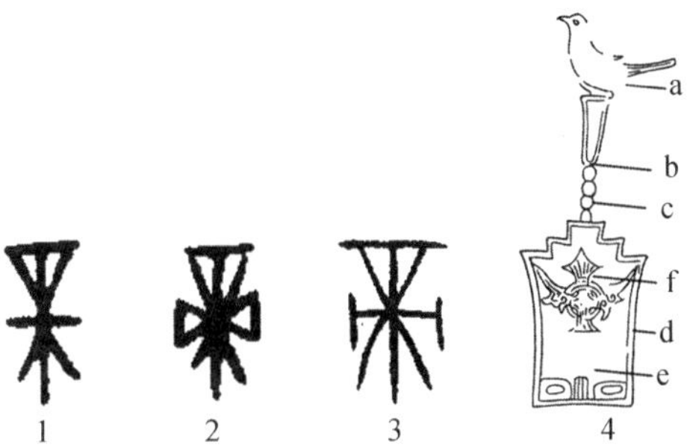

图三　“帝”字造型的相关情况

1.《屯》四五二四　2.《前》二二一三

3.《甲骨文合集》14132正　4. 弗利尔博物馆玉符

（2）“五”字的出现及对其的崇拜其实很早，像与河图洛书有联系的凌家滩玉版[10]，其上的4、5、5、9即蕴涵着对数字“五”崇拜的思想，代表北斗的斗形高领瓮上有时以“五”字以示之。我们已论明，“帝”字的出现亦很早，此字在石家河文化早期就已出现，著名的弗利尔玉璧及吉斯拉玉琮之刻划符同样表明当时应有“帝”字。

（3）将龙虬庄陶文右边四字的一、二两字释读为“五帝”，其与整个图案及陶片上其他文字的内涵相符。综合地看，左边的四个神像实际可以视为是代指五帝的，其之所以为四个而非五个，可能与中方为虚的认识有关，或者亦有可能是以当时的人王或其祖先来充当中方的帝。1942年9月在长沙东郊子弹库出土的楚墓之有关材料似可作为论据之一[11]。此帛书言及青木、白木、赤木、黑木、黄木等天柱，但是帛书中只画了四木，中方之黄木却并未表现。当然，似乎不排除其中的一个帝像由于陶器损缺而缺失的可能。以右边的话语“五帝祝尤”与左边图案之组合，实际相当于“符箓”及“符箓语”，左边为具有除咎威力的神灵，右四字为除咎之语，整个陶文的意思是：“五帝”除邪、化吉、解殃，或曰“祝尤”。

四、关于“五帝”称谓问题的一个说明

诚似我们所论，整个图文的解释还是较有说服力的，但是，有个特殊问题尚需论证：当时是否可能存在“五帝”的思想认识？我们认为，这是有可能的。论据如下。

（1）四方合中方为五方的概念起源甚早，卜辞中有明确的证明材料，《诗经》中的“以社以方”的记载同样有助于说明这个问题。

（2）五方各有其神的概念同样起源甚早，五方之神同为上帝之臣的思想同样历史悠久。卜辞中已出现“帝臣”（《后编》上·30·12、《甲编》779）、“帝五臣”（《粹编》13）、“帝五工臣”（《粹编》12、《后编》上·26·15）等专用名词，文献同样印证了这样的认识，像《左传·昭公十七年》记郯子曰：“我高祖少皞挚之立也，凤鸟适至，故纪于鸟，为鸟师而鸟名……五雉为五工正”，陈梦家先生推测说：“五工正相当于卜辞的‘帝五工臣’”[12]。商代小双桥遗址所出青铜构件，其上有明确的四象材料。

（3）卜辞中，祭祀四方神灵时，有时用“帝”祭方式[13]，这从一定程度上说明四方神是可以称为帝的。

（4）我们认为此陶文四神物应为四方神，不宜视为四方风神。因为在讨论四方神的时候，实际的潜台词是还有中方神，但是在讨论四方风神时，却一般不说中风神。当然，这里我们应说明与四方风有关的“五气”概念。《淮南子·天文训》云：“甲子气燥消，丙子气燥降，戊子气湿浊，庚子气燥寒，壬子气清寒。”有学者据此绘有示意图（图四），并认为“五气”即为无中方的五方之气，或曰“五行”，同时认为：此“五气”运用于制历的时间很早。在“少昊氏”时，由于以二分二至治历定时，“五气失其治历之用，遂演为万物存在之宇宙论根源”，在解释《礼运》“播五行于四时”，其又认为：“初为五气与二至二分之配合，将五方所向之五气播散四方”，“五气既散入四正之位，合虚中之位而成为中央与四正之五方新义，此为五行方位之新格局”[14]。我们认为，即使“五气”概念起源甚早的观点可以成立，亦不影响我们的结论，因为开始以二分二至为治历定时的时间从《左传·昭公十七年》等文献看，不晚于

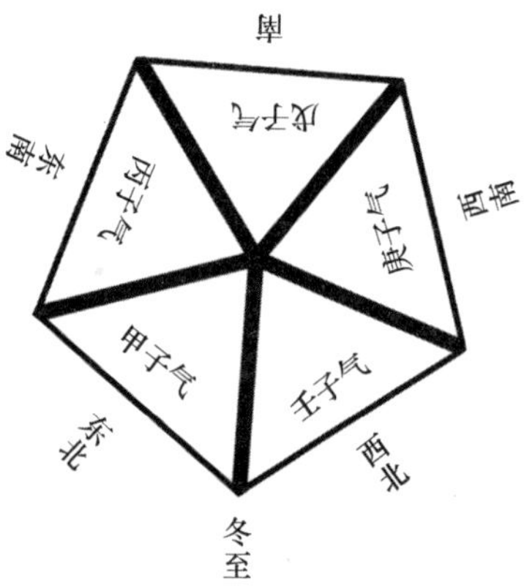

图四　五气图

少昊氏时期。从考古学材料，像濮阳西水坡45号墓的“二象”和“北斗”、具有明堂某些特征的太谷白燕F504这座建筑中心的四维“十字架”等现象看，显然不晚于公元前6000～前4800年。又这些反映四方与中方之思想与卜辞中的四方风、四方概念是一脉相承的，于此，在龙山时代就不太可能存在《淮南子·天文训》所云的“五气”之思想。所以，此陶文四神物应为类似《合集》14294[15]、《合集》14295[16]所论的四方神[17]。

（5）我们知道，《大戴礼记·五帝德》《庄子·天运篇》《荀子·非相篇》《荀子·大略篇》《逸周书·尝麦解》等文献中已言及“五帝”，其中《大戴礼记·五帝德》《庄子·天运篇》《荀子·非相篇》《荀子·大略篇》等所论“五帝”是纵向“五帝”，与“五帝时代”[18]意义上的“五帝”属于一类。由此可见，早在战国时已有纵向“五帝”或意义相当于“五帝时代”的称谓。从考古学发现[19]、夏商周三代断代[20]、卜辞内容和各种平面“五帝”说中“五帝”之间有时代跨度的现象看，出现纵向“五帝”说的时代不会早到三代，但是，纵向“五帝”说之所以称“五帝”而非“六帝”“九帝”等，除可能由于那个时代确实只有此五帝[21]或只有此五帝功勋卓著而以之为那个时代的代表之原因外，早期平面“五帝”说应为纵向“五帝”说提供了重要的思想来源。当然，我们认为出现纵向“五帝”说的时代较晚，并不代表我们不赞同中国古史中确实出现过“五帝时期”，我们只是认为将那一时期总结为“五帝时期”或“五帝时代”的观点出现较晚，并且这一称谓是与早期平面“五帝”说是有联系的。

五、关于神像特殊造型的讨论

我们看到，龙虬庄陶文中四个神像造型特殊，基本造型为“蹲踞式”（图五）。关于这类“蹲踞式”造型的含义，不少学者做过讨论，有的认为就是实际的“蹲踞”[22]，有的认为其与生殖崇拜有关[23]，还有的学者认为“蹲踞式”形象是诸多神的造型。具体原因除论其与生殖崇拜有关方面有所解释之外，其他神有这类姿态的原因并未论明[24]。还有的学者认为这类“蹲踞式”是萨满作法的最高境界之姿态[25]，实际上其仍未回答此类姿态的真正含义，未回答为何此类姿态是“萨满行事时的最高境界”。其实这类姿态多是源于“攀援建木”姿态的，是表明某神人具有沟通天地的法术，只是由于“攀援建木”姿态的逐步仪式化、形式化，所以有的这类姿态的神灵双手有时才并未“弯握”，实际代表的是同样的功用。而学界早已证明，中国

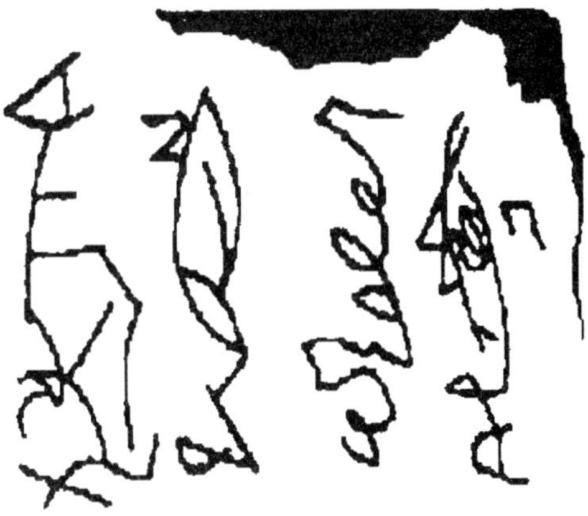

图五　龙虬庄陶刻“蹲踞式”方帝

图六　赵陵山M77：71

早期不少神灵、神祖、巫者，特别是北斗神、与北斗神有密切联系的神灵、神祖或类金沙铜巫史、商人高祖夔或俊之类的神职人员[26]，其作法时的艺术化姿态多是呈“蹲踞式”的。像赵陵山遗址所出新石器时代的“蹲踞式”玉人（图六），其位于玉钺的中心，而玉钺中心又可象征极星或天中[27]，所以此玉人功能在于使死者可以升于上天。死者之所以可以这样，是由于其墓中随葬有“蹲踞式”玉人，此随葬物可以使死者可以像神帝或神灵一样，能呈“蹲踞式”，就是说他们同样可以像神灵一样，攀援建木登天[28]。商代“蹲踞式”玉人及其表示天中的“⊕”字符号同样可以作为重要论据[29]。这说明“蹲踞式”的造型是龙虬庄神像可以称为“帝”的重要依据。

六、先秦文献中的“五帝”“五官”“五方神”称谓与龙虬庄陶文中的“五帝”称谓

先秦文献中早已有各种“五帝”“五方神”的说法。

（1）《大戴礼记·五帝德》载孔子曰：“黄帝，少典之子也，曰轩辕……颛顼，黄帝之孙，昌意之子也，曰高阳……帝喾，……玄嚣之孙，蟜极之子也，曰高辛……帝尧……之子也，曰放勋……帝舜，蟜牛之孙，瞽史之子也，曰重华。”

《国语·鲁语》：“黄帝能成命百物以明民共财，颛顼能修之，帝喾能序三辰以固民，尧能单均刑法以仪民，舜能勤民事而野死。”

此外，《礼记·祭法》《吕氏春秋》中《适音》和《诬徒》二篇记载亦类似。例如《适音》中载：“昔黄帝令伶伦作为律……帝颛顼生自若水，实处空桑……帝喾命咸黑作为声歌……帝尧乃立，乃命质为乐……帝舜立，命延乃拌瞽叟之所为瑟”，等等。这一五帝说在《史记·五帝本纪》之后得到普遍认可。

（2）《礼记·月令》曰：“季春之月……其帝太皞，其神句芒，孟夏之月……其帝炎帝，其神祝融，季夏之月……其帝黄帝，其神后土，孟秋之月……其帝少皞，其神蓐收，孟冬之月……其帝颛顼，其神玄冥。”不少学者认为这样的认识是在战国之末奠定的，与“阴阳五行说”有关。《吕氏春秋·十二纪》所记载的情况类似。另，《山海经·海外经》载句芒、祝融、蓐收和禺强为东、南、西、北四方神，《礼记·月令》则以玄冥为北方之神。

《淮南子·时则训》载：“……太昊句芒之所司者。……赤帝祝融之所司者。……黄帝后土之所司者。……少昊蓐收之所司者。……颛顼玄冥之所司者。”在《天文训》中，则以五帝为五星之帝：“何谓五星？东方木也，其帝太昊。……南方火也，其帝炎帝。……中央土也，其帝黄帝。……西方金也，其帝少昊。……北方水也，其

帝颛顼。”

《管子·五行篇》说：“昔者黄帝得蚩尤而明于天道，得大常而察于地利，得奢龙而辨于东方，得祝融而辨于南方，得大封而辨于西方，得后土而辨于北方。黄帝得六相而天地治、神明至。”

《孔子家语·五帝》老聃之言：“天有五行，水、火、金、木、土，分特化育，以成万物，其神谓之五帝。”王肃注“五帝”云：“五行之神，佐天生物者。”

《朱子语类》卷一《理气上·太极天地上》：“气之精英者为神，金、木、水、火、土，非神，所以为金、木、水、火、土者是神。”

《左传·昭公二十九年》蔡墨言：“夫物，物有其官……官宿其业，其物乃至……故有五行之官，是谓五官，实列受氏姓，封为上公，祀为贵神。社稷五祀，是尊是奉。木正曰句芒，火正曰祝融，金正曰蓐收，水正曰玄冥，土正曰后土。……少皞氏有四叔：曰重、曰该、曰修、曰熙，实能金、木及水。使重为句芒，该为蓐收，脩及熙为玄冥，世不失职，遂济穷桑，此其三祀也。颛顼氏有子曰犁，为祝融；共工氏有子曰句龙，为后土；此其二祀也。后土为社稷，田正也。有列山氏之子曰柱，为稷，自夏以上祀之；周弃亦为稷，自商以来祀之。”

《逸周书·尝麦解》记载：“赤帝大慑，乃说于黄帝，执蚩尤，杀之于中冀，以甲兵释怒，用大正顺天思绪，纪于大帝。用名之曰，绝辔之野。乃命少昊请司马鸟师，以正五帝之官，故名曰质。”《庄子·天运篇》曰，“夫三皇五帝之礼仪法度，不矜于同而矜于治”、“三皇五帝之治天下，名曰治之而乱莫甚焉”、“余语女（汝）三皇五帝之治天下：黄帝之治天下，使民心一……尧之治天下，使民心亲……舜之治天下，使民心竞……禹之治天下，使民心变……”。《吕氏春秋·尊师篇》曰：“此五帝之所以绝，三代之所以灭。”《荀子·非相篇》曰：“五帝之外无传人，非无贤人也，久故也。五帝之中无传政，非无善政也，久故也。禹汤有传政而不若周之察也，非无善政也，久故也。传者久则论略，近则论详。”《荀子·大略篇》曰：“诰誓不及五帝，盟诅不及三王，交质子不及五伯。”在《荀子》和《逸周书》之后提到五帝的先秦文献还有《晏子春秋》《楚辞·九章·惜诵》《甘石星经》等。

从所述文献看，在战国时代，“五帝”“五方神”的提法很多见，主要是纵向“五帝”说与横向“五帝”“五方神”说。在我们看来，战国五方之“五帝”实际应视为是在“五方神”的基础上而提出的一种说法，在其中虽然出现了不同年代的古帝，应是由于时人认为那些逝去的古帝已变为神的缘故。同时，从卜辞的材料看，商代“五帝”称呼特别是四方之帝尚未与圣王关联，所以，龙虬庄陶文中的“五帝”特别是其中的“四帝”应视为自然之神。

从文献本身的年代来看，《大戴礼记·五帝德》要早于《礼记》，更早于《吕氏春秋》，许多学者根据成书越早其可信性越大的一般规律认为，《大戴礼记·五帝德》一系的“五帝说”更可信[30]。我们从卜辞材料和龙虬庄陶文看，似不是这样。另，五方意义上的“五帝”一词在《逸周书·尝麦解》中就已出现，刘起釪等先生又认为《逸周书·尝麦解》所记为西周之事，成文时间应为战国之时[31]，这就说明五方意义上的“五帝”一词的出现时间很早，当然横向“五帝”与金、木、水、火、土之“五行”观念的关联时间则较晚，那些认为《史记·五帝本纪》“五帝说”的思想来源较《礼记·月令》或《吕氏春秋》“五帝说”的思想来源更早的认识不符合实际。

七、龙虬庄刻划陶片的性质

诚如所论，龙虬庄陶片的刻划为除殃、镇邪类文字和相关的图画，因此陶片或原器物显然具有镇邪、祝尤之功，这种书写“五帝”镇文的材料，我们曾在东汉、唐代、宋代的与镇墓有关的考古材料中有所发现[32]，这些考古材料的质地有的为陶、石质地。于此，我们初步以为，龙虬庄刻划陶器残片的性质有可能类似晚期的镇墓石、解殃瓶或罐，其有可能是死者的随葬品，原来有可能是完整的，可以暂时命名为镇墓陶片、镇墓盆或解殃陶片、解殃盆。于此观点，学界可能会有不同意见，因为学术界在谈到镇墓神物的时候，往往认为其起源较晚[33]。实际不然，新石器时代墓葬中随葬的兽面神物，像刻有神像的玉钺、圭、陶、铜面具、镶嵌绿松石兽面纹牌饰等其实多具有这种功能，只不过我们原来未发现过图文并茂的罢了。另外，龙虬庄陶片的图画为“蹲踞式”，实际与新石器时代的不少兽面神姿态类似，这更有助于说明龙虬庄陶片的刻划确实可以视为是除殃、镇邪类文字和相关的类丁公“陶文”（实际为“C”字龙）、吉斯拉玉琮“文字”（实际为“单旋符”或“C”字龙）一样的畏神像。商代小双桥遗址所出青铜构件，其上有明确的四象材料，这可以视为是以四象镇宅的较早材料，这同样说明在商代四象五方神确实具有镇邪的功能，至于汉代古籍文献、建筑明器和铜镜铭文中的这类说明四象五方神具有除殃、镇邪功能的材料，就更多了。

八、结　　语

从我们的讨论可以发现，龙虬庄陶文与“五帝”有关是可信的，此时的“五帝”特别是其中的四方之帝很可能是自然之神，尚未与历史中的任何具体人物关联，这一“五帝说”应是《礼记·月令》《吕氏春秋》一系“五方神”说的重要思想来源，同时亦是其中“五帝说”的重要思想基础，龙虬庄陶文之“五帝”与早期五行[34]、五方色尤其是“五德终始说”并无关联。

注 释

[1] 张敏、韩明芳、李国耀：《高邮龙虬庄遗址发掘获重大成果》，《中国文物报》1993年9月5日。

[2] 张敏：《龙虬庄陶文的发现与殷商甲骨文之源——浅谈中国文字的起源与发展》，《故宫文物月刊》第15卷第5期，1997年；张敏：《从史前陶文谈中国文字的起源与发展》，《东南文化》1998年第1期。

[3] 饶宗颐：《谈高邮龙虬庄陶片的刻划图文》，《东南文化》1996年第4期，又载《江汉考古》1996年第4期。其认为：“故这一片图文，不啻是《山海经》畏兽图之小型缩影，古代祝尤巫术之写照。”

[4] 刘志一：《龙虬庄陶文破译》，《东南文化》1998年第1期。其认为龙虬庄陶文与“‘变体彝文宗教示意书’‘水书’‘白摩书’，都是刻划形式的表音文字，属于古夷（彝）文和描绘形式的表意文字即象形文字融合的产物”。刘志一将龙虬庄陶文译为：“水家祖妣在上，现贡肥（鲤）鱼、雄鸡、金龟、老牛共十筒（桶），请享用，并保佑子孙平安昌盛。”

[5] 魏晓明、汪清：《汉字产生时代的历史考察》，《安徽史学》2000年第4期。他们认为龙虬庄陶符的形体构成与甲骨文的象形文字系统相比，存在着明显的差异，把龙虬庄陶符看成是古代东夷文字的一种是恰当的，但把它看作是甲骨文的胚胎形态，还缺乏有力的旁证。

[6] 周晓陆：《生命的颂歌——关于释读龙虬庄陶文的一封信》，《东南文化》1998年第1期。

[7] 《龙虬庄陶文的发现与殷商甲骨文之源——浅谈中国文字的起源与发展》认为：“右行四个图形，酷似动物侧视图形，第一个似兽，第二个似鱼或鳖，第三个似蛇，第四个似鸟。整个陶片刻文似包含了一个完整的文辞或完整的意图，左行四字可以连读，又可以表示其右图形的含义。若一字一图为一组，正好四组，其含义究竟是四方还是四时？是四渎还是四岳？是四神还是四灵？还难断定。”

[8] 关于龙虬庄陶文与“五帝”有关的认识，我们在有关论著中已言明。

[9] 关于“帝”字的含义，学术界数有争论，代表观点有：吴大澂《说文古籀补·附录》说：“疑古帝字本……如花之有蒂，果之所自出也”；王国维说：“帝者，蒂也。……但像花萼全形”（《观堂集林》卷6）；胡适和刘半农也有类似之讨论（参见《古史辨》第二册，上海古籍出版社，1982年）；魏建功从音韵学方面作补充证明，“帝”与“花柄”有关（《读〈帝与天〉》，《北京大学研究所国学门月刊》第一卷第三号，1926年。收入《古史辨》第二册）；郭沫若更进一步说，“是否即帝，虽无确证，然以帝为蒂，（吴氏）实为倡始。……王谓像花萼全形者，是也。……知帝为蒂之初字，则帝之用为天帝义者，亦生殖崇拜之一例也”（《释祖妣》，《甲骨文字研究》，科学出版社，1962年）；李孝定认为，“帝字古文象花蒂之形，殆无可格。郑樵《六书略》已有此说，郭（沫若）之说尤为详审”（《甲骨文字集释·帝》，台北“中央研究院”历史语言研究所，1970年）；张明荣认为，“从甲骨文、金文中‘帝’字的

整体分析，它表示苍穹之上的宇宙的起点，或天上的创造世界的最高神灵”、“‘曼达拉’既是一种文化现象，也是一种心理现象。中国上古文化中的‘帝’字，是古朴的‘曼达拉’图形”、“‘帝’字是来源于中国（甚至世界）远古文化的一种原型，而且它本身仍体现着这一原型。这种原型只可意会，难以言传；只可义指，不能物指。这一文化原型由来已久，在‘帝’没有产生之前既已存在。随着人类文明的光临和人间王的产生，‘社会原型’与‘文化原型’激烈撞击，直接导致了‘帝’字的产生。‘帝’既是现实社会的产物，也是文化传统的结果。如果说‘道’（或‘理’）体现了中国中世纪的文化精神，那么我们也可以说，‘帝’体现了中国上古时代的文化精神”、“‘帝’象征着宇宙生成原形”（《中国文化的帝与宇宙生成原型》，《天津师范大学学报》1997年第4期）。

另有学者认为“帝”为太阳神，这方面的论著有何新《诸神的起源》第7页（生活·读书·新知三联书店，1986年），詹鄞鑫《上帝观的起源、发展及其影响》（《天津师大学报》1988年第5期），杨希枚《论商周社会的上帝太阳神》（《中国史研究》1992年第3期），林巳奈夫《饕餮——帝说补论》（《史林》第76卷第5号，日本史学研究会，1993年）等。另，章炳麟在《吴清卿〈字说〉手批》中，提出了古“帝”字来自于天上的飞鸟形状之论，康殷先生在《文字源流浅说》等中，认为“帝”字的原形是人工制作神物的象形（荣宝斋，1979年）。

何努的北京大学考古学系2001年博士论文《长江中游文明进程》（第146～149页）认为石家河文化早期肖家屋脊遗址AT1822④：36陶文是“帝”字，此看法正确。因为此类陶尊在大汶口文化、良渚文化等中均有发现，大汶口文化的这类陶尊上有一类常见符号，而这些符号多为“‘单旋符’—三层或三峰昆仑”造型或“天顶—璇玑—建木—斗魁”造型。但是其有关“帝”字为“人祖至上神菁茅藉的形象”的论断可商榷，因为所谓“角杯符”实际就是“单旋符”，这类符的意义实际与红山文化勾云形玉器、大汶口文化陶符上端、仰韶文化中的“单旋符”一样是可以代表天神之元的，即北斗神或曰当时的极星神，亦即为当时的天帝。

董楚平先生曾将弗利尔玉璧符一类造型与“帝”字联系，这是很有见地的，但是其仍然是从生殖崇拜方面予以解释的（《良渚文化小考》，《浙江学刊》1996年第5期；《“鸟祖卵生明山”——良渚文化文字释读之一兼释甲骨文的“帝”字》，《故宫文物月刊》第168期，1997年3月），显然与我们的观点不同。

于“帝”字之意，尚有“燎祭”“地界栏”“外星飞形器”等无稽之谈，此不多述。

[10] 凌家滩玉版周围的穿孔，学术界多认为其与河图、洛书有联系。

[11] 帛书八行一段说“长曰青□榦，二曰朱□兽，三曰□黄难，四曰□墨难干”。

[12] 陈梦家先生在《殷墟卜辞综述》（科学出版社，1956年）中推测说：“五工正相当于卜辞的‘帝五工臣’。”

[13][16] 辛亥，内贞：今一月帝令雨？四日甲寅夕……

辛亥卜，内贞：今一月（帝）不其令雨？

辛亥卜，内贞：禘于北，方曰宛，凤（风）曰□，求年？

辛亥卜，内贞：禘于南，方曰微，凤（风）夷，求年？一月。

贞：褅于东，方曰析，凤（风）曰劦（协），求年?

贞：褅于西，方曰彝，凤（风）曰丰，求年?

[14] 邓立光：《五行之源起流变及其哲学意义》，《中国文化》第12期。

[15] 东方曰析，凤（风）曰劦（协）。

南方曰因，凤（风）曰微。

西方曰，凤（风）曰彝。

□（北）□（方）□（曰）宛，凤（风）曰□。

[17] 胡厚宣先生在《甲骨文四方风名考证》（《甲骨学商史论丛初集》第二册，成都齐鲁大学国学研究所石印本，1944年）论文中认为四方名非神名；杨树达在《甲骨文中之四方风名与神名》（《杨树达文集》之五《积微居甲文说》，上海古籍出版社，1986年）论文中认为四方名应为神名；王晖先生在《论殷墟卜辞中方位神和风神蕴义及原型演变》（《2004年安阳殷商文明国际学术研讨会论文集》，社会科学文献出版社，2004年）论文中表示支持“四方名为神名说”，并增加了新的论据。同时，在此篇论著中，他还讨论了卜辞四方神名与晚期五方神名、“五方帝”的区别及联系，这于我们理解龙虬庄陶文中“五帝”所指是有重要参考意义的。

[18] 许顺湛：《中国历史上有个五帝时代》，《中原文物》1999年第2期；李先登、杨英：《论五帝时代》，《天津师大学报》（社会科学版）1999年第6期；曹桂岑：《论中国古代的“五帝时代”》，《华夏考古》2001年第3期。

[19] 考古学中发现的礼仪、墓葬、建筑等与文献中有关“五帝”时代的一些特征较为相符。

[20] 夏、商、周断代特别是商、周的较为确切使“五帝”时代的考古学年代较为清晰。

[21] 那个时代的帝应不限于五个，称“五帝”可能与崇拜数“五”的思想也有些联系。

[22] 李济：《跪坐、蹲居与箕踞——殷代石刻研究之一》（《“国立中央研究院”历史语言研究所集刊》第24本）；吴大澂《字说》引《白虎通》《论语》《论语集解》等中的相关材料，曾得出“蹲踞”之姿态“无礼仪”的结论，其所言“蹲踞”显然与本文所论的“蹲踞式”不同。

[23] 王作新：《汉字发生的社会学基础》，《历史文献学论集》，崇文书局，2003年。

[24] 汤惠生：《原始艺术中“蹲踞式人形”研究》，《中国历史博物馆馆刊》1996年第1期。

[25] 张明华：《凌家滩、牛河梁抚胸玉立人说明了什么》，《中国文物报》2005年3月18日。

[26] 神灵、神祖、神巫有时是集于一人的。另，金沙铜巫史双手弯握，或仿执玉琮，以此形式表明其可攀援建木、天柱通天。商人高祖夒或夋，实际是“蹲踞式”造型，同样表明其有攀援建木通天之术。

[27] 钺可以视为斗魁，所以其之穿可以视为当时的极星或北斗星，“蹲踞式”玉人位于其中心，显然表明“蹲踞式”形象可以是形象化的可称为帝者的造型。不过这并不说明“蹲踞式”形象均可称为帝，“蹲踞式”造型可以是诸多神、巫的常见造型。

[28] 玉人首之神鸟实际与“天命玄鸟”之神鸟内涵一致。

[29] 关于此玉器上所见“⊕”字符号的含义，学术界有所研究，像潘守永等的《古代玉器上所见“⊕”字符号的含义——“九曲神人”与中国早期神像模式》（《民族艺术》2000年第4

期）、尤仁德的《帝俊玉像》（《故宫文物月刊》总第160期）等。我们认为其应为表示玉人与“天中”神关系密切的特殊造型，此类玉器上所见“⊕”字符号应蕴涵有“天中”、北斗之意，其中的“十”字意为四方之中，“○”形符表示天圆。同时，此类符号多位于神人之“环跳穴”（有一件此“⊕”字符位于腿、足之间，像四盘磨出土商代圆雕石人），此为髀之关键，被中医学界称为“髀枢”，联系濮阳西水坡45号墓有以人腿骨代表斗杓的现象，我们有理由相信，此类玉器上的“⊕”字符号位置和内涵具有与“天中”、北斗相关的特殊意义。

［30］ 孙锡芳：《〈史记·五帝本纪〉可信性研究》，西北大学博士学位论文，2004年。

［31］ 刘起釪：《古史续辩》，社会科学文献出版社，1991年，第613页。

［32］ 东汉的材料见罗振玉：《贞松老人遗稿甲集》卷1。唐、宋的材料见郑州市文物考古研究所编著：《中国古代镇墓神物》，文物出版社，2004年，第1～29页。

［33］ 见郑州市文物考古研究所编著：《中国古代镇墓神物》，文物出版社，2004年，第1～40页。

［34］ 学术界关于“五行”的最早含义有“五气”说（参阅［4］）、“五行星”说（参阅［31］一书有关《尚书》“甘誓”篇之“五行”一词的讨论）。

［原载王宇信、秦刚、王云峰主编：《北京平谷与华夏文明：国际学术研讨会论文集》（2005），社会科学文献出版社，2006年］

论马桥遗址M204出土的特殊陶杯及相关问题

在《马桥——1993～1997年发掘报告》[1]中，曾公布过一件特殊的陶杯。此件器物已发表近4年，并未有学者予以注意，我们认为其具有特殊意义，所以这里为文予以论证。

一、出土情况简介

在遗址Ⅱ区出有10座墓葬，虽然比较分散，但是仍然可以看出，这是一处临时墓地。其中Ⅱ区M204（图一）较为重要，墓主为一30～40岁的男性，有6件随葬品，其中位于死者左膝处的一件陶杯M204：3，值得重视。该陶杯为良渚文化多见的宽把杯，据发掘者描述，其特征是：泥质黑陶，口微敛，直腹微鼓，矮圈足，阔把，上有二孔。阔把外侧上部饰简化兽面纹，中部刻划一符号。口径8.2厘米、高12厘米。

二、陶杯特殊特征判读

依据发掘者描述，陶杯“阔把外侧上部饰简化兽面纹，中部刻划一符号”。实际上，阔把外侧上部所饰的所谓“简化兽面纹”，直观地看应是一鸟首，其喙突出，双目清晰，显然是鸟的造型；发掘者所说的“中间刻划一符号”，更明确地说就是新石器时代各地常见的、学术界特别关注的“八角（星）纹”。

三、陶杯特殊特征的含义

依据我们对陶杯特殊特征判读，阔把外侧上部所饰的应是一鸟首，整个阔把为鸟身，中部刻划的符号为“八角（星）纹”，显然若把阔把造型的鸟与“八角（星）纹”作整体看待时，一个有价值的造型组合就出现了，这一造型组合正与被学术界特别予以关注的凌家滩遗址大墓出土的著名玉鸟几乎一致（图二，6），只是凌家滩玉鸟的翅膀为猪首、鸟首方向与之不一致罢了。关于猪首的问题，我们有过讨论[2]。至于神鸟之首方向不一致，我们认为其意义是无区别的，像同是神鸟与神人题材意义类似的图案，弗利尔玉圭上的神鸟与台北故宫博物院玉圭上的神鸟之首的方向就不一致（图三）。

凌家滩遗址出土的玉鸟，学术界多有讨论，笔者在有关论文中亦曾论及。我们曾

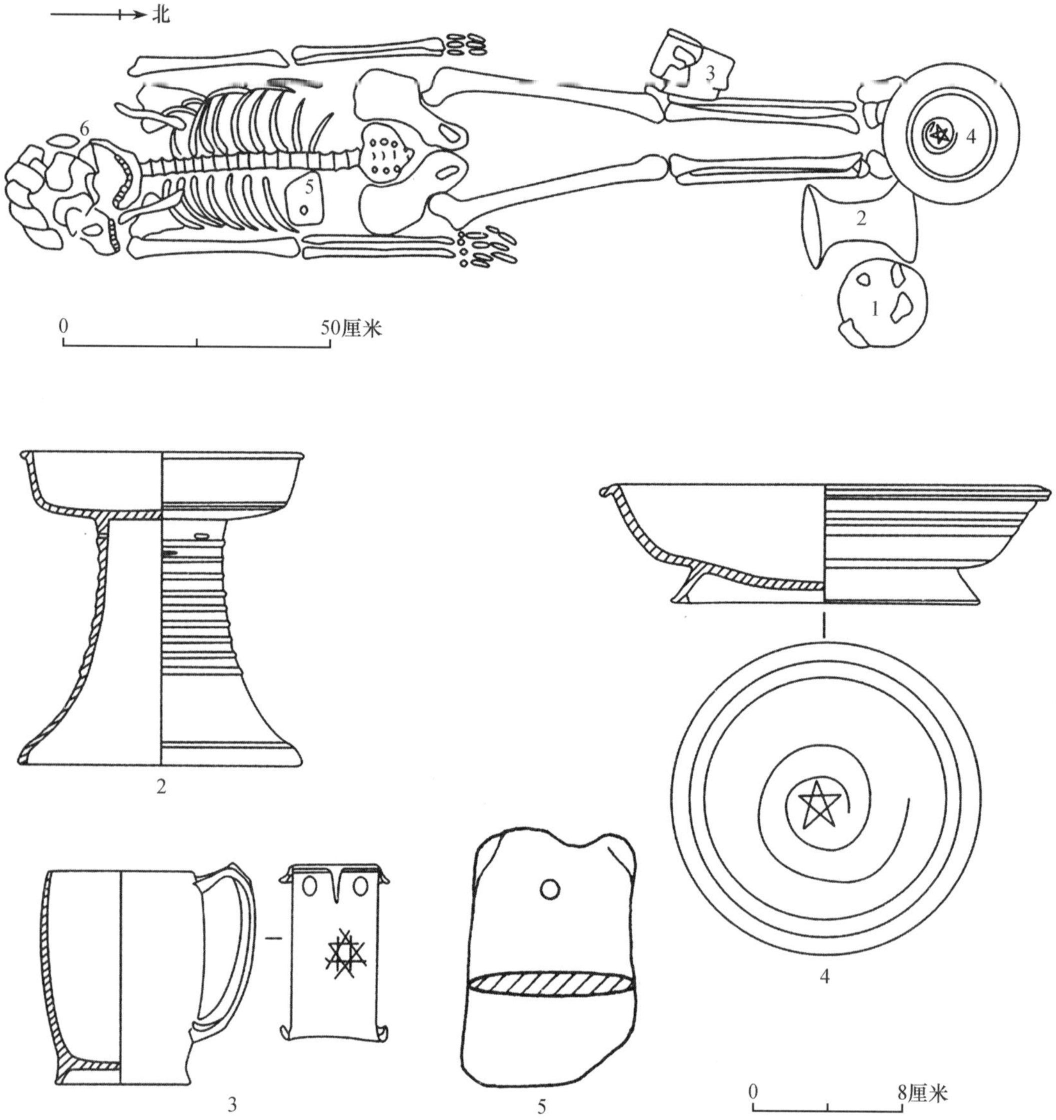

图一　马桥遗址ⅡM204及其随葬品

1. 陶鼎　2. 陶豆　3. 陶阔把杯　4. 陶圈足盘　5. 石斧　6. 绿松石锥形器

认为凌家滩玉鸟类似“天命玄鸟”中的“玄鸟”，与新石器时代中诸多玉器中的神鸟相类。参阅图二。

我们还认为，凌家滩遗址出土的玉鸟上的“八角（星）纹”与新石器时代至于商周诸多神鸟或具有神鸟某些特征的“蹲踞式”神人所负之符号或图案相关（图二），实际是具有方向性的涵示“中心”意义的符号，与“亚”形类似。“亚”形在世界各地历时的古文化中具有不同的特殊意义，中国早期的“亚”形是否有的具备可以具有示意“天中”或相关“中心”意义的功能？我们认为是有的，最为重要的依据之一是，太谷白燕F504（图四，3）这一具有天地结构和明堂某些特征的建筑。另外高庙遗址的某些陶刻图

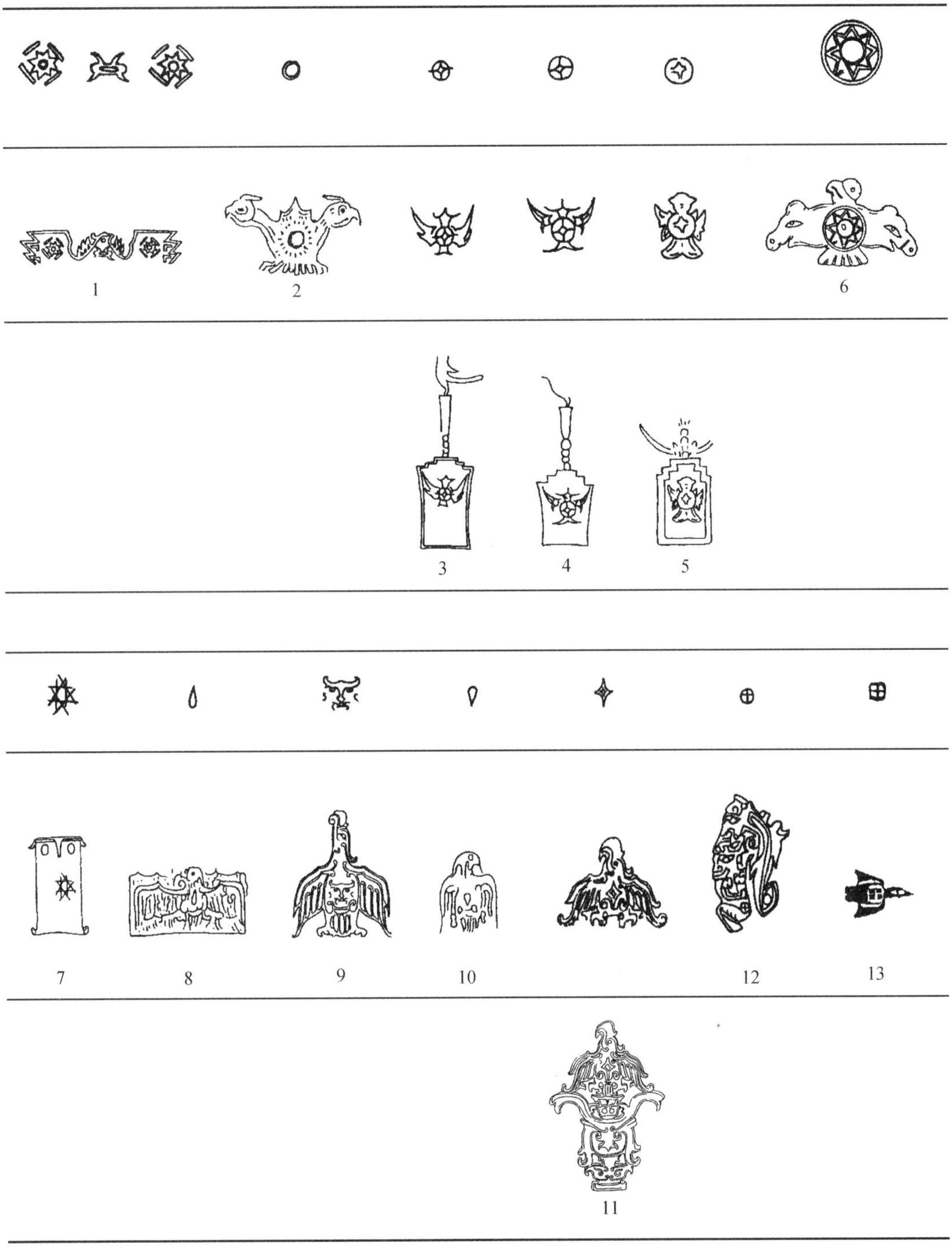

图二

1. 湖南高庙遗址（引自林河著：《中国巫傩史》，花城出版社，2001年，第244页） 2. 刻划图案（引自浙江省文物考古研究所：《河姆渡——新石器时代遗址考古发掘报告》上册，文物出版社，2003年，图七〇，3） 3. 蓝田山房藏玉璧 4. 台北故宫博物院藏玉璧 5. 吉斯拉玉琮 6. 凌家滩玉鸟M29：4 7. 马桥遗址ⅡM204：3陶杯 8. 吉美博物馆藏玉璜 9. 台北故宫博物院藏玉圭 10. 上海博物馆藏玉人 11. 天津博物馆藏玉佩 12. 明尼波利斯艺术研究院藏品（引自《中国古代玉雕》，PL，XX3） 13. 殷墟玉雁（M216：24）

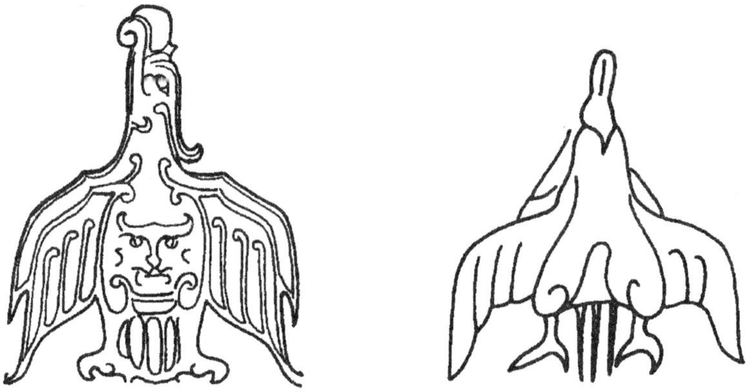

图三
1. 台北故宫博物院藏玉圭　2. 弗利尔玉圭

图四
1. 宜昌路家河陶勺（采：48）　2. 刻划图案（引自黄纲正、王立华执笔：《长沙南沱大塘遗址发掘简报》1995年长沙“长江中游史前文化及亚洲文明学术讲座会”论文）　3. 太谷白燕F504　4. 鹿台岗遗址Ⅰ号遗迹　5. 黎城戚　6. 四盘磨圆雕石人　7. 苗族刺绣“阳鸟纹”（引自林河著：《中国巫傩史》，花城出版社，2001年，第218页）　8. 后冈殷代大墓（石璋如：《河南安阳后冈的殷墓》，《历史语言研究所集刊》第十三本，1948年）　9. 亚羲（中国社会科学院考古研究所编：《殷金周文集成释文》第6卷，香港中文大学出版社，2001年）

像（图四，2）及龙山时代鹿台岗遗址具有明堂某些特征的建筑（图四，4）亦可作为辅助论据。此类建筑确凿无疑地表明中国早在新石器时代时已用“亚”形表示与“中心”有关的意义了。参阅图二。

于此，马桥遗址这件陶杯特殊特征的含义应是很清楚的了。不过为何以此“神鸟负八角（星）纹”作为把手呢？具有信仰内容的图案在器物上的具体位置有时可能不会刻意表示，但是有时可能会，此件陶杯上的特殊特征应是典型的示范，我们初步以为由于神鸟、“八角（星）纹”可以与“北斗星”关联，北斗星又可与勺子类器物造型关联，所以，此件陶杯的杯体可以视为是“斗魁”，阔把可以视为是“斗杓”，执柄即执掌权力。

四、有关与之有联系的早晚期材料的讨论

我们认为，“阔把造型的鸟负‘八角（星）纹’”的造型在良渚文化中还有类似的材料，这就是弗利尔一类玉璧上的有关造型，这些造型背负“圆——亚”，或曰“圆——菱形”，实际表现的就是“天中”的概念，其中的圆示意“天”，“亚”形或“菱形”是具有方向性的涵示“中心”意义的符号，是与“八角（星）纹”属于一类的，有的“八角形”本身即与菱形有联系。更早的材料在湖南高庙遗址陶器刻划中有发现，画中一神鸟负四齿神兽面，双翅膀各有一“八角形”符号，“八角形”符号周围是四边不连续的弧方形，这一组合的造型及意义与玉琮可以关联。从高庙遗址的这一材料看，“八角形”符号位于神鸟翅膀，中心为一神兽，似乎与所述“阔把造型的鸟负‘八角（星）纹’”一类图案的造型不完全相符，但是从考古发现的材料看则不然。神兽一般是位于中心的，但是从凌家滩神鸟这一材料看，雌雄神兽——猪却成为两个翅膀，或曰位于两个翅膀，又显然此类神兽可与北斗神或具有中心之类意义之神关联，所以其与“八角形”符可以关联，这又正好说明在此类图像系统中，神兽位于翅膀或中心与“八角形”位于翅膀或中心意义类似。参阅图二。

商周时仍有以或可与北斗星关联的“蹲踞式”神鸟作不同器物之把手的（图五），尤其是三星堆文化中的类《山海经·西山经》中所言的“婴勺”造型的可与“玄鸟”“北斗”关联的有些鸟形勺（图四，1），其类黎城戚神（图四，5）一样，目中有“亚”形，可以说明这个问题。

另，神鸟负具有“中心”等意义符号的材料，最早出土于高庙遗址，又出土于凌家滩遗址，马桥遗址的这一材料是时代略晚者之一，类似者尚有不少，龙山时代亦曾发现类似材料[3]（图二，8、9、10、11），二里头文化时的材料现在尚未发现。商代相关材料除所述以外，有两类值得提出，一类是出土于安阳的玉鸟，身有

图五　弗利尔博物馆藏

“田”形符号（图二，13），一类是数量诸多的“蹲踞式”玉人（图二，12），少量玉人像四盘磨者不是“蹲踞式”（图四，6）。这其中不少神人身之“髀枢”的位置或踝之近“昆仑”“申脉”的位置有“⊕”形符[4]，而这些玉人多有神鸟的特征。这样的话，所述神鸟或具有神鸟特征的“蹲踞式”玉人与“阔把造型鸟负‘八角（星）纹’”图案中的“阔把造型鸟”相应，“⊕”“◎”等则与“阔把造型鸟负‘八角（星）纹’”造型中的“八角（星）纹”相应。至于神鸟负“中心”或“八角星纹”的更晚材料在少数民族中有发现（图四，7）。不过除彝族等数量不多的少数民族的认识与早期含义有关外，多数对其含义的认识已有误判，像现今许多人一样，误以为其只与太阳有联系。另，与“中心”有关的礼仪数术符号“五”存在于玉饰（城头山遗址）、陶豆（新砦）、陶斗形瓮（新砦）等上的情况，金文中以“五”“菱形符”为“族徽”或“吉祥符”的情况，数术中“五”的含义，商及周初重要墓葬或墓室为“亚”形（图四，8），金文中“族徽”所附“亚”形符（图四，9）等情况有助于我们理解本文论证，此不赘述。

五、参照执钺等现象谈墓主身份问题

马桥遗址Ⅱ区M204随葬有这件有特殊特征的陶杯，从我们的论证看，这件陶杯意义非凡，所以，我们认为其对于判断这位墓主身份应有重要价值。由于这件陶杯的特殊特征与礼仪有联系，所以，死者的身份有可能与礼仪也有联系。

又据发掘报告，墓主为一30～40岁的男性，有6件随葬品，是10座墓中数量最多的，并且除了这件特殊的阔把杯之外，尚有1件玉器，其他9座墓均未达到这一级别。

另，依据发掘报告描述，此墓主右手执有带柄石钺（M24：5），而执钺往往是一般礼仪、军事礼仪中重要人物的突出特征。这方面的考古学材料很多，像肖家屋脊遗址石家河文化早期的执钺人像（图六，1），甲骨文中的商人高祖“夒”（或“夋”）的执钺造型（图六，2、3）[5]，等等。另文献中同样有诸多相关记载，像：

《逸周书·克殷》：“（武王）先人适王所，乃克。射之三发而后下车，而击之以轻吕，斩之以黄钺。”

《尚书·牧誓》：“王左仗黄钺，右秉白旄以麾。”

《史记·殷本纪》：“赐弓矢斧钺，使得征伐。”

《史记·殷本纪》记载商的开国君主汤：“自把钺以伐昆吾，遂伐桀。”

《国语·鲁语》：“大刑用甲兵，其次用斧钺。”

《逸雅》：“钺，豁也。”

《书经》云：“钺以金饰，王无自由之理，左杖以为仪耳。”

汉刘熙《释名·释兵》：“钺，豁也。所向莫敢当前，豁然破散也。”

图六

1. 石家河H357：5　2.《屯》346　3.《合集》六三〇〇

《史记·周本纪》：“周公把大钺，召公把小钺，以夹武王，釁社，告纣之罪于天及殷民。”

《三国志·魏志·曹休传》：“帝征孙权，以休为征东大将军，假黄钺，督张辽等及诸州郡二十余军。”

《通典·礼二四》：“晋制黄钺车，驾一马，大驾行次于华盖后，御麾左右又有金钺车、金钲车，并驾三马。”

再者，甲骨文和金文中的“王”和“皇”字，也有作斧钺形状的部分，这说明当时的使用者具有相当高的地位。同时甲、金文等文献及诸多墓葬随葬情况表明不少礼仪中都有钺、戚一类，此不赘述。

综合地看，此墓的埋藏情况表明，墓主有可能是一个小村落中的有军权和礼仪祭祀权的决策人员，从文化人类学的角度看，也是表明埋葬者希望死者在另一个世界里也成为一个这样的人。

注　释

[1] 上海市文物管理委员会：《马桥——1993～1997年发掘报告》，上海书画出版社，2002年。

[2] 论述见拙著：《花地嘴遗址所出“新砦期”朱砂绘陶瓮研究》，《中国历史文物》2006年第1期。另山西近出双面以阴、阳不同线刻示其雌雄特征的玉神面有助于理解这个问题（玉神面材料见李建生、王金平：《试论山西出土的玉器》，《文物世界》2006年第5期，图一）。

[3] 龙山时代的这些材料，有的神鸟所负为“心”形、“水滴”形或“神面”造型，意义仍与“中心”或“中心神”有关，我们已有相关论证，此不赘述。

[4] 关于此玉器上所见“⊕”形符号的含义，学术界有所研究，像潘守永等的《古代玉器上所见“⊕“字符号的含义——“九曲神人”与中国早期神像模式》（《民族艺术》 2000年第4

期）、尤仁德的《帝俊玉像》（《故宫文物月刊》总第160期）等认为其与太阳或生殖崇拜有关。我们认为，其应为表示玉人与“天中”关系密切的特殊造型，此玉器上所见“⊕”字符号应蕴涵有“天中”、北斗之意或与之有密切联系，其中“十”字意为四方之中，“○”形符表示天圆。同时，此类符号多位于神人之“环跳穴”，四盘磨出土商代圆雕石人（服饰龙纹、饕餮纹，身份应与巫、礼之职务有关）身上的“⊕”字符位于腿骨与踝之间，在具有“广漠无艮”之含义的“昆仑”“申脉”等附近，同“髀枢”一样位于髀之另一端点，这两者均为髀之关键，一个被中医学界称为“髀枢”，一个近于内涵特殊的“昆仑”“申脉”附近，联系到濮阳西水坡45号墓有以人腿骨代表“斗杓”的现象、古人以身测影的风俗及中医经络思想的历史，我们有理由相信，此类玉器上的“⊕”字符号位置和内涵具有与“天中”、北斗相关的特殊意义。另“□”形符号的含义与“⊕”字符号的含义近似。“口”形，从考古学材料看，有时位于“八角符”之中心，有的位于彩绘双旋符中心（像陶寺等遗址的彩绘陶豆豆柄的有关图案）；又，不少神人特征之一是具有“方瞳”的，道家以为人之修成，先易气，再易形，方为成功，而易形之突出特征即是瞳由圆易为方。《六书》曰：“人受气以生，以目最先。神之所聚，无非目也。……故方瞳者，形化之大成，得道之符征也”，《列仙传》及《抱朴子》之《论仙篇》《微旨篇》《祛惑篇》《神仙传》及诸多诗文中均有类似记载，所以我们可以初步地认为其表示的是与神人有关的四方之中、方正、严正的意思，有关论述还可见拙著《论龙虬庄陶文——并论“五帝”的一种称谓》（《北京平谷与华夏文明：国际学术研讨会论文集（2005）》，社会科学文献出版社，2006年）。

［5］　由此可知，甲骨文中的商人执钺造型之高祖与未执钺形高祖确是一人，增“钺”可以明示其有刑兵之权、威武之势，这还有助于我们更好地理解有关古文字为何会有增加形体构件等类问题。

（原载北京大学震旦古代文明研究中心：《古代文明研究通讯》总第31期，2006年）

论二里头文化与夏家店下层文化中的龙、蛇

二里头文化与夏家店下层文化，是中国早期文明中具有代表性的两个考古学文化。其中的艺术品，尤其是其中的龙、蛇，在中国早期艺术史的研究方面，具有重要的和不可替代的价值。

一、二里头文化龙、蛇

1. 二里头遗址

ⅤT210④B：3[1]（图一，1）。龙爪，从动物学的角度看，龙爪与禽类动物或蜥蜴有相似之处，时代为二里头文化三期。

ⅤT212③：1[2]（图二，4）。器盖似中空神器，其上刻有一只带爪和鱼鳍似装饰的龙及一条小蛇，龙的附近有一神帝或神巫、神祖面，时代为二里头文化三期。

ⅤT212⑤：1[3]（图二，4）。此陶器为器盖似中空神器，与ⅤT212③：1为同一器物（早年认为是两件器物，所以分别编号）。有“亚”字镂孔，蛇纹，“臣”字形无瞳双目，蛇身弯曲，我们原认为象征天盖的“介”字形实际属于（图一，3）神龙之首，时代为二里头文化三期。另有学者认为蛇有双首。

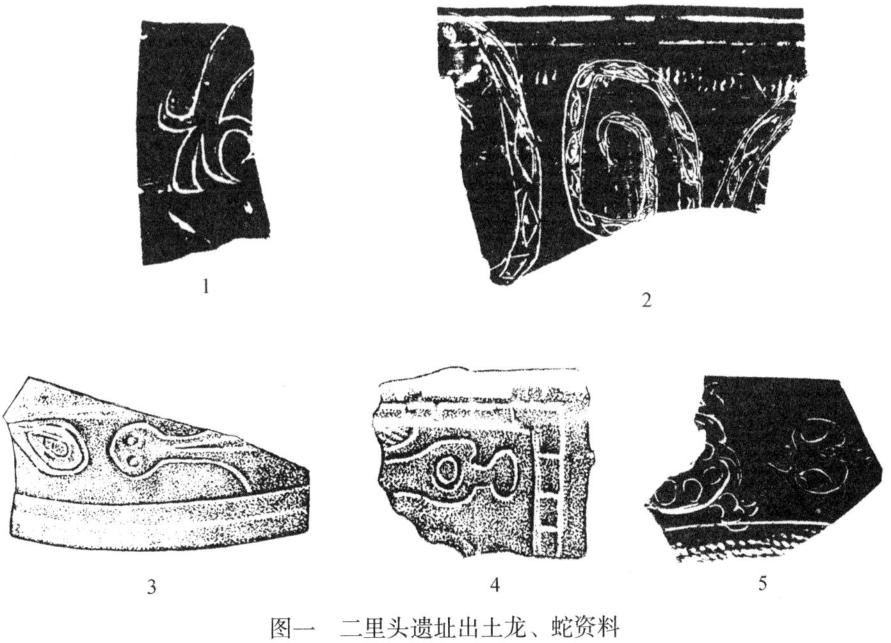

图一　二里头遗址出土龙、蛇资料

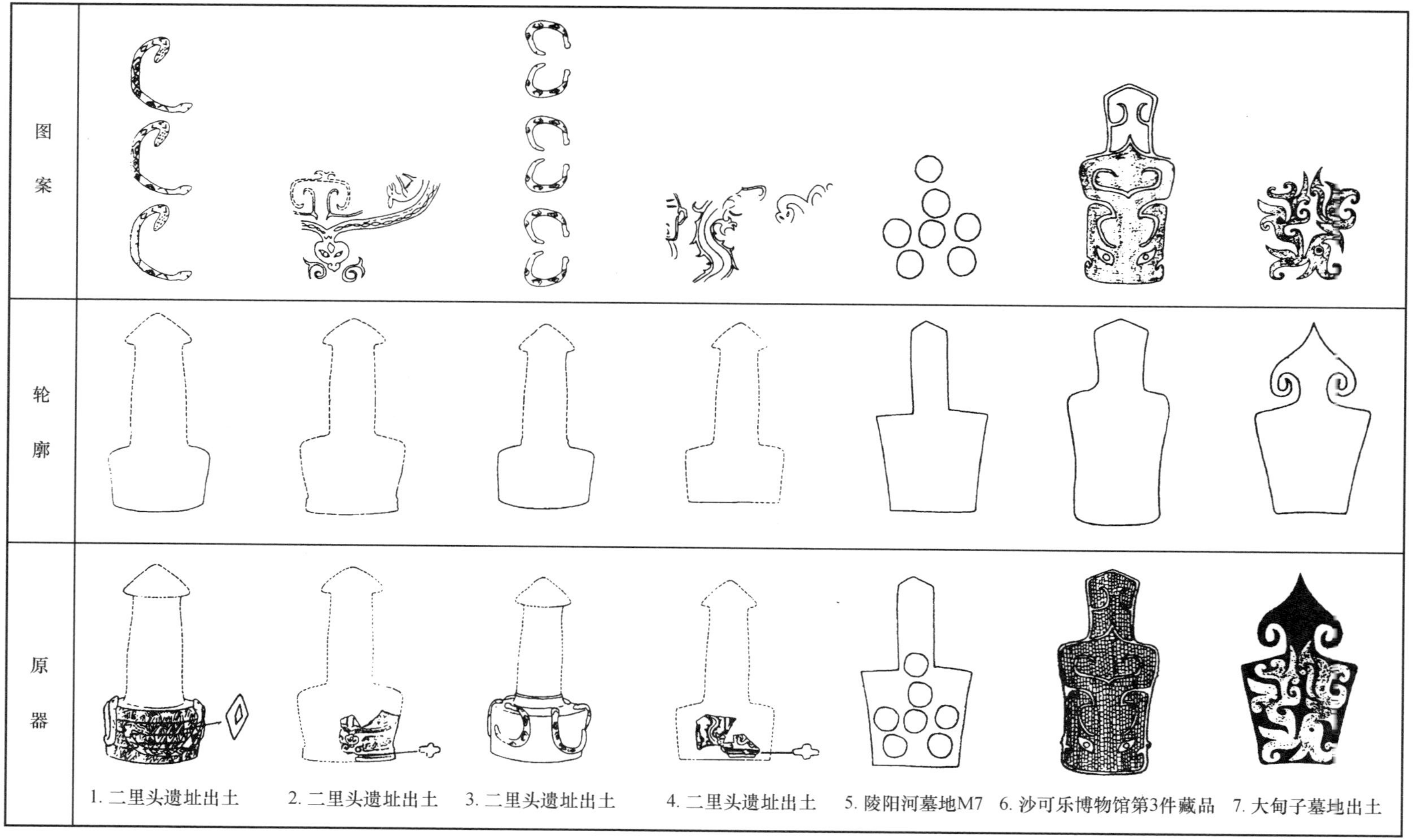

图二

牌饰、天顶—璇玑—斗魁、亚腰形—梯形—斗魁—昆仑台、中空神器、亚形—菱形、神龙—蛇—猪龙、北斗神关联图

1～4. 二里头遗址出土　5. 陵阳河墓地M76. 沙可乐博物馆第3件藏品　7. 大甸子墓地出土

ⅤⅡT107③：2[4]（图一，5）。蛇纹，“臣”字形有瞳双目，“心”字形鼻首，印堂处为菱形，蛇身亦有菱形纹路。此蛇与龟同存，时代为二里头文化四期。

ⅣT17②：4[5]（图一，2）。蛇纹，蛇身弯曲，身有弯曲，有菱形纹路，时代为二里头文化四期。

92YLⅢH2：1[6]（图二，1）。器盖似中空神器，其上有3条浮雕似堆塑蛇，蛇身有菱形装饰，时代为二里头文化二期。

92YLⅢH2：2[7]（图二，3）。器盖似中空神器，其上有6条浮雕似堆塑蛇，蛇身有菱形装饰，时代为二里头文化二期。

绿松石龙[8]（图三，2）。依据相关材料观察，组成此石龙的绿松石主要为纯净的天蓝色；石龙的双目为“臣”字形，睛的两端为弧角三角形；吻部略突出，鼻头呈蒜头状，平面俯视图为“心”字形，鼻梁在面中特别显现，并分段，表现鼻梁的半圆形玉柱雕有平行凸弦纹，鼻端根部所雕的“浅槽装饰”，实际是为了表现鼻头的“心”字形平面；两腭横向展开并内弯；面部轮廓为梯形；龙身正中为数个菱形纹路；龙身波状小幅度弯曲；龙形器物的上端为一组绿松石组成的图案。时代为二里头文化二期。

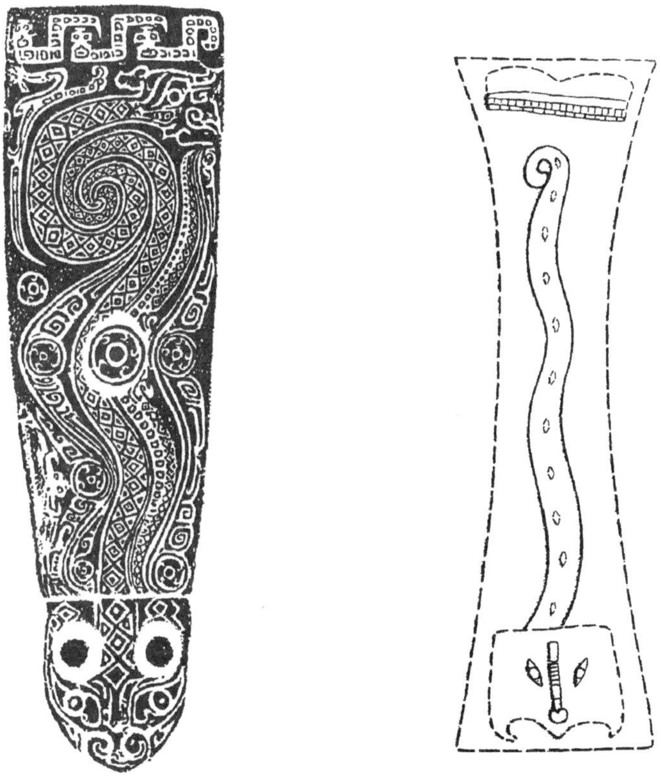

1　　　　2

图三

1. 商代铜觥（《中国龙凤艺术研究》第46幅）　2. 二里头遗址出土

蛇纹，双圆形目，时代为二里头文化二期[9]（图一，3）。

一首双身龙，“心”字形鼻子，双目为“臣”字形，蛇身有近菱形纹路，并有不少装饰线。其具体形状，我们已在有关论著中复原过，时代为二里头文化三期[10]（图二，2）。

在二里头文化三期的一件方杯上，有一蛇，圆形目[11]（图一，4）。

03VG14：16[12]（图四，4）。蛇纹，蛇身弯曲为圆，蛇尾内曲，蛇首上曲。

2. 新砦遗址

新砦遗址新砦期时，在一件陶杯上发现过有神鸟羽似装饰的蛇纹，材料尚未公布。

3. 花地嘴遗址

花地嘴遗址新砦期时的一件陶豆上发现过残刻划，有可能是蛇纹，材料尚未公布。

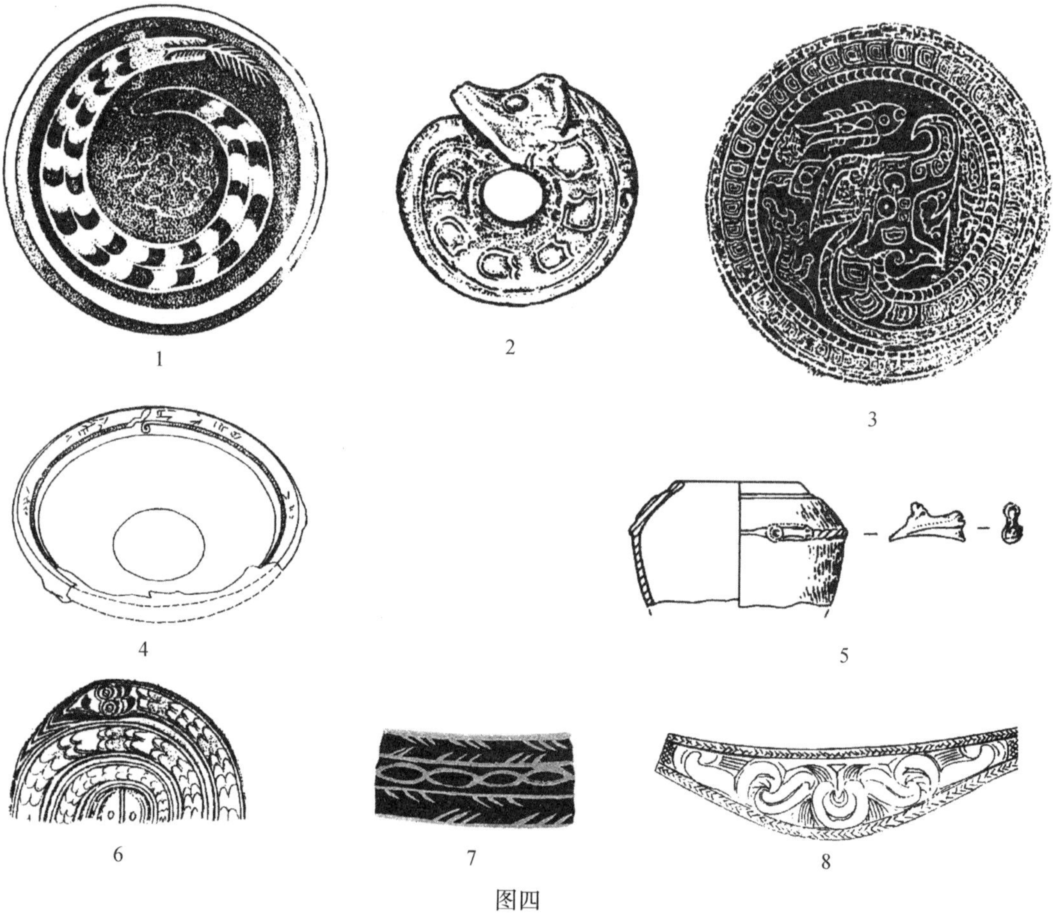

图四

1. 陶寺遗址出土（《中国龙凤艺术研究》第17幅）　2. 妇好墓出土仿红山文化风格玉猪龙（《中国龙凤艺术研究》第42幅）　3. 妇好墓出土铜盘（《中国龙凤艺术研究》第40幅）　4. 二里头遗址出土　5. 杨庄遗址出土　6～8. 大甸子墓地出土

4. 杨庄遗址

H8:1[13]（图四，5）。龙纹，杨庄遗址第三期Fa型陶鼎装饰，以组索状附加堆纹为龙身，龙头高额，似猪头。

另据悉，二里头文化的相关遗址尚有龙、蛇材料未公布。

二、夏家店下层文化中的龙、蛇资料

夏家店下层文化的龙、蛇材料，主要出现在大甸子墓地。

M827：2[14]（图五，1）。在一高领罐上，以彩绘方式表达的两个基本相同的神面，原神面倒置，神面之冠由一头双身蛇组成（图五，5），蛇身有明确的鳞片纹路。在整个神面从印堂到腭的地方，又套色出两条龙（图五，4），若将龙尾视为鱼，又可把另一方向图案视为两条鱼龙，若如是，龙身的单旋符形目装饰这时候应视为是鱼的眼睛的组成。整个神面有双近菱形目和瞳，倒“T”字形鼻首，鼻首附近有倒“介”字形，双目与鼻子的造型实际可以视为是两条一首双身龙，每条龙首为侧面造型（图五，2、3）。

M717：2[15]。在一矮领圜肩罐上，彩绘有一组六条龙（图六，1），龙尾下曲，龙身以底色形成“U—V”形的鳞片纹路，龙身弯折变化，与M810：8类，龙首似神鸟首，但亦可以认为是龙、蛇首，并且从器盖上所绘的盘蛇首造型看（图四，6），仅视其为神龙较符合实际。在矮领罐上，与具有“U—V”形的鳞片纹路之龙相连接的还有六条基本一致的猪龙，上腭上曲，下腭下曲，有单旋符式冠，龙身很短（图六，1）。M715：2的彩绘龙与M717：2的龙一致。

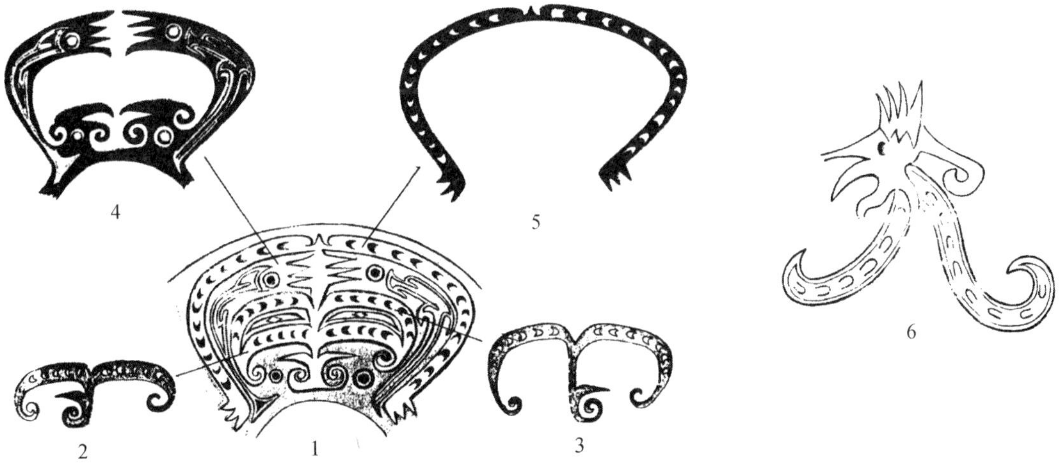

图五

1. 神面正面　2、3. 一首双身猪龙　4. 猪龙或鱼猪龙　5. 一首双身蛇　6. 大甸子墓地出土

（《中国龙凤艺术研究》第10幅）

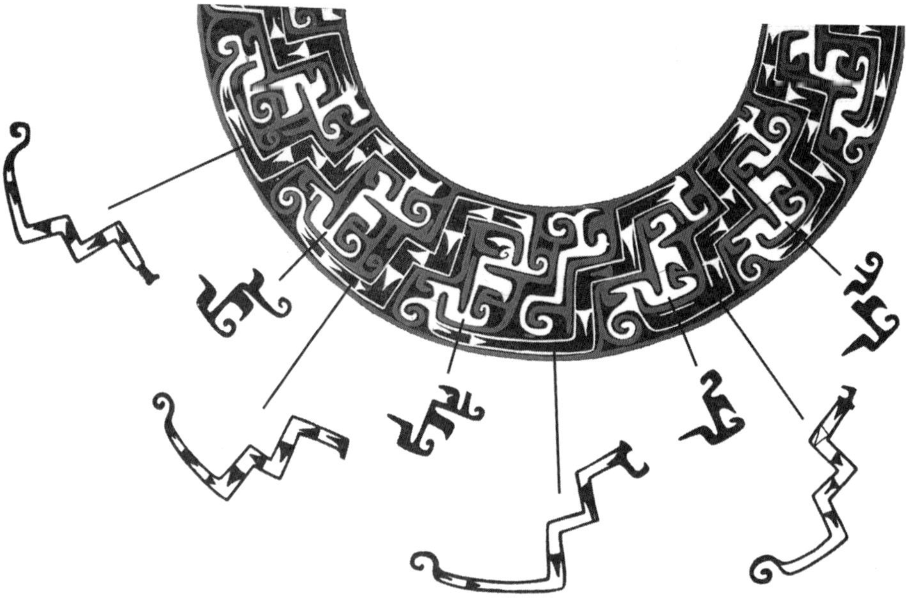
1

2　3　4　5

图六

1. 彩绘神龙与猪龙　2. 浙江省博物馆藏良渚文化陶器（《中国龙凤艺术研究》）第16幅）
3. 敖汉旗小山T3546F1：鸟龙　4. 那斯台出土鸟龙　5. 敖汉旗赵宝沟遗址出土猪龙

M810：8[16]。在一陶罐上，彩绘有两组六条龙，龙身有横线，龙首似神鸟首（图七）。M905：12、M905：16、M867：4等应属于同类。注意，此神龙首亦可以认为是龙、蛇首，并且从器盖上所绘的盘蛇首造型看（图四，6），也应仅视其为神龙较符合实际。

M905：7[17]（图八，2）。彩绘“介”字首牌饰之神面的套色造型为四条龙（图八，1），龙的整体形象未全画出，主要显示的是龙首，与图六之1猪龙类似。龙的上腭上曲，下腭下曲，有的有明显左曲的冠羽，在这些牌饰的周围则为随牌饰之形变化的两条龙，龙的上腭上曲，无角，有单旋符冠羽（图八，3）。M838：1、M901：1、M840：2这三件陶鬲上均有类似的龙。M672：10与M905：7一致。另，尚有一些彩绘显然是这类龙的变形组合，像M817：1、M1102：1即属于此类，有一些是以龙的部分作为装饰带，像M453：10、M452：1、M723：1、M316：1、M706：7等即属于此类。

M659：4[18]（图四，6）。在一陶质器物盖上，彩绘有两条盘龙，圆形双目，弯月眉，可以视为具有“U—V”形的鳞片纹路。

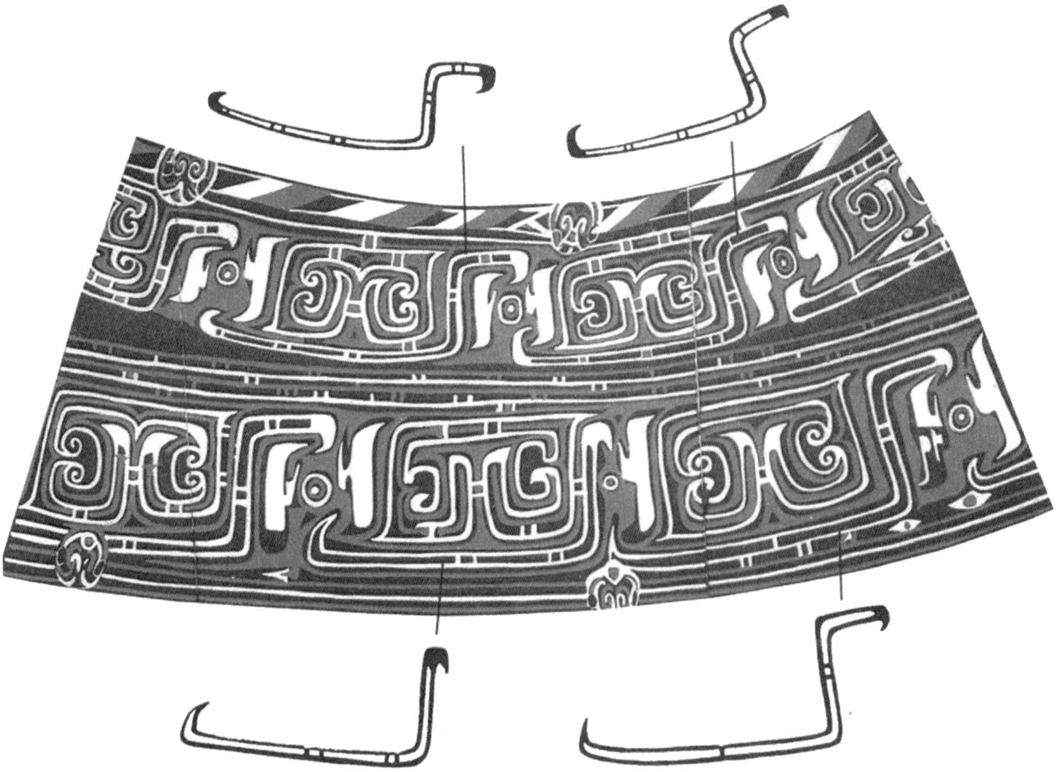

图七　大甸子墓地出土

1　2　3

图八

1. 四猪龙　2. 彩绘牌饰及装饰　3. 猪龙装饰

M444：1[19]（图四，7）。龙身造型，身有鳞片和类鱼鳍似装饰。

M458：2[20]（图四，8）。玉镯类器物装饰图案。面主体近似“心”字形，印堂为倒三角形，冠为具有红山文化风格的立体单旋符，与龙山时代常见的神冠造型一致，此装饰图案可能与边界的装饰带组成龙，龙首为神面，龙身为鳞片装饰，这种装饰在M1109：4，M910：3等的彩绘中有发现，当然，此图案亦有可能仅为一省略龙身的神面[21]。

一首双身龙造型[22]（图五，6）。身有“U”形纹路，头有四峰冠，下腭有髭，角下曲，上腭略上曲，下腭下曲，有舌，圆目。

三、二里头文化、夏家店下层文化中龙、蛇文化因素及相互联系讨论

1. 二里头文化

在二里头文化分布区域，学界在时代与其接近的龙山时代的遗址中，除在陶寺遗址发现过盘龙外[23]（图四，1），很少发现龙、蛇类艺术品，这应是有原因的，一个可能的原因是未发现重要的遗迹现象。就现有的考古材料讨论，我们有如下认识：

二里头文化中以牌饰类为代表的龙的造型之面容多与东方联系密切，山东龙山文化、石家河龙山文化中的东方文化元素应是其重要来源，直接来源多应为新砦期类文化[24]。当然，夏家店下层文化亦于之有些影响，像二里头文化中的一首双身龙图案造型附近装饰线的以横线连接的风格（图二，2）显然来自夏家店下层文化[25]，其双身的构图法在夏家店下层文化中亦很普遍（图五）。

二里头文化中的“C”形龙的“C”字造型风格，在红山文化（图六，4）、陶寺龙山文化（图四，1）中曾有发现，夏家店下层文化同样有类似发现（图四，6），估计二里头文化“C”形龙“C”字造型风格与夏家店下层文化应有联系，龙尾内曲的风格就是一样的（图四，4；图六，1）。

二里头文化中有少数龙，像杨庄遗址发现的猪龙，有的元素像龙首同时也有猪首的某些特征，有可能来自夏家店下层文化，因为这类猪首龙在夏家店下层文化中多有发现。

二里头文化新砦遗址所出的蛇造型，具有良渚文化风格。

二里头文化的龙、蛇造型及相关元素，在商文化中仍有不少发现，有的变化很小，像二里头遗址发现的绿松石铜龙造型，在商文化中出现造型基本未变者[26]（图三，1），陶“水鉴”上的蛇与鱼同时出现及龙、蛇呈“C”字形造型的现象（图四，4），在商、周时的铜盘中仍有发现[27]（图四，3）。

2. 夏家店下层文化

在夏家店下层文化分布的中心地域，有悠久的龙、蛇文化基础，相关材料表明其中

的龙、蛇造型不少具有本地传统，像猪龙[28]、鸟龙[29]，在赵宝沟文化小山遗址中就发现过类似者（图六，3、5），鳞片似装饰在兴隆洼等诸多遗址发现过[30]，至于龙身的菱形装饰纹路有可能来自二里头文化，更早的渊源应在东方、东北方[31]。

至于有可能是龙身的彩绘牌饰神面造型则来源复杂[32]，神面的不少特征应与东方龙山时代文化元素及二里头文化中的东方元素有联系，同时有不少特征则应来自红山文化、小河沿文化，像“V”形眉、菱形目等[33]。

承所述，夏家店下层文化中的单个龙、蛇或“彩绘牌饰”的省略龙身的虎首或其他神首的造型元素在二里头文化中已有体现，其实，夏家店下层文化中的有些“彩绘牌饰”元素在商、周甚至汉代的文化中仍有传承。若视岳石文化、马桥文化中发现过属于夏家店下层文化彩绘图案是一例个案的话[34]，则在西南的三星堆文化中发现夏家店下层文化尤其是其中龙、蛇文化的相关造型就应视为一个典型了，像三星堆文化中的菱形目[35]、“V”形眉[36]，神面有“黄金四目”[37]，神面主体为双S造型[38]等元素显然应与夏家店下层文化有关。当然，连接区域应是二里头文化区域，二里头文化中发现的菱形目[39]等夏家店下层文化元素可以作为重要论据，有易氏的迁徙亦可能是原因之一[40]。尚值得重视的一个问题是，夏家店下层文化中的那件神面（图五），以双龙为冠，商周至于唐宋时期考古学、民族学中发现的和文献中记载的以蛇为冠[41]、珥、践两蛇[42]等造型均可视为是这类早期风格的延续。

四、二里头文化、夏家店下层文化中龙、蛇内涵

关于这些文化中的龙、蛇内涵问题，我们在有关论文中已有过一些讨论，在这里再予以讨论。

（1）这些文化中的作为牌饰主体图案的虎首、龙首或其他神面首之类的龙，我们认为其代表或象征北斗神[43]，其位置有的在死者之胸，与《山海经·海内西经》在叙述昆仑风物时言“膺有赤蛇”类似；器盖上的龙，亦可以代表或象征北斗神，器盖代表天盖[44]；二里头文化、夏家店下层文化中的猪龙，内涵应类似冯时先生对于红山文化猪龙的认识[45]，同样是代表或象征北斗神的或是北斗神的特色装饰；器盖似中空神器上的龙、蛇应是与二里头文化青铜、刻划、有机质牌饰神物密切相关的圣物、保护神，因为器盖似中空神器，与二里头文化、夏家店下层文化的“介”字首牌饰造型、内涵一致，而夏家店下层文化有的“介”字首彩绘牌饰的斗魁造型中就有龙、蛇或为龙、蛇所绕，器盖似中空神器的盖体实际与“介”字首牌饰的斗魁造型相应，与文献中记载的产赤蛇之“昆仑”（《山海经·海内西经》）、“四蛇卫之”的“颛顼之丘”（《山海经·海外北经》）、“四蛇相绕”的“轩辕方丘”（《山海经·海外东经》）、“隅有一蛇”的“共工之台”（《山海经·海外北经》）照应，所以器盖似中空神器的盖体之龙、蛇与“介”字首牌饰斗魁造型、神台、方丘之龙、蛇同样是相应的[46]。注意，我

们将所述文献与牌饰、器盖似神器的关联，是讨论这类龙、蛇及商周青铜器动物纹样核心含义、代表或象征意义的最有说服力的论证方式之一。同时我们还可以将其与龙山时期、商周春秋战国以来的手、足为龙形或执龙、珥龙、腰龙、践龙等玉雕或图案等材料关联，从这些关联看，牌饰、器盖似神器之龙、蛇，显然应视为保护神和圣物，可以适时地被视为神人的法器，并在一定的情况下可以象征、代表当时的极星神或北斗神。由此而来我们看商周青铜器物之动物纹，亦可视为类似文献所载神圣之台等地的圣物，其中的饕餮或龙、蛇有时还可以象征、代表当时的极星神或北斗神。自然，这类有“好”的特质者，应具有明德敬祖、渲染中国传统人文美好信仰的功能。

（2）二里头陶“水鉴”上的蛇，与鱼同时出现，可以认为是为了与“陶鉴”功能相符而设计的装饰，可以表现水的平静清澈，这应属于倾向世俗化的图案。若详细讨论，则可认为，鱼、蛇不仅表现了水的平静清澈，似乎还可使人视之即知与鱼、蛇这类水生物密切联系的水，又若此蛇可以象征北斗、极星，则此类思想又可视为西周时期的明堂辟雍[47]、战国时盛行的“太一生水”之学说[48]的早期思想渊源。

（3）我们知道，濮阳西水坡45号墓四象中的东象是用尾上曲的龙表示的，西象是以虎来表示的；小双桥遗址中所出的四灵铜建筑构件中的东象是以龙来表示的，北象同样是用这条龙表示的，南象是以一蹲踞式的鸟首神灵来表示的，西象是以一虎来表示的；内蒙古小山陶尊之星象图中的北象是以鹿来表示的，北斗是以一猪龙来表示的（图六，5），南象是以一神鸟来表示的；内蒙古敖汉赵宝沟T3546F1所出陶尊之星象图中，北象是以鹿或鹿龙来表示的，南象是以鸟龙来表示的并且此龙尾内曲（图六，3）；曾侯乙墓漆箱四象中的东象是以龙来表示的，北象是以鹿来表示的，西象是以虎来表示的；虢国墓地铜镜四象中的北象是以鹿来表示的，东象是以鸟来表示的，西象是以虎来表示的，南象是以鸟来表示的；洛阳卜千秋墓中的四象与之类似；战国时的文献及《史记·天官书》等文献提到北象为玄武，尚有晚期文献以为四象均为龙。从所描述的材料我们可以看到，濮阳西水坡45号墓所代表的应是中原仰韶文化时期的此地域人们的观念，内蒙古小山陶尊之星象及敖汉赵宝沟T3546F1所出陶尊之星象应是代表赵宝沟文化地域内人们的观念的，从这些材料可以看出，东、南、北及中宫星象均可与龙关联，其造型均可有龙的特征，小双桥遗址中所出的四灵铜建筑构件中东象、北象同样用一条龙予以表示当属于同类现象。另，从敖汉赵宝沟T3546F1所出陶尊之星象及小双桥遗址中所出的四灵铜建筑构件等材料看，四象的代表可以不严格遵循星象具体造型，如小双桥铜构件四象图像中南象代表即为一鸟首神灵，虽然有鸟的很多特征，但是已有了不少人的特征。战国秦汉为何出现以玄武代表北象的现象，敖汉赵宝沟T3546F1所出陶尊之星象及小双桥遗址中所出的四灵铜建筑构件等与星象有关的材料似可视其为古老的思想来源。北斗神以龙表示可能应是北象与龙有关的早期渊源。

（4）综合地看，若夏家店下层文化中有的龙（图六，1；图七）可以视为神鸟龙的话，从红山文化（图六，4）、赵宝沟文化（图六，3）及相关材料（图六，1）看，其有可能蕴涵有南宫星象的意义，此龙与代表北斗神的猪龙共存的现象应视为中宫与四象关联的一种表现形式，同样从此龙与代表北斗神的猪龙共存的现象看，此神鸟龙若只视为神蛇，则显然其可以为东宫星象或北宫星象代表，但是从“杓携龙角”的认识看，其应代表东宫星象为佳。若依猪龙、龙单独表示也可以代表北斗星（图二，2）或以图二之1、2、3、4、6、7等材料看的话，则其又可视为北斗星的象征。

（5）二里头陶“水鉴”上的蛇，造型特别，曲尾，应在龙、蛇文化的研究中具有较重要的价值。我们知道，红山文化发现的所有“C”形玉龙均无曲尾特征，其他早期的曲尾龙又不呈“C”字形，不过需要注意，陶“水鉴”上“C”字形蛇的曲尾是内曲尾，与商代外曲尾的“C”字形龙、蛇仍然是有区别的。当然，夏家店下层文化中出现过上曲尾的非呈“C”字形的神龙，虽然其不呈“C”字形，但是其对商代外曲尾的“C”字形龙、蛇造型可能是有所影响的。

（6）依据冯时先生的观点，我们可以从甲骨、金文“龙”字的造型看到，甲骨、金文中的这些龙形似应包括箕宿[49]，若此，三星塔拉玉龙若为东象代表，则不包括箕宿[50]，商代外曲尾玉龙似应包括箕宿[51]，陶“水鉴”之蛇所代表的东象不包括箕宿。又，若从“杓携龙角”的认识看，图六的1神龙可以视为是东宫星象，图七显然很有可能与图六的1的神龙一致，龙尾与龙首曲向相反。从图四的4看，首上曲，尾内曲，显然其所代表的东宫星象不包括箕宿，若可以这样判断的话，则东宫苍龙中出现箕宿的时间有可能是从商代开始出现的。

（7）二里头遗址所出的大型绿松石铜龙，造型与可能代表东宫的商代铜觥上的龙（图三，1）类似[52]，但是个人曾证明其类神圣之台的圣物，可以象征或代表北斗神[53]，与图二之1、2、3、4、6、7之神龙、蛇一样。

至于其他的龙、蛇造型，其内涵亦应主要限定在礼仪信仰方面，此不赘述。

五、结　　语

中国龙、蛇文化源远流长，在龙、蛇文化的研究中，学界多认为新石器时代至商代之间的考古学材料缺乏，龙、蛇文化的地域特征、地域分布不明，从本文的讨论尤其是有关夏家店下层文化中龙、蛇材料的确认和讨论看，这一时期的材料还是较为丰富的。现有材料能够说明，在当时社会中具有重要地位的二里头文化与夏家店下层文化的龙、蛇文化是很发达的。龙、蛇造型众多，内涵丰富，两考古学文化中的龙、蛇文化联系密切，同时这些材料亦是可以代表当时龙、蛇文化基本面貌的，并且这些材料可以清楚地说明新石器时代至商代龙、蛇文化的发展变化脉络。

注　释

[1] 中国社会科学院考古研究所编著：《偃师二里头——1959~1978年考古发掘报告》，中国大百科全书出版社，1999年，图125，1。

[2] 同注［ 1 ］书，图125，3。

[3] 同注［ 1 ］书，图125，4。

[4] 同注［ 1 ］书，图199，6。

[5] 同注［ 1 ］书，图200，1。

[6] 中国社会科学院考古研究所编著：《二里头陶器集粹》，中国社会科学出版社，1995年，图版170。

[7] 同注［ 6 ］书，图版171。

[8] 许宏等：《河南偃师二里头遗址发现大型绿松石龙形器》，《中国文物报》2005年1月21日第1版；李珍萍：《2004年度全国十大考古新发现揭晓》之3，《文物天地》2005年第5期，总第67期；李存信：《二里头墓葬龙形器饰物的清理与保护》，《中国文物报》2005年5月6日第8版；中国文物报社：《2004年度全国十大考古新发现出土文物精品欣赏》图17，《中国文物报》2005年5月4日第8版；中国社会科学院考古研究所河南二里头工作队：《河南偃师二里头遗址中心区的考古新发现》，《考古》2005年第7期，图版六、七。又见《2004年中国重要考古发现》（国家文物局主编，文物出版社，2005年）一书第51页，中国社会科学院考古研究所官方网站及《中国社会科学院研究生院院报》均有相关报道。此绿松石龙牌饰与墓主、玉神鸟簪、白陶“单旋符”的组合与首有神鸟、神鸟簪、神面簪的神人、死者或单个牌饰所表达的含义是一致的。

[9] 蔡易安编著：《中国龙凤艺术研究》，河南美术出版社，1987年，图23。

[10] 同注［ 9 ］书，图34。

[11] 同注［ 9 ］书，图36。

[12] 许宏、陈国梁、赵海涛：《二里头遗址聚落形态的初步考察》，《考古》2004 年第11期，图版八，5；又见国家文物局主编：《2004年中国重要考古发现》，文物出版社，2005年，第51页。

[13] 北京大学考古学系、驻马店市文物保护管理所：《驻马店杨庄——中全新世淮河上游的文化遗存与环境信息》，科学出版社，1998年，图七二，5；图版二三：4右。

[14] 中国社会科学院考古研究所编著：《大甸子——夏家店下层文化遗址与墓地发掘报告》，科学出版社，1996年，图五五，9。

[15] 同注［14］书，图六六，5。

[16] 同注［14］书，彩版二四。

[17] 同注［14］书，彩版十八，1。

[18] 同注[14]书，图七三，6。

[19] 同注[14]书，图七四，11。

[20] 同注[14]书，图八二，1。

[21] 类弗利尔玉镯刻划神冠符。

[22] 同注[9]书，图10。

[23] 同注[9]书，图17。

[24] 新砦类遗址中已发现诸多具有东方风格的艺术品。参阅拙著：《试论新砦陶器盖上的饕餮纹》，《华夏考古》2000年第4期；《花地嘴遗址所出"新砦期"朱砂绘陶瓮研究》，《中国历史文物》2006年第1期。

[25] 同注[14]书，图六三：7、图六九：3。

[26] 同注[9]书，图45、图46、图47。

[27] 同注[9]书，图40。

[28] 参阅陆思贤：《中国神话考古》，文物出版社，1995年，图一一五。

[29] 参阅陆思贤：《中国神话考古》图一一四、图一一五。另，在浙江省博物馆藏有一件罐，陶罐上刻有不少鸟龙，请参阅注[9]图16，本文图六，2。

[30] 参阅郭大顺：《龙出辽河源》，文物出版社，1999年，第56页图十四。

[31] 红山文化、山东龙山文化、良渚文化的神面发现过菱形装饰或菱形印堂。

[32] 牌饰主要为龙身龙面、猪面、虎面或其综合。

[33] 同注[14]书，5；图六五，3；图五六，5。

[34] 岳石文化中发现的夏家店下层的文化元素，除陶色、陶质之外，主要就是彩绘单旋符，马桥文化中发现过少量的"T"字形单元组成的彩绘，应具有夏家店下层文化风格。

[35] 四川省考古研究所编著：《三星堆祭祀坑》，文物出版社，1999年，图一一五，1、2、3。

[36] 参阅敖天照、王有鹏、刘瑛著《四川广汉出土商代玉器》一文中的璋形牌饰（《文物》1980年第9期）。

[37] 四川省文物考古研究所三星堆工作站、广汉市文物管理所：《三星堆遗址真武仓包包祭祀坑调查简报》，《四川考古报告集》，文物出版社，1998年。

[38] 大甸子墓地彩绘牌饰M663：1与三星堆文化仓包包遗存A型铜牌饰87GSZJ：16一致。该铜牌饰材料请见注[37]。

[39] 同注[6]书，图版四四二。

[40] 有易氏与夏家店下层文化有密切关联，三星堆文化的狗头冠与畲族、瑶族的民族特色服饰之一的狗头冠相似，《山海经》等文献记载有易氏与瑶族密切关联，这些现象与有易氏南逃的记载可以相应。

[41] 商、周时发现的诸多玉神首有虎面龙或龙、蛇之装饰，显然夏家店下层文化中的以蛇为冠的现象应为这类风俗的早期渊源。

[42] 文献中有不少有关"珥蛇"的记载：《山海经·大荒北经》记载："大荒之中，有山名曰成都

载天，有人珥两黄蛇。”《山海经·海外北经》称：“北方禺强，人面鸟身，饵两青蛇。”《山海经·海外西经》称：“西方蓐收，左耳有蛇，乘两龙。”《山海经·大荒西经》记载：“西南海之外，赤水之南，流沙之西，有人珥两青蛇，乘两龙。”其实，珥蛇、执蛇、践蛇类材料出现很早，学界未予以注意罢了。依据考古学材料发现，马家窑文化彩绘人首形罐之人首及龙山时代有的玉人首上有绘蛇或“珥蛇”的现象，商代的虎食人卣中的神巫双手或双腿已有两蛇。另，西周时期，诸多玉人双手、双足为龙，头亦有龙形装饰，商代有的玉人腰已有龙、蛇或虎首龙形物了。

［43］ 具体论述详见拙著：《大汶口文化尉迟寺遗址新发现奇异器物研究——并新论“牙璋”“牌饰”的由来、内涵等相关问题》，《郑州文物考古与研究》（一），科学出版社，2003年；《二里头遗址所出玉器扉牙内涵研究——并新论“圭”“璋”之别问题》，《殷都学刊》2003年第3期。

［44］ 器盖可以象征天盖，因为，盖形与当时对天形的认知一致，有的盖纽为猪、八角符、或神鸟、玄鸟形，而猪、八角符可以象征天中，神鸟或玄鸟是常站于“天盖”或“天盖”形冠上的。

［45］ 冯时：《中国天文考古学》，社会科学文献出版社，2001年，第124~126页。

［46］ 器盖似中空神器的盖体、“介”字首亚腰形或梯形牌饰之斗魁造型与神圣之“帝台”“昆仑台”、大汶口文化特殊刻符、弗利尔玉璧神符、新石器时代诸多倒梯形玉神像、玉钺之梯形或亚腰造型相应，器盖似中空神器的盖体之龙、蛇、“介”字首亚腰形或梯形牌饰斗魁造型之中的神蛇、龙等，与文献记载的神圣之“帝台”“昆仑台”中的龙、蛇可以相应，如《山海经·海外东经》云：“帝颛顼葬于阳，九嫔葬于阴，四蛇卫之”，《山海经·海外北经》亦云：“轩辕之丘，在轩辕国北，其丘方，四蛇相绕”，“共工之台”“隅有一蛇”，《山海经·海内西经》在叙述昆仑风物时言“开明西有凤凰、莺鸟，皆戴蛇、践蛇，膺有赤蛇”，《礼记·檀弓》载“褚幕丹质，蚁结于四隅，殷士也”。饶宗颐《画頫：殷代器物上彩绘的“蚁结”》（时报文化公司，1993年）认为“殷之蚁结，似今之‘蛇纹画’”。红山文化玉猪龙，冯时认为其之穿可以视为是极星，其为“C”字形表明其与璇玑四游有关，因此这些龙（图六，1、2；图二，6、7）同样可以与“帝台”“昆仑台”、牌饰中的龙、蛇相应。特别予以说明的是，器盖似中空神器之“十”字或曰“亚”字形镂空、菱形装饰，应是明示其相当于具有“中心”含义的“昆仑台”，与所谓饕餮面上的“钻石”、上海博物馆所藏玉琮之菱形符、商代蹲踞式或曰“夋”式神人之“⊕”符、明堂之“亚”、神人、神鸟目中之“亚”、族徽之“亚”框本质意义上是可以相关联的。

［47］［48］ 《郭店楚篇·老子丙篇附》曾载“太一生水”篇。《遹簋》（《三代》8·52·2）、《攸鼎》（《三代》4·13）、《静簋》（《三代》6·55）、《伯唐父鼎》（《中华文史论丛》1981年第4期）、《麦方尊》（《西清古鉴》8·33）等均有与明堂辟雍有关的记载。

［49］~［52］ 冯时：《中国天文考古学》，社会科学文献出版社，2001年，第303~320页，第六章第五节：四象起源考。

[53] 顾万发：《论二里头遗址发现的大型绿松石龙形器》，《古代文明研究通讯》总第25期，2005年。

（原载杜金鹏、许宏主编：《二里头遗址与二里头文化研究——中国·二里头遗址与二里头国际学术研讨会论文集》，科学出版社，2006年）

由夏历“五月五日”相关习俗的内容及其数术来源等论曾侯乙墓特殊甲胄上数字的含义与甲胄性质

在曾侯乙墓[1]中曾出有数件甲胄，其中有一件颇为特殊（图一），其前后胸各有一条线围成的“五”字造型装饰，多年来，学术界并未予以注意。我们认为，这一特征特别重要，对甲胄的性质判定有重要价值，对相关问题的研究具有重要意义。

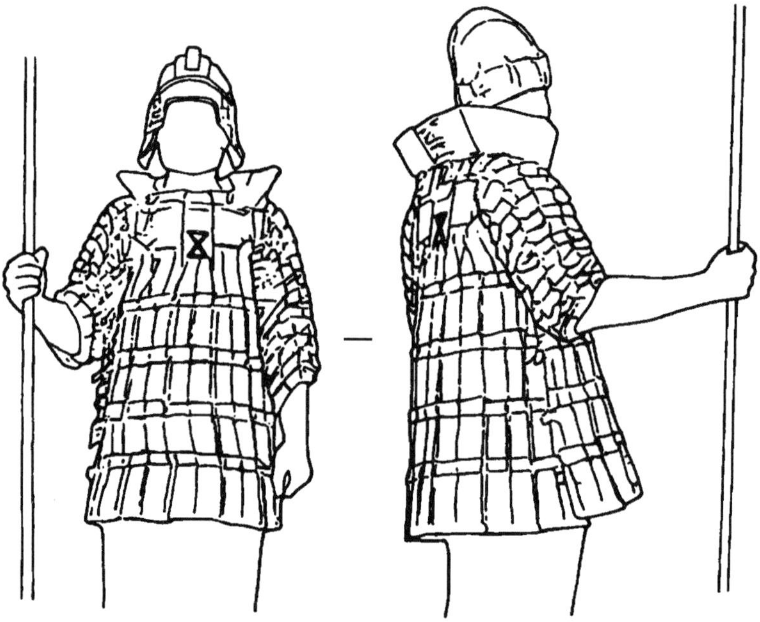

图一

一、与“五月五日”有关的习俗

参照相关典籍和文献[2]我们可知，在我国，与夏历“五月五日”有关的节日习俗有：

1. 饮菖蒲酒、雄黄、朱砂酒

唐代《外台秘要》、《千金方》，宋代《太平圣惠方》，元代《元稗类钞》，明代《本草纲目》、《普济方》，以及清代《清稗类钞》等古籍书中，均载有此酒的配方及服法。明代刘若愚在《明宫史》中记载：“初五日午时，饮朱砂、雄黄、菖蒲酒”；清代顾铁卿《清嘉录》记载：“研雄黄末、屑蒲根，和酒饮之，谓之雄黄酒”；《清嘉录》引冯慕冈《月令广义》：“五日，用朱砂酒辟邪解毒，用酒涂额胸手足心，无会虺蛇之患。又以洒墙壁门窗，以避毒虫”；吴曼云《江乡节物词》小序云：“杭俗，五日蒲根入火酒，和雄黄饮之，或以涂小儿额上”；布依族每年端午节时亦有饮雄黄酒之俗；《白蛇传》中许仙五月初五让白娘子喝下雄黄酒使其现原形的故事都说明当时存在雄黄驱邪之俗。

2. 制艾物、菖蒲物求吉祥

《荆楚岁时记》云：“五月五……采艾以为人，悬门户上以禳毒气”，又云：“端午，以菖蒲生山涧中一寸九节者，或镂或屑，泛酒以辟瘟气”；《岁时广记》引《岁时杂记》云：“端午刻蒲剑为小人子，或葫芦形，带之辟邪”；《辽史·礼志》亦云“五月重五日午时，采艾叶和棉著衣”，纳西族、布依族等均有类似习俗。

3. 制蛊术

清代南沙三余氏撰《南明野史》载，五月五日毒气最盛，放大、小蛇在瓦坛里制蛊毒，可以置人于死地。

4. 辟“五毒”术

民间有一种“天师镇宅”的年画，可以威镇“五毒”——蝎子、蜈蚣、蛇、壁虎、蟾蜍。古代端午节还盛行一种厌胜物和门饰，叫“天师艾”，每逢农历五月初五，民间用泥做成张天师像，以艾为头，以蒜为拳。另有采百药、捕蟾以避“五毒”等习俗。屈原《楚辞》即有“浴兰汤兮沐芳华”的句子，《大戴礼·夏小正》记“五月……煮梅为豆实也，蓄兰为沐浴也”。

5. 戴灵符

《抱朴子·内篇》说：“五月五日佩赤灵符于身边”；宋吴自牧《梦粱录·五月》“或仕宦等家以生朱于午时书‘五月五日天中节，赤口白舌尽消灭’之句”；宋周密《武林旧事·端午》载“又以青罗作赤口白舌帖子，与艾人并悬门楣，以为禳禬”；《京本通俗小说·菩萨蛮》云“五月五日午时书，赤口白舌尽消除；五月五日天中节，赤口白舌尽消灭”。

6. 五彩装饰

依据《风俗通义》等记载，汉代人们在五月五日，用青、赤、黄、白、黑五色彩丝绞成的细索系在手臂之上，称为“长命缕”“续命缕”“辟兵缯”“五色缕”“朱索”

等。《荆楚岁时记》载："以五彩丝系臂，名曰辟兵，令人不病瘟"，纳西族每年农历五月初五日，长辈要给十五岁以下的孩子绕扎五色棉线，称"续命线"。男孩绕左腕，女孩绕右腕。续命线需戴一个月的时间，等到六月二十七日火把节最后一天才解下烧掉。《泉州府志·风俗篇》载："小儿以五色丝系臂曰长命缕。"《太平御览》引《风俗通》佚文："又有条达等织组杂物，以相赠遗"，条达，即彩色织丝带，亦与五色丝相同。梁吴均《续齐谐记》说："今若有惠，可以楝叶塞其上，以五彩丝缚之，此二物蛟龙所惮也。"在东晋葛洪的《抱朴子》中又记述有将五色纸挂于山中，召唤五方鬼神护佑之术。为什么五彩丝线有这么大的威力呢？有学者以为源于我国古代的五行观念或可能源于古代南方人的"文身断发，以辟蛟龙之害"之俗。我们认为，与我国古代的五行观念有关的认识是正确的。确切地说，古代把五行与五色关联，又以五色象征五方鬼、神。与五色有关的五神、五帝厌胜辟邪的材料在汉代厌胜钱和镇墓材料中很多见，与五帝厌胜有关的最早考古学材料在新石器时代已有发现，像龙虬庄"五帝祝尤"陶文[3]。另，"五"字与中心、北斗等的关联亦应是重要原因。

二、与"五月五日"有关的其他材料

与"五月五日"有关的除各种生活习俗之外，较为多见的应是冶炼方面的材料。这方面的最早记载是汉代王充的《论衡·乱龙》，其言："阳燧取火于天，五月丙午日中之时，消炼五石，铸以为器，乃能得火。"晚世亦发现了不少铜镜材料可为证明，像罗振玉《古镜图录》卷中第二十九面，有铜镜外层铭文"五月五日太岁在未吴郡郑蔓作其……"等字；《太平广记·卷二百三十一·器玩三》载："吕晖等遂移镜炉置船中，以五月五日午时，乃于扬子江铸之"；李肇《国文卷》补下："扬州贡江心镜，五月五日扬子江心铸也"；白居易《百炼镜》诗云："百炼镜，熔范非常规，日辰处所灵且祇，江心波上舟中铸，五月五日日午时，琼粉金膏磨莹已，化作一片秋潭水。镜成将献蓬莱宫，扬州长吏手自封。人间臣妾不合照，背有九五飞天龙，人人呼为天子镜……"；温州瑞安红旗乡礁石村唐代土坑墓曾出土方形委角四灵八卦镜，其玄武左右有"五月五日""百炼铜"等字样。据载，日本京都府福知山市的光丰古坟出土一面"三角缘神兽镜"，铭文为"景初四年五月丙午之日，陈是做镜，吏人铭之，位至三公，毋人铭之，保自宜孙，寿如金石兮"。《论衡·率性篇》载："阳遂取火于天，五月丙午日中之时，消炼五石，铸以为器，磨砺生光，仰以向日，则火来至，此真取火之道也。"

丙与午于方向并属南，于五行并属火，日中时刻，阳气至极。《黄帝内经·素问》："日中阳隆"；《黄帝内经·灵枢》："日中而阳隆"；马王堆帛书周易《二三子问》："日中而盛。"于五月丙午日日中这一极致的时辰制镜，为的是在最好的时间取火。另铜镜在古代还可以用以辟邪，像我们发现不少汉代铜镜出现与辟邪有关的铭文，如"左龙右虎辟不羊，朱乌玄武顺阴阳，子孙备具居中央，长保二亲乐富昌"，

"辟不羊"即"辟不祥"。汉代铜镜的青龙、白虎、朱雀、玄武四象等本身就有辟邪之功，若为五月丙午日造，刚其阳气更能增加其辟邪的功能，同时，五月丙午日本身可与"五""五五""天中之帝""五帝"有关，所以单单这个日期就使刻载之物具有不少神秘功能。

另，考古学材料中还发现过不少"五五"和少量"五金"铭铜钱，显然是用于厌胜的[4]。

东晋初范汪《祠制》："仲夏荐角黍。"黍，卜辞中曾提到，是我国西北、华中地区的主要农作物之一；《礼记·月令》载仲夏之月"农乃登黍，是月也，天子乃以雏尝黍，以含桃先荐寝庙"；《风土记》言"仲夏端午，烹鹜角黍"；《太平御览》卷三一引晋代周处《风土记》"仲夏端午。端，初也。俗重五日与夏至同。……一名粽，一名角黍。……盖取阴阳包裹未（分）之象也"。这些记载说明，黍可以用来祭祀祖先和神，汉、晋时粽子用黍的习俗与先民祭黍或用黍来祭祀祖先和神的习惯有联系。同时，我们知道黍为禾类，考古学材料表明，新石器时代的西北是其重要产地，显然其可视为是古代应"天中"之"地中"地区的重要农作物，而这类农作物显然可被时人视为"嘉禾"，自然，"嘉禾"与"天中"关联，这与"五"或"五五"可以表示"中心"的功能有联系。另，《史记·封禅书·第六》云，"（五利将军）夜立白茅之上受印，以示不臣也。而配天道者，且为天子道天神矣……佩六印，贵震天下"，汉代蜀地的"钱树"有的有"五利""五五"钱铭，显然说明了"嘉禾""钱树"与"天梯"或"建木"或通"天中"之木可以关联[5]。

三、"五月五日"的二元特征

睡虎地秦简甲种《日书·玄戈》记载："五月，东井、七星大凶，胃、参致死"；董勋《问礼俗》："五月，俗称恶月"；应劭《风俗通》："俗云：'五月到官，至免不迁'"；《荆楚岁时记》云："五月，俗称恶月，多禁忌"；清代严可均辑《全后汉文》《唐国史补》卷下等有类似记载。《风俗通义》《论衡》《后汉书》等古书都有"不举五月子"，即不将五月所生的孩子扶养成人的内容，金文中似有反映此习俗的族徽[6]。五月初五日之子，为双五，被视为不祥之人，像战国时齐国显贵孟尝君田文、东晋大将王镇恶、宋徽宗等人。传说，每年五月五日午时，这个时辰所有妖魔鬼怪都出来活动。这个时辰是"三五"相重，就是五月、五日、午时（午音同五），是魔鬼的时辰，所以古人又将这个节叫"重五节""五毒日"。另外，从下一节"五月五日有关习俗形成的远古数术思想基础"的论述看，"五五"或"五月五日"往往又具有"中心"意义等"好"的方面。同时，我们又看到，孟尝君、宋徽宗等人虽然被视为"不举子"，但是其本身又为具有相当身份的贵人。"五五"或"五月五日"本身应具有"二元"特征，只不过晚期其"好"的方面日渐式微罢了。"五五"或"五月五日"可以与夏至关联[7]。《礼记·月令》在论及“夏至”时说：“是月也，长日至，阴阳争，死生分”，这同样可以说明“五月五日”可以具有二元特征。

四、“五月五日”有关习俗形成的远古数术思想基础

时在夏历五月五日的端五（午）节，又称为端阳节、重午节、重五节、女儿节、天中节、地腊节等。学术界认为其大约形成于春秋战国之际。从史籍上看，“端五”二字最早见于晋人周处《风土记》：“仲夏端五，烹鹜角黍。”“端五”的来源有多种说法，与屈原、伍子胥、曹娥等有关的说法显系晚出。在我们以为，本文所述这些端午诸多习俗虽然来源不一，但是时人遵从这些习俗的目的从所述材料看主要是为了趋吉的，其于“五月五日”应有趋吉仪式、礼法这一主题思想的最早来源应与古人的数术思想有关。我们知道，早在公元前5000年左右的凌家滩文化中，就已发现与河图洛书有关的材料，在早期考古学材料中亦发现不少与“五”“五五”或“五十”有关的蕴涵数术思想的材料（图二）。根据我们的研究，这时期有的数字“五”“五五”或“五十”（图

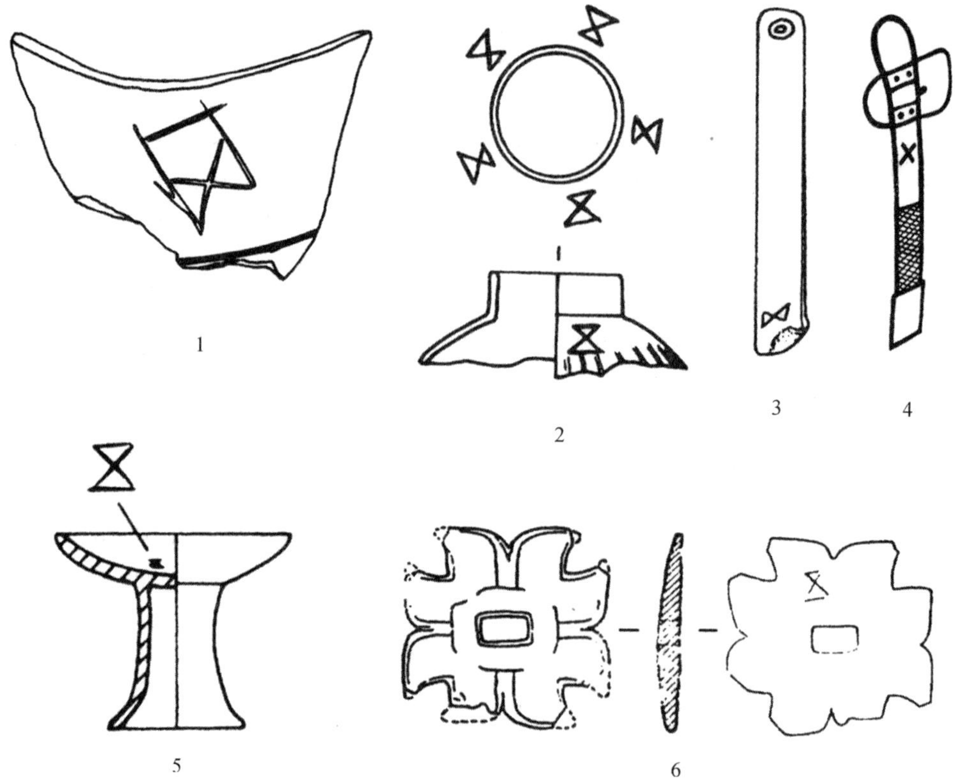

图二

1. 瓮（瓦店遗址出土，国家博物馆藏）　2. 瓮（王油房遗址出土）　3. 玉坠（彭头山遗址出土）
4. 汝州“鹳鱼石斧图”的石斧　5. 豆（SZH45∶1，宋家嘴遗址出土）　6. 单目符玉片（殷墟HPKM1001）

二，1）可以代表“中心”“天极”或“北斗”[8]，像彭头山遗址所出玉坠（图二，3），其上即有一“五”字，这与其可以与“建木”关联并呈圭形应是相符的；龙山时代王油坊遗址所出的陶瓮（图二，2），刻有五个“五”字，这与陶瓮为斗形，可以用以象征北斗的情况相符[9]；商代目形玉（图二，6）有“五”字，这是由于其像“单目符”一样可与北斗神或中心神关联；至于龙山时代和商代陶豆盘有“五”字，除用为“计数”“标识”等情况之外，有的应视为是表示此陶豆是用于敬“天中”神的祭器，这与陶豆豆盘可以与“天盖”相关的现象是相符的[10]。又由于时人认为“北斗”具有辟兵或辟邪的功能，则与之可以关联的数字同样可被神秘化。数字“五”或“五五”可与“中心”关联，除在考古材料中有不少发现之外，在不少易图论述中均有说明，像宋朱震《汉上易传卦图》于《河图》曰，“〈黄帝书〉土生数五，成数五。《太玄》以五五为土，五即十也”；又于《洛书》曰，“‘洛书’，刘牧传之，一与五合而为六，二与五合而为七，三与五合而为八，四与五合而为九，五与五合而为十。一六为水，二七为火，三八为木，四九为金，五十为土。十即五五也”；又曰“《太玄》曰：‘一与六共宗，二与七共朋，三与八成友，四与九同道，五与五相守’”。清胡渭《易图明辨》于《扬子玄图》曰：“扬子（雄）《太玄图篇》曰：‘一与六共宗（范望解云：在北方也，下同），二与七共朋（在南方也），三与八成友（在东方也），四与九同道（在西方也），五与五相守（在中央也）。’张子曰：‘天下之数止于十，穷则自十而反一，其言 十者，九之偶也。扬雄亦曰五复守于五者，盖地数无过天数之理。故知数止于九，九是阳极也。十也者，姑为五之偶焉耳。’”宋刘牧《易数钩隐图》曰：“至于天五，则居中而主乎变化，不知何物也，强名曰‘中和之气’，不知所以然而然也。”这些易图论述时代较晚，但是其中有些数术思想的出现，从所述考古学材料、金文中的卦象材料、卦象中以“初五”为贵等情况看，应是很早的。

五、端午、端五、五月五三者的联系

《艺文类聚》卷四引《琴操》曰：“介子绥割其腓股，以啖重耳。重耳复国，子绥独无所得，绥甚怨恨，乃作《龙蛇之歌》以感之，终不肯出。文公令蟠山求之，子绥遂抱木而烧死，文公令民五月五日不得发火。”《史记·孟尝君列传》载，战国孟尝君田文在这天出生，因为“五月子者，长与户齐，将不利其父母”，其父田婴不准养育。《抱朴子》载：“或问辟五兵之道，答曰：‘以五月五日作赤灵符着心前。’”由此看来，先秦只有五月五日一说，当时尚未发现“端五”或“端午”一词，“端五”一词首见于晋周处《风土记》，正史中只有宋人撰的新旧《唐书》和《旧五代史》才出现“端午”一词，其实还有人认为称“端五”为“端午”是为了避唐玄宗八月初五日生之讳。当然亦有不少学者认为“端午”一词的来源与北斗和其斗柄五月之指向有联系，即与“夏至”有关。南梁宗懔《荆楚岁时记》确有载，其曰“夏至节日食粽”；《后汉书·礼仪志》记载，汉代五月五日的风俗来源于三代“夏至”；韩鄂在《岁华纪丽》中亦将端午节解释为“口吐正阳时当中（仲）夏”。有学者认为“端午”一词的来源或是与“五”“午”音、意义有联系的现象有关。从本文有关“五”或“五五”的考古材料看，“五”或“五五”的特殊性质早在新石器时代即已出现。至于对“夏至”的关注，考古学材料同样表明其时代可以早到新石器时代。从《艺文类聚》等文献看，早期的所谓“端五”是与“五”数关联较为密切的，而未论及“午”或“夏至”，从西周金文中的历日材料看，“午”在当时并未被视为不吉利之数，当时较为吉利的历日是“丁亥”。综合地看，“端午”节来源于“端五”节，“端五”节来源于“仲夏端五”，“仲夏端五”来源于“五”或“五五”崇拜、禁忌以及夏历五月的自然环境，“五”或“五五”崇拜和禁忌来源于古人的有关数术或数与北斗关系的认识。至于将“端午”称谓与斗柄指向直接关联是不正确的或不确切的，从本文的讨论看，“端午”称谓虽然与斗柄所指无法关联，但是“端午”的早期含义却是可以与斗柄或其指向关联的，因为“五”或“五五”是可与“北斗”关联的，夏历五月或五月初五时，斗柄确是指向南方的。四神或四子中为何南方夏至神或夏季神与北斗关系更为密切，同样可能是由于“五”或“五五”可与“北斗”关联[11]以及夏至或夏季确实又与夏历五月关系密切使然。至于“端午”的早期含义是否与“夏至”有联系，从本文的讨论看，这种联系仍然是建立在“五”或“五五”数术崇拜和禁忌基础上的，或者与“夏至”有时与“五月初五”相重或相近的情况有关。

本文所谓的崇拜、禁忌与“五”“五五”“五月初五”有关，此“五”“五五”“五月初五”是属于一种还是多种历法体系，显然于本文的有关讨论非常重要，这里略做讨论。

《逸周书·周月解第五十一》言：“凡四时成岁，有春夏秋冬，各有孟仲季以名，十有二月，中气以著时。应春三月中气，惊蛰、春分、清明；夏三月中气，小满、夏至、大暑；秋三日中气，处暑、秋分、霜降；冬三月中气，小雪、冬至、大寒。闰无中气，指两辰之间。万物春生夏长，秋收、冬藏。天地之正，四时之极，不易之道。夏数得天，百王所同。其在商汤，用师于夏，除民之灾，顺天革命，改正朔，变服殊号，一文一质，示不相沿，以建丑之日为正，易民之视。若天时大变，亦一代之事，亦越我周王致伐于商，改正异械，以垂三统，至于敬授民时，巡狩祭享，犹自夏焉。”

春秋战国时的《孔丛子·杂训》亦有类似记载，悬子问子思曰：“颜回问为邦，夫子曰：‘行夏之时。’若是，殷周异政为非乎？”子思曰：“夏数得天，尧舜之所同也。殷周之王，征伐革命以应乎天，因改正朔。若云天时之改尔，故不相因也。夫受禅于人者，则袭其统；受命于天者，则革之，所以神其事，如天道之变然也。三统之义，夏得其正，是以夫子云。”

从所论文献可知，尽管朝代变迁，历朔改易，但是属于与“敬授民时巡狩祭享”之事宜密切联系的“五”“五五”及“五月五”崇拜、禁忌，从历法的角度看是“自夏”的，这有助于了解“五月五”禁忌是具有自然方面基础的，同时亦说明了“端午

（五）”有时被视为与“夏至”同的重要原因。

六、曾侯乙墓特殊甲胄的特殊数字的含义及甲胄性质

综合当时的兵阴阳家之风俗杂忌及本文有关“五五”等的论述，特别是有关“五五”崇拜、禁忌的数术基础，以及汉、六朝“五五”或“五金”厌胜钱的论述，我们可以知道：

（1）曾侯乙墓的甲胄上的“五五”数字具有特殊意义，“五五”即是用于厌胜的数字符号，并且这一特殊符号与厌胜有关的历史是很悠久的。

（2）参照《明宫史》“五毒艾虎补子蟒衣”之载[12]、前述《辽史·礼志》“艾叶和棉著衣”之载[13]，特别是参照“五彩装饰”与“辟兵缯”有关联、“五月五日作赤灵符着心前”与“辟五兵之道”有关联、汉代“太一锋灵旗”与北斗和辟兵有关联[14]等古俗记载，并参照考古学中发现的早期与“五”“五五”“五帝”等有关材料，我们可以确切地说此件甲胄应视为一件具有特殊含义和功能的神奇之物——辟兵衣。

七、相关问题简论

曾侯乙墓的特殊甲胄上的特殊数字的含义及甲胄性质，我们很清楚了，由之我们可以对有关现象做出解释：

（1）曾侯乙墓漆棺上有不少持兵彩绘人物（图三），站于窗棂旁[15]，这些人冠为羽冠，鸟身、鸟足，这与新石器时代以来的神人、神鸟造型有明确联系，特别是神鸟人之菱形装饰，实际可以与“五”关联。这些奇特之人上衣前胸均有两个或三个“五”联成一体，我们认为，参照以往论证、曾侯乙墓的特殊甲胄上的特殊数字的含义、甲胄性质、新石器时代神鸟之菱形装饰可以与“五”关联以及这些奇特之人的造型、装束、身份等情况，我们可以认为这些两个或三个“五”实际可以与“五月五日”“五月五日午时”关联，可视为是辟邪尤其是辟兵的特殊符号。

（2）商代有两神蛇绕为“五”形的（图四，1），曾侯乙墓漆棺彩绘中有不少神

图三　持兵武士（《曾侯乙墓》图二一）

蛇，缠绕为两个或三个“五”形（图四，2、3、4），含义之一应类同持兵武士胸前符号。另，汉代不少玉器、画像砖、画像石中也有这类题材，意义之一亦应是这样。

（3）汉代不少金缕玉衣，单组金缕连接造型多为“五”字形，亦可视为具有辟邪或辟兵之义。

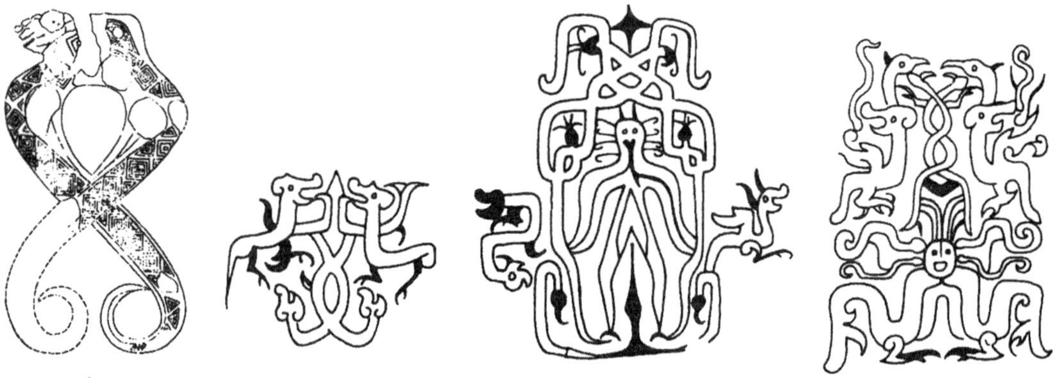

1　2　3　4

图四

1. 漆绘图案（殷墟HPKM1001）　2. 漆绘图案（《曾侯乙墓》图一八）　3. 漆绘图案（《曾侯乙墓》图一八）
4. 漆绘图案（《曾侯乙墓》图二〇）

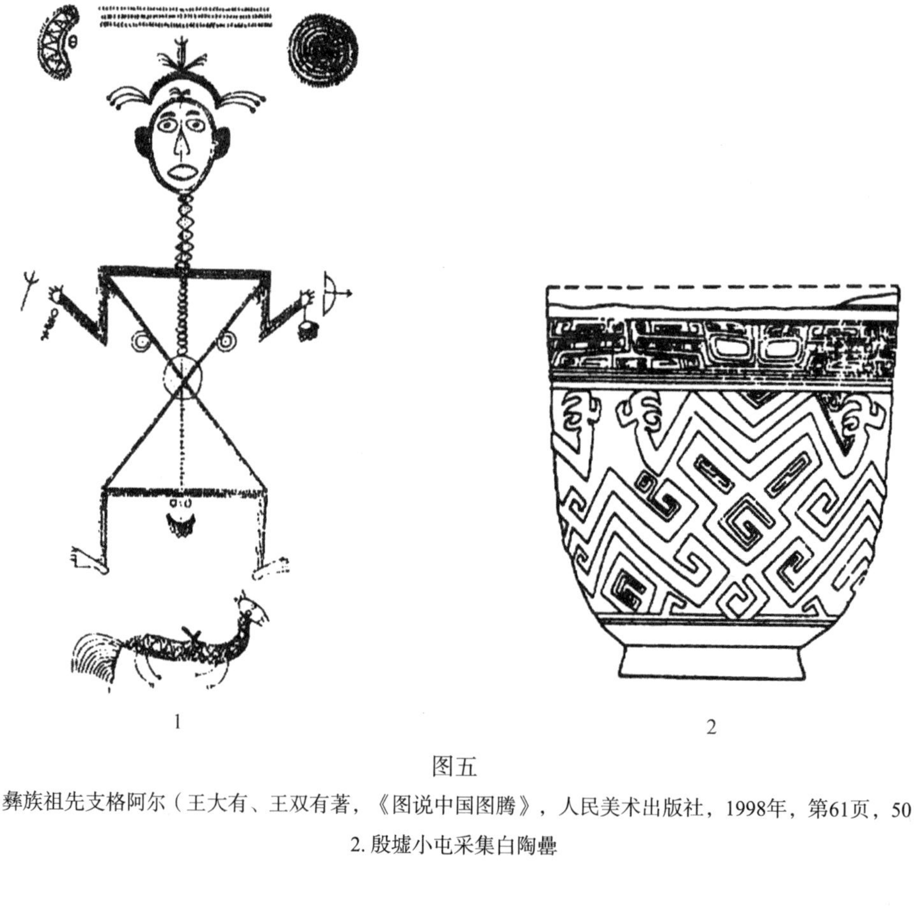

1　2

图五

1. 彝族祖先支格阿尔（王大有、王双有著，《图说中国图腾》，人民美术出版社，1998年，第61页，50）
2. 殷墟小屯采集白陶罍

（4）考古学材料、岩画及诸多民族史诗中，有的人物主体绘为“五”字形（图五），可视为表明其具有辟邪或辟兵之功，并具有某种意义上的“中心”地位[16]。

（5）从新石器时代出土的不少神、祖、巫像看，有的首有“介”字形冠、神灵簪，身带神龙；有的珥人首神龙、鱼[17]；夏、商、周、战国、秦汉时期有不少神、祖、巫首蛇（图六，4）、执蛇（图六，5）、珥蛇（图六，3、4、5）、“践”蛇（图六，5）、腰蛇（图六，1、4、5）；或服装之袖、裤绘蛇（图六，2、3）；或四肢为龙、蛇（图六，4）[18]；或身绘饕餮（图六，2）；或腰结“五”字（图六，1）；或头“戴”虎形饕餮（图六，3）等。这表明这些服饰均具有特殊的辟邪功能，辟兵很可能是有的服

图六

1、2. 殷墟（M5：371） 3. 法国赛奴奇博物馆藏 4. 天津历史博物馆藏 5.车桥“兵避太岁”戈

饰的功能之一，有明确功能铭文的“兵辟太岁”戈神人是一个更确切的论据。

由所述可知，考古学中有不少具有特殊功能服饰的材料，时代很早。同时我们看到，辟邪、辟兵衣或具有辟邪、辟兵功能的服饰，其辟邪、辟兵功能的表现形式虽然很多，但是以特殊数字表现的，具有数术色彩的，则与数字中神秘的“五”关联最多。

综合地看，中国早期，在考古学发现的以特殊数字表现辟兵的服饰中，曾侯乙墓的有关材料是最具代表性的，尤其是其中的甲胄。

注释

[1] 湖北省博物馆编：《曾侯乙墓》，文物出版社，1989年。

[2] 黄石：《端午礼俗史》，香港泰兴书局，1963年；（南朝）宗懔：《荆楚岁时记》，岳麓书社，1986年；（宋）陈元靓：《岁时广记》（天一阁本）；闻一多：《端午考证》，《闻一多全集》第5卷，湖北人民出版社，1993年；萧放：《〈荆楚岁时记〉研究》，北京师范大学出版社，2000年；金苹苹、吴珊：《端午节民俗文化特色初探》，《绍兴文理学院学报》2002年第6期；都春屏：《屈原与五月五日——端午的渊源及意义》，《三峡大学学报》（人文社会科学版）2003年第4期；关童：《端午新考》，《杭州师范学院学报》（自然科学版）2003年第6期；高丙中：《端午节的源流与意义》，《民间文化论坛》2004年第5期；蒋方：《唐代端午节庆探释》，《湖北大学学报》（哲学社会科学版）2005年第4期；王小娟：《五月五、屈原与端午》，《乐山师范学院学报》2005年第4期；陈利华：《端午节起源新说》，《南平师专学报》2006年第1期；晏波：《端午节的历史渊源与民俗的初步形成》，《西安文理学院学报》（社会科学版）2005年第6期等。

[3] 饶宗颐：《谈高邮龙虬庄陶片的刻划图文》，《东南文化》1996年第4期，又载《江汉考古》1996年第4期。其认为：“故这一片图文，不啻是《山海经》畏兽图之小型缩影，古代祝尤巫术之写照。”拙著：《论龙虬庄陶文——并论“五帝”的一种称谓》，《北京平谷与华夏文明：国际学术讨论会文集（2005）》，社会科学文献出版社，2006年。

[4] 汉、三国、六朝时的考古学材料中还发现过“五五”钱。汉代“五五”铭钱有许多人认为是当时错范或戏铸的，实则不然。三国时考古学材料见王冠卿：《曹魏故城出土曹魏五五》，《西安金融》2002年第6期等；六朝时期的材料见丁福葆：《历代古钱图说》第135页，中华书局，2005年。不过丁福葆认为六朝“五金”钱有可能是“五铢”钱文“铢”字省“朱”得来，似不正确。考古发现公元1世纪时的扶南王国存有“五金”铭钱，这类铭钱在六朝时代亦曾发现过。由本文综述可知，“五五”显然是用于厌胜的；“五金”实际是五种矿物质，依据陈国符先生《中国早期外丹黄白法词谊考录》（《道藏源流续考》，台湾明文书局，1983年）所驯《孙真人丹经》，“五金”为“朱砂、水银、雌黄、雄黄、硫黄”；又据李零先生研究（《五石考》，《中国方术续考》，东方出版社，2001年），“五金”与“五石”关系密切，与中国早期“五色石”（《淮南子·览冥》）亦有密切联系，所以其亦可被认为具有厌胜之功能。

“五金”铭钱曾出现于公元1世纪的扶南王国，对于研究“五金”钱的历史、“五金”概念厌胜的历史及中国与柬埔寨全境、越南南部、泰国南部直至马来西亚半岛之间的文化往来具有重要意义，此不赘述。扶南王国“五金”钱材料见周春燕等：《扶南王国“五金”钱改写汉字出现的历史》（新华网2004-05-24 08：12：15）等。

[5] “五五”从文献看这里实际可以喻指“中心”。

[6] 于省吾：《释𡕒》，《考古》1979年4期。

[7] 都春屏《屈原与五月五日——端午的渊源及意义》一文认为“五月五日”可以与“夏至”关联。实际上，“五五”同样可以与之在数术方面关联。

[8] 从“大易之数”及易图数术的相关内容看，“五五”或“五十”都可以代表“中心”。

[9] 斗形陶瓮可以用以象征北斗的观点有许多论据，最重要的应是太谷白燕F504中标识斗魁的四个圆形坑中所埋的陶器——斗形瓮及殷墟乙五基址所出代表北斗七星的大口尊，二里头、新砦、荆南寺、香炉石等夏商遗址所出刻有代表北斗神之“单目符”的陶瓮等亦是重要依据。

[10] 陶豆豆盘可以象征天盖在考古学中有不少论据，像新砦期、三星堆文化的豆座上有的刻有目符、龙山文化有的豆盘刻有“五”字、新砦期有的豆柄刻有神像等等。

[11] “四神”或“四子”中南方夏至神或夏季神与北斗关系更为密切，从战国子弹库帛书夏季神具有可与中心神关联的“夔”似形象、濮阳西水坡45号墓独以南方神的腿骨用作“斗杓”等考古学材料看，确是这样。

[12] 《明宫史》：“五月，初一日起，至十三日止，宫眷内臣穿五毒艾虎补子蟒衣。”这种衣服绣有“五毒”——蝎、蛇、蜈蚣、壁虎、蟾蜍和艾虎图形，古人认为可以辟邪除秽。

[13] 《辽史·礼志》云“五月重五日午时，采艾叶和棉著衣”，其中的“五五午”蕴含三个“五”。

[14] 参阅《史记·封禅书》。

[15] 曾侯乙墓漆棺上武士附近的图案，有的学者认为是窗棂，从战国时期的漆器等相关材料看，确是这样。

[16] 殷墟白陶之“饕餮”与“人形”应是“虎食人”造型，其中“人形”为“蹲踞式”，不过已明显装饰化，似蕴涵“五”字，其他白陶上的类似折线有的应具有同样的意思。

[17] “介”字形冠、神灵簪、人首神龙珥等都属于首饰，仍属于服饰范畴。

[18] 从图像学方面看，新石器时代死者身饰鸮耳蛇身“C”形龙（像红山文化所谓玦形“玉猪龙”），商、周时期服装的腿、胳膊绘蛇及人的四肢为蛇、龙的这些造型，与战国时期执蛇、珥蛇、践蛇、腰蛇等造型具有密切关联，在研究战国时期执蛇、珥蛇、践蛇、腰蛇等诸多图像的渊源时，这些早期材料值得学术界特别重视。

（原载北京大学震旦古代文明研究中心：《古代文明研究通讯》总第32期，2007年第1期）

大甸子墓地陶器上的“特殊彩绘”

大甸子墓地[1]是夏家店下层文化中最具代表性的遗存之一，其丰富的内涵多年来深为学界所关注，尤其是其中的彩绘，更是大家特别关注的一个中心问题。笔者在对中国早期艺术文化史进行研习的过程中，也曾特别关注过大甸子墓地的彩绘。笔者发现，大甸子墓地的彩绘中，也有与二里头等文化中“青铜兽面纹牌饰”造型内涵相似甚或基本相同的一类图案[2]。笔者现将这一重要问题加以论述，敬请方家斧正。

一、有关材料的介绍

大甸子墓地的不少陶器上均有彩绘，其中有相当数量彩绘的主体是由几个相同、相似或不同的“彩绘单元”所组成。不同器物上的这些“彩绘单元”虽然本质意义上多没有什么区别，但是其具体的特征较为特殊，亦不完全相同。这类特殊“彩绘单元”种类很多，颇有研究价值。下面简要介绍大甸子墓地的彩绘材料。

1　　2　　3　　4

图一　“黄金四目”纹图示

1. 莒县大朱村　2. 大甸子M317：2　3. 大甸子M317：10　4. 仓包包87GSZ：36

（1）M317：2　梯形，或曰“斗魁形”，四目，双“T”形珥，柳叶眉，“亚”字形鼻子，双腭内弯。从造型风格看，有镂空成形的风格（图一，2）。

（2）M371：9　近长方形，双单旋符目，倒“T”形鼻首（图二）。

（3）M4：1　总体为“亚”字形，“介”字形主冠，冠顶装饰的中心为双层“X”形，冠顶装饰的侧面为单个“X”形的1／2，其组合正好形成与中心造型一致的“X”

图二　“单旋符目”神兽纹（大甸子M371：9）

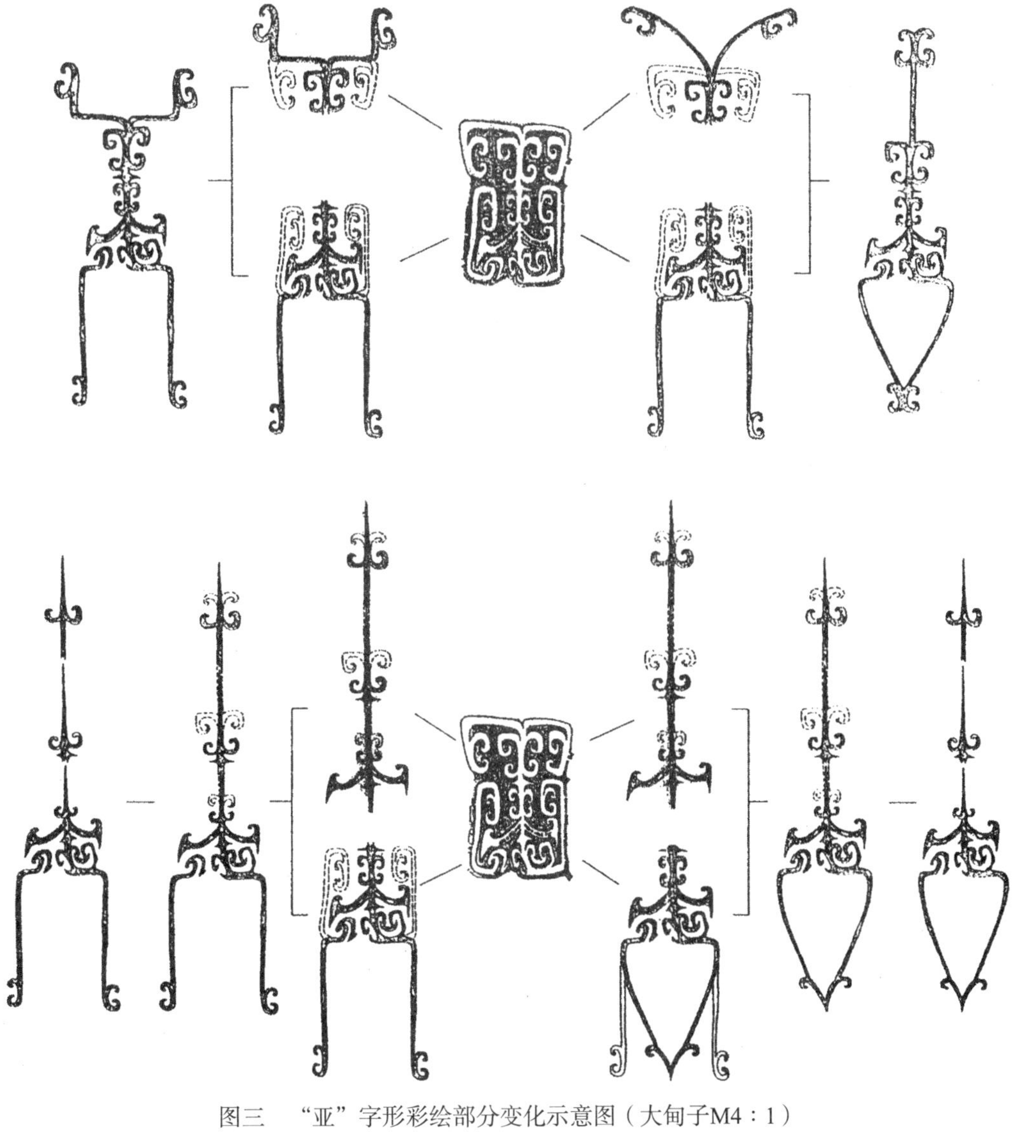

图三　“亚”字形彩绘部分变化示意图（大甸子M4：1）

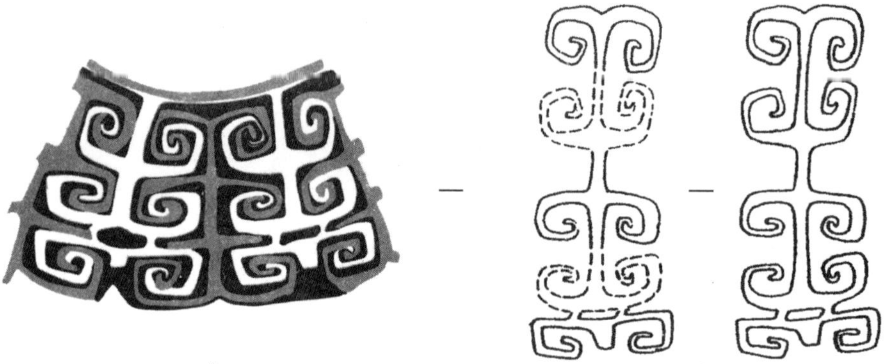

1　　2

图四　“介”字形冠与“X”形冠互变示意图（大甸子M1240：2）

形（图三）。当然，此“X”形实际可以视为“介”或“个”字形。M905：20神面之冠的双层“介”或“个”字形可变形为双层“X”形，这有助于此一问题的讨论（图四，1）。这类设计方法在中国早期艺术史神灵冠的造型中很是多见，例如大汶口文化陶尊“符号”、龙山文化及其他文化中的玉器神面造型及相关刻划图案材料。另外，此神物的印堂处有一常见的菱形，双目未画清楚，应与M522：6（图五）类似。双“珥”为“C”形，可以组成同冠顶造型一致的“X”形，实际其可以视为面下的装饰。特别应注意的是，参照上海刀及石峁玉戚等玉器的神面（图六）[3]，此神面上的装饰造型可以视为是与羽冠不对称的倒“介”字形，或是与冠顶“介”字对称的倒“介”字形。倒“介”字形不可简化为倒“人”字形，因为若视其为倒“人”字形，则一般应视其属于嘴，这与其本身是神面的装饰是不符的，当然，此神面下的装饰，参照M1115：4（图七），还可为其他形式。

（4）M371：10　此类牌饰原形应为近似长方形，弧顶形天盖冠，神面表现的主要是四目，四只眼睛均为变形的单旋符类型（图一，3）。M377：28同样属于此类。

（5）M905：20　此为两个神物面。每个神物面冠为双层“个”字形冠，鼻首明显，双腭内弯（图四，1）。

（6）M663：1　牌饰的主体有近“介”字形冠顶，或可视为三峰式，也可称为天冠的顶。造型的主体为相同的分为三层的3个神面（图八，2）。这属于很特殊的造型，多层造型在良渚文化、石家河文化、二里头文化玉器图案中均有发现。三个神面中，每个神面主冠为“介”字形，双目为单旋符形，单旋符形的目与“介”字形冠又组成两个近似“S”的造型[4]，倒“T”形鼻首。M726：17（图八，3）与之类似。其中M726：17Ⅰ与M663：1基本一致，M726：17Ⅱ应与M663：1也应一致，不过原绘者画得不规范。

（7）M371：1　主冠为“介”字形，冠顶为“X”形装饰，实际可以视为“介”字形变体，与主冠组成多重“介”字形。双目无瞳，印堂处为菱形，双腭外弯，双珥为“C”形，可以组成同冠顶造型一致的“X”形。特别应注重的是，同M4：1一样，

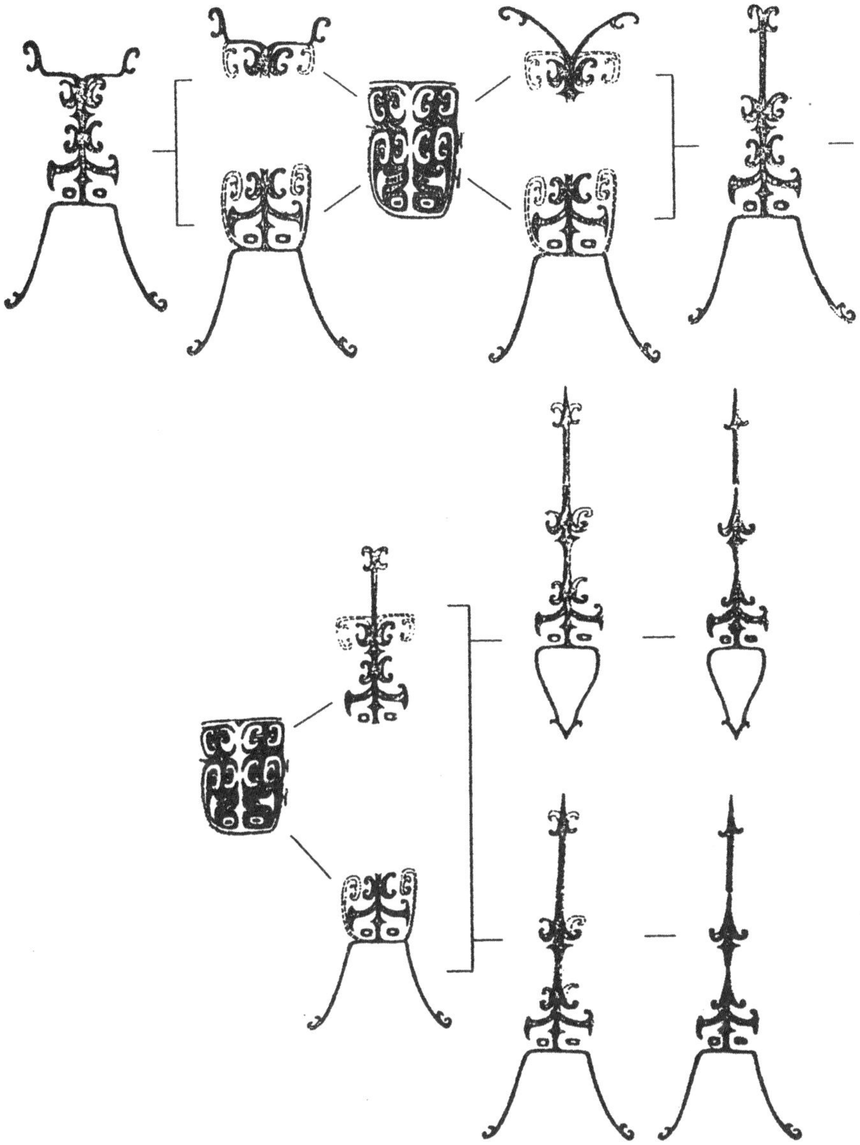

图五　彩绘神面部分变化示意图（大甸子M522：6）

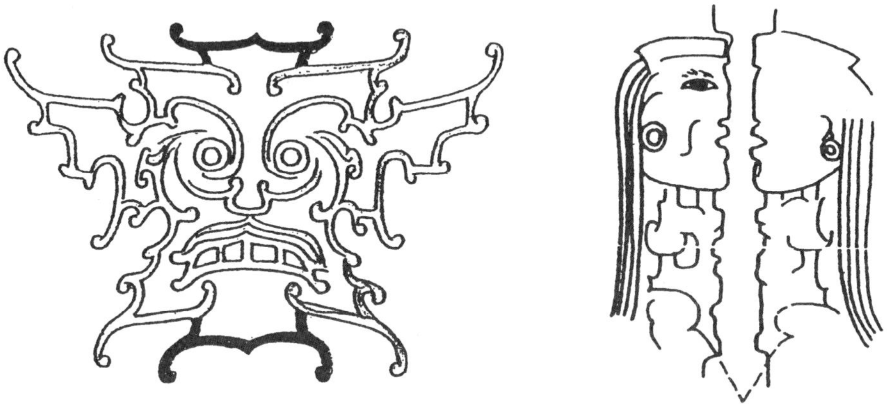

1　　　　　　　　　　2

图六　玉器上的神面

1. 上海刀　2. 石峁戚

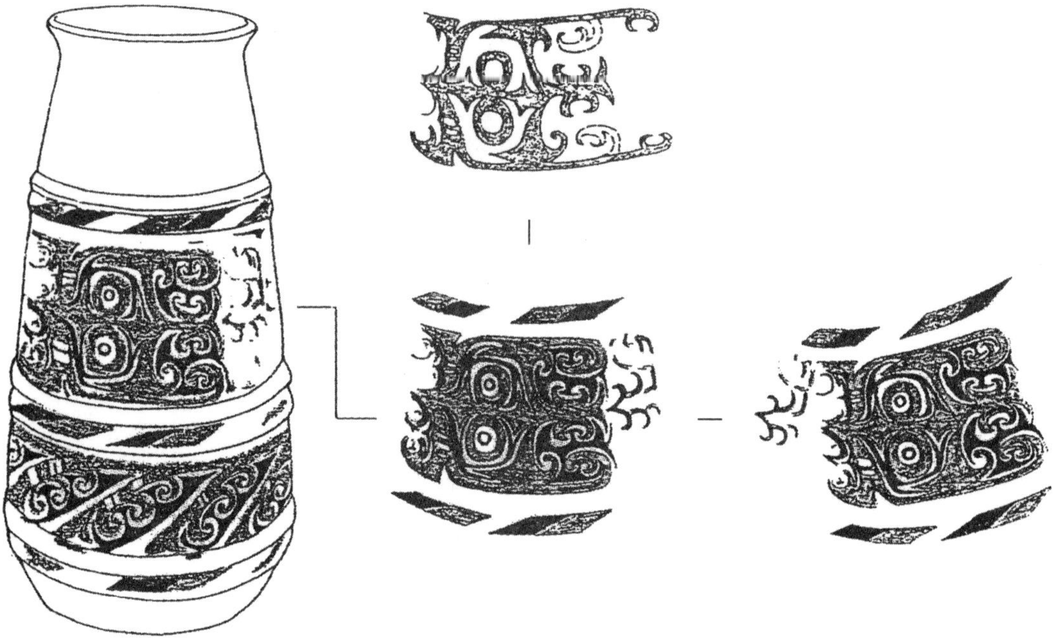

图七　彩绘神面（大甸子M1115：4）

图八　多层双S彩绘与青铜牌饰比较图

1. 仓包包87SGZJ：16　2. 大甸子M663：1　3. 大甸子M726：17

参照上海刀等玉器神面（图六，1），M371：7神面下的装饰造型可以视为是与冠顶“X”或“介”字对称的倒“X”或倒“介”字形。不过，神面下的装饰还可为其他形式（图九）。

（8）M1115：4　陶罐上共有两个神兽面，上下端有装饰带，相当于青铜牌饰的框，整个图案造型、结构实际与兽面纹牌饰相同[5]（图七）。从不清晰的照片看，神灵构图应为多重“介”字形天盖冠，菱形印堂，圆形双目，鼻子上亦有一菱形，双腭内弯，鼻端由“X”形和“人”字形组成，两侧为“C”形装饰，性质类似M4：1中的同类造型。

（9）M371：10　冠的主体为“X”形，与冠顶装饰实际可以视为羽冠，神物双腭

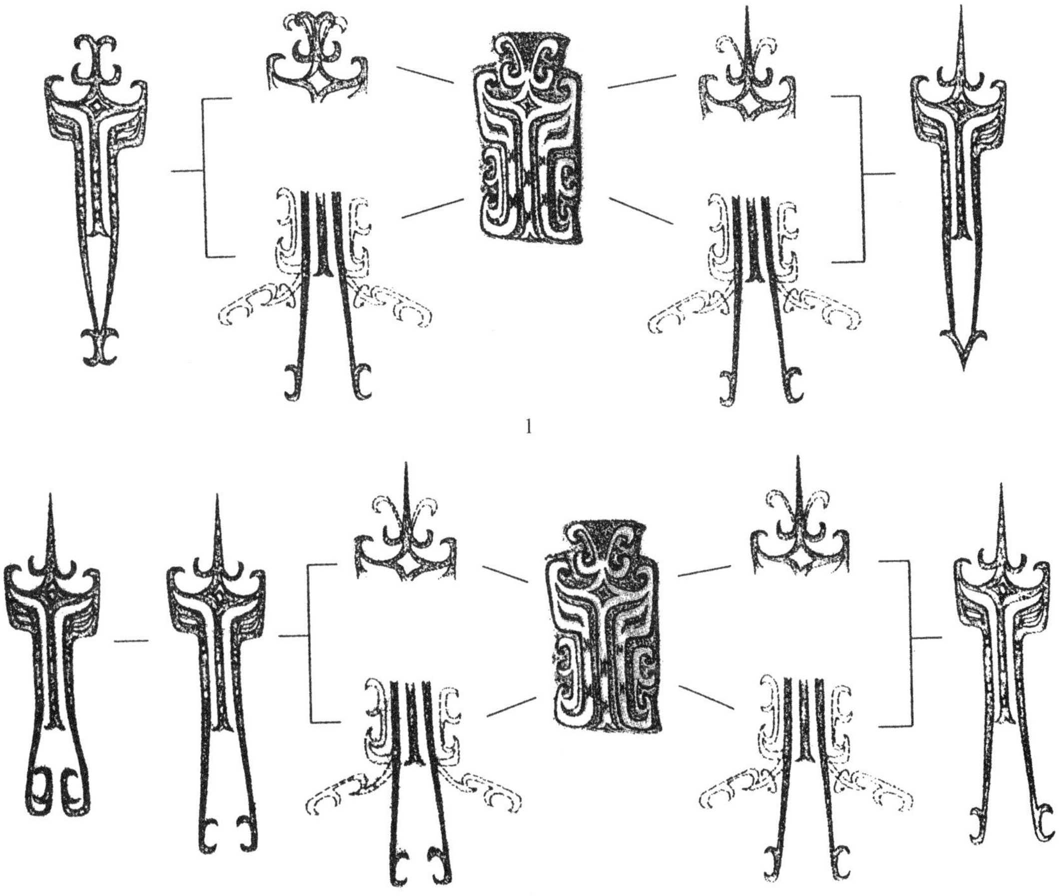

图九　彩绘神面部分变化示意图（大甸子M371：7）

外弯（图一〇，1），其双目与日本米秀博物馆所藏铜牌饰（图一〇，2）[6]类似，是菱形的。神面两侧的造型参照M1115：4等，可以作不同的复原。

（10）M453：10　梯形，总共由5个基本相同的小牌饰组成。其中第2、3个小牌饰造型基本完备，有双目与鼻子，第1、4、5个有双目，但是鼻子绘得不完整。另第2个神物方向与第1、3、4三个神物方向相反，第5个神物应向右旋转90°方为正方向（图一一）。

（11）M452：1　近长方形或“亚”字形。共由3个相同的小牌饰组成，每个小牌饰显示的结构为：额、冠—双单旋符形目—鼻首（图一二）。

（12）M316：1　“亚”字形（图一三，2）。若读灰色部分（图一三，1），则可以视为“⊤”形冠，“T”形珥，单旋符形目，“亚”字形与“T”形组成鼻子，双腭内弯。若读白线（图一三，3），则为“⊤”字形羽冠，双单旋符形目，“U”形鼻首，双腭内弯。

（13）M723：1　近长方形，主要由两个神物面组成（图一四，2）。一个神物有“⊤”形冠，单旋符形目，“亚”字形鼻子（图一四，1）。这个神物面若读白线（图

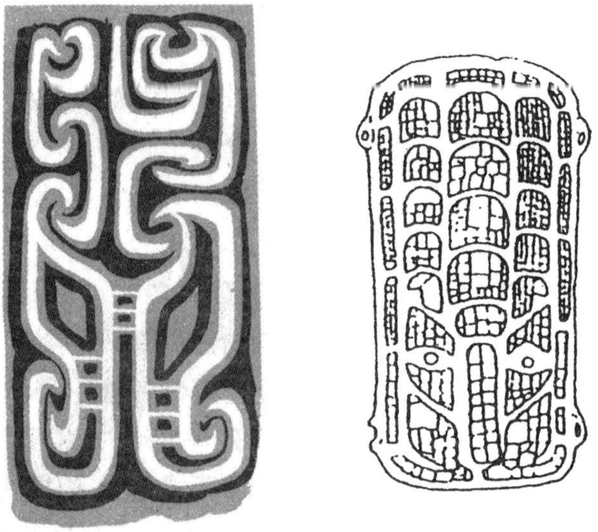

1　　2

图一〇　彩绘神面

1. 大甸子（M371：10）　2. MIHO博物馆藏铜牌饰

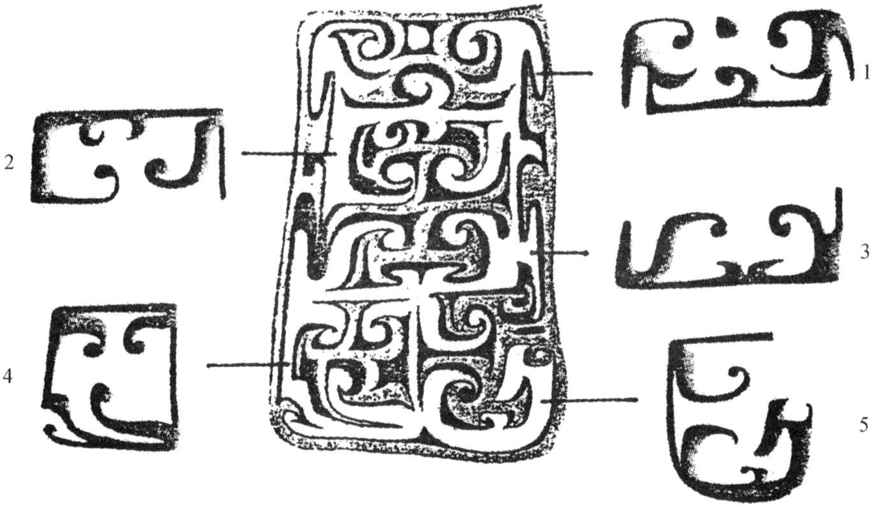

图一一　五神面组合彩绘（大甸子M453：10）

一四，3），则与M316：1类似，另有一只代表神灵的眼睛。整个牌饰可以视为戴“介”字形冠神及羽饰的神面造型。

（14）M761：1　近梯形，有羽冠（图一五，1），其造型与M371：7、M612：26等神灵（图一五，2、3）的冠为一类，即一个“X”与“介”字形，矩形眉，双腭外弯，双腭端与近似M371：7、M612：26神灵的双珥造型“互文省略”，双颊各有一与龙山时代诸多玉人面类似的“S”形。若读红的颜色，则神灵为“介”字形冠，双颊有“S”形，倒“T”形鼻首（图一五，1）。

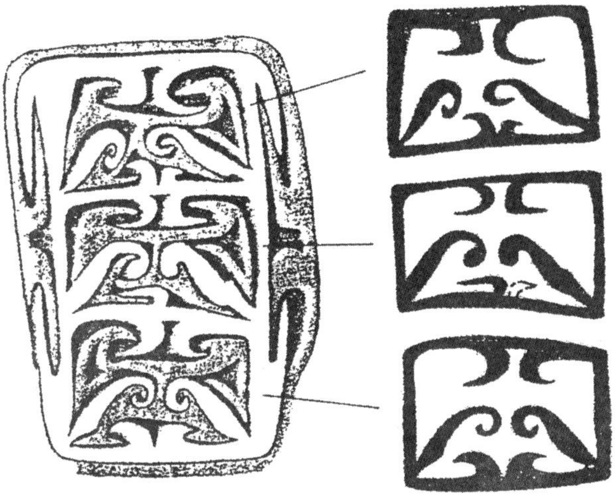

图一二 三神面组合彩绘（大甸子M452：1）

图一三 彩绘神面（大甸子M316：1）

（15）M659：4 从器物图的宽装饰带中可以发现，至少有两类特殊彩绘单元。一类是以单旋符形目代表神灵类型的，另一类是以双旋臂符“S”形目代表神灵类型的，不过此类型无明显的眼瞳。每个“彩绘单元”之间以栅栏式线带隔离，栅栏式线带从M672：9（图一六）看，有时可以视为另一种彩绘单元（图一七）。

（16）M672：9 从器物图的宽装饰带可以发现，至少有3或4类彩绘单元，彩绘单元之间以目符相隔。有的彩绘单元以具有明显眼瞳的双旋臂符形眼睛为主体图案造型，有的以无明显眼瞳的双单旋符形目为主体图案造型，有的彩绘单元主体图案较为抽象。另外，其中的栅栏式造型，在M659：4的装饰线带中是作为“隔离带”出现的，但是在此却占据彩绘单元的位置，暂时将其作为一个彩绘单元看待（图一六）。

（17）M1150：2 两条装饰带中共有8组神灵面造型，实际可以视为8个二里头等文

2　　1　　3

图一四　彩绘神面（大甸子M723：1）

1　　2　　3

图一五　彩绘神面

1. 大甸子M761：1　2. 天津圭　3. 美国史密森宁学会藏

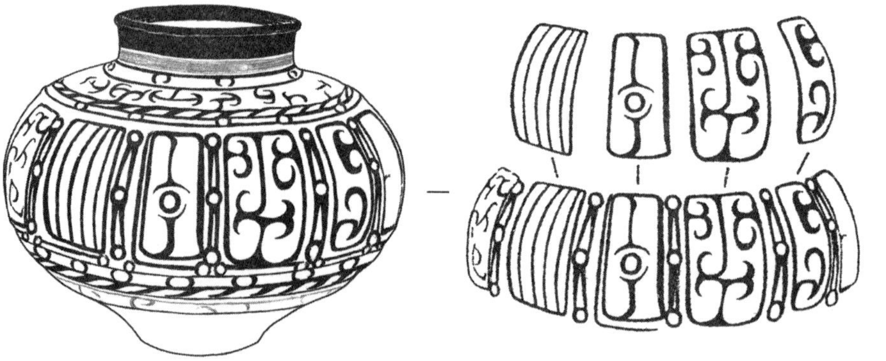

图一六　多神面组合带状彩绘（大甸子M672：9）

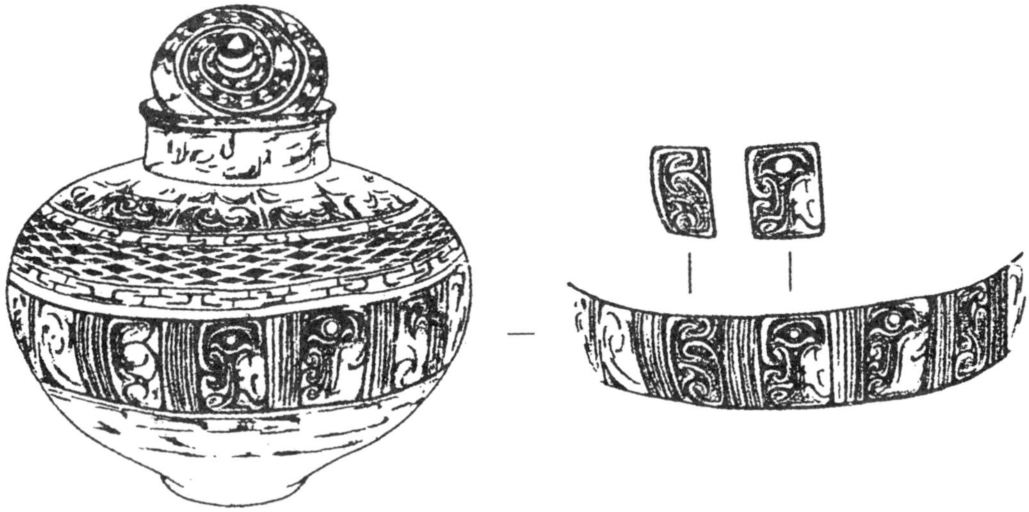

图一七　多神面组合带状彩绘（大甸子M659：4）

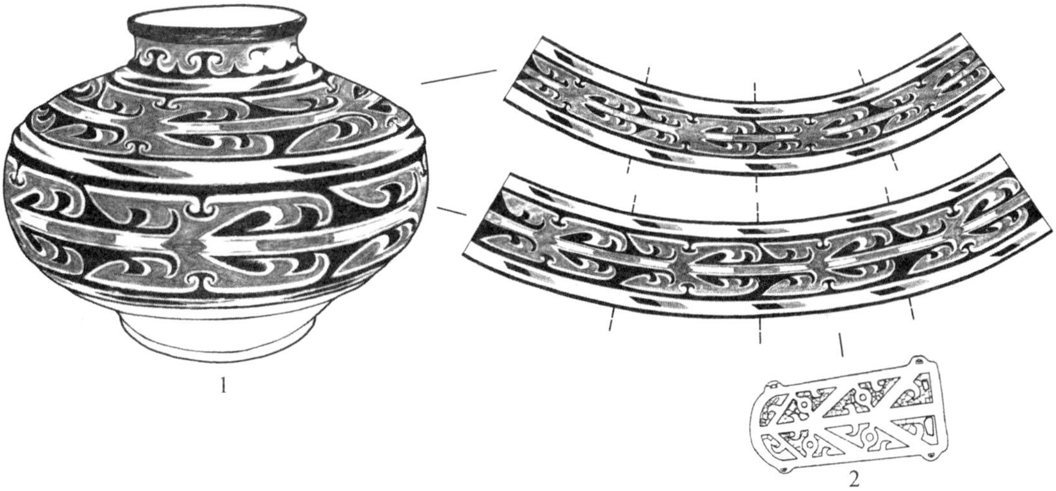

图一八　相同神面组合带状彩绘

1. 大甸子M1150：2　2. 真武87GSZJ：36

化中“兽面纹青铜牌饰”的图案化（图一八，1）。神灵面的左右均有隔离线带，相当于镶嵌绿松石兽面纹青铜牌饰的框（图一八，2）。单个神灵冠的主体为“心”字形，这是我们曾论证的由神灵头顶神鸟常负的与极星或北斗意义相关的造型。珥呈倒“T”形，双单旋符形目。

（18）M1150：1　整个陶鬲表面共有6个完整的牌饰似造型的神灵图案和6个这类神灵的冠[7]（图一九），可以作简单复原，其结构与M1150：2一致。

（19）M838：1　整个陶鬲表面共有3个单元，方向倒立，每个单元周围由一体双首龙或双龙随形相绕（图二〇，1）。每个单元本身的界限是由一个个单旋符连缀组成，

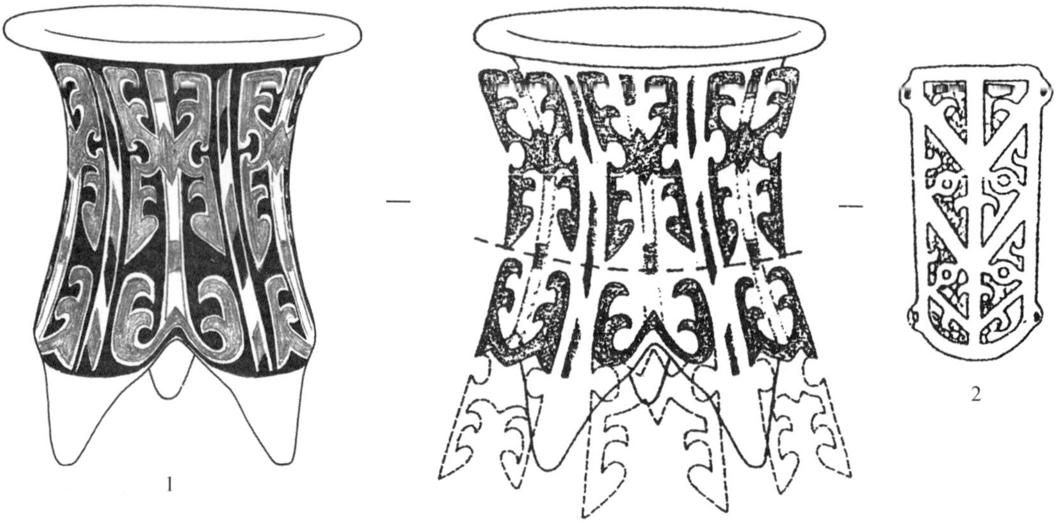

图一九　相同神面组合带状彩绘
1. 大甸子M1150：1　2. 真武87GSZJ：36

每个单元神灵的首端是由两个单旋符组成的，复原后可视为“介”字形首、圭形首（图二〇，3），或复原为顶呈“Y”形的近似“介”字形首（图二〇，4），这类冠与有的铜牌饰神灵冠（图二〇，2）或刻划的牌饰类神灵之冠（图二七，50）类似。神灵面目不是特别规整，不过“T”形珥、倒“T”形鼻显得较为清楚一些。

（20）M901：1　总的方面与M838：1等类似。神灵面目不易识别，仅印堂处的菱形、双单旋符形目、倒“T”形鼻还有些清楚（图二一）。

（21）M905：7　与M838：1、M901：1类似。神灵面目不是特别清晰，若读“介”字形单元的白线，则可以视为4条龙（图二二）。

（22）M840：2　与M838：1等相似。神灵之“T”形珥、倒“T”形鼻子尚可辨识（图二三）。

（23）M791：2　整个陶鬲表面共有3个单元，每个单元界限不易划清，整个神面基本为对称式的，“介”字形冠，单旋符形目（图二四）。

（24）M603：2　整个陶鬲表面共有3个彩绘单元，呈近长方形，神面的具体结构组成不清晰（图二五）。

（25）M1219：1　整个陶鬲表面共有3个彩绘单元，3个单元相连，无法断开，整个图案亦连在一起，并且较为抽象（图二六）。

另外，由于大甸子墓地的彩绘资料发表的不全、照片不清晰或艺术创作者未严格设计等原因，以至于有的彩绘图案的结构如图八中3之M726：17Ⅱ一样，无法详细描述。所以，大甸子墓地的特殊彩绘较之于现在所论述的还应多一些[8]。

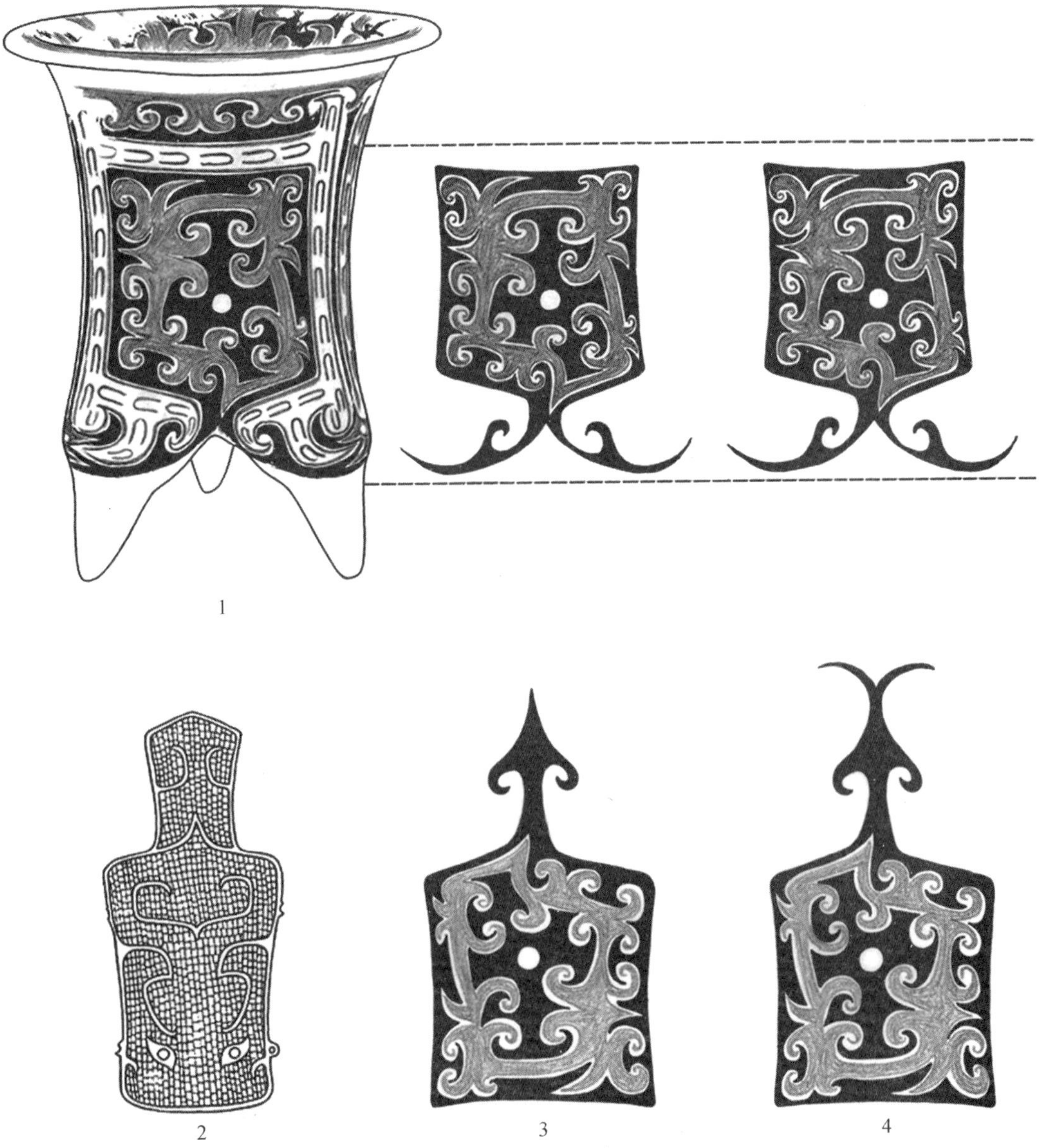

图二〇　彩绘展开图及复原示意图

1、3、4. 大甸子M838：1　2. 沙可乐博物馆第三件藏品

二、大甸子墓地陶器上“特殊彩绘”的类别

我们可以从不同的角度对这些特殊彩绘予以分类，如下。

（1）从“彩绘单元”的轮廓来看，可以分为4型。

A型　梯形加圭首形（图二〇～图二三）。这一型的圭首由于多位于陶鬲的足上，所以它常常被分离为两个“单旋符”。其之所以可以被分离为两个“单旋符”，是因为

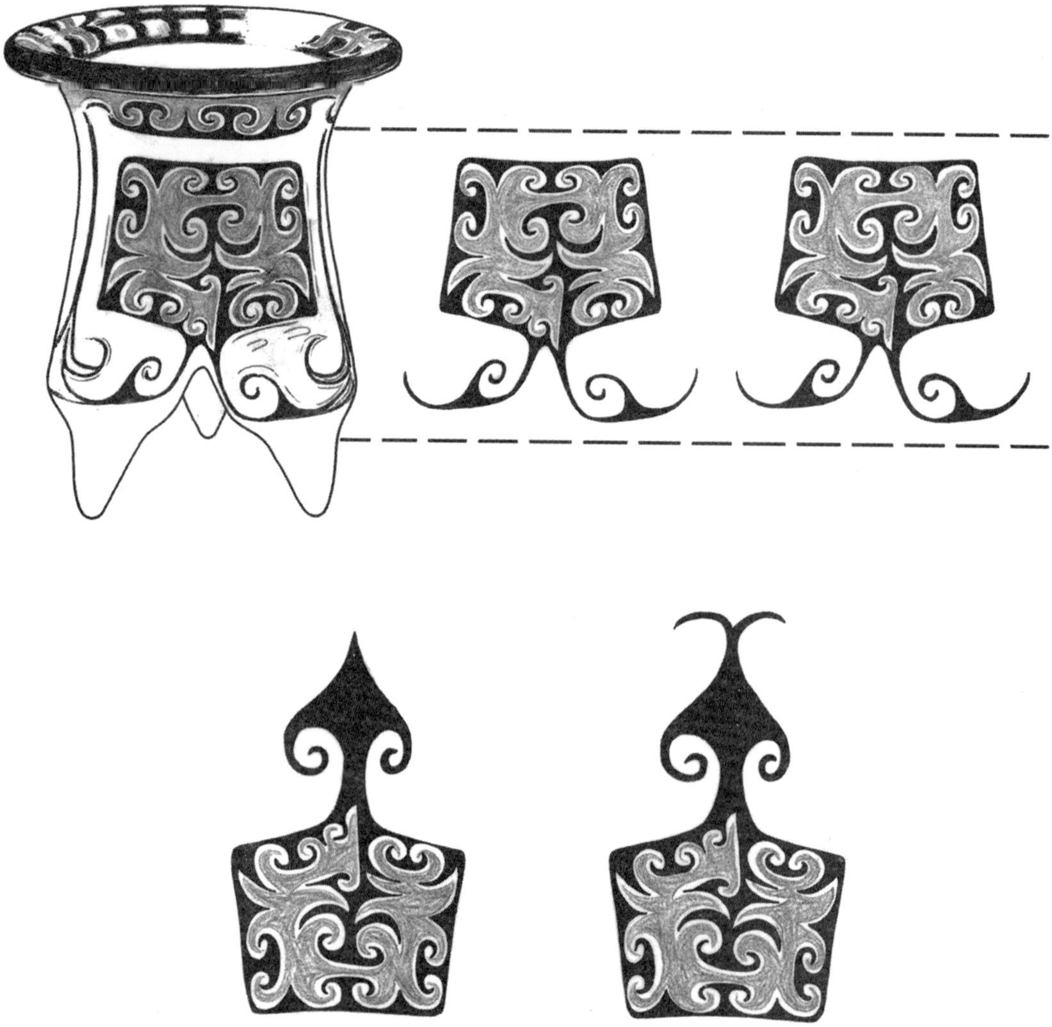

图二一　陶鬲彩绘展开图及复原示意图（大甸子M901：1）

这类“圭”形图像有时可以视为是由两个“单旋符”[9]组成。

B型　“亚”字或近“亚”字形。又分为2个亚型。

Ba型　两端宽度基本一致（图五、图一二）。

Bb型　一端略窄（图一一、图一三、图一四）。

C型　近似长方形（图一六、图一七）。

D型　典型的梯形（图一，2）。

（2）从“彩绘单元”的图案结构方面看，可以分为3型。

A型　整个“彩绘单元”外形与二里头等文化中的兽面纹青铜牌饰类似，其自身又是由3个或多个相同或相似的相当于二里头等文化兽面纹青铜牌饰“彩绘版”的小单元组成。又分为2个亚型。

图二二　陶鬲彩绘展开图及复原示意图（大甸子M905：7）

Aa型　几个相同的小单元纵向排列，方向一致（图一二）。

Ab型　几个相同或相似的小单元方向不一致，排列有变化，有的为纵向排列放置，少量为横向放置（图一一）。

B型　由两个不同的套色“彩绘单元”主体（图一三），像A型一样，外形与有的二里头等文化中的兽面纹青铜牌饰类似。

C型　由单个神面组成的（图八）。

（3）从同一件器物上几个“彩绘单元”的连接方式来看，可以分为2型。

A型　是3个彩绘单元相连，中间有隔离带，隔离带有的为图案，有的基本是空白（图一七、图二五）。

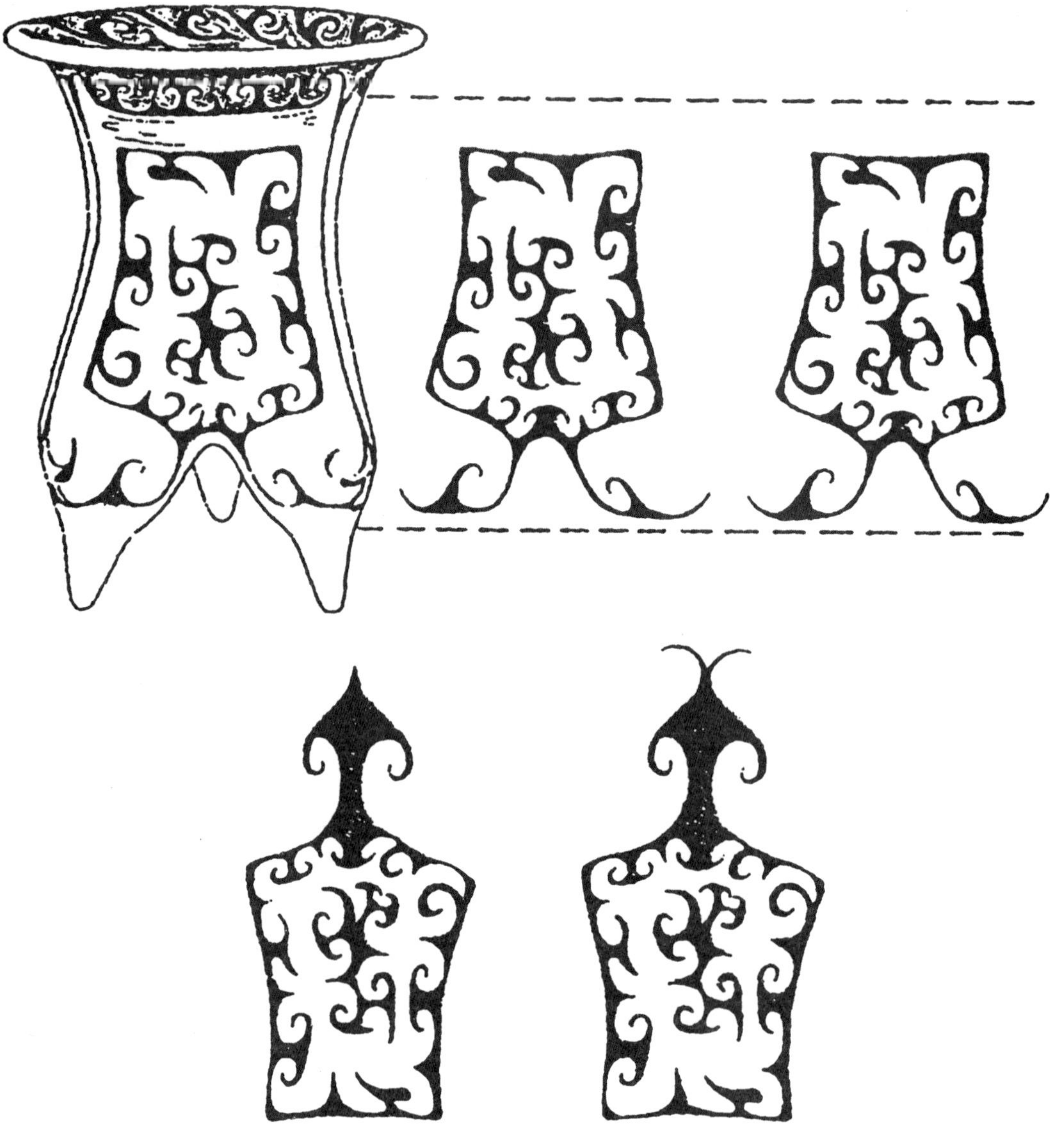

图二三　陶鬲彩绘展开图及复原示意图（大甸子M840：2）

B型　是3个彩绘单元相连，彩绘单元之间无法截然断开，有的图案甚至是连在一起的（图二六）。

（4）从彩绘单元的具体图案看，可分为2型。

A型　此类彩绘单元上所绘神物的具体形态有的有明确的五官或部分五官形态，有的仅以单目代表神面（图一六）。

B型　此类彩绘单元上所绘神物的具体形态不甚清楚，较为抽象，有的甚至全是由“单旋符”或变形“单旋符”等互相连成的非具象图案（图二五、图二六）。

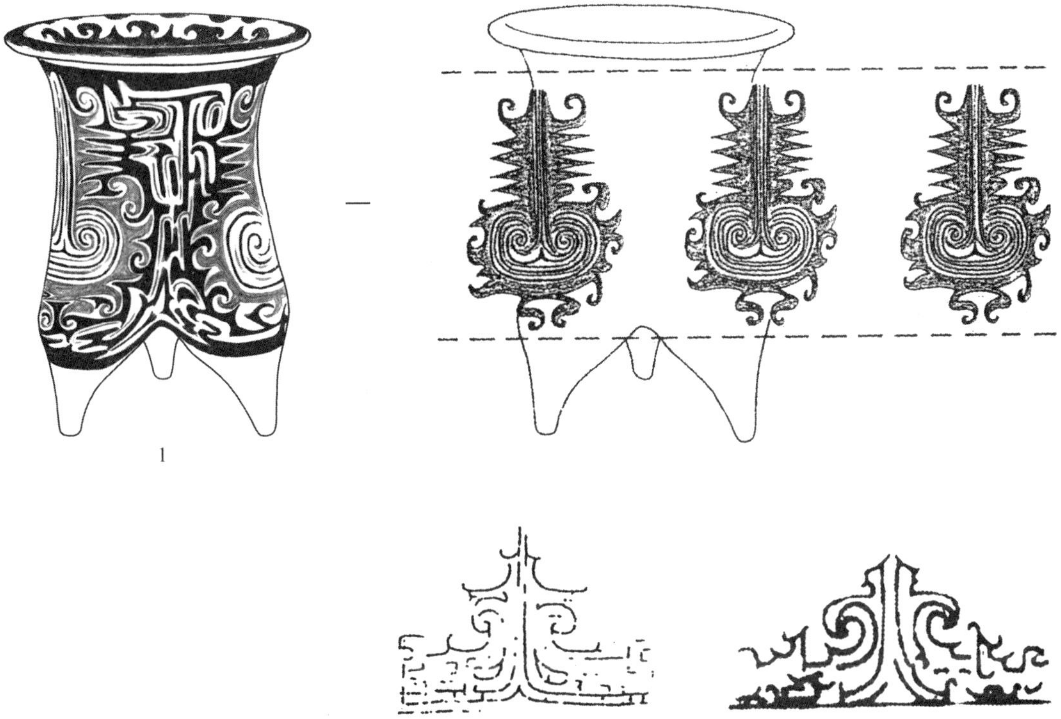

2　　3

图二四　陶鬲彩绘展开图

1. 大甸子M791：2　2. 溧阳圭　3. 何东圭

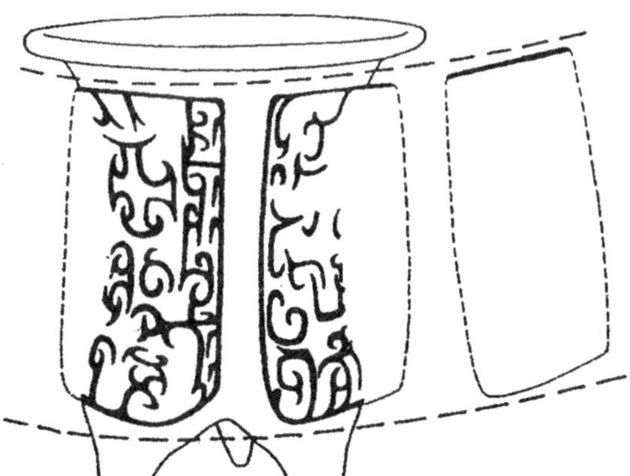

图二五　陶鬲彩绘展开图（大甸子M603：2）

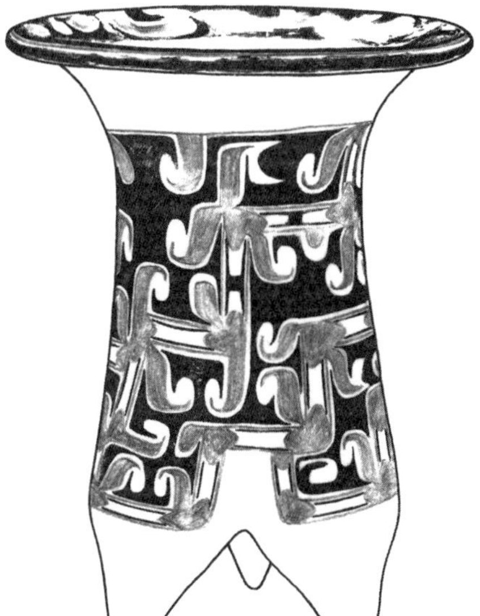

图二六　陶鬲彩绘（大甸子M1219：1）

三、大甸子墓地“特殊彩绘”的来源及去向问题

1. 来源问题

大甸子墓地这类“特殊彩绘”的外形不仅与二里头等文化中青铜、有机质牌饰或线刻陶牌饰的造型基本一致，同时与河姆渡文化、良渚文化中的“斗魁”形符号，大汶口文化中的“天顶·璇玑·斗魁”符号，好川墓地的“斗魁”形漆器，好川墓地、莒县陵阳河“天顶·璇玑·斗魁”形或曰“斗魁—昆仑丘”形玉片，山东龙山或石家河文化中有“斗魁”面形的神人玉器，良渚文化、红山文化中的“天顶·璇玑·斗魁”形玉器等也有一定的渊源关系。从具体图案看，组成上述一类“特殊彩绘”图案的有些具体造型在红山、山东龙山、石家河、二里头等文化之中均可发现相似者。我们知道，大甸子墓地所属的夏家店下层文化与山东龙山文化、二里头文化均有较为密切的关系，作为夏家店下层文化早期源头之一的红山文化与大汶口文化的关系也非一般，二里头文化与山东龙山文化的密切关系更是大家所公认的。这样看来，大甸子墓地这类“特殊彩绘”的文化来源显然有可能是多元的。另外，本文在论及大甸子墓地的一类“特殊彩绘”有关因素的渊源时，就目前的考古发现看，显然在有些文化因素与我们所指出的为其渊源的材料之间，尚存在缺环，这是需要说明的。

（1）大甸子墓地一类“特殊彩绘”的直接来源。

从外形来看，在早期夏家店下层文化材料尚不丰富的情况下，我们初步认为，大甸子墓地一类“特殊彩绘”A、B、C型（依“彩绘单元”的轮廓予以分类）的直接渊源应为二里头文化，笔者的主要论据是：

1）现在，我们虽然未在二里头文化早期的材料中发现牌饰或“斗魁”类符号，但是我们却在其中发现一定数量的与之有密切关联的东方因素，像新砦遗址所出的北斗神物[10]，花地嘴遗址所出的牙璋、玉钺以及陶瓮上所饰的雌雄北斗神面等[11]。而且从诸多迹象来看，“新砦期”恰为羿、浞代夏之时[12]。显然，在这时候有较重要的东方因素西传是无疑的，这些情况说明，二里头文化早期有可能存在这类牌饰或“斗魁”形符号元素。

2）夏家店下层文化之大甸子墓地遗存与二里头文化的关系非常密切，二里头文化中的高级别器物像陶爵、陶鬶等在其中均有发现，因而在其中出现二里头文化神面纹牌饰的“彩绘版”并不奇怪。

3）石家河文化的有关元素像玉蝉等在大甸子墓地中出现过，除可能是经过神木石峁等地传去之外，经过二里头文化区再北传也应有可能，二里头文化中发现的具有石家河文化风格的玉鸟等有助于证之[13]。

4）我们发现，夏家店下层文化大甸子墓地一类“特殊彩绘”的因素在三星堆文化铜牌饰中有所表现（图二七，35、48）[14]。显然，大甸子墓地一类“特殊彩绘”有关元素的南传应有相当部分经过了二里头文化区。二里头文化薛村遗址（图二八，2）[15]所

1

2

图二八 大甸子墓地“特殊彩绘”与二里头文化纹饰的比较

1. 大甸子M4：1 2. 薛村H132

出的与大甸子墓地“特殊彩绘”有关的刻划（图二八，1），同样有助于说明这一问题。

5）大甸子墓地A型一类“特殊彩绘”虽然有明显的自身特征，但是其不少特征明显是受二里头文化中同类牌饰的影响而形成的。

6）大甸子墓地的D型“特殊彩绘”，虽然可以视为是类二里头等文化中青铜牌饰的梯形版，但是较短，在目前发现的各文化铜、有机质或刻划牌饰中，未见有造型与其较为一致的例子，倒是在被认为属于山东或石家河龙山文化的传世品中，有造型与D型类似的玉牌饰（图二七，20）[16]。不过考虑到时间因素，我们认为，大甸子墓地的D型一类“特殊彩绘”外形的主要渊源应是二里头文化，只是已有所变异，或者是因为D型彩绘单元是三连续分布的，因为其所在陶罐（M317：2）面积的限制原因才变短的。

大甸子墓地一类“特殊彩绘”的外形，目前看来，其主要的直接渊源为二里头文化。实际上，它们均有更早的来源，像A型早在大汶口文化（图二七，12）、好川墓地（图二七，14、15）、弗利尔玉璧的昆仑台符号（图二七，8）[17]中就已出现。B型的标准的早期渊源现在仅在好川墓地中发现过（图二七，2）。不过，大汶口文化、好川墓地中的那些作为A型早期渊源图案的梯形部分（图二七，12、15）显然也可视为是B、C、D型的早期渊源的变体。这里需要说明的是，龙山时代似乎缺乏这方面的直观材料，其实不然，山东龙山、石家河等文化中众多的“北斗神”或相关神、祖、巫的图案中，均蕴涵有相关的信息，像这些“北斗神”或相关神、祖、巫的头顶多有明显的“天盖”，其脸形也多为倒梯形或亚腰形的“斗魁”或“方相”形状，它们与牌饰造型、内涵均非常相关（图二九）。

（2）大甸子墓地一类“特殊彩绘”具体图案的来源。

来源较为复杂，我们仅择要予以论述。

1）图案中的多数组成眼睛等造型的“单旋符”与“红山—小河沿文化”系统有关。

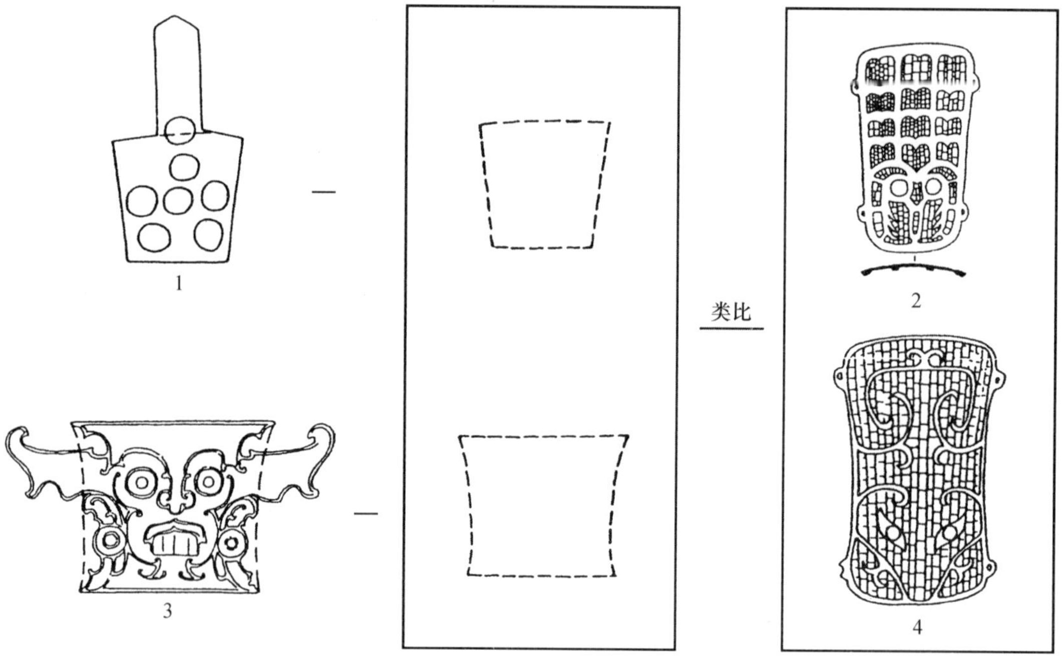

图二九　不同考古学文化得图案造型

1. 陵阳河M7　2. 二里头M57：4　3. 芝加哥艺术研究院藏　4. 沙可乐博物馆藏

我们知道，早期的“单旋符”在河姆渡、良渚、马家窑、仰韶、大汶口、大溪、红山—小河沿、山东龙山、山西龙山、石家河等文化中均有发现。这些“单旋符”的内涵虽然非常类似，它们均可以充当目、冠饰，有时还可以两两组合为“圭”形，但是各地“单旋符”的具体造型内涵却有所不同，特别是红山文化的“单旋符”，其虽然源自仰韶文化，但是其中大多数的造型有较为明显的地域特征，“红山—小河沿文化”有的“单旋符”虽然与良渚、大汶口文化的“单旋符”造型比较相似，但是考虑到地域传承优势，我们认为大甸子墓地一类“特殊彩绘”图案中的“单旋符”多数是与本地域的“红山—小河沿文化”的“单旋符”直接相关的。

2）图案中的北斗神目有的有“V”形眉（图一四），这一特征应与红山—小河沿文化系统有关。因为，就目前所知的早于大甸子墓地所处时代的材料中，仅在小河沿文化中发现过类似的例子。

3）图案中神物面及冠上均有国际汉学界称之为“钻石”并误认为是与太阳有关的菱形符号（图三、图五、图九），其风格在山东龙山文化有关玉器图案（图二七，29）上及二里头文化有关铜牌饰图案（图三〇，5）上均有发现，如果讲求整个图案严格的位置因素的话，大甸子墓地有的“特殊彩绘”图案的这一风格应与二里头文化关系更密切，亦有可能是互相影响的。

4）图案中有的神物有“介”字形冠，面容“中分”（图二四，1），此风格应来自东方。溧阳圭（图二四，2）以及不少传世玉圭上的图案（图二四，3），与大甸子墓地

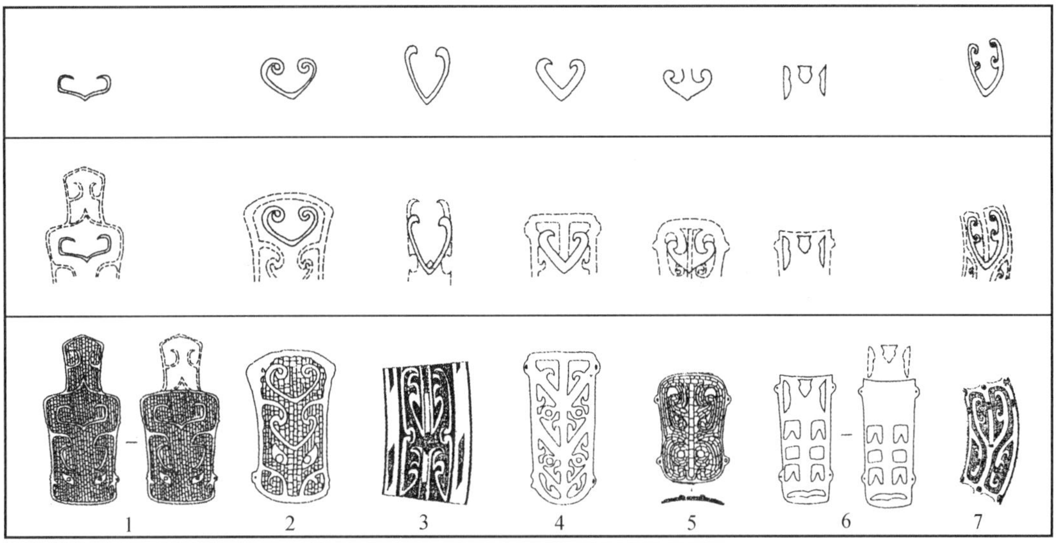

图三〇 大甸子墓地“特殊彩绘”与青铜牌饰神兽面冠首“心”形比较说明图

1. 沙可乐博物馆第三件藏品 2. 沙可乐博物馆第二件藏品 3. 大甸子M1150：2 4. 仓包包87GSZJ：36 5. 偃师二里头M4：5 6. 四川广汉高骈出土 7. 大甸子M866：3

“特殊彩绘”中的这类图案可构成基本连续的系列。

5）由双“S”构成神物面的风格（图八，2、3），目前可见的早于大甸子墓地所处时代的近期可靠材料，大多来自山东龙山文化（图二七，25）或石家河文化，更早者可在仰韶及大汶口文化（图二七，10）中找到，其中三里桥、刘林遗址中彩陶钵上的图案及两城镇玉圭上的图案，可与大甸子墓地、三星堆文化有关牌饰的双S神物面构成一个较完备的演化系列（图二七，10、25、35、48）[18]。

6）图案中有的神物之面（图五）非常类似石家河文化、神木石峁文化中出现的玉虎，从地域因素看，神木石峁文化可能是其直接渊源。另外，传出甘肃齐家坪遗址的一样私人藏铜牌饰上的神物面也有这一风格[19]，这里提出来以供参考。

7）图案中有的神物面两腭外卷，有的双眉为矩形（图一五，1）。神物面两腭的这一风格在二里头文化中有一定体现。像二里头二期的一件骨刻器[20]，其上的嘴中造型似梅花的神物两腭就外卷。另外，我们在传世的山东龙山文化玉器——天津圭的图案中也发现过这类神面（图一五，2），神物具有矩形眉的风格在传世的山东、石家河龙山文化玉器图案中有所体现（图一五，3）。真正与其造型几乎完全一致的，是日本《米秀博物馆图录》中所收的一件具有二里头文化风格的铜牌饰（图一〇，2）。所以综合地看，大甸子墓地这种一类“特殊彩绘”的这一造型特征应与二里头文化直接相关。

8）图案中有的神物冠是由两个“单旋符”组成的心形（图一八，1）。二里头（图三〇，5）、三星堆文化（图一八，2）中的诸多铜牌饰均有这一风格，这类符号常为神鸟所负。这种心形符，我们曾在屈家岭文化（图二七，5）、石家河文化（图一七，6）中发现过，中原地区其后至二里头文化二期以前，考古材料中尚未发现未变形的这类冠，所以我们目前似乎尚无法肯定大甸子墓地彩绘中的这一符号的准确的直接来源，不过二里头文化中晚期这一符号数量较多，估计大甸子墓地的这类“特殊彩绘”的这一风格应是受其直接影响而形成的。另外，这种心形符与其下神面组合成的图案，直接渊源应来自于二里头文化，像二里头M57所出的那件铜牌饰之图案既是这种构图，更早的渊源可在龙山文化中找到[21]。

9）在大甸子墓地的“特殊彩绘”中，有的牌面上有多组纵向排列的相同神面（图一二）。这一风格在二里头文化的方柱柄形器、石家河文化的片状柄形器及良渚等文化的多节玉琮及玉锥形器上均有体现，就时代及地域等状况而论，大甸子墓地的这类“特殊彩绘”的这一风格应与二里头文化直接相关。

10）在大甸子墓地的“特殊彩绘”中，有的冠上有两个或一个X形符号（图三、图五、图九），从大甸子墓地这些的彩绘图案的变化图来看（图三、图五、图九），其应是源自山东龙山、石家河等龙山文化中的富有装饰化意味的两个半“介”字形冠饰符号的组合。

11）大甸子墓地的“特殊彩绘”所用的颜料主要有红、黄、白三种，目前虽然在山西陶寺、山东西吴寺等龙山文化遗址发现过类似的用彩风格，但是辽宁双坨子遗址龙山文化这类彩绘的数量多，风格与其更为接近[22]。

12）菱形的眼睛在“红山—小河沿文化”系统中广泛存在[23]，良渚文化中有极少量的存在，从数量、地域传承优势以及相似度等多方面观察，大甸子墓地“特殊彩绘”上的神物双目的菱形特征应来自“红山—小河沿文化”系统。

13）大甸子墓地有的“特殊彩绘”上的神物，有两两纵向或横向排列的四个眼睛（图一，2、3），其与红山文化中的有关玉器[24]及山东莒县大朱村大汶口文化M17陶尊上的“斗魁四星刻符”图案有相似之处[25]，较直接的渊源有可能是“红山—小河沿文化”。

14）大甸子墓地有的“特殊彩绘”上神物的鼻子上有横线（图一〇，1），这种风格在良渚文化、山东龙山文化、石家河文化、新砦期等中均出现过，较直接的渊源有可能是新砦期类文化遗存。

15）此外，在大甸子墓地中，有的神面双颊各有一个“S”形（图一五，1），与龙山时代诸多玉人首类似[26]。

2. 关于大甸子墓地的一类“特殊彩绘”的去向

大甸子墓地这类“特殊彩绘”的造型、主体图案元素在时代晚于它的夏、商等文化的美术材料中，均有极其明显的体现。

二里头文化中晚期的刻划菱形目（图三一，1～3）、日本《米秀博物馆图录》中所收的一件具有二里头文化风格的铜牌饰菱形目[27]、二里头时期的玉菱形目（图三一，4）[28]，均应是在大甸子墓地彩绘菱形目（图三一，5）风格影响下而产生或发展的。三星堆文化仓包包遗存的一件铜牌饰，有菱形四目，显然与大甸子墓地的菱形目图案、四目北斗神这类“特殊彩绘”有关。另外，三星堆祭祀坑中，出有很多这种菱形目（图

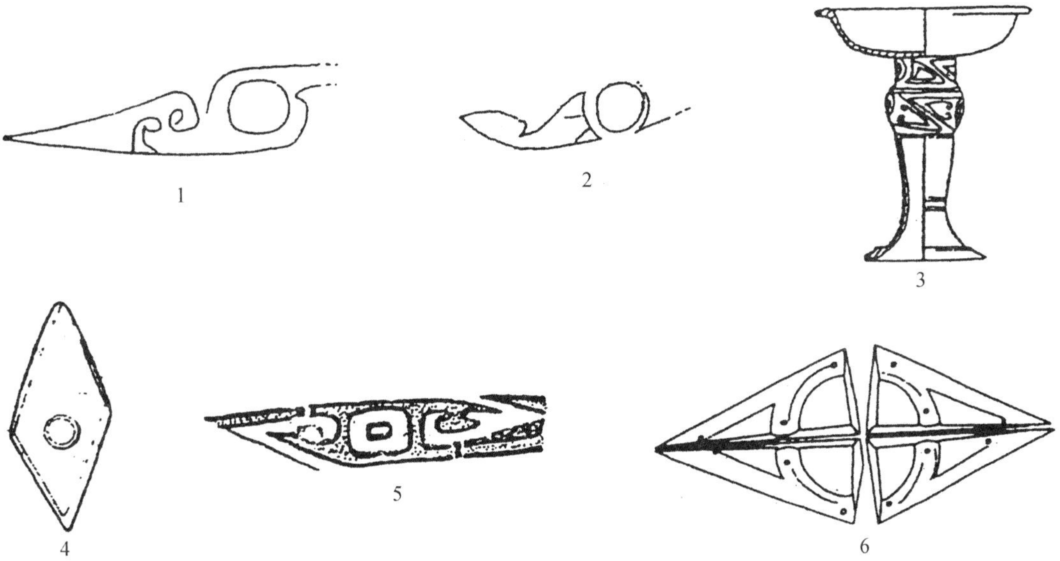

图三一　不同考古学文化的菱形目图案

1. 二里头（《二里头陶器集粹》，图四四七）　2. 渑池郑窑H71：3
3. 郑州洛达庙H26：1　4. 二里头菱形玉IVT18②：17　5. 大甸子M806：1　6. 三星堆K2③：101、106、99、8-1

三一，6），同样最初应来自夏家店下层文化。三星堆文化仓包包遗存的多重双“S”图案铜牌饰（图二七，48）[29]，虽然其以铜作质地等特征与二里头文化相关，但是其具体图案及近长方形的外形，显然来自大甸子墓地有关“特殊彩绘”（图二七，35）。

前文所论的三星堆文化仓包包遗存的那件菱形四目铜牌饰（图一八，2），在其面的上端，有个明显的心形符号。这一特征虽然在属于二里头文化的有关铜牌饰神面之冠中亦存在，但是就组成心形符号的单个“单旋符”造型看，与大甸子墓地有关彩绘“单旋符”极其相似（图一八，1）。二里头文化M57所出铜牌饰图案中，也有这类符号（图三〇，5），不过较之大甸子墓地有关的彩绘“单旋符”（图三〇，7），其与三星堆文化仓包包遗存这一铜牌饰的心形符号差别明显。

大甸子墓地有心形符的这类“特殊彩绘”的构图模式，不仅在二里头文化中有不少发现，而且在高骈（图三〇，6）、三星堆及金沙遗址有关玉璋上仍有非常明显的体现。四川高骈遗址所出的三星堆文化璋形铜牌饰神物有“V”形眉（图三〇，6），就目前的材料看，其应来自大甸子墓地有的彩绘图案（图一五，1）。至于楚文化中的有关玉牌饰[30]（图三二），与四川高骈璋形铜牌饰图案应有较密切的关联，不过，两者之间有明显缺环。

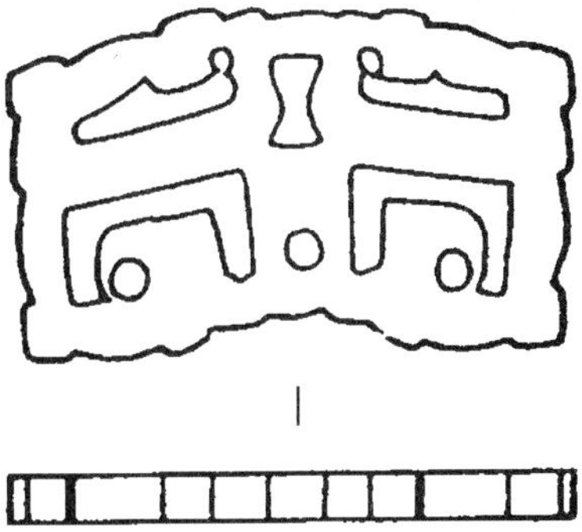

图三二　江陵望山沙冢古珮
（WM2：T53-3）

二里头及三星堆文化中出现过镂空风格的铜牌饰

（图二七，39、46），其镂空的风格似乎与大甸子墓地的“特殊彩绘”有联系，因为我们在大甸子墓地的一类“特殊彩绘”中，发现过可称之为“彩镂”的技法，像本文所论的图一中2之D型一类“特殊彩绘”即是如此。

心形符与其下神面组合成的总神面的彩绘风格，在二里头文化、三星堆文化中仍然存在，对商代代表某位特殊神灵的特殊文字的形成，似乎亦有重要作用[31]。

四、大甸子墓地“特殊彩绘”的内涵及功能分析

从本文的有关讨论可以看出，大甸子墓地的这类“特殊彩绘”图案与二里头等文化中铜牌饰的图案为一类神物，这些神物的更早造型、内涵，渊源于河姆渡、良渚、大汶口、山东龙山、石家河等文化系列中的刻符或玉神像，而这些刻符或玉神像又多与北斗有关[32]。显然，大甸子墓地这类“特殊彩绘”图案之主体亦应代表北斗神，或与之有关。同时，除了大甸子墓地这类“特殊彩绘”的外形与“斗魁”或“天顶・璇玑・斗魁”等类图案一致外，我们尚有更多的论据证明，大甸子墓地的这类“特殊彩绘”之图案代表北斗神或与之相关的神。

属于大汶口文化的江苏邳县（今邳州市，后同）刘林遗址，曾出有一件彩陶钵，其上的神物（图三三，9）显然属于与大甸子墓地“特殊彩绘”有关图案的早期渊源，而这一图案正是由北斗七星所“规划”的，这一图案与微山“黄帝坐北斗汉画”（图三三，8）相似，均符合《素问・五行运大论》所载“黄帝坐明堂”记载，与太谷白燕F504具有

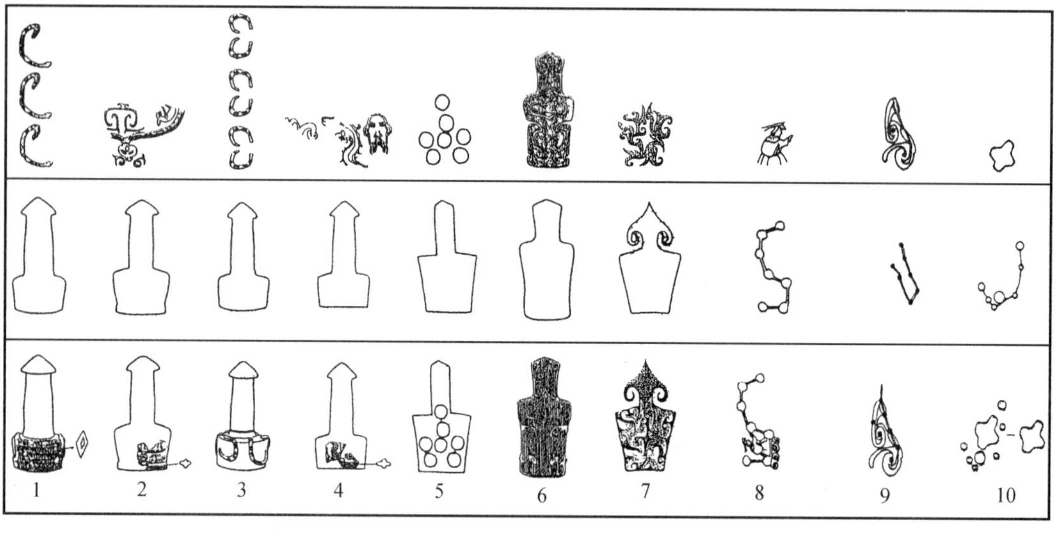

图三三　大甸子墓地特殊彩绘及相关的斗魁图案

牌饰、天顶—璇玑—斗魁、亚腰形—梯形—斗魁—昆仑台、中空神器、亚形—菱形、神龙—蛇—猪龙、北斗神关联图

1～4. 二里头遗址出土　5. 陵阳河墓地M7　6. 沙可乐博物馆第3件藏品　7. 大甸子墓地出土　8. 微山汉画

9. 刘林M4：5　10. 太谷白燕F504

明堂造型某些特征的建筑（图三三，10）在意义、造型方面均有密切关系。另外，二里头文化有一器盖似中空神器（图三三，4），其象征斗魁的器体上除有神龙以外，尚有一人面，同样象征的应是北斗神帝或神祖坐斗魁的意思。

河姆渡文化第4层所出的一件陶钵上，曾刻有一戴“介”字形冠的图案（续图三四，1），不少学者认为其两目是太阳[33]，实际上并不正确，它们是代表北斗的天枢和天玑[34]。两个圆大小不一，也有助于否定其为太阳的观点。而这一图案显然也属于大甸子墓地这类“特殊彩绘”中有关图案的早期渊源。三星堆文化仓包包遗址有一件铜牌饰（图二七，10），学界素来对其不太在意，几乎所有的学者在研究二里头等文化中的铜牌饰时，均未提及此牌饰。实际上这件牌饰极其重要，其上凸铸的相连的两个圆，正是代表相连的北斗之天枢和天玑。也许有的学者会认为，用直线将某一星宿相连的风格起源较晚，实则非是，本文所论的邳县刘林彩陶钵图案七星相联（图三三，9），以及山东莒县大朱村大汶口文化M17陶尊上天顶—北斗图案（图一，1）斗魁四星相联的状况，以及中原地区可以视为是北斗象征的斗形彩陶瓮上的北斗星象图（图三五，1），已充分说明了这一点。

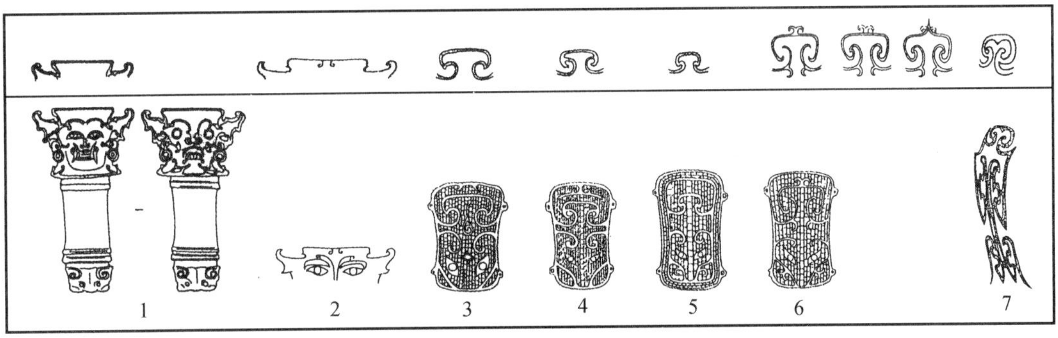

图三四　大甸子墓地特殊彩绘与相关图案、神人、神兽天盖冠比较图

1. 沙可乐博物馆藏品　2. 史密森宁研究院藏品　3. 保罗·辛格藏品　4. 偃师二里头M11：7　5. 欧洲所藏中国青铜器遗珠　6. 沙可乐博物馆第一件藏品　7. 大甸子M371：10

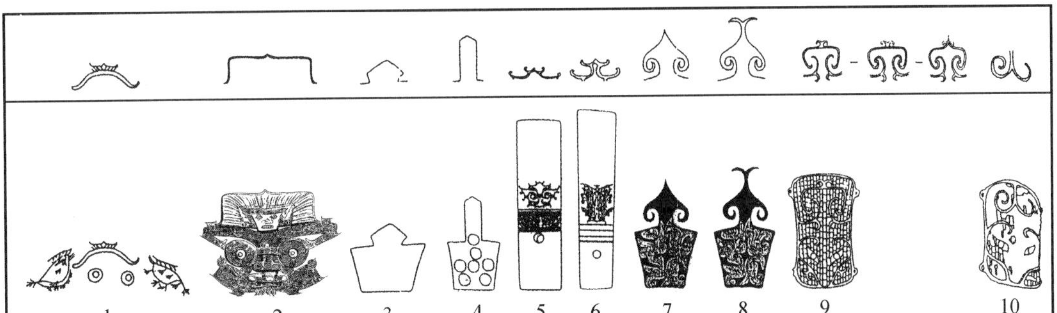

续图三四　大甸子墓地特殊彩绘与相关图案、神人、神兽天盖冠比较图

1. 河姆渡陶钵　2. 反山M12玉琮　3. 好川墓地M10：2　4. 莒县陵阳河墓地M7　5. 台北故宫博物院藏　6. 台北故宫博物院藏　7、8. 大甸子M905：7　9. 沙可乐博物馆第一件藏品　10. 甘肃天水博物馆藏品

大汶口文化莒县大朱村M17所出的一件陶尊上，刻有一“天顶 · 璇玑 · 北斗”图案，其斗魁中有四个圆，显然这就是斗魁四星。大甸子墓地“特殊彩绘”中有四目神物（图一，2、3），三星堆文化仓包包遗址铜牌饰上的神也有四目（图一九，2）。毋庸置疑，这样的设计均应渊源自斗魁四星的思想。

在中国古代的文化中，有用陶中空器以示“天顶 · 璇玑 · 北斗”、极星或与其相关造型的文化现象[35]，像尉迟寺遗址的红烧土广场和龙山时代的遗迹中发现的陶制中空神物（图三五，2、4）。在桂南大龙潭龙山文化晚期遗址[36]中，有一处由石铲围成的圆坑形遗迹，而尉迟寺遗址的红烧土广场发现的陶制中空神物（图三五，2）与尉迟寺龙山文化遗迹中所出陶制北斗神器（图三五，4）及龙山时代的玉雕北斗神像（图三五，5）[37]均类似，它们的造型显然与大甸子墓地“特殊彩绘”图案有关。

从这类“特殊彩绘”图案的渊源看，其显然应视为北斗神或相关神灵，只不过，无论

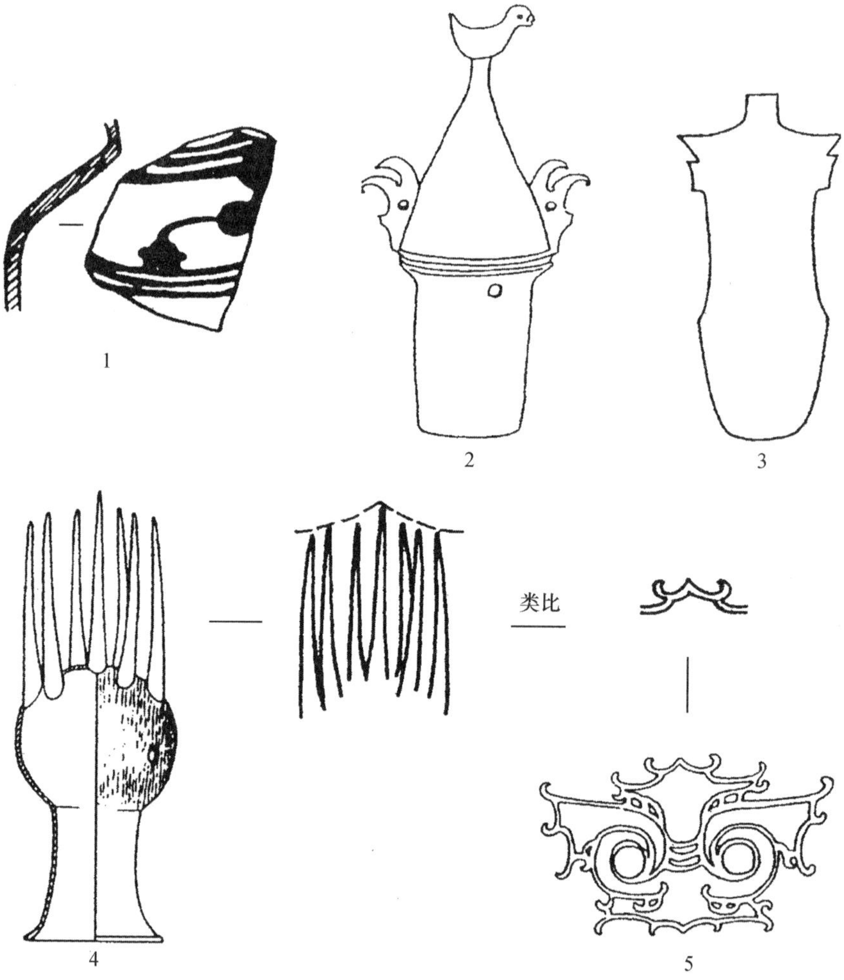

图三五　古代陶器及陶器、玉器上的图案

1. 大河村瓮　2. 尉迟寺　3. 桂南大龙潭　4. 尉迟寺F79：5　5. 台北故宫博物院藏

1

2

图三六 商代陶、铜器上的纹饰
1. 陶罍（安阳殷墟采集：256） 2. 铜尊（安阳小屯M331：R2072）

其为人身或龙身[38]，从其相对于完整的与北斗有关的“蹲踞式”神形看（图三六），这类“特殊彩绘”上的神，无论是人形还是神形，均可认为是省略了手、足等。

大甸子墓地的这类“特殊彩绘”显然与二里头等文化中铜牌饰为一类，则其功能当与铜牌饰有所类似，因而，我们如果了解了铜牌饰的功能，自然也可以在一定程度上知道这类“特殊彩绘”的主要功能。

从这些铜牌饰、其他北斗神物的出土情况及文献中的有关记载来看，它很可能被适时用作护身、驱兵避敌、厌胜、拜祭、帮助巫史和死者升天的神器，而绝非是有些学者所说的马具[39]或其他器物。理由如下：

首先，在大汶口文化尉迟寺遗址红烧土质的广场上出土的陶制“天顶·北斗”神物，显然是仪式中拜祭的对象，如此则表示北斗的铜牌饰可能也具有与其类似的功用，在仪式中其可以被系附于有机物上，以供朝拜或聚众。良渚文化福泉山遗址的一件代表北斗的陶尊，被埋在三级昆仑坛台类的祭坛之上，显然其也是受祭拜的对象，这一现象也有助于说明本文的论点[40]。

其次，《汉书·王莽传》载，王莽被困时，曾持“灵威斗”以御兵，道家也常用北斗七星剑或踏天罡阵以制邪恶。

再次，大汶口文化的诸多陶尊常被用为葬具，其上常刻“天顶·璇玑·斗魁”符号，有的并涂有蕴涵有新生、厌胜意义的朱砂。这种符号的主要功能从殷墟乙五基址附近的北斗图看，在于指明陶尊为“斗”。这些斗一般位于墓室西北，与北斗视觉方向相符，有时位于死者脚下，示意死者位于斗内，即是意指死者灵魂升入天堂，“七星板”的记载与考古实例、微山“黄帝坐北斗”汉画以及“黄帝坐明堂”的记载，可以证明这一说法。另外，汉代的不少有关以“黄帝或黄神北斗”作为镇墓文的考古材料，也可说明我们的观点[41]。

最后，龙山时代有不少出土和传世玉器，其中一类正、反两面为一神鸟和一神人，显然与大甸子墓地“特殊彩绘”属于一类，而这类玉器中，还常常出现在一件器物上有两个神面的现象，如溧阳圭、日照两城镇圭、山西黎城戚、河南文物商店所藏玉神等。这类玉器上的两神面，非常符合《淮南子》中所言的“雌雄北斗”的记载。牛河梁遗址第16地点北斗7星坑中出有双猪[42]，红山文化中出有玉质猪、龙或神人[43]、金坛三星村遗址出土的一组骨牌[44]等现象，应是考古学方面的论据。从民族学的角度可知，这类构图也具有避邪的功能。

二里头等文化的铜、有机质或刻划牌饰中，有两件非常特殊。一件为美国保罗·辛格的藏品之一（图三七，3）[45]，另一件为二里头文化的采集品（图二七，50）[46]。在两者图案中的天盖下，有一“水滴形”符，我们认为，这种符号可能与彗星或彗星袭北斗有关，原因如下：

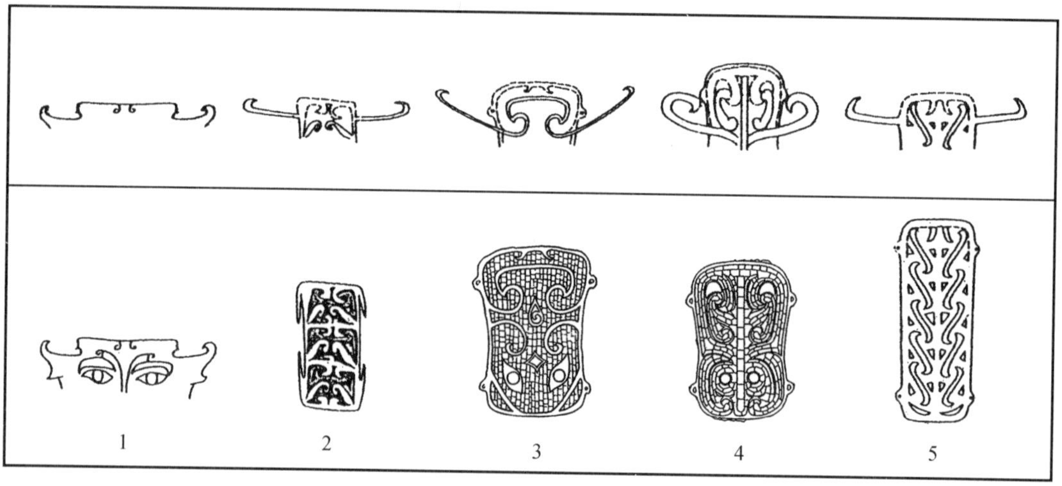

图三七　大甸子墓地特殊彩绘、青铜牌饰神兽冠首变化示意与玉神冠首比较图

1. 史密森宁研究院藏品　2. 大甸子M452：1　3. 保罗·辛格藏品　4. 偃师二里头M4：5　5. 仓包包87GSZJ：16

首先，在天盖下的符号极可能是某种天体的造型，而这种水滴形天体的总外形只有1943年奥尔洛夫所命名的N型彗首与之相符，这种彗首在马王堆帛书《云气彗星图》中有明确的图案[47]。并且，这种彗首与“心形符”及北斗神面常可互替地为神鸟所负，同时，神鸟所负之“心形符”又有表示“位于中心”之意义，显然是可以视为代表北斗的。类似的材料在山东龙山、石家河、二里头、三星堆等文化中均有发现。

其次，彗星在我们的通常印象中，一直被认为是古文献中所言的“妖星”[48]，这似乎与北斗在人们思想中具有重要崇高地位的现象不符，但是实际上，从先秦二十三条论及彗星的文献特别是《左传·昭公十七年》等记载来看，在早期，其最基本的含义应是“除旧布新”或“吐故纳新”，崧泽文化中有的死者以水滴形玉器作为口含，可能正是应用了这一点[49]。另外，彗星的出现对某一方是不吉的，但是对相关的另一方而言，则是吉兆。从武王伐纣的相关文献记载看[50]，彗柄面向何处即彗被何处者所执，则此处者即得利，这与汉代征伐之时以绘“太一锋”的“灵旗”指所伐之国的现象有些类似[51]。另外，对某一事物非常恐惧或敬畏，也常常是形成对该类事物崇拜或奉之为图腾的重要原因。这在民族学考古学材料中相当普遍。例如，北斗神或与之相关的神祖头顶的神鸟在良渚文化（图二七，8）和红山文化（图二七，7）中主要是燕、凤一类，卜辞中模仿北斗神造型的高祖王亥之首的神鸟为隹类，但是在龙山文化中，却出现不少首为鸷类的神像。此外，被证明为北斗神的诸多造型显然具有怪兽的特征，西王母的形象也是逐渐远善化，亦有助于说明这个问题。

再次，这类奇异符号出现很早，早在良渚文化中就存在。同时，这类材料不少，只不过多数是将其中的以“单旋符”表示的北斗星省略或变为圆形[52]，当然没有圆形或以“单旋符”表示北斗星时，可以认为其仅代表彗星。这类神鸟负“彗袭北斗”或“彗星”天象的材料，显然是源于“神鸟负北斗”现象的。

最后，我们注意到，在保罗·辛格这件藏品的天盖冠下，有一水滴形符号（图三七，3）。我们认为，此符号的含义为“彗袭北斗”或北斗。结合前文对于慧袭北斗、北斗的宏现论证，现就这一具体个案翔实论证如下：

“彗袭北斗”是一种天文现象，中国古代文献中早就有记载。《春秋·鲁文公十四年》记载：“秋，七月，有星孛入于北斗。”单就北斗星而论，在早期考古学材料中也时有发现，冯时先生于此有专门的讨论[53]。

二里头及相关文化中的牌饰，本质上属于梯形，这一造型显然来自于北斗斗魁，特别重要的是，作为这些牌饰上图案来源的早期形式，有的明显为北斗七星所“规画”，有的牌饰上有四目或两星，显然与“斗魁四星”“方相氏黄金四目”（《周礼·夏官》）或常用来代表北斗的天枢、天玑两星密切相关。这些特征表明了牌饰中神面的北斗神或与之相关的神祖身份，此神有可能与彗星关联。

我们曾以诸多的论据证明，牌饰的冠之主体为“天盖”形（图三七）[54]。保罗·辛格所藏这件牌饰上的奇异符号就正位于“天盖”下，所以，其非常可能为某种天体。那么，在北斗神或相关神祖头顶的天体显然应是北斗星，这种标志性装饰方法在环太平洋文化圈的美术作品[55]、佛教造像[56]和中国戏剧脸谱[57]中普遍存在。保罗·辛格的藏品图案中的奇异符号，是学界常论的“单旋符”。于此符，笔者曾以诸多的论据，证明其在代表北斗神目的同时，可以代表北斗神或相关神祖[58]。我们的这一判断还基于神可以眼睛予以表示的民族学理论和现象[59]。

五、相关问题的讨论

大甸子墓地这类“特殊彩绘”的发现，有利于我们澄清不少学术问题，以下仅提出较重要的方面予以简论：

（一）大甸子墓地“特殊彩绘”在研究神兽面牌饰方面的意义

1. 有关“牌饰”的发现复原问题

参照大甸子墓地A型“特殊彩绘”（图二〇～图二三）及哈佛大学的那件带有“介”字形圭首铜牌饰（图二七，49），我们可以在二里头遗址中发现一件被学界视为一般图案的刻划牌饰（图二七，50），并可对之进行初步复原。

2. 非发掘品类兽面纹牌饰的鉴定问题

现藏哈佛大学沙可乐博物馆（原为Grenville L. Winthrop所藏）的铜牌饰中，有一件带有“介”字形圭首（图二七，49）。因为此类造型的铜质牌饰目前仅发现一件，很多学者因此认为，此件牌饰为赝品。大甸子墓地彩绘牌饰第一种分类法中A型“特殊彩绘”的出现，使这一问题可以得到解决，此铜牌饰当为真品无疑。

3. “特殊彩绘”中“彩绘单元”与兽面纹牌饰的比较研究

“特殊彩绘”中有很多“彩绘单元”不仅与兽面纹牌饰外形很相似，甚而某些具体构图亦非常一致，像二者中均发现神兽首有心形符（图三〇）或与早晚“介”字形、平顶天盖冠有关的现象存在（图三四，1、2）。二者中还存在将神兽冠、冠饰等刻意“变形”（图三八），以使整个神兽呈现为“亚”形或梯形的现象（图三、图五）。二者中同样存在神面上下造型基本对称（图三九）、神面有四目（图一）或神面主体（主要是部分冠及眼睛）呈近双“S”形（图八）等现象。

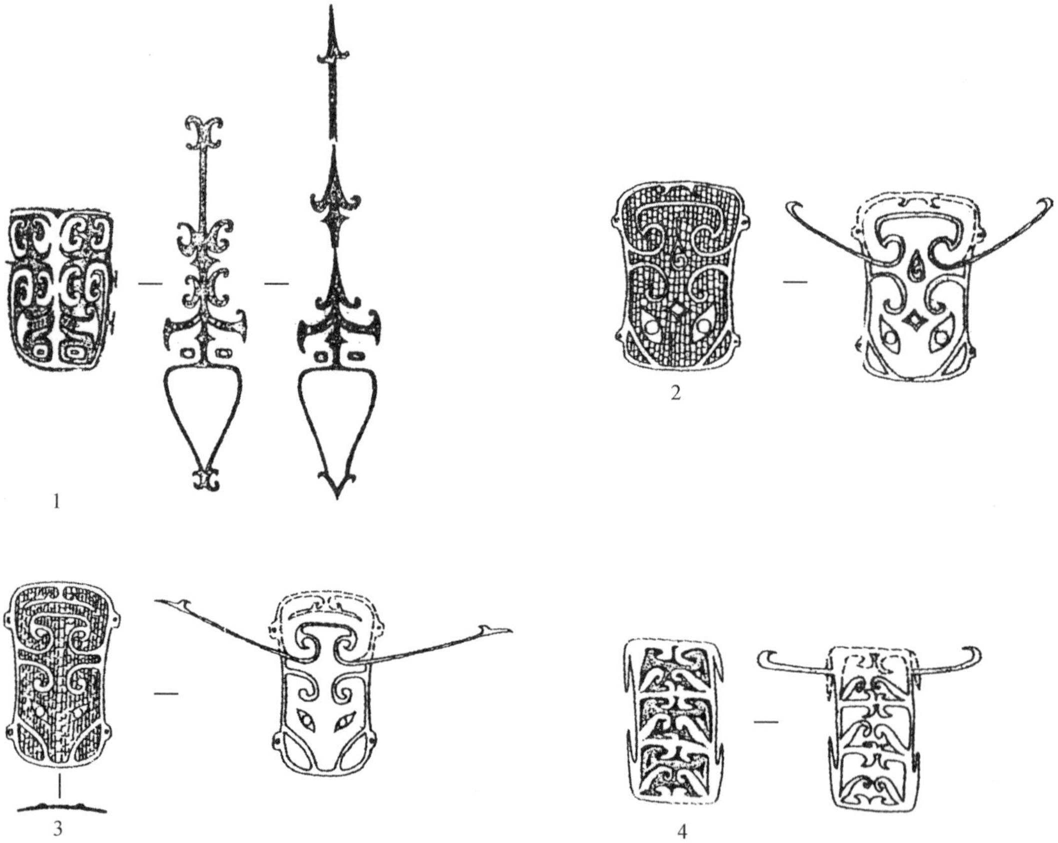

图三八　大锣鼓子墓地特殊彩绘“亚”形青铜牌饰与其变化形式比较图

1. 大甸子M522：6　2. 保罗·辛格藏品　3. 偃师二里头M11：7　4. 大甸子M452：1

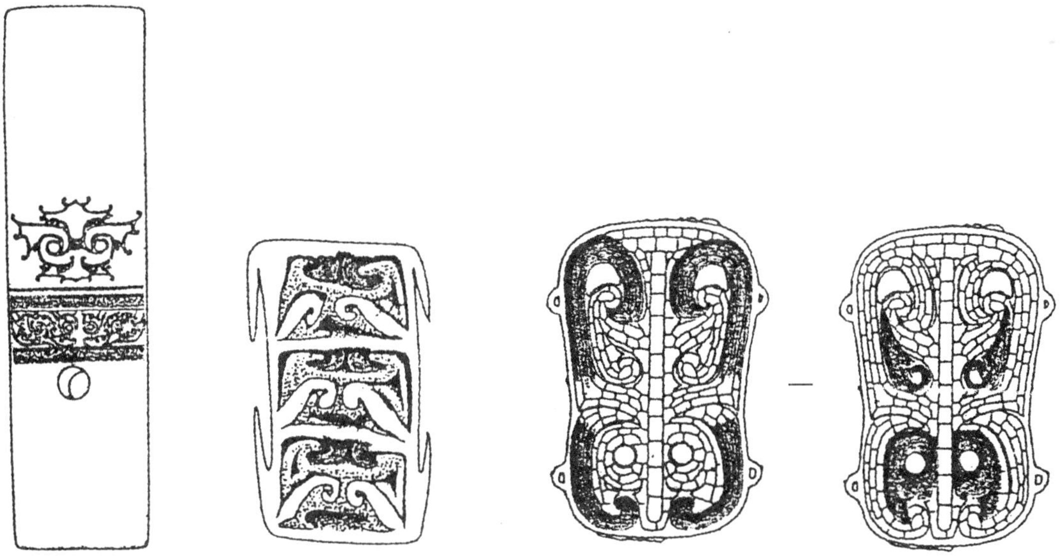

图三九　大甸子墓地特殊彩绘、青铜牌饰、玉牌饰神兽面装饰对称原理说明比较图

1. 台北故宫博物院藏品　2. 大甸子M452：1　3. 偃师二里头M4：5

二者之间不仅互相影响，还在某些方面有共同的来源（图二七）。例如，两者的外形与早期的钺、戚、圭、有关刻划符，玉神外形及玉琮平面外形非常相似，本质意义上均可视为是属于梯形或曰斗魁形。二者与钺、斧、有关刻划符，亨利希·哈德所藏一类玉神牌等外形具有联系，本人曾在有关文章中详细讨论过[60]，此不赘述。关于玉圭、戚与镶嵌铜牌饰外部形态的关系，我们认为，二者是有传承关系的，因为本质意义上，玉圭、戚与钺、斧、有关刻划符、亨利希·哈德所藏一类玉神牌是一致的，形状均为蕴涵斗魁之意的梯形或近似长方形，即两者的内涵同样均与北斗有关；玉琮的中空象征通天柱，其剖面形状多为反映斗魁的梯形，其神面为往来天地的神灵或巫，其显然与牌饰相似。具有斗魁形状的有关玉器像良渚文化的有关玉器，包括王青在其有关论文中所提到的那件玉器（瑶山墓地M10：20）[61]，均蕴涵有铜牌饰、"特殊彩绘"单元的内涵和外形。所以，将这些材料视为镶嵌铜牌饰和"特殊彩绘"单元的渊源之一是有依据的，这个问题有学者曾有所论及[62]。我们知道，玉圭的整个形状、玉琮剖面，总的来说本质上都应属于斗魁形的倒梯形或近似长方形，尤其是有图案的玉圭、玉琮，其造型、结构正好相当于特殊"彩绘单元"或兽面纹牌饰（图四〇）。参照兽面纹牌饰的命名，称有图案的玉圭为玉牌饰亦不为过，当然考虑到这些铜牌饰弧背的特征，我们认为，好川墓地等发现的造型弧背的玉神面，应视为兽面纹牌饰的早期重要来源之一。

（二）从大甸子墓地"特殊彩绘"看商周青铜器上动物纹样的功能与内涵

关于商周青铜器上动物纹样的功能、内涵问题，学术界的主要观点如下：张光直先生根据《道藏》及萨满教的有关材料认为，商周青铜器上的动物纹样是巫师之

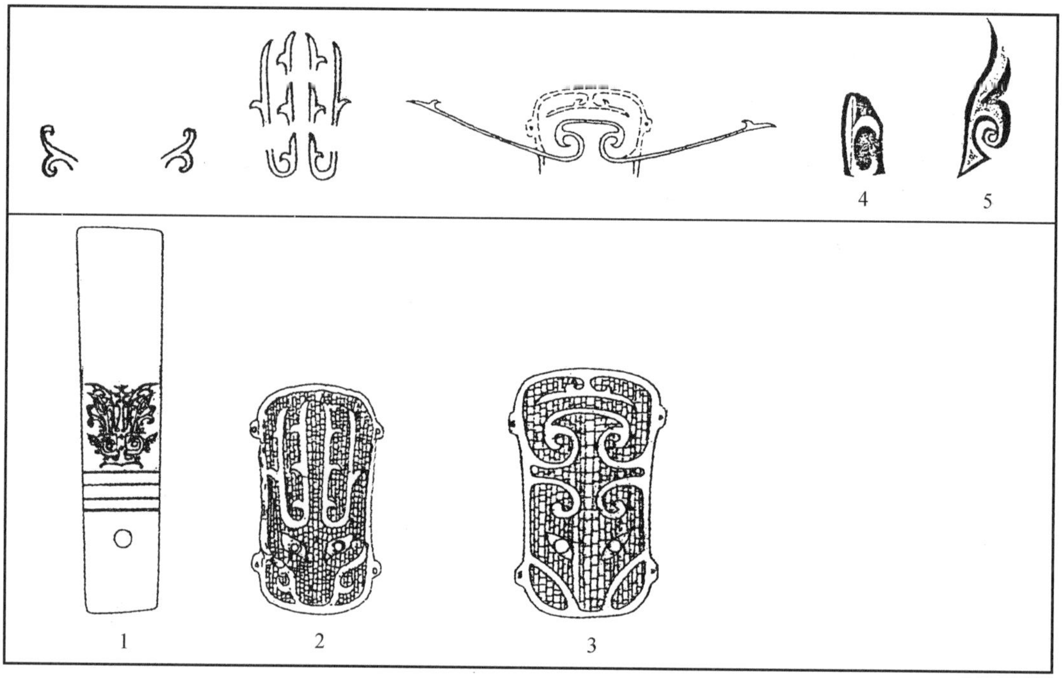

图四〇　青铜牌饰冠首变化与玉牌饰神兽冠首、大甸子墓地彩绘比较图
1. 台北故宫博物院藏品　2. 檀香山艺术学院藏品　3. 偃师二里头M11：7　4. 大甸子M371：7　5. 大甸子M840：2

“蹻”或是萨满们的“助手”[63]。林巳奈夫认为，商周青铜器上的饕餮是与太阳有关的神帝[64]。在《左传·宣公三年》中，王孙满曾向周定王陈述青铜器上“物”的作用，认为它们可以“协于上下，以承天体”，又可充当使鬼怪异神“莫能逢之”的善意保护神的角色。关于“物”为何，解释不一[65]。有的学者认为，饕餮应是祖先的造型[66]；有的学者认为，饕餮是具有警戒功能的神怪[67]；有的学者认为饕餮与生死主题有关[68]；Jordan Paper及Elizabeth Childs-Johnson等认为，饕餮是巫师的面具[69]。

事实上，与饕餮造型有关的大汶口文化特殊象征符与北斗有关[70]，龙山时代诸多玉神的方形面与北斗斗魁有关（图二九），三星堆文化中神面四目与斗魁四星有关，三星堆文化有件铜牌饰的星象图案与天枢和天玑有关[71]，新砦期有关神像冠上的星象与北斗有关[72]，二里头等文化中的饕餮面牌饰形状与斗魁形即梯形有关[73]，有的玉器神面双耳所戴人首龙与北斗有关[74]。

由于大甸子墓地这类“特殊彩绘”的主体图案与商周青铜器上的诸多动物纹样或饕餮造型相似，所以，这类“特殊彩绘”绘于鼎、鬲等器物上的形式又与饕餮铸于青铜器上极其相似，商周青铜器上的有关动物纹样或饕餮的功能应与北斗神帝有关。

在此需简要说明的是，商代的不少饕餮为“攀援建木”的“蹲踞式”样子（图二八）[75]或“蹲踞式”的龙形[76]，证明饕餮主题与极星神或曰当时的上帝[77]有关。当然，这里还需说明的是，我们并不认为商周青铜器上的所有动物纹样均代表北斗神或北斗神帝。同时，由于时代的发展，我们也不认为商周青铜器上的诸多与北斗神密切相关的动物纹样没有变异增损。另外，萨满教的有关理论[78]确实可以应用于理解商周等器物上的诸多动物纹样之功能，但是，它与萨满教中的动物精灵是既有联系亦有区别的。萨满教中的动物精灵相当多，但是三代或更早的器物上的神物，一般是限定在常见的几类动物方面，并且从其演化的谱系看，大多数与前文所论的北斗神有历史渊源。另外，在社会角色的定位中，拥有或使用三代甚或更早的这类神器者，自所谓“绝地天通”的阶段以来，便是为政治或其他团体服务的。而一般意义上的萨满则多是服务于庶民的，其民间性、非正式性的特色非常突出。

（三）从大甸子墓地有关“特殊彩绘”看“四目”“参眸”“重瞳”等奇相问题

“四目”“参眸”“重瞳”等奇相，是大家喜好讨论的一个问题，文献中亦有不少记载[79]，学术界聚讼多年而不决[80]。其实，参照大甸子墓地特殊彩绘、兽面纹牌饰及其来源就可以明确看出，“四目”“参眸”“重瞳”甚至“文王四乳”等奇相，均是源于“斗魁四星”之天文学认识的。另从有关记载材料看，“重瞳”等奇相者，往往具有圣主特征[81]。

六、结　　语

综上所述，大甸子墓地数量众多、造型多样的这类“特殊彩绘”，蕴涵着丰富的历史文化信息。对这一材料的发现和研究，将会深化我们有关二里头等文化中青铜等质地牌饰的研究。同时，大甸子墓地诸多的“特殊彩绘”与更早、更晚多种形式的艺术史材料关系均非常密切。因而，加强对这类“特殊彩绘”的讨论，将会有利于促进中国早期礼仪美术史的研究。

注　　释

[1] 中国社会科学院考古研究所：《大甸子——夏家店下层文化遗址与墓地发掘报告》，科学出版社，1996年。

[2] 有关这类“特殊彩绘”可视为“彩绘牌饰”，笔者早在2000年就已提出，参见《二里头遗址所出玉器扉牙内涵研究——并新论“圭”“璋”之别问题》，《殷都学刊》2003年第3期。

[3] 上海博物馆：《上海博物馆玉器馆》，1996年，第9页。

[4] 有关“单旋符”考古材料的类型讨论，参见王仁湘《关于中国史前一个认知模式的猜想》，《中国史前考古论集》，科学出版社，2003年。王仁湘先生注意到二里头M4：5铜牌饰双目与“单旋符”的关系，可惜他将图案看倒了。

［5］　“五”字实际与“中心”往往有关。战国时的有关材料表明，“五五”往往与互有关联的“端五”、曾侯乙墓武士“护身符”、钱树的“辟邪符”相关。而神面印堂和鼻子上的两个菱形，实际相当于两个“亚”或两个“五”，所以，神面如此造型的意义应是很清楚的。

［6］　李学勤：《从一件新材料看广汉新出土的铜牌饰》，《中国文物报》1997年11月30日。

［7］　这反映其时的艺术形式中，连续带状装饰的风格是较为盛行的。

［8］［9］［11］［58］［60］［71］［73］　具体论述详见拙著：《大汶口文化尉迟寺遗址新发现奇异器物研究——并新论“牙璋”“牌饰”的由来、内涵等相关问题》，《郑州文物考古与研究》（一），科学出版社，2003年；《二里头遗址所出玉器扉牙内涵研究——并新论“圭”“璋”之别问题》；《巩义花地嘴遗址发现“新砦期”遗存》，《古代文明研究通讯》总第18期，2003年。

［10］　顾万发：《试论新砦陶器盖上的饕餮纹》，《华夏考古》2000年第4期。其中的神物，有学者认为是龙，尚需商榷。学者观点请见朱乃诚：《二里头文化龙遗存研究》，《中国二里头遗址与二里头文化国际学术研讨会论文集》，2005年。

［12］　顾万发：《〈“新砦期”研究〉增补》，《中国上古史研究专刊——夏文化研究专集》第三辑，台湾兰台出版社，2003年；晋中考古队：《山西太谷白燕遗址第二、三、四地点发掘简报》，《文物》1989年第3期。

［13］　从《河南偃师二里头遗址中心区的考古新发现》（中国社会科学院考古研究所二里头工作队《考古》2005年第7期）等材料看，源于石家河文化的一类玉鸟簪，在二里头文化墓葬、石峁文化中均位于死者首，显然与红山文化、良渚文化、石家河文化、山东龙山文化中神鸟位于死者或神人首的情况类似，其蕴涵的是有关族群的“玄鸟生商”类卵生神话。

［14］　大甸子墓地一类“特殊彩绘”像M663：1与三星堆文化仓包包遗存A型铜牌饰87GSZJ：16的关系密切。学术界有人认为这类造型与植物有关，非也。

［15］　参见《河南省文物考古研究所2005年度考古快报》。

［16］　王大有、王全有：《图说中国图腾》，人民美术出版社，1998年，第159页图6所示的亨利希·哈德藏品。

［17］　弗利尔玉璧之图案为“神鸟—斗魁—北斗天柱—昆仑台”图，其中的斗魁“形似偃盆，下狭上广”（《十洲记》），其与帝字之“▽”“▼”相应，整个“神鸟—斗魁—北斗天柱—昆仑台”图去掉神鸟或再去掉“昆仑台”并建木化，实际即为“帝”字。由此可见，“帝”字与建木和北斗都有关，并不仅与“建木”有关。

［18］　关于这类由多层双“S”组成的牌饰造型、内涵的阐释，学术界看法不同。有学者认为，该坑出土的一件铜牌饰上多层双“S”造型为植物纹。王青在《镶嵌绿松石铜牌饰的初步研究》（《文物》2004年第5期）一文中认为：“限于目前资料，对C型等其他牌饰的寓意尚不能完全说清，唯C型由多层纹饰所代表的寓意与A、B型应是不同的，应在当地寻找根源。”

［19］　杨美莉女士在1999年安阳“纪念甲骨文发现100周年暨殷商文明国际学术研讨会”上提交的《试论二里头文化的嵌绿松石铜牌》论文公布了这一信息。

[20] 承蒙郑光先生惠示线图。此梅花形牙齿为商代晚期常见，在二里头文化二期晚段发现此物，值得学界密切重视。

[21] 上海博物馆：《上海博物馆中国古代玉器馆》，1996年，第8页。

[22] 辽宁省文物考古研究所：《双坨子与岗上——辽东史前文化的发现和研究》，科学出版社，1996年，第15～17页。

[23] 中国社会科学院考古研究所：《敖汉赵宝沟——新石器时代聚落》，中国大百科全书出版社，1997年，第170页，图137，6。

[24] 辽宁省文物考古研究所：《牛河梁红山文化遗址与玉器精华》，文物出版社，1997年，第61页，图三，9。此器物斗魁或斗神面有7个孔（头顶也有一孔），与北斗七星相符。此牌饰斗魁面实有6个孔，其中两孔为系。

[25] 冯时：《中国天文考古学》，社会科学文献出版社，2001年，第124～126页。

[26] 龙山时代，不少玉雕神面的脸廓或脸上有双“S”形或双反“S”形线条。

[27][29][53][54] 详细论证参见拙著：《大汶口文化尉迟寺遗址新发现奇异器物研究——并新论“牙璋”“牌饰”的由来、内涵等相关问题》，《郑州文物考古与研究》（一），科学出版社，2003年。

[28] 中国社会科学院考古研究所：《偃师二里头——1959～1978年考古发掘报告》，中国大百科全书出版社，1999年，图255，2。

[30] 湖北省文物考古研究所：《江陵望山楚墓》，文物出版社，1996年，第158页，图一〇四，7、8。

[31] 三星堆祭祀坑所出玉器（K2③：201—1）之刻划神名，由“心”字和“口”字组成特殊象征符，其中的心形与牌饰冠上的心形相应，“口”与神的“方面斗魁形脸”相应，这正是卜辞中的一个特殊神名的写法（《乙》四五八四、《前》八·六·三）。

[32] 冯时：《中国天文考古学》，社会科学文献出版社，2001年，第124～126页。

[33] 王大有、王全有：《图说中国图腾》，人民美术出版社，1998年，第101页。

[34] 有关璇玑可用北斗七星来“规划”的讨论，可见[25]第94页，又可见江晓原：《〈周髀算经〉的盖天宇宙结构》，《自然科学史研究》第15卷第3期。

[35] 用陶中空器以示“天顶·璇玑·北斗”或极星的现象，与北斗位于北方位、北为卦“坎”、“坎”为水、《郭店楚简》之“太一生水”、斗可盛水（陶器中空可以盛水）等内容密和，这表明，这一现象有数术等方面的文献予以支持。

[36] 广西壮族自治区文物工作队：《广西隆安大龙潭新石器时代遗址发掘简报》，《考古》1982年第1期。

[37] 关于尉迟寺遗址所出的属于大汶口文化时期的陶制奇异器物，详论参见[6]。尉迟寺所出属于龙山文化时期的覆罐似陶制神器，首之7个锥似物和诸多北斗神像组成冠的单元数一致，尤其是7个锥似物，平视时呈“介”字形，显然与很多神人冠形一致，可以认为是象征、象形天盖意义的羽似神冠，覆罐象征“璇玑—斗魁”。

[38] 从龙山时代诸多人身形、鸟身形“蹲踞式”北斗神、祖、巫及商代少数人身形“蹲踞式”饕

饕、“蹲踞式”虎等材料看，个别牌饰神物省略的有可能会是人身、鸟身甚或虎身，但是这仅是逻辑推理的认识，从现有的二里头文化时期的材料看，牌饰之神物应是龙身。

［39］郑若葵：《论中国古代车马的渊源》，《华夏考古》1995年第3期。

［40］上海文物管理委员会：《福泉山——新石器时代发掘报告》，文物出版社，2000年，图五四。

［41］蔡运章：《洛阳汉墓若干陶器文字浅释》，《甲骨金文与古史研究》，中州古籍出版社，1993年。

［42］刘国祥先生曾言，兴隆洼二期聚落“首领”式人物的旁边，埋有一雌一雄两头整猪，详见《敖汉旗城子山夏家店下层文化考古新发现4000年前的中心性祭祀遗址》，《内蒙古日报》（汉）2000年11月1日第5版。

［43］辽宁省文物考古研究所：《辽宁牛河梁红山文化女神庙与积石冢群发掘简报》，《文物》1986年第6期；李恭笃：《辽宁凌源县三官甸子城子山遗址试掘》，《考古》1986年第6期；刘淑娟：《红山文化玉器类型探究》，《辽海文物学刊》1995年第1期；天津市艺术博物馆：《天津市艺术博物馆藏玉》，文物出版社、香港两木出版社，1993年，图83。

［44］《1998年中国重要考古发现》，《江苏金坛三星村遗址》，文物出版社，1999年，第14页。

［45］林巳奈夫：《中国古代の玉器》，日本弘文馆，1991年，第352页。

［46］中国社会科学院考古研究所：《偃师二里头——1958～1978年考古发掘报告 》，中国大百科全书出版社，1999年，图199，5。

［47］顾铁符：《马王堆帛书〈云气彗星图〉研究》，《中国古代天文文物论集》，1989年，第39～41页。

［48］南美洲有的部落认为，彗星现是吉祥之征兆。

［49］上海市文物古迹管理委员会：《崧泽——新石器时代遗址发掘报告》，文物出版社，1987年，彩版四，5。

［50］详见《淮南子·兵略》。

［51］详见《史记·孝武帝本纪》及《史记·封禅书》。“太一锋”的出现，学界提出的最早考古学材料是湖北荆门车桥“兵避太岁”戈。我们认为，其中的神人为“蹲踞式”，头戴“建木符”，建木上为神鸟，整体构图与新石器至商周均多见的头有神鸟的北斗神（有的巫或祖采用同样的造型）造型相同。所以，“太一锋”的渊源很早，只不过不同时代具体的星官有所变化罢了，但是不管怎样变化，其始终与“天中”或当时的极星有关，所以“彗袭北斗”与之是有意义方面关联的。

［52］以圆形表示者，是否可以视为彗核?

［55］张光直：《美术、祭祀与神话》，辽宁教育出版社，2001年；王大有、宋宝忠：《图说美洲图腾》，人民美术出版社，1998年。

［56］佛教造像中，很多菩萨的冠中心有一“化佛”像，它是菩萨的“升华”。考古学中的北斗神造型常被神巫或先祖像运用，所以我们运用北斗神名时，则意味着其有可能会被视为祖形或圣巫，这时其首天盖下的北斗星或北斗神意义类似“化佛”，意为神巫像北斗神一样具有法力。

［57］ 与中国古代面具、巫仪有关的中国古代戏剧脸谱，常在脸谱的“印堂”处用特殊造型显示此脸谱所代表的神、人之本质特征。

［59］ 郑岩等译、巫鸿著：《眼睛就是一切——三星堆艺术与芝加哥神像》，《礼仪中的美术——中国古代美术史文编》，生活·读书·新知三联书店，2005年。

［61］［62］ 王青：《镶嵌铜牌饰所见中国早期文明进程问题》，《东方考古》第1集，科学出版社，2004年。

［63］ 张光直：《濮阳三蹻与中国古代美术中的人兽母题》，《中国青铜时代》，生活·读书·新知三联书店，1999年；《商周青铜器上的动物纹样》，《考古与文物》1981年第2期。

［64］ 林巳奈夫：《所谓饕餮纹表现的是什么——根据同时代资料之论证》，《日本考古研究者中国考古学研究论文集》，香港东方书店，1990年；《饕餮——帝说补论》，《史林》第76卷第5号，1993年。

［65］ 巫鸿认为是“族徽”，参见郑岩等译：《九鼎传说与中国古代美术中的“纪念碑性”》，《礼仪中的美术——中国古代美术史文编》，生活·读书·新知三联书店，2005年。饶宗颐认为，图铸象物，谓“诸谲诡异状者通曰物”，此“物”即畏兽是矣。此类动物，若螭龙、饕餮之类，均是畏兽、天狩（《澄心论萃》，上海文艺出版社，1996年，第266页）。敏泽也认为“‘象物’者，并非简单地模拟客观自然存在之物……而是包含着超现实物质存在的幻想之物在内的，例如上帝、鬼、神，以至夔龙、饕餮等等”（《中国美学思想史》第一卷，齐鲁书社，1987年，第32页）。国内的研究者一般认为，九鼎所象之“物”，“当然包括自然的物象，或说来源于客观物象，但就其刻划铸造的形象看，是属于人心营构的虚象”（王兴华：《中国美学论稿》，南开大学出版社，1993年，第21页）。

［66］ 吕继祥在《商代“饕餮纹”含义之探讨——从商人鸟图腾论及“饕餮纹”》（《烟台师范学院学报》（哲社版）1991年第1期）一文中认为，商代“饕餮纹”是由威严的人面和鸟构成，其主要艺术表现手法是：把鸟翅（或两个完整的鸟）对称地放在人首之两侧，其内在含义是商人对图腾和祖先的崇拜。

［67］ 王光尧在《商周青铜器饕餮纹的寓意》（《文物春秋》1994年第3期）一文中认为，“深究其义仍不外于警戒昭示的作用，好使统治者知道可能遭流放的四夷处境之险恶”。

［68］ 亨格在《月的神话和象征》一书中，认为饕餮是牛头，并由牛角曲形代表月亮推断饕餮是月神，代表着死亡和黑暗，光明与生命。亨格观点参见艾兰著，杨民等译：《早期中国历史思想与文化》，辽宁教育出版社，1999年。

［69］ 艾兰著，杨民等译：《早期中国历史思想与文化》，辽宁教育出版社，1999年。

［70］ 冯时：《中国天文考古学》，社会科学文献出版社，2001年，第124～126页。

［72］ 顾问：《花地嘴遗址所出“新砦期”朱砂绘陶瓮研究》，《中国历史文物》2006年第1期。

［74］ 台北故宫博物院所藏龙山时代的一件玉圭上，神人珥两“C”形人首蛇，此蛇应是此神人的神物，其应与北斗有关。

［75］ 泉屋博物馆、赛奴奇博物馆所藏商代的虎食人卣中的人、虎实际应视为是“蹲踞式”，应是

“攀援建木”的姿势。曾侯乙墓漆绘的神人中，有的仍是这类侧首造型。另从殷墟有关白陶上的人身形“蹲踞式”饕餮看，商代省略式的饕餮，有的可以为“攀援建木”的人身形“蹲踞式”之样子。

[76] 商代不少饕餮的完形为龙。从龙的足形看，可以视为是表示“攀援建木”的“蹲踞式”。

[77] 当时的极星神有可能是北斗中的某一颗、北斗星附近的其他星或假设星。

[78] 孟慧英：《中国北方民族萨满教》，社会科学文献出版社，2000年，第103～106页。

[79] “黄金四目”的解释，《汉魏古注十三经》《唐宋注疏十三经》《清人注疏十三经》《十三经注疏修订本》及近现代的有关著述的解释均未深明其义。

[80] 曹琳：《四目·方相》，《民族艺术》1994年第1期；钱茀：《“方相四目”图说》，《民族艺术》1995年第2期。

[81] 《史记·项羽本纪》：“吾闻之周生曰，舜目盖重瞳子。……又闻项羽亦重瞳子。”裴骃《集解》引《尸子》：“舜两眸子，是谓重瞳。”《论衡·骨相》：“尧眉八彩，舜目重瞳。”这些早期文献说明，圣人往往有此重瞳特征，晚期不少文献同样以重瞳象征圣明天子，像宋文莹《玉壶清话》卷四杨大年以诗贻馆中诸公曰：“闻戴宫花满鬓红，上林丝管待重瞳”；明邵璨《香囊记·琼林》曰：“三策献重瞳，独占鳌头圣恩重。”

（原载北京大学中国考古学研究中心、北京大学震旦古代文明研究中心：《古代文明》第7卷，2008年）

再论新砦陶器盖纹饰的复原问题

早年，笔者曾为文就新砦遗址所出的陶器盖上的纹饰（图一）问题做了简单讨论[1]。在文中，我们曾对此纹饰的兽面[2]主体做了部分复原（图二）。不久，王青先生亦为文探讨了这个问题[3]。受王文启发，我们认为尚可继续就此纹饰的复原问题做一讨论，以为补充。

图一　新砦遗址残器盖纹饰

图二　新砦遗址残器盖纹饰部分复原

（1）关于神冠的线图问题。我们在原文中发表的线图中，神冠的上端少了一条线（图三）。此问题，我们早已在其他文章中予以说明了[4]。

（2）关于神兽鬓耳部分的复原。王文认为笔者原文所复原的单线条的鬓耳部分应为近似双线条（图四）。我们认为这一复原不妥，因为首先从陶器盖上残存的图案看，其鬓耳部分是非常完整的，从其拓片（图五）及视图可以证明这一点。其次，这种“T”字形鬓（有时可视为耳），在或早或晚的类似神面中均有发现，像上海刀上的神面（图六）及大甸子墓地的有关神面即是如此。

（3）关于此神面冠的高度问题。暂时不论复原图案的连接方法等的正误，在王青先生的复原图中，神面的冠过低，冠的变形亦有问题，因为：①从复原的陶器盖较为准确的周长看，其与王青先生的复原图单元所占弧长之商值不为整数或余数无法视为可忽略误差。②在王青先生的复原图中，如果将残器盖弧边依其弧度延长，会与冠相交，这显

图三　新砦遗址残器盖纹饰（旧图）

图四　王青复原新砦遗址残器盖纹饰

图五　新砦残器盖纹饰拓片
（99HXXTH24：1）

图六　上海刀神面

然与冠只存于盖面有矛盾。③从传世的真品看，这类不是较单纯人形的有柳叶状凤羽冠饰的神面，其冠的长度一般长于脸长，并且，即使其冠的中心仍有图案，其冠的高度亦不会有太明显变化。

若按照王文所述的冠的连接方式，并依据本文所论的复原关键点，我们认为在盖面上复原出的神面应为10个（图七）。

图七　新砦遗址出土残器盖纹饰复原图之一

图八　新干大洋洲出土玉神像

图九　赛克勒博物馆藏玉神像

图一〇　史密森宁研究院藏品

（4）关于冠的中心是否会有其他图案的问题。从陶器盖上残存的柳叶状羽冠饰所处位置的空间看，其中心似乎不会再有什么图案。这显然与台北“故宫”所藏的玉圭上的神冠图案不符，不过，在当时及更晚的时候，“Y”形冠还是存在的[5]（图八、图九）。

（5）从史密森宁研究院所藏的玉神面（图一〇）的眉、冠、鼻等构图看，此图复原尚有其他变数，像其冠就可能不是与鼻线直接连接的，这是因为按这种方法特别是王青先生的复原方法，整个图案是不封闭的，这与当时这类构图的总风格是不相符的。

（6）我们曾认为此陶器盖上图案形状为一神面，不过有些学者认为其为一龙形[6]。的确，在中国早期艺术史中，神面龙身的造型确是不少，但是陶器盖上残存的柳叶状造型，与石家河文化凤尾、新石器时代其他神面冠饰特别相似，所以，还是将其视为神面冠饰更有依据一些。

以上几个方面，是我们就新砦遗址所出陶器盖上纹饰复原问题的几个补充意见。关于此图案实际的形状、冠的形态及其与神冠顶的确切连接方式，尚待新的材料证实。

注　释

[1] 顾万发：《试论新砦陶器盖上的饕餮纹》，《华夏考古》2000年第4期。

[2] 我们在有关文章中认为这类神属于“北斗神”，具体内容请见顾万发：《大汶口文化尉迟寺遗址新发现奇异器物研究——并新论“牙璋”、“牌饰”的由来、内涵等相关问题》，《郑州文物考古与研究》（一），科学出版社，2003年。

[3] 王青：《浅议新砦残器盖纹饰的复原》，《中原文物》2002年第1期。

[4] 顾万发：《二里头遗址所出玉器扉牙内涵研究——并新论圭、璋之别问题》，《殷都学刊》2003年第3期。

[5] 美国的保罗·辛格医生（Dr. Paul Singer）收藏有两件镶嵌绿松石铜牌饰，其中一件上的神冠即为“Y”形冠。

[6] 李丽娜：《也谈新砦陶器盖上的兽面纹》，《中原文物》2002年第4期；杜金鹏：《中国龙，华夏魂——试论偃师二里头遗址“龙文物”》、朱乃诚：《二里头文化“龙”遗存研究》，《二里头遗址与二里头文化研究——中国·二里头遗址与二里头文化国际学术研讨会论文集》，科学出版社，2006年。

（原载中华文明与嵩山文明研究会：《中华文明与嵩山文明研究》第一辑，科学出版社，2009年）

论花地嘴遗址所出墨玉璋

花地嘴遗址位于古洛汭地区，是“新砦期”的一个颇具代表性的遗址[1]，2002~2004年，考古人员在此发现了一批玉器，其中有一件器形完整、造型别致的墨玉璋（图一）。由于我们认为其具有非常重要的学术价值，所以，这里我们就将有关材料进行介绍并做相关讨论。

图一　玉璋

一、情况介绍

玉璋出土于一圆形略呈袋状的坑中，位于近底部的南端；出土时略向西南倾斜，首端向上；在玉璋北侧有一人骨架，面向北；此坑填土可分为数层，褐、白土相间，显然系有意所为，褐土中不时发现陶、石、骨等质地的器物碎片，白土较为纯净。玉璋为黑色，略泛绿，通高30厘米，宽度不一，厚约1.01厘米。宽端孔径为1.11厘米，窄端孔径0.7厘米，其上保留有不清晰的切割痕，从微显的痕弧线及其两端的线路走向看此玉器似应为长板类工具横向切割初步成形，器物表面处理得较为光滑。其首凹弧有双面刃，为全器最宽、薄之处，向下厚度渐变均匀，中间略窄，至下端又略微增宽，底端特征属于略微的“璋柢射”。下端有一穿，系单面钻，从穿的特征看，其应是先单面钻，待快钻透时，再从一面将剩余部分敲击掉，以至形成一端较宽的非双面钻的穿。下端两侧有基本对称的“扉牙”，每侧“扉牙”的组成单元长度不一，形状略近一个六台阶梯，每台的台面，中间略低，微弧；两侧的这种“半多重天盖形”的“阑”[2]，在笔者所掌握的学界已发表及未发表的牙璋材料中，未见有造型与其一致的，仅有出土于二里头遗址一件的上阑部分与其较为近似[3]。从表面看，玉质颗粒堆积质密。

二、时代判断

玉璋较厚；首凹弧不太明显；两侧高度差不多的多个“扉牙”中尚未出现“兽首”

形者，“扉牙”中，每个中间略低微弧的台面与早期玉璋的“单阑”特征非常相似。另，玉璋所出单位的包含物全属于“新砦二期”早段，即笔者曾提到过的“真正的新砦期”[4]，由此我们可以判断，此玉璋的时代应不晚于“新砦二期”早段。又，此玉璋用材据河南省地理研究所和黄委会有关矿物专家初步判断有可能就在附近地区。其这种多“扉牙”特征又预示将来“双阑”者或“单阑”下端有“扉牙”的玉璋可能会出现，所以，综合地判断，此玉璋应制作于“新砦二期早段”。

三、文化因素分析

在早期玉璋中，总的特征与花地嘴遗址玉璋相似的，主要存在于石峁遗址，像花地嘴遗址玉璋与石峁遗址有的玉璋在长宽比例、玉材的颜色等方面较为一致。常见黑色玉质者是关中石峁类玉器的一个明显的特色。又，花地嘴遗址在“新砦二期”早段时发现不少具有石峁及其附近地区风格的陶斝、玉铲等[5]，所以我们认为花地嘴遗址玉璋的这些特征渊源应在西方。不过，我们在花地嘴遗址附近的宋家嘴遗址龙山时期的遗存中也发现过黑色的玉器，而且其中有件黑色玉器为石峁类遗址所不见的具有东方风格的大孔钺[6]，在辉县孟庄也发现黑色石钺[7]，这说明我们在判断此件玉璋的用黑色材质的文化元素的来源时，应当特别认真地注意时间问题，即此地玉器用黑色材质的特征如果是西来的，可能在早于“新砦二期早段”的龙山文化晚期就已传来。另，像花地嘴这件“扉牙”有2个以上、其中却不含“兽首”并且“扉牙”本身并不是“神面中剖线”[8]的玉璋，在其他早期材料中可信的只有山东沂南等地所出的少数几件[9]。这表明，花地嘴玉璋的这些风格有可能渊源自东方，花地嘴遗址出土的具有特别明显东方风格的诸多遗迹、陶器、艺术品[10]有助于证明我们的观点。花地嘴玉璋的多“扉牙”特征显然在当地的二里头文化中传播下去了，但是承上述讨论指出，与其特别相似者很少。

四、相关问题讨论

（1）《周礼·考工记·玉人》《山海经·南山经》等文献中有以璋祭山或山川的记载，不少学者又在三星堆文化中找了较为确切的论据[11]。由此，我们可以认为：花地嘴遗址的这件造型与三星堆文化有关玉器相似的玉器可能即为玉璋；又，花地嘴遗址玉璋出土时正位于坑的南方，此为当地最高的、为当地人们所崇拜的嵩山余脉——猴山所在之方位，所以花地嘴遗址的这件玉璋有可能具有祭山的功用。

（2）早期文献中记载的圭，凡言其首之大概造型的，多载是“剡上”的[12]、“圜首”的[13]或“杼上终葵首”的[14]，不过学界一般也把平首的玉版甚或玉钺也称之为圭[15]，由此，铲，二里头、齐家、三星堆文化兽面纹牌饰，大甸子墓地彩绘牌饰等都应属于圭的层次。我们发现，与花地嘴玉璋所在单位紧挨的另一祭祀坑所出的一件玉器，正是我们常论的玉铲，从圭璋经常相组的情况看，此一现象有助于说明玉铲类器物确可称之为圭。

（3）花地嘴玉璋属于二里头文化“新砦期”，是中原地区目前发现的时代最早的玉璋，其首为凹弧刃。在中原及周近地区目前发现的早期玉璋中，山东地区的几件全为凹弧刃，二里头遗址发现的8件也是如此，唯独神木及其附近地区的玉璋既有凹弧刃的，又有分歧式的。另外，除神木、湖北沙市观音堂镇汪家屋台[16]及其附近地区，中原地区夏商晚期也未发现分歧类玉璋，从这些现象我们可以获得以下观点：①神木及其附近地区是分歧式玉璋的最早产地。②三星堆及金沙文明中的分歧式玉璋渊源应在神木及其附近地区，或包括湖北省的少数地区。两地的文化关联之时代比学界一般认为的要早，产生的原因之一应与夏家店下层、二里头文化人群由此地前往三星堆文明区有关[17]，继而应说明三星堆文明中的外来人群所出地域，应包括神木及其附近地区。

（4）承前文论述，花地嘴玉璋的部分文化元素渊源自山东地区，与其共存的尚有具特别明显东方风格的诸多遗迹、陶器和艺术品。另外，在新密、新郑、禹县、郑州市、荥阳市、郾城、驻马店等地、市均发现类似的遗址，这些遗址中有些在此时具有数量较多的东方文化元素，其中有的元素还具有一定的级别，突然在中原这个传统上被认为是夏人统治中心的地区增多或出现这类东方文化因素，很有可能与文献中记载的早期夏史中的“羿、浞代夏”事件有关[18]，其他如贸易、交换、馈赠、单纯文化模仿、文化人类学意义上的“涵化”等原因应可以排除或可被视为次要。当然我们这里需要予以言明的是，这些东方风格的器物出现于中原，并不是说全是由羿、浞带来的，只是说多是因“羿、浞代夏”之事才出现，实际上，当“羿、浞代夏”之后，夏王朝为了寻求支持、盟友，曾利用羿、浞与东方族群的矛盾和自身与东方原有的关系，与东方族群的联系也有进一步加强，像与有仍氏等之间即是这样[19]，与“五子之歌”有关的花地嘴遗址出现的东方元素有可能多属于这类[20]。

（5）关于此类玉器颜色的命名问题。戴应新先生将石峁的黑色玉器命之为“墨玉”[21]，邓淑苹先生称这类玉器为“黑玉”或“墨黑玉”[22]，清章鸿钊先生曾以为黑色玉即墨玉[23]，于此类玉色，杨伯达先生依据清代有关“墨玉”颜色的实际含义，认为石峁类颜色之玉应称为“黑玉”，亦即“玄玉”或“瑿”[24]。的确，若依据早期文献，称此类颜色之玉为“玄玉”确是较为恰当的，因为：①称这类玉色为“玄”的文献时代较早，并且比较多见。《礼记·月令·孟冬之月》“天子衣黑衣，服玄玉”；《穆天子传》卷三“乃执白圭玄璧以见西王母”；《书·禹贡》“禹赐玄圭，告厥成功”；《楚辞·招魂》“玄玉之梁些”；《山海经·中山经》“錞于玄石”；《山海经·西次山经》“黄帝是食是飨。是生玄玉”；《水经注·湘水》“山下多玄石”；《后汉书》卷五十二之《崔骃传》“乃将镂玄珪”；《水经注》卷十五[25]“殷汤东观于洛……黄鱼双跃，出济与坛，黑鸟以治，随鱼亦上，化为黑玉赤勒之书……”；等等。当然由于古籍中青、玄、黑有时含义相似，所以早期文献论中所谓的“玄玉”有可能为“黑玉”，也有可能为青或青绿色玉。②古籍中“玄”“黑”互释的例子较多，但是“玄”“墨”互释的例子很少，同时，“玄”更常用于与天文、数术、礼仪等类事物有关的描述，并且“玄”往往被用来代表天之色。

（6）关于时人为何喜以此类黑色的玉料制作礼仪类玉器的问题。五方的概念产生应很早，但是五方与五色相应的概念产生较晚，“三统—五德”及“五德终始说”概念的产生时间亦很晚，概在战国。所以，这些学说中与“黑”有关的理论主体不宜视为是以此类黑色的玉料制作礼仪类玉器的原因。我们认为：黑为玄，为天色，各种礼仪类玉器又多与天有关，所以，以黑色的玉料制作礼仪类玉器的目的有可能在于显示其与天有关的内涵，尤其是石峁地区，属于古雍州，是与倾西北之天的“天中”相应的人文意义上的“地中”，所以，其地较多地以此类黑色的玉料制作礼仪类玉器，有可能只是为了特别彰显或强调其应“天中”的位置特色和人文内涵[26]。当然，采用何色玉料制作礼仪类玉器尚有材料来源限制、地域颜色审美观[27, 28]、文化模仿、偶然性等方面的原因。

另，文献中曾载夏人有尚黑的习俗，像《礼记·檀弓上》：“夏后氏尚黑”；《春秋繁露·三代改制质文》更明确地记载夏人“大宝玉黑”；《礼记·明堂位》《拾遗记》《吕氏春秋》《韩非子·十过》及《路史·后纪·夏后氏》等文献中也有相关记载。学术界又有不少学者认为夏人的渊源在西北[29]，再加上近年来神木石峁、新华等地发现不少黑色玉器等原因，以至于很多人以为“夏后氏尚黑”之论是有依据的。诚如是，则文化主体为夏人的花地嘴遗址及附近地区发现黑色玉器就不足为奇了。不过从我们有关“天”“玄”含义的讨论及夏代晚期的考古材料看，“夏后氏尚黑”之论只能适用于夏后氏某支在某一时段，并且仅是在用玉方面的情况，有的学者笼统地认为“夏后氏尚黑”的观点是需更多论据的[30]，与“三统—五德”及“五德终始说”关联的“夏后氏尚黑”之论，更是缺乏确切论据的。

（7）关于此类颜色玉料的产地问题。戴应新先生认为石峁黑色玉料的产地应在陕西、内蒙古、甘肃等地[31]，杨伯达先生认为应在蜀地[32]；《古玉考》谓新疆莎车产“黑如墨”之玉；《魏略》曰：“大秦国出五色玉”；《太平御览》云“西蜀出黑玉”；《云林石谱》云“蜀之永康军，产异石……皆青黑……”；四川有关的工艺美术材料记载“永康玉，直至今天，人们还用它制作器物，称为‘灌县玉器’”[33]。依据《三星堆一、二号祭祀坑出土玉石器岩石类型鉴定报告》[34]，三星堆文化中的玉料的产地主要在茂县——汶川——灌县一带，三星堆、金沙遗址中又确实有此类颜色较黑的玉石器，并且这些玉器中，一类与石峁黑色玉料近似，另一类材质较差，颜色略青，应为蜀西陇川镇所出[35]，“西蜀出黑玉”似指此类玉。四川巫山大溪遗址出土过一件黑玉人面[36]，从材质看，玉质较近似石峁风格，柳林溪遗址大溪文化层出土有一件“蹲踞式”双冠（似猪龙双耳）黑玉人[37]，材质较近似黑石，由此可以认为具有石峁风格的黑色玉料在湖北及附近地区有可能存在，《水经注·湘水》中“山下多玄石”的记载有助于说明我们的观点。石峁黑色玉器的材质有两类，一类质地好、略透明，另一类质地差、不透明。据悉，在石峁附近地区的甘肃等地区发现过略透明黑颜色的玉料，所以石峁及其附近地区的“黑如墨” 略透明之玉有可能来自于本区域。又，据笔者研究，三星堆文化“分歧式”玉璋的早期渊源应为中原的石峁及其附近地区，湖北、关中应是其中间的联系地带，由此可知，三星堆文化早期与石峁及其附近地区应有关联，亦由此判断，不排除石峁及其附近地区发现的黑色玉料有的可能与西蜀有关，不过可能性较小。依据考古学材料，在良渚文化、大汶口文化、仰韶文化、山东龙山文化、马家窑文化中亦发现过少量黑玉或近黑色的墨绿玉，另，依据有关藏品[38]及北京大学考古文博学院赵朝洪等先生的考古发现[39]，在红山文化岫岩玉中也发现有黑色的。

花地嘴遗址及附近地区发现的黑色玉器的材质与石峁质地差、不透明的一类玉料相似，与其他地方的黑色玉质区别明显，不过从中国科学院、河南省地理研究所有关学者目验的结论看[40]，这类玉质及地质产状的玉石在偃师、巩义两市南面的嵩山及熊耳山有发现。

当然，我们对此类颜色玉料的产地的讨论，仅是初步的，准确的论证尚需相关自然学科方面的技术鉴定。

（8）玉璋，有的学者认为其最初产地在山东地区[41]，有学者认为其最初产地应在华西地区[42]，花地嘴“新砦期”玉璋的发现，当会为此类问题的进一步讨论提供新的宝贵材料。因为，若想讨论清楚这一问题，我们必须注意东、西方交通之中间地段尤其是河南所出的玉璋，以前在河南所出的玉璋时代最早的为二里头文化三期，显然于玉璋最初产地在东方还是在西方这类问题的讨论无任何帮助，但是，花地嘴玉璋则不同，其属于“新砦期”，这个时期恰是与东西方同时期的龙山文化晚期及关中石峁文化早期时代相当的阶段，是学界诸多学者所认同的中原玉璋的最早出现时期。再综合山东沂南地区所出几件玉璋的时代及形制，我们认为玉璋最初产地在东方的观点应较为可信。

（9）以前发现的二里头文化的所有玉璋均为“凹弧刃”，但是由于那些玉璋均属于二里头文化中晚期，所以我们无法肯定地认为二里头文化河南地区只盛行“凹弧刃”式璋，花地嘴玉璋属于“新砦期”，“新砦期”又属于广义的二里头文化的最早阶段，由此我们可以相信二里头文化河南地区只盛行“凹弧刃”式璋的观点。

五、结　　语

花地嘴玉璋造型完整，工艺娴熟，所出单位性质重要，是中原地区目前发现的、具有明确出土层位的、时代最早的玉璋，它的出土，非常有助于探讨中原古文化中玉璋的发展史及中原玉璋与周边地区同类器的关系，同时这类高级别的器物所蕴含的丰富信息也非常有助于从新的角度探讨远古黑玉及早期夏文化中的其他相关重要问题。

注　　释

[1] 顾万发：《巩县花地嘴遗址发现“新砦期”遗存》，《古代文明研究通讯》总第18期，2003年。

[2] 顾万发：《大汶口文化尉迟寺遗址新发现奇异器物研究——并新论“牙璋”“牌饰”的由来、内涵等相关问题》，《郑州文物考古与研究》（一），科学出版社，2003年。

[3] 中国社会科学院考古研究所：《偃师二里头——1959～1978年考古发掘报告》，中国大百科全书出版社，1999年，第342页图238，3（ⅧM7：5）。

[4] 顾万发：《〈“新砦期”研究〉增补》，《中国上古史研究专刊——夏文化研究专集》（三），台湾兰台出版社，2003年。

[5] 花地嘴遗址陶斝的造型在陕西、山西及内蒙古等省或自治区均有发现，从地域及相似度方面判断，主要应来自关中及晋中南地区。

[6] 石峁及附近地区虽然发现不少玉器，但是其中却没有大孔玉钺。《周原玉器》一书（刘云辉著，台湾中华文物学会出版，1996年）中第256页图二七七的一件玉器（原书称为“钺形玉环”），虽然与大孔玉钺很相似，但是从刘云辉先生处证实其不是玉钺。

[7] 河南省文物考古研究所：《辉县孟庄》，中州古籍出版社，2003年，彩版二，4（ⅧT171H347：1）。

[8] 邓淑苹：《论雕有东夷系纹饰的有刃玉器》，《故宫学术季刊》第16卷第3、4期，1999年春季号。文中认为芦山峁玉刀的“扉牙”为“神祖”面的中剖线。

[9] 山东省博物馆：《山东沂南县发现的一组玉石器》，《考古》1998年第3期；于秋伟：《牙璋趣谈》，《文史杂志》2001年第1期。

[10] 像地穴式房子、三足盘、高圈足器、单耳杯、穿孔陶鼎、朱砂绘雌雄北斗图案、陶塑伏虎形耳、玉琮、玉钺等。

[11] 陈德安：《浅析三星堆2号祭祀坑出土的“边璋”图案》，《南方民族考古》第三辑，四川科技出版社，1991年；黄建华：《三星堆玉璋图案探讨》，《四川文物》2000年第5期；庞永臣：《蜀王诸妃祈子图——三星堆遗址边璋纹饰新解》，《文史杂志》2000年第2期。

[12] 《说文解字·玉》：“剡上为圭。”

[13] 《考工记·玉人》之“琬圭”，郑玄注：“琬，犹圜也。”

[14] 《说文解字·玉》：“大圭，长三尺，杼上终葵首。”

[15] 清吴大澂《古玉图考》中将常见的玉钺命名为“镇圭”；邓淑苹《论雕有东夷系纹饰的有刃玉器》之文中的“温索普圭”实际亦为钺形；陈甘棣在《一件有良渚文化风格又有龙山文化特征的玉钺》一文（《杭州师范学院学报》1995年第2期）中亦将“温索普圭”称为钺。

[16] 院文清：《石家河文化玉器概论》，《故宫文物月刊》第15卷第5期，总第173期，图3，6。

[17][19] 顾万发：《“新砦期”研究》，《殷都学刊》2002年第4期。

[18][20] 顾万发：《“启居黄台之丘”及相关问题考证》，《古代文明研究通讯》总第18期，2003年。又见《东南文化》2004年第6期。

［21］［30］ 戴应新：《神木石峁龙山文化玉器探索》（一），《故宫文物月刊》，总125期，第45～47页。

［22］［41］ 邓淑苹：《“玉器时代”论辩评议》（结纲篇），台湾东大图书公司，1998年。

［23］ （清）章鸿钊：《石雅》上编123页，玉类第3卷：玉。中央地址调查所1927年《地质专报》甲种2号。

［24］ 杨伯达：《“鬼”玉考》（《故宫博物院院刊》2004年第1期）认为黑玉有两类；《玉傩面考》，《中原文物》2004年第3期。

［25］ 《御览》卷八三所载类似。类似的文字从《御览》卷九三一、《初学记》卷三十、《类聚》卷九九看，当引之于《尚书·中侯》。

［26］ 不少学者将石峁及附近地区多出黑色玉器与夏人尚黑的习俗关联，并从而认为夏人的故乡在西北。

［27］ 吕卫平：《中国尚黑的美学探微》，《装饰》2004年第5期；王悦勤：《中国史前彩陶饰纹“尚黑”之风的审美观照》，《民族艺术》1999年第3期。

［28］ 郭沫若：《中国史稿》第一册，人民出版社，1976年；姬乃军：《关于夏文化发祥地的思考》，《考古与文物》1999年第1期。

［29］ 何光岳：《夏族尚黑的流传与影响》，《安徽史学》1994年第1期。

［31］［40］ 杨伯达：《古玉史论》，紫禁城出版社，1998年，第183页。

［32］ 四川省工艺美术协会编：《四川省工艺美术资料》（内部资料）。

［33］ 核工业云南地质局测试中心等：《三星堆一、二号祭祀坑出土玉石器岩石类型鉴定报告》，《三星堆祭祀坑》，文物出版社，1999年，第500～514页。

［34］ 张擎等：《金沙遗址出土玉器概述》，《玉魂国魄》，北京燕山出版社，2002年，第188～199页。

［35］ 中国玉器编辑委员会：《中国玉器全集》第一册，河北美术出版社，1993年，图八八。

［36］ 国务院长江三峡建设委员会办公室、国家文物局：《秭归柳林溪》，科学出版社，2003年，彩版一，T1216⑥：85。

［37］ 过江：《身藏千年玉 胸怀万古情——访古玉收藏家台湾日月坊主人林敬超先生》，《文物天地》2004年第11期。

［38］ 北京大学考古文博学院、台湾震旦基金会“2004年高级玉器研讨班”赵朝洪先生《古玉原料的产地及种类》讲义。

［39］ 承蒙中国科学院河南地理研究所陈友秀研究员告知。

［42］ 山东省博物馆：《山东沂南县发现的一组玉石器》，《考古》1998年第3期。

（原载郑州市文物考古研究院：《郑州文物考古与研究》（二），科学出版社，2010年）

黄帝传说真实性成分的文献学及图像学观察

有关黄帝的文献记载很多，关于黄帝的传说也很丰富。显然，像诸多传说人物、神人一样，其中不乏虚构，但是于黄帝的记载和传说，其中的真实性成分却是不容忽视的。

一、有关黄帝真实性的早期重要历史文献

以前我们多认为谈及黄帝的早期确实材料只有战国中期齐威王所铸“齐侯因脊敦”（其铭曰：“高祖黄帝，迩嗣桓文”），事实上这个问题是可以讨论的，它可能不是最早记录黄帝的文献。

《逸周书·尝麦》曾提到“黄帝”，其载：王若曰：“宗揜大正，昔天之初，……蚩尤乃逐帝，争于涿鹿之河，九隅无遗。赤帝大慑，乃说于黄帝，执蚩尤，杀之于中冀，以甲兵释怒，用大正顺天思序，纪于大帝。”

这里尤其需要提到的是其中的“大正”一职。在《逸周书·尝麦》中曾多次出现“大正”一词，像“是月，王命大正正刑书”，“乃命太史尚大正”，“从中宰坐尊中于大正之前，太祝以王命作策，策告太宗”，“众臣咸兴，受大正书”，“太史策刑书九篇，以升授大正”，“□箴大正曰：‘钦之哉，诸正。……’”，“太史乃降，大正坐，举书，乃中降，再拜稽首。王命太史、正升拜于上，王则退”，等等。

在西周时期的金文中也曾出现过“大正”官职：

1）弭仲作宝琏……用飨大正，歆王宾（《弭仲簠》，西周晚期，《集成》9.427）。

2）天子肩事梁其，身邦君大正，用天子宠，蔑梁其历（《梁其钟》，西周晚期，《集成》1.187-8）。

孙冶让先生认为“‘大正’本为六卿之通称”[1]。张亚初、刘雨先生认为“大正”是一种习惯称谓，相当于现在的“高级领导”，不是专门官职[2]。张怀通先生《〈尝麦〉新研》[3]一文认为“大正”不仅是高级别的领导，而且“受刑书”的这位“大正”还应是当时西周王朝中最高级别的官员。

《逸周书·尝麦》记载了“成王命令大正修订刑书”的经过。李学勤先生曾作《〈尝麦〉篇研究》[4]，对于该篇是否具有西周时期文献特征等方面予以了解读；张

怀通《〈尝麦〉新研》认为，从《逸周书·尝麦》中记载的20多个官职的时代特征看，《逸周书·尝麦》最初当成于西周早期，经过西周春秋时代的流传，到战国时代基本定型时，其语言文字已经变得较为通俗，并且有春秋末年、战国时代的官职羼入其中。

总体上看，对于“大正”一职，大家都倾向于其可早至西周。于此，《逸周书·尝麦》中有关黄帝的事迹传说，就有可能早到西周时期。

其实有学者认为甲骨文中也有一些黄帝的线索。相关的卜辞有以下几例：

1）己巳卜，贞，帝鸿。□贞，帝鸿，三羊、三豕、三犬（《前》4、17、5）。

2）戊戌□帝黄，夹，二豕。□帝黄，夹，三豕（《前》6、21、3）。

3）戊戌卜，帝于黄□（《林》1、11、6）。

丁山先生在《卜辞所见先帝高祖六宗考》[5]一文认为，上述卜辞中的帝鸿即《左传·文公十八年》中“昔帝鸿氏有不才子”中的帝鸿；古代有不少文献曾提出“帝鸿即黄帝”的看法，像杜预注《左传》曾云:“帝鸿，黄帝”；《五帝本纪集解》引东汉贾逵云：“帝鸿，黄帝也”；《世本》也记载：“黄帝又曰帝鸿氏”。

帝鸿在有的文献中被称为“帝江”，像《山海经·西次三经》：“有神焉，……实为帝江也。”毕沅注曰：“江读如鸿。”

二、关联考古学和图像学的有关黄帝史料

（一）相关记载

黄帝传说史料虽然与考古学及图像学中的图像等很难准确对应，但还是有些文献、图像及考古发现是能够提供一些线索的。

（1）《史记·五帝本纪》载：“轩辕之时，神农氏势衰，诸侯相侵伐，暴虐百姓，而神农氏弗能征。于是轩辕乃习用干戈，以征不享，诸侯咸来宾从。……炎帝欲侵陵诸侯，诸侯咸归轩辕。轩辕乃修德振兵，治五气，艺五种，抚万民，度四方，教熊、罴、貔、貅、貙、虎，以与炎帝战于阪泉之野，三战然后得其志。……而诸侯咸尊轩辕为天子，伐神农氏，是为黄帝。”《史记·五帝本纪》之《集解》引皇甫谧曰：“黄帝受国于有熊。”学术界多认为黄帝为有熊国君。总之，多数学者认为黄帝族群核心位于中原地区，有熊之地位于河南新郑或其附近地区。有不少学者结合文献中黄帝的活动范围和考古发现，努力证明黄帝时代的考古学文化应是仰韶文化，这自然为黄帝族群及其有关事迹存在的真实性成分提供了一定的依据。

（2）文献中的“黄帝”有的还具有“上帝”的概念，《释文》曰：“皇帝本又作黄帝”，“皇帝”即为“皇天上帝”。由于“皇”字的造型源于古代权钺，权钺中心又代表极星，所以“皇”有皇极、天帝的含义。一般意义上的皇帝，早期为神用，次之神王也用。至于皇帝写为“黄帝”，应与五色中的黄与地中对应有关。

（3）我们知道，关于“帝鸿”或“帝江”的形象，文献中曾有简要记载：

《山海经·西次三经》记载：“有神焉，其状如黄囊，赤如丹火，六足四翼，浑敦无面目，是识歌舞。实为帝江也。”这里描写的“帝江”，字面上看是“浑敦无面目”，其中“浑敦”同“浑沌”。

袁珂《山海经校注》引清人毕沅云“《春秋传》云：‘帝鸿氏有不才子，天下谓之浑沌。’”

汉东方朔《神异经·西荒经》记载：“昆仑西有兽焉，其状如犬，长毛，四足，似罴而无爪，有目而不见，行不开，有两耳而不闻，有人知性，有腹无五藏，有肠直而不旋，食径过。人有德行而往抵触之，有凶德则往依凭之。名浑沌。”这里描写的混沌，字面上看是“有面目却无用”。

《庄子·应帝王》载，南海之帝为倏，北海之帝为忽，中央之帝为浑沌。倏与忽相遇于浑沌之地，浑沌待之甚善。倏与忽谋报浑沌之德，曰：“人皆有七窍，以视听食息，此独无有，尝试凿之。”日凿一窍，七日而浑沌死。这里描写的“浑沌”，字面上看“无面目”。

（二）文献初识

从这些文献看，《山海经·西次三经》记载的“混沌”很像是一只鸟，《神异经·西荒经》的记载很像是一怪异之兽，《庄子·应帝王》的记载，除了哲学意义外，单就“混沌”而言，是蕴含天地未分原始真气状态的中央之帝。因为南北二帝的出现或者说是太阳南北运行，及出现了北斗七星以齐七政，就像晋虞耸《穹天论》所说的：“日绕辰极，没西而还东，不出入地中。天之有极，犹盖之有斗也。”所以这时的天地未分原始真气状态即“混沌”的状态基本消失，原始真气或元气只存在于“昆仑”或“混沌”之地或其神之中。

从另一个角度讨论，称“混沌”为中央之帝，本身就很有意义。因为，有的文献中“混沌”可称为“昆仑”，“昆仑”本来就常被不少文献认为是上应“天中”的“地中”之地。

从文献的性质看，《山海经·西次三经》及《庄子·应帝王》偏早，也更为可信，尤其重要的是其所述“混沌”形象可与当时的考古发现材料予以关联。又黄帝可以称为“混沌”，“五帝”之中的“黄帝”就是位于中央的帝，这又与昆仑为“地中”、“混沌”为中央之帝的传说相符。另，在某一历史阶段“黄帝”又等同于“上帝”的称谓[6]。

另，我们所述的“混沌”“黄帝”为“昆仑”“混沌”“中央之帝”，同时与“北斗”“极星”相应的认识，还可以与昆仑有关的诸多文献予以说明：

（1）昆仑在《山海经》等文献中是一个特殊的地方。《山海经·北山经》：“又北三百二十里，曰敦薨之山，……出于昆仑之东北隅，实惟河原。”《山海经·大荒北经》记载：“若木生昆仑西”。《山海经·海内西经》：“河水出（昆仑）东北隅以行其北。”《山海经·海内北经》：“帝尧台、帝喾台、帝丹朱台、帝舜台，各二台，台四方，在昆仑东北”、“昆仑南渊深三百仞。开明兽身大类虎而九首，皆人面，东向立昆仑上。开明西有凤凰、鸾鸟，皆戴蛇践蛇，膺有赤蛇”、“昆仑虚南所，有泛林方三百里。”《山海经·海外南经》：“昆仑虚在其东，虚四方。一曰在岐舌东，为虚四方。”《山海经·海外北经》：“共工之臣曰相柳氏，九首，以食于九山。相柳之所抵，厥为泽溪。禹相柳，其血腥，不可以树五谷种。禹厥之，三仞三沮，乃以为众帝之台。在昆仑之北，柔利之东。”《山海经·大荒西经》：“西海之南，流沙之滨，赤水之后，黑水之前，有大山，名曰昆仑之丘。”《山海经·海内北经》：“西王母梯几而戴胜杖，其南有三青鸟，为西王母取食。在昆仑虚北。”《淮南子·时则训》说：“西方之极，自昆仑绝流沙。”

至于昆仑相应于现今的地理位置，不少学者作过研究[7]。总的来说位于中国的西北，这应与天有三垣概念、天地相应思想、视中国地理自东向西为“三层”的地貌观等密切相关。

（2）昆仑在不少文献中被认为是一个很高的“天柱”和“地中”。《艺文类聚》卷七引《龙鱼河图》云：“昆仑山，天之中柱也。”《楚辞·天问》：“八柱何当，东南何亏？”洪补引《神异经》云：“昆仑有铜柱焉，其高入天，所谓天柱也。”《古微书》卷三十二《河图括地象》记载：“地中央曰昆仑”，又载：“昆仑有柱焉，其高入天，即所谓天柱也。”《古文苑》卷四扬雄《蜀都赋》记载：“北属昆仑泰极。”《水经注·河水一》记载：“昆仑墟在西北，去嵩高五万里，地之中也。”

（3）不少文献认为“昆仑”与“天中”相应。《太平御览》卷三八引徐整《三五历纪》云“北斗当昆仑上”；《初学记》卷五引《河图括地象》记载，“昆仑山为天柱”“地之中也”“气上通天”；郭注《山海经·海内西经》，“昆仑之虚，方八百里，高万仞”时曰“（昆仑）盖天地之中也”。

（4）昆仑在不少文献中被明确称为是高神所在之地或曰“帝之下都”。《周礼·春官·大司乐》郑玄注云：“天神则主北辰，地祇则主昆仑。”《山海经·大荒南经》：“海内昆仑之虚，在西北，帝之下都。昆仑之虚，方八百里，高万仞。上有木禾，长五寻，大五围。而有九井，以玉为槛面有九门，门有开明兽守之，百神之所在。在八隅之岩，赤水之际，非仁羿莫能上冈之岩。”《山海经·西山经》：“西南四百里，曰昆仑之丘，是实惟帝之下都。”郭璞《山海经图赞》“昆仑丘”条云：“昆仑月精，水之灵府。惟帝下都，西老之宇。嵥然中峙，号曰天桂。”《太平御览》卷五八引《淮南子》记载：“白水出昆仑之原，饮之不死。”

三、相关图像的考古学发现与论证

综合所述文献和有关考古材料，这时的黄帝形象可以与新石器时代的有关图案予以关联。可能有学者会疑问，新时期时代是否已有了“天帝”的概念，这个是毋庸置疑的。考古学中发现了不少这样的例子，像洪山庙仰韶文化、大墩子大汶口文化、龙虬庄龙山时代、石家河遗址的石家河文化早期，均发现过可以隶为“帝”字的具有巫术和宗教功能的文字或符号[8]（图一）。

在良渚文化中有一类鸟的刻划符号，其中的神鸟（图二，2）、（图二，3），看不到面目，翅膀的画法给人的视觉上是“有四翼”[9]，身背“极星”或“北斗星”，位于天极，实为所谓“太一”，圆形混沌状，蕴含阴阳，整个神鸟正展翅飞舞。（图二，1）这一刻划符号中，在昆仑形祭坛中间绘“有云雷纹的圆”——，含云气，又因昆仑为“地中”，上应“天中”，所以“有云雷纹的圆”应为蕴含阴阳的元气[10]，也即是说其有“混沌”特征，自然说其为极星也是可以的，因为文献中“太一”的概念有的也是蕴含阴阳的，并且是与“昆仑”相应的。像《吕氏春秋·大乐篇》云：“阴阳变化，一上一下，合而成章，浑浑沌沌，离则复合，合则复离，是谓天常。天地车轮，终则复始，极则复反，莫不成当。”《广雅·释训》云：“混混沌沌，转也。”《孙子·兵势篇》：“浑浑沌沌，形圆而不可败。”所以蕴含阴阳者，为古人追求的“不可败”之目标。夏商时期、龙山时代甚至更早时期的阴阳玉雕之类的图像多蕴含有这一思想。至于汉代，有的铜镜上面还铸有“左龙右虎辟不祥，朱雀玄武顺阴阳”等铭文均是这一思想的余绪。

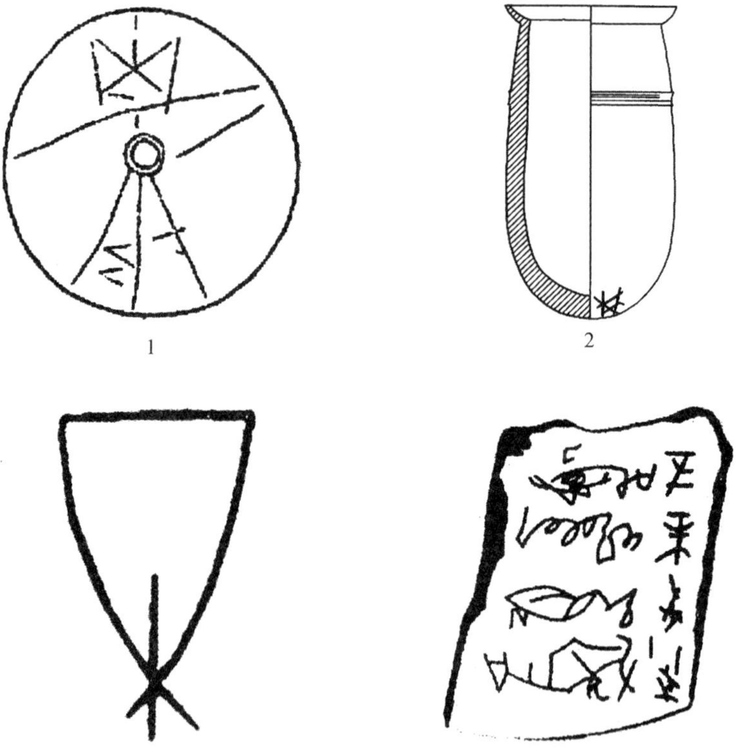

1　2　3　4

图一

1. 大墩子　2. 肖家屋脊　3. 洪山庙　4. 龙虬庄

陆德明《经典释文》记载：“混，本又作昆；沌，本又作仑。”这些“混沌”或“昆仑”的特质与《山海经·西次三经》记载帝江即帝鸿即黄帝面貌——“其状如黄囊，赤如丹火，……，浑敦无面目”，非常相似。

当然，图二中这些符号还与《山海经》中有关“帝俊五彩鸟之友”的描写非常相符。其曰：“有五采之鸟，相乡弃沙，唯帝俊下友。帝下两坛，采鸟是司。”这正是良渚文化祭坛刻划符号的生动描述：（图二，2）为祭坛，并且是三层，依据《尔雅》为“昆仑形”或“混沌”形，（图二，2）为“沙”粒。（图二，2）与（图二，2）位于“沙”粒——的两端，方向正合于“相乡弃沙”，即“相向弃沙”[11]。其中神面为（图二，2），又有可能被描述为“混沌”的神兽形象。整个符号由上帝之使、神鸟之友、北斗——北辰、昆仑组成，并且天极——天中神鸟、地中——昆仑神兽之间相互呼应。

这一概念还体现于《黄帝内经·素问》的有关记载中，其云：“黄帝坐明堂，始正天纲，临观八极，考建五常。”在嘉祥武梁祠汉画中（图三），黄帝就座于北斗的斗魁中，显然，那时认为黄帝是和极星相应的，如同《史记·天官书》所说：“中宫天极星，其一明者，太一常居也。”不少文献都有类似记载。《史记正义》云：“泰一，天帝之别名也。”《史记正义》又云：“泰一，天神之最尊贵者也。”《史记索隐》：“宋均云：‘天一、太一，北极神之别名。’”《淮南子·天文训》也载：“太微者，太一之庭，紫微宫者，太一之居。”《易纬乾凿度》郑玄注云：“太一者，北辰之神名也。居其所，曰太一。”

这些玉器刻划符号还可能与《诗经·商颂·玄鸟》“天命玄鸟，降而生商”的记载关联，反映了古老的“卵生神话”。如此则其中的神鸟是“天”所派或曰是“上帝”所派，因而其与“上帝”有密切关联。在有关文献中，“帝俊”曾经被描写为“上帝”，所以良渚文化符号中的神鸟从另一个角度也可与“帝俊”联系。《山海经·大荒东经》

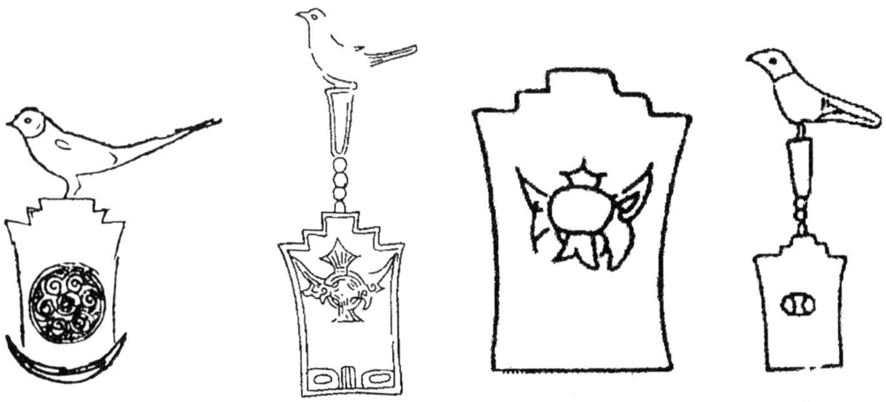

1　　2　　3　　4

图二

1、2、4.（美）弗利尔美术馆玉璧　3. 余杭安溪出土玉璧

图三　嘉祥武梁祠汉画

又说“帝俊生帝鸿”，所以良渚文化这类符号表示的神话模式又与“帝鸿”或“黄帝”有一定联系[12]。

在仰韶文化中也曾出现过不少鸟，像华县泉户仰韶文化中的鸟（图四）。这些鸟有的可能类似天中负极、载极巡行之鸟，不过现在仰韶文化的考古材料中还没有发现类似良渚文化这类刻划符号中的祭坛等，这也许与不同族群的祭祀礼仪和艺术表现形式、习惯有关，或与所用材质和表现形式也有关，但是这并不代表传统意义的黄帝文化核心区的仰韶文化的人们没有这样的信仰图式，因为考古学材料特别是彩陶，表明仰韶文化中的不少元素影响到了崧泽文化和良渚文化，像良渚文化玉器中常见的一种刻划符号（图二，4）[13]，在仰韶文化中已是很常见的了，像洪山庙仰韶文化中的、等鱼与鱼所间隔围绕的中心符，虽然与鱼目有关，但是核心含义还应与表示“中心”的意思有关[14]。

承前所述，昆仑为“三层”或“三角”的现象早在新时期时代已有诸多发现。这一概念应来自于三层之地与“三衡”的天相应的思想。古人将在地面上观察到的太阳视运动中的分至变化以线条的形式表示出来，有外衡、中衡、内衡，其中外衡、内衡与冬至、夏至相应，中衡与春、秋分相应。考古学中有不少这类遗迹和遗物。像冯时先生认为濮阳西水坡龙虎墓（图五，1）、凌家滩遗址的三环玉器（图五，2）、红山文化中的

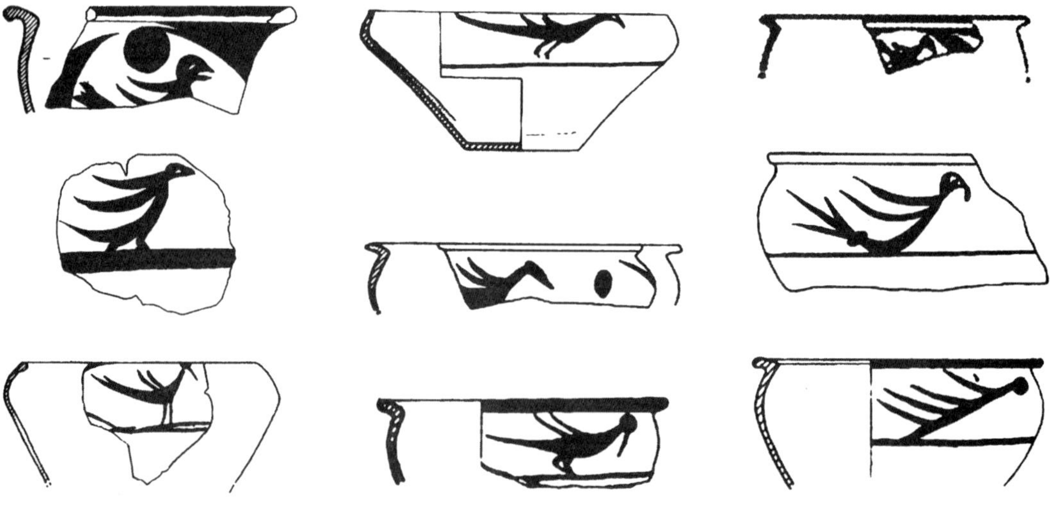

图四　华县泉户仰韶文化

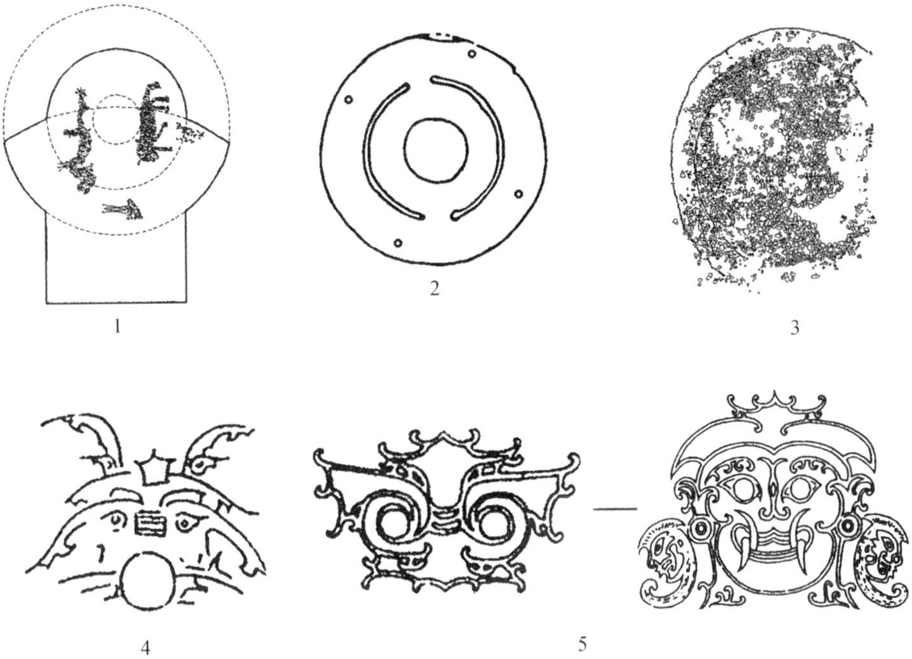

图五

1. 濮阳西水坡　2. 凌家滩　3. 牛河梁　4.（美）福格美术馆藏玉钺　5. 台北故宫博物院玉圭

祭坛（图五，3）等就与三衡有关[15]。另，我们发现不少新石器时代的玉神天盖冠也有三重的现象（图五，4、5）。这些都有助于说明与“三层”“三重”等昆仑概念可以相关的“黄帝”“帝鸿”“帝江”等神人之事有可能时代很早并且有真实的成分。

四、结　　语

上述论证表明，有关黄帝的传说或神话是有其真实性成分的，这一“真实”是指，有的确实与“黄帝”有关，有的则不一定是“黄帝”的，但是在那个时代确实是存在的。这就是说有关黄帝的传说显然是符合“层累的形成”的历史客观的，更为关键的是，我们从早期文献及早期考古图像中找到了其中的一些较为确切的“文化层”，虽然这些文献和考古图像学依据属于信仰方面的材料，并且本身就是“层累的形成”的神话的投影。

注　　释

[1]　孙诒让：《周书斠补》卷三，清光绪二十六年籀庼精刻本。

[2]　张亚初、刘雨：《西周金文官制研究》，中华书局，1986年。

［3］　张怀通：《〈尝麦〉新研》，《社会科学战线》2008年第3期。

［4］　李学勤：《〈尝麦篇〉研究》，《古文献丛论》，上海远东出版社，1996年。

［5］　丁山：《卜辞所见先帝高祖六宗考》，《古代神话与民族》，江苏文艺出版社，2011年。

［6］　邹华先生《殷齐文化与黄帝传说——中国美学上古文化背景考察》［《烟台大学学报》（哲学社会科学版）第21卷第3期，2008年］一文认为：黄帝的原型是殷商宗教文化和神话信仰中的天神帝鸿或帝俊，并认为其就是太阳鸟。邹华先生认为是太阳鸟，我们认为其所负为“极星”或者是充当极星的“北斗”，所以不是太阳鸟。在中国夏商以前的考古材料中的“太阳鸟”，绝大多数背负的是极星，像薛家岗M58：8、M44：7两件彩绘神鸟钺和M58：3九孔刀，其中神鸟所负即为极星或北斗而不是太阳，作为礼仪用器的几乎所有这类钺刀之类的穿都应代表极星，而非太阳，来源于钺的“皇”字的字中的“曰”字形即是“极星”。

［7］　俞樾:《读山海经》，《春在堂全书·俞楼杂纂》，清光绪十五年（1889年）；吕思勉：《昆仑考》，《光华大学半月刊》1933年2卷4期；卫聚贤：《昆仑与陆浑》,《说文月刊》1939年第1卷第9期；凌纯声：《昆仑丘与西王母》，《中国边疆民族与环太平洋文化》，台北联经出版事业公司出版，1979年；蒙文通：《巴蜀古史论述》，四川人民出版社，1981年；邓少琴：《巴蜀史迹探索》，四川人民出版社，1983年；吕微：《论昆仑神话的二分世界》，《民间文学论坛》1989年第2期；李炳海：《昆仑地望及东夷文化区的西限》，《东岳论丛》1992年第2期；宋金兰：《“昆仑”本义探源》，《青海师范大学学报》（哲学社会科学版）1993年第4期；林梅村：《祁连与昆仑》，《敦煌研究》1994年第4期（他认为：“祁连”仅是该吐火罗语词的汉代译名，不见于先秦文献。“祁连”一词似应译自吐火罗语阳性形容词体格单数klyom和klyomo的早期形式kilyom(o)，意为“圣天”。祁连山在先秦时代称为“昆山”。昆山即昆仑山，在先秦文献中被视为产玉之地。昆仑应是吐火罗语kilyom(o)一词最早的汉语译名。颜师古注《汉书·霍去病传》之“祁连山”云“‘祁连山’即天山也,匈奴呼天为祁连”的认识是需要审视的，匈奴所谓“祁连”很可能自吐火罗语）；齐昀：《黄帝与昆仑同源考》，《青海师范大学学报》（哲学社会科学版）1996年第2期；李并成：《“昆仑”地望考》，《敦煌学辑刊》2006年第3期［他认为“昆仑”的大体位置：在古居延海之南，流沙近旁，怒江、澜沧江之后（北），为弱水（黑水）发源之地，其外侧（西边）还有火焰山。显然其地望应为今祁连山西段及其周围一带］；姚景强：《王屋山即古昆仑考辨》，《济源职业技术学院学报》2007年第2期（他认为地处帕米尔高原的昆仑山就是古昆仑）；黄崇浩：《昆仑即秦岭考》，《中国文化研究》2007年第3期（他“以山证山”、“以水证山”的新思路,从而得出战国神话及辞赋中之昆仑乃今之秦岭的结论。不少问题由此而得到顺利解决）；金宇飞：《〈山海经〉中“昆仑”地理位置新探》，《宁夏大学学报》（人文社会科学版）2007年第6期（他认为《山海经》中的“昆仑”是指今贺兰山）；周运中：《〈山海经〉昆仑山位置新考》，《中国历史地理论丛》2008年第2期（他认为昆仑山不可能是祁连山。汉籍中昆仑山和佛典中阿耨达山的地理相似）；贾雯鹤：《昆仑原型为岷山考》，四川大学学报（哲学社会科学版）2009年第2期；徐学书：《青城山、都江为昆仑圣山“成都山”、圣河“成都江”考》，《西

华大学学报》（哲学社会科学版）2010年第5期（他认为成都平原西部的岷山即古史神话传说中的昆仑圣山——“成都山”）。

［8］ 蔡运章先生《远古刻划符号与中国文字的起源》（《中原文物》2001年第4期）一文认为，洪山庙仰韶文化陶瓮上的这一刻划符号类似甲骨文中的“不”字。我们认为其上为“帝”字首端的倒三角形，即为良渚文化一类刻划符号简化斗魁的“辛”字形首，下为“建木”，相组于与建木对应的北斗，即为“帝”字。何驽先生在其北京大学2004年考古学博士论文中认为肖家屋脊一件陶瓮上的这一刻划符号为帝字，本人在《论龙虬庄出土陶文——并论五帝的一种称谓》（《北京平谷与华夏文明：国际学术讨论会文集（2005）》，社会科学文献出版社，2006年）中认为龙虬庄陶文中有“五帝”二字。至于大墩子陶纺轮上的这一刻划符号，我们认为其亦为“帝”字：我们知道，由于新石器时期诸多纺轮上的符号多与“中心”或数字卦（像淮阳平粮台“一六一”数字单卦为“离”卦，其可象征目、星象、极星）关联，并且此一符号下为木，上为表示与中心对应的天中之数“五”字（中间出一横的“五”字在新石器时代较为常见，甲骨文中有的“帝”字曾有这一构字元素），倒三角形没有写全。综合地看，其与洪山庙和龙虬庄陶文“帝”字非常相似，也是上为天中中心，下应建木，合读为“帝”字。

［9］ 《山海经·西次三经》记载的“混沌”很像是一只鸟，又有“四翼”，有的学者认为是两只三足乌，所以是“六足四翼”。我们认为《山海经·西次三经》记载的应该是对类似良渚文化一类刻划图像的描述，其中的“四翼”应为（图二，3）这类图形中鸟的“两翼”之变体造型。另，需要说明的是，《山海经·西次三经》的描述是把神鸟连同神鸟所负的圆形太阳一同描述了，实际的“混沌”与（图二，3）一类图形对应的话，应很可能仅仅指神鸟所负的圆形。另，关于“混沌”一词，不同的文献中其写法有别，像朱起凤《辞通》总结有混沌、浑沌、昆仑、浑沦、崑崙等几种写法，王宁《“混沌”意义源流考》（《枣庄社会科学》1997年第3期）总结有混沌、浑沌、昆仑、浑沦、混沌、浑沦、昆仑、崑崙（崐崘）、混沦、浑沦、浑敦、倱伅、昏沉、囫囵等写法。其内涵有的也有具体区别，本文在使用时不再具体说明。

［10］ 在新石器时代，蕴含元气的图形化的“混沌”和拟人化的蕴含元气的“混沌”是同时存在的。

［11］ 郭璞《山海经注》云：“未闻沙义。”郝懿行《山海经笺疏》云：“沙疑与娑同，鸟羽娑娑然也。”袁珂《山海经校注》案云：“郝云近之矣，而于‘弃’字无释。‘弃’疑是‘媻’字之讹。‘媻娑’，‘婆娑’，盘旋而舞之貌也。五采之鸟，盖鸾凤之属也。《山海经》屡有‘鸾鸟自歌、凤鸟自舞’之记载，此经五采之鸟，相乡媻娑，盖亦自歌自舞之意也。”

［12］ 我们认为“良渚文化这类符号表示的神话模式与帝鸿或黄帝有一定联系”，主要是指概念上的相关，不表示这类文化遗存就是黄帝族文化，因为一般所论的黄帝族与“皇天上帝”“天帝”和被视为天帝的“黄帝”是有别的。现实中的黄帝族的首领们有的被神化而具有天帝的某些特征。

［13］ 良渚文化中有的传世玉器上的这一符号中间的线条有的是直的，可能与仰韶文化中的情况类似，在仰韶文化中，有的是直线，像洪山庙仰韶文化中的这类符号有的就是直线。

［14］ 在仰韶文化中出现不少，其实际是鱼鳃鱼尾之间的“间隔符”，但是在仰韶文化、马家窑文化

中，鱼鳃鱼尾之间的“间隔符”及其圆形轮廓逐渐与“圆及圆的中心”“天及天的中心”关联。即表达鱼目，也与鱼的概念组合表达阴阳。

［15］ 冯时：《中国天文考古学》，社会科学文献出版社，2001年。

（此文是2012年6月为2013年9月在武汉召开的“首届中部六省炎黄文化论坛”提交的论文，收录于丁凤英等主编：《弘扬炎黄文化　促进中部崛起——首届中部六省炎黄文化论坛论文集》，武汉出版社，2014年）

柴窑“出北地”问题论辩

图一 《柴窑考证》清宣统三年版

多年来，学术界有不少关于柴窑的研究成果[1]。从古至今，柴窑被不少人认为是中国古时五大瓷窑（柴窑、汝窑、官窑、哥窑、定窑）之首，为后周皇帝柴荣烧制瓷器的官窑，是中国历代唯一以君主姓氏命名的瓷窑，程村居士在宣统三年（1911年）所撰写的《柴窑考证》（图一）一书称之为“瓷皇”。当然也有人认为柴窑作为柴荣烧制瓷器的官窑是不存在的，柴字的含义就是“柴木”的意思，柴窑就是汝窑、钧窑[2]，等等。我们是不赞成的。

一、柴窑是否存在

学术界认为柴窑的存在是有充分的客观证据的。其理由如下：

（一）历史文献记载

明洪武二十年（1387年）曹昭撰写的《格古要论》（图二），其中记述柴窑“出北地河南郑州，世传柴世宗时烧者，故谓之柴窑。天青色，滋润细媚，有细纹，多足麁黄土，近世少见”。明宣德三年（1428年）吕震所撰之《宣德鼎彝谱》（图三），其中有“内库所藏柴、汝、官、哥、钧、定”的记载。明万历十九年（1591年）黄一正著《事物绀珠》记载 “柴窑制精、色异，为诸窑之冠。”清代也有诸多文献论述到柴窑，其中乾隆皇帝有数首咏柴瓷之诗，像《咏柴窑碗》云：“色如海玳瑁，青异八笺遗。土性承足在，铜非箍口为。千年火气隐，一片水光披。未若永宣巧，龙艘落叶斯。”

（二）传世品亮相

像上海博物馆发现的可能为五代的“白釉镂雕殿宇人物枕”（图四）和在北京发现的五代“青釉刻花碗”（图五），不少专家认为不可能有别的窑口能烧出如此精美的器物，应是柴窑瓷器[3]。另2009年，日本九州佐贺县武雄市的阳光美术馆“至宝——

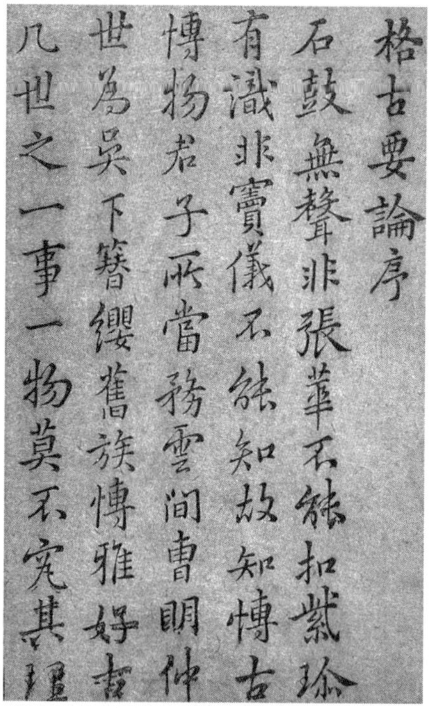

格古要論序
石鼓無聲非張華不能扣紫琰
有識非竇儀不能知故知博古
博物君子所當務雲間曹明仲
世為吳下簪纓舊族博雅好古
凡世之一事一物莫不究其理

图二 《格古要论》明淑躬堂刊本

欽定四庫全書提要
宣德鼎彝譜八卷 浙江鮑士恭家藏本
明宣德中禮部尚書呂震等奉敕編次前有華蓋殿
大學士楊榮序亦題奉敕恭撰後有嘉靖甲午文彭
跋稱出自于謙家宣德中有太監吳誠司鑄冶之事
與呂震等彙著圖譜進呈尚方世無傳本謙於正統
中為禮部祠曹從誠得其副本彭復從謙諸孫假歸
鈔之蓋當時作此書祇以進御未嘗頒行故至嘉靖
中始流傳於世也始宣宗以郊廟彝鼎不合古式命

图三 《宣德鼎彝谱》清光绪本

图四 五代白釉镂雕殿宇人物枕（上海博物馆藏）

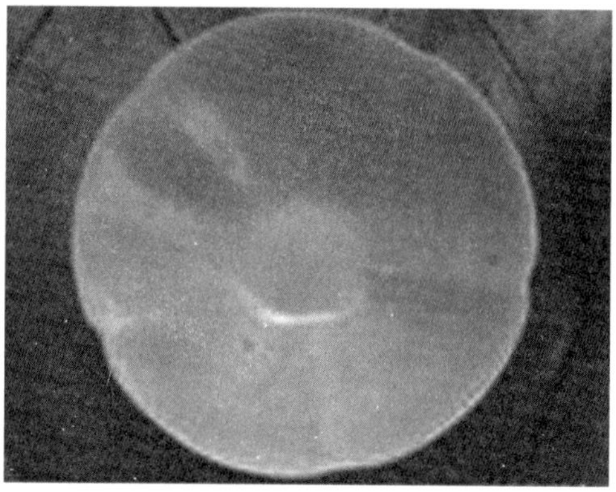

图五 五代青釉刻花碗

千年之旅”的展览曾展出一件“青百合花瓶”（图六），日本学者对中如云先生认为是柴瓷[4]。据报道[5]，牛津大学曾根据热致冷光法对“青百合花瓶”测年，说其为700～1100年前烧制，与后周皇帝柴荣时代有所重合。

（三）考古发掘辅证可能性的存在

近年来在郑州东西大街、郑州新密岳台村的考古发掘中，发现有北朝及更晚或及五代的青瓷[6]（图七～图一二），似与古文献中对柴窑瓷器所具特征的记载基本符合。这为寻找柴窑提供了很好的线索。

图六 青百合花瓶（日本对中如云藏）

图七 郑州东西大街出土瓷碗残片

图八 郑州东西大街出土瓷碗残片

二、柴窑“出北地”问题

图九 郑州东西大街出土瓷碗残片

关于柴窑的研究，有一重要问题，那就是其中的“出北地”问题。曹昭《格古要论》中云：“柴窑出北地”，但是这一“北地”的具体所指，学术界争论不休。

明代王佐曾给以具体所指，他在《新增格古要论》（图一三）中说：“柴窑器，出北地河南郑州。”清代梁同书在《古窑器考》中也从之认为：“柴窑后周柴世宗所烧，以其姓柴故名。后周都汴，出北地河南郑州，其地本宜陶也。”清代宣统三年（1911年）程村居士在《柴窑考证》（1919年版）里也写道：“考柴窑，乃后周显德初年所烧，窑在河南郑州。”《柴窑考证》中还说：“以世宗姓柴故名。然当时只称御窑，至宋始以柴窑别之。”

著名古陶瓷学者赵自强先生在《柴窑与湖田窑》[7]一书中认为“北地”为江西的“北地”——即景德镇，因此“湖田窑就是柴窑”。

王升虎在《谁见柴窑色，雨过天青时——关于追寻柴窑的历程断想》[8]一文中认为柴窑的窑址应在汝州。

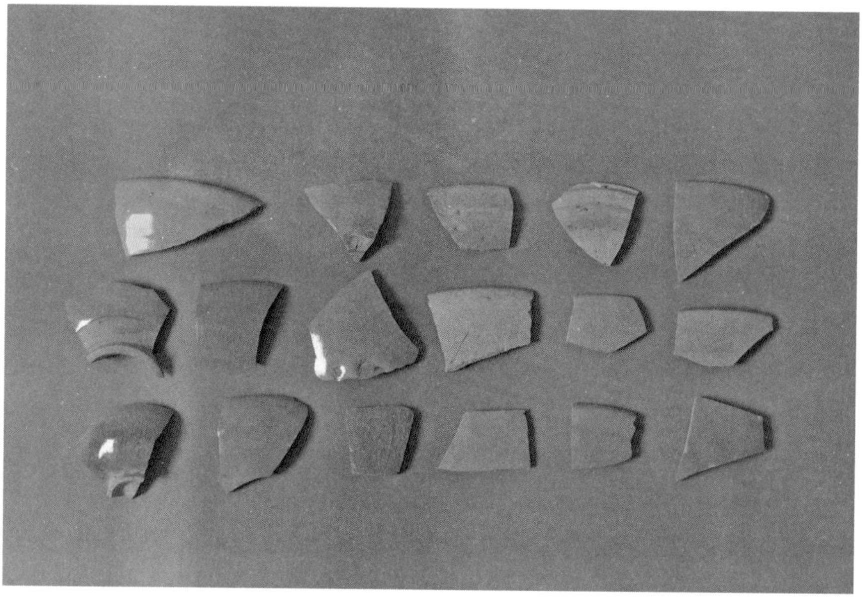

图一〇　郑州东西大街出土瓷片

图一一　河南新密月台遗址出土

图一二　河南新密月台遗址出土

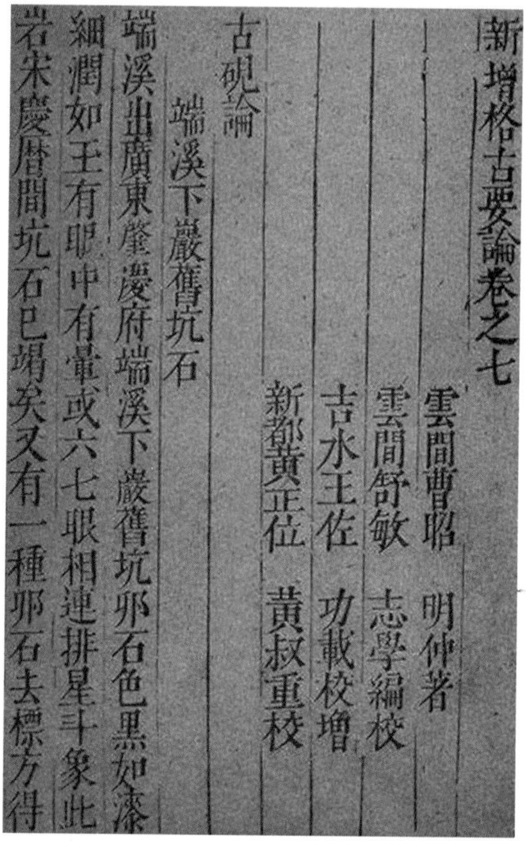

新增格古要論卷之七
雲間曹昭　明仲著
雲間舒敏　志學編校
吉水王佐　功載校增
新都黄正位　黄叔重校

古硯論

端溪下巖舊坑石

端溪出廣東肇慶府端溪下巖舊坑卯石色黑如漆細潤如玉有眼中有暈或六七眼相連排星斗象此岩宋慶曆間坑石已竭矣又有一種卯石去標方得

图一三　《新增格古要论》清刊本

考古学者禚振西在《柴窑探微》[9]文章中认为，曹昭《格古要论》中“柴窑出北地”之“北地”是古代的“北地郡”，古代耀州又曾属于古北地郡，因而耀州窑就应是柴窑。有学者认为明时已无“北地郡”设置，所以否认这一观点[10]，但是王长启在《从唐田君墓志看柴窑出“北地”之地望》[11]一文中认为，虽然唐代已不设置“北地郡”了，但是从“唐代田君墓志铭”来看，唐以后，人们还是习惯用旧的“北地（郡）”名称，因此曹昭《格古要论》中“柴窑出北地”之“北地”确实应为“北地郡”，继而耀州窑就应是所谓的柴窑。

关于这一问题，我想谈以下几点。

（一）“出北地”方面的文献

北宋徐兢《宣和奉使高丽图经》（图一四）卷三一记：“陶器色之青者，丽人谓之翡色。近年以来制作工巧，色泽尤佳。酒尊之状如瓜，上有小盖，而为荷花、伏鸭之形。复能作碗、碟、桮（杯）、瓯、花瓶、汤琖（盏），皆窃仿定器制度。故略而不图。以酒尊异于他器，特著之。”又言“陶炉”曰：“狻猊出香亦翡色也，上有蹲兽，下有仰莲以承之。诸器惟此物最精绝。其余则越州古秘色，汝州新窑器，大概相类。”这是目前所能见到最早的有关汝窑的记载，并且称汝窑器为“汝州新窑器”。据徐兢所撰写该书可知，北宋宣和四年（1122年），路允迪奉命出使高丽，宣和五年成行，福建人徐兢掌书记之职随行。宣和六年回来后，写成《宣和奉使高丽图经》（北宋末战火毁图，文存），所以记叙之事应较为清晰（约成书于1200年）。

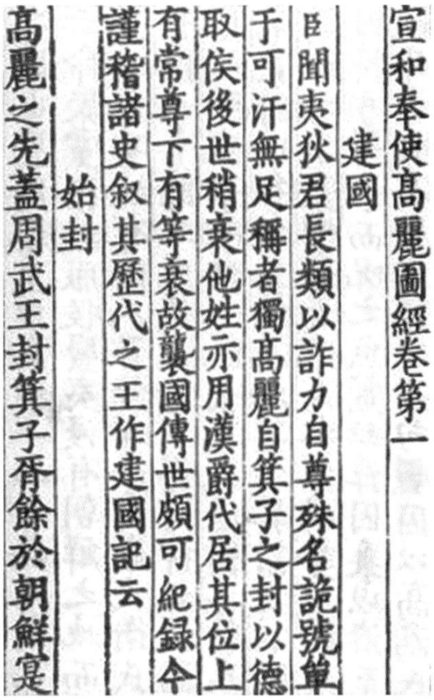
宣和奉使高麗圖經卷第一
建國
臣聞夷狄君長類以詐力自尊殊名詭號單
于可汗無足稱者獨高麗自箕子之封以德
取侯後世稍衰他姓亦用漢爵代居其位上
有常尊下有等衰故襲國傳世頗可紀録今
謹稽諸史叙其歷代之王作建國記云
始封
高麗之先蓋周武王封箕子胥餘於朝鮮寔

图一四 《宣和奉使高丽图经》民国二十年故宫博物院印本

又，南宋有无名氏撰有《百宝总珍集》一书（图一五），其中有“青器”一项，于“青器”词条其诗云：“汝窑上脉偏滋媚，高丽新窑皆相类，高庙在日煞直钱，今时押眼看价例。”又云：“汝窑土脉滋润，与高丽器物相类，有鸡爪纹者认真，无纹者尤好。此物出北地新窑，修内司自烧者。自后伪者皆是龙泉烧造者。”在此，撰写者明确说明汝窑相对其他越窑、柴窑、定窑而言，是新窑，并且从其“高丽新窑皆相类”（“高丽新窑”应可能是仿“出北地新窑”而言的瓷窑）与《宣和奉使高丽图经》“汝州新窑器，大概相类”的相似描述看，显然是出自北宋徐兢《宣和奉使高丽图经》的记载。尤其是，依据《四库全书》提要考证，南宋《百宝总珍集》书中所记，乃南宋临安

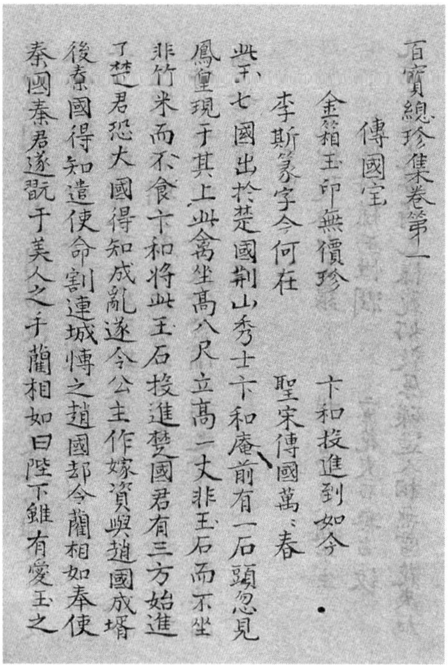
百寶總珍集卷第一
傳國宝
金箱玉印無價珍　卞和投進到如今
李斯篆字今何在　聖宋傳國萬萬春
此宝七國出於楚國荊山秀士卞和庵前有一石頭忽見
鳳凰現于其上此禽坐高八尺立高一丈非玉石而不坐
非竹米而不食卞和將此玉石投進楚國君有三方始進
了楚君恐大國得知成亂遂令公主作嫁資與趙國成壻
後秦國得知遣使命割連城博之趙國郄令藺相如奉使
秦國秦君遂翫于美人之手藺相如曰陛下雖有愛玉之

图一五　《百宝总珍集》清初徐釚抄本

古文物之市，所撰者应为当地市贾，又当时汝窑仍然在烧瓷器，如此，则此人应阅览过《宣和奉使高丽图经》，并知道汝窑地域所在。所以其在书中言明汝窑这一新窑的方位应是较为可信的，这一地方位于“北地”。

明初曹昭《格古要论》有“柴窑出北地”记载，又有“汝窑，出北地”记载，显然应是遵循《百宝总珍集》的说法。这说明曹昭撰写《格古要论》时，对于“北地”的含义应是较为了解的或是有所依据的。若此，则言明“柴窑出北地”有可能不是随意一说的。

（二）“北地郡”方面的文献

（1）《史记·匈奴传》记载：“秦昭王时，……宣太后诈而杀义渠戎王于甘泉……。于是秦有陇西、北地、上郡，筑长城以拒胡。”其时郡治盖在义渠县（今甘肃庆阳市西南）。据谭其骧《中国历史地图集》，秦朝统一后的“北地郡”的地望应位于今甘肃、陕西、内蒙古三省有关地带，下辖义渠，泥阳（今甘肃正宁西）、朝那（今宁夏固原东南）、乌氏（今宁夏泾源北）、泾阳（今甘肃平凉西北）、富平（今宁夏吴忠西南）六县。《括地志》亦云：“宁、原、庆三州，秦北地郡，战国及春秋时为义渠戎国之地，周先公刘、不窋居之，古西戎也。”有学者考证，秦时北地郡治义渠城，在今庆阳市宁县焦村乡西沟村。

（2）西汉时北地郡郡治。依据《汉书》记载，治所已北移，应在今庆城县及环县附近。《汉书》记载在汉平帝元始二年（公元2年）时，其领有马领、直路、灵武、富平、灵州、眴衍、方渠、除道、五街、鹑孤、归德、回获、略畔道、泥阳、郁郅、义渠道、弋居、大要、廉等十九县。

（3）东汉时期北地郡郡治。据《后汉书》记载，汉顺帝永和五年（公元140年），领有富平、泥阳、弋居、廉、参、灵州等六县。安帝永初五年（公元111年），北地郡又内迁，至于池阳，顺帝永建四年（公元129年），归于旧治；永和六年，治徙寄冯翊郡。汉灵帝中平二年（公元185年），治所徙至彭阳县，东汉末年又迁徙至于怀德。

张小虎《东汉北地郡治富平考》[12]通过现场实地调查，结合历代史志资料，同时对前人研究成果做作了梳理之后认为，东汉时的北地郡郡治富平城，即是今庆阳市西峰区彭原乡境内的彭原古城。

（4）《后汉书·郡国志》是以永和五年（公元140年）的情况作依据的，当时的北地郡在“洛阳西千一百里”。

（5）《三国志》卷三五提到轲比能之“故北地”，据《三国会要》载：“轲比能本小种鲜卑，延康初，遣使献马，文帝立为附义王，强盛，诸部皆敬惮之。”又载“黄初二年，轲比能出诸魏人在鲜卑者五百余家，还居代郡。明年，轲比能率部落大人、小子、代郡乌丸修武卢等三千余骑，驱牛马七万余口交市，遣魏人千余家居上谷。后与东部鲜卑大人素利及步度根三部争斗，更相攻击。田豫和合，使不得相侵。五年，轲比能复击素利。豫帅轻骑径进，掎其后，比能使别小帅琐奴拒豫。豫进讨，破走之，由是怀二”。由之论述看，轲比能为小种鲜卑，其所到“故北地”亦显然应在今西北地区。

据《三国会要》记载，曹魏时，北地郡领有今耀县、富平等地。

（6）《晋书·地理志上》载北地郡“统县二，户二千六百”。所统二县为泥阳、富平，泥阳为郡治所在，即今陕西耀县东南；富平即今陕西富平县。泥阳、富平均属以旧名称新地。

（7）《隋书·地理志》记载，隋代曾改宁州为北地郡，又改北地郡为豳州，又改豳州为北地郡。据《隋书·地理志》记载“北地郡”曾辖有襄乐、彭原等县。

（8）又《元史·地理志三》记载：“宁州，唐初改北地郡为宁州。宋、金因之。”以后就没有“北地郡”的设置了。

从这些文献看，历史上的“北地郡”均在今西北地区，与今河南地域不相关。

（三）含义与“北地郡”有关的“北地”文献

历史上确实存在有“北地”称谓与“北地郡”有关的地望，且均在西北。

《三国志》卷三五曾言：“亮围祁山，招鲜卑轲比能，比能等至故北地石城以应亮。”唐长孺在《魏晋杂胡考》[13]中认为史书中所见“北地羌”“北地胡”所指为种族名，而并不是说居于其时的“北地郡”。魏明安、赵以武《傅玄评传》[14]认为：“‘北地羌’于魏晋时以马兰山为聚集地，南与冯翊、北地二郡连接；‘北地胡’是指流动于两汉时北地境内的卢水胡、鲜卑族等。一旦反叛侵扰，‘北地羌’‘北地胡’就会混成一体，并引起北地郡内杂居的羌胡响应，共同起事作乱。汉末、魏晋时所称‘北地羌’‘北地胡’，与当时的北地郡有关系，但不是一回事。”

另，魏明安、赵以武《傅玄评传》[15]介绍傅氏郡望的时候，介绍说傅氏后代有以“北地”名之的，这显然是因为“北地郡”能够代表傅氏家族曾有的辉煌，在历史上这属于郡望表述中的常见现象。

（四）“北地”明确为“北方”含义的文献

柴瓷研究学者青山竹海先生找出了一些文献中“北地”有用为“北方”的用法[16]：

（1）《史记·燕召公世家》：“王（齐王）因章子（匡章）将五都之兵，以因北地之众以伐燕。”唐司马贞索引：“北地，既齐之北边也。”

（2）汉代枚乘《上书重谏吴王》：“张韩将北地，弓高宿左右，兵不得下壁，军不得太息，臣窃哀之。”李善注：“将北地，谓将兵在吴军之北也。”

（3）清俞樾《茶香室四钞》卷二引用元陆友仁《研北杂志》：“政和中，丹阳县北地，名石羊子，有盗发古冢，云是梁宏偃将军墓。”

这样看来，参照其他有关“北地”的文献记载，曹昭《格古要论》之“柴窑出北地”之“北地”的含义为北方的含义是明确的。结合其语境，这一“北地”实际可能是“北地河南郑州”的省略。

（五）关于柴窑出“北地”的问题，郑州固城村的传说值得提及

据清吏部郎中刘体仁撰写的《七颂堂小录》记载，刘体仁曾亲见的一件柴窑器，但是该柴瓷洗釉色为“黝然深沉，光色不定，‘雨后青天’未足形容，布庵曰‘予目之为绛青’”。清乾隆皇帝见到柴窑器物之后的御题诗曾形容柴瓷的颜色，除了1781年的诗喻柴窑如意枕（乾隆自认为是柴瓷，本文凡此类表述皆为此意）为“过雨天青色”外，还曾在诗作中认为另一件柴窑碗是“色如海玳瑁”（作于1766年），另外，还在1787年作诗认为柴窑“都为黑色无青色”。

高祥云等人认为“色如海玳瑁”就是“如同那即将冲破乌云的霞光，就如同‘雨过天晴云破处’般的霞光透出乌云般”的颜色[17]。

据该村的世代烧陶瓷的艺人讲，柴家窑后来应该分为三家，其中一家在郑州。在并不清晰的记忆中他们多少知道一点有关柴窑与自己先祖可能有关的历史。不过他们烧造的一种所谓的柴家窑瓷器，呈现略淡的酱色，乌光发亮，与传统大家认为“雨过天晴云破处”为青色的颜色不怎么相符，至多应为酱青色。

另，郑州固城村的艺人有的还会“柴氏同备拳”，据说这是柴氏家族独传的与宋赵周柴结为兄弟故事有关的一种拳术。

同时郑州固城村的艺人对于“北地”的认识大概是“位于北方位的地下窑”，这一认识较为特殊。

综合地看，郑州固城村的一些有关柴家窑和赵家窑的传说值得学术界予以高度关注。

（六）关于烧造汝瓷所用玛瑙原料的分布区域问题

中国使用玛瑙的历史悠久，但多是零星的。三国时期魏文帝曹丕的《玛瑙勒赋》，其序中说：“玛瑙，玉属也。出自西域，文理交错，有似马脑，故其方人因以名之。或以系颈，或以饰勒。余有斯勒，美而赋之。”唐代，西域吐火罗、波斯等玛瑙多产国向唐王朝进献玛瑙。这期间，没有“北地郡”附近生产和应用玛瑙的记载。至宋末元初，周辉《清波杂志·定器》记载：“又，汝窑宫中禁烧，内有玛瑙沫为油（釉），唯供御拣退，方许出卖，近尤难得。”又载“政和三四年间，府畿汝蔡之间所出玛瑙，尚方因多作宝带器玩之属。至宣和以后，御府所藏往往变而为石，成白骨色，悉为弃物。民间

有得之者竟莫测所以”。

中国历史上曾有“赤县”设置，以指天子直辖之地。唐李白《赠宣城赵太守悦》诗：“赤县扬雷声，强项闻至尊。”王琦注：“《通典》：‘大唐县有赤、畿、望、紧、上、中、下七等之差。京都所治为赤县，京之旁邑为畿县，其余则以户口多少、资地美恶为差。’”《旧唐书·德宗纪上》：“癸丑，诏以梁州为兴元府，南郑县为赤畿。”宋代有“赤县”“畿县”这一设置，宋陆游《仁和县重修先圣庙记》：“学校之设，方自两赤县始。”宋吴自牧《梦粱录·两赤县市镇》：“杭州有县者九，独钱塘、仁和附郭名曰赤县。”《宋史·河渠》载：“京畿赤县，密迩都城。”宋太祖诏令编纂的官修史书《旧五代史》卷七七《晋书》记载：“仍升开封、浚仪两县为赤县，其余升为畿县。”宋王溥《唐会要·州县分望道》：“新升次赤县，江陵府陵县，贞元元年九月升为畿县。兴元府南郑县，兴元元年六月升。”又依据宋神宗元丰年间由王存、曾肇、李德刍同撰的《元丰九域志》的记载，当时的“府畿”应包括开封府及其赤县和畿县。

《元丰九域志》卷一记载，东京有开封府，下辖开封、祥符二赤县，又辖尉氏、陈留、雍丘、中牟、长垣、东明等十五畿。蔡州属于京西北路重要之州，辖上蔡、新蔡、新息、汝阳、平舆、遂平、褒信、确山、真阳、西平等十县；汝州，亦属于京西北路重要之州，辖叶、襄城、郏城、鲁山、梁等五县。《元丰九域志》中明确记载有这些地点与东京的距离和方位，并记载有各地的水系、风物，所以可以较为准确地判断这些地点的范围。

北宋政和三、四年（1113～1114年），属于徽宗时期，依据所述这些文献，并结合其时的府畿、汝州、蔡州范围可以判断，当时玛瑙产地主要在今郑州、开封、周口、濮阳、平顶山、驻马店、南阳一带范围内，到不了所谓的“北地郡”地域。又烧造瓷器一般不太可能远离这些主要原料产地太远，在这些原料分布范围附近应是最为合理的选址地，自然汝瓷所出的“北地”分布范围也不大可能会到达古代的耀州或“北地郡”地域。

明初曹昭《格古要论》有“汝窑，出北地”记载，又有“柴窑出北地”记载，若汝窑所出之“北地”与柴窑所出“北地”地理背景和语境相类的话，则又由于柴窑作为柴氏官窑，可能会在离当时首都较近的地方选址等原因，则柴窑所出之“北地”分布范围也不大可能会到达古代的耀州或“北地郡”地域。

三、《新增格古要论》中“柴窑出北地河南郑州”中的“河南郑州”问题

（一）是否是曹昭原作的问题

有学者认为，“河南郑州”四字是曹昭《格古要论》中的原作[18]。柴瓷学者母智德先生在《“柴窑出北地”再辨——致藏友“西高弟里”》一文[19]中云：“在《新增

格古要论》凡例中，王佐除了对增补的内容、编排体例一一加以说明外，还特别强调：'增者注曰后增，其新增者注曰新增、或只注增字，旧本则不注。'也就是说，在他所依据的版本里，是别人增补的内容，他就标明'后增'二字；若是他自己新增的内容，就注明'新增'或'增'；如果是曹昭的原版内容，则不加标注。王佐的这几点说明，特别是'旧本则不注'，应当引起我们研究者的特别重视。”又云：“在《新增格古要论·卷之七·古窑器论》的正文里，列在第一位的是'柴窑'。”其所载原文为：“'柴窑器出北地河南郑州世传周世宗姓柴氏时所烧者故谓之柴窑天青色滋润细腻有细纹多是粗黄土足近世少见'（为保持原文风貌，笔者未按常规断句）。这就是《新增格古要论》有关柴窑记载的全部文字，既没有'后增'、'新增'、'增'之类的注文，也没有别的任何说辞。所以，可以肯定：第一，《新增格古要论》中有关'柴窑'的记载，不是王佐新增的；第二，'柴窑器出北地河南郑州'，是曹昭《格古要论》的原文，'河南郑州'四字也绝非王佐或先前的其他增补者所加。”

关于这一点，我们认为：从《新增格古要论》和《格古要论》有关文献记载对比看，没有写“后增”“新增”“增”之类注文的，实际仍然属于“后增”“新增”“增”的现象是存在的。据孟召《曹昭〈格古要论〉与王佐〈新增格古要论〉的比较》一文[20]，在王佐《新增格古要论》一书中，也有“未作标注，但有续增内容，也有的略作校勘和改动，实为'后增'的文字：《古画论》中士夫画、没骨画、题跋画，《珍宝论》之硝子、珊瑚树、红猪牙、金刚钻、天生圣像，《古砚论》之银星旧坑新坑、类端石、洮溪砚”。所以，单从有否写“后增”“新增”“增”之类注文，还不能完全肯定“河南郑州”就一定是曹昭《格古要论》原文。自然由于我们不能像王佐一样看到最早的曹昭原本，所以也无法否认就一定不是曹昭原本的，只是说，单依据这一理由尚无法得出肯定结论。即使我们依据曹昭《格古要论》“论窑器”原文与王佐《新增格古要论》“论窑器”的记载比较，亦无法得出定论。

（二）若是新增的，那是谁先增的问题

“河南郑州”有可能是曹昭的原文，但是也可能是其他人新增的。不少人都认为是王佐新增的，我们认为这是有失偏颇的。

从文献看，曾为曹昭著《格古要论》校对的学者不少。现在能见到的最早版本是明代周履靖辑刊《夷门广牍》，明万历二十六年（1598年）刊，卷首题有“云间宝古生曹昭明仲著、嘉禾梅癫道人周履靖校、金陵荆山书林梓行”。由此可知嘉禾梅癫道人周履靖曾校对过此书。曹昭《格古要论》的《文渊阁四库全书》本，据《四库全书总目》提要记载，是袭孔子嫡派后裔衍圣公封号的孔子第七十一代孙清代藏书家孔昭焕家藏本编修的。显然，这一版对孔昭焕家藏本亦曾有过编校。中国书店于1987年影印出版《新增格古要论》明刻本，书前有遂州郑朴题序。有学者据《四库存目》、遂州郑朴曾编《扬子云集》原序等，判断此本当是明万历年间的刻本，晚于王佐。《新增格古要论》（中

国书店于1987年影印出版的刻本）有郑朴所题之序，其中谈到其曾重校《博古图》，又《四库存目》中记载，郑朴曾重刊《别本考古图十卷》。郑朴在其题序中又言：“故再校而梓之，其中若王之所增，大有可汰，而且仍其旧，则顾览者各从所好，为所入也。”显然，郑朴曾校勘过。另，王佐在其《新增格古要论凡例》中写道：“《格古要论》创始于云间曹明仲，编校于云间舒志学，是编合旧本二本而录之，亦格物致知之事也”；王佐在《新增格古要论凡例》中还写道，“是编自景泰七年丙子夏四月中旬得李、孙二公旧本，至其秋七月考校增完，又至天顺三年己卯夏四月上旬，欲命工锓梓，点校始完”，并且“一本得之前栾成侯公子李庄，篇目颇多而脱误殊甚；一本得之同寅主事常熟孙纪，篇目略于前本而脱误亦多”。显然，其所依据的两个本子有不少错误和缺失。这些都说明王佐所用本子是经过云间舒志学编校增加的，又经过李、孙二公作为的脱误殊甚之旧本。《新增格古要论》明淑躬堂刊本云：“云间曹昭明仲著，云间舒敏志学编校，吉水王佐功载校增，新都黄正位黄叔重校。”据《阳春奏序》等知，黄正位是明万历时人。《新增格古要论》明万历刊本云：“云间曹昭明仲著，云间舒敏志学编，吉水王佐功载增，钱塘胡文焕德父选。”依据《格致丛书》等知，胡文焕，字德甫，一号抱琴居士，钱塘人。明万历、天启年间藏书家，撰有《文会堂琴谱》《古器具名》《古器总说》《名物法言》等，是博物学家。从这些文献看，于《新增格古要论》，云间舒敏志学、钱塘胡文焕、新都黄正位确是校或编校过的。尤其是云间舒敏志学，依据《新增格古要论》（中国书店于1987年影印出版的刻本）的云间舒敏志学序，他曾“窃观而爱之，颇为增、校，订其次第，叙其篇端，亦可谓格物致知之一助也”。其序又云：“君子观之，更能以辨物之玉、石，辨人之玉、石，使卞和止泣，宋愚免笑，庶有以发明于世，岂小补哉。”由此可知，云间舒敏增文于《格古要论》一书是确切的，并且云间舒敏志学不仅仅是一般的编校，还是早于王佐“增、校”的。

（三）若是王佐之增，是否可信

王佐为《格古要论》增添诸多文字和实物信息是明确的，不过，依据王佐在《新增格古要论凡例》中的话 “各随所见闻以类增入”，可知王佐所增，有的有文献依据，有的应该是非征之文献的，可能有听闻的成分。又从曹昭《格古要论》“论窑器”原文与王佐《新增格古要论》“论窑器”的记载比较可知，王佐对于瓷器的专业术语使用得并不是特别娴熟。又据明王直《抑庵文集》卷一《世德堂记》条及《抑庵文集后集》卷十五《送王主事诗序》知，王佐学养丰富，学行甚高，以勤慎著称，所以若是王佐增加的“河南郑州”，亦有可能是经过慎重考虑的，并且王佐修订《格古要论》时，距曹昭成书时间很短，应该有传世曹昭版本为据，从《新增格古要论》看，王佐修订得十分认真，所以应有一定的可信度。又根据郑朴所题之序，其言：“故再校而梓之，其中若王之所增，大有可汰，而且仍其旧，则顾览者各从所好，为所入也。”据郑朴所题之序知，其曾重校《博古图》，据《四库存目》所记，郑朴曾重刊《别本考古图十卷》，他是明万历中人，与王佐时代一致。这样一位博古的学者，其对王佐所增内容颇有微词。我们认为，博物学者郑朴在专业方面应胜过官员出身的王佐，所以其所言“王之所增，大有可汰”之内容应属于学术内容，所以，若“河南郑州”是王佐所增，则由于这个生产地不是什么特别的专业问题，如同他在《新增格古要论》中正确叙述“汝窑器出汝州”“官窑器宋修内司烧者”“古定器俱出北直隶定州”“吉州窑出今吉安府庐陵县永和镇”“古磁窑出河南彰德府磁州”“建磁器出福建”“古龙泉窑在今浙江处州府龙泉县”等关于瓷器的产地一样，“柴窑器出北地河南郑州”亦应是比较可信的。

自然，由于同样的原因，若是他人所增，同样应较为可信。

对于“九秋风露越窑开，夺得千峰翠色来”的越窑（图一六、图一七），有学者认为虽然在五代时期发展到了全盛时期，但同时也跌入衰落的门槛。另，有越地向柴荣贡瓷的记载，但没有进贡柴窑的记述。那时的龙泉窑还处于起步阶段，应不是柴窑。

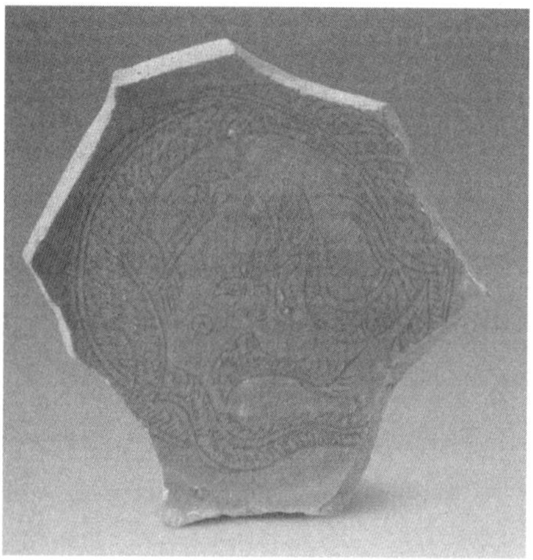

图一六 浙江慈溪寺龙口越窑址出土青瓷碗

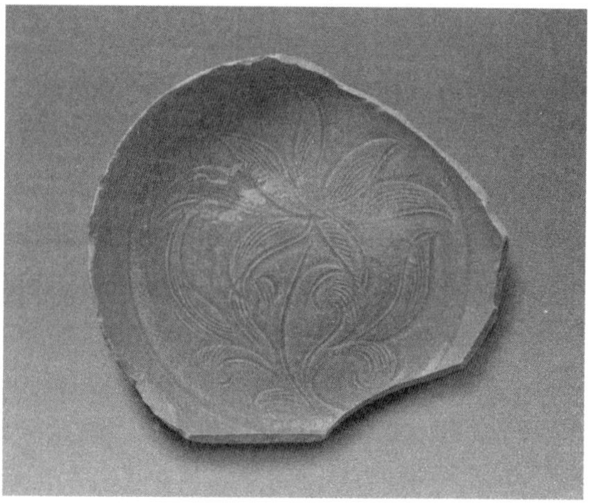

图一七 浙江慈溪寺龙口越窑址出土青瓷残片

虽然这一时期的北方地区的“耀州窑”（图一八、图一九）及南方的“湖田窑”青瓷（图二〇、图二一）较为有名，不过，诸多学者认为这些都不太可能是柴窑[21]。如所述，明文献中论及柴窑“出北地河南郑州”，其后尚有不少文献支持此说法。成书于清乾隆年间却颇具考据之风的我国第一部古陶瓷专著《陶说》在谈及柴窑时按语说：“后周都汴京，唐属河南道。考《唐书·地理志》，河南道贡瓷石之器，是其地本宜于陶也。宋政和，官窑亦起于汴，汝亦河南道所辖之州，柴窑当在其内。”

又，据明正德《汝州志》和清道光《汝州志》记载，有明一朝，郑州地名未变，并且不辖其时的汝州地界，在从其地当时的瓷器特征看，说“柴窑”在汝州市、平顶山市、禹州市一带是不太可能的[22]。

本文的研究希望使大家在论证自己有关柴窑或柴瓷观点的时候，应对最为重要的文献证据——“出北地河南郑州”中“河南郑州”是原文还是增文等有关问题，需更细致

图一八　陕西宋代耀州窑址出土青瓷杯

图一九　五代耀州窑刻花双凤流执壶
（巴黎吉美博物馆藏）

图二〇　宋湖田窑刻缠枝莲纹冬瓜形瓶
（九鼎堂藏）

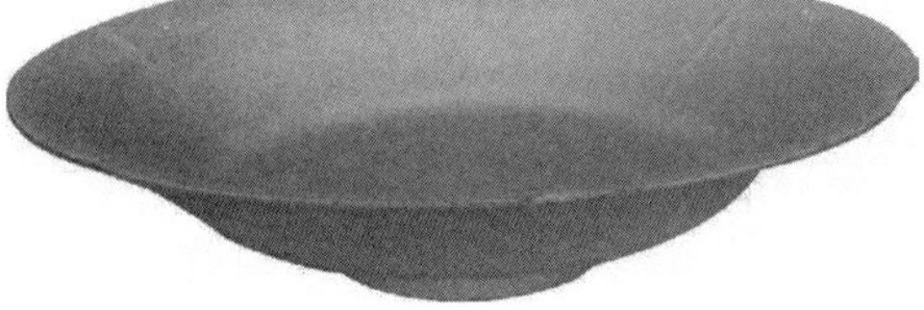

图二一　湖田窑遗址出土瓷盘

的重视版本问题；对文献可信度和文献作者的身份、瓷器方面的学术造诣等问题应客观地予以分类看待。同时希望通过本文中对相关文献及考古发现的论辩，表明我们倾向于认可，历史上柴窑确实存在过，并且现今郑州就很可能是柴窑一个重要的接近京畿的烧造地。

注　释

［1］（清）程村居士：《柴窑考证》，宣统三年（1911年）；赵自强：《柴窑与湖田窑》，广西美术出版社，2004年；〔日〕对中如云：《至宝·千年之旅——发现绝迹千年的柴窑》，台海

出版社，2007年；南辛：《南辛赏柴》，百花文艺出版社，2010年；苗文兴：《柴瓷》，中州古籍出版社，2010年；田培杰：《郑州柴窑》，河南人民出版社，2011年；母智德博客：《探谜：逝去的辉煌——柴窑》（2012-06-13），http://blog.sina.com.cn/s/blog_631ba7d401016a0g.html。

［2］王治国、王晖：《揭开柴窑千年的神秘面纱》，《文物鉴定与鉴赏》2010年第6期。

［3］《邹苗桁谈五代柴瓷》（2013-02-12），http://www.gongpin.net/news/item_10542.html。

［4］［5］〔日〕对中如云：《至宝·千年之旅——发现绝迹千年的柴窑》，台海出版社，2007年。

［6］河南省文物考古研究所：《汝窑与张公巷窑出土瓷器》，科学出版社，2008年；张增午、李向民：《晋冀豫北朝青瓷的发现与研究》，《中国古陶瓷研究》第12辑，紫禁城出版社，2006年。

［7］赵自强：《柴窑与湖田窑》，广西美术出版社，2004年。

［8］王升虎：《谁见柴窑色，雨过天青时——关于追寻柴窑的历程断想》，《景德镇陶瓷》2010年第1期。

［9］禚振西：《柴窑探微》，《收藏家》2001年第8期。

［10］陈建平：《柴窑不在耀州》，《收藏家》2001年第8期。

［11］王长启：《从唐田君墓志看柴窑出“北地”之地望》，《收藏界》2010年第11期。

［12］张小虎：《东汉北地郡治富平考》，《丝绸之路》2010年第8期。

［13］见《魏晋南北朝隋唐史论丛》，生活·读书·新知三联书店，1955年。

［14］［15］魏明安、赵以武：《傅玄评传》，南京大学出版社，1996年。

［16］青山竹海博客：《柴窑》（2011-11-28），http://blog.sina.com.cn/s/blog_7fa9b80b0100zf8u.html。

［17］高祥云、郭祥霞、高祥宇、郭炜、郭烜：《论大清帝国乾隆皇帝咏柴窑碗诗词之：“色如海玳瑁”》，复兴论坛，CCTV-10科教频道论坛，2012-12-20 22:17。

［18］［19］西高弟里博客：《与母智德先生的对话》（2010-12-13），http://blog.163.com/ym_chen1948/blog/static/6154447420101113510119982。

［20］孟召：《曹昭〈格古要论〉与王佐〈新增格古要论〉的比较》，《故宫博物院院刊》2006年第6期。

［21］陈建平：《柴窑不在耀州》，《收藏家》2002年第5期；孙乐琪：《学者解密柴窑：不是单一品种，烧造地在耀州》，《北京日报》2012年11月16日。

［22］拜陶教第一教徒：《“柴窑”也在汝州市和平顶山市一带——再读湖田玉《〈格古要论〉中“柴窑，出北地”的思考》，2012-03-01，http://www.dfgms.com/viewthread.phptid=38954。

（原载《中原文物》2014年第4期）

再论“蹲踞式”的基本类型、本质内涵及“夏”字等相关问题

在《学患无疑，狐疑则学患》[1]《从考古学材料中“蹲踞式”图像及甲骨文商人高祖“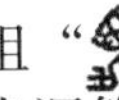”字形的内涵新论“夏”字》[2]两文中，我们曾讨论了“蹲踞式”及“夏”字的来源等问题，现再就“蹲踞式”“夏”字及相关问题作以再论。

一、“蹲踞式”的基本类型

学界常论的“蹲踞式”造型，总的来看包括微睁眼的、闭眼的和睁眼的（仰韶文化中的“人面鱼纹”实际是一条俯视的人面鱼，其人面或鱼面多为闭目态，与常见“蹲踞式”人面之目同），从人、物的造型相互结合特征上还可以简单地看作两大类。

一类：人形或类人的“蹲踞式”造型。这类“蹲踞式”造型无论是神巫、神人、神兽、神鸟或其综合的造型，其腿型主体，有时包括足，是人类的。

二类：猫科动物、神兽或鸟类腿足的常规造型。以鸟为例，由于鸟类的胫跗骨与跗跖骨只能向后弯曲，所以这类造型的腿、足弯曲方向视觉上与人形的“蹲踞式”腿的弯曲方向相反（图一）。

第一类以人的腿部的弯曲来表示的“蹲踞式”，造型构图有的蹲踞明显，有的不明显，但仍然容易识别。不过需要强调的是有的省略了人腿甚至是上肢和身体的“蹲踞式”造型。

第二类属于猫科动物或神鸟的腿足造型。于这一类需要言明的是，是“蹲踞式”“匍匐式”，还是一般形体自然动作形态意义上的造型，需要明确其所在的“场景”和具体情况讨论，即同样是“蹲踞式”造型，还有在宗教和信仰方面的人文含义有无之区分。

商代玉器相关造型有利于说明一些问题。商代玉器中妇好墓出土的玉人（图二，1），为人面，鸟身，人形腿，并且是人形的“蹲踞式”；妇好墓还有一件（图二，2），基本为神鸟造型，但是腿为人形腿，足为神鸟爪，并且是“蹲踞式”；该墓还有一件（图二，3），整个为神鸟造型，腿部从妇好墓等墓葬中的商代玉器（图二，4、5）看，应该是鸟腿，不过没有明显地表现出鸟腿内折特征，并且从图二之2与3造型的相似性等方面看，图二之3应蕴含类似图二之4及5的鸟腿内折造型，自然在含义方面也是应该同于图二之2的“蹲踞式”的。当然也可以这样理解，神鸟（图二，3）的腿的画法造型

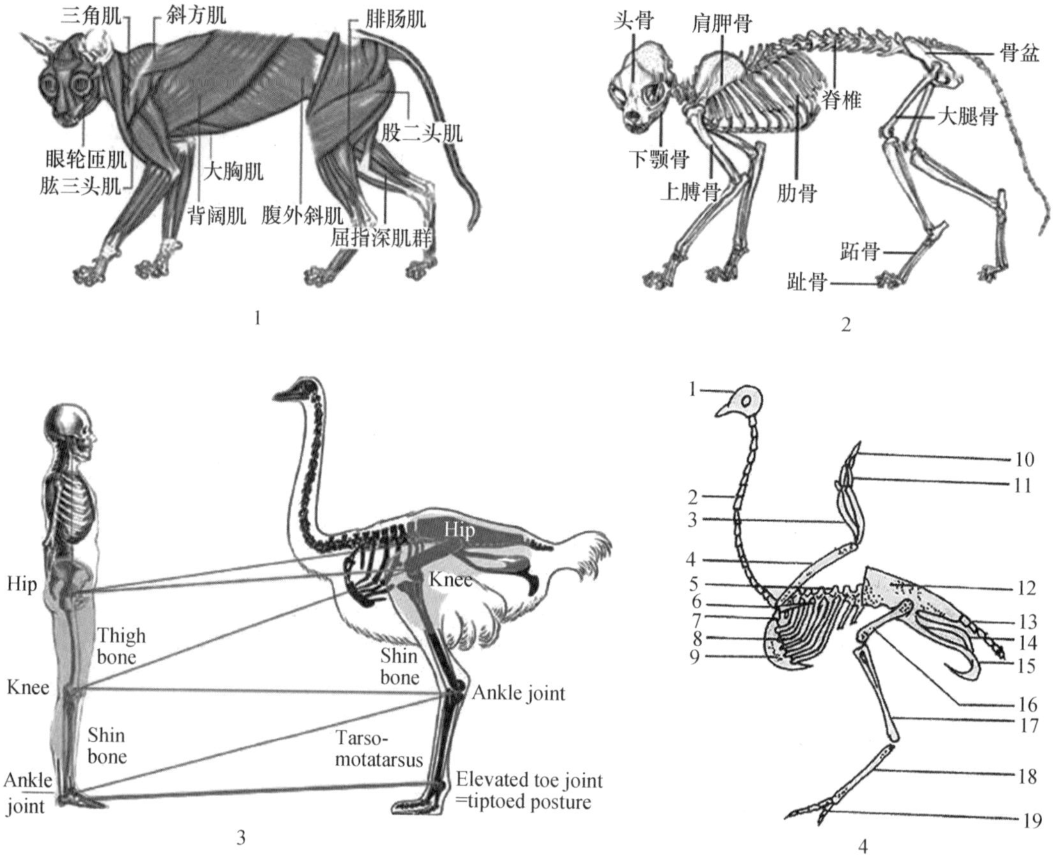

1. 头骨 Ossa cranii and Ossa faciei　2. 颈椎 Vertebrae cervicales　3. 前臂骨 Ossa antebrachii
4. 臂骨 Os brachialis　5. 胸椎 Vertebrae thoracicae　6. 肩胛骨 Os scapula　7. 锁骨 Clavicula
8. 肋骨 Os costale　9. 胸骨 Sternum　10. 指骨 Phalanges digitorum manus　11. 掌骨 Ossa metacarpalia
12. 髂骨 Os ilium　13. 尾椎 Vertebrae coccygeae　14. 坐骨 Os ischii　15. 耻骨 Os pubis
16. 股骨 Os femoris　17. 小腿骨 Ossa cruris　18. 跖骨 Ossa metatar salia　19. 趾骨 Phalanges bigitorum pedis

图一

是把鸟类“胫跗骨”与“跗跖骨”之间的弯曲淡化，强调了神鸟的“胫跗骨”与“大腿骨”之间“膝盖骨”的突出特征，所以看起来好像是“胫跗骨”加“跗跖骨”这一“单元”与神鸟的“大腿骨”构成类人的“蹲踞式”。这就说明，内折的鸟的腿形和所述具有类人“蹲踞式”的鸟足腿形有时是具有宗教信仰背景和人文含义的。这类神鸟很多，像太清宫的一件玉器（图二，6）。有的是具有这样的鸟足，像晋侯墓地的神人之足（图二，7）。我们说这类造型具有同人类“蹲踞式”造型类似的意义，除了出现了与图二之2和3造型基本一致情况这类依据外，还有一类重要依据，那就是这类神鸟有时所处的较为全面的场景与“蹲踞式”神人、神巫所处的场景一致。像西周的一件玉器（图二，8），显然为“蹲踞式”神人乘龙执龙造型，与曾侯乙墓漆棺彩绘（图二，9）中的“人面鸟身神”[3]乘二龙非常一致，并且这一曾侯乙墓漆棺彩绘中的“人面鸟身神”之鸟类足腿显然与图二之8中神人的“蹲踞式”造型中腿足可以相应，应属“蹲踞式”。

图二

1～5、13. 妇好墓出土玉器　6. 太清宫玉器　7、10. 晋侯墓地出土玉器神人　8、11. 西周玉器

9、14. 曾侯乙墓漆棺画　12. 荆门铜戈

另，西周时期有一类神人，像晋侯墓地的玉器神人（图二，10），其上肢端为神鸟之爪，上肢为典型“蹲踞式”形态中的“上举”造型，下肢为龙形，显然是西周有关玉器（图二，8）一类神乘龙“蹲踞式”腿足的另一表现形式或简化形式。不过这一造型与有关神鸟（图二，5）之腿足的构型基本一致，有助于说明神鸟的内折腿有时是具有“蹲踞式”内涵的。

当然有的神人或神鸟的“蹲踞式”造型中是人的腿，却采用了鸟的足，像西周有关玉器（图二，11）及商代有关玉器（图二，2）；有的明显是神鸟腿足的某些特征，像有鳞等，但是腿的造型线路却是较为明确的人的“蹲踞式”，像荆门铜戈之图案（图二，12）。还有的神鸟，像商代妇好墓玉器（图二，13），其腿足较为可能的是神鸟之腿足，表面看，其之所以如此造型，似乎说明其是神人之腿足的“蹲踞式”造型，但是考虑到该神鸟的整体构图方式，则其腿足应是与其翅膀的构图方式一样，所以应是神鸟之腿足的内折造型的一种绘画表现形式，或由于其简化，而不可能像曾侯乙墓漆棺彩绘神鸟之腿足（图二，14）那样，把神鸟内折腿特征绘得那样清晰准确。

还有，战国时期的一些铜器刻绘中，有的是“蹲踞式”神人或巫师拽两神虎的组合，像淮阴高庄铜器刻划，有时被简化为两神虎身一神人首形，像淮阴高庄铜器刻划，在该图像中两神虎的内折前腿可以视为同时充当了中间神人的两腿，显然意同人腿的“蹲踞式”含义，虽然折向由于解剖结构视角不同而不同。

同时我们发现，图二的2与3等造型中，神鸟之翅膀的构图与“蹲踞式”神人像妇好墓出土玉器（图二，15）的手足类似，这说明神人的“蹲踞式”造型有的可以认为是模仿有神鸟元素的图二之2与3一类“蹲踞式”神物的造型甚或自然造型的神鸟形态，具有“模拟神鸟巫术”的成分，当然这一模拟神鸟的造型显然可以蕴含着“乘物而蹲踞式”的内涵。

总的来说，这类“蹲踞式”的图像主要有单纯的基本无他类动物装饰的人形；有以神鸟羽翅装饰的人形或鸟首人身形；有鸟身、鸟首、神鸟爪似手或鸟爪似手足的；有腿为人形、其他为神鸟形的；有基本为神鸟形的；有神鸟、龙、蛇、虎位于周身或周边的形状的这其中有的从图形上看手、足、冠发以龙形代替或关联表现的；淮阴高庄战国墓铜器刻划材料中发现还有少量的单纯以龙、蛇组成“蹲踞式”的造型。另外，这一时期还发现有侧身行走面向“观者”的“蹲踞式”造型（图三），等等。

二、“蹲踞式”的本质含义

关于本文所论“蹲踞式”造型的含义，学术界有各式各样的解释，有的认为与生殖崇拜有关。有的学者认为柳湾墓地出土彩绘陶上阴阳人的造型与气功“入定式”造型有关，如此这类学者应赞同本文讨论的这类“蹲踞式”也应与“气功入定式”有关。张明华先生认为倪润安先生所说“气功导引”以通神的方法是存在的[4]，他说“红山文化玉人的姿势似与醉酒、登仙、舞蹈、迷魂等的状态不同，倒与气功纳气类似”，“是巫师通过气功的方法进入迷幻状态，以沟通神祖”，“其双目微闭、双手抚胸的姿态，正是萨满行神事时的最高境界”。他还在另一文章中说：“（抚胸玉立人姿势）与气功得气的感觉十分吻合”，“是通天状态下的神偶。”[5]有的学者认为这一造型是“神灵附体后的作法状态”[6]。

这些认识只是回答了这类“蹲踞式”姿态的部分含义，因为具有这类姿态图像的内涵非常丰富且复杂，同时这些认识实际上还是没有真正回答为何这种状态利于通天，为何那时的萨满们常采用这一姿态作法等问题。

我们曾认为“蹲踞式”造型与“夏”字有关，而且曾认为“蹲踞式”造型是神人、神巫沟通天地、协于上下的造型，并认为蕴含有“攀援建木”状态的造型[7]。那么这一“蹲踞式”造型的真正含义到底应该是什么呢？我们首先看看早、晚期的相关材料。

（一）晚期材料

与本文讨论有关的“蹲踞式”造型的晚期材料，除民族学材料外，主要见于战国时期的铜器刻划图像，像战国时期淮阴高庄的青铜器刻划（图三），相当于《山海经》中

图三　淮阴高庄战国墓

各山中沟通天地之神的姿态正是典型的人类“蹲踞式”造型。有的处于行走中，看似一般的步伐，实际仍然隐含“蹲踞式”造型。

其中有的神人头顶有神鸟，这些神鸟有的在神人首附近的天空中，有的与神人头顶相连，奋力高飞，显然应是帮助神人上升的；还有神人直接为鸟首；有的神人珥蛇，“蹲踞”于神虎、龙或蛇身，有的同时双手还拽神龙、虎，并且神龙、虎、蛇有的有明显的“飞腾”状。

这类图像系统中的龙、蛇、虎、鸟等神物，显然应视为是图像中神灵、神巫的升降天地、“周流天下”的“伙伴”，有的或者有些类似张光直先生所说的“蹻”。于此，这些图像中的“蹲踞式”的含义主要就是乘、登这些龙、蛇、虎等交通天地时的一种姿态。

马王堆汉墓帛画中学界所谓的“太一将行图”中的“太一”也是“蹲踞式”造型，有关汉墓中的雕刻和绘画也曾有不少“蹲踞式”造型，但是由于没有更多的材料作以佐证，所以单以这些材料无法准确地判断这一姿态的内涵。战国之际的诸多材料，可以认为其与所述材料类似，尤其是类似荆门车桥的所谓（除了具有其他含义外）“太一辟兵戈”中神人之姿态也是“蹲踞式”。汉画及汉代神树中的仙人造型不少，有的乘登龙、虎等神物的造型，可以认为同是“蹲踞式”造型。

（二）早期材料

与这些战国时期青铜刻划及其以后材料类似的案例，有其更早期的文化来源。在春秋时期、三代及红山文化、凌家滩文化、崧泽文化及兴隆洼文化等中均可找到类似题材。

良渚文化中的“神人—神兽”造型（图四，1）是否属于“蹲踞式”，学术界讨论较多。我们认为良渚文化中的“神人—神兽”造型应该与高庙文化中的“神鸟—神兽”造型有一定关联。笔者认为，高庙文化中人们是把整个“天—气”视为“神鸟”，神兽则为“北斗或当时的极星”，视觉画面就是“神鸟负神兽”（图四，2、3、4，其中图四之4神鸟负神兽图中间为“昆仑符及羽翅类”间隔造型），从文献方面演绎的话可以归入“天命玄鸟，降而生商”一类。

良渚文化中的“神人—神兽”与气、鸟羽翅有关的造型构图，显然与高庙文化中“天—气—神鸟—神兽—极星—北斗”图像有一定的传承关联，只不过在良渚文化中成了“神人—神兽”造型。其中的神人应该是北斗或极星神，神兽则是神人乘坐的工具，不过这一神兽也可以单独表示极星神，“天—气”的概念则含在“神人—神兽”的羽翅、鸟类足爪等构图组成元素符号中，或表现在“神人—神兽”附近的神鸟之中。整个神人应该是近似于“蹲踞式”的，实际是乘姿，神兽也呈“蹲踞式”，实际是自然匍匐状。这一视觉上近似于“蹲踞式”的“神人—神兽”整个造型，在实际“利于冥思”和“观想效果”方面应该也能达到一般所谓“蹲踞式”的效应，尤其是在良渚文化中

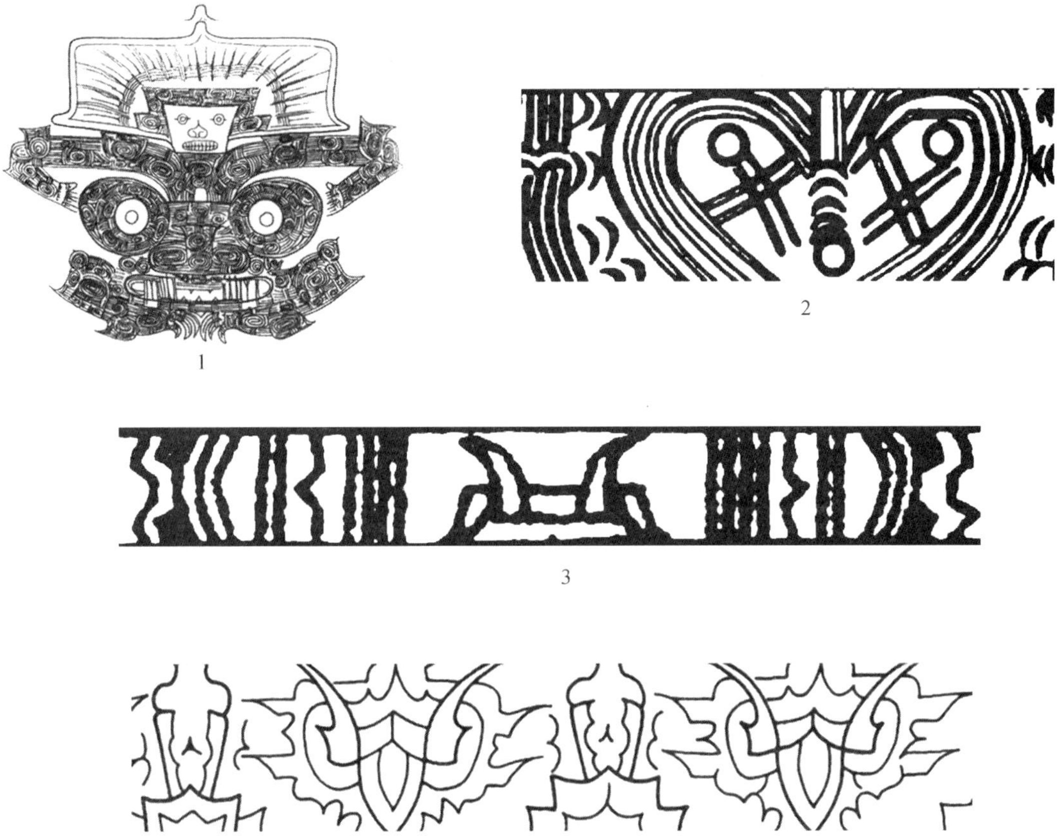

图四
1. 良渚文化中的“神人—神兽”造型　2～4. 高庙文化中的“神鸟—神兽”造型

存在明确的“蹲踞式”神人（图五，8甚或图五，9）的情况下。神人乘神兽“升降天地”“协于上下”是一般“蹲踞式”神巫“冥想”或“观想”的场景之一，或者是希企能若神灵或神巫一样，同样有模拟巫术的概念。

这些早期题材总的来看有两类，一类是单纯写实的人形，一类是人形、神鸟、龙等图像单体组合或以不完全的单体互相融合的造型。

早期材料中，兴隆洼文化中的有关巫师造型（图五，1、2），只有少数学者像郭大顺先生在中华玉文化中心第三届年会上将其归入“蹲踞式”造型，这是非常正确的。在这一时期的“蹲踞式”造型中，目前没有发现乘神兽的，不过兴隆洼文化随葬雌雄双猪的情况表明其时期有类似红山文化执雌雄双猪龙工具作法一类的概念存在。

早期明显乘登神兽的，是故宫博物院所藏红山文化的玉佩（图五，7）[8]。这一玉佩图案中的神人，呈现极其明显的“蹲踞式”造型。神人周身有赵宝沟文化猪龙羽翅类装饰[9]。神人乘登于神兽背，显然是借助神兽之力和周身飞鸟羽翅之功（有的成了该神巫的翅膀）以“协于上下”的。因为“乘”“登”于神兽之背升降于天地，所以必

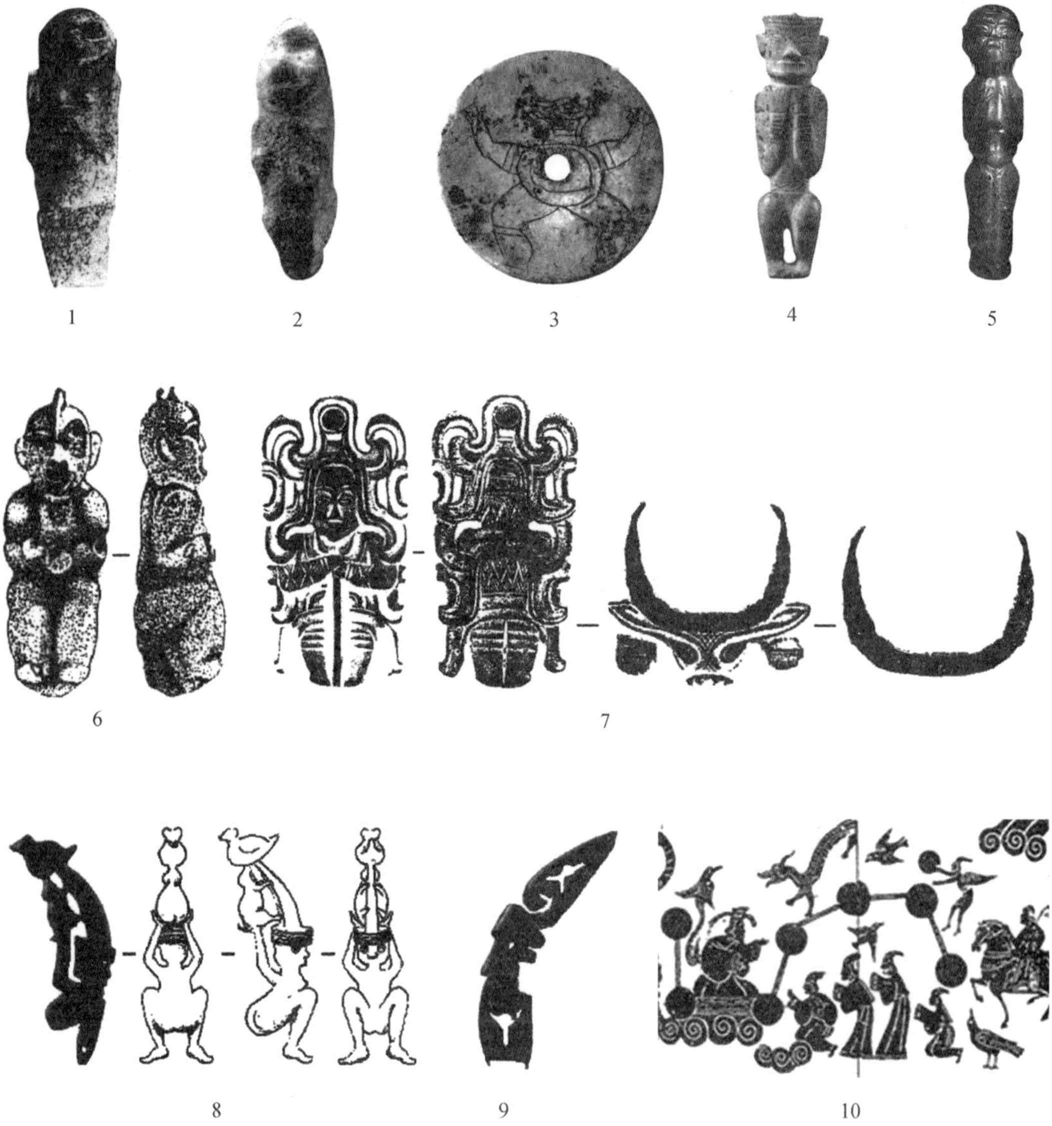

图五

1. 林西县西山　2. 白音长汗　3. 羊角山　4. 凌家滩　5. 牛河梁　6. 那斯台遗址　7. 故宫博物院藏红山文化玉佩　8. 赵陵山玉人及其展开复原示意　9. 张陵山　10. 武梁祠黄帝坐北斗—明堂汉画

须呈现“蹲踞式”，依据力学原理，这样才能保持身体平衡。同时采取这一“蹲踞式”和“瞑目”造型尤其符合巫师作法“凝神”的心理学等科学原理。

红山文化的该神人双手“爰柱”，柱子上圆下方，以示意圆方—天地—阴阳，可以认为其是巫师通天地、通阴阳、“协于上下”的象征路径。其路径的代表即是通神的“建木”——通天柱。笔者这一判断的依据是：

（1）不少神物的凭借，像良渚文化中的方圆玉琮，含义中就有象征意义的天地之柱的内容；还有良渚文化中的三叉形器物中的天盖似三叉中间的这枝，有中孔；龙山文化时期诸多的四牙齿神人头顶也有中孔；商周时期这类神怪面也有这一特征，像大洋洲的双面铜神面（图六，2）。显然这类神面的中空既可以有木柱利执掌，又同时以“上圆下方”象征“天地”，即象征天地柱或建木，意在表明此为神人、巫师升降天地、协于上下的通天路径。若所述，这一路径的代表者就是“建木”等神杆。

（2）与“蹲踞式”造型有一定关联的还有马王堆汉墓的《导引图》，其44幅图中上数第三行右数第八个动作构图为一持杖者，题注为“以杖通阴阳”，这正是“建木”等神杆的功能。

（3）陶寺遗址的彩绘神杆、夏家店下层文化大甸子墓地出土的杖、三星堆文化中的金杖等含义中都可以包含这一含义，尤其是陶寺遗址的杖与琮并存，更说明了其通天地阴阳的性质。自然这些杖也可以有象征权力等含义。

（4）另外，包山二号楚墓出土的一件错金银髹漆龙凤杖（图六，1），龙首凤鐏。龙凤象征阴阳早在新石器时代红山文化等之中已有发现。显然杖上下端附加龙凤是象征天地阴阳相通的，执杖者可以通阴阳，这与该墓主生前是执掌“司法”官员和当时盛行“盟证”或名义上的“盟证”有关。即该司法官员同时应该是具有巫师色彩的人，其执掌“阴阳杖”，能够像神一样识别实与不实之言语，使有罪者不敢在神社面前不如实说

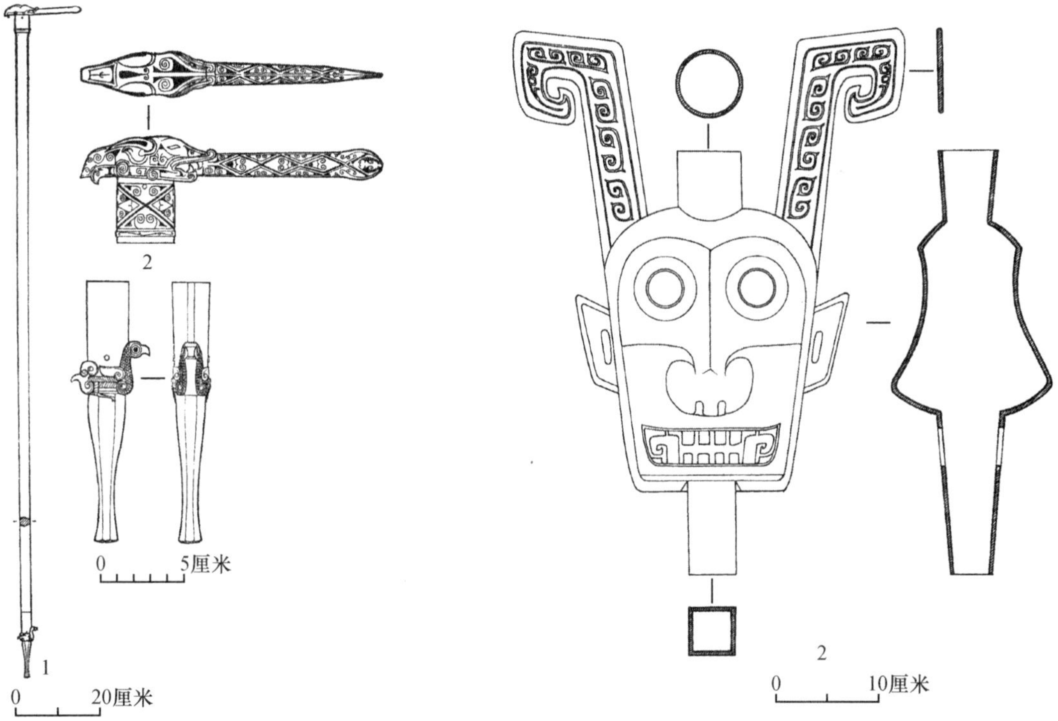

图六

1. 包山龙凤杖　2. 大洋洲上圆下方中空造型（象征天地—阴阳）的双面（象征阴阳）神人像

话。有学者认为其是爵杖，似乎有待商榷。

这类阴阳天地柱似的工具如所述，考古中发现很多。值得多说几句的是，像故宫博物院所藏红山文化玉佩（图五，7）上“蹲踞式”玉人手执柱状物，柱子上圆形但是下面有“削”的现象，结合其他材料看，就是蕴含上圆形、下方形的天地阴阳含义的。这样的造型实际象征整个柱子也是通天地、阴阳的神柱。显然此“蹲踞”者是能够通天地、御阴阳的，而通天地、御阴阳者即是具有神性、巫性者。这与这件红山文化玉佩是“神人乘登神物——北斗”的整体造像构图是相符的，内涵上与汉画或《黄帝内经》等所谓的“黄帝坐明堂”（明堂对应北斗或北斗斗魁）（图五，10）、道教中的“踩北斗”（见后文）等说法或巫术现象都有密切的关联。

另外，通阴阳之柱，应该是从认知上被人们认为是位于天地之中的或是连接天地的神杆、神单，但是表示其与阴阳相关的方法很多，使之有方圆特征即是其中的重要一类。

记载以柱之方圆示阴阳的文献较早。《礼记·丧服小记》：“苴杖，竹也；削杖，桐也。”《礼记·问丧》：“或问曰：‘杖者何也？’曰：‘竹、桐一也。故为父苴杖，苴杖，竹也。为母削杖，削杖，桐也。’”不过不少学者未解苴杖、削杖其义，像《荀子·礼论》“齐衰苴杖，居庐食粥，席薪枕块，所以为至痛饰也”，杨倞注曰：“苴杖，谓以苴恶色竹为之杖。”徽派朴学代表黄以周先生《礼书通故》卷九云，“苴、削互文。竹杖曰苴，明桐杖之削而白也；桐杖曰削，明竹杖留其青黑之皮不去也”，并认为竹圆物，桐用把桐，亦圆物也，凡杖必圆乃便手持。《服传》杜预云“圆削之象竹”，司马光云“削杖上圆下方”。但是也有少数学者多少意识到了其中的一些真实意义，像《服传》王肃云“削为四方”，尤其是《服传》贾疏，对这一问题有一定认识，其以为，苴杖用竹，取“竹圆象天之义”，又引用《戴德丧服变除》认为削杖是“削之使方”以象征地。

（5）天津博物馆所藏着战国时期的玉饰件（图七），不少学者认为其是装于手杖顶

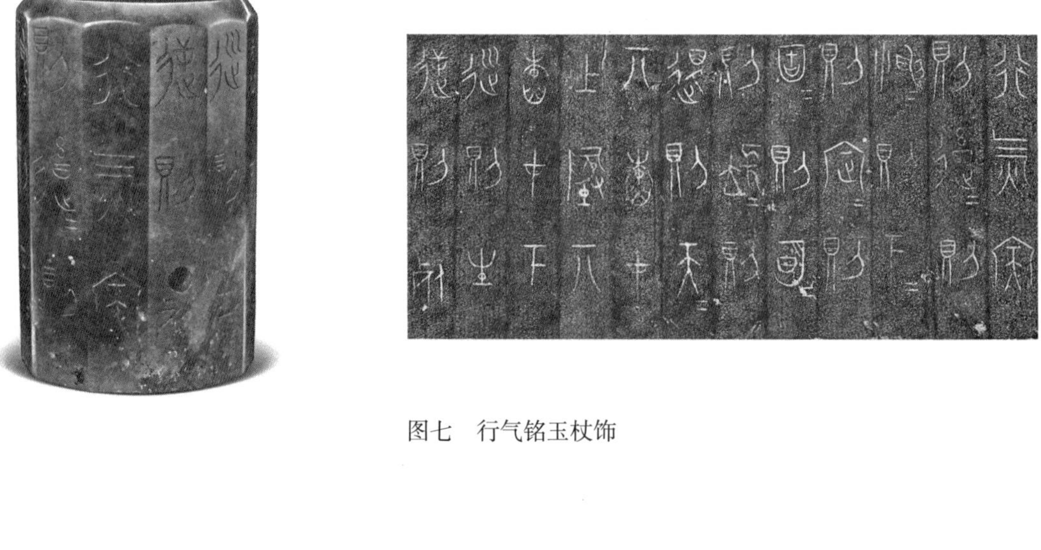

图七　行气铭玉杖饰

端的。其铭文显然是谈阴阳、天地的，这有助于说明该杖也是通阴阳的。

（6）实际上，从大汶口文化刻划符号、钺穿及多孔玉刀之穿与太阳等具有密切相关性的材料看，古代仪式中的钺（所谓“黄钺”“白钺”等）与圣坛昆仑地中密切相关，所以钺本身也是蕴含着平衡的阴阳的，显然执之者足以以之通阴阳，即像道教中常说的，统御阴阳者谓之神。荆门车桥所谓的“兵辟太岁戈”，其中的“蹲踞式”图像，来源清晰，实际是头顶神鸟，脚踏日、月阴阳的，整个造型也表明其是通阴阳的。具有这类“蹲踞式”图案的各类圭、戈或其他类玉器，都可以认为是御通阴阳的。这与这件红山文化玉佩是神人乘、登猪神物——北斗的整体造像构图是相符的。五莲丹土出土的两神人首相连的环形器之神人，新石器时代玉圭两侧的图案中的神人[10]（图八，1），新石器以来的两面神人［像史密森宁研究院藏玉雕双面神人（图八，2、3）］、双龙、双虎［像大河口西周墓地铜钺（图八，4）］、双蛇、龙虎［像三星堆遗址的有关铜器[11]（图八，6）］，并逢“蹲踞式”四肢有龙鸟特征的神人等具有阴阳象征外，凤鸟与龙、兽面等有时也可构成

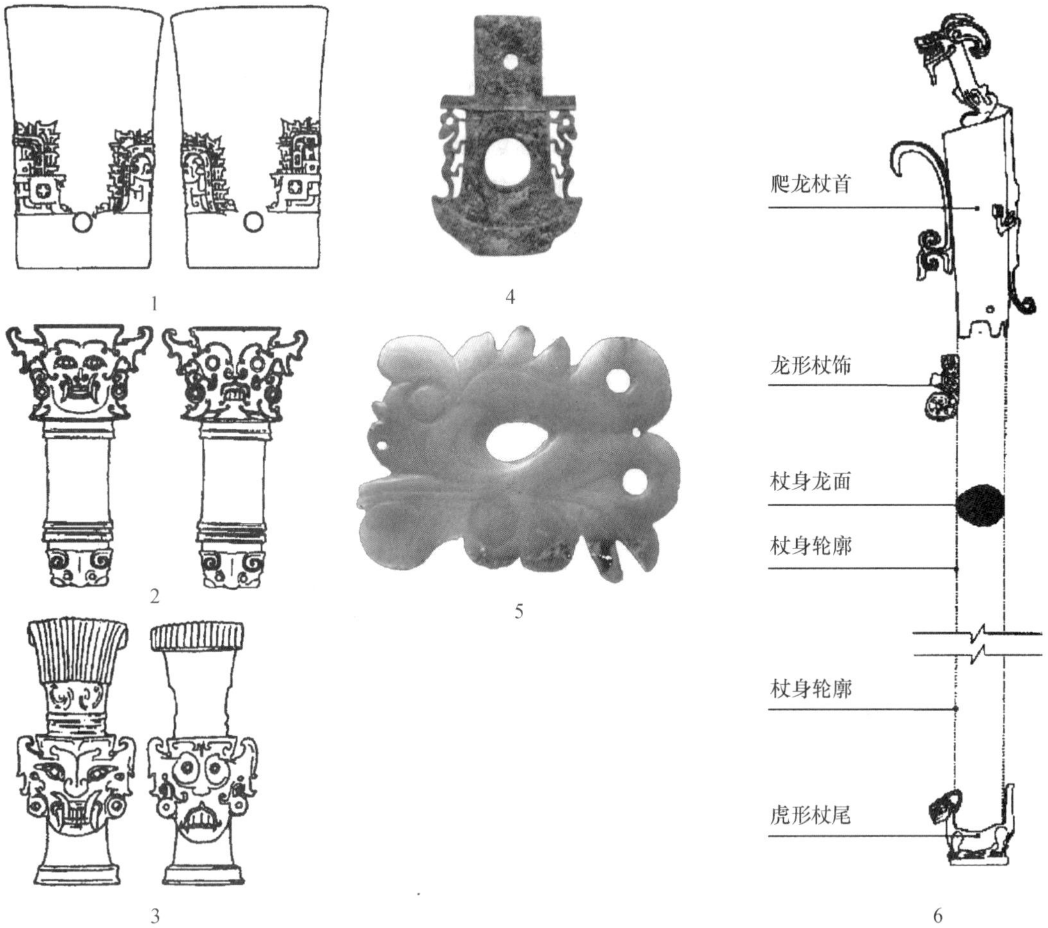

图八

1. 新石器时代玉圭　2、3. 史密森宁研究院藏玉雕双面神人　4. 大河口西周墓地出土铜钺　5. 龙山文化玉器　6. 三星堆出土铜器

一组阴阳，像红山文化中的凤鸟与猪龙（图八，5）、三星塔拉风冠兽首龙等。

“蹲踞式”造型本身确实像有关学者认为的那样，有“气功”的特征，这一特征在现已发现的器物上主要体现在瞑目、微闭目、“蹲踞式”姿态同时腹部鼓或明显内收[12]等方面。另，睁眼的“蹲踞式”图像中，理论上应有少量也应符合气功的特征，因为睁眼“入定式”或“观想”在巫师作法的过程中也是存在的，像半坡类型人面（太阳神性的面）鱼纹中的睁眼者，设计造型的来源应与闭眼“人面”一样，来自神巫作法之状。

利用“气功”或“导引”沟通天地，或是“通过气功的方法进入迷幻状态”以沟通神祖，这只是一种方法，关键是巫师或神人利用气功或导引方法沟通神祖的具体方式和内容是什么？还有“通过气功的方法进入迷幻状态”或“冥思”，可以有多种多样的姿态，像《导引图》《引书》《马王堆医书》《抱朴子》《淮南子》《后汉书》等记载或绘制的很多与气功有关的“虎游”等姿态；佛教、道教、瑜伽术中也有不少各式各样的与导引、气功、冥思有关的“散座”“跪坐”“结跏趺”等静态姿态和行走姿态等。关键是我们讨论的这些古人为何高度认可“蹲踞式”这一与众不同的姿态呢？这才是我们解答“蹲踞式”图像造型含义应该回答的首要和核心问题，其他方面的回答无法实质性解决问题。单从以上早期和晚期的“蹲踞式”考古学材料看，其主要内涵应该是“巫者或神灵作法、升天降地、沟通人神、协于上下”的一种造型或“模拟这一升降天地作法造型的瞑目或睁眼的专一思维状”。其之所以采用凝神思维，显然与晚期的导引、气功有联系，但是在希望达到凝思冥想状态以沟通神祖天地的目的下，只能高度认可“蹲踞式”这一造型，我们认为除与人、神“登”“乘”神物升降时的力学合理姿态有关外，重要的原因应是与这一造型更符合冥思所应采用的最优或较优的符合人体科学的人体姿态。

这一造型同时符合诸多鸟、兽、龟、鼋类的“蹲踞式”或其自然状况下的原本“蹲踞式”常态，因此这一造型还有天人合一、道法自然的概念。何况鸟、兽、龟、鼋等在当时多被赋予神异之性质。

从本文有关战国时期铜器刻划的论证看，本文讨论的“蹲踞式”“冥思”或“观想”的场景，有的应是乘登神兽神龙等或同时在其他神物的帮助下升降天地的情形，自然还有更为丰富的内容。总之，由于这类“蹲踞式”图像具体的形象较为复杂，所以对于其确切的含义需要逐项分层次予以解读。

（1）巫师神人的这一造型是当时人们所能认知的一种最利于专心致志，一心冥思以希企升降天地、协于上下、沟通天地的造型。若从医学方面看，这一认识符合人体科学。

（2）一心冥思希企的内容，很多时候应是巫师神人一种模拟、想象的协于上下、沟通天地过程中的“乘”“登”神物的身体姿态，这种“乘”“登”神物的身体姿态又恰巧与利于冥思的“蹲踞式”造型高度相似。

（3）神人、巫师的这种姿态宏观上把人的形体分为了“三层”，正好与昆仑三层、天道之春秋分和冬夏至的内衡、中衡、外衡“三衡”数目和运行造型类似，淮阴高庄战国铜器刻划等诸多三层神台、早期昆仑造型与“蹲踞式”造型相类等材料就很能说明问题。

（4）若前述，这种姿态同时符合诸多鸟、兽、龟、鼋类的“蹲踞式”造型，尤其是神鸟的姿态造型。人们常以“蹲踞式”姿态描绘它们静止或运行的一种自然姿态，因此巫师神人采取这一姿态反映了他们的模拟对象并在天人合一、道法自然思维的指导下相信可以具有模拟对象同样神力的思想和概念。

（5）这类“蹲踞式”样的神人有的具有神鸟的特征。像“完形神鸟位于神人首端”的材料，显然神鸟具有飞升、协助神人巫师腾飞的含义，当然后来有的演化为西王母的“三青鸟”或黄帝坐明堂汉画中的“引路神鸟”，等等。神人、巫师装饰或身体具有神鸟的某些特征，像其手或足为鸟爪，有翅膀，或大部分为鸟的造型，其含义至少包括为了使神人或巫师具备神鸟的某些飞升神力，以利于沟通天地。这一人文现象最早的来源，从高庙文化、良渚文化看，还是与“玄鸟生商”类卵生神话中的“玄鸟”有密切关系。从高庙文化中的神鸟与神兽的构图思想看，出现神人神鸟的各种“混搭”现象，最早应与高庙等文化时期视太阳为神鸟所负、视四齿兽代表太阳神的思维有联系。

（6）神人、巫师的造型中有的手、足甚至首冠，已绘为神龙，应是乘龙、执龙、珥龙等的简化绘画表示法。

（7）“蹲踞式”神人、有的巫师的腿形本应是典型的“蹲踞式”，但是有的单从绘画表面看不出来，一是简化使然，二是与其身穿长衣有关。

（8）神人、巫师的协于上下的路径应以天地之中的建木或天地之中的昆仑天柱为主。主要论据除了所述《导引图》“以杖通阴阳”题注外，还有红山文化“蹲踞式”玉人的“建木权杖”这类重要的材料：该玉人双手执掌杖，与《山海经·海内经》所言“太皞爰过”之“建木”的场景非常类同，“执掌建木杖造型”若文字化，与甲骨文中“爰”字写法（《珠》三九五）非常一致。

（9）这类“蹲踞式”中的神人、巫师或神鸟兽，其中有“睁眼”的，还有“瞑目”的。我们认为“睁眼者”一般应为巫师、神人正在升降天地、协于上下，根据“气功”等静修理论，也应有可能是表示在“冥思观想”沟通天地阴阳神灵及“乘”“登”神物作法的状态。

（10）“蹲踞式”造型中的神人、巫师，有的总体为人的特征，但是有鸟爪类手、足的，也有的为手、足弯握的。这一方面是模仿、模拟鸟足以获神力，另一方面也是气功和静修中冥思吐纳时应该经常采用的一种身体手足放松的姿态。

（11）我们发现的“蹲踞式”造型图案中，有“乘”猪首神兽及“登”蛇、龙的，还有一件是藏于日本的商代铜鼓，其中“蹲踞式”神人甚至可以认为是乘“鱼·龙”的，这为晚期的汉画中的鱼拉车升仙和《列仙传》中战国时赵国人琴高“骑鲤鱼升仙”等神话信仰提供了早期渊源。

三、"蹲踞式"与"夏"字

（一）"夏"字与"大"字

"夏"字，《说文》曰"中国之人也"，段玉裁注为"引申之义为大也"。《尔雅》："夏，大也。"朱骏声《说文通训定声》："夏，此字本谊训大也。万物宽假之时也。"《方言》曰："秦晋之间，凡物壮大谓之嘏，或曰夏""自关而西，秦晋之间，凡物之壮大者而爱伟之，谓之夏。周郑之间谓之嘏。"《说文》："嘏，大、远也。"南朝梁任昉《述异记》卷下："杜陵有金李，李大者谓之夏李，尤小者呼为鼠李。"《诗·秦风·权舆》："於我乎，夏屋渠渠，今也每食无余。"毛传："夏，大也。"陈奂疏："夏屋，大屋也。"《礼记·檀弓上》："见若覆夏屋者矣。"郑玄注："覆，谓茨瓦也。夏屋，今之门庑也，其形旁广而卑。"《楚辞·九章·哀郢》："曾不知夏之为丘兮，孰两东门之可芜?" 汉王逸《楚辞章句》："夏，大殿也。"《文选·楚辞·招魂》："冬有突夏，夏室寒些。"唐李善注："夏，大屋也。"马瑞辰《毛诗传笺通释》："具即馔也，夏屋为大具，犹《论语》言盛馔。"《左传·襄公二十九年》："夫能夏则大，大之至也，其周之旧乎？"《太平御览》卷二三引崔灵恩《三礼义宗》："夏，大也。至此之时，物已长大，故以为名。"《周易·家人》"王假有家"，陆德明《释文》引马云："假，大也。"

"夏"字，为何具有"大"的意思，清李渔《闲情偶寄·种植·槐榆》曰："人谓夏者大也，非时之所谓夏也。予曰：'古人以厦为大者，非无取义。夏日之屋，非大不凉，与三时有别，故名厦为屋。训夏以大，予特未之详耳。'"另，章太炎《中华民国解》认为："夫华本华山，居近华山而有华之称。后代华称既广，忘其语原，望文生训，以为华美，以为文明，虽无不可，然非其第一义，亦犹夏之训大，皆后起之说耳。"显然我们不这么认为，我们认为这与"蹲踞式"造型是密切相关的，因为"夏"字来自于"蹲踞式"这一造型。"蹲踞式"这一造型与甲骨文、金文中的"天""大"等字有的是很相似的。《续甲骨文编》及《金文编》载有甲骨文、金文"大"字：（《甲》7402）、（《续》1.17.6）、（《凡》2.4）、（《金文编》缶鼎），显然（《甲》7402）与"蹲踞式"造型一致，（《续》1.17.6）及（《凡》2.4）、（《金文编》缶鼎）与"蹲踞式"造型亦有些一致。又，明义士认为，"大之初义，为先祖之最尊者"，像商人之先王大甲、大乙等[13]。这是有一定道理的，古之商人先王，是为巫、神祖者，从商代诸多祭祀巫术图像可以确切地认识到，其时王者的祭祀、行巫术之造型应该有很多"蹲踞式"。又"蹲踞式"造型即"夏"字造型与"大"字有的一致或类似，含义也有相关之处，所以古之商人先王可以称为大甲、大乙等，这应是"夏"训为"大"的重要原因。以后"大"字就逐步有了伟大、首、尊等含义。

于省吾在《甲骨文字诂林》[14]中解释“大”云：“吴其昌云：‘乃贞人名也。’卜辞中凡‘大贞’者，止于今日可见者凡五十三见，计《前编》十一见，《后编》八见，《续编》十四见，《铁云》三见，《燕大》五见，《佚存》四见，《林氏》三见，《明氏》五见。其‘大’字自署之状，如今人签名，千次不异，一晌可识。”由此可知，吴、于等人认为卜辞中叫作“大”的都是贞人名字，贞人就是巫师。我们以为，卜辞贞人名“大”者，并不是说所有人均名为“大”，很可能是以巫师作法之造型“蹲踞式”称之而已。不过其读音与其他“蹲踞式”造型的字像高祖不一致而已。

又，张铭认为，结合考古资料，部分学者认为“舞”字中的正面人形强调的是古代社会的生殖崇拜造型，并认为这类人必定是掌握了一定的本领，并在部落中有一定地位的人，后世有称权贵者为“大人”的，盖源于此[15]。笔者认为，从本文的讨论看，后世有称权贵者为“大人”或《周易》等文献中的“大人”，实际最早均与作法的“蹲踞式”造型有关，生殖崇拜这一观点则就值得商榷了。

（二）“夏”字与相关方位问题

关于“夏”字的方位问题，学术界观点很多。《说文》“夏，中国之人也，从夊从百从臼，臼两手，夊两足也”；《书·舜典》“蛮夷猾夏”，《孔传》“夏，华夏”；《公羊传·成公十五年》“《春秋》内其国而外诸夏”，何休《注》曰“诸夏，外土诸侯也。谓之夏者，大总下土言之辞也”。《吕氏春秋·察今》：“东、夏之命”，其中夏是与东夷相比的，显系对中原诸夏的称谓。《左传·襄公二十九年》“为之歌《秦》，曰：‘此之谓夏声’”，杜预注“秦本在西戎汧陇之西，秦仲始有车马、礼乐，去戎狄之音而有诸夏之声，故谓之夏声”，服虔注“与诸夏同风”。刘师培1905年在《国粹学报》上发表的《南北文学不同论》[16]认为：“河济之间，古称中夏，故北音谓之夏声。”《左传·襄公二十四年》：“晋主夏盟为范氏，其是之谓乎？”杜预注：“晋为诸夏盟主。”“夏”为何是“中国之人”，为何与“中”有联系？朱骏声《说文通训定声》曰：“就全地言之，中国在西北一小隅。故陈公子少西字夏，郑公孙夏字西。”

《左传·昭公元年》记载，帝喾（高辛氏）之子实沉、阏伯不睦，相询干戈。尧迁其于大夏，主参星，迁阏伯于商丘，主辰星。《国语·晋语》：“实沉之墟，晋人是居，所以兴也。”《晋书·天文志》：“自毕十二度至东井十五度为实沉，于辰在申，魏之分野，主益州。”又商丘位于东方，显然表明“大夏”位于西方。

笔者以为，中国古代西北曾为国都之地，即为“中心”之地，是早期“九州”之中。古人很早就以西北为“昆仑”之地，北斗星或极星在视觉上又位于北方，所以时人认为“地中”应是相应“天中北斗”的西北之地，即位于上应“天之中”的地方，是通神、生建木之地，所以西北为相应“天中”的“地中”或人文之“中”，“中”之地是通神之地，通神之地的通神形式又多是“蹲踞式”造型，所以西北与“蹲踞式”即

“夏”字形密切相关。当然，当人们以现在的“中原”为中心的时候，那是他们的地理视野发生了变化，指的是当时人文或新的地理学意义上的“地中”，或曰新的信仰模式的“地中”，而不是“天倾西北”原始天文学思维中的“天中”[17]加“地中”。不过原始“地中”的观念作为一种文化信仰传承很久，但是不论如何，新的“中”的地方，同样被认为与“夏”有密切关联。不在“新中”之地的地方仍然可以与“夏”关联，显然与认识主体的文化传承、延续和信仰有关。

关于“夏”字与方位“中”的关联，我们还可以从数术方面予以论证。

《书·禹贡》：“羽畎夏翟，峄阳孤桐。”孔传：“夏翟，翟，雉名，羽中旌旄，羽山之谷有之。”《说郛》卷一〇七引晋张华《禽经》：“雉绝有力奋，五采备曰翚……亦曰夏翟。”《周礼·春官·巾车》：“孤乘夏篆，卿乘夏缦。”郑玄注：“夏缦亦五采画，无瑑尔”，显然其不赞同夏单为赤色。《周礼·天官·染人》：“凡染，春暴练，夏爋玄，秋染夏，冬献功。”郑玄注：“染夏者，染五色。谓之夏者，其色以夏狄为饰。”[18]《周礼注疏》贾公彦释曰：“案《尔雅》云：‘伊洛而南，素质，五采皆备成章，曰翚。江淮而南，青质，五采皆备成章，谓之鹞’，此则夏翟之羽色也。又案《禹贡》徐州云‘羽畎夏翟’，是徐州贡夏翟之羽也。又云‘有虞氏以为緌’者，《明堂位》云‘有虞氏之旂，夏后氏之緌’，注云：‘有虞氏当言緌，夏后氏当言旂。’彼据虞氏始有緌，故云有虞氏以为緌也。又云‘后世或无’者，案《冬官·考工记》有‘钟氏染羽’，若有自然鸟羽，何须染之乎？故云‘后世或无’，则据此周时而言也，故染鸟羽而用之。谓之‘夏采’者，夏即五色也。”《周礼·春官·乐师》有“皇舞”，郑司农注“皇舞者，以羽冒覆头上，衣饰翡翠之羽”，郑玄注“皇杂五彩羽如凤凰色，持以舞”。《周礼·春官》“凡舞有帗舞”，郑玄注曰“帗析五采缯，今灵星舞子持之是也”。又《周礼·地官·鼓人》注云：“帗，列五彩缯为之，有秉。”《周礼·夏官·弁师》曰：“王之皮弁，会五采玉璂，象邸玉笄。”

《山海经·大荒西经》：“有五彩鸟三名，一曰皇鸟，一曰鸾鸟，一曰凤鸟。”《山海经·大荒东经》：“相乡弃沙，惟帝俊下友，帝下两坛，采鸟是司。”《山海经校注》卷十四珂案：“五采之鸟，盖鸾凤之属也。”《山海经》屡有“鸾鸟自歌、凤鸟自舞”[19]。古人有认为此为五采之鸟，相乡媻娑，盖亦自歌自舞之意也。于此郭璞云：“亦未闻也。”

《竹书纪年》：“高辛氏之世，妃曰简狄，以春分玄鸟至之日，从帝祀郊禖，与其妹浴于玄丘之上。有玄鸟衔卵而坠之，五色甚好，二人竞取，覆之以二筐。简狄先得而吞之，遂孕，胸剖而生契。长为尧司徒，成功于民，受封于商。”

《山海经·南山经》：“有鸟焉，其状如鸡，五采而文，名曰凤皇，首文曰德，翼文曰义，背文曰礼，膺文曰仁，腹文曰信。是鸟也，饮食自然，自歌自舞，见则天下安宁。”《山海经·西山经》：“丹木五岁，五色乃清，五味乃馨。”《山海经·大荒西经》：“有弇州之山，五采之鸟仰天，名曰鸣鸟。”

《山海经·中山经》：“祈酒大牢祠，婴用圭璧十五，五彩惠之。”《史记·项羽本纪》：“吾令人望其气，皆为龙虎，成五采，此天子气也。”又荀子《赋篇》：“五采备而成文。”晚期还有不少类似记载。

由这些文献看，“五彩”是与天子、天帝密切相关的，而在名义与信仰方面，天子在“地中”，太阳神祖由玄鸟类神话可知可与“天中”及“昆仑地中”关联，天帝在“天中”，所以“五彩”是与“中”密切相关的。中国古代“五”从数术材料看，确实是与“中”密切联系的，并且起源很早。

从我们有关“夏”字的来源看，确有一些形体的造型与“蹲踞式”中的羽人一致。这类羽人，无论其所在或者是其来往天帝的路径，显然与“天地之中”是密切相关的，而这一“中”又是与“五”这个数术用数密切关联，所以“五色”或曰“五采”，与“夏”字意义有关，因此“夏”字有“五色”“五采”等意义。

当然我们在讨论红山文化玉佩时候论及“蹲踞式”玉人所执掌的“玉杖”及《导引图》中执杖者“以杖通阴阳”的题注时即已说明，“蹲踞式”者往来天地或协于上下的路径与“天地之中”“通天建木”或“通天神柱”具有密切联系。既然“夏”字来自于“蹲踞式”造型，显然其与中心等类似含义关联也应是很自然的了。

文献中记载“夏”与“西方”亦有关联，这应是前文所论“天倾西北，则与应‘天中’之地亦在西北”的认知有关。

（三）“夏”字含义与甲骨文中的“高祖”之“”一类字

戴侗《六书故》卷八“夏”下云：“伯氏曰：‘夏，舞也。臼象舞者手容，夊象舞者足容也。按古有舞夏……’”；阮元《揅经室集》之《释颂》：“仲尼燕居，子曰：‘大飨有四焉，下管《象武》，《夏籥》序兴，《象武》武舞，用干戚也。《夏籥》文舞，用羽籥也。’所谓夏者，即九夏之义。夏从页从臼从夊，臼两手，夊两足，与颂字义同，周曰颂，古曰夏而已，故九夏皆钟鼓等器，以为容节，九夏即在颂中明乎人身足头儿之义，而古人名诗夏为颂之义，显矣。”陈梦家认为甲骨文中的“夏”字，“象人立而低首至手之形”[20]。徐锡台先生赞成陈梦家先生对“夏”字的隶定，对于“夏”字造型的含义则从戴侗和阮元[21]。于省吾先生在前引《甲骨文字诂林》中认为该字“像以手掩面而哭之形”。詹鄞鑫认为“夏字的形体像人而突出其手舞足蹈的形象，其造字的本义正是乐舞的意思”；“甲骨文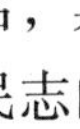就是‘夏’字，“夒”很可能就是它的繁文或异构”；“夏”字“在卜辞中用作神名，其地位与‘河’、‘岳’相当”[22]。最近葛英会先生认为“夏”字与表达民情、民志的歌舞有关，“像人手置口旁吟唱踏歌之形”[23]。叶玉森《殷墟书契前编集释》认为：“疑卜辞假蝉为夏，乃蝉最著之夏虫，闻其声即知为夏矣。”[24]还有一些文化学者认为“夏”字与大汶口文化表示太阳的八角星彩绘符号等有关联，不得要领，不再赘述。

关于“夏”字，笔者曾把其判断为考古学材料中诸多的“蹲踞式”造型，并认为其与“祭祀”“巫术”有关。现在看来，“夏”字与巫师、神灵、神巫的“运行天地作法姿态”“祭祀中的通神姿态”“行巫术姿态”[25]及神祖的造像等所呈现的“蹲踞式”有关是无疑的了。我们特别提出，“夏”字造型如人形，有的额前缀有长发，实际应与商周诸多玉器上的“蹲踞式”神人造型或各时代玉雕神人发型中的羽冠饰是一致的。就“夏”字本身造型论之，严格地说应是巫师、神巫“运行”“祭祀中通神”“作巫术”时的造型，至于在以这一造型作法的过程中，巫师、神巫本身是否有舞蹈及歌唱，有时是有的，有时是没有的，这从相关材料可以看到。像安徽含山凌家滩文化及红山文化中的“蹲踞式”玉人显然是沉默的，由之可知这时的巫者是不唱歌的。当然，从文献中有关“夔”字与“典乐”密切相关的解释和一般巫术仪式的常规内容看，“祭祀通神”“作巫术”时巫者有的是唱歌的。但无论如何，舞蹈及歌唱虽然是祭祀、巫术中的常见内容和巫者的常见作为，但并不是巫术祭祀通神者以“蹲踞式”造型作法、祭祀通神时的必要条件，所以“夏”字是“祭祀中通神”“巫术冥思”之造型这一解释应是从本质上来理解“夏”字含义的，并且从作为“夏”字造型实例的安徽含山凌家滩文化及红山文化中“蹲踞式”玉人是“沉默瞑目”的方面看，说“夏”字是“像人手置口旁吟唱踏歌之形”，显然是值得斟酌的了。因为不是手置口旁，而是举着双手，双足不绝对是踏歌，而绝对是“蹲踞式”。至于称“夏”为“雅”，可能并不是由于“乐歌在诵讽歌舞之中世代传习”，其中的一种情况很可能是，由于此国此族贵族首领、巫师被认为是懂天地、规矩、方圆之人，因此行巫术、祭祀之地是严肃正规的场所、沟通天地的圣境，是位于天地正位的或模拟天地正位的（像昆仑模型之类）。由此，在这一过程中的乐歌，正齐和谐、中正和美，从而被认为是神圣雅致和正统的了，但是这并不能说明巫者必须吟唱、歌舞，并且歌舞总的来说是为正规的祭祀所服务的或者是作修饰的，作法之歌至少不是一般的“诵讽歌舞”。

从有关“夏”字的金文材料及相关图像学材料看，祭祀者或巫者或神人在祭祀通神和巫术过程中有的确是手持一般舞物以“蹲踞式”造型跳舞的，一些文献记载亦表明“蹲踞式”造型可为舞貌，或含有礼仪的意义。像《诗·小雅·伐木》：“坎坎鼓我，蹲蹲舞我。”毛传：“蹲蹲，舞貌。”汉傅毅《舞赋》序：“《乐》记干戚之容，《雅》美蹲蹲之舞。”《汉书·扬雄传上》：“穆穆肃肃，蹲蹲如也”，颜师古注：“蹲蹲，行有节也。”不过这同样不能说明，巫师在祭祀通神、沟通天地神灵的过程中，其本人必须跳舞、唱歌。所以，由此可知“夏”与“舞”的联系应该这样理解，如下：

“夏”字造型来源于“蹲踞式”，与这一姿态有关的内容十分丰富，其中的神人、巫师可以跳舞唱歌，亦可以不跳舞不唱歌，或说有时跳舞唱歌，有时不跳舞不唱歌。“夏”字也不“像人手置口旁吟唱踏歌之形”，因为“夏”字渊源于“蹲踞式”，即使作法时候有歌、舞，亦不会是明显的“表达民情、民志的歌、舞”，亦是严肃且富有萨满和神性的歌舞。即使是中国周代的“雅”或“颂”，其所歌舞都应是蕴涵祭祀通神的礼仪的，能够用于表达民情民志的至多是这类巫仪歌舞的大众化、通俗化、世俗化、平淡化甚或游戏化、娱乐化的产物。《周礼·春官·宗伯》云：“六舞大合乐，以致鬼神示，以和邦国，以悦远人，以谐万民，以安宾客，以作动物乃分乐而序之，以祭以享以祀。”《周礼·地官》云：“舞师掌教兵舞，帅而舞山川之祭祀，教帗舞，帅而舞社稷之祭祀；教羽舞，帅而舞四方之祭祀；教皇舞，帅而舞旱暵之事。”《周礼·地官·鼓人》云：“凡祭祀百物之神，鼓兵舞、帗舞者。”显然“夏”字所反映的“舞蹈”是一种巫舞或仿神之舞。

另，从金文中有的与“夏”字有关的造型看，其中有的字的主体人物似乎有“羽衣”，像西周《大盂鼎》的字，其所从的与甲骨文“夏”的形体极其相似，且左、右各有一手[26]。有的学者据此认为这是“夏”字本义为“舞也”的重要证据。我们认为，若没有确定读写之前，这类造型的字确实可以视为“夏”字，或曰巫师在仪式中曾以这一造型歌舞，但是从所述考古材料及民族学材料看，亦存在不歌舞或不舞而仅仅以此造型行巫、祭祀的情况，本文图示的不少巫师或巫神或神灵的造型均为沉默姿态。至于有的“夏”字造型中人物有“羽衣”，则应是巫师或巫神的一种模拟术，或者是某祖神的造型装饰，之所以如此这般，应是与其时源于神鸟负太阳运行的神鸟信仰有关，考古学中这类有鸟特征的“蹲踞式”神或巫的资料相当多，像有的有神鸟之翅膀、神鸟之嘴、神鸟之冠或神鸟之爪，有的甚至基本全采用了神鸟造型。

四、“蹲踞式”造型在有关动物“伙伴”造型和冥思图像中的适宜独立性

我们认为应该把本文所论的“蹲踞式”造型与有关动物伙伴造型和冥思图像尤其是“骑着神物”“跪坐”等造型区别来看，应从大量反映巫师、神人与动物“伙伴”关系的诸形式和一般冥思图像中独立出来。从考古发现看，古人当时已予以了一定区别。早期反映巫师、神人与动物关系的图像和冥思图像中，神人、巫师等明确骑于神龙、神兽等动物之上的较少，周代以前仅仅在濮阳西水坡贝壳遗迹和三星堆出土的铜器中有这样的材料，巫师、神人冥思的图像多数为“蹲踞式”，只有少量为“箕踞”或“跪坐”。这说明，古人在有关巫、神人借助动物升降天地的形式思维中或造像中，一开始并不清楚是“骑坐于动物”之上还是“蹲踞于动物”之上更有利于沟通天地，但是随着实践，他们逐渐总结出还是“蹲踞于动物”之上的“蹲踞式”更有利。自然他们并不知道这一姿态利于人们冥思、利于人们思维集中的人体科学原理。

根据现代医学研究，本文所论的“蹲踞式”造型非常利于冥思的认识是符合人体科学的，符合沟通天地时使巫师、神人的生理、心理更易于迅速达到作法的状态。因为根据医学和人体科学，这一造型能够改善巫师、神人的脑、肺供氧状态，从而能够使这些

巫师、神人处于一种思维集中、反应灵敏、心意淳一的状态，自然也就利于他们沟通天地的活动和“冥思”沟通天地的活动。

“蹲踞式”为什么能够改善人的脑、肺供养质量呢？中医和现代医学研究表明，氧气是人体代谢活动的重要元素，各式各样的食物只有通过氧化作用，才能产生和释放出化学能。人“蹲踞”时，下肢屈曲，静脉回心血量减少，减轻心脏负荷，减少心室水平右向左分流，提高体循环血氧含量，从而可以不会使脑缺氧。同时下肢受压，体循环阻力增加，减少右心血向主动脉分流，从而增加肺循环血量，改善肺缺氧状态。

这一判断也是符合中国古代的巫术文化传统的。中国古代虽然有借重酒力、毒药等使巫师达到迷魂状以通天地的手段和方式，但是最为正规和核心的方式仍然是淳朴中和的方式。《国语·楚语下》记载：“古者民神不杂。民之精爽不携二者，而又能齐肃衷正，其智能上下比义，其圣能光远宣朗，其明能光照之，其聪能听彻之，如是则明神降之，在男曰觋，在女曰巫。”从中可以看到巫师只有具有超越一般人的精明淳朴、专注不二、恭敬中正、虔心诚意、心智聪慧等特点，才会产生灵验，神明才会降临到他那里，即他才能够沟通天地神明。这正要求巫师作法时最好达到一种思维集中、反应灵敏、心意淳一、诚心诚意、健康清朴、专心致志的状态。与巫师作法有关的筮法也要求诚心、醇和，《周易·蒙卦》记载：“初筮告，再三渎，渎则不告”，意思就是说，筮测时应该恭顺虔诚、一心一意，否则就无法获得神谕。

巫师神人与神兽的伙伴关系或冥思、观望出神的造型，早期古人绝大多数倾向于“蹲踞式”造型，这一造型不仅符合易于使人冥思出神的人体科学原理，同时这一造型与神人、巫师实际或假想、冥想的“蹲踞”于或“乘”“登”于神兽、蛇、龙等之上的姿态相当神奇的一致。显然，古代的巫师在平时的作法中，逐渐总结出“蹲踞式”是一种最为理想的行法或“冥思行法”的姿态，所以渐渐地成为一种作法行巫的规范文化符号，广泛传播于巫师和刻划制作神、巫形象或道具的艺能者之间，遍布各地，历时久远。

这一模式从考古学材料看，起源于兴隆洼文化，在战国时期仍然风行，汉代在漆棺彩绘等云气画和汉代彩绘画中还能见到，并且在道教“禹步”等文化门类中予以形象化地保留，在民族学、岩画等材料中也有不少发现。不过除“蹲踞式”以及“乘”“登”造型外，晚期“骑着的”造型逐渐增多了。有的已被隐含在类似“蹻”的文化之中了，可惜时人已不知其全部的由来了。

五、“蹲踞式”与“蹻”文化

关于“蹻”，读音和内容较为复杂。根据相关辞书和文献总结，其主要读音和意思有：

（一）第一种情况读qiāo

（1）同“跷”，意为举足。《集韵·宵韵》：“跷，举趾谓之跷，或作蹻。”《说文》：“跷，举足行高也。”朱骏声《说文通训定声》：“蹻，今多以翘为之。”《素问·针解篇》：“巨虚者，蹻足䯒独陷者”，王冰注：“蹻，谓举也。”《汉书·高帝纪下》：“亡可蹻足待也。”《文选·扬雄·长杨赋》：“莫不蹻足抗首，请献厥珍”，李善注引服虔曰：“蹻，举足也。”《清史稿·乐志》：“轻蹻俯仰之节。”明张居正《门生为师相中玄高公六十寿序》：“今天子基命宥密，孰与成王贤，其委任公不在周公下，薄海内外皆跷足抗手，歌颂盛德。”其中“跷足抗手”意为“手舞足蹈貌”。

（2）走貌：《篇海类编·身体类·足部》：“蹻，走貌。”

（3）高蹻：表演时绑在脚上的木棒。清彭士望《九牛坝观觝戏记》中有记载。

（4）捷举手足。《素问·异法方宜论篇》：“其治宜导引按蹻”，王冰注：“蹻，谓捷举手足。”

（5）跛足的意思。如清赵翼《行围即景·跳驼》诗题注：“蹻足者跃过驼背。”

（二）第二种情况读jiǎo

（1）骄傲。《尔雅·释训》：“旭旭蹻蹻，㤭也”，郭璞注：“皆小人得志㤭蹇之貌。”《诗·大雅·板》：“小子蹻蹻。”《广韵·宵韵》：“蹻，骄也。”与足高、趾高气扬有关。

（2）壮貌。《诗·大雅·崧高》：“四牡蹻蹻”，毛传：“蹻蹻，壮貌。”

（3）武貌。《诗·周颂·酌》：“蹻蹻王之造”，毛传：“蹻蹻，武貌。”《鲁颂·泮水》：“其马蹻蹻，其音昭昭”，毛传：“言彊盛也。”

（4）同“趫”，意为勇健，矫健。《广雅·释诂》：“蹻，健也”，钱大昭疏义：“蹻与趫古字通。”清朱骏声《说文通训定声·小》：“蹻，假借为趫。”《文选》颜延之《赭白马赋》：“捷趫夫之敏手，促华鼓之繁节”，李善注引《广雅》曰：“蹻，健也。”《明史·滑寿传》：“行步蹻捷。”

（三）第三种情况读jué

（1）不稳定貌。《广雅·药韵》：“蹻，走蹻蹻貌。”《吕氏春秋》：“意气易动，蹻然不固”，高诱注：“谓其流行速疾不坚固貌。”

（2）同“屩”，鞋之义。《集韵·药韵》：“屩，《说文》：‘屐也’，通作蹻。”清朱骏声《说文通训定声·小》：“蹻，假借为屩。”《战国策·秦策一》：“羸滕履蹻，负书担橐，形容枯槁。”《史记·平原君虞卿列传·虞卿》：“虞卿者，游说之士也。蹑蹻檐簦……”，裴骃《集解》引徐广曰：“蹻，草履也。”《三国志·蜀书·董和传》：“违覆而得中，犹弃弊蹻而获珠玉。”《汉书·公孙弘卜式儿宽传·卜式》：“式既为郎，布衣草蹻而牧羊”，颜师古注：“蹻，即今之鞋也，南方谓之跷。”

（3）方士鞋，与道家飞行术有关。曹植《升天行》之一曰：“乘蹻追术士，远之蓬莱山。”葛洪《抱朴子·杂应》：“若能乘蹻者，可以周流天下，不拘山河。”段成式《酉阳杂俎·盗侠》：“方谢曰：‘某师，仙也。令某等十人，索天下妄传黄白术者杀之。至添金缩锡，传者亦死。某久得乘蹻之道者。’”

（四）第四种情况读jǔ

《集韵·烛韵》：“檋，山行所乘，以铁如锥施之屐下，亦作蹻。”

从以上的列举字义内涵看，我们认为，“蹻”字的含义有的是“鞋”或“道家飞术”的概念，实际上与西周时期以蛇、龙为“蹲踞式”神人之“足”的玉人有密切联系。还有所谓“不稳定貌”以及“似跛足说”，都应是对“蹲踞式”核心含义的误解造成的。“举足”的含义只是看到了“蹲踞式”的表面，“武貌”“壮貌”及“骄傲貌”应该是对于历史上“蹲踞式”表面造型尤其是其趾高举足特征的曲解。不过，这一解释与“蹲踞式”造型及其神气、神奇、尊贵、气扬等引申含义还是有所关联的。

六、“蹲踞式”“高祖”之“”与“夒”“夔”等字

“夒”，多被理解为猴子或犬，这于古文献是可征的。“夒”字篆书为，清陈昌治刻本《说文解字》卷五“夂部”：“夒，贪兽也。一曰母猴，似人。从页，巳、止、夂，其手足。奴刀切。《注》臣铉等曰：‘巳、止，皆象形也。’”清段玉裁《说文解字注》：“《诗·小雅》作猱。毛曰：‘猱，猨属。乐记作獶。’”《玉篇》言：“奴巧切，音桡。犬惊貌。”《集韵》言：“奴侯切，音羺，南越谓犬为獶。”又记：“本作夒，或作獶、猱、蝚。”

“夔”字，篆书为，清陈昌治刻本《說文解字》卷五“夂部”：“夔，神魖也。如龙，一足，从夂；象有角、手、人面之形。”清段玉裁《说文解字注》：“《广韵》曰：‘山魈出汀州，独足鬼也。神魖，谓山缫之尤灵异者。’若《大荒东经》云：‘有兽状如牛，苍身而无角，一足，出入水则必风雨，其光如日月，其声如雷，名曰夔。黄帝得其皮为鼓。声闻五百里。’此兽也，非鬼也。”又引述孟康曰：“夔神如龙，有角，人面。”又引述薛综曰：“木石之怪，如龙有角，按从夂者，象其一足。”《韩非子》在《外储说左下》里曾就此问题存疑，其载：“（鲁）哀公问于孔子曰：‘吾闻夔一足，信乎?’（孔子）曰：‘夔，人也，何故一足？彼其无他异，而独通于声。’尧曰：‘夔一而足矣，使为乐正。’故君子曰：‘夔有一足，非一足也。’”

夔与音乐有密切关联的文献记载很多，如《尚书·尧典》：“帝曰：‘夔！命汝典乐，教胄子，直而温，宽而栗，刚而无虐，简而无傲。诗言志，歌永言，声依永，律和声’”；《尚书·益稷》：“夔曰：‘戛击鸣球、搏拊、琴、瑟以咏’”；《孔子家

语·五帝德》：“富而不骄，贵而能降，伯夷典礼，夔龙典乐”；汉荀悦《汉纪·惠帝纪》：“夔作典乐，和神人”；等等。

虽然从字形上来说，释读、为“夔”或“夒”字都是基本可以的，但是文献记载表明，“夒”为猴子、犬或贪兽，夔虽然是神兽，但是和“典乐”“一足”相关。参照“蹲踞式”的有关论述，显然、等一类字，从内涵上讲古人更可能把其与“夔”关联，因为文献中的“夔”为“一足”之神物，与甲骨文中的高祖、高祖等中的、等一类“蹲踞式”侧视造型一致，与其他“蹲踞式”神兽也一致。文献中又记载“夔”与鼓乐有关，似乎与、之造型经常与乐舞场景有关的情况相一致。若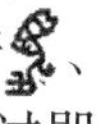、对应的字及含义只在“夔”“夒”二者之间选择的话，则显然更应为“夔”。不过即使这样，古人对于“夔”可能源于的造型——“蹲踞式”的本质含义已不十分清晰，只是略微知道其与音乐有关，并且是“一足”。当然其有关“夔一足”的认识应该是错误的，承上所述，“蹲踞式”的造型、等不过是神人“蹲踞式”之侧面造型罢了。

再从古代有关明确记载商人祖先的除甲骨文以外的其他历史文献看，古人在文献传承过程中，多数将商人的高祖一类字写成了“俊”“夋”字，有少数写成了“喾”字或“佶”字，并由此衍生出很多有关商人祖先的历史神话。并且，这一写法在叙述商人世系的文献中得到广泛传承。而来源于高祖之一类造型的“夏”字，却不是作为商人祖先的名字出现在各类常见传世古籍文献中了，这是需要说明的。

七、“蹲踞式”与“夋”“踆”“蹲”字

《说文》云：“夋，行夋夋也。一曰倨也。从夂，允声。”《慧琳音义》卷四一：“险夋”，注引《方言》：“夋，高也。”徐锴《说文解字系传》：“夋夋，舒迟也。”《礼记·乐记》：“倨中矩，句中钩，累累乎端如贯珠”，郑玄注曰：“倨，微曲也。”清朱骏声《说文通训定声》：“倨，假借为踞。”明张自烈《正字通》：“倨，箕坐也，通作踞。”《庄子·天运》：“老聃方将倨堂。”释文：“倨，踞也。”《史记·张耳陈余列传》：“高祖箕踞焉”，司马贞《索隐》引崔浩曰：“屈膝坐，其形如箕。”《尔雅·释畜》：“驳，如马，倨牙，食虎豹”，宋邢昺疏：“其牙倨曲而食虎豹也。”

清陈昌治刻本《说文解字》卷二“足部”：“蹲，踞也。”《后汉书·鲁恭传》：“蹲，夷踞肆。”《庄子·外物篇》：“任公子为大钩巨缁，五十犗以为饵，蹲乎会稽，投竿东海。”清段玉裁《说文解字注》载，“蹲”字，“《山海经》作踆”。《山海经·大荒东经》载：“东海之外，有波谷山者，有大人之市，名曰大人之堂。有一大人踆其上，张其两臂。”（臂，一本作“耳”，实应为臂，因为神人呈“蹲踞式”）《山海经·海外东经》说：“大人国在其北，为人大，坐而削船。”“削船”即驾驶船的样子，是说大人国的大人坐如削船，接近一般意义的坐之造型，这一造型在考古材料

中也有不少发现。

《类篇》："以足逆蹋曰踆。"《集韵》："踆，蹲也。"《史记·货殖列传》："下有踆鸱"，《注》徐广曰："蹲古作踆。"《庄子·外物篇》："帅弟子而踆于窾水。"《音义》引《字林》云："踆，古蹲字。"《淮南子·精神训》："日中有踆乌"，高诱《注》云："踆，犹蹲也。"我们看到，考古中所见的"蹲踞式"图案或雕刻，一般意义上或不严格区别蹲、踞、箕踞的话，基本都可以视为是"蹲"。

八、"蹲蹲舞""舞蹲蹲"的真实含义

《诗·小雅·伐木》："坎坎鼓我，蹲蹲舞我。"《毛传》："蹲蹲，舞貌。"汉傅毅《舞赋》序："是以《乐》记干戚之容，《雅》美蹲蹲之舞。"唐白居易《郡中春宴因赠诸客》诗："蛮鼓声坎坎，巴女舞蹲蹲。"明唐寅《招辞》："坎坎兮伐檀，蹲蹲兮舞盘。"又《汉书·扬雄传》："穆穆肃肃，蹲蹲如也"，颜师古注云："蹲蹲，行有节也。蹲，音千旬反。"其中"音千旬反"即读音近似"夋"。这可能与"蹲踞式"为巫术、祭祀之造型，有时巫师或祭祀者又或以此造型为舞，或被其他舞蹈采用、模仿的情况是相符的，因为这些舞蹈多有祭祀、巫术文化的背景。

"夏""雅"古又相同，"夏"字又源于"蹲踞式"，所以"《雅》美蹲蹲之舞"之"蹲蹲"的"舞貌"，特别有可能是"蹲踞式"的"舞貌"。

《礼记·乐记》曰："故听其'雅颂'之声，志意得广焉；执其干戚，习其俯、仰、诎、伸，容貌得庄焉；行其缀兆，要其节奏，行列得正焉，进退得齐焉。故乐者，天地之齐，中和之纪，人情之所不能免也。"

以前的颂与雅之乐舞都是歌颂仁政与德政，并且古代之雅多用于朝政，朝廷的雅乐自然也就是正乐了。

金克木认为，"雅""颂"中的政治氛围浓厚，处处表达的是国家政权、政治时局和王者之道，他还认为："'雅、颂'中的颂祖先的诗很多，但'文史'词多而'卜祝'词少。"[27]

这显然是发扬和突出了祭祀、巫术中"蹲踞式"仪礼严正、严肃、正规和中正的一面。

九、"蹲踞式""夏"字与"禹步"等相关问题

葛洪《抱朴子内篇·登涉》载："凡作天下百术，皆宜知禹步。"放马滩秦简甲种《日书》载："禹须臾，臾臾行，得。择日。出邑门，禹步三，向北斗。"马王堆三号墓帛书《五十二病方》第98行记载有"禹步"内容。同墓的"太一将行图"有"蹲踞式"太一像，并有有关"禹步"的题记。

关于“禹步”，学术界讨论得甚多。道教《禹步致灵》曰：“禹步者，盖是夏禹所为术，召役神灵之行步，以为万术之根源，玄机之要旨。昔大禹治水……届南海之滨，见鸟禁咒，能令大石翻动。此鸟禁时，常作是步。禹遂模写其行，令之术。自兹以还，术无不验。因禹制作，故曰禹步。”《尸子》云：“古者龙门未辟，吕梁未凿……禹于是疏河决江，十年未阚其家，手不爪，胫不毛，生偏枯之疾，步不相过，人曰禹步。”西汉扬雄《法言》卷七《重黎》曰：“昔者，姒氏治水土，而巫步多禹”，李轨注曰：“姒氏禹也，治水土，涉山川，病足，故行跛也。……而俗巫多效禹步”，韩敬注曰：“相传夏禹治水，非常艰苦，得偏枯之病，步不相过，人谓之禹步。”温少峰、袁庭栋曾把“禹步”与“夏”字造型内涵予以关联，他们从戴侗、阮元等人观点认为“夏本是舞蹈之形”，又言“从金文形体分析，当是独足舞之象，即古时所谓‘禹步’式的舞蹈，夏族先民可能即以此‘禹步’式舞姿而得名”[28]。以之为“独足舞”显然与文献中记载的“夔为一足”的说法是一致的。刘宗迪《禹步·商羊舞·焚巫尪》[29]一文认为：“禹步为巫步，而巫源于舞，巫师之法术伎俩源于原始舞蹈之举手投足，它实在不过是一种舞蹈步态。”

把“夏”字与“禹步”关联的宏观思路是对的，但是认为“夏”字内涵为“独足舞”是不对的。这是因为，“夏”字的写法多是“蹲踞式”造型的单侧，只可看到一足，但这不代表“蹲踞式”是“独一足”，恰恰相反，“蹲踞式”是“双足”的，所以“夏”“禹步”都是“独足舞”的观点显然是误读，或是把换腿一足着地之瞬间动作常态特征作为舞蹈名称了。

又，《庄子·秋水》记载：“夔怜蚿，蚿怜蛇，蛇怜风，风怜目，目怜心。夔谓蚿曰：‘吾以一足跉踔而行，予无如矣。今子之使万足，独奈何？’”成玄英疏：“跉踔，跳踯也。”从“予无如矣”知，夔“跉踔而行”是较为困难的走动。《类篇》言“踸”或作“跉”。又《文选》陆机《文赋》：“故踸踔于短韵，放庸音以足曲”，吕延济注：“踸踔，迟滞也。短韵，小篇也。言迟滞于小篇。”唐代独孤及《癸卯岁赴南丰道中》诗：“深泥驾疲牛，踸踔余何之。”宋周密《齐东野语·淳绍岁币》：“雨泞则摄衣蹑屐，踸踔而行，艰苦不可具道也。”从这些记载看，“一足跉踔”就是行动困难貌。

“一足”之论的原因已论述过，“一足跉踔”用于形容“夔”之行貌这里不再赘述。“夔”字造型可能来自于高祖之一类字，“一足跉踔”又有“迟滞”“艰苦不可具道”之状况，显然这一理解与古文献中对“（禹）偏枯”“（禹）步不相过”“禹跳”“汤偏”等含义的认识，应都是由于对“蹲踞式”造型的错误理解而产生的。实际上，古人这类误读甚多，像舜的“四瞳子”、文王的“四乳”等。宋李昉《太平御览》卷三六三引用的《尚书·大传》认为，这些圣人的特征“皆不善”，实际这些特征均源于对太阳的崇拜而已。当然，我们并不否认甲骨文等文献中记载的有些残疾之人如瞽、尪等，是当时社会中的灵异巫师或曰不可貌相的有特异“禀赋”之人。

又帝夋之“夋”，《太平御览》卷八十引为“逡”，《小尔雅》曰“体惭曰逡”。

由此可见，古人对于“夋”“踆”“蹲”等字的含义认识中也有与“跉踔”“偏枯”类似的语义成分。显然，这一认识与历代文献对“蹲踞式”和“禹步”的理解一样，是错误的。这同时有助于说明“夋”字与“夒”字、“夏”字的本质字源应该是相同的，以及为何诸多文献中称商人的祖先为“俊”“夋”及为高祖的原因。

另，从所述论述中可知古人对于“禹步”，有的认为是“踩北斗”“踩八角”，继之以“踩九州”，有的认为是模仿神鸟的姿态。这与“蹲踞式”造型是沟通“天地之中”的巫、神作法造型或巫神造像形、“蹲踞式”与昆仑地中、北斗天中有关等说法是相符的。

“禹步”“踩北斗”，实际是巫者礼仪极星、召遣神灵、沟通天地的一种动作（图九）。其步行为类“蹲踞式”，与高祖等的造型有一致的地方；其行走宛如踏在罡星斗宿之上，与“蹲踞式”神人、巫者乘登于猪、龙等神兽或坐于斗魁的造型（图五，7、10等）有相符之处。自然这些姿态属于“蹲踞”或“乘、登于神兽”这一造型的历时性演绎变迁，此不赘述。

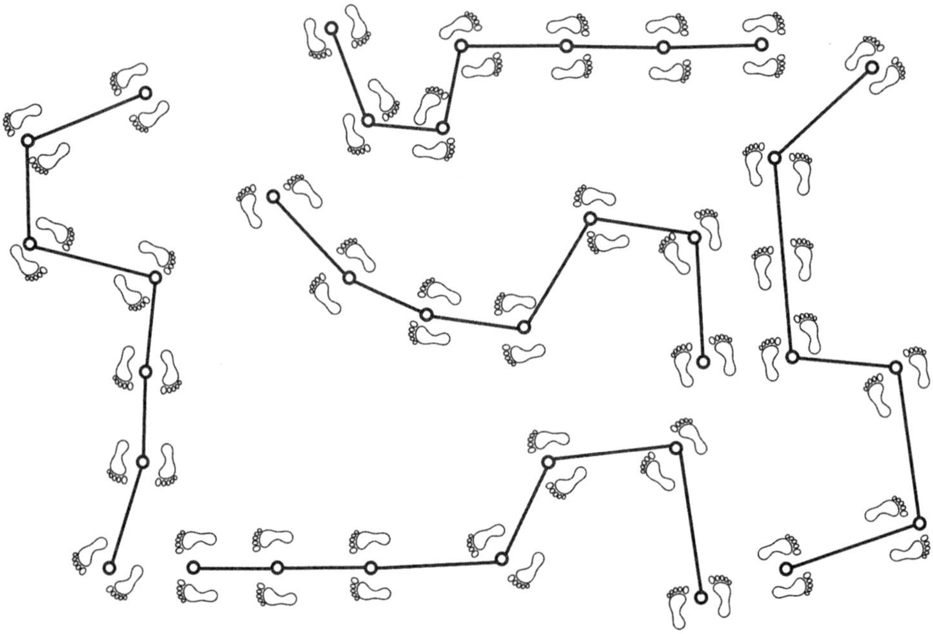

图九　斋醮仪式步罡（北斗七星之柄）踏斗（斗魁）图

十、“蹲踞式”与三代祭祀中尸神的立、坐问题

在三代祭祀中，尸的问题是其中的一个重要问题，尤其是其中尸的立、坐和“尸”字的造型含义问题即尸神的形态问题常为学界所关注。

（一）祭祀中尸神的立、坐问题

《礼记·礼器》记载，“夏立尸而卒祭”，“殷坐尸”，“周坐尸”。《礼记》孙希旦集解曰：“孔氏曰：‘夏礼质，言尸是人，不可久坐神坐，故唯饮食暂坐，不饮食则立也。殷礼转文，言尸本象神，神宜安坐，不辨有事无事，皆坐也。’”《礼记·正义》郑玄注：“夏礼，尸有事乃坐。殷坐事，犹坐。”唐孔颖达疏曰：“‘夏立尸而卒祭’者，此更本殷周所损益相因也。夏祭乃有尸，但立，犹质，言尸是人，人不可久坐神坐，故尸唯饮食暂坐。若不饮食时，则尸倚立，以至祭竟也。‘殷坐尸’者，此殷因夏之有立尸，而损其不坐之礼，益为恒坐之法也，是殷转文也。言尸本象神，神宜安坐，不辨有事与无事，皆坐也。”《仪礼·士虞礼》：“主人及祝拜妥尸，尸拜，遂坐”，郑注：“妥，安坐也。”《礼记·郊特牲》：“坐尸于堂……诏妥尸。古者尸无事则立，有事而后坐也。尸，神象也”，郑注：“将祭之，祝则诏主人拜妥尸，使之坐。尸即至尊之坐，或时不自安，则以拜安之也。”《礼记·郊特牲》郑玄注：“此尸神象，当从主训之”，段玉裁注：“祭祀之尸本象神而陈之，而祭者因主之，二义实相因而生也。”《仪礼·士虞礼》：“祝迎尸”，郑玄注之曰：“用尸象神是因为‘孝子之祭，不见亲之形象，必无所系，立尸而主意焉’。”

依上面《礼记》及《仪礼》中所述关于尸在祭祀中的动作造型，总的来说是“夏立尸”，“商周坐尸”，并且夏礼是“尸有事乃坐”，“殷周礼坐尸，无事犹坐”。那么事实又是如何呢?

关于夏代祭祀中的尸是否存有坐下的情况，似乎不易论证，但是单从历代文献都把其与商周之事区别来看，就说明它们之间可能是不同的。于夏、商、周而言，这一不同在古代经学家看来，夏代主要是立，只是“受祭乃坐”。我们知道，卜辞和《诗经》等所反映的商周时期的尸神之祭祀，有饮酒、饮食和册祝神谕等内容，夏代的时候，可能不像商、周那么丰富，或类似西周那样具有那么完备的宗法制度、昭穆制度背景，但是有册祝刍形、饮食之类的内容应该是可能的。显然在这一过程中，按理说应有坐的时候，但是这一受祭过程中，不仅仅有“受献”之类的饮食、饮酒等祭祀内容，应该还有类似《诗经》所反映的祭祀起始与终了的时候尸的立与坐的内容。从我们知道的商周祭祀内容看，夏祭祀尸神之礼中应该有类似周时期尸在祭祀来、去两端的时候被送、告祝及被傧的情况，文献中之所以认为其立多于商周，可能是夏时在册祝宣读神谕等的时候，夏尸不像商周之尸是坐着的，而是立着的。

从卜辞看，商代祭祀中有“饮尸册祝”的内容，显然尸应该有坐的时候。至于所迎送时候的尸，显然应该是立起的。

至于周代的情况，我们可以看看有关文献反映的情况。

从《诗经·小雅·楚茨》的内容看，西周时期的尸神在祭祀时，首先是“以安以侑”。高亨《诗经今注》：“妥，安坐也。侑，劝酒。周代祭祀祖先的礼制，有人装神，其名为尸，当尸进入宗庙走到他的位置上的时候，由主祭者跪拜，请尸安坐，这叫做妥。当献上酒食的时候，有人劝尸饮酒吃饭，这叫做侑。”显然这个时候，尸接受跪拜安坐以为饮时，应该是坐着的。接着描写祭祀的过程，整个现场有不少的俎豆之类和酒食[30]，这时尸应该还是坐着的，直到祭祀即毕，则“神具醉止，皇尸载起”。《集传》曰：“于是神醉而尸起，送尸而神归也。”对应于“尸起”，显然在这之前皇尸的一段动作应该是坐着的。从该诗反映的整个祭祀过程来看，周代的祭祀中的尸神坐着的时间似乎较多。其离去时候，依诗言是“鼓钟送尸，神保聿归”，这时的尸在祭祀的角色方面应该还有明显的神的成分。

单从《礼记·礼器》记载看，我们也可以把《礼记·礼器》中的“夏立尸而卒祭”理解为夏代整个尸祭祀过程中尸是立着的，“殷坐尸”“周坐尸”是说商周整个尸祭过程中尸是坐着的。这方面清人孙希旦集解《礼记·礼器》已有论及，但是同是《礼记》一书，其《郊特牲》却言“古者尸无事则立，有事而后坐也”，显然与《礼记·礼器》中的记载是不同的。《礼记》一书出现不同的看法应是有可能的，因为《礼记》是西汉戴圣辑录编纂的秦汉以前的各种礼仪著作，是战国至秦汉年间儒家解读《仪礼》的文章汇编，其作者又不止一人，写作时间也有先有后，既可能有孔子高徒的作品，也可能有其他先秦的著作。

另外从不少文献可以看到，西周时期祭祀中的尸有立有坐，不一定是饮食则坐，拜祭也坐。如《仪礼·少牢馈食礼》中记载，筮某尸，则祝拜尸，尸许诺在，主人再拜稽首，尸拱手相送但是不拜；祝、主人皆拜妥尸，尸不言，尸拜答，遂坐；宾长以俎献食物于尸，尸左手执爵，右手取所献食物，振祭，尝之并饮完酒。主人向尸行拜，尸向主人答拜。尸回敬主人酒，主人拜之并接受，尸又向主人拜，主人放下酒，拜于尸；主人坐下行祭，又祭酒、尝酒，这时上、下佐取黍饭抟成团献于尸，尸则命祝致辞，祝向东站立向主人祝词，词完则起立的主人坐下，放下酒爵，又站起来，行拜礼两次并叩首。又起立接过黍饭坐下振祭，尝饭……又坐下放下空爵，向尸行拜，尸答拜，主人拿起空爵起立出室。又如《仪礼·有司彻》记载，在祭祀过程中，有尸起立、左执爵、坐下行祭之类的过程；尸坐在席末端尝酒，起立又坐下，放下酒爵，向主人行拜，以告诉主人酒之美，随即又执爵起立；尸自席上下来，立于楹柱附近，又坐下饮酒，继而端酒起立，又坐下放下酒杯，向主人行拜，然后端拿酒爵起立，这时主人立于楹柱附近，向尸答拜，并从尸手接过空爵；尸返回席位，立于席的末端；尸在席上向主妇行拜谢礼仪，宾长坐下祭酒，然后饮酒并向尸行拜，尸答拜，尸起立，祝引导其走出宗庙庙门；尸已吃好，告诉主人不能再吃了，祝立于主人之南，面西再劝食，主人这时未说话，只是以“拜尸”代替劝食。

综合文献来看，周代的时候，整个祭祀中的尸，不完全像古代学者认为的那样：饮食则坐，其他时间则立，其基本情况应与商代类似。

（二）祭祀中尸神的立、坐形态问题

葛英会先生对于《礼记·礼器》中这些有关尸祭记载中的“事”，认为是“义为受祭”，对于其中的“坐”的意思，他认为“对于此所谓坐，不是席地坐，而是居处之坐”，并引《说文》“坐，止也”，又引《说文》段注云：“止，下基也”，“古谓坐为凥，为处。”他还认为依据战国简牍中的字，“《礼器》所谓‘坐尸’，是尸坐于几”。同时还认为“卜辞之尸字”，“即坐势之人形”[31]。

类似葛英会先生所说的战国简牍中字的还有不少，如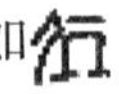（《鄂君启节》）、（《信阳长台关47号简》）、（《包山156号简》）等。其中的人字写法虽然与卜辞金文中少量的尸字写法类似，但是显然与卜辞金文中的绝大部分典型的尸字不同，即等字中的人形不是典型的像卜辞金文中尸字的“蹲踞式”的形式（有少量是这一类造型），这可能与文字的时代写法或以人字代尸字有关。不过无论它的写法怎样，其实际还是被看为尸字，只不过这个字表示的是坐着的尸，不是立着的尸。而甲、金文中的尸多是立着的尸的造型。

古代的尸的坐姿，牵涉到一个较为重要的问题，即几的问题，因为坐姿与几有密切关系。古代祭祀中，从可能反映西周甚或更早时期的文献看，祭祀中的尸是有几的。如《仪礼》讲，祭祀过程中有置“几”事，主人受几并二手横执，向有几的尸作揖，显然尸有几在身旁。

、等这类字学术界一般训为凥字。《说文解字》云：“《孝经》曰：‘仲尼凥’，凥，谓闲居如此。”清段玉裁《说文解字注》：“处也。各本作處。今正。凡尸得几谓之凥。尸即人也。引申之为凥、処之字。既又以蹲居之字代凥。别制踞为蹲居字，乃致居行而凥废矣。《方言》、《广雅》凥、処字皆不作居，而或妄改之。许书如家凥也、宋凥也、寁凥之速也、寠无礼凥也、宭群凥也之类皆改为居，而许书之脉络不可知矣。”于“谓闲凥如此”，清段玉裁《说文解字注》曰：“此释《孝经》之凥，即《小戴》之孔子闲居也，郑《目录》曰：‘退朝而处曰燕居，退燕避人曰闲居’，闲居而与曾子论孝，犹闲居而与子夏说恺弟君子，故《孝经》之凥谓闲处，闲处即凥义之引申，但闲处之时，实凭几而坐，故直曰‘仲尼凥’也，如此谓尸得几。”

关于“坐尸”，葛英会先生在前述之文中认为是“尸坐于几”，并且坐是“居处之坐”。显然这里的坐具不应是几，只是凭几而坐或尸“得几而坐”之义。

又，依据《汉旧仪补遗》载，刘邦庙里不仅藏有神主，还设有神坐，杨玉荣、王维认为就是“神主或神像座”[32]。《周礼·春官·大宗伯》郑玄注尸祭过程中有“王出迎牲，祝延尸出户，坐于堂上，南面。迎牲入，豚解而腥之，荐于神坐，以王爵酌醴齐以献尸”。《仪礼注疏》有记载：“鼎在门外北上，东为右人，西为左人，右人尊，入时在鼎前，左人卑，入时在鼎后。又尽载牲体于俎，又设俎于神坐之前……。”假设该记载能反映早期礼仪制度，则参照《汉旧仪补遗》记载看，这其中的“神坐”应该是指尸之坐，或为筵席、榻之类，所谓荐于“神坐”，不是把牺牲荐于“神坐”，而是荐于“神坐”附近的俎而已。

又，在战国时期的江苏五征、山西及云南晋林石寨山等遗址出土文物及汉代时期的武梁祠汉画中，我们发现了非常重要的坐在类似“凳子”或“几上”的祭祀图像。这给我们以提示，这一坐于“凳子”或几上宴飨的造型，应该就是“蹲踞式”造型，并且就是当地的尸的造型，只不过由于需要久站，所以就找了个凳子或几予以支撑。而中原地带人们的尸，从所述周边地区的这一参照现象及甲骨文中尸字的写法看，一般是不坐于“凳子”之上或“几上”的，而是直接为“蹲踞式”造型和少量的“凭几而坐”的造型。其中“凭几而坐”的造型可能即“癸巳卜，大贞：王宾亻，岁，亡尤”（《天》28）中的亻形，与伍（《鄂君启节铭》）、伍（《信阳长台关47号简》）、伍（《包山156号简》）中的人形基本一致，也即是“依几而坐”的。

这些尸之所以采用这一造型，本质意义上还是由于这一造型是“蹲踞式”造型。承前所述，由于“蹲踞式”造型符合人体修养身心的原理，被几千年来的巫师、神人们视为最容易使自己集中神智、专心致志，从而最容易使自己通天地阴阳、达到忘我的模拟神人神物状态的最为主要的造型，所以采取这类姿态自然容易使得先祖之灵速降尸身，又由于这一造型又是历代神祖造像的典型形式，所以祭尸的造型自然就容易多用“蹲踞式”造型了。又由于“蹲踞式”造型毕竟不能待踞多时，所以周边少数民族地区的人们会取凳状物以坐而象征之（图一〇）。由于“凳”状物较高，所以整个造型仍然能使得

1

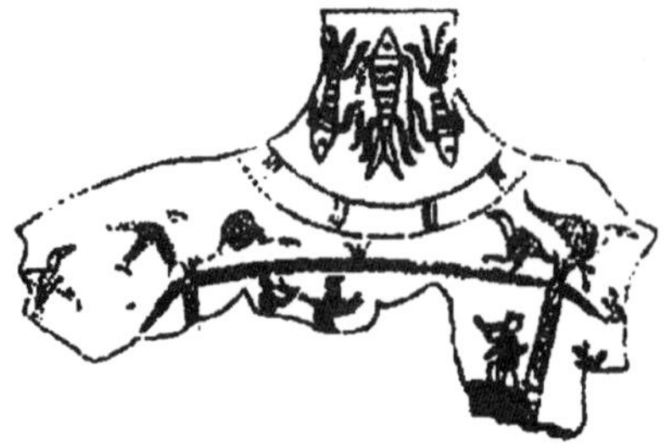
2

3

图一〇

1. 江苏六合程桥东周墓　2. 山西潞城县潞河战国墓　3. 云南晋宁石寨山西汉墓

尸神等保持“蹲踞式”的形态。

中原等地的人们可能当时视“凳”坐垂腿姿态为孤傲之态，但是由于尸是祖先的象征，所以或可接受这一姿态，不过多数情况下采用的仍然是正规的没有凭依的“蹲踞式”姿态；又由于尸有可能有时是坐着的，所以也有少量的或在某一时间段采用的是“依几而坐”的姿态。顺便提及，这一现象的出现可能对于国人接受以凳子的方式而坐是一个铺垫，并说明中国凳子的起源并非是单一的。

注 释

[1] 顾万发：《学患无疑，狐疑则学患——释李维明先生〈学患无疑则有进〉疑》，《殷都学刊》，2004年第4期。

[2] 顾万发：《从考古学材料中“蹲踞式”图像及甲骨文商人高祖“”字形的内涵新论“夏”字》，《早期夏文化和商文化研究论文集》，科学出版社，2012年。

[3] 从曾侯乙墓漆棺彩绘与“人面鸟身神”对应图案部分有时为一“帝”字的情况看，此“人面鸟身神”应为某帝。

[4] 张明华：《红山玉人与复活节岛上的石人》，《中国文物报》2007年9月12日第6版。

[5] 张明华：《抚胸玉立人姿式意义暨红山文化南下之探讨》，《上海博物馆集刊》2005年第10期。

[6] 徐琳：《三件红山玉巫人评述》，《收藏家》2010年第4期。

[7] 顾万发：《学患无疑，狐疑则学患——释李维明先生〈学患无疑则有进〉疑》，《殷都学刊》，2004年第4期；顾万发：《从考古学材料中“蹲踞式”图像及甲骨文商人高祖“”字形的内涵新论“夏”字》，《早期夏文化和商文化研究论文集》，科学出版社，2012年；顾万发：《三星堆、金沙一类“奇异”玉器构图来源、内涵、定名及相关问题研究》，《古代文明》第4辑，2005年。

[8] 其中神巫的天盖·凤鸟冠形冠和身之羽翅与更早的赵宝沟文化晚期题材相似。

[9] 注意猪龙头上为立体绘法的“羽”鬃，而非双角，类似三星塔拉玉龙之中的凤鸟之冠羽，还可能是鸟类之目轮廓。

[10] 《仪礼·聘礼》郑注：“宫必有碑，所以识日景引阴阳也。”这显然已道出圭具有昆仑—太阳、阴阳天地通等内涵及本质，也说明圭穿、钺穿包含的太阳属性。

[11] 孙华：《三星堆出土爬龙铜柱首考——一根带有龙虎铜饰件权杖的复原》，《文物》2011年第7期。

[12] 考古发现的牛河梁红山文化玉人有“气沉丹田”“吐纳”之形态。

[13] 詹姆斯·梅隆·明义士：《柏根氏旧藏甲骨文字》，《齐大季刊》1935年第6、7期。

[14] 于省吾：《甲骨文字诂林》，中华书局，1996年。

[15] 张铭：《从“巫、舞、雩”解说远古祭祀活动中的舞蹈》，《新疆艺术学院学报》第7卷第1

期，2009年。

［16］　刘师培：《南北文学不同论》，《刘师培中古文学论集》，中国社会科学出版社，1997年。

［17］　不是天的中极。

［18］　《汉书 · 地理志上》引《禹贡》“夏翟”作“夏狄”。

［19］　《海外西经》《大荒南经》《大荒西经》《海内经》均有这类记载。

［20］　陈梦家：《商代的神话与巫术》，《燕京学报》，1936年第20期。

［21］　徐锡台：《殷墟卜辞中“”字考》，《人文杂志》1984年第5期。

［22］［26］　詹鄞鑫：《华夏考》，《华东师范大学学报》（哲学社会科学版）2001年第5期。

［23］　葛英会：《夏字形义考》，《中国历史文物》2009年第1期。

［24］　叶玉森：《殷墟书契前编集释》，上海大东书局，1934年。

［25］　唐善纯：《华夏探秘》（江苏人民出版社，2000年）称“夏与匈奴同是一个名称的演化”。唐兰先生《西周青铜器铭文分代史征》（中华书局，1986年）：“华即是夏。”林惠祥《中国民族史》（上海书店出版社，2012年）则谓“‘夏’为自称之语，意即‘人’”。

［27］　金克木：《〈梨俱吠陀〉的祭祖诗和〈诗经〉的“雅”、“颂”》，《北京大学学报》（哲学社会科学版）1982年第2期。

［28］　温少峰、袁庭栋：《古文字中所见的古代舞蹈》，《成都大学学报》1981年第2期。

［29］　刘宗迪：《禹步 · 商羊舞 · 焚巫尪》，《民族艺术》1997年第4期。

［30］　《礼记 · 曲礼上》曰“凡祭于公者，必自撤其俎”；《礼记正义》曰“此谓士助祭君也，若大夫以上，则君使人归之于俎”。

［31］　葛英会：《说祭祀立尸卜辞》，《殷都学刊》2000年第1期。

［32］　杨玉荣、王维：《尸祭礼俗消亡考》，《社科纵横》总第 24 卷，2009年第10期。

［原载杨晶、蒋卫东执行主编：《玉魂国魄——中国古代玉器与传统文化学术讨论会文集》（六），浙江古籍出版社，2014年］

太谷白燕F504古天文学及古地理学内涵研究

——并新论“亚形”“九州”“分野”“明堂”等相关问题

一、引　　言

20世纪80年代，由国家文物局、山西省考古研究所、吉林大学考古专业联合成立的晋中考古队，在山西许多地方进行了一系列的重要考古工作，获得了不少重要发现。尤其值得一提的是，1980～1981年间他们在太谷县白燕遗址发现的一个建筑，室内没有灶和用火的迹象，发掘者认为这一遗迹比较特殊，不像是一座用于居住的一般建筑[1]。其实，这是一个重要的发现，其在天文学、神话学、历史地理学、古史学等方面具有独特的价值和意义。以下，笔者就对这一建筑的内涵及有关问题做以论述。

二、材料简介

在发掘简报中，该建筑被作者编为一座房子，编号为F504（图一）[2]。其基本情况是：总体上，这是一个地穴式窑洞建筑；穹隆顶；上端内敛明显，至顶为一近圆形的孔，长径2米，短径1.5米，穴壁；向下内凹形成九个大小不同高低不一的窑洞，其高度为0.4～1.6米，窑洞的上线封闭；室内有活动面，有两层路土，主要位于1号（“亚”形坑）及8号坑[3]上；室内地面上总共有七个圆坑和一个大型“亚”形坑，七个圆坑连续分布在大型“亚”形坑的东南至西北，其中，东南部的4、5、6、8号坑每一个中均埋有一个完整的篮纹瓮或曰小口高领罐（图二）[4]；西北为门，自上而下呈斜坡状，共有七级台阶，方向为330°。这一建筑的年代，发掘者认为其略早于一般所谓的“庙底沟二期”。从该简报提供的有关^{14}C测年数据看，大概为公元前3000年，不过从陶器的特征看，其时代总体上应当仍然属于学术界所论的“庙底沟二期”。

三、内涵及相关问题讨论

（一）关于图中的七个圆的讨论

我们认为它们实际上代表北斗七星，论据如下：

（1）在新石器时代，北斗信仰在各文化中虽然不像太阳（大气光象）那样盛行，

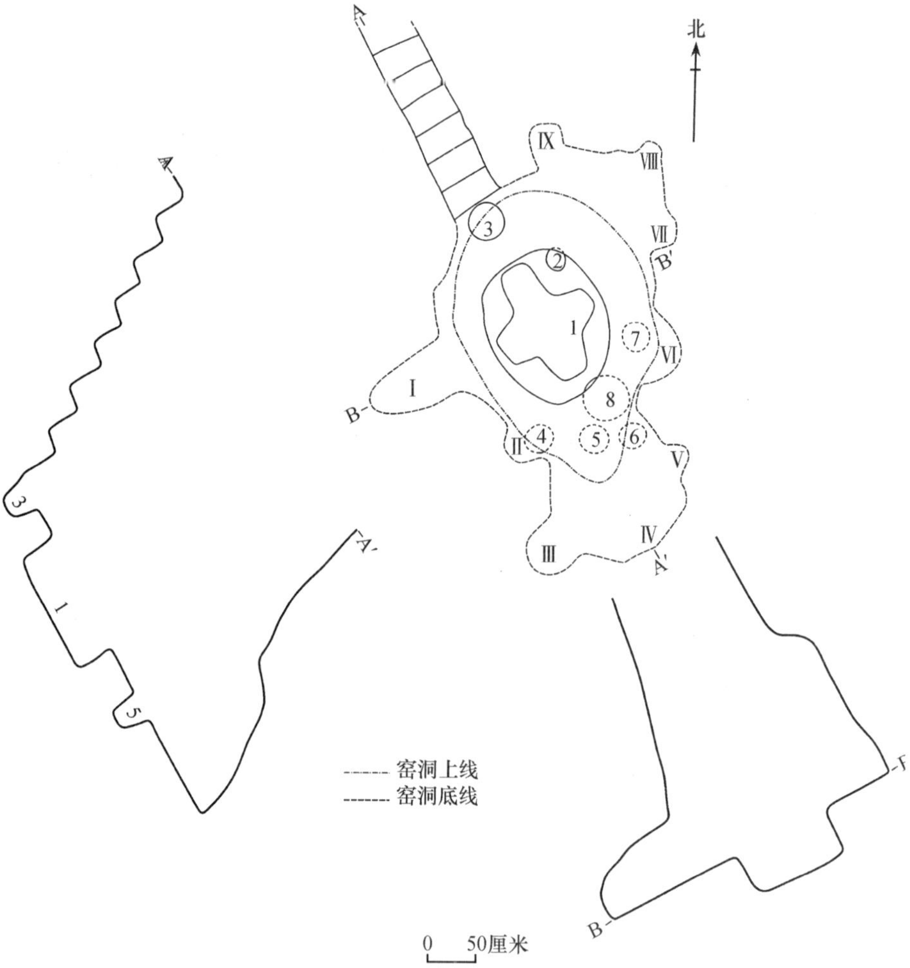

图一　F504平、剖面图

1～8. 底部小坑　Ⅰ～Ⅺ. 窑洞

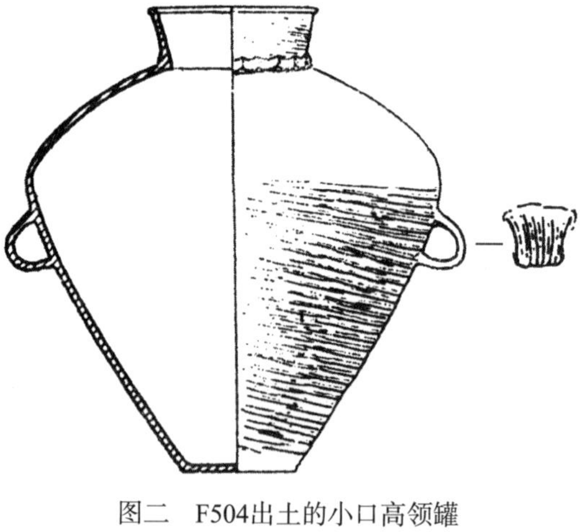

图二　F504出土的小口高领罐

但还是有所存在的，最为重要的代表应该是濮阳西水坡仰韶文化王级墓葬中的北斗造型（图三）[5]及仰韶文化青台遗址发现的九个陶罐子组成的北斗九星图（图四）[6]。

（2）图中的七个圆中相当于斗魁部分的四个圆坑中埋有四个瓮。瓮可为储水器，这与“太一生水”“斗为坎”“坎为水”等反映的内涵较为符合[7]。类似的现象并非孤例，关中仰韶文化有的大房子中就埋有可能象征斗极的陶罐，上述青台遗址明确以陶罐代表北斗九星。可作为最无可争议论据的还有著名考古学家石璋如先生论及的一例材料：殷墟乙五基址北斗图。此北斗图的七颗星全部是用七个斗形大口尊予以表示的[8]（图五）。另外，若有关学者所提及的是[9]，依据唐《明皇杂录补遗 · 高僧传》记载，瓮可以被用来盛藏北斗，这应该都是早期的孑遗。

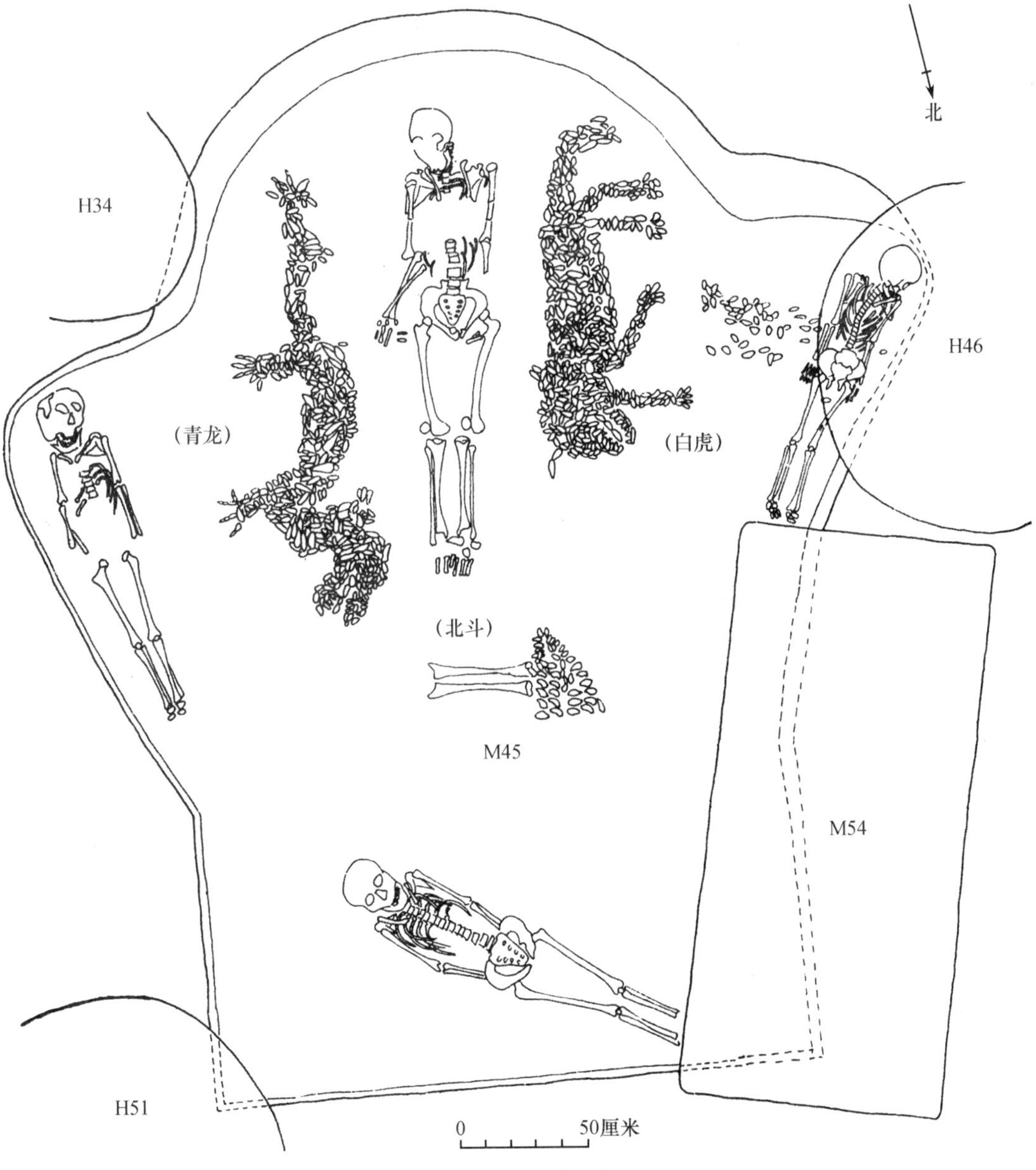

图三　濮阳西水坡墓葬中的北斗造型

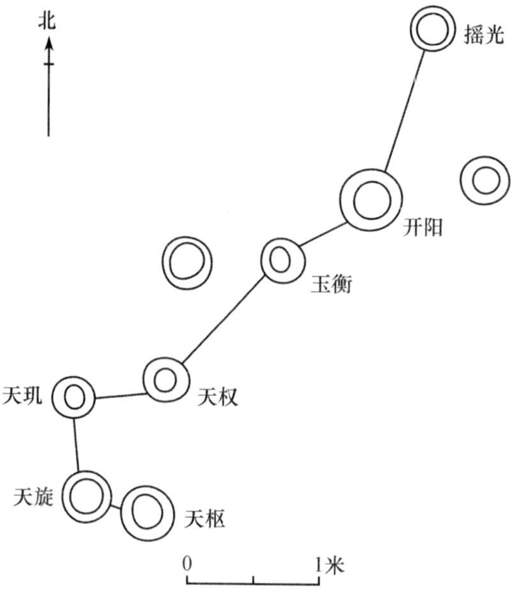

图四　青台遗址出土的北斗九星图

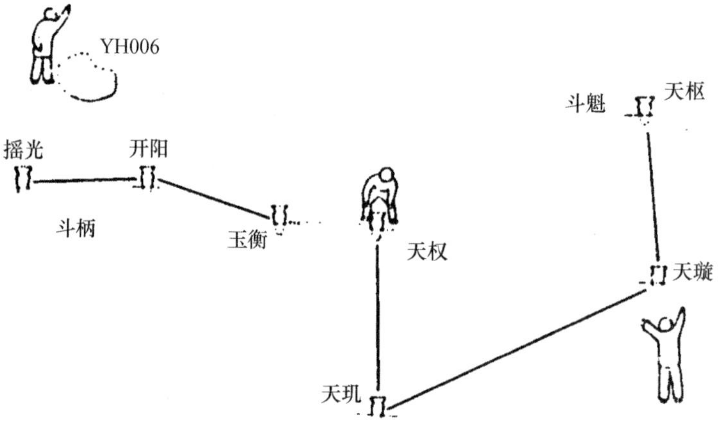

图五　殷墟乙五基址北斗图

（3）图中的七个圆形应视为北斗七星，但是连接起来与当时和现在看到的北斗七星造型（图六，2）并不完全相符，这应是有以下几种可能之原因的：

1）首先，人类的历史几百万年，在这一过程中，北斗七星的造型是在缓慢变化的。虽然这一历程非常漫长，一个人和数代人不可能觉察到其有过多少变化，但是北斗七星多年以前的形状和变化有可能在旧石器或其末期以来的古人中予以传承或记录，或在某一阶段这一记录形式被发现并继续被传承和记录（图六，1）。有岩画研究者认为在辽宁鞍山海城析木镇铁架山上的龟形岩石的龟颈下所刻符号很可能即是约十万年以前的北斗七星的形状[10]。

2）从历史上看，对于北斗七星造型的绘制，有的较为真实，但是有的并不是特别的规范，汉代诸多“式盘”及其他器物上发现的北斗七星就是这样（图六，3~9）。当然

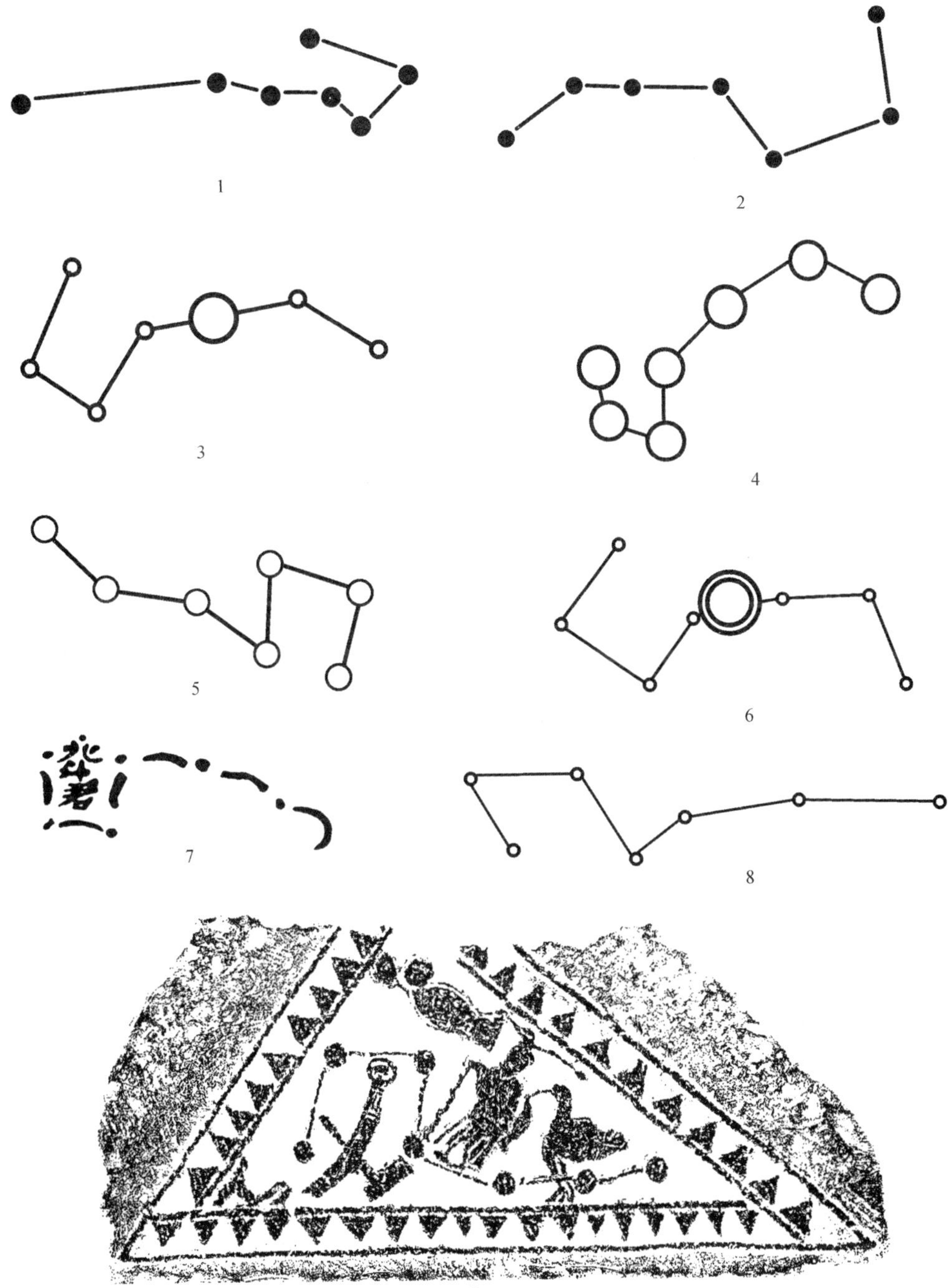

图六

1. 10万年前北斗 2. 新石器时代以来的天文北斗 3. 磨嘴子汉代式盘 4. 于省吾旧藏汉代象牙式盘 5. 乐浪东汉式盘 6. 汝阴侯1号式盘 7. 长安县三里村东汉墓解注瓶 8. 仪征烟袋山西汉墓墓棺 9. 滕州龙阳镇东汉画像石

以北斗为天盘之中心的“六壬式”式盘，其中北斗的“斗杓”端的指向与十二辰一致则是较为固定的。

3）从太古白燕F504的综合设计看，有的地方较为严谨，有的地方只是象征性地处理，并不是十分规范，其中的北斗七星就属于未严格设计者。

（二）关于图中的“亚”字形的讨论

首先，我们认为，该“亚”字形代表天之中心，论据如下：

（1）在远古之时，圣人、王者往往是谙熟天文者，而谙熟天文者，定方向、测日影以定历法等是其首要的技能，清华简等文献中就有“得中”之说，并且这往往被认为是“得道”。在测方向时，“亚”形始终相伴，久之，则至高之道与“亚”形高度相关。

（2）新石器时代以来，与“亚”形有关者往往表示“太阳”，这在高庙等文化中表现明显（图七，1），在良渚文化至于三代以来的艺术图像中也有表现，像赵陵山陶器盖上的以“亚”形为中心的太阳光气（图七，2）、龙山文化芦山峁遗址的四缺圆形也即“亚”形的玉器（图七，3）、天津博物馆藏龙山文化玉雕中呼应宏观太阳大气光象神鸟身负的菱形或曰近似“亚”形[11]（图七，4），就是表示与真太阳有关的造型。顺及，承陕西省考古研究院和延安市文物研究所惠示，在芦山峁遗址发现了石峁文化一件三扉牙璇玑，该璇玑扉牙非常特殊，与图七之3非常类似，都用于表现太阳光气。在石峁遗址发现一件牙璋，扉牙也为图七之3一类的宽扉牙形，不过其在此首先是羽翅之形，与多数早期牙璋刀形扉牙类似。

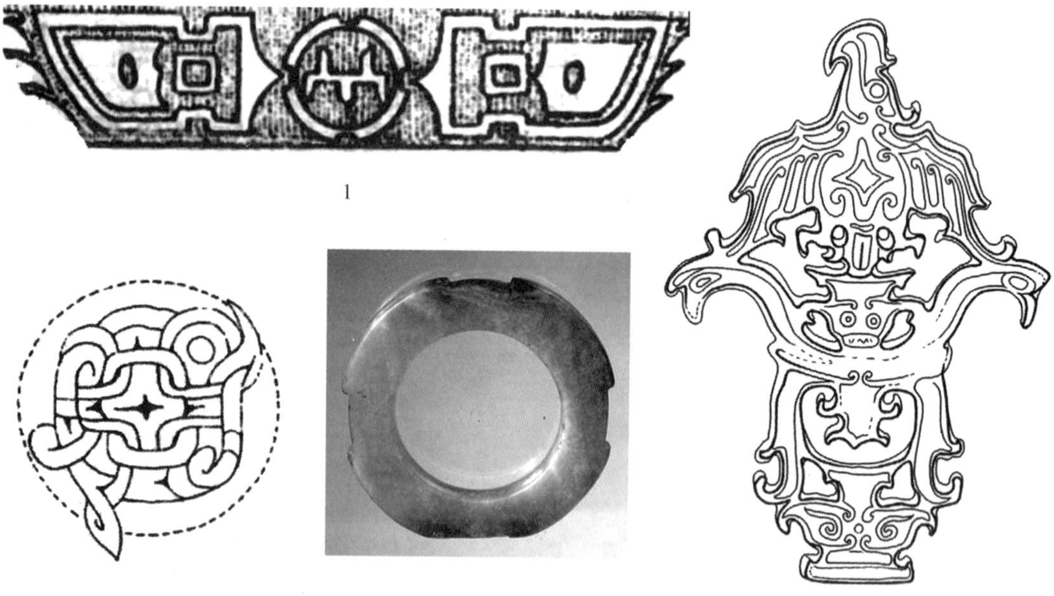

1　2　3　4

图七

1. 高庙文化中的“亚”形太阳大气光象　2. 良渚文化赵陵山刻划图案　3. 龙山文化中的“亚”形玉器
4. 天津博物馆藏玉雕

但是，这并不表明“亚”形只能表示太阳而不能表示极星或“天中”。以“亚”形表示太阳还是极星与当事人的宇宙观念、最高崇拜选择或适宜的场景和仪式有关。从考古及文献看，中国早期的太阳崇拜非常盛行，但是也存在少量的北斗、极星崇拜，尤其从仰韶时代开始。若崇拜北斗、极星，则其表示极星的方式应该包括用“十”字形或曰“亚字形”，因为古人对于中心的认识是与四个方向[12]有关的，同时由于可见或充当极星的星也是有光芒的，而表现光芒也可以用十字形。

其次，我们还认为图中的“亚”字形还应同时代表地之中心，论据如下：

（1）据简牍文献和汉代帛书等图像知，远古的大地是四角内收的，其实也就是方形有四内凹直角，实际即为“亚”形。虽然太谷白燕F504中的四维之“亚”形与大地四角内收的四正之“亚”形方向不一致，但是“四正”与“四维”高度相关，对于表达“地中”而言并无影响。同时与晋中的主体为四维山水走向在人的方向观中的印象地理有关。

（2）古代“亚”形与“封土”有关。先秦时代，在封邦建国之时，一般会赐之圭为信，意含以圭度测所封地域以知其纬度，即封域的范围，这也是“封”字构形中有圭[13]的重要原因，同时古时祭山，除旅、望之外亦有封。

由于以圭表测影、定方向，所以圭与“亚”应特别相关，则封域范围的中心宜于和“亚”形关联。

另外，金文中不少“族徽”往往位于“亚”形中[14]，这类“亚”形正是与族徽有关的符号，这应该视为与当时盛行的“胙之土而命之氏”的习惯密合，“亚”形表示封域中心，族徽位于其中[15]可能代表族群位于“封土”之中心。

（3）图中“亚”形为何未用四正形，可能与有的学者认为的那样[16]，是与山西太谷当地地理地貌以“东北—西南”为主体的方向有关的。

（4）中国新石器时代发现有不少呈现“×”形的图像，似乎是四维之“亚”，但是其实际上却是呼应太阳海内克弧的造型。太谷白燕F504中的“亚”形也是四维方向，似乎也是呼应太阳海内克弧的，但是由于其与北斗七星相组，所以还是视其为表达“天中”“地中”的符号为宜。

（三）关于图中九个小型窖洞的讨论

我们认为，图中的九个小型窖洞及附近的九个区域，首先应是代表天区，论据如下：

（1）承前文所述，从天的方面看，“亚”为天之中心，“亚”外又是北斗七星，显然，外围接着的部分应是周天区，虽然从上古时期天文资料、敦煌壁画、古代墓葬室顶壁画中发现的中古时代星图等所反映的古人关于星空划分的概念看，其似乎可以是代表三垣或三垣一部分的意思，但是这不太可能，因为中国古代式图、星图、六壬式栻（式）盘、墓志栻（式）图的最为常见的构图模式，是中间为“天中”，即北斗七星、九星或三奇六仪，周边则为表示二十八宿的图像，在早期理应更是如此。秦国的式图中心常见的构图与数术五行有关则是另一回事。

（2）北斗七星和“亚”形可以理解为类后世刻绘有天文图的墓或箱穹隆形顶的投影，因为该室是应用于实际的礼仪或象征性观测，并为了有利于仪式性位置的判断及表达“天地相应”的概念的，所以才将北斗七星和“亚”形建在地面。

（3）图中九个小型窑洞均高低不齐，可能是立体表示各星宿距离天之中心或曰天极的远近的，类似“去极度”。我们这样认为的依据如下：

1）该图中的北斗七星是斗魁口、斗杓向左，因而此图可能是一幅俯视图。又因穹隆形的建筑正代表天空，所以观星者在室中可仰观星空或中天星像[17]，穹隆形的建筑顶端的圆形缺口[18]正投影图恰好包围地面“亚”型已充分证明了这一点。这一材料说明可能存在通过《周髀算经》中所言“璇玑”观天的现象，当然这也为“璇玑玉衡”的仪器说提供了讨论素材[19]，并且与考古学中发现的与太阳有关的有旋臂的被误称为玉“璇玑”的玉器无关。

2）穹隆形的建筑顶端的圆形缺口并不应该是简报作者所言的那样为塌方所致，从所述论据可知，其正是由北斗所规划的“璇玑”，这也符合冯时等有关学者的研究[20]及文献记载。

3）西北没有突出的天区，这一看似奇怪的问题，是非常符合“西北为帝之下都”的古史记载的[21]，并且此处有天门。

4）整个建筑上封线形成一个绕北斗的近圆形，可能是代表当地纬度的恒显圈。该圆形东南显得不太规则，可能是建筑者发现规划不周之后的补救措施。

（4）图中的九个小型窑洞及其连接区域代表天区，组合起来相当于“周天”，可能对应于二十七宿，当然由于每一宿的范围体量不一，所以是不规则的形状。

（四）关于图中的九个小型窑洞及连接区域与三宿一组周天星象对应可能性的讨论

太谷白燕F504图中的九个小型窑洞、西北之门及其连接区诚为表示周天星宿的天区，则说明当时可能存在“天分九部”之思想雏形，这也利于说明二十七宿在历史上可能很早就有雏形存在。

我们的论据如下：

（1）根据相关文献和冯时等学者的研究[22]可知，觜宿有可能与商代夏有关，室、壁曾被视为一个星宿，则周天星宿在古代除数为二十八个说外，还应有二十七个说。这也非常符合周天分为三个一组的“九部”的理念。按照远古均衡布数的惯例，显然每个应为三，三九二十七，从而二十七宿更符合太谷白燕F504。黄道、赤道附近的古星宿数一般认为是用以标志月亮在一个恒星月中的位置的，从实际观测看，一个恒星月是27.32天，取整数的话，即为二十七。

（2）我们之所以认为“天分九部”之每部应为三宿，还因为现在所知的二十七宿之上古音每三宿末宿基本全部押韵。其中“轸”宿在上古音中属文部，其虽然与“星”宿之上古韵耕部不押韵，但与其他星宿名为隔行押[23]。

（3）过去大家或许以为三字韵文只是从宋王应麟或区适所作“三字经”以来才十分常见。实际上，先秦文献中确可证明早已存在三字文或韵文，像金文、《诗经》及《尚书》所反映的西周及更早的时代就已出现。

《诗经·周颂·桓》讲，“绥万邦，屡丰年”，《左传·宣公十二年》亦有记载，“楚子曰：‘武王克商，作《颂》曰：……又作《武》，……其六曰：‘绥万邦，屡丰年。”

《尚书》记载有《五子之歌》，此歌多属四言韵文或多言文，但是亦有为三言的，像“民可近，不可下”，而这两句恰为“皇祖有训”，显然其是早于“五子”所处的夏代早期“新砦期”的。

汉代所谓的“纬书”，不少名字即为“三字”。这是一种泥古的行为。被《释名》等认为是羲皇或神农时政典的《三坟》，其中也有三字文，“皇曰：‘正天时，因地利，惟原于民……。农不正，食不丰。民不正，业不专’”。明冯惟纳《诗记》引《归藏》曰：“蚩尤出自羊水，八肱八趾疏首，登九淖以伐空桑，黄帝杀之于青邱，作《棡鼓之曲》十章：‘一曰《雷震惊》，二曰《猛虎骇》，三曰《鸷鸟击》，四曰《龙媒蹀》，五曰《灵夔吼》，六曰《雕鹗争》，七曰《壮士奋》，八曰《熊罴哮》，九曰《石盪崖》，十曰《波盪壑》。’”

楚辞中也有不少三言韵文。

《尔雅·释乐》曰：“徒歌谓之谣。”《说文》曰：“谚，传言也。”歌谣、谚语的产生很早，可以早到上古之时。从前文的讨论看，所述这些三字文或三字韵文有的应是早期歌谣、谚语之传承。《吴越春秋·勾践阴谋外传》有记载《弹歌》或曰《断竹歌》，其曰“断竹，续竹，飞土，逐宍”；又如《屯卦》曰“屯如，邅如，乘马，班如；匪寇，婚媾。乘马，班如，泣血，涟如”；再如《贲卦》曰“贲如，皤如，白马，翰如；匪寇，婚媾”。《周易》爻辞中这一两字节奏的原始形式也有利于说明早期可能存在三字韵文。

《吕氏春秋·古乐篇》所记“葛天氏之乐”之八阕，其中阕名有三字文的：“三曰遂草木，四曰奋五谷，五曰敬天常，六曰达帝功，七曰依地德。”从商汤伐葛天氏的文献看，葛天氏时代颇早。从《昭明文选》载司马相如《上林赋》“奏陶唐氏之舞，听葛天氏之歌”看，葛天氏此阙时代也是非常早的。另，以司马相如《上林赋》为代表的汉赋中有诸多三字文，这应是中国早期三字文风格的传承。其实还有比这更早的系列三字文，像先秦文献《尚书·舜典》记载：“帝曰：‘夔!命汝典乐，教胄子，直而温，宽而栗，刚而无虐，简而无傲。诗言志，歌永言，声依永，律和声。八音克谐，无相夺伦，神人以和。’”

陈炜湛先生的有关研究也有助于说明三字韵文出现的历史相当悠久[24]。他通过对甲骨文、商时期金文与商颂比较研究认为，《商颂》的主要内容可用甲骨文及同期金文表述，因此把《商颂》确定为商诗。并同时认为：“《商颂》的原始记录（与其歌唱形式当然不同）不是四言诗而是三言诗。其四言诗形式是后世添加虚词、副词、迭音词等的结果。”陈炜湛先生认为其中的《玄鸟》一诗可大概拟为以下形式：

帝命鸟，降生商，宅殷土，土亡（芒）亡。帝命唐（汤），正四方，命其后，有九州。商先后，受有命，命不危，武丁孙。武丁孙，亡（无）不成。龙旅十，大喜（禧）承。邦千百，肇四方，四方来，各祈祈。员惟河，殷受命，其咸宜，百禄何。

他同时提出《三代吉金文存》八·十九之商代铜器“宰甫卣”铭文首四句也应是三字为句的韵文，即：“王来兽（狩），自豆录（麓），在溪辣（次），王卿（飨）酉（酒）。”

（4）历来论及“天之九部”之星宿者，像《吕氏春秋·有始览》、《淮南子·天文训》及《淮南子·坠形训》等文献多有与此类似的划分。

（5）学界一般认为月相或填星周期是二十七（或八）宿产生的原因之一，从“十二次”的有关理论依据等晚期材料看，也应该是这样的，但是从古宿度及古距星的选择方式及太谷县白燕F504等有关材料看，二十七宿产生的原因并不一定单纯，与“地分九州”相应的周天之“天分九部”说也应该起到了一定的作用。

（五）太谷县白燕F504与“天倾西北”的讨论

从太谷县白燕F504图中所绘的剖面图知，该穹隆形建筑西北壁较方直，东南较倾斜，这非常符合《淮南子·天文训》所云“昔者，共工与颛顼争为帝，怒而触不周之山，天柱折，地维绝。天倾西北，故日月星辰移焉；地不满东南，故水潦尘埃归焉”的记载。有学者认为公元前3500年左右，天赤道具有倾西北的这一特点。尤其是相对西北而论，太谷县白燕F504东南突出极为明显，西北东南两者距离穹隆形建筑顶的“璇玑”部分也远近分明。有学者认为江苏连云港天文崖画及红山文化祭坛上的有些石堆可能反映了天倾西北的古天文思想，学界应者寥寥，而我们所论的太谷白燕F504这幅古图却以形象的遍布星宿的立体造型说明早在“庙底沟二期”时这一思想就已出现，自然也说明古史的这类记载值得重视。

另外，从下文有关九州结构的讨论中也可看出太谷白燕F504与“天倾西北”非常相符。

（六）太谷县白燕F504蕴含“天地相应”的理念讨论

从诸多文献看，在上古时期，人们思维中存在天地相应的看法，太谷白燕F504这一龙山文化早期的遗迹就是这一思想的反映。上文已论太谷白燕F504蕴含一幅示意性的天空图，我们同时还认为，图中九个小型窑洞地面也有可能还代表当时与周天对应的地域，即其与中心的“亚”字形、北斗等所占地面区域的组合同时还是一幅“上古中国”的地理图。我们的主要论据如下：

（1）西北在中国古代曾被视为是具有“昆仑”性质[25]的地域或曰“帝之下都”的，像《山海经·海内西经》就记载：“海内昆仑之墟在西北，帝之下都。”地舆学中又有将西北视为天门的认识，像《论衡·道虚》记载：“如天门在西北，升天之人宜从昆仑上，淮南之国在东南，如思升天，宜举家从昆仑，乃得其阶”；《楚辞·天问》记载：“西北辟启，何气通焉？”“日安不到，烛龙何照？”《诗纬·含神雾》也有“天不足西北，无有阴阳消息，故有龙衔精以往，照天门中”等关联这类思维认知的记载。

太谷白燕F504正好门在西北，并且其阶数为神秘的“7”，这正是阳数中的正数。实际上，西北被置于重要地位的历史十分悠久。《史记·封禅书》记载曰：“自古以雍州积高，神明之隩，故立畤郊上帝。”不过以前只是就文献而得出的观点而已，而太谷白燕F504则清楚地表明早在仰韶文化晚末期或龙山时代早期，这一认识就存在了。这与“天倾西北”也非常相符，自然也说明古文献中以“昆仑”及“自古积高，神明之隩”的雍州为登天之阶和“帝之下都”的思想不是凭空而来的。

（2）与“天倾西北”密切相关的有“女娲补天”的传说，这虽然是传说，但是在一定程度上真实地反映了古人的某些思想。这一传说所反映的时代是相当早的，有些文献记载属于共工—颛顼或高辛时代[26]，其与仰韶文化晚期或龙山时代早期是接近的。有的文献像《礼记·祭法》郑玄注及《左传·昭公十七年》杜预注等还将导致“天倾西北”的共工氏所在的时代定位在伏羲—女娲时代之末。

（3）单从逻辑上讲，北斗和天极始终是“视觉西北倾”的。古人一旦对天地有了一定的方位概念，显然最容易觉察到天是西北倾的，因为“天倾西北”是一种人类一开始就看到的“原生态的天”，并且随着古人天文知识的增长，这种概念越来越固定，所以，只要人类发展到具有一定天文知识的时候，“天倾西北”的方位观就会产生，因而，“天倾西北”的方位观应产生很早才符合人类发展的基本实际。从太谷白燕F504看，其“亚”字形位于整个建筑偏西北的地方，而东南角则突出的非常远，这非常符合“天倾西北”的形象。

（4）特别重要的是，如果太谷白燕F504仅是表示天而非地理形状，根据现今所知的各种早期天文材料可知，其一般不会在西北方有一“亚”形。这一“亚”形与当时考古学上发现的及更早的半坡文化、庙底沟类型之时人文中心的地理区域在宏观上也较为相符，并且这一方向的空白区域有一七级门，方向又为330°，与地理上的祁连山系或附近地域也非常吻合。祁连山系与“西北昆仑说”的关系相当密切，地理地貌上祁连山从东南到西北正好为七级，与太谷白燕F504西北部“天门”级数正合。另外，《汉书·武帝纪》载：“二师将军三万骑出酒泉，与右贤王战于天山”，师古注：“即祁连山也，匈奴谓天为祁连。”语言学上也有不少证据。由此可见，天与祁连关联的密切程度。

（5）当然，周天星宿的形状，与《禹贡》、简牍等文献中所言的中国早期九州或文化风俗地理区域意义上的九州造型不会完全一致，所以太谷白燕F504的这一拟合不可能那么完美得与实际完全相符，何况古之九州本身也无法严格地界定间隔和形状。

（七）太谷县白燕F504与“九州”体现的地域关联的讨论

若太谷白燕F504地面可以视为“上古中国”地理的话，我们可以发现整个图案反映的“上古中国”古代的地形，与《禹贡》所描述的这类“九州”甚至是有些州之形状、具体位置及州与州的大概界线都颇有些相似，特别是《禹贡》中的雍州、梁州、青州、扬州等更是如此（图八）。

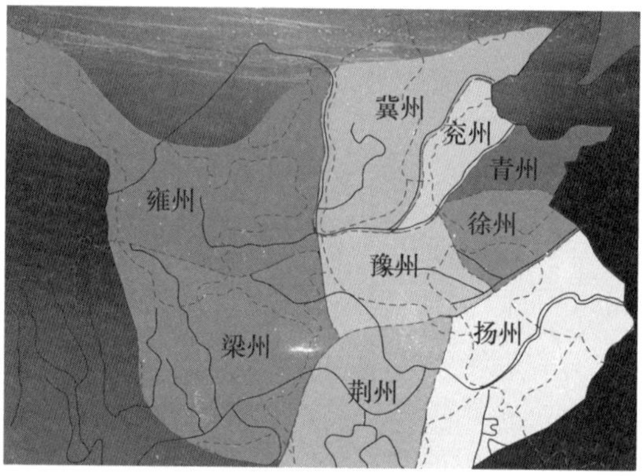

图八

《左传·襄公四年》记载：“昔周辛甲之为大史也，命百官，官箴王阙。于《虞人之箴》曰：‘芒芒禹迹，画为九州，经启九道。民有寝庙，兽有茂草，各有攸处，德用不扰。’”这类问题《尚书·禹贡》《书序》及上海博物馆所藏战国楚竹书《容成氏》、西周中期《遂公盨》等之中都有明确提及。

周运中先生认为[27]，《逸周书·职方》（《周礼·职方氏》）、《尔雅·释地》、《吕氏春秋·有始览》、《淮南子·地形训》和《容成氏》的九州互不相同，早期学者说《禹贡》是秦晋人“九州说”、《容成氏》是宋人“九州说”、《吕览》是秦人“九州说”、《地形训》是汉淮南人“九州说”、《职方》是燕赵人“九州说”、《释地》是鲁人“九州说”。

我们认为“禹贡九州”、“禹画九州”或“禹别九州”的说法至少是具有早期天文、人文和地理背景的。邵望平先生曾运用文化区系理论对《禹贡》九州进行了考古学探索[28]，为“禹贡九州”说是早期更具合理性的人文地理观的看法提供了实质性证据。诸多说法中，独“禹贡九州”既有其他常说的中邦及四周之几州又有在早期考古学文化方面特别具有区域特征的梁州[29]之状况也利于说明这一问题。

当然，太谷白燕F504所处的“庙底沟二期”之时还不会有九州政体之实，但是其也不是单纯的地理区域，这有助于说明禹时“九州”概念中还是包含有早期人们对于地理、天文、文化、风俗、资源区域的划分及相应之宏观认识和人文理念的。

（八）太谷白燕F504与有关“分野”问题的讨论

在中国古代，“分野”的思想很早就有了。依据文献记载及有关学者的研究[30]，

“分野”有多种模式，其中重要的一种是“星土分野”。

关于“星土分野”，有学者认为可以早到战国时期[31]，但是，有文献说明其可能更早。像《周礼·春官 》云：“保章氏，掌天星，以志星辰、日月之变动，以观天下之迁，辨其吉凶。以星土辨九州之地所封，封域皆有分星，以观妖祥。”郑玄注谓：“星土，星所主封也；封，犹界也。大界则曰九州，州中诸国中之封域，于星亦有分焉，其书亡矣。《堪舆》虽有郡国所入度，非古数也。今其存可言者，十二次之分也。”以前我们仅是从文献上予以推测早期可能存在“星土分野”的某些观念，但从未发现新石器时代的考古学依据。天如何与地对应问题，从古至今更是众说纷纭，而且各种观点提出的年代也颇晚。太谷白燕F504告诉我们，原始的“星土分野”思想在“庙底沟二期”之时已有端倪，虽然这一“分野”模式还主要是“蕴含于天地相应的思维模式”中的。

我们认为太谷白燕F504蕴含原始“星土分野”的思维，有重要理由如下：

（1）二十七（八）宿周天旋转，本无固定的位置，其与原始“九州”或“天下”人文地理区域的组合有多种模式，但该图却是同时表达了天、地两方面内涵，只有用原始“星土分野”的理念或“天地相应”的理念来解释这一对应关系才更为合理。

（2）龙山文化中期偏晚阶段的鹿台岗遗址以灰土隔离为九个黄土区域的Ⅲ号遗迹可能与地之别为九州思想有关（图九），这与州字的造字可相符。这些都利于说明处于仰韶文化晚期的太谷白燕F504具有“天分九部、地分九州”的原始内涵是有可能的。

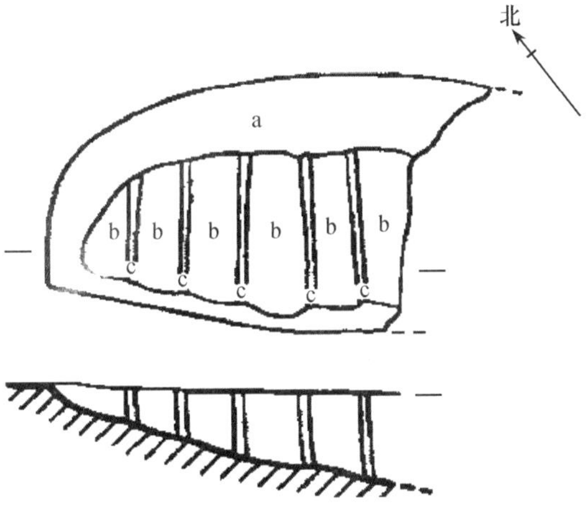

图九　鹿台岗遗址中Ⅲ号遗迹

（3）《吕氏春秋·有始览》谓天有“九野”，并且和星宿对应，其曰：“中央曰钧天，其星角、亢、氐；东方曰苍天，其星房、心、尾；东北曰变天，其星箕、斗、牵牛；北方曰玄天，其星婺女、虚、危、营室；西北曰幽天，其星东壁、奎、娄；西方曰颢天，其星胃、昴、毕；西南曰朱天，其星觜嶲、参、东井；南方曰炎天，其星舆鬼、柳、七星；东南曰阳天，其星张、翼、轸。”与这一情况相关的概念出现的时间以前认为较晚，从太谷白燕F504的北斗及周边区域看，可能在新石器时代已有初始意识。

诚如是，则在“天分九部、地分九州”、天地相应及周天二十七宿的前提下，结合《禹贡》九州、其他帛书和简牍中关于“九州”的记载以及“星十分野”的理论，参照太谷白燕F504的具体情况，我们认为太谷白燕F504蕴含的“天之九部”也应对应周天星宿，不过其对应的情况可能更为直观，那就是中天极星、北斗对应“地中”，与黄道、赤道均有关的二十七宿对应“地中”之周边。显然其与《吕氏春秋·有始览》所言“九野”与星宿对应的情况并不完全一致，这主要在于天文认知方面尤其是对于“钧天”或“中天”及其对应星宿的理解方面的不同，太谷白燕F504之“九天分野”更为简朴。

从太谷白燕F504之中的北斗造型看，在《史记·天官书》中所言符合实际星空的“杓携龙角，魁枕参首”及“天地相应”的情况下，“亚”字形或“十字架”之北方的区域应该大概对应“角亢氐”三宿。其他各区域应该和《禹贡》之“九州”有一个大概的对应。政治意义上《禹贡》“九州”的说法或某一程度的实践时代应该较晚，但是对于作为风俗文化和风物资源差别意义上的自然人文地域区块而言，这样的“九州”应该是很早就形成并且被时人认识了，所以这一对应虽然由于本文之“（三）”中（3）所论述之原因，二十七宿中的三个一组的星宿与太谷白燕F504所反映的古代近似“九州”的九大地域的具体对应部分不宜于全部论定。从太谷白燕F504看，至少其核心区对应北斗、极星、西南突出区域大概对应《禹贡》九州中的梁州、东南突出区域大概包括《禹贡》九州所言的扬州等内容，还是较为明显的。

（九）太谷白燕F504所属古史时代的讨论

我们认为虽然古代人将很多事附会于黄帝，但是此图的古史时代概属黄帝时代则应较为可信。主要论据如下：

（1）有关黄帝或黄帝族系甚或其中某一位圣者的一些传说，并不是像古史辨学派认为的那样为不经之谈。民族学等学术实践利于说明这一问题。

（2）从太谷白燕F504看，其“亚”为天之中心，被北斗所围，而这一中心在文献、考古材料及汉画像中常发现是黄帝所在（图一〇），即“黄帝坐明堂”。《河图握拒》言：“黄帝名轩，北斗黄神之精”，《孝经钩命诀》言黄帝：“母曰附宝[32]，见大电

图一〇　汉画像石中的黄帝

绕北斗枢星，感而怀孕，二十四月而生黄帝于寿丘。”从太谷白燕F504“亚”为天之中心并被北斗斗魁所围的构图情况与山东嘉祥武梁祠“黄帝乘北斗”图案几乎完全一致这一方面看，仰韶文化晚期及“庙底沟二期”早些时候也应属于黄帝时代。当然这一判断还基于有其他诸多的考古发现和文献支撑。

（3）从我们认识的太谷白燕F504所反映的大概地理范围看，其符合有关文献所论的黄帝时代某一时期的四至地域[33]，并且这一看法除文献依据外，还有较为宏观的考古学背景支持。

文献密集记载，郑州是黄帝的故里，也有密集文献记载甘肃天水是黄帝故里。像《汉书·人名表》中说：“有娇氏以戊己日生黄帝于天水”；晋郭璞《水经》载：“黄帝生于上邽轩辕谷”；《水经注》记载：“黄帝生于天水，在上邽城东七十里轩辕谷。”上邽城就是今天水市，在天水市之东35千米，就是清水县山门镇的白河村，该村之旁有轩辕谷，俗称三皇沟。

从考古学发现看，秦安县大地湾遗址在仰韶文化晚期，面积依然较大，还有F901一类的大型房子、地画、特殊的汉白玉权杖类高端器物等。附近庆阳南佐遗址这时也有王居贵宅之气。郑州地区此时的双槐树遗址面积达到110余万平方米，有三重巨型环壕、精美的蚕雕、规整的大型墓地、墓地祭坛、高等级居住基址、规模化的夯土墙等。郑州地区的汪沟遗址，面积达到60余万平方米，多重环壕，数万平方米的中心有较厚的修建时层层铺设纯净黄土和红烧土的广场、大型墓地之类。还有像西山城、大河村50余万平方米的环壕聚落，30余万平方米的青台三环壕聚落等。尤为重要的是，我们最近在荥阳点军台遗址又发现了一座仰韶文化城，时代估计会略早于西山城址或有共时性。

文献密集地记载秦安天水、清水附近及郑州为黄帝故里，恰恰在这一东一西两个相隔甚远的地域内，仰韶文化达到历史的高度，尤其在其晚期，全国范围内无出其右。因此说郑州和秦安地域附近在仰韶文化时期与黄帝密切相关应是有相当可信度的。文献又密集地记载黄帝部族“统一华夏”的战争过程，这些也间接说明历史上确实是有黄帝时代的。这一东一西两处遗址聚落群所在区域恰应是黄帝时代的重要政治经济和文化区域，并且郑州地区承担的应是核心和主角。于此以郑州为主的东西“两京制”或一主一辅似的枢纽，应该是控制整个中原及周边区域的。

从考古发现看，当时仰韶文化尤其是中晚期的影响已至长江、黄河和海河流域，也正好达到了文献记载的传统意义上所言的黄帝时代的地理“疆域”。

（4）此图“亚”形居北斗之中，但是又偏于全图的西北，这非常合于仰韶文化早期至于龙山时代中期时整个“上古中国”的人文中心区多在中国地理“西北”位置的情况。

（5）尤其重要的是，若我们论证的“天地相应”之观点较为可行的话，则太谷白燕F504的“亚”形区与黄帝族群早期活动的郑州、秦安之间的豫西及西北中心区极合。

（6）《潜夫论》曰：“伏羲相日角”；刘歆《世经》认为共工某一世在伏羲神农之间或女娲末年，共工战而不胜，使天倾西北；《春秋命历序》“神农始立地形，甄度四海远近，山川林薮，所至东西九十万里，南北八十二万里”；《春秋元命苞》“神农世怪儀生白阜，圆地形脉道”；《论语撰异考》“黄帝受地形，象天文以制官”；《帝工世纪》言“神农之王天下也，地东西九十万里，南北八十五万里……及黄帝受命……推分星次，以定律度”；《论语识》载“轩知地利，九牧倡教”。这些文献记载的不会都是事实，但是有可能说明黄帝时期有关地理、天文认知的某些方面，自然也说明黄帝时期具备太谷白燕F504所反映的天地知识是有可能的。

（7）太谷白燕F504所处的时代虽然应是一个非实际统一的时代，但是其蕴含的天地理念等却反映了时人存在大概对应《禹贡》或稍晚时期“文化地理中国”范围之全局的思维概念。这也容易理解，因为即使是一个纷乱零落的时代，天地之学的研究者也有可能是按照这样的天地图来整体理解、思考和观察世界的。

从考古发现看，太谷白燕F504所反映的应“天中区域”之陕、晋、豫、甘几省或曰泾渭洛水流域的“人文地中”，正是仰韶文化以至龙山时代、三代的中心区域（仰韶文化中期之末及晚期，郑州区域已是政治、经济、文化中心）。太谷白燕F504所反映的地理范围又恰与传说中的黄帝时代某一时期四至大概相符，而文献和仰韶时代考古学材料又确切地表明，那时正是一个形式上可能具有某种统一“中国”之特征的时期。由此，我们认为太谷白燕F504所反映的天地思维及其他认识，应与黄帝时代有关，黄帝时代确实有可能已具有了明显追求“中国”统一的意识形态雏形和某种程度的社会实践。

顺便提及，我们并不认为只有仰韶文化中期的庙底沟类型与黄帝时代有关，我们认为仰韶文化晚期时仍属于中国历史上的黄帝时代。

（十）太谷白燕F504与文献中有关明堂类建筑联系的讨论

有关明堂的来历和功能，历来是众说纷纭。有人认为是古代天子诸侯宫室之初名，待宫室齐备，则仅于近郊东南存之，示意不忘本；有人认为是古代议政、听朔布政之场所；有人认为是下为布政、上为观氛祥的灵台，或又与通天屋有关；有人结合国内外的民族学材料，认为明堂实际就是用于公共事宜的集会房、会所或男子公所；有的认为其可用于祠上帝、圣祖及其他神灵[34]。

另，《史记·天官书》所说的：“东宫苍龙房心，心为明堂”中的“明堂”是一个比喻的说法，意思是说心宿像“明堂”一样拥有中心地位[35]；明代著名堪舆家和医学家缪希雍《葬经翼》以墓前水聚处为明堂。其他堪舆、医学及道术中也有不少相关内容，其中有的内容较晚或具有比喻意义，此不赘述。

依据文献记载，明堂在不同时代特别是早期，其具体的名称也有所区别。《尸子》《三辅黄图》等文献记载说，明堂在黄帝时称“合宫”，夏时候称“世室”，商时候称“阳馆”或“重屋”，周时才称为“明堂”，以后从之。学术界关于这一问题的讨论，历代不绝，聚讼不已。

至于明堂之“明”，也有不少相关解释：《古今图书集成》卷一七八引《吕氏春秋》曰：“周明堂外户不闭，示天下不藏也”；《明堂大道录》认为明堂之“明”为“天下为公”时代使然；《孝经援神契》认为向阳受光为“明”；《逸周书·大匡》言明堂所以明道也；《考工记·匠人》郑玄注明堂，“明堂者，明政教之堂”；《续汉书·礼仪志》刘昭注引《新论》，“天称明，故曰明堂”；蔡邕《明堂月令论》记载，“明者，南方之卦也。圣人南面而听天下，向明而治，人君之位，莫正于此焉。故虽有五名，而主以明堂也”。

关于明堂的形制，更是诸说驳杂、莫衷一是，用王国维先生的话讲就是，“古制中之聚讼不决者，未有如明堂之甚者也”[36]。其形制的宏观，从文献所言来看，总的来说有三类：《周礼·考工记》所言的五室明堂；《吕氏春秋·十二纪》等所言的“一太室四堂八个”式明堂；《大戴礼记·盛德》所论的九室明堂，这种明堂，以茅盖屋，上圜下方，以水环之曰辟雍，或可曰即古之太学。

还有一些具体说法：

《淮南子·主术》所言的明堂“有盖而无四方，风雨不能袭，寒暑不能伤，迁延而入之”；《淮南子·本经训》“古者明堂之制，四方之风弗能袭……土事不文，木工不斲，金器不镂，衣无隅差之削，冠无觚赢之理；堂大足以周旋理文……。以享上帝、礼鬼神，以示民知俭节”；《史记·封禅书》载公王带所献黄帝时明堂图，“中有一殿，四面无壁，以茅盖，通水，圜宫垣，为复道，上有楼，从西南入，命曰昆仑。天子从之入”；《吕氏春秋·召类》“周明堂……茅茨蒿柱，土阶三层”。

汉代以来的各种说法大多是以上述几类记载为依据并运用“五行八卦说”而进行各种类型的发挥。近人王国维先生曾经广引古籍金文，并详细讨论了历史上几乎所有学者有关明堂形制的各种说法，结论认为明堂的造型应为“亚”形[36]，他同时认为寝庙、明堂、宫室实为一制。顺便提及，上述明堂中的“亚”形符合《礼记·月令》《礼记·明堂位》及有关“太室”的金文记载：其方向为四正。陆思贤先生根据相关材料认为考古材料中的八角形符就是大家苦苦寻求争论不休的明堂造型[37]。其他一些学者则大多认为最早期明堂不过是“会所”而已；而“亚”形明堂则是战国时阴阳家的设计，最早出现实物的时代为汉代或更为具体的王莽之时。

至于明堂的起源时间，汉代以来多以其起自于黄帝[38]。另，战国时也有人认为在神农时已有明堂，像《淮南子·主术训》言“昔者，神农之治天下也，……礼于明堂”。

就上文所论的有关材料看，本文所讨论的太谷白燕F504与文献中记载的各类明堂的形制内涵应有一定的联系，同时也有不少更为特别之处，兹作论述如下：

（1）公王带所献的所谓黄帝时的明堂图，大多数学者认为其存有古义，而太谷白燕F504与之特别相似的一条是就是西有“昆仑道”，这恐非巧合。从《史记·封禅书》对于公王带所献明堂图的整体叙述看，文中的“命曰昆仑”之“昆仑”，实际应是复道名称，而不是整个建筑的名称，虽然整个建筑与有关古文献中关于“昆仑”特性的记载有相关的地方。

（2）我们知道，在有的文献中明堂与通天屋或观天之氛祥的“灵台”有关，而太谷白燕F504正具备这一功能，像其上端的若《周髀算经》所谓的“璇玑”之开口可视为观测孔，室内的“亚”形及北斗七星、周围星宿完全可作为一个礼仪或形式上校正定位的象征坐标系，也可象征一个涵盖天地的全息场所。

（3）《尸子·君治》、阮元《揅经室集·明堂论》及阮逸《中说·卷七·述史篇注》中所说的黄帝时明堂称为“合宫”，王国维先生认为是四堂合为一，我们以为早期也可能存在类似太谷白燕F504的九室合一的现象。同时晚期九室明堂之“九”除了受到“九宫”之思想影响外，还有可能受到《九宫经》思想的影响，其中的“九”最主要的含义与方向有关。

（4）《三辅黄图》记载：“明堂者，明天道之堂，所以从四时，行月令，宗祀先王，祭五帝，故谓之明堂。”《大戴礼·感德》载：“明堂所以通神灵，感天地，正四时，出教令，崇有德，章有道，褒有行。上员象天，下方象地，八窗象八风，四达法四时，九室法九州，十二座法十二月，三十六户法三十六气，七十二片属法七十二候。明堂阴阳，王者之所以应天也。明堂之制，周旋以水；水行左旋，以象天。内有太室，象紫宫。南出明堂象太微，西出总章象五演，北出玄堂象营室，东出青阳象天市。上帝四时各治其宫，王者承天统物，亦于其方以听国事。”从这些论述看，这类明堂特征与太谷白燕F504的上法天、下法地的形式也非常符合。

（5）上文已论明堂的主要功能之一是用来“祠帝”的，而《史记·封禅书》载齐人少翁云：“上既欲与神通，宫室被服非象神，神物不至”，所以明堂的造型应具备一定的天的特征，这样才能使上帝至，太谷白燕F504完全具备这一特征。

（6）古籍中未记载有明堂为地穴窑洞式结构的，笔者认为这不会影响我们视太谷白燕F504与有关明堂造型内涵有某些相似方面的判断，因为在白燕地区及附近的岱海地区，其时这类地下、半地下建筑非常风行。

（7）顺便提及，“明堂”何以为“明”，从上文的讨论及太谷白燕F504这一特殊的建筑看，最初的本质原因可能较为繁复，但是也可能存在这样一种可能：该建筑结构和内涵中蕴含有明亮的极星、北斗。

另，考古学发现中国古代有诸多与“亚”形有关的礼仪类建筑遗迹。三代以前的除了本文所论的太谷白燕F504之外，还有八十垱弧边菱形建筑基础（图一一）[40]、鹿台岗龙山文化阶段的I号遗迹（图一二）[41]、商代王陵（图一三）[42]，等等。这其中，太谷白燕F504之“亚”形显然与“天中”“地中”都

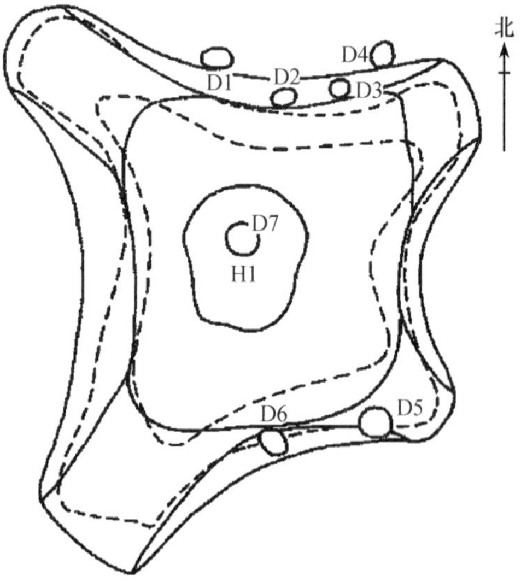

图一一　八十垱弧边菱形建筑基础

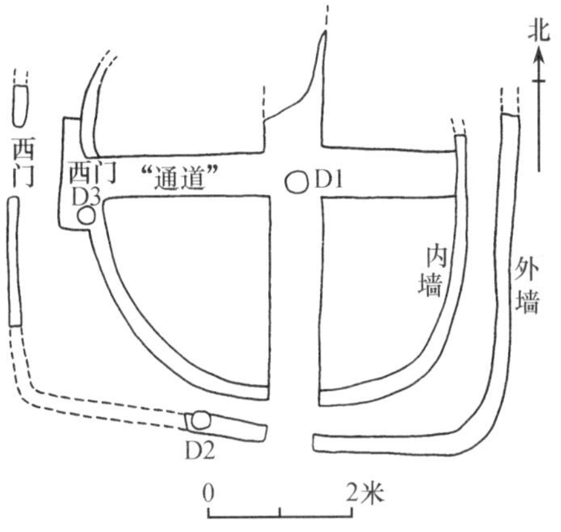

图一二 鹿台岗Ⅰ号遗迹

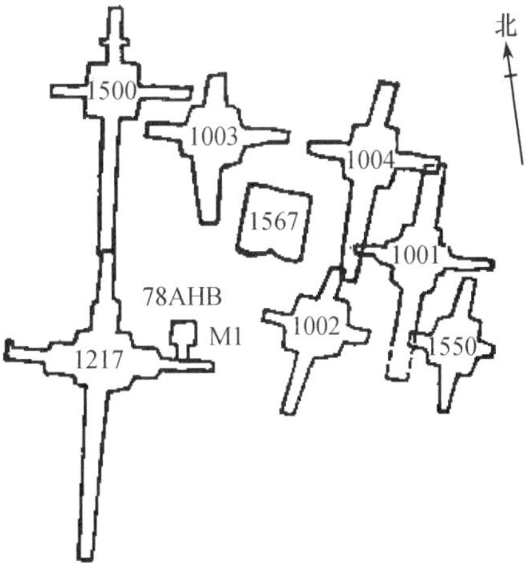

图一三 商代王陵

有关；鹿台岗I号遗迹中的“亚”形与四正同方向，显然与象征性“地中”可以关联，又由于其处于圆形之中，所以又可能同时与“天中”关联，这样的话整个建筑就可象征“天地之中”了；彭头山弧边菱形建筑基础，非常类似菱形真太阳，或由魏格拉弧及相关洛维茨弧组成的太阳大气光象，所以不应是与四向方位相应的天下或天上之中心；商代“亚”形王陵，从商人高度崇拜太阳神并以十天干取名号以及周初商人有“亚”形石主的情况看，此一“亚”形应该与商人崇拜的太阳有关。太谷白燕F504在天地相应方面与所述这些蕴含“亚”形建筑中的鹿台岗龙山文化阶段的I号遗迹较为相似。鹿台岗I号遗迹周边还有两组遗迹，我们认为与天地之学均有关联，像III号遗迹有可能与“地之九州”有关，II号遗迹（图一四）有可能与太阳神话有关，还有一处遗迹H75可能与《周髀算经》中所言的立体“璇玑”有一定程度的类似（图一五）。若诚为样的话则非常利于说明太谷白燕F504与“天地之中”的相关性[43]。

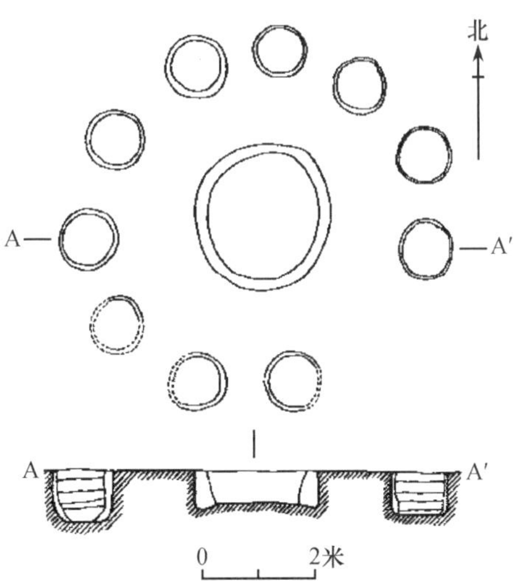

图一四 鹿台岗Ⅱ号遗迹

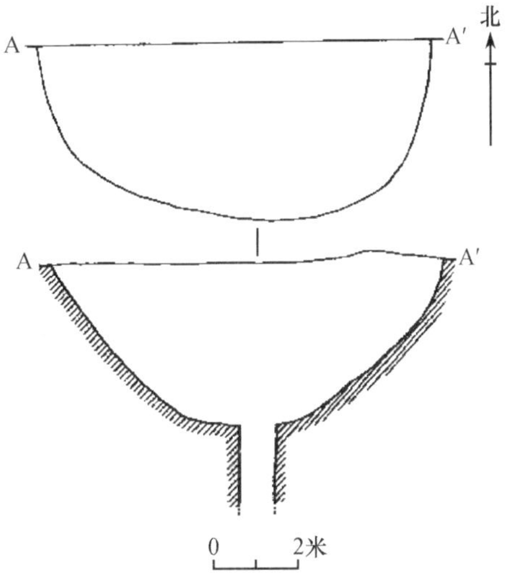

图一五 鹿台岗H75

若前述学者所论，从民族学看，最早的没有特别数术历法意义的“会所”“长老室”等在当时就相当于是晚一些的明堂性质的建筑，这类建筑宽敞明亮，与晚期的明堂在明亮这一特征方面符合。再从所述考古材料看，世室、重屋、太室等具有一定礼制的晚期明堂之“明”，除了本身宽敞采光好之外，还可能有其蕴含天中极星或及北斗之光使得其明亮的原因，建筑结构中蕴含太阳之光亮和宽敞，因而符合明堂之“明”的现象应该不是蕴含“天地相应”等高端礼制内容的明堂为“明”之核心原因。

当然蕴含“亚”形的与数术、历法、占卜相关的“式图”类造型，虽然形状也与一些晚期明堂类建筑基础相似，但是从较为规范的明堂从文献、早期特殊建筑及晚期诸多材料看，绝大多数是蕴含“天地之中”的，但是“式图”本身中心不是太阳。

（十一）有关“天地之中”的讨论

从所述的讨论可知，太谷白燕F504图中的四维“亚”字形或四维“十”字形尤其是其中心应代表天极或“天中”；又因其同时是一幅“中国”地理图，并且天图明显表现出“天倾西北”的特征，在“天地相应”的理念下，其中心又代表人文意义上的“地中”，并且我们可以得出更丰富的认识：太谷白燕F504反映了当时存在认为与极星（或极星位置）及北斗相应的“人文地中”在“上古中国”西北的认识；又依据盖天说“天倾西北”的观点，当时应该有人认为真正的“地中”应在“人文地中”的东南。从太谷白燕F504图示看，即在过“亚”字形中心的东北—西南一线的“亚”形中心之东南，又从前文“地分九州”的具体讨论看，也即是今郑洛地区及其附近一带。

（十二）太谷白燕F504与“式盘”的关联问题

太谷白燕F504蕴含天地结构，其中的“亚”字形不仅表示“天中”，也表示“地中”，并且又蕴含四维，这就和方位及太阳出入的时空可以联系了。

我们知道，中国早期的日廷图、式图、式盘、博局镜等相互之间密切相关，但是早期的日廷图和考古发现的秦时期的式图，内涵属于日书讨论的范畴，即使是《周礼·大史》所云大史所抱的“天时”即郑众作注所称的“式”，也应是这样。所以，有的学者认为汉代以来的有天盘、地盘的“式盘”，可能是新出现的[44]。

不过，我们看到，受“天地相应”概念及“盖天说”影响而出现的新石器时代不少考古遗迹，像本文讨论的太谷白燕F504、鹿台岗I号遗迹与西汉以来的“式盘”均具有相似的一面，这也说明晚期“式盘”设计中的“天地相应”结构及周天星宿一周设置等等方面实际也有早期的理论和实践，虽然具体的目的并不都是一致的。

中国新石器时代也有不少与太阳（大气光象）有关的蕴含“亚”形的结构，像柳林溪遗址陶支座顶面的与太阳大气光象有关的一些图案[45]、高庙文化有四缺口的圆形太阳大气光象[46]、半坡人面鱼纹盆沿面的“箭头符”或“箭头符+直线（束）”组成的图案、灌云县大伊山（图七，1）、双墩等遗址出土的十字形四“箭头符”组合的图案等等。我们发现，这些图案与早期的周家台秦简《二十八宿占》“式图”（图一六）、孔家坡汉简《日廷》图（图一七）非常相似。不过很明显，这些“式图”主要是运用五行、方位等理念来占卜的，其核心表达的不是太阳本身，所以在笔者以为，其不过是与所述有关蕴含“亚”形结构的太阳（大气光象）图像相象罢了，或也可以说其与太阳大气光象图只是表面造型类似而已，其实是两个体系。

另凌家滩玉版（图一八、图一九），不少学者认为其与“洛书”或“河图”有关。像有

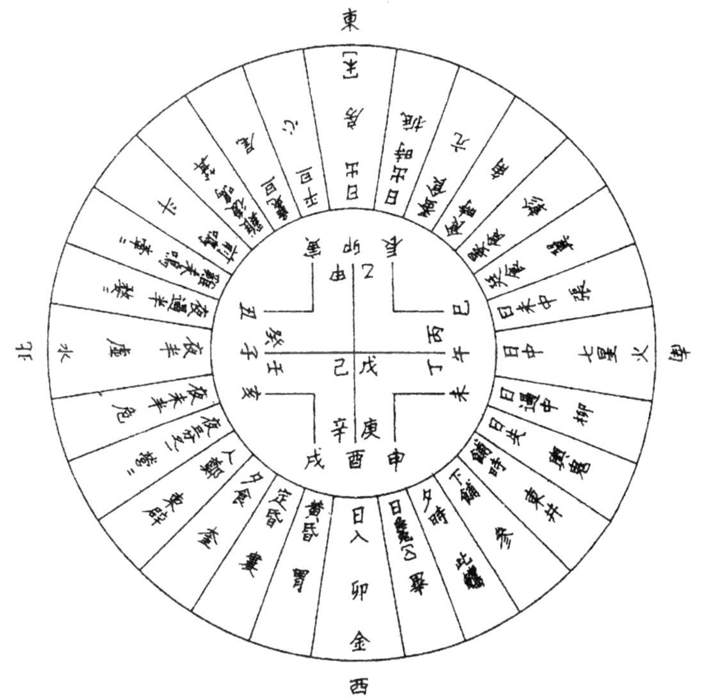

图一六　周家台秦简《二十八宿占》“式图”

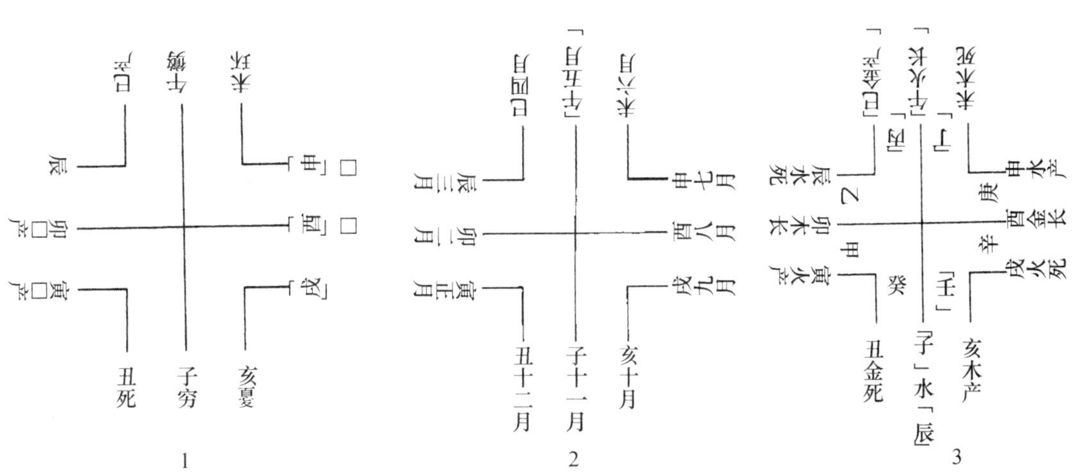

图一七　孔家坡汉简《日廷》图

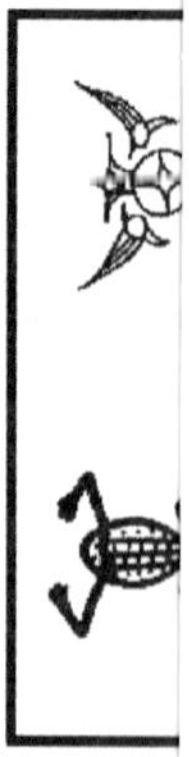

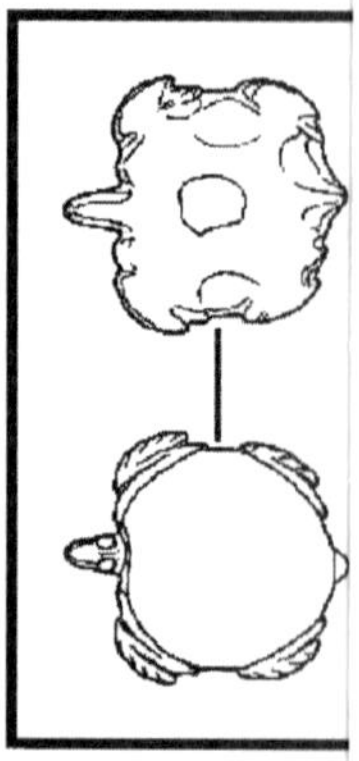

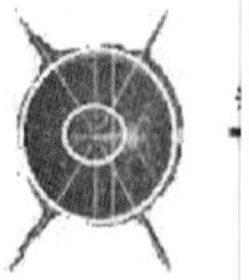

学者认为其中间为八角形太阳，八个圭形相当于八方，蕴含八卦，再外侧四个圭形为四维[47]。这一组合与有天盘、地盘的“式盘”确实非常相似，不过我们发现以下几条原因不完全支持以上的判断：

（1）早期八卦图像，就我们现在的考古发现及从有较为古老特色的彝族八卦图之类的材料看，还没有以太阳为中心的。虽然我曾经见到过在一副时代很晚的美洲阿斯特克文化太阳历法图中，以五个太阳组成整体又以拟太阳大气光象形的太阳神鸟为中心的图像四周有类似八卦的造型，但是我还没有找到其确切来源，这很有可能是现代有关学者为探讨其与八卦的关系而制作的不符合初始原理的说明图。

（2）从柳林溪遗址陶支座顶面的与太阳大气光象有关的图案及其他“米”字形太阳或太阳大气光象看（图二〇），八芒太阳或以八个方向光线表示阳光是史前太阳（大气光象）常见简单易绘、易刻的表示方法。凌家滩玉版八角形是太阳，在凌家滩玉版中用来表示太阳的核心，其外的八个圭形实际应是表示八角形太阳之光芒的。这里需要强调，图二〇之八道光带的装饰中，四正与四维并不一致，这利于说明其为包括太阳柱、幻曰环、海内克弧等的太阳大气光象，而非简单的八道太阳之光。

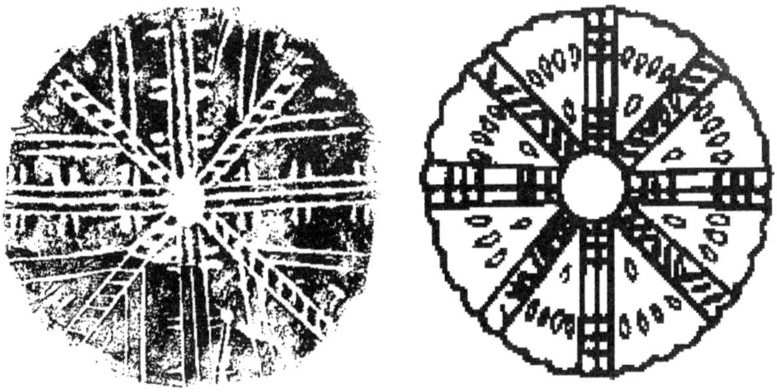

图二〇 柳林溪出土陶支座

（3）凌家滩玉版内涵非常特殊（图一八、图一九），其中一方面，是其与弗利尔玉璧“三层昆仑台”[48]符号框内的太阳大气光象神鸟图像一样，两者都是包括真太阳、海内克弧等太阳大气光象的。

（4）同样是凌家滩遗址，其中的负八角形及双猪占据翅膀位置的神鸟玉器（图一八，6），我们已确切地证明了其相应于较为全面的太阳大气光象（图一八、图一九）。于此，同一遗址的八角形纹，不太可能还会同时代表极星或北斗之类。同时我们还发现凌家滩遗址出有八角形纹和四正四维方向的图案共存于一个“纺轮”的两面（图二一），我们可确切地证明这一“纺轮”一面中心的八角形为太阳，另一面中心造型为四正四维方向的图案为太阳大气光象，而与八卦没有关联[49]。

（5）《史记·封禅书》《索隐》引解道彪《齐记》云：“……天齐泉，五泉并出，

图二一　凌家滩出土陶纺轮

有异于常，言如天之腹齐也”，其中的“天齐”即“天脐”，若“腹脐”一样位于“天的中央”。有的学者认为这一“天脐”即为太阳；公元前7、8世纪中国西南地区铜鼓中心的太阳也被当地称为“脐”；阿斯特克太阳历石中央的托纳蒂乌鸟（TO—NAITIUH）太阳神也被有的学者称为“天脐”。于此则太阳似乎可以作为八卦图像及式盘中“天盘”的中心。我们认为，这一称谓只是比喻性的说法，时代也晚，与四象八卦理论的图像化或“式图”“式盘”类图像也不契合。并且到目前为止，就个人所知，至少还未发现早期与八卦有关的图像中间造型是对应太阳的。由此可见“太阳天脐”说与“式盘”及“式图”并不相容。

当然，凌家滩玉版可能也附有其他内容，像四面穿孔之数可能蕴含洛书数理，线条及外圆周之四维的构形，可能也蕴含有日晷数理，等等。这种在一种器物上附加其他内容或在表达某类明显对象的图像中通常以数理等形式融合其他内容，是一种较常见的现象。

四、余　论

中国古代的文明史是非常悠久的，大部分文献也客观地记录了这一过程。20世纪初，古史辩学派在许多方面作出了贡献，但是也有些识辨把许多真实有价值的文献记载连同问题批量地抹杀了。时至今日，又出现了不少新疑古主义者。表面看，他们是承认有三代，但却不相信三代文化主体具有高度地连续性；他们是十分看重考古材料，但却不时地走入“陶器误区”，并十分严词地说他们的观点是以考古材料为依据的！他们确实是划分出了一个又一个考古学文化，但他们不认为这种考古学文化在有些情况下仅是进行考古学研究的一种有效的技术性手段，不认为它们在有的情况下尤其是新石器时代晚期以来的中原地带有时仅为族群共同体文化的不同层次或不同的地域性文化，甚至将有关文化的地域及家族文化的差异扩大为民族或族群文化的差异，忽略族群文化的动态特征而无视族群形成、变异的历史。总之，他们是不同意古史辩学派的有关“文献中的中国古史是层累的结果”的论断，但是他们自己却正在所谓的尊重考古事实的口号下有意无意地层累出新的古史！我们认为，不能在“反传统”思维的主导下带着否定古史的初始目的去辩史、去释史，更不能像“新疑古主义”者那样错误地运用考古材料去看似合理地否史或附史，而是要在既重视考古材料又重视有关早期古史主体记载的学术思想指导下[50]，去辨识、求证和完善中国的上古史。在这其中，尤其要注意对考古学文化及中国古代文明的本质内涵的界定。我们尤其不应拘泥于任何信古或疑古学派，其实对于整体学术研究的方法论而言，两者何为优劣，其本质上基本都是伪命题。古文献记载结论的可信真实与否，都需要有科学的证据，无论对新旧文献的解析还是对新旧考古材料的研究，都不应是单向的，互相印证可能是最靠谱的方法了。像讨论文献中有关黄帝及其时代的记载，既要辨证文献，还应观察地下材料，否则对于诸多古史问题尤其是早期问题，很难取得相对明晰的判断。太谷白燕F504及其他仰韶文化遗址的发现，当让我们对文献中有关黄帝的记载有更多视角和更确切地审思，运用这样的方法，我们就会对文献记载的中国从很早就可能在政治和信仰方面出现了名义上或思想上的天地相应、四海一元的状态之论有更为科学的思考了。

五、结　语

太谷白燕F504具有极其重要的学术价值，如果上述与古史、古地理、古天文等有关的一些讨论具有一定的合理性，则其将为早期中国古代文明的研究找到了学界最为关注的、也是中国早期古代文明中最为重要的几个基点。值得一提的是，这幅“图案”非常有助于我们对与夏王朝开国有密切关系的“九州制度”及中国古代国家区域形成及“分野”等问题的理解。由此，在参照有关文献的情况下，横向关联并向早晚延展，则有关中国古代早期文明等问题的研究也将会更具有考古学基础，以及逻辑性和可操作性。

2000年12月13日完稿于
“夏商周断代工程”夏文化子课题——新砦遗址发掘项目工地
2016年8月3日修改于郑州兰轩，2018年3月15日修改于甘肃正宁

注　释

[1] 晋中考古队：《山西太谷白燕第二、三、四地点发掘简报》，《文物》1989年第3期。

[2] 这里需要提及的是，此图绘得比较标准，但是平剖图有的并不严格照应，尤其是西北—东南向平剖图的西北部剖线不全，而且未见有关原因的说明。

[3] 注意，其为七个圆中最大者，详见下文。

[4] 原简报称为“小口壶”。

[5][9][20][22] 冯时：《中国天文考古学》，社会科学文献出版社，2001年。

[6] 该九个陶罐连城北斗造型，附近还有纯净的三层黄土构成的“昆仑”似造型的土台以及瓮棺、人祭等，时代为仰韶文化晚期。其中三层黄土台位于斗魁之口的方向，应当呼应天中或极星区域。九星中的另外两星与文献中记载的“玆”“招摇”或“辅”“弼”二星位置皆不符，当是另外的恒星。

[7] 1993年10月在湖北省荆门市郭店村楚墓发掘“太一生水”竹简。该墓建于公元前4世纪中期至3世纪初，为战国中期。

[8] 石璋如：《“月比斗”与“夕比斗”》，《古今论衡》2002年第7期。

[10] 张珺：《谁把十万年前的北斗七星刻入龟石》，中工网文化频道报道。

[11] 神人或饕餮脸部“印堂”上的“明堂”位置的一个菱形对应太阳22°晕之上切弧中间的菱形高光区。同时是拟合鸮之额头处的生物素描特征的。相对于神灵“介”字形冠而言，从高庙文化、河姆渡文化、大汶口文化等之中的诸多与太阳有关的刻划符号看，也可同时呼应菱形真太阳。

[12] 包括非四正的四维方向。

[13] 古代有以树表示封域的。

[14] 卜辞及金文中与职务有关的“亚”字与此有别。

[15] 有的不一定位于其中，应与书写形式有关。

[16] 王仁湘：《四正与四维：考古所见中国早期两大方位系统——由古蜀时代的方位系统说起》，《四川文物》2011年第5期。

[17] “亚”形上有路土。

[18] 类似《周髀算经》中所载“璇玑”的剖面。

[19] 这一“仪器”是在所述“天地相应”思维下的产物，并不同于一般“璇玑玉衡”仪器说的内涵。

[21] 太谷白燕F504西北的门这一位置及附近，从相应地理的角度看，应属于古雍州范畴。《史记•封禅书》说，自古以雍州积高，神明之隩，这正与《山海经·海内西经》所言西北为“帝之下都”的文献记载和神明方位文化观相符。

[23] 这里予以说明的是，具体的韵部主要依王力三十韵部为准，内容见王力：《汉语音韵学》，中华书局，1981年。

[24] 陈炜湛:《商代甲骨文金文词汇与〈诗·商颂〉的比较》，《中山大学学报》（社会科学版），2002年第1期第42卷（总175期）。此文曾在广州第五届全国古代汉语学术研讨会上宣读（中国社会科学院语言研究所古代汉语研究室、《中国语文》编辑部、暨南大学华文学院联合主办，2000年8月）。

[25] 从高庙文化以来的材料看，早期考古学中的三层遗迹造型主要是来自于太阳大气光象的造型，与传统意义上对应极星、“天中”和“地中”的“三层昆仑”内涵不一致。

[26] 见《淮南子》之《兵略》、《天文》、《原道》及《国语》韦昭注引贾逵语等。

[27] 周运中：《论九州异说的地域背景》，《北大史学15》，北京大学出版社，2010年。

[28] 邵望平：《〈禹贡〉九州的考古学研究——兼说中国古代文明的多源性》，《九州学刊》2卷1期（1987年9月）；邵望平：《〈禹贡〉九州风土考古学丛考》，《九州学刊》2卷2期（1988年1月）；邵望平：《〈禹贡〉“九州”的考古学研究》，《考古学文化论集》（二），文物出版社，1989年。

[29] 《淮南子·地形训》中的西南戎州恐怕与梁州也无大概对应关系。

[30] 李勇：《对中国古代恒星分野和分野式盘的研究》，《自然科学史研究》1992年01期。

[31] 陈遵妫：《中国古代天文学简史》，上海人民出版社，1955年。

[32] 《宋史·符端志》为“符宝”，《路史》为“符葆”。

[33] 《史记·五帝本纪》言黄帝“东至于海，登丸山，及岱宗，西至于崆峒，登鸡头，南至于江，登熊湘，北逐荤粥，合符釜山，而邑于涿鹿之阿。迁徙往来无常处，以师兵为营卫”。按：崆峒即今六盘山东平凉市西北或在岷县附近；另《汉学堂丛书》辑唐李泰《括地志》言笄头山即黄帝问道于广成子处。其实，黄帝问道于广成子处在密县封侯顶西南四十里处也有一处，附近区域至今尚有“问道祠”，此可能反映了东西地域黄帝族的足迹都很丰富。《易林》又言：“黄帝出游，驾龙乘凤，东上太山，南游齐鲁”，从考古发现的大汶口文化、仰韶文化的关联度和时代特征看，应是有可能的。《史记·五帝本纪》又记载：“黄帝时……天下名山八，而三在蛮夷，五在中国，中国华山、首山、太室、太山、东莱，此五山，黄帝之所常游，与神会。……黄帝郊雍上帝……死葬雍。”这也大概说明了汉代人认识的黄帝族势力范围。另，从《淮南子》《周礼·职方氏》之中的“九山”及《左传·昭工元年》九州之险的“六山”看，医无闾、衡山、会稽山盖为在蛮者，与我们认为的太谷白燕F504所反映的地理范围也是相符的。

[34] 《史记·封禅书》载：“周公即相成王，郊祀后稷以配天，宗祀文王于明堂以配上帝”、“天子封泰山，泰山东北趾古时有明堂处，处险不畅。……以拜祠上帝焉。……及五年修封，则祠太一、五帝于明堂上座，令高皇帝祠对之。祠后土于下房（作者按：《仪礼·士丧礼》有下室，王国维先生在讨论寝庙之制时，认为此下室是南向之室），以二十太牢。天子从昆仑道入，始拜明堂如郊礼。”

[35][37] 四象之一苍龙的中心。

[36] 王国维：《明堂庙寝通考》，《观堂集林·附别集》，中华书局，1959年。

[38] 陆思贤：《神话考古》，文物出版社，1995年；陆思贤、李迪：《天文考古通论》，紫禁城出版社，2000年。

[39] 后人多依据伪托黄帝所作的《九宫经》得此认识。

[40] 湖南省文物考古研究所：《彭头山与八十垱》，科学出版社，2006年。

[41] 郑州大学文博学院、开封市文物工作队：《豫东杞县发掘报告》，科学出版社，2000年。

[42] 商代王陵有的为“亚”字形，方向与“四正”并不一致，应该是代表太阳形的十字，这一十字太阳纹，不宜理解为普通的单纯的太阳四道光芒，准确地说其应对应太阳柱及太阳高度角很低时的幻日环的一部分，这与包括商代的古人重视早晚的太阳也有关，商代卜辞中的“宾日”礼

就是这一文化的反映。

［43］ 太谷白燕F504之“亚”形为四维，鹿台岗I号遗迹“亚”形为四正，两者都与表示方向有关。

［44］ 黄儒宣：《式图与式盘》，《考古》2015年第1期。

［45］ 我认为与太阳柱、幻日环一部分及海内克弧有关。同时中国新石器时代以来的陶支脚、鼎足等经常刻划有与太阳大气光象有关的图案，像新地里遗址就出土有这类良渚文化陶鼎足。也有的制作为与太阳有关的猪形。

［46］ 亦即一种特殊的“亚”形，中间为代表真太阳神的四獠牙神兽，整个造型似神兽之首。芦山峁之石峁文化式玉器中也发现过这类四缺口的圆形亦即特殊的“亚”形玉器（图七，3）。

［47］ 陈久金、张敬国：《含山出土玉片图形试考》，《文物》1989年第 4 期；李学勤：《论含山凌家滩玉龟、玉版》，《中国文化》1992年第1期。

［48］ “三层昆仑台”来自于太阳柱及相关附属光气，“三层”及“三个一组化”现象自高庙文化以来就开始出现，“三层昆仑”太阳柱的表示法在良渚文化、大汶口文化、崧泽文化中表现明显，龙山文化以来的神面及来自整体太阳大气光象的“蹲踞式”神圣造型也蕴含着“三层昆仑”，淮阴高庄战国时期的铜器刻划的“蹲踞式”神人、龙蛇组成的“蹲踞式”图案与三层神山的组合图也是这类文化的传承和体现。高庙文化中有一类“三个一组”的造型，有时是指太阳圆形光盘上端的三道光芒，有时也可以是裸视到的太阳柱及附属光气，不过不太可能是真太阳及22° 幻日的光芒形组合。河姆渡文化、大汶口文化、龙山文化时期，则较为盛行“五个一组化”的羽化图案，可能是受到了曙暮光造型的影响，甚或就是真太阳及曙暮光的组合。

［49］ 该四正四维方向上的光气明显是相互关联的，尤其是四正方向的光气形成闭合的“亚”字形，正是太阳柱方向和幻日环部分的光气组合，有的反映太阳中心十字形或曰菱形及其周边光气组合的图像几乎都是光气围绕的，像赵陵山良渚文化陶器盖上的图案即被有的学者称为“族徽”的图案，实际即是菱形的太阳中心（包括太阳柱及幻日环部分的造型）及周边光气的组合。顺此言明，新石器时代以来，有的陶器盖是用以表现太阳大气光象的，有的器盖高度对应一些特殊的由于逆温层效应形成的特殊太阳大气光象。

［50］ 中国考古学的发展史一次次实证地说明了汉以前的相当规模的文献中记载的中国早期古史的可信性。我们说“信史”，必须包括甄别古史真伪，在这方面我们与古史辨或疑古学派基本一致。不过与其不同的是，在于如何对待早期文献和古史记载甚至是传说的初始态度。诸多考古发现说明，对待中国早期历史记载，采取这样一种“信史”的学术态度，即使在学术的技术路线上也可能是一种优选的方法。

后　记

过往的时光，如天际的行云一般！不经意间，我从事考古工作已经有20个年头了！20年，对于一个人的阅历尤其是学术事业而言，应该到了一个需要总结的时候了。对于做考古学研究的工作者来讲，出版一本论文集可能是较好的形式之一。

说起这本论文集，实际上10年之前即2008年已经送交出版社了，但是由于繁忙于其他事务的原因，以至于10年之后才重启出版事宜。本论文集的大部分文章都是已经发表在各种期刊和国际国内学术会议或论文集中的文章，有些文章虽然在2008年的时候还是新文章，但近年已逐步发表了。

本论文集的主要内容集中在田野考古和早期艺术史两大方面，其中很多观点时至今日依然没有太多的改变，但是也有不少观点我已有新思。之所以依然纳入本论文集，自然是希望以此见证自己学术研究的探索历程，当然也希望说明学术认识的变迁和新观点的提出是有一定的承续的。

本论文集也有一篇文章较为特殊，其既算是旧文章也算是新文章，这就是《太谷白燕F504古天文学及古地理学内涵研究——并新论“亚形”“九州”“分野”“明堂”等相关问题》一文。该文是我2000年12月在“夏商周断代工程”新砦遗址考古工地写成的，中间也曾与李伯谦、郝本性、武家璧等先生谈论过。其间概历18年，我的有些观点又有所调整，发表之前又做了一定的修改，所以该篇文章既有当年的观点又有我最近几年的学术新识。

2013年以来，我的主要学术关注逐步集中于仰韶文化中晚期考古、中国早期彩陶内涵探讨、东西方彩陶文化交流、太阳大气光象考古、鸮文化研究、公众考古学传播等方面，本论文集中除一篇文章略有牵及之外，相关成果均未收入，因此本论文集只代表我2013年之前的学术研究重点及学术认知。

本论文集的有关观点，仅仅只是自己的学术感悟。本人愚钝，不敢称为成果，然而，希望为一些问题的解读做些许简朴贡献的心愿还是有的。自然，也欢迎学术界同仁和师友对其中的不足提出雅正。

多年来，在本人工作及学术研究的过程中，曾经得到诸多师友的真诚帮助和指导，不及一一列明，且让我铭记五中，在心里默默地一并表示感谢！

2018年8月于兰轩

新砦遗址陶器盖残片（99T1H24：1）

《试论新砦陶器盖上的饕餮纹》，图一

河姆渡遗址刻纹陶块（T213④A：84）

《二里头遗址所出玉器"扉牙"内涵研究——并新论圭、璋之别问题》，图一四，1

尉迟寺遗址立鸟异形陶器

《二里头遗址所出玉器“扉牙”内涵研究——并新论圭、璋之别问题》，图一四，3

弗利尔博物馆藏玉刀

《二里头遗址所出玉器“扉牙”内涵研究——并新论圭、璋之别问题》，图一五

二里头遗址陶瓮（81YLⅢT22⑤：2）

《二里头遗址所出玉器“扉牙”内涵研究——并新论圭、璋之别问题》，图二一

二里头遗址陶牌饰（采：26）

《大汶口文化尉迟寺遗址新发现奇异器物研究——并新论“牙璋”“牌饰”的由来、内涵等相关问题》，图二，10

河姆渡遗址刻纹陶块（T33④：98）

《大汶口文化尉迟寺遗址新发现奇异器物研究——并新论“牙璋”“牌饰”的由来、内涵等相关问题》图一三，1

吉美博物馆藏玉璧

《大汶口文化尉迟寺遗址新发现奇异器物研究——并新论“牙璋”“牌饰”的由来、内涵等相关问题》，图一七，2

上海博物馆藏玉佩

《大汶口文化尉迟寺遗址新发现奇异器物研究——并新论“牙璋”“牌饰”的由来、内涵等相关问题》，图二〇，8

二里头遗址陶中空器

《论二里头遗址新发现的大型绿松石龙形器》，图二，1

天津艺术博物馆藏玉佩

《三星堆、金沙一类“奇异”玉器构图来源、内涵、定名及相关问题研究》，图三，2

花地嘴遗址朱砂绘陶瓮（03HZT57H144：1）

《花地嘴遗址所出"新砦期"朱砂绘陶瓮研究》，图一

花地嘴遗址朱砂绘陶瓮（03HZT57H145：1）

《花地嘴遗址所出“新砦期”朱砂绘陶瓮研究》，图二

黎城戚

《花地嘴遗址所出"新砦期"朱砂绘陶瓮研究》，图三，2

二里头遗址出土绿松石牌饰

《花地嘴遗址所出“新砦期”朱砂绘陶瓮研究》，图四，9

弗利尔博物馆藏青铜觥

《论马桥遗址M204出土的特殊陶杯及相关问题》，图五

法国赛奴奇博物馆藏虎食人青铜卣

《由夏历“五月五日”相关习俗的内容及其术数来源等论曾侯乙墓特殊甲胄上数字的含义与甲胄性质》，图六，3

车桥“兵避太岁”戈

《由夏历“五月五日”相关习俗的内容及其术数来源等论曾侯乙墓特殊甲胄上数字的含义与甲胄性质》，图六，5

车桥“兵避太岁”戈神人像

《由夏历“五月五日”相关习俗的内容及其术数来源等论曾侯乙墓特殊甲胄上数字的含义与甲胄性质》，图六，5

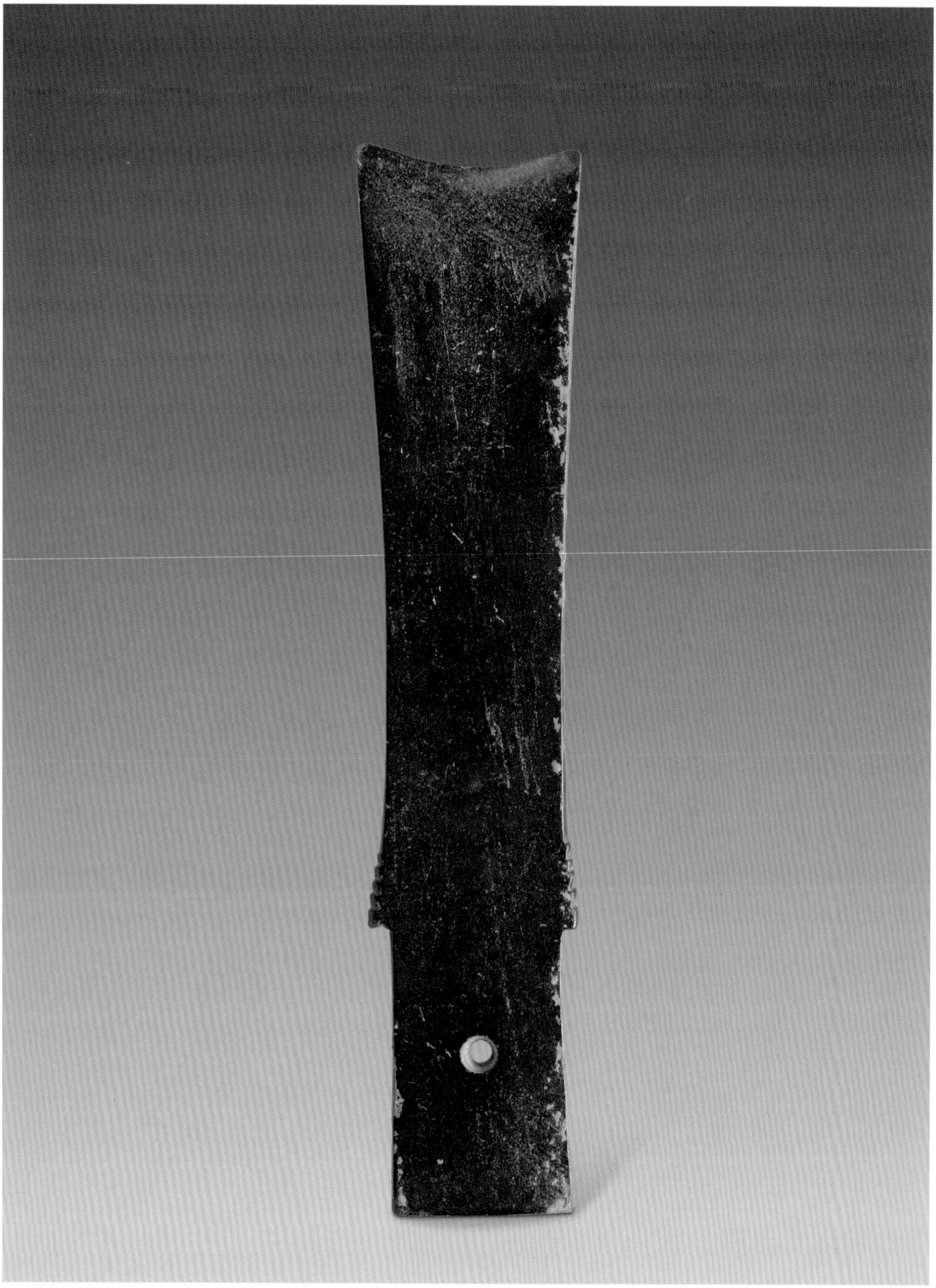

花地嘴遗址玉璋（03HZT17H123：1）

《论花地嘴遗址所出墨玉璋》，图一